plurall

CB134577

Parabéns!
Agora você faz parte do **Plurall**, a plataforma digital do seu livro didático!
Acesse e conheça todos os recursos e funcionalidades disponíveis para as suas aulas digitais.

Baixe o aplicativo do **Plurall** para Android e IOS ou acesse **www.plurall.net** e cadastre-se utilizando o seu código de acesso exclusivo:

AAAPBGB3X

Este é o seu código de acesso Plurall.
Cadastre-se e ative-o para ter acesso aos conteúdos relacionados a esta obra.

@plurallnet

@plurallnetoficial

SOMOS EDUCAÇÃO

PROJETO MÚLTIPLO

LÍNGUA PORTUGUESA

Carlos Emílio Faraco
Bacharel e licenciado em Letras pela Universidade de São Paulo (USP)
Ex-professor do Ensino Fundamental e do Ensino Médio

Francisco Marto de Moura
Licenciado em Letras pela Universidade de São Paulo (USP)
Ex-professor do Ensino Fundamental, do Ensino Médio e do Ensino Superior

José Hamilton Maruxo Júnior
Bacharel, licenciado e doutor em Letras pela Universidade de São Paulo (USP)
Professor do curso de Letras da Universidade Federal de São Paulo (Unifesp)

ENSINO MÉDIO

VOLUME ÚNICO | PARTE A

Viagens

editora ática

editora ática

Presidência: Mario Ghio Júnior

Vice-presidência de educação digital: Camila Montero Vaz Cardoso

Direção editorial: Lidiane Vivaldini Olo

Gerência editorial: Julio Cesar Augustus de Paula Santos

Coordenação editorial: Mariangela Secco Dall Olio

Edição: Solange de Oliveira

Aprendizagem digital: Renata Galdino (ger.), Beatriz de Almeida Pinto Rodrigues da Costa (coord. Experiência de Aprendizagem), Carla Isabel Ferreira Reis (coord. Produção Multimídia), Daniella dos Santos Di Nubila (coord. Produção Digital), Rogerio Fabio Alves (coord. Publicação) e Vanessa Tavares Menezes de Souza (coord. Design Digital)

Planejamento, controle de produção e indicadores: Flávio Matuguma (ger.), Juliana Batista (coord.) e Jayne Ruas (analista)

Revisão: Leticia Pieroni (coord.), Aline Cristina Vieira, Anna Clara Razvickas, Carla Bertinato, Daniela Lima, Danielle Modesto, Diego Carbone, Elane Vicente, Kátia S. Lopes Godoi, Lilian M. Kumai, Malvina Tomáz, Marília H. Lima, Patrícia Rocco S. Renda, Paula Freire, Paula Rubia Baltazar, Paula Teixeira, Raquel A. Taveira, Ricardo Miyake, Shirley Figueiredo Ayres, Tayra Alfonso e Thaise Rodrigues

Arte: Fernanda Costa da Silva (ger.), Catherine Saori Ishihara (coord.) e Daiane Alves (edição de arte)

Diagramação e Edição de arte: WYM Design

Iconografia e tratamento de imagens: Roberta Bento (ger.), Mariana de Souza Valeiro, Roberta Freire, Isabela Meneses Garcez (pesquisa iconográfica) e Fernanda Crevin (tratamento de imagens)

Licenciamento de conteúdos de terceiros: Roberta Bento (ger.), Jenis Oh (coord.), Liliane Rodrigues, Raísa Maris Reina e Sueli Ferreira (analistas de licenciamento)

Ilustrações: WYM Design

Design (capa): Erik Taketa (coord.) e Talita Guedes da Silva (proj. gráfico e capa)

Foto de capa: Mark Nazh/Shutterstock

Logotipo: Saulo Dorico

Avenida Paulista, 901, 6º andar – Bela Vista
São Paulo – SP – CEP 01310-200
http://www.somoseducacao.com.br

Dados Internacionais de Catalogação na Publicação (CIP)

Faraco, Carlos Emilio
Projeto Múltiplo : Língua portuguesa / Carlos Emilio Faraco, Francisco Marto de Moura, José Hamilton Maruxo Júnior. -- São Paulo : Ática, 2023.

ISBN 978-85-0819-800-9 (aluno)
ISBN 978-85-0819-794-1 (professor)

1. Língua portuguesa (Ensino médio) I. Título II. Moura, Francisco Marto de III. Maruxo Júnior, José Hamilton

22-0168 CDD 469.07

Angélica Ilacqua – Bibliotecária – CRB-8/7057

2023
1ª edição
1ª impressão
De acordo com a BNCC.

Impressão e acabamento HRosa Gráfica e Editora

Uma publicação SOMOS EDUCAÇÃO

Apresentação

Caro estudante,

Este livro integra a coleção do Projeto Múltiplo e corresponde a uma das seis partes em que se divide a obra exclusiva de Língua Portuguesa.

Dedicada ao estudo da Língua Portuguesa, a obra foi concebida tendo em vista questões importantes do mundo contemporâneo, previstas na Base Nacional Comum Curricular (BNCC) para o Ensino Médio. Com este material, você vai aprofundar seus aprendizados das práticas de linguagem relacionadas à leitura, à escuta, à produção de textos, à análise linguística e à literatura, bem como aperfeiçoar o domínio de habilidades necessárias ao exercício pleno da cidadania, cultivando atitudes e valores significativos para sua formação e seu projeto de vida.

As atividades propostas nesta coleção organizam-se em partes temáticas independentes umas das outras, que você vai desenvolver de acordo com as indicações do professor. Cada uma dessas seis partes estrutura-se em torno de um tema e é dividida em duas unidades, que contêm diferentes seções internas, muitas delas voltadas para o estudo das práticas de linguagem. Ao longo das unidades, você terá a possibilidade de se envolver na análise de textos, na investigação de fenômenos da linguagem e de questões em discussão na sociedade contemporânea, além de compartilhar com os colegas expressões culturais de sua preferência, assim como conhecer outras culturas juvenis representadas na turma. Haverá também diversas oportunidades para você e os colegas se organizarem em atividades coletivas de pesquisa, de análise da cultura digital em que a sociedade na qual vivemos está inserida, de formação de clube de leitura e de organização de eventos na escola.

Com isso, você terá oportunidades de agir e interagir de diferentes modos, em situações de trocas culturais variadas e estimulantes, por meio das quais poderá desenvolver ainda mais suas capacidades de expressão oral e escrita. Nessas trocas, você será convidado a debater e argumentar com base em situações reais, mobilizando a linguagem para participar da vida em sociedade de forma ética e responsável.

Essas aprendizagens favorecem seu engajamento em atividades que levam ao estudo da língua portuguesa por meio de gêneros textuais variados.

Esperamos que os estudos propostos com essas dinâmicas sejam prazerosos e favoreçam o desenvolvimento de suas capacidades de comunicação para atuar adequadamente nas diversas situações da vida em que elas se apresentam, considerando suas aspirações pessoais e coletivas.

Faraco, Moura e Maruxo

Sumário

Unidade 1: Relato de viagem

UNIDADE

1 Relato de viagem

vvoe/Shutterstock

AAQ/Shutterstock

Dênio Simões/Agência Brasília

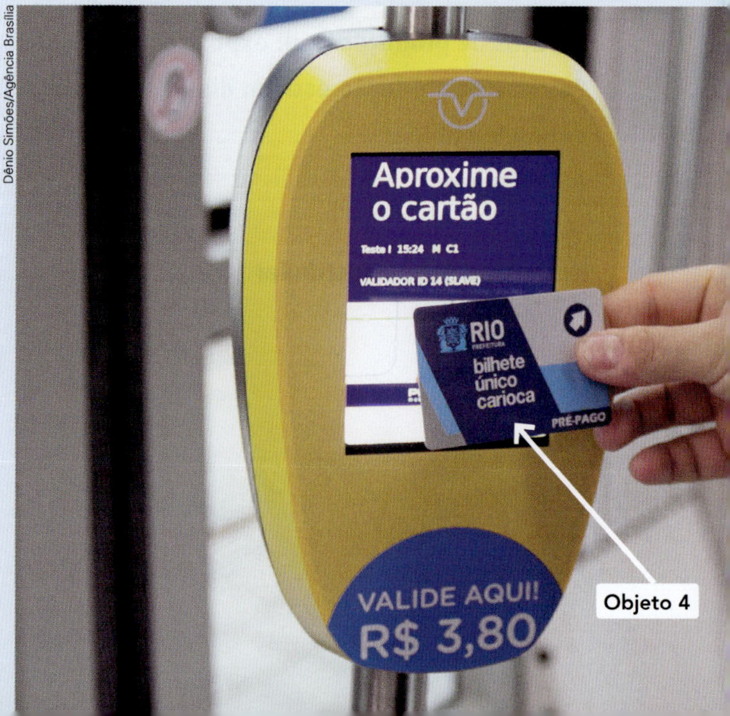

#TáNoFeed

Nesta unidade, você vai ler relatos de viagem e vai descobrir como a atividade de produzir relatos e registros de viagens tem aspectos importantes, que ajudam, por exemplo, na reorganização das situações vividas. Ao final, vai organizar com os colegas uma exposição ou uma publicação para compartilhar com outras pessoas os relatos que vocês criaram.

Agora, observe as imagens ao lado com objetos comumente relacionados a viagens.

1. Depois de observar as imagens, converse sobre elas com os colegas e o professor considerando as seguintes perguntas:

- Você conhece algum(ns) dos objetos que aparecem nas imagens?
- Você sabe para que serve(m) aquele(s) que não conhece? Compartilhe suas hipóteses.
- Se você fosse viajar para um lugar muito distante do seu local de origem e tivesse de escolher apenas um dos objetos representados, qual escolheria? Por quê?

2. Agora que você já conversou com os colegas e o professor sobre os objetos que aparecem nas imagens, faça uma pesquisa para obter mais informações sobre cada um deles. Escreva o que descobriu.

Escrita: planejar e organizar

O trabalho proposto a seguir envolve a **produção** de um texto curto e a organização de uma pasta digital ou física para guardar os seus arquivos. Siga os passos indicados.

- Escolha um dos objetos vistos nesta seção e descreva uma situação de viagem em que seria possível ou necessário utilizá-lo.
- Você pode escrever esse texto à mão ou utilizar um suporte digital, como celular, *tablet* ou um editor de texto do computador, e, se quiser, imprimi-lo. O importante é guardá-lo em uma pasta, digital ou física, para que possa retomá-lo em outros momentos.
- Chamaremos essa pasta de **portfólio** e a utilizaremos em diversas situações daqui em diante.

Para auxiliá-lo no seu processo de gestão da própria aprendizagem, ao longo das seções há sempre uma recomendação para que as produções de texto sejam guardadas, de rascunhos a versões finais. Essas recomendações são marcadas com um ícone, como este ao lado.

Para facilitar esse trabalho, recomendamos que você tenha uma pasta – virtual e/ou física – chamada **portfólio**, em que essas produções serão guardadas. Assim, sempre que for necessário reescrever ou refazer um texto, ao longo de um processo de produção de textos, você terá facilidade de encontrar as versões anteriores da mesma produção.

Alexandre Rotenberg/Shutterstock

Você sabe o que os objetos que aparecem nessas quatro fotografias têm em comum? Todos eles podem ser utilizados em viagens. Cada um tem uma função específica em cada tipo de viagem, mas todos são importantes nessas diversas situações de passeio e/ou de grandes deslocamentos em que estão inseridos.

Saiba +

Quer conhecer algumas curiosidades sobre os objetos que aparecem na abertura desta unidade? Veja algumas dicas de leitura a seguir.

- **Celular** – Hoje em dia, é quase impossível viajar sem levar o celular e fazer centenas de fotos. Você gosta de fazer *selfies*, aquelas fotos que tiramos de nós mesmos?

  Para conhecer algumas dicas de como tirar *selfies* em viagens, leia a matéria disponível em: https://www.escolhaviajar.com/como-tirar-selfie-em-viagens/, acesso em: 15 mar. 2022.

- **Passaporte** – Sabia que o passaporte brasileiro é aceito em mais de 150 países do mundo?

  Para descobrir quais são alguns desses países, leia a reportagem disponível em: https://www.correiodopovo.com.br/notícias/geral/passaporte-brasileiro-é-o-19-no-mundo-em-acessos-sem-necessidade-de-visto-1.392850, acesso em: 15 mar. 2022.

- **Astrolábio** – Você já conhecia esse instrumento antigo usado nas chamadas Grandes Navegações, viagens marítimas que duravam muitos meses?

  Para conhecer mais curiosidades sobre o uso e funcionamento do astrolábio, leia a matéria disponível em: https://super.abril.com.br/historia/o-cientista-que-descobriu-o-brasil/, acesso em: 15 mar. 2022.

- **Bilhete único ou passagem de transporte urbano** – O cartão de passagens de transporte urbano é utilizado para mobilidade em várias cidades do país. Em São Paulo (SP), por exemplo, esse cartão é conhecido como bilhete único.

  Para saber como funciona o bilhete único na capital paulista, leia a reportagem disponível em: https://ultimosegundo.ig.com.br/brasil/2019-09-20/quanto-custa-e-como-faz-para-emitir-o-bilhete-unico-em-sao-paulo.html, acesso em: 15 mar. 2022.

Conheça a unidade

Objetivos

- Compreender as características do gênero relato de viagem, mobilizando-as em atividades de leitura e produção de textos.
- Analisar relatos de viagem atuais e históricos, compreendendo sua importância documental e literária, além de reconhecer sua possibilidade de divulgação de experiências pessoais.
- Analisar escritos literários relacionados ao tema viagens e suas relações intertextuais e interdiscursivas.
- Analisar o gênero exposição oral, compreendendo seu funcionamento composicional e discursivo, para poder produzi-lo em situações de comunicação variadas.
- Produzir relatos de viagem para expor experiências pessoais relacionadas ao tema viagens.

Justificativa

O gênero relato de viagem permeia o campo da vida pessoal e o campo artístico-literário, possibilitando o estudo da expressão da subjetividade, além de favorecer a observação de características de gêneros relatoriais, que também marcam o gênero oral em estudo na unidade: a exposição oral. O tema ***viagens*** articula o estudo do gênero relato de viagem com a literatura, possibilitando uma abordagem temática dos relatos históricos, entre outros, e a percepção da intertextualidade e de rupturas e permanências nos textos literários.

A BNCC nesta unidade

Nesta unidade são desenvolvidas as competências e as habilidades da BNCC indicadas a seguir.

Competências gerais da Educação Básica: 1, 2, 4, 5, 7, 9, 10.

Competências e habilidades específicas de Linguagens e suas Tecnologias para o Ensino Médio

Competências: 1, 2, 3, 6. **Habilidades:** EM13LGG101, EM13LGG102, EM13LGG103, EM13LGG104, EM13LGG201, EM13LGG202, EM13LGG301, EM13LGG302, EM13LGG601, EM13LGG602, EM13LGG604.

Competências específicas de Linguagens e habilidades específicas de Língua Portuguesa para o Ensino Médio

Competências: 1, 2, 3, 4, 6, 7. **Habilidades por campo de atuação:** Todos os campos de atuação social: EM13LP01, EM13LP02, EM13LP03, EM13LP04, EM13LP06, EM13LP07, EM13LP11, EM13LP15, EM13LP16. Campo da vida pessoal: EM13LP20. Campo de atuação na vida pública: EM13LP27. Campo das práticas de estudo e pesquisa: EM13LP32. Campo artístico-literário: EM13LP46, EM13LP50.

Situação inicial

É possível que você já tenha ouvido falar de Antoine de Saint-Exupéry, escritor, piloto e grande viajante francês do século XX. Um de seus livros mais renomados é *Terra dos homens*, publicado em 1939. Nesse livro, ele relata as viagens que fez pelos continentes africano e sul-americano entre 1926 e 1929, período em que foi piloto da companhia aérea Aéropostale – uma das primeiras a fazer viagens transatlânticas.

A seguir, leia a introdução de *Terra dos homens*.

Terra dos homens

Mais coisas sobre nós mesmos nos ensina a terra que todos os livros. Porque nos oferece resistência. Ao se medir com um obstáculo, o homem aprende a se conhecer; para superá-lo, entretanto, ele precisa de ferramenta. Uma plaina, uma charrua. O camponês, em sua labuta, vai arrancando lentamente alguns segredos da natureza; e a verdade que ele obtém é universal. Assim o avião, ferramenta das linhas aéreas, envolve o homem em todos os velhos problemas.

Trago sempre nos olhos a imagem de minha primeira noite de voo, na Argentina – uma noite escura, onde apenas cintilavam, como estrelas, pequenas luzes perdidas na planície.

Cada uma dessas luzes marcava, no oceano da escuridão, o milagre de uma consciência. Sob aquele teto alguém lia, ou meditava, ou fazia confidências. Naquela outra casa, alguém sondava o espaço ou se consumia em cálculos sobre a nebulosa de Andrômeda. Mais além seria, talvez, a hora do amor. De longe em longe brilhavam esses fogos no campo, como que pedindo sustento. Até os mais discretos: o do poeta, o do professor, o do carpinteiro. Mas entre essas estrelas vivas, tantas janelas fechadas, tantas estrelas extintas, tantos homens adormecidos...

É preciso a gente tentar se reunir. É preciso a gente fazer um esforço para se comunicar com algumas dessas luzes que brilham, de longe em longe, ao longo da planura.

SAINT-EXUPÉRY, Antoine de. *Terra dos homens*. Rio de Janeiro: Nova Fronteira, 2015. *E-book*.

Reprodução/Editora Nova Fronteira

O livro *Terra dos homens*, de Antoine de Saint-Exupéry, publicado pela editora Nova Fronteira.

Saiba +

Antoine de Saint-Exupéry (1900-1944) nasceu em Lyon, no sul da França. Foi escritor e piloto de avião. A principal obra do escritor é o livro *O pequeno príncipe*, publicado pela primeira vez em 1942 e traduzido para mais de oitenta idiomas.

Colaimages/Alamy/Fotoarena

1. Agora, discuta o texto com os colegas tendo como base as perguntas a seguir. Registre as respostas no caderno.

a) Em sua opinião, por que o avião – assim como a plaina e a charrua – seria uma importante ferramenta? De que maneira a "ferramenta" avião permite às pessoas viajar?

b) Para o aviador, há aspectos das viagens feitas por ele que permanecem após a experiência. Explique o que você entendeu dessa afirmação e se concorda ou não com essa ideia considerando suas experiências de viagem, reais ou imaginárias.

c) De acordo com Saint-Exupéry, "é preciso a gente tentar se reunir", "é preciso a gente fazer um esforço para se comunicar". Em sua opinião, a ação de viajar possibilita realizar esses desejos? Justifique sua resposta.

E você? Tem experiências de viagem? Em caso afirmativo, relate uma para os colegas. Se nunca viajou de fato, conte que viagem gostaria de fazer. Depois, relate-a por escrito em uma folha à parte e, em seguida, guarde o texto no seu **portfólio**.

2. Em seu relato de viagem, o escritor Antoine de Saint-Exupéry diz "Trago sempre nos olhos a imagem de minha primeira noite de voo, na Argentina – uma noite escura, onde apenas cintilavam, como estrelas, pequenas luzes perdidas na planície". Faça uma busca de imagens na internet e procure alguma fotografia ou desenho que poderia, na sua opinião, representar a imagem descrita nesse trecho. Você pode, também, criar essa imagem com colagens ou qualquer técnica de desenho de que goste. Escreva no caderno por que escolheu ou criou essa imagem. Depois, produza um cartaz (impresso ou digital) que traga a colagem ou a reprodução da imagem que você escolheu e compartilhe com o professor e os colegas.

3. Imagine que uma das "pequenas luzes perdidas na planície", avistadas pelo aviador, tenha sido sua casa. Se você encontrasse esse aviador hoje e conversasse com ele, o que lhe diria? O que contaria sobre sua vida e a de sua família, das pessoas com quem você mora? E o que acha que ele perguntaria a você? Escreva esse diálogo entre você e o aviador em uma folha à parte e guarde-a no seu **portfólio**.

Diário de bordo

Depois de conversar com os colegas e o professor, reflita sobre seus relatos e os da turma toda e procure lembrar em que aspectos os relatos foram semelhantes e em que aspectos se diferenciaram.

Procure recordar se os colegas relataram fatos interessantes nos quais você nem sequer havia pensado ao elaborar o próprio relato e se você discordou de algum relato e por quê. Depois, registre suas observações em seu diário de bordo.

4. Agora, faça o exercício contrário: Você é um aviador e vê do alto, pela janela do avião, essas "luzes perdidas na planície". Observe novamente a imagem analisada na atividade 2 desta seção, escolha uma dessas luzes e imagine o que se passa no interior da casa observada. Registre a situação em outra folha à parte e guarde-a no seu **portfólio**.

5. Em um momento definido pelo professor, compartilhe com um grupo de colegas os dois relatos que você criou: faça a leitura dos textos e explique-lhes as impressões que você teve ao elaborá-los. Depois, registre sua avaliação dessa atividade de **interação** no caderno.

Ao longo das unidades deste material, sempre que um conjunto de atividades for concluído, você será convidado a fazer em seu diário de bordo o registro da experiência vivenciada. Você pode fazer esses registros em qualquer suporte que considere interessante: um blogue, uma agenda em papel ou virtual, um bloco de anotações. O que importa é definir um suporte e usá-lo sempre. Será importante, também, que você siga alguns procedimentos próprios de um diário: insira a data de cada registro e indique a atividade a que ele está relacionado.

Práticas de leitura: relato de viagem

1. Nesta atividade de **interação**, converse com os colegas e o professor sobre as perguntas a seguir. Depois, registre as respostas no caderno.

a) Imagine que você esteja em uma viagem e depare com uma cidade recém-fundada. Como você a descreveria?

b) Você já visitou alguma cidade diferente do lugar em que mora? Em caso afirmativo, lembra-se de como se sentiu nesse local?

Observe as imagens para responder à atividade a seguir.

Andre Chaco/Fotoarena

Praça de Maio, em Buenos Aires, na Argentina. Foto de 2015.

rmichev/Shutterstock

Praça do Campo, em Siena, na Itália. Foto de 2018.

2. Nesta atividade de **mediação**, responda:

a) Qual das imagens da página anterior chama mais a sua atenção? Por quê?

b) Essas duas imagens se referem a lugares turísticos de diferentes partes do mundo. Pensando nisso, propomos a seguinte atividade prática. Durante o trajeto da sua residência até a escola, ou vice-versa, fotografe algum local que você acha que seria interessante para um turista conhecer e elabore uma legenda para essa foto.

- Se você não puder fazer o registro fotográfico, descreva por escrito esse local e, se possível, crie uma imagem para representá-lo utilizando suas habilidades (pode ser uma ilustração, uma colagem ou outra técnica).
- Depois, combine com os colegas e o professor uma forma de divulgar essas produções, para que outras pessoas possam apreciá-las. Elabore, também, um comentário para explicar o que esse local representa para você e por que mereceu ser registrado. Por fim, monte um cartaz com a imagem e o texto e apresente-o ao professor. O cartaz pode ser impresso ou digital.

O livro *As cidades invisíveis*, de Italo Calvino.

Saiba +

As cidades invisíveis, de Italo Calvino. Companhia das Letras, 2017.

Em seus relatos curtos, o narrador fictício deste livro constrói um panorama da vastidão, muitas vezes inacreditável, do mundo visitado e, ao mesmo tempo, instiga a imaginação e a curiosidade de seu interlocutor.

O narrador/personagem é o viajante veneziano Marco Polo (1254-1324), que conta ao seu interlocutor, o imperador mongol Kublai Khan (1215-1294), as visitas que fizera a uma série de cidades durante suas muitas viagens pelo mundo. Todas essas cidades são imaginárias e referenciadas com nomes femininos, como Doroteia, Izidora, Leandra, Anastácia, entre tantas outras.

É um fato histórico registrado em diferentes documentos que, no século XIII, Marco Polo permaneceu por muitos anos na corte do imperador Kublai Khan, exercendo funções diplomáticas. Em seu livro, Calvino vai além da realidade e propõe, por meio da imaginação, um diálogo fantástico entre o grande viajante e o poderoso imperador.

Diário de bordo

Registre em seu diário de bordo suas considerações sobre a experiência de fazer uma foto e/ou a descrição desse local de seu cotidiano pensando em como apresentá-lo a alguém que estivesse fazendo um passeio turístico pela sua cidade. Quais foram as suas principais dúvidas e dificuldades nesse processo?

Leia a seguir o relato de viagem da jornalista e escritora argentina Beatriz Sarlo sobre a visita que ela fez à praça dos Três Poderes, em Brasília (DF), nos anos 1970.

Brasília: capital federal do Brasil e sede do Distrito Federal, foi fundada em 1960.

Brasília

Beatriz Sarlo

Caminhamos até a praça dos Três Poderes, que era a imagem de **Brasília** que melhor conhecíamos por fotografias.

Nossa ideia de espaço público havia se limitado, até pisar a praça dos Três Poderes, à praça de Maio de Buenos Aires. As diferenças são evidentes, mas apenas ali tivemos consciência delas. A praça de Maio é o produto de uma superposição de modificações, reconstruções e demolições realizadas ao longo de dois séculos. Não surge de um só gesto, mas sim de uma soma estilística e paisagística, da coexistência desigual dos edifícios neoclássicos, italianos e modernos que a rodeiam. É heterogênea, suas qualidades não provêm de uma só concepção urbanística nem arquitetônica, mas sim de acréscimos e correções. Fundamentalmente, seu sentido é dado pelos acontecimentos que ocorreram e ocorrem ali. A praça de Maio está quase sempre (inclusive sob ditaduras militares) cheia de gente, curiosos, manifestantes, vendedores, turistas, mendigos, veteranos das Malvinas.

fundacional: relativo a fundação, alicerce, construção.

Em 1970, a diferença com a praça dos Três Poderes não provinha só da beleza, que, claro, nos deixou pasmos, enquanto caminhávamos de um extremo ao outro pelas esplanadas. A diferença era que a praça dos Três Poderes estava deserta. Não havia ninguém ali. Seu simbolismo se originava na potência do gesto arquitetônico e construtivo, na confiança política **fundacional**, não nas camadas do passado que ainda não haviam tido tempo de se depositar sobre aquelas superfícies perfeitas. Na praça dos Três Poderes, a decisão de um Estado e o gênio de Niemeyer haviam substituído a história que é a grande arquiteta das outras praças latino-americanas.

Saiba +

O arquiteto carioca **Oscar Niemeyer** (1907-2012) havia sido estagiário do urbanista e arquiteto franco-brasileiro Lúcio Costa (1902-1998) antes da parceria na construção de Brasília (DF). Niemeyer projetou vários edifícios na nova capital e outras obras, como o Conjunto Arquitetônico da Pampulha, em Belo Horizonte (MG), e o Museu de Arte Contemporânea (MAC), em Niterói (RJ).

Cacio Murilo/Shutterstock

Congresso Nacional, Brasília (DF). Foto de 2018. A praça dos Três Poderes localiza-se ao fundo desse conjunto arquitetônico.

Tudo estava vazio. Uma fotografia mostra dois de nós, distantes várias centenas de metros do palácio do Planalto. A extensão registrada é enorme. Sobre a planície de cimento estão apenas esses dois argentinos, contra a silhueta do palácio. É aproximadamente meio-dia e não se vê ninguém mais. Aposta máxima da arquitetura moderna: sustentar-se sobre o vazio. Chandigarh, Brasília, autofundar-se com um duplo gesto material e simbólico.

Hoje as imagens são bem diferentes. Centenas de presidentes, ministros e embaixadores percorreram essa extensão, registrados em milhares de fotos jornalísticas e de sequências televisivas. Quando nós chegamos, ao contrário, a fenomenal e desmesurada aposta estava nua. Então podia se formular a pergunta: o que será amanhã, dentro de vinte ou trinta anos, desta esplanada deserta?

Não nos fizemos essa pergunta. Aparentemente simples, era, no entanto, complicada demais para nós. Discutimos outras coisas. Habituados às mobilizações em praça pública, nos esforçamos por imaginar como seria uma hipotética mobilização popular na praça dos Três Poderes. Sentados sobre o cimento, ao sol, só pensávamos a partir do que acreditávamos ser uma espécie de norma universal: as praças são projetadas para que os manifestantes as ocupem. A clareza do Plano Piloto acentuava nosso erro: como se Lucio Costa (ao contrário do barão de Haussmann) houvesse decidido um traçado urbano especialmente propício para multidões que avançassem em colunas pela avenida dos ministérios até a praça.

Assim delirávamos, impactados por uma obra ainda desprovida das imagens que iriam rodeá-la com o passar do tempo. Simultaneamente ela tinha algo de irreal, como se estivéssemos passeando por uma cenografia da história futura. As duas cúpulas invertidas, as duas torres brilhavam com a aura do vento. Não havia acontecido ainda o lento, inexorável e desgastante processo que converte as imagens, os edifícios, as paisagens em familiares. Tudo explodia diante dos olhos.

SARLO, Beatriz. *Viagens da Amazônia às Malvinas*. São Paulo: e-galáxia, 2015. [s. p.]

Saiba +

- Projetada pelo arquiteto modernista francês Le Corbusier (1887-1965) e fundada em 1947, **Chandigarh** é uma cidade indiana conhecida como uma das melhores experiências em planejamento urbano e arquitetura moderna do século XX.
- Projeto de Lúcio Costa, o **Plano Piloto** venceu um concurso realizado em 1957 para a construção de Brasília. Em parceria com Oscar Niemeyer, previamente convidado pelo presidente Juscelino Kubitschek (1902-1976), o projeto deu início à construção de Brasília em 1956, tendo sido inaugurada em 21 de abril de 1960 como exemplo modernista de arquitetura brasileira do século XX.
- O francês Georges-Eugène Haussmann (1809-1891), o **Barão de Haussmann**, foi chefe do Departamento de Paris (cargo equivalente ao de prefeito) entre 1853 e 1870 e responsável por reformar regiões da cidade francesa, modificando a arquitetura urbana. Essa reforma inspirou outras pelo mundo, como a de Buenos Aires, na Argentina, no fim do século XIX, e a do Rio de Janeiro, no Brasil, no início do século XX.

Domínio Público/Acervo Arquivo Nacional/Wikipedia/Wikimedia Commons

Congresso Nacional em destaque e a praça dos Três Poderes ao fundo, Brasília (DF). Foto de meados dos anos 1960.

Saiba +

A argentina **Beatriz Sarlo** (1942-) é escritora e crítica literária. Foi professora da Universidade de Buenos Aires. É conhecida como uma das mais importantes críticas culturais da América Latina e discute temas como arte, literatura, política, história, feminismo e meios de comunicação. Dentre suas obras, destacam-se: *La ciudad vista* (2009), *Escritos sobre literatura argentina* (2007) e *Ficciones argentinas: 33 ensayos* (2012).

Ricardo Ceppi/Getty Images

Veja a seguir duas fotos da praça dos Três Poderes em diferentes ângulos. Reveja também as fotos das páginas 15 e 16. Depois, leia as questões e escreva as respostas no caderno.

Geraldo Magela/Agência Senado

Praça dos Três Poderes, Brasília (DF). Foto de 2012. Na imagem, o Congresso Nacional aparece no centro e a praça, na parte inferior: entre o Supremo Tribunal Federal, à esquerda, e o Palácio do Planalto, à direita.

Leonardo Martins/Getty Images

Praça dos Três Poderes, Brasília (DF). Foto de 2012. Na imagem, o prédio do Supremo Tribunal Federal aparece à esquerda.

3. É possível que você já tenha visto outras imagens da praça dos Três Poderes, em Brasília (DF), em meios de comunicação oficiais ou em notícias jornalísticas, em fotos ou em vídeos. Em sua opinião, essa praça, na situação atual, aproxima-se ou não da imagem construída por Beatriz Sarlo em 1970? Por quê?
4. De acordo com o relato de Sarlo, que aspectos da praça de Maio, em Buenos Aires, na Argentina, e da praça dos Três Poderes, em Brasília (DF), ajudam o leitor a compreender a diferença entre esses locais?
5. Em sua opinião, o relato de viagem de Sarlo permite entender a diferença entre as cidades de Buenos Aires e Brasília? Explique sua resposta.
6. Muitas manifestações populares já aconteceram na praça dos Três Poderes nos mais de sessenta anos da fundação de Brasília.
   a) Ao tentar definir a Brasília que visitava nos anos 1970, Sarlo utiliza uma imagem que reflete a impressão que teve de uma cidade construída do nada. Que imagem é essa? Cite um trecho.
   b) Em que essa impressão de Sarlo contrasta com a imagem das manifestações populares já ocorridas na capital do Brasil desde então?
7. Que adjetivo você empregaria para caracterizar a impressão que Beatriz Sarlo teve da cidade de Brasília em 1970? Esse adjetivo expressa a característica que você, hoje, atribui a essa cidade? Nesta atividade de **mediação**, explique sua resposta para os colegas e, depois, registre-a por escrito no caderno.
8. Após refletir com os colegas e o professor sobre o relato de viagem, retome a seguinte pergunta feita no texto de Beatriz Sarlo:

   > O que será amanhã, dentro de vinte ou trinta anos, desta esplanada deserta?

   - Observe que essa pergunta se relaciona com o futuro de 1970, e, pensando assim, podemos estender os "vinte ou trinta anos" e chegar até os dias de hoje.
   - Considerando então o que você sabe sobre a cidade de Brasília atualmente, reflita sobre a pergunta feita por Sarlo e socialize sua resposta a essa questão com os colegas.
   - Depois, faça o registro por escrito no caderno.

Saiba + +++

A noite da espera, de Milton Hatoum. Companhia das Letras, 2017.

Nesse romance, o escritor amazonense Milton Hatoum faz de Brasília não só o cenário da história, mas quase uma personagem. O romance narra a vida do adolescente Martim, que se muda de São Paulo para a Brasília dos anos 1960, acompanhando seu pai. Nessa mudança, Martim vai se descobrindo adulto no contato com outros jovens como ele, ao mesmo tempo que explora essa nova e futurista cidade recém-construída.

Oscar Niemeyer: a vida é um sopro. Direção de Fabiano Maciel. 2007 (90 min).

Nesse documentário, o arquiteto Oscar Niemeyer relata, de forma descontraída, seus muitos projetos, incluindo aqueles que fizeram parte da construção de Brasília. O audiovisual, em forma de entrevista, é pontuado por inúmeras imagens das obras do arquiteto e traz depoimentos de personalidades brasileiras e estrangeiras.

Diário de bordo

Registre em seu diário de bordo as suas reflexões a respeito das atividades realizadas sobre a leitura do relato de Beatriz Sarlo. Explique quais atividades propiciaram a você a compreensão do texto e tente explicar por quê.

Práticas de análise linguística no relato de viagem

Nesta seção de análise linguística, estudaremos o uso de tempos e modos verbais no relato de viagem.

Tempos e modos verbais

1. Observe as formas verbais do texto de Beatriz Sarlo. Em seguida, responda ao que se pede no caderno.

a) Qual destes três modos verbais – indicativo, subjuntivo e imperativo – predomina no texto?

b) Como você já deve ter visto, no indicativo e no subjuntivo, os verbos apresentam "tempos" de presente, de pretérito e de futuro, em formas simples e compostas. Há quatro tempos verbais muito frequentes no texto de Beatriz Sarlo. Indique-os e forneça exemplos desses tempos verbais.

c) Pelas características do texto, formule uma hipótese para explicar o predomínio desse modo e desses tempos verbais.

2. Embora o relato tenha como autora a escritora argentina Beatriz Sarlo, quando você o lê, percebe que a **voz enunciativa** que o conduz assume o *nós* – primeira pessoa do plural – em praticamente todo o texto. Que efeito de sentido isso confere ao relato? Escreva sua resposta no caderno.

voz enunciativa: voz que assume a responsabilidade do que é enunciado.

Releia a seguir os trechos do relato de Beatriz Sarlo:

I. "A praça de Maio **está** quase sempre (inclusive sob ditaduras militares) cheia de gente [...]"

II. "Tudo estava vazio. Uma fotografia mostra dois de nós, distantes várias centenas de metros do palácio do Planalto. A extensão registrada é enorme. Sobre a planície de cimento **estão** apenas esses dois argentinos, contra a silhueta do palácio. **É** aproximadamente meio-dia e não se **vê** ninguém mais."

III. "[...] só pensávamos a partir do que acreditávamos ser uma espécie de norma universal: as praças **são** projetadas para que os manifestantes as ocupem."

IV. "Não havia acontecido ainda o lento, inexorável e desgastante processo que **converte** as imagens, os edifícios, as paisagens em familiares."

3. As formas verbais em destaque nos trechos citados que você leu acima estão no presente do indicativo e, embora pertençam ao mesmo tempo verbal, não funcionam da mesma maneira no texto.

a) Indique em qual(is) dos itens (**I** a **IV**) o presente do indicativo foi usado para construir definições ou afirmações e em qual(is) deles essa forma verbal foi empregada para substituir o pretérito. Registre sua resposta no caderno.

b) Retomando o que você já sabe sobre os tempos verbais da língua portuguesa e considerando a leitura dos trechos citados anteriormente, por que a escritora preferiu empregar o presente do indicativo no lugar de outro tempo verbal? Registre sua resposta no caderno.

Mariano Gaspar/Shutterstock

Praça de Maio, em Buenos Aires, na Argentina. Foto de 2019.

4. Identifique as ocorrências do subjuntivo no relato. Mesmo sem contá-las, comparando-as com as do indicativo, é possível perceber qual é o modo verbal predominante.

- Consulte uma gramática ou outro livro de referência que explique os tempos e os modos verbais e seus usos. Localize as explicações sobre o modo subjuntivo. Leia atentamente essas explicações e, caso tenha dúvidas, consulte os colegas e o professor para compreender as explicações.
- Agora, tendo como base essa pesquisa, formule uma explicação para as ocorrências do subjuntivo no texto de Beatriz Sarlo e registre-a no caderno.

5. O terceiro parágrafo do trecho do relato de Beatriz Sarlo começa com uma data: "Em 1970, a diferença com a praça dos Três Poderes não provinha só da beleza [...]". Releia esse parágrafo. Sobre isso, responda aos itens no caderno.

a) Essa referência temporal explícita instaura no texto, que é um relato de viagem, um referencial preciso de tempo. Em que outros tipos de relato conhecidos por você a referência temporal explícita ajuda na compreensão do que é relatado? Por quê?

b) Se não houvesse esse referencial de tempo no relato, como você, um leitor da terceira década do século XXI, saberia em que momento Beatriz Sarlo visitou Brasília? Compare suas hipóteses com as dos colegas e, com a ajuda do professor, formulem uma conclusão sobre as marcas explícitas de tempo em relatos de viagem.

6. Retomando o que você compreendeu até aqui sobre os relatos de viagem, selecione uma experiência que você tenha vivido e gostaria de compartilhar publicamente. Em seguida, descreva-a em uma folha à parte ou no suporte digital de sua preferência e guarde o texto no seu **portfólio**.

- Essa experiência pode ser a vivência de uma viagem que você tenha feito ou, assim como fez Beatriz Sarlo, o relato de visita a uma praça.
- Você pode usar uma fotografia na qual tenha registrado a experiência para recordar e se inspirar. Se quiser, cole a fotografia na folha ou a insira no suporte digital que utilizou para escrever seu texto.
- Depois, compartilhe essa experiência com os colegas, lendo seu texto em voz alta ou afixando uma cópia dele no mural da turma. Se tiver optado por escrever em um suporte digital, pode publicá-lo no blogue da turma para que todos possam ler. Na seção *Práticas de produção escrita*, essa produção textual será retomada.

Diário de bordo

Registre em seu diário de bordo o que você pôde concluir a respeito do emprego dos tempos verbais e da representação de marcas temporais nos relatos de viagem.

7. Vamos conhecer algumas praças famosas e descobrir em que país elas estão localizadas? Acesse o *site* Google Earth (disponível em: https://www.google.com.br/earth/, acesso em: 9 fev. 2022) e digite na busca o nome de cada uma das praças a seguir. Além de descobrir em que países estão localizadas, você pode conhecer a história de cada uma e passear virtualmente por elas:

1. praça San Marco;
2. Times Square;
3. praça da Paz Celestial;
4. praça de Maio;
5. praça Jemaa el-Fna;
6. praça Vermelha.

Inspiring/Shutterstock

Estilos de época

Nesta seção, vamos estudar a Literatura de informação. Mas, antes de ler sobre esse período, entenda o que são *estilos de época*.

> Estilo de época é o conjunto de características semelhantes que aparecem nas manifestações culturais de determinada época. O estilo de época pode ser observado no comportamento, na maneira de vestir, nos costumes e, principalmente, na arte de uma mesma época.

Os estilos de época que sinalizam a literatura portuguesa e a brasileira aparecem nas linhas do tempo esquematizadas a seguir. Elas apresentam a cronologia dos estilos de época em Portugal e no Brasil.

Portugal

Brasil

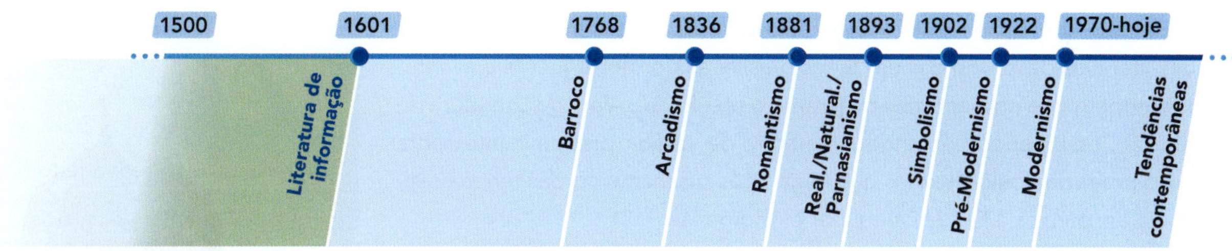

Brasil e Portugal

Ao comparar as duas linhas do tempo, percebemos algumas diferenças entre os estilos de época no Brasil e em Portugal. O Trovadorismo, por exemplo, não aparece na linha do tempo do Brasil. Isso acontece por questões históricas. Antes de 1500 não havia produção literária no Brasil; os indígenas que habitavam a terra encontrada pelos portugueses, apesar de produzirem suas narrativas e de as compartilharem oralmente de geração em geração, não tinham a escrita desenvolvida, eram povos ágrafos.

Os textos que inauguram a produção literária no Brasil são escritos pelos viajantes portugueses que faziam relatos ao rei sobre suas observações a respeito da terra recém-encontrada.

Nesse mesmo período, em Portugal, que já contava com larga produção literária, predominaram os estilos de época denominados Humanismo e Classicismo.

O desembarque de Pedro Álvares Cabral em Porto Seguro em 1500, de Oscar Pereira da Silva, 1900 (óleo sobre tela, 190 cm × 330 cm).

Literatura brasileira

A literatura brasileira é dividida em duas grandes eras: Era Colonial (1500-1808) e Era Nacional (1836-até os dias atuais), separadas por um período de transição (1808-1836) que corresponde à independência do Brasil.

Independência ou morte, de Pedro Américo, 1888 (óleo sobre tela, 415 cm × 760 cm).

O primeiro momento da Era Colonial é conhecido como Quinhentismo ou Literatura de informação (1501-1600), expressão utilizada para designar as produções literárias desenvolvidas em terras brasileiras por portugueses e aventureiros europeus que aqui aportavam durante o século XVI. Além da Literatura de informação, esse período abrange a literatura de caráter predominantemente religioso produzida pelos jesuítas que, logo após o achamento das terras brasileiras, vieram para cá a fim de catequizar os indígenas.

Retrato do Padre José de Anchieta, de Benedito Calixto, 1902 (óleo sobre tela, 140,5 cm × 101 cm).

Exceção feita aos poemas religiosos do Padre Anchieta (1534-1597) e de suas peças teatrais que "auxiliavam" na catequese, os textos produzidos nesse período (cartas, documentos, registros) eram predominantemente informativos e descritivos e, por não se relacionarem com um fazer artístico-literário, não podiam obviamente fazer parte de uma tradição literária, como a que se desenvolvia em Portugal e em outros países europeus. Por esse motivo, o Quinhentismo não pode ser considerado rigorosamente um estilo de época. O Brasil só apresentará uma literatura plenamente constituída a partir do século XVII, com a obra de Gregório de Matos (1636-1696).

Apesar disso, costuma-se designar essa literatura do primeiro momento como Literatura de informação ou Literatura dos cronistas e viajantes.

Literatura de informação

Pero Vaz de Caminha (1450-1500), o escrivão da frota de Cabral, é o autor do primeiro registro escrito sobre a terra recém-encontrada. A sua famosa carta, ainda que não tenha caráter literário, é o primeiro documento sobre o Brasil escrito no Brasil.

O texto noticia ao rei de Portugal o descobrimento das terras que mais tarde seriam chamadas de Brasil. Você lerá um trecho dessa carta mais à frente.

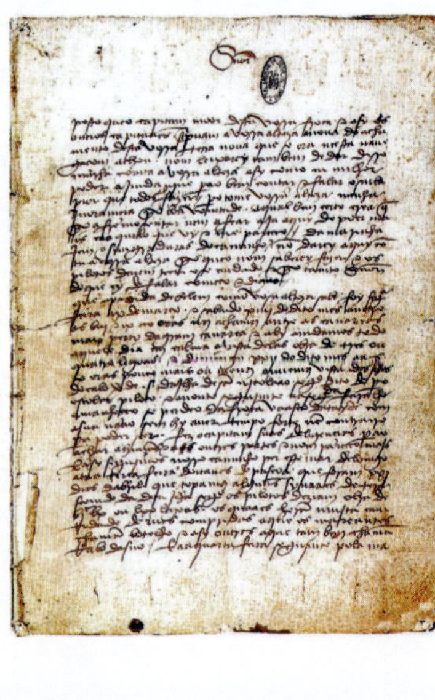

Reprodução de uma página da carta de Pero Vaz de Caminha, datada de 1500.

Depois disso, muitos viajantes aportaram no Brasil, vindos de diversos países europeus, e registraram suas observações em diários. Esses viajantes são chamados de *cronistas* e suas obras inserem-se no gênero literário literatura de viagens, que fez muito sucesso na Europa durante a fase dos grandes descobrimentos, já que satisfaziam a curiosidade sobre as conquistas de novas terras levadas a efeito por portugueses e espanhóis.

Esses relatos ou crônicas de viagem, também conhecidos em seu conjunto como Literatura dos cronistas e viajantes, tinham como principal função informar a Coroa Portuguesa a respeito das descobertas e dos feitos dos navegadores. Além disso, funcionavam como instrumento de convencimento para a exploração da terra descoberta. Por esse motivo, era fundamental a presença de escrivães nas expedições portuguesas.

Algumas dessas obras:

- *Carta ao descobrimento*, de Pero Vaz de Caminha. Escrita em 1500, só foi publicada em 1817.
- *Tratado da terra do Brasil*, de Pero de Magalhães Gandavo (c.1540-c.1580). Obra escrita em 1570.
- *Diálogo sobre a conversão dos gentios*, de Padre Manuel da Nóbrega (1517-1570). Escrita em 1557.
- *Tratado descritivo do Brasil*, de Gabriel Soares de Sousa (1540-1591). Obra escrita em 1587.

É importante considerar que o sistema econômico vigente na Europa nesse período era o mercantilismo, e grande parte das nações europeias buscava enriquecer explorando as riquezas de outros continentes. As Grandes Navegações tinham como objetivo principal obter metais preciosos como ouro e prata.

Diferente do que ocorreu com os espanhóis, que encontraram enormes jazidas de ouro e prata no México e no Peru logo em seus primeiros contatos de exploração, os portugueses demoraram quase dois séculos da data de sua chegada no Brasil para encontrar metais preciosos. Por causa disso, era preciso enfatizar nos relatos de viagem a possibilidade de futuramente encontrar essas riquezas com uma descrição intensa da fauna e da flora e o uso excessivo de adjetivos. Leia um trecho do *Tratado descritivo do Brasil*, de Gabriel Soares de Sousa.

> É esta província mui abastada de mantimentos de muita substância e menos trabalhosos que os de Espanha. Dão-se nela muitas carnes, assim naturais dela, como das de Portugal, e maravilhosos pescados; onde se dão melhores algodões que em outra parte sabida, e muitos açúcares tão bons como na ilha da Madeira. Tem muito pau de que se fazem as tintas. Em algumas partes dela se dá trigo, cevada e vinho muito bom, e em todas todos os frutos e sementes de Espanha, do que haverá muita qualidade, se Sua Majestade mandar prover nisso com muita instância e no descobrimento dos metais que nesta terra há, porque lhe não falta ferro, aço, cobre, ouro, esmeralda, cristal e muito **salitre**, em cuja costa sai do mar todos os anos muito bom **âmbar**; e de todas estas e outras podiam vir todos os anos a estes reinos em tanta **abastança**, que se **escusem** os que vêm a eles dos estrangeiros, o que se pode facilitar sem Sua Majestade meter mais **cabedal** neste Estado que o rendimento dele nos primeiros anos; com o que pode mandar fortificar e prover do necessário à sua defesa, o qual está hoje em tamanho perigo, que se nisso caírem os **corsários**, com mui

salitre: mineral utilizado como fertilizante e como ingrediente para a produção de pólvora.

âmbar: resina fóssil de cor amarela utilizada na fabricação de artigos de joalheria.

abastança: abundância, fartura.

escusar: perdoar, desculpar.

cabedal: conjunto de bens e riquezas materiais.

corsário: pirata.

pequena armada se senhorearão desta província, por razão de não estarem as povoações dela fortificadas, nem terem ordem com que possam resistir a qualquer afronta que se oferecer, do que vivem os moradores dela tão atemorizados que estão sempre com o fato entrouxado para se recolherem para o mato, como fazem com a vista de qualquer **nau** grande, temendo-se serem corsários, a cuja afronta Sua Majestade deve mandar **acudir** com muita brevidade, pois há perigo na tardança, o que não convém que haja, porque se os estrangeiros se apoderarem desta terra custará muito lançá-los fora dela pelo grande aparelho que têm para nela se fortificarem, com o que se inquietará toda Espanha e custará a vida de muitos capitães e soldados, e muitos milhões de ouro em armadas e no aparelho delas, ao que agora se pode **atalhar** acudindo-lhe com a presteza devida. [...]

nau: navio.
acudir: auxiliar, socorrer.
atalhar: impedir, interromper.

SOUSA, Gabriel Soares de. *Tratado descritivo do Brasil em 1587*. p. 40. Disponível em: http://www.dominiopublico.gov.br/pesquisa/DetalheObraForm.do?select_action=&co_obra=38095. Acesso em: 18 abr. 2022.

No relato de Gabriel Soares de Sousa ficam claras as intenções de Portugal em relação à terra recém-encontrada e à função dos documentos produzidos pelos viajantes portugueses.

Saiba +

Gabriel Soares de Sousa (1540-1591) nasceu em Ribatejo, Portugal. Chegou ao Brasil entre os anos 1565 e 1569 na expedição de Francisco Barreto, que tinha como destino a África. Estabeleceu-se na Bahia por 17 anos, onde se tornou senhor do engenho de Jaguaripe. Voltou a Portugal em 1584 para obter da corte permissão para explorar minérios e pedras preciosas ao longo do rio São Francisco. Enquanto aguardava a permissão régia, escreveu o *Tratado descritivo do Brasil em 1587*.

Reprodução/Editora Hedra

O livro *Tratado descritivo do Brasil em 1587*, de Gabriel Soares de Sousa.

Além da descrição intensa da flora e da fauna, outra característica marcante desses textos literários é a descrição dos povos indígenas que habitavam o Brasil naquela época. Os europeus não entendiam seus costumes, crenças, culturas e rituais e, por isso, consideravam que eles eram ignorantes e bárbaros. Essa visão etnocêntrica foi o bastante para justificar a ocupação das terras brasileiras, de modo que o explorador europeu propunha como uma "missão" que deveria "salvar" o nativo de sua "ignorância e falta de fé".

No fim das contas, por trás desses relatos havia diferentes interesses envolvidos, como o próprio uso da colônia como fonte de abastecimento e de exploração pela metrópole portuguesa.

Leia outro fragmento do *Tratado* de Gabriel Soares de Sousa.

> Entre este **gentio** tupinambá há grandes feiticeiros, que têm este nome entre eles, por lhes meterem em cabeça mil mentiras; os quais feiticeiros vivem em casa **apartada** cada um por si, a qual é muito escura e tem a porta muito pequena, pela qual não ousa ninguém entrar em sua casa, nem de lhe tocar em coisa dela; os quais, pela maior parte, não sabem nada, e para se fazerem **estimar** e temer tomam este ofício, por entenderem com quanta facilidade se mete em cabeça a esta gente qualquer coisa; mas há alguns que falam com os diabos, que os espancam muitas vezes, os quais os fazem muitas vezes ficar em falta com o que dizem; pelo que não são tão **cridos** dos índios, como temidos.
>
> A estes feiticeiros chamam os tupinambás pajés; os quais se escandalizam de algum índio por lhe não dar sua filha ou outra coisa que lhe pedem, e lhe dizem: "Vai, que hás de morrer", ao que chamam "lançar a morte"; e são tão bárbaros que se vão deitar nas redes pasmados, sem quererem comer; e de pasmo se deixam morrer, sem haver quem lhes possa tirar da cabeça que podem escapar do mandado dos feiticeiros, aos quais dão alguns índios suas filhas por mulheres, com medo deles, por se assegurarem suas vidas.
>
> SOUSA, Gabriel Soares de. *Tratado descritivo do Brasil em 1587*. p. 315. Disponível em: http://www.dominiopublico.gov.br/pesquisa/DetalheObraForm.do?select_action=&co_obra=38095. Acesso em: 18 abr. 2022.

gentio: indivíduo pagão.
apartado: separado.
estimar: gostar.
crido: em que se crê, acreditado.

Os textos produzidos nesse período são importantes documentos históricos que revelam informações a respeito do Brasil daquela época. São textos predominantemente descritivos, entremeados por relatos pessoais. Naturalmente, expõem a visão dos colonizadores portugueses sobre o que encontraram nessa nova terra.

Anchieta e Nóbrega na cabana de Pindobuçu, de Benedito Calixto, 1927 (óleo sobre tela).

Práticas de leitura e análise literária: relato de viagem e literatura

Nesta unidade, faremos a leitura de relatos de viagem sobre o Brasil importantes para o estudo da literatura em língua portuguesa, buscando um contraponto mais direto com o gênero relato de viagem.

batéis e esquifes: pequenas embarcações usadas por embarcações maiores com diferentes finalidades.

barrete: gorro de tecido.

aljaveira: árvore da qual se extraíam sementes parecidas com pérolas e que eram usadas na confecção de acessórios.

Relatos de viagem sobre o Brasil

O texto a seguir é um dos documentos mais estudados sobre o Brasil: a carta a *El-Rei* D. Manuel, mais conhecida como "A carta de Caminha". Escrita em 1500 por Pero Vaz de Caminha, escrivão da armada de Pedro Álvares Cabral, e enviada ao rei de Portugal dom Manuel I, essa carta traz o relato da primeira expedição portuguesa ao território brasileiro de que se tem notícia.

Leia o fragmento da carta a *El-Rei* D. Manuel, do navegador português Pero Vaz de Caminha.

Saiba +

Reprodução/Biblioteca Mário de Andrade, São Paulo, SP.

Pero Vaz de Caminha (1450-1500) nasceu na cidade do Porto, em Portugal. Na qualidade de escrivão, participou da frota do navegador português Pedro Álvares Cabral que aportou em terras que hoje são brasileiras, em 1500. Coube a Caminha, então, produzir uma carta ao rei de Portugal, dom Manuel I, comunicando-lhe o acontecido e descrevendo-lhe as terras encontradas. Trata-se das primeiras impressões conhecidas de um estrangeiro a respeito de terras do Brasil. Na imagem, Pero Vaz de Caminha em pintura de Francisco Aurélio de Figueiredo e Melo (1854-1916), sem data.

A carta de Pero Vaz de Caminha

[...] E à quinta-feira, pela manhã, fizemos vela e seguimos direitos à terra, indo os navios pequenos diante, por dezassete, dezasseis, quinze, quatorze, treze, doze, dez e nove braças, até meia légua da terra, onde todos lançamos âncoras em frente à boca de um rio. E chegaríamos a esta ancoragem às dez horas, pouco mais ou menos.

Dali avistamos homens que andavam pela praia, obra de sete ou oito, segundo disseram os navios pequenos, por chegarem primeiro.

Então lançamos fora os **batéis e esquifes**; e vieram logo todos os capitães das naus a esta nau do capitão-mor, onde falaram entre si. E o capitão-mor mandou em terra no batel a Nicolau Coelho para ver aquele rio. E tanto que ele começou a ir para lá, acudiram pela praia homens, quando aos dois, quando aos três, de maneira que, ao chegar o batel chegou à boca do rio, já lá estavam dezoito ou vinte homens.

Eram todos pardos, todos nus, sem coisa alguma que lhes cobrisse suas vergonhas. Nas mãos traziam arcos com suas setas. Vinham todos rijamente sobre o batel; e Nicolau Coelho lhes fez sinal que pousassem os arcos. E eles os pousaram.

Ali não pôde deles haver fala, nem entendimento de proveito, por o mar quebrar na costa. Deu-lhes somente um **barrete** vermelho e uma carapuça de linho que levava na cabeça e um sombreiro preto. Um deles deu lhe um sombreiro de penas de ave, compridas, com uma copazinha pequena de penas vermelhas e pardas como de papagaio; e outro lhe deu um ramal grande de continhas brancas, miúdas, que querem parecer de **aljaveira**, as quais peças creio que o Capitão manda a Vossa Alteza, e com isto se volveu às naus por ser tarde e não poder haver deles mais fala, por causa do mar.

CAMINHA, Pero Vaz de. *A carta de Pero Vaz de Caminha*. Com um estudo de Jaime Cortesão. Rio de Janeiro: Livros de Portugal, 1943. p. 201-202.

1. Nesse primeiro contato dos navegadores portugueses com o que viria a ser o Brasil, que aspectos do trecho que você leu mereceram a atenção de Pero Vaz de Caminha? Escreva sua resposta no caderno.

Na época das chamadas Grandes Navegações e pouco além houve intensa circulação de relatos de viajantes europeus ao Brasil. Além de Pero Vaz de Caminha, fizeram relatos sobre as novas terras outros viajantes e historiadores, como Hans Staden, Jean de Léry, Pero de Magalhães Gândavo e André Thévet.

Leia a seguir um trecho do relato de um desses viajantes, Hans Staden, extraído de *Duas viagens ao Brasil*. Em seguida, responda às perguntas sobre o texto no caderno e, depois, socialize as respostas com os colegas e o professor.

Duas viagens ao Brasil

Hans Staden

Capítulo 22

Como meus dois senhores vieram ver-me e disseram que me tinham presenteado para um amigo, que primeiro queria me guardar, mas depois, quando fosse me comer, matar-me-ia.

Seus costumes, nessa ocasião, não me eram tão conhecidos como o foram depois, e, portanto, pensei que agora estavam se preparando para matar-me. Mas logo chegaram os irmãos **Nhaêpepô-oaçu** e **Alkindar-miri**, que me haviam presenteado ao irmão do pai deles, **Ipiru-guaçu**, em sinal de amizade. Ele me guardaria e mataria quando quisesse me comer, o que faria, graças a mim, ganhar mais um nome.

O mesmo Ipiru-guaçu tinha capturado um escravo um ano antes e deu-o de presente a Alkindar-miri em sinal de amizade. Este o matou, ganhando assim mais um nome, e, em troca, prometera a Ipiru-guaçu dar-lhe de presente o primeiro inimigo que capturasse. E esse era eu.

Os irmãos que me aprisionaram ainda disseram: "Agora as mulheres vão levá-lo ao **poracé**". Naquela ocasião, eu ainda não conhecia o significado daquela palavra. Significava "dança". Puxaram-me pela corda que eu tinha ao redor do pescoço, levando-me da cabana para o descampado em frente. Todas as mulheres das sete cabanas acorreram e vieram receber-me enquanto os homens se afastavam. Puxavam-me, algumas pelos braços e outras pela corda amarrada ao meu pescoço, com tanta força que eu mal conseguia respirar. Eu não sabia o que pretendiam comigo ao arrastar-me dessa forma. [...]

STADEN, Hans. *Duas viagens ao Brasil*: primeiros registros sobre o Brasil. Porto Alegre: L&PM, 2008. p. 69-71.

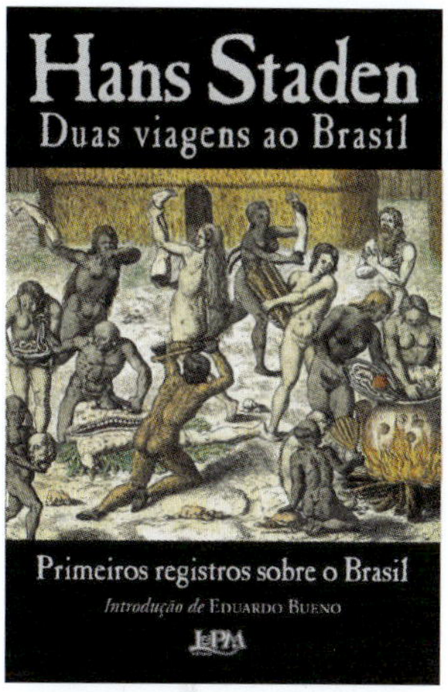

Reprodução/Editora L&PM

O livro *Duas viagens ao Brasil: primeiros registros sobre o Brasil*, de Hans Staden, publicado pela editora L&PM.

Nhaêpepô-oaçu: 'o grande caldeirão', de acordo com a tradução do Instituto Martius-Staden em seu canal de vídeos *on-line*.

Alkindar-miri: 'o pequeno alguidar', de acordo com a tradução do Instituto Martius-Staden em seu canal de vídeos *on-line*. Alguidar é um recipiente redondo, geralmente feito de barro.

Ipiru-guaçu: 'o grande tubarão', de acordo com a tradução do Instituto Martius-Staden em seu canal de vídeos *on-line*.

poracé: dança ritual usada pelos indígenas tupis para fazer suas celebrações.

Saiba +

Akg-Images/Album/Fotoarena

Hans Staden (1525-1576) foi um aventureiro e mercenário alemão que veio duas vezes ao Brasil. Na segunda vez, foi capturado em Ubatuba (SP) por indígenas tupinambás e mantido em cativeiro durante nove meses, sob a ameaça de ser morto e devorado. Na imagem, retrato de Hans Staden em xilogravura de H. J. Winkelmann, publicada em *The American New World Description* em 1664.

Após lutar ao lado dos Tupinambá contra os Tupiniquim, grupo indígena aliado dos portugueses, Staden foi libertado e resgatado por um navio francês. De volta à Europa, escreveu o livro *Duas viagens ao Brasil*. Lançada na Alemanha em 1557, com relatos das viagens e das peripécias de seu autor no Novo Mundo, além de ilustrações anônimas baseadas em suas descrições, a obra foi sucesso de público, principalmente pelas descrições e ilustrações de fatos, costumes e rituais antropofágicos dos Tupinambá.

2. Que impressões Hans Staden teve dos indígenas brasileiros ao ser capturado pelos Tupinambá?

3. Alguns elementos da cultura indígena são perceptíveis no relato de Hans Staden:

- a prática cultural de devorar prisioneiros de guerra, chamada antropofagia;
- o fato de os prisioneiros poderem ser trocados entre as lideranças indígenas, como presente de uma tribo para outra.

Reflita com os colegas, conversem e tentem explicar por que os povos europeus poderiam ficar chocados com esses hábitos culturais. Depois, registre sua resposta no caderno.

Saiba + +++

Para saber mais a respeito da prensa de tipos móveis de Gutenberg, leia a reportagem disponível em: https://super.abril.com.br/mundo-estranho/como-funcionava-a-prensa-de-gutenberg/. Acesso em: 9 fev. 2022.

Da prensa ao *audiobook*

O relato escrito e publicado em livro por Hans Staden em meados do século XVI chegou até nós, em grande parte, graças à tecnologia da época: a prensa de tipos móveis de Gutenberg, criada apenas um século antes. Claro que muitos e diversos gêneros manuscritos, como a carta de Caminha, também sobreviveram ao tempo, mas os livros impressos permitiram uma reprodução em maior escala e, portanto, mais chances de que parte de suas edições fosse preservada.

Nos dias atuais, outra tecnologia permite que o relato de Staden possa alcançar ainda mais pessoas: o *audiobook* (ou audiolivro). Além de ser uma ferramenta primordial para a acessibilidade, possibilitando que pessoas com deficiências visuais possam consumir as publicações nesse formato, o *audiobook* é buscado por pessoas *videntes*, como também são chamados os que enxergam, como alternativa de lazer, entretenimento, estudo, fluência oral e gerenciamento do tempo. Isso porque muitas pessoas gostam de ouvir *audiobooks* enquanto executam outras tarefas mais rotineiras, como limpar o quarto ou fazer ginástica.

No canal de vídeos *on-line* do Instituto Martius-Staden, é possível ter acesso a um *audiobook* do livro de Hans Staden, cujos capítulos foram organizados em uma série de vídeos narrados. Recomendamos que você ouça o Capítulo 1 e conheça um pouco mais esse antigo relato sobre o Brasil. O primeiro capítulo está disponível em: https://www.youtube-nocookie.com/embed/o_9Rhqxfa9s. Acesso em: 9 fev. 2022.

Reprodução/Instituto Martius-Staden

O *audiobook* do livro de Hans Staden foi produzido pelo Instituto Martius-Staden em formato de *podcast* e disponibilizado no canal de vídeos deles.

Relatos sobre o Brasil: um olhar feminino no século XIX

No século XIX, época em que o Brasil já era uma nação independente, outros relatos de viagens ao país foram produzidos. O texto que você vai ler a seguir faz parte de um relato dessa época, extraído do livro *Uma parisiense no Brasil*, escrito pela francesa Adèle Toussaint-Samson. A escritora viveu doze anos no Rio de Janeiro, na época em que a cidade era a capital do país e, por isso, palco de fatos históricos e culturais marcantes. Seu livro é um dos poucos relatos de viagem escritos por uma mulher no século XIX, um olhar feminino em contraste com a visão masculina predominante nesse gênero textual. Adèle foi uma das escritoras que não se esconderam sob um pseudônimo masculino para conseguir a publicação de sua obra.

O Corcovado

Adèle Toussaint-Samson

[...]

Mal havíamos chegado ao Rio de Janeiro e de todo lado faziam-nos esta pergunta: "Estiveram no Corcovado? Quando irão ao **Corcovado**?" Era preciso, portanto, ir ao Corcovado, e foi marcado um dia para a famosa subida.

Marc Ferrez/Instituto Moreira Salles

Vista do Corcovado, de Marc Ferrez, c. 1886 (gelatina/prata, 30,0 cm × 24,0 cm).

Partimos às três horas da manhã, pois é preciso evitar o mais possível o calor do dia. Comumente, reúnem-se quinze a vinte pessoas para fazer esse passeio. Nossa pequena caravana compunha-se de dezesseis, sem contar os negros que nos acompanhavam, carregando na cabeça grandes cestos contendo as provisões de boca. Quanto às negras, estavam encarregadas das crianças, que participam de todas as festas e são levadas mesmo ao teatro, a tal ponto se tem confiança nos escravos para as vigiar. Algumas vezes, usam-se mulas para as crianças e as provisões e sobe-se a metade da montanha a cavalo ou em lombo de burro. A segunda vez que fiz a excursão do Corcovado foi assim, e confesso que o preferi.

Começa-se a subida pela montanha de Santa Teresa; a meia encosta, encontra-se o convento feminino que tem esse nome, e que abriga apenas 21 religiosas. Volte-se então, e admire! A seus pés, estende-se a magnífica baía do Rio de Janeiro, com suas embarcações de todos os países, suas montanhas tão pitorescamente recortadas, suas ilhotas verdes, que parecem bosquezinhos desabrochados nas ondas. Vê-se, de um lado, a cidade toda multicolorida, depois, bem ao longe, o alto-mar.

Corcovado: morro da cidade do Rio de Janeiro pertencente ao Parque Nacional da Tijuca, unidade de conservação brasileira localizada inteiramente no município carioca. No topo desse morro está instalada, desde 1931, a famosa estátua do Cristo Redentor, uma das principais atrações turísticas da cidade.

Muitas vezes disse a mim mesma que, se algum dia tivesse a ideia de tornar-me religiosa, seria apenas ao Convento de Santa Teresa que teria ido pedir repouso e meditação. Diante de uma natureza tão grande, nossas sociedades, ditas civilizadas, parecem bem pouca coisa! Ali, toda coisa humana desaparece, e não nos devemos lembrar mais que de Deus.

Subamos, subamos mais. À sua direita está o aqueduto que, do alto do Corcovado, desce até a cidade para ali verter aquela água tão famosa da Carioca, que deu pretexto a este provérbio brasileiro: "Quem bebeu a água da Carioca não pode mais beber outra água"; e a este outro: "Bebestes a água da Carioca: já não podeis viver senão aqui".

Os habitantes do Rio de Janeiro têm o costume de dizer também, dos seus compatriotas que moram no Rio: é um carioca.

Continuemos subindo. [...] Enfim, chegamos à Mãi de agua [Mãe d'água]. Ali, o europeu pode ter uma ideia daquelas belas florestas virgens ceifadas, na maior parte, por nossa implacável civilização; então todo rumor humano cessou, não se ouve mais que um sussurro sem nome, dominado vez por outra pelo canto agudo e estridente da cigarra; ali, cada talo de relva é habitado, cada árvore, cada folha esconde um mundo; vemo-nos sós e, no entanto, sentimos que uma multidão de seres agita-se à nossa volta; mal podemos avistar o topo das árvores seculares que nos rodeiam; é um caos inextricável e grandioso, que impressiona, e fiquei em êxtase diante daquela natureza selvagem e gigantesca, que me inspirava a uma só vez terror e admiração.

A partir da Mãe d'água, é preciso escalar estreitas e mal traçadas veredas a pique; e, enfim, depois de cinco ou seis horas de caminhada, chega-se ao alto do Corcovado. O mais magnífico panorama estende-se então diante de seus olhos: é um espetáculo grandioso. Contudo, confessarei, fui tomada de mais entusiasmo no meio da montanha do que em seu cume. Eu pudera imaginar um pouco a esplêndida vista que me esperava em tal altura, mas não pudera pressentir a emoção profunda que sentiria à visão de natureza saindo virgem das mãos de Deus. [...]

TOUSSAINT-SAMSON, Adèle. *Uma parisiense no Brasil*. Rio de Janeiro: Capivara, 2003. p. 87-88; 91-92.

Saiba +

Reprodução/Biblioteca Nacional, Paris, França.

Adèle Toussaint-Samson (1826-1911) foi uma poeta e escritora francesa que viveu no Brasil com o marido, o também francês, ator e professor de teatro Joseph-Isidore Samson (1793-1871), entre os anos 1849 e 1863 (não há precisão da data de chegada ao Brasil nos levantamentos biográficos disponíveis atualmente). Sabe-se que, no período em que viveu no Rio de Janeiro, Adèle foi professora de francês e italiano, e, por causa da posição e do prestígio do marido, ambos tiveram acesso à corte imperial brasileira. Em 1883, quando o casal já havia retornado à França, a escritora publicou o livro *Uma parisiense no Brasil*, contendo os relatos das viagens que fez no país. Essa obra tem sido "redescoberta" por pesquisadores brasileiros e estrangeiros interessados em fatos e eventos do século XIX no Brasil.

4. Em sua opinião, quais são os aspectos mais marcantes da sociedade carioca e, por extensão, da sociedade brasileira do século XIX retratados no relato? Registre sua resposta no caderno.

5. Releia este trecho: "e de todo lado faziam-nos esta pergunta: 'Estiveram no Corcovado? Quando irão ao Corcovado?'". Em sua opinião, quem fazia essa pergunta à escritora? Responda no caderno.

6. No fragmento do relato, a autora menciona a civilização ocidental. Sobre isso, responda aos itens no caderno.

a) Ela mesma se coloca como pertencente a essa civilização ocidental? Explique de que maneira você chegou a essa conclusão.

b) Que crítica ela faz à civilização ocidental? Por meio de que expressão essa crítica é explicitada no relato?

c) Essa mesma crítica é uma das temáticas mais debatidas nos últimos anos não só nas sociedades ocidentais, mas em todo o mundo. De que forma a escritora, ao longo do relato, chama a atenção para essa temática?

7. Em sua opinião, por que a natureza da cidade do Rio de Janeiro é um elemento que ganha tanta força e importância no relato da escritora francesa? Registre a resposta no caderno.

8. Quando lemos relatos de escritores do passado, muitas vezes percebemos afirmações que interpretamos como preconceituosas.

- Às vezes, esses relatos também deixam de problematizar aspectos da realidade que, aos leitores de hoje, causam repulsa, indignação, inconformidade. Isso ocorre no relato de Adèle Toussaint-Samson quando ela não problematiza o fato de os negros serem escravizados.
- Discuta com os colegas e o professor por que isso acontece nos relatos e como um leitor de hoje deve interpretar textos dessa natureza.
- Depois, registre suas conclusões no caderno.

9. Agora que você e os colegas discutiram cada um dos textos anteriores, reflitam sobre as questões a seguir e registrem no caderno os comentários.

a) Se esses relatos se baseiam em fatos, por que estão sendo apresentados em uma seção da unidade dedicada à leitura e análise de textos literários (que, em geral, têm caráter ficcional)?

b) O que esses relatos têm de literários?

c) Em que medida a leitura desses relatos ajuda o leitor a compreender a formação cultural brasileira?

Diário de bordo

Considerando as leituras que você fez até este ponto da seção e as reflexões por meio de discussões com os colegas e o professor, registre em seu diário de bordo o que conseguiu compreender, até o momento, a respeito dos relatos de viagem produzidos pelos viajantes que visitaram o Brasil. Registre, também, suas conclusões sobre as reflexões compartilhadas.

Saiba +

Cem dias entre céu e mar, de Amyr Klink. Companhia de Bolso, 2005.

Já imaginou cruzar o oceano Atlântico de leste a oeste em um pequeno barco a remo? Pois essa é a aventura narrada nessa obra do navegador brasileiro Amyr Klink na travessia entre a Namíbia (costa oeste da África) e o litoral da Bahia (no Brasil).

Cultura letrada

Os textos lidos nesta seção fazem parte daquilo que se costuma chamar de *literatura dos viajantes*. Ao longo dos séculos, muitos viajantes visitaram o Brasil buscando entender características naturais, étnicas e culturais, a fim de apresentá-las a diferentes públicos leitores. Você deve ter notado que alguns textos lidos nesta seção nem foram originalmente escritos em português, como o relato de Hans Staden e o de Adèle Toussaint-Samson. A natureza de todos eles é, predominantemente, documental: podem ser lidos, ainda hoje, como documentos com valor histórico, antropológico, cultural. Seu caráter "literário", aquilo que justifica seu estudo e inclusão em uma seção do livro de Língua Portuguesa dedicada ao estudo da literatura, decorre sobretudo do fato de eles terem integrado uma tradição escrita que nos tem influenciado culturalmente. O conjunto de obras como essas constitui aquilo que especialistas denominam *cultura letrada*.

As principais características das obras que compõem a cultura letrada são seu caráter escrito e sua permanência como potencial influenciador de nossa compreensão de mundo e de nós mesmos. A carta de Caminha, por exemplo, é um relato que vem influenciando diferentes grupos de escritores e pesquisadores brasileiros. Na primeira metade do século XX, ela serviu de inspiração a inúmeros escritores, ajudando-os a repensar nossa origem, nossa formação histórica e nossa cultura. Um desses escritores é o paulista Oswald de Andrade (1890-1954). Ele chegou até a transcrever em forma de poema fragmentos da carta, como neste caso:

Acervo Iconographia/Reminiscências

O escritor Oswald de Andrade.

Os selvagens

Oswald de Andrade

Mostraram-lhes uma galinha

Quase haviam medo dela

E não queriam pôr a mão

E depois a tomaram como espantados

ANDRADE, Oswald de. *Obras completas VII*: poesias reunidas. Rio de Janeiro: Civilização Brasileira, 1978. p. 80.

10. Quem poderiam ser os "selvagens", no poema de Oswald de Andrade, em contraponto aos indígenas descritos na carta de Caminha?

11. De acordo com o poema de Oswald de Andrade, por que os "selvagens" se assustaram com o contato com uma ave (a galinha)?

12. Que relações podem ser estabelecidas entre essa reação e o medo do desconhecido, ou seja, de participar de uma experiência nunca vivenciada?

13. De acordo com o contexto do poema e da própria carta de Caminha, é possível compreender qual é o sentido da forma verbal *haviam*, pouco usual no português brasileiro contemporâneo? Explique.

Olhares sobre o Brasil e sobre a cultura brasileira não foram apenas objeto de relatos de viagem (como os lidos até aqui), ou do exame de antropólogos, historiadores, biólogos e outros pesquisadores. A própria tradição literária brasileira – em sua tentativa de representação da realidade por meio da ficção – tem inúmeros exemplos dessas "imagens sobre o Brasil". Os textos reproduzidos a seguir, de diferentes escritores brasileiros de variadas épocas, podem ajudar você a perceber quanto esse tema é importante em nossa literatura.

Leitura em grupo

Organize-se com alguns colegas e formem um grupo para fazer a leitura de cada um dos textos a seguir, organizados em *Olhares sobre o Brasil*.

- Após a primeira leitura, procurem identificar a que obra pertence, o período em que ela foi publicada, que aspectos sobre o Brasil estão presentes no trecho (questões históricas, observações do mundo natural, problemas urbanos, preconceitos, etc.), fatos da vida do autor e como é construída a "imagem do Brasil", isto é, o que é representado (a natureza, o modo de vida, um grupo social específico, uma situação determinada, etc.). Registrem essas informações em uma folha à parte ou no suporte digital de sua preferência.
- Ao final da leitura de cada texto e com as anotações feitas, conversem com os demais grupos e com o professor para verificar se essas "imagens do Brasil" representam a diversidade do país (diversidade natural, diversidade cultural, diversidade étnica, etc.).

Olhares sobre o Brasil

Gregório de Matos

Gregório de Matos (1636-1696), poeta baiano conhecido como "Boca do Inferno", foi um dos grandes críticos da sociedade colonial brasileira de sua época. No texto a seguir, ele apresenta uma imagem de Salvador (conhecida na época como Cidade da Bahia), sede do governo colonial daquele tempo.

Na imagem, Gregório de Matos em desenho de M. J. Garnier.

Soneto

Gregório de Matos

A cada canto um grande conselheiro,
Que nos quer governar **cabana e vinha**;
Não sabem governar sua cozinha,
E podem governar o mundo inteiro.

Em cada porta um frequente olheiro,
Que a vida do vizinho e da vizinha
Pesquisa, escuta, espreita e esquadrinha,
Para a levar à praça e ao terreiro.

Muitos mulatos desavergonhados,
Trazidos sob os pés os homens **nobres**[1],
Posta nas palmas toda a **picardia**,

Estupendas **usuras** nos mercados,
Todos os que não furtam muito pobres:
E eis aqui a cidade da Bahia.

WISNIK, José Miguel (org.). *Poemas escolhidos de Gregório de Matos*. São Paulo: Cultrix, 1989. p. 41.

cabana e vinha: casa e trabalho.

nobres[1]: na visão de Gregório de Matos, os mulatos em ascensão subjugam com esperteza os verdadeiros "homens nobres" [nota de José Miguel Wisnik].

picardia: pirraça; desfeita.

usura: desejo exacerbado de poder e riqueza; cobiça.

A cantora Pitty, quando participava da banda Inkoma, gravou o famoso soneto de Gregório de Matos, que ganhou uma versão musicada pelo grupo. A gravação tem uma curiosidade: exclui a terceira estrofe do poema.

Para conhecer essa versão, ouça a canção disponível em: https://www.youtube.com/watch?v=idYRvx-vDCk. Acesso em: 9 fev. 2022.

Marcello Fim/Ofotográfico/Folhapress

A cantora Pitty. Foto de setembro 2018, no *show* realizado em São Paulo (SP) durante sua turnê "Matriz".

14. Depois de ouvir os versos musicados pela banda Inkoma, converse com os colegas sobre o corte da estrofe feito na letra da canção. Depois dessa conversa, registre no caderno suas respostas para as seguintes questões.

a) Em sua opinião, o corte feito foi intencional? Justifique.

b) Qual pode ser o efeito de sentido provocado pelo corte da estrofe?

Aluísio Azevedo

O autor Aluísio Azevedo (1857-1913) nasceu em São Luís, no Maranhão. Foi romancista, dramaturgo, caricaturista e diplomata. Sua obra caracteriza-se pelas descrições detalhadas de espaços urbanos. O autor procura relacionar os acontecimentos narrados com as explicações da então doutrina do determinismo, segundo a qual o ser humano não tem escolhas, pois o meio em que vive determina seu destino. O trecho a seguir foi extraído do romance *O cortiço*, em que o autor descreve, minuciosamente, pessoas e cenas em um espaço urbano: o cortiço. A capital federal a que ele se refere no texto é a cidade do Rio de Janeiro, capital do país até 1960.

Reprodução/Acervo particular

O escritor Aluísio Azevedo.

O cortiço

Aluísio Azevedo

III

Eram cinco horas da manhã e o cortiço acordava, abrindo, não os olhos, mas a sua infinidade de portas e janelas alinhadas.

Um acordar alegre e farto de quem dormiu de uma assentada sete horas de chumbo. Como que se sentiam ainda na indolência de neblina as derradeiras notas da última guitarra da noite antecedente, dissolvendo-se à luz loura e tenra da aurora, que nem um suspiro de saudade perdido em terra alheia.

A roupa lavada, que ficara de véspera nos coradouros, umedecia o ar e punha-lhe um farto acre de sabão ordinário. As pedras do chão, esbranquiçadas no lugar da lavagem e em alguns pontos azuladas pelo anil, mostravam uma palidez grisalha e triste, feita de acumulações de espumas secas.

Entretanto, das portas surgiam cabeças congestionadas de sono; ouviam-se amplos bocejos, fortes como o marulhar das ondas; pigarreava-se grosso por toda a parte; começavam as xícaras a tilintar; o cheiro quente do café aquecia, suplantando todos os outros; trocavam-se de janela para janela as primeiras palavras, os bons-dias; reatavam-se conversas interrompidas à noite; a pequenada cá fora traquinava já, e lá dentro das casas vinham choros abafados de crianças que ainda não andam. No confuso rumor que se formava, destacavam-se risos, sons de vozes que altercavam, sem se saber onde, grasnar de marrecos, cantar de galos, cacarejar de galinhas. De alguns quartos saíam mulheres que vinham pendurar cá fora, na parede, a gaiola do papagaio, e os louros, à semelhança dos donos, cumprimentavam-se ruidosamente, espanejando-se à luz nova do dia.

Daí a pouco, em volta das bicas era um zum-zum crescente; uma aglomeração tumultuosa de machos e fêmeas. Uns, após outros, lavavam a cara, incomodamente, debaixo do fio de água que escorria da altura de uns cinco palmos. O chão inundava-se. As mulheres precisavam já prender as saias entre as coxas para não as molhar; via-se-lhes a tostada nudez dos braços e do pescoço, que elas despiam, suspendendo o cabelo todo para o alto do casco; os homens, esses não se preocupavam em não molhar o pelo, ao contrário metiam a cabeça bem debaixo da água e esfregavam com força as ventas e as barbas, fossando e fungando contra as palmas da mão. As portas das latrinas não descansavam, era um abrir e fechar de cada instante, um entrar e sair sem tréguas. Não se demoravam lá dentro e vinham ainda amarrando as calças ou as saias; as crianças não se davam ao trabalho de lá ir, despachavam-se ali mesmo, no capinzal dos fundos, por detrás da estalagem ou no recanto das hortas.

O rumor crescia, condensando-se; o zum-zum de todos os dias acentuava-se; já se não destacavam vozes dispersas, mas um só ruído compacto que enchia todo o cortiço. Começavam a fazer compras na venda; **ensarilhavam-se** discussões e **resingas**; ouviam-se gargalhadas e pragas; já se não falava, gritava-se. Sentia-se naquela fermentação sanguínea, naquela gula viçosa de plantas rasteiras que mergulham os pés vigorosos na lama preta e nutriente da vida, o prazer animal de existir, a triunfante satisfação de respirar sobre a terra.

ensarilhar: emaranhar, enredar.

resinga: altercação, polêmica.

Da porta da venda que dava para o cortiço iam e vinham como formigas; fazendo compras.

Duas janelas do Mirando abriram-se. Apareceu numa a Isaura, que se dispunha a começar a limpeza da casa.

– Nhá Dunga! gritou ela para baixo, a sacudir um pano de mesa; se você tem cuscuz de milho hoje, bata na porta, ouviu?

A Leonor surgiu logo também, enfiando curiosa a carapinha por entre o pescoço e o ombro da mulata.

O padeiro entrou na estalagem, com a sua grande cesta à cabeça e o seu banco de pau fechado debaixo do braço, e foi estacionar em meio do pátio, à espera dos fregueses, pousando a canastra sobre o cavalete que ele armou prontamente. Em breve estava cercado por uma nuvem de gente. As crianças adulavam-no, e, à proporção que cada mulher ou cada homem recebia o pão, disparava para casa com este abraçado contra o peito. Uma vaca, seguida por um bezerro amordaçado, ia, tilintando tristemente o seu chocalho, de porta em porta, seguida de um homem carregado de vasilhame de folha.

[...]

AZEVEDO, Aluísio. *O cortiço*. São Paulo: Ática, 1992. p. 35-36.

Saiba +

O cortiço, de Aluísio Azevedo. Companhia de Bolso, 2005.

A adaptação desse romance para o formato *graphic novel* conta com roteiro de Ivan Jaf e arte de Rodrigo Rosa. Essa história em quadrinhos pode ser uma boa maneira de você conhecer o enredo de um dos romances mais emblemáticos da literatura brasileira do século XIX.

Cassiano Ricardo

O escritor Cassiano Ricardo (1895-1974) nasceu na cidade de São José dos Campos, em São Paulo. Foi poeta, ensaísta e jornalista. Uma de suas obras mais conhecidas é *Martim Cererê*, livro de poemas publicado em 1928.

Acervo Iconographia/Reminiscências

O escritor Cassiano Ricardo.

anhangá: espírito maléfico.

poracé: como visto anteriormente, trata-se de dança religiosa com que os Tupi celebravam os principais acontecimentos de sua comunidade.

mosqueado: com manchas ou pintas escuras.

Ladainha

Cassiano Ricardo

Por se tratar de uma ilha deram-lhe o nome de ilha de Vera-Cruz.
Ilha cheia de graça
Ilha cheia de pássaros
Ilha cheia de luz

Ilha verde onde havia
Mulheres morenas e nuas
Anhangás a sonhar com histórias de luas
E cantos bárbaros de pajés em **poracés** batendo os pés.

Depois mudaram-lhe o nome
Pra terra de Santa Cruz.
Terra cheia de graça
Terra cheia de pássaros
Terra cheia de luz.

A grande Terra girassol onde havia guerreiros de tanga
E onças ruivas deitadas à sombra das árvores **mosqueadas** de sol
Mas como houvesse, em abundância,
Certa madeira cor de sangue cor de brasa
E como o fogo da manhã selvagem
Fosse um brasido no carvão noturno da paisagem,
E como a Terra fosse de árvores vermelhas
E se houvesse mostrado assaz gentil,
Deram-lhe o nome de Brasil.
Brasil cheio de graça
Brasil cheio de pássaros
Brasil cheio de luz.

RICARDO, Cassiano. *Martim Cererê*. 12. ed. Rio de Janeiro: J. Olympio/INL, 1972. p. 33.

Saiba +

Nereu Jr/Fotoarena

O nome "ilha de Vera-Cruz", citado no poema de Cassiano Ricardo, faz referência a uma das primeiras denominações que o Brasil recebeu na época da chegada dos portugueses. Em razão da dúvida sobre a extensão do território, circulou por um tempo essa denominação, que fazia referência à ideia de que as terras em que aportaram os navios portugueses fossem, na realidade, uma ilha.

Diário de bordo

Depois da leitura e da discussão que você e os colegas fizeram dos textos literários, em *Olhares sobre o Brasil*, registre em seu diário de bordo suas impressões e conclusões a respeito dessa temática.

15. Organizados em grupos, você e os colegas vão pesquisar novos textos literários que, de acordo com a opinião de vocês, devem ser acrescentados ao conjunto de textos apresentado aqui como *Olhares sobre o Brasil*. Sigam as dicas a seguir.

- Os integrantes de cada grupo devem selecionar alguns textos e compartilhá-los com os colegas da equipe. Para defender a escolha do texto, cada integrante deve argumentar considerando a imagem do Brasil que ele transmite, quem é seu autor e em que contexto ele viveu e escreveu o texto.
- O grupo deve definir quais serão os novos textos com base nessa discussão para, depois, compartilhá-los com a turma toda. Ouçam os argumentos dos colegas com atenção e, se for o caso, apresentem contra-argumentos de modo respeitoso.
- Além dos títulos das obras literárias e dos respectivos escritores, elaborem uma breve justificativa para a inclusão dessas indicações ao conjunto de textos literários de imagens do Brasil.
- Façam o registro dessas indicações em uma folha de papel à parte ou arquivo digital de texto e entreguem ao professor como resposta desta atividade. Não se esqueçam de colocar o nome de todos os participantes do grupo.
- Vocês podem, ainda, compartilhar, em um suporte físico ou digital, a lista dos textos que pesquisaram com os demais grupos e com outras pessoas que se interessem pelo tema, como familiares e amigos.

WYM Design/Arquivo da editora

Cultura digital estereótipos, clichês e publicações de *haters*

Na seção *Práticas de leitura e análise literária*, ao ler os relatos de viagem de vários escritores estrangeiros, você pôde observar suposições preconceituosas a respeito das pessoas e dos costumes das culturas com as quais eles entraram em contato no país. Ao registrarem tais opiniões em seus relatos, os escritores fizeram circular essas ideias entre seus leitores, divulgando esse olhar sobre o Brasil em outras culturas, principalmente as europeias. Para compreender de que modo se percebe um possível preconceito, é fundamental que você conheça duas noções dos estudos de linguagem: *estereótipo* e *clichê*.

Estereótipo

Pode-se definir como uma generalização indevida relacionada a um grupo social. Essa generalização passa a ser entendida como marca ou característica que diferencia esse grupo dos demais. Por exemplo, é comum algumas pessoas considerarem os brasileiros alegres e festeiros. Para elas, essas são marcas características dos habitantes do Brasil (o que não é, necessariamente, verdade: você mesmo deve conhecer brasileiros que não se consideram festeiros, por exemplo).

GoodStudio/Shutterstock

GoodStudio/Shutterstock

Clichê

É uma afirmação que, de tanto ser repetida, torna-se banal e, muitas vezes, leva as pessoas a não questionar o que é declarado, como se fosse uma verdade ou fizesse parte da realidade. Uma frase como "os brasileiros gostam de festa", por exemplo, é um clichê, uma frase que pode ser usada sem muita reflexão em uma conversa ou em uma propaganda de produto.

1. Forme um grupo com alguns colegas.

- Juntos, pensem em uma viagem ou um passeio que fizeram a um lugar que não seja o local de origem de vocês e procurem se lembrar se, nessa situação, fizeram alguma observação e/ou comentário que, agora, vocês mesmos avaliam como manifestação de preconceito contra a cultura do lugar visitado.
- Caso não tenham feito esse tipo de viagem ou passeio, reflitam sobre uma situação em que receberam a visita de um amigo de outra localidade e/ou conversaram com um turista em visita à cidade de vocês pela primeira vez e tentem lembrar se perceberam neles uma visão preconceituosa, marcada por estereótipos ou clichês sobre a cultura e os costumes locais.
- Após a conversa, registrem no caderno as considerações significativas e importantes para o grupo.

Atualmente, há vários *sites*, blogues e redes sociais dirigidos a temas específicos que atraem, sobretudo, o público interessado em tais temas. Um exemplo são os suportes dedicados à publicação sobre o tema **viagem**: há dicas para viajantes, relatos de viagem, entre outros assuntos. Em muitos deles, as pessoas podem interagir por meio de fóruns e comentários, por exemplo, tornando pública sua opinião.

2. Você se interessa ou já se interessou por algum suporte digital específico para se informar sobre um assunto e/ou para compartilhar sua opinião a respeito de determinado tema? Exponha suas considerações sobre o que o levou a ter contato com esse suporte. Depois, registre sua resposta no caderno.

Pesquisa: comentários de possíveis *haters*

Na internet, especialmente nos suportes em que as opiniões de internautas se tornam públicas por meio de comentários, é muito presente a atuação dos *haters*, termo originado na língua inglesa e que significa "odientos", "odiadores". Em geral, os *haters* se dirigem a um grupo específico ou a algum fórum sobre determinado assunto e publicam comentários desqualificadores, de ódio, a respeito de tudo o que seja contrário às ideias deles, desqualificando opiniões, desvalorizando concepções de mundo diferentes daquelas que pregam, construindo *fake news* e, em casos mais extremos, deslegitimando um debate público importante sobre um tema de interesse geral. Algumas vezes, levam à difamação pública de alguém e passam a disseminar na rede visões infundadas e preconceituosas.

Considerando as explicações anteriores, faça o que se pede a seguir.

- Individualmente, selecione blogues e/ou *sites* específicos de viagens e identifique comentários de possíveis *haters*. Anote o comentário em uma folha à parte ou no suporte digital de sua preferência e, se necessário, o trecho a que ele se refere, para que fique claro o que foi dito e qual foi a reação do usuário em questão. Anote, também, a fonte da qual esses comentários foram extraídos.
- Em uma data previamente combinada com o professor, apresente esses comentários aos demais colegas. Ao fazer a apresentação para a turma, é importante proteger a identidade dos autores dos comentários. Por isso, não revele o nome, o apelido nem o perfil em rede social do possível *hater*. Juntos, analisem esses textos e definam um posicionamento: eles caracterizam um comentário de ódio ou expressam uma opinião saudável, porém contrária à ideia apresentada inicialmente no suporte digital? Que expressões do comentário ajudaram vocês a chegar a essa conclusão?

Virinaflo/Shutterstock

Na internet, algumas vezes encontramos comentários escritos por *haters* (ou "odiadores"). Será que já nos acostumamos tanto com isso a ponto de não reconhecermos a diferença entre uma opinião contrária e um discurso de ódio?

3. Reflita com a turma, tendo como base as perguntas a seguir.

a) Em sua opinião, em que momento um conteúdo deixa de ser a livre opinião de alguém e passa a ser apenas um ataque ou uma ofensa a uma pessoa ou a um grupo específico?

b) Para você, os comentários de *haters* contribuem de maneira positiva ou negativa para conhecer opiniões diversas sobre um assunto específico? Justifique sua resposta.

c) O que você, como possível usuário da internet, pode fazer para evitar a disseminação de discursos de ódio em suportes digitais?

Diário de bordo

Ao término das atividades da seção *Cultura digital*, registre em seu diário de bordo suas considerações sobre o assunto discutido.

Faça, também, um registro do processo da atividade, desde a pesquisa de comentários de *haters* em suportes digitais até o momento de conversa e reflexão com os colegas. Em sua opinião, essa atividade foi produtiva e propiciou um ponto de vista diferente sobre o assunto?

Práticas de produção oral: exposição oral (I)

Observe a imagem a seguir.

SeventyFour/Shutterstock

Ao fazer uma exposição oral, é possível utilizar diferentes ferramentas que auxiliem na exposição das informações.

Uma das maneiras de fazer relatos orais em situações de comunicação pública é a exposição oral, como vemos na imagem. Nesse tipo de interação oral, há um grupo de **ouvintes**, que chamaremos aqui de **plateia**, a quem se dirige um **expositor**, isto é, a pessoa que expõe oralmente uma comunicação. Em sua prática escolar, você já deve ter participado de seminários e de outras formas de apresentação oral, que são formas de exposição oral.

1. Agora, discuta com os colegas e o professor sobre as perguntas a seguir e, depois, registre as considerações no caderno.

a) Em que situações você imagina também ser possível ocorrer uma exposição oral?

b) Na imagem que você observou, além da própria fala, de que outros recursos comunicativos se vale o expositor para apoiar a comunicação oral?

c) Desses recursos, quais não são utilizados em uma comunicação oral cotidiana?

d) Pense na situação registrada na foto. Ela lhe parece mais formal ou mais informal? Justifique sua resposta.

Nesta unidade, você estudou alguns relatos de viagem. Chegou o momento de compartilhar as experiências que você tem de viagens.

Produção

Forme um grupo com quatro ou cinco colegas. Juntos, troquem informações a respeito de viagens interessantes que já tenham feito. Se, por acaso, alguém do grupo nunca passou pela experiência de uma viagem, pode falar sobre um local que gostaria de conhecer e como iria para lá.

O grupo vai organizar uma exposição oral para compartilhar com a turma essas experiências. Para isso, você e os colegas vão observar as orientações a seguir.

I. É fundamental ter clareza da **situação de comunicação**.

- Quem formará a plateia?
- A situação da exposição será mais formal ou mais informal? Qual deve ser o nível de linguagem empregado?
- Onde será feita a apresentação: na sala de aula, para os demais colegas de turma? Ou em um auditório, com a presença de colegas de outras turmas?
- Além da fala, que outros recursos o grupo usará para a exposição? Por exemplo, haverá a apresentação de *slides*, de cartazes, a exibição de fotografias das viagens?
- Quanto tempo haverá para a apresentação de cada grupo?

II. É preciso definir bem o **assunto da exposição**.

- Além das informações disponíveis, é necessário buscar outras? Se alguém for falar de uma viagem que gostaria de fazer ou quiser confirmar informações sobre um lugar visitado, por exemplo, seria preciso fazer uma pesquisa? Em caso afirmativo, é importante definir onde pesquisar essas informações: registros pessoais, livros da biblioteca, *sites* informativos indicados pelo professor, entre outros.

III. Escolham uma forma de **organizar a apresentação**.

- Quem apresentará: cada um falará um pouco ou a fala será de apenas um membro do grupo?
- Como serão feitas as apresentações? Pensem, por exemplo, nos critérios por meio dos quais um relato pode ser organizado (como os que vocês estudaram nas seções anteriores). Lembrem-se: como em toda forma de relato, deve haver critério(s) que oriente(m) a exposição.

Recepção

No dia combinado com o professor para as exposições, é fundamental adotar algumas atitudes para tirar mais proveito das apresentações tanto quando você estiver no papel de audiência como quando estiver no papel de expositor.

- Enquanto os colegas de outro grupo se apresentam, você, individualmente, toma notas do que julgar mais importante.
- Preste atenção ao que os colegas expuserem. Assim, no final da exposição deles, você poderá fazer perguntas sobre algo que tenha chamado a sua atenção ou que não tenha ficado claro; poderá, ainda, fazer comentários a respeito do que foi apresentado.
- Se for possível e se houver recursos disponíveis, combine com a turma e o professor que as exposições sejam gravadas em áudio ou, melhor ainda, em vídeo. Assim, posteriormente, será possível ouvi-las e analisá-las. As gravações poderão ser armazenadas no seu **portfólio**, caso tenha escolhido o formato digital.

Conversa coletiva e avaliação

Após todos os grupos terem realizado essa primeira exposição oral, é o momento de a turma promover uma conversa coletiva a respeito da experiência. Veja a seguir algumas perguntas que podem orientá-los nesse momento.

- O que chamou a sua atenção?
- Todas as exposições seguiram a mesma organização?
- Os grupos usaram recursos – além da própria fala – como fotografias e imagens, cartazes, *slides*, gestos e mímica, entre outros, na hora de expor?
- Houve elementos que, porventura, tenham prejudicado alguma(s) das exposições? Em caso afirmativo, quais? Isso poderia ter sido evitado?
- Se você pudesse modificar algo nas exposições a que assistiu, o que mudaria? Por quê?

Diário de bordo

Depois das atividades realizadas nesta parte da seção, converse com os colegas e o professor sobre as conclusões a que a turma chegou, até este momento, sobre as características do gênero exposição oral. Em seguida, registre essas conclusões em seu diário de bordo, pois elas poderão ser revisitadas na Unidade 2: Diário pessoal.

Daniel M Ernst/Shutterstock

Jovens conversando.

Práticas de produção escrita: relato de viagem

Textos como o de Beatriz Sarlo, o de Adèle Toussaint-Samson, a carta de Caminha, entre outros que você trabalhou nesta unidade, são exemplos de relatos de viagem. Nesses textos, o autor apresenta aos leitores uma experiência vivenciada no curso de uma viagem. Como você viu, as motivações para ler e produzir relatos de viagem são muito variadas.

Revisão

Retome a produção escrita que você fez na atividade 6 da seção *Práticas de análise linguística* e a releia, observando os pontos a seguir.

- Ao produzir o texto pela primeira vez, a quem você pensou destiná-lo? Isto é, quem são os supostos leitores do seu relato?
- Que detalhes da experiência você conseguiu relatar?
- O que acha que ficou faltando e que você gostaria de acrescentar? E em que parte do relato você faria os acréscimos?
- Há descrições que ajudam o leitor do seu relato a "visualizar" o que está sendo relatado?
- O que você acha que os supostos leitores ainda gostariam de saber sobre o relato da sua experiência?

Com base em todas essas questões, assinale no próprio texto o que você modificaria, o que acrescentaria e em que parte.

Visual Generation/Shutterstock

Em relatos de viagem, o autor costuma apresentar uma experiência vivenciada por ele durante uma viagem.

Aproveite esse momento de revisão para retomar os comentários dos primeiros leitores, isto é, os colegas e o professor. Nas observações que eles tiverem feito, você pode encontrar indícios do que modificar na reescrita.

O relato de viagem é um gênero em que predomina a prática de "relatar". Leia as explicações do subtítulo *Relato de viagem* ao final desta seção e verifique se a primeira versão do seu relato contém as características indicadas ou se falta algum elemento.

Reescrita

Tomando como base o que foi discutido aqui e as explicações sobre o relato de viagem, agora você vai reescrever seu texto. Nessa reescrita, modifique tudo o que achar pertinente, altere, transforme o relato, para que ele fique mais interessante, mais claro, mais próximo do que você gostaria de transmitir aos leitores.

Nessa análise, observe o seguinte:

- se a linguagem empregada é adequada aos leitores que você tinha em mente ao escrever o relato;
- se você organizou os eventos da experiência relatada com base em uma ordenação facilmente percebida pelo leitor do relato;
- se o que motivou você a escolher a experiência relatada está claro para os leitores;
- se é possível perceber um "percurso" construído pela cronologia das ações e o movimento no tempo e no espaço.

Modifique o que considerar necessário e reescreva seu relato.

Em um dia combinado com o professor, compartilhe o seu relato com os colegas.

Guarde as versões desse relato em seu **portfólio**. Esse relato de viagem poderá ajudá-lo a compor a produção final de *Viagens*.

Relato de viagem

Relatar fatos é uma prática de comunicação muito comum: todas as vezes que você conta um fato já ocorrido, organizando as ações e os eventos por meio de algum critério previamente definido, está produzindo um relato, como o relato de viagem.

Conforme você observou nos relatos lidos nesta unidade, as ações relatadas se sucedem umas às outras em sequência cronológica, isto é, relatam-se os fatos segundo a ordem em que eles ocorreram, a partir do primeiro. Isso significa que o critério composicional que rege a organização do texto é a cronologia das ações.

Se você observar, nos relatos lidos, como as ações se sucedem umas às outras e como os temas são introduzidos no relato (algo que os estudiosos chamam de progressão temática), notará que, além da cronologia das ações, outro critério ajuda a organizar o relato: a sucessão dos lugares visitados. Isso é particularmente evidente no relato de Adèle, quando ela descreve a subida ao Corcovado: primeiro, o início do trajeto; depois, o relato da subida pelo morro até a parada no Convento de Santa Teresa; em seguida, a entrada na mata densa do morro; por fim, a chegada ao topo. É possível traçar até mesmo um mapa do percurso.

Tanto em uma narrativa quanto em um relato, as ações – expressas principalmente pelas formas verbais empregadas, conforme visto em *Práticas de leitura* e em *Práticas de análise linguística* – são o elemento essencial. Mas, diferentemente dos gêneros textuais narrativos – como o conto, a novela, a epopeia –, o relato e os gêneros relatoriais caracterizam-se pela ausência de conflito. O conflito, para você se lembrar, é o problema que gera a narrativa e que os personagens protagonistas procuram resolver. Na narrativa, o conflito é essencial, porque ele a faz progredir e avançar, até chegar ao desfecho. No relato, a progressão que leva ao fim é determinada não pelo conflito, mas pela própria sequência das ações que se sucedem umas às outras.

GaudiLab/Shutterstock

A necessidade de relatar o que aconteceu em uma viagem é comum e pode ser observada em diferentes épocas, dos tempos mais antigos aos mais modernos.

Diário de bordo

Registre em seu diário de bordo como foi o processo de escrever seu relato de viagem, revendo suas versões conforme desenvolveu os estudos. A leitura de vários relatos de viagem ajudou você nesse percurso de escrita? Por quê?

Responda às questões a seguir para fazer uma retomada dos seus conhecimentos e rever alguns assuntos que estudou nesta unidade.

1. (FGV-SP – 2011)

"O físico britânico Stephen Hawking [...] já não duvida que *aliens* existem." (Planeta, julho de 2010.)

A construção "não duvida que *aliens* existem" exige, de acordo com a norma-padrão da língua, o uso de um modo verbal distinto do utilizado em *existem*. O modo verbal adequado para essa construção e a forma devidamente flexionada são, respectivamente,

a) imperativo – existissem.
b) subjuntivo – existam.
c) indicativo – existiriam.
d) subjuntivo – existirão.
e) imperativo – existam.

2. (Epcar-MG/AFA-SP – 2016)

Se não quiser adoecer

Por Dr. Dráuzio Varela

"Fale de seus sentimentos"

Emoções e sentimentos que são escondidos, reprimidos, acabam em doenças como: gastrite, úlcera, dores lombares, dor na coluna. Com o tempo, a repressão dos sentimentos degenera até em câncer. Então vamos desabafar, confidenciar, partilhar nossa intimidade, nossos segredos, nossos pecados. O diálogo, a fala, a palavra é um poderoso remédio e excelente terapia.

"Busque soluções"

Pessoas negativas não enxergam soluções e aumentam os problemas. Preferem a lamentação, a murmuração, o pessimismo. Melhor é acender o fósforo que lamentar a escuridão. Pequena é a abelha, mas produz o que de mais doce existe. Somos o que pensamos. O pensamento negativo gera energia negativa que se transforma em doença.

"Aceite-se"

A rejeição de si próprio, a ausência de autoestima, faz com que sejamos algozes de nós mesmos. Ser eu mesmo é o núcleo de uma vida saudável. Os que não se aceitam são invejosos, ciumentos, imitadores, competitivos, destruidores. Aceitar-se, aceitar ser aceito, aceitar as críticas, é sabedoria, bom senso e terapia.

"Não viva SEMPRE triste!"

O bom humor, a risada, o lazer, a alegria recuperam a saúde e trazem vida longa. A pessoa alegre tem o dom de alegrar o ambiente em que vive. "O bom humor nos salva das mãos do doutor". Alegria é saúde e terapia.

(Trechos retirados de Pensador.uol.com.Br/autor/dr_drauzio_varela. Acesso em 11 de abril de 2015, às 11h.)

Observe as formas verbais empregadas nos enunciados abaixo e assinale **V** para as proposições verdadeiras e **F** para as falsas. A seguir, marque a sequência correta.

I. "Se não quiser adoecer, fale de seus sentimentos."
II. "Pessoas negativas não enxergam soluções e aumentam os problemas."
III. "A rejeição de si próprio, a ausência de autoestima, faz com que sejamos algozes de nós mesmos."
IV. "Aceitar-se, aceitar ser aceito, aceitar as críticas, é sabedoria, bom senso e terapia."
V. "Não viva sempre triste!"

( ) O presente do indicativo aparece nos enunciados II, III e IV com o objetivo de exprimir um fato verdadeiro e que não pertence a uma época determinada.

( ) No enunciado I, o verbo "**falar**" encontra-se no presente do subjuntivo e expressa um fato incerto, mas que apresenta a expectativa do locutor de que venha a se realizar.

( ) Com o objetivo de manter o paralelismo verbal, se colocássemos a primeira forma verbal do período III no pretérito perfeito do indicativo, teríamos que usar a forma verbal "**fôssemos**" na segunda oração.

( ) O particípio do verbo "**aceitar**", no enunciado IV, foi utilizado na formação da voz passiva.

( ) O verbo "**viver**", na frase V, encontra-se flexionada na 2ª pessoa do singular do imperativo negativo.

a) F, V, F, F, V

b) V, F, V, V, F

c) V, F, V, F, F

d) F, F, F, V, V

3. (Uerj – 2017)

Leia o texto para responder à questão:

A CIDADE

Destinava-se a uma cidade maior, mas o trem permaneceu indefinidamente na antepenúltima estação.

Cariba acreditou que a demora poderia ser atribuída a algum **comboio**[1] de carga descarrilado na linha, acidente comum naquele trecho da ferrovia. Como se fizesse excessivo o atraso e ninguém o procurasse para lhe explicar o que estava ocorrendo, pensou numa provável desconsideração à sua pessoa, em virtude de ser o único passageiro do trem.

[1]**comboio:** trem.

[2]**valise:** mala de mão.

[3]**espadaúdo:** de ombros largos.

Chamou o funcionário que examinara as passagens e quis saber se constituía motivo para tanta negligência o fato de ir vazia a composição.

Não recebeu uma resposta direta do empregado da estrada, que se limitou a apontar o morro, onde se dispunham, sem simetria, dezenas de casinhas brancas.

– Belas mulheres? – indagou o viajante.

– Casas vazias.

Percebeu logo que tinha pela frente um cretino. Apanhou as malas e se dispôs a subir as íngremes ladeiras que o conduziriam ao povoado.

[...]

Durante todo o percurso, desde as vias secundárias à avenida principal, os moradores do lugar observaram Cariba com desconfiança. Talvez estranhassem as **valises**[2] de couro de camelo que carregava ou o seu paletó xadrez, as calças de veludo azul. Mesmo sendo o seu traje usual nas constantes viagens que fazia, achou prudente desfazer qualquer mal-entendido provocado pela sua presença entre eles:

– Que cidade é esta? – perguntou, esforçando-se para dar às palavras o máximo de cordialidade. Nem chegou a indagar pelas mulheres, conforme pretendia. Pegaram-no com violência pelos braços e o foram levando, aos trancos, para a delegacia de polícia:

– É o homem procurado – disseram ao delegado, um sargento **espadaúdo**[3] e rude.

[...]

O sargento chegara a uma conclusão, entretanto divagava:

– O telegrama da Chefia de Polícia não esclarece nada sobre a nacionalidade do delinquente, sua aparência, idade e quais os crimes que cometeu. Diz tratar-se de elemento altamente perigoso, identificável pelo mau hábito de fazer perguntas e que estaria hoje neste lugar.

[...]

Cinco meses após a sua detenção, ele não mais espera sair da cadeia. Das suas grades, observa os homens que passam na rua. Mal o encaram, amedrontados, apressam o passo.

Pressente, às vezes, que irão perguntar qualquer coisa aos companheiros e fica à espreita, ansioso que isso aconteça. Logo se desengana. Abrem a boca, arrependem-se, e se afastam rapidamente.

Caminha, dentro da noite, de um lado para outro. E, ao avistar o guarda, cumprindo sua ronda noturna, a examinar se as celas estão em ordem, corre para as grades internas, impelido por uma débil esperança:

– Alguém fez hoje alguma pergunta?

– Não. Ainda é você a única pessoa que faz perguntas nesta cidade.

MURILO RUBIÃO. *Obra completa.* São Paulo: Companhia das Letras, 2010.

"Cinco meses após a sua detenção, ele não mais espera sair da cadeia. Das suas grades, observa os homens que passam na rua. Mal o encaram, amedrontados, apressam o passo."

A partir do parágrafo acima, a narração passa a ser feita no tempo e modo verbal das formas destacadas.

Identifique esse tempo e modo verbal e explique o efeito que seu emprego produz, considerando a situação em que Cariba se encontra.

4. (Enem – 2013)

Leia o **texto I** e observe o **texto II** para responder.

Texto I

Andaram na praia, quando saímos, oito ou dez deles; e daí a pouco começaram a vir mais. E parece-me que viriam, este dia, à praia, quatrocentos ou quatrocentos e cinquenta. Alguns deles traziam arcos e flechas, que todos trocaram por carapuças ou por qualquer coisa que lhes davam. [...] Andavam todos tão bem-dispostos, tão bem-feitos e galantes com suas tinturas que muito agradavam.

CASTRO, S. *A carta de Pero Vaz de Caminha.* Porto Alegre: L&PM, 1996 (fragmento).

Texto II

PORTINARI, C. **O descobrimento do Brasil.** 1956. Óleo sobre tela, 199 × 169 cm.

Disponível em: www.portinari.org.br. Acesso em: 12 jun. 2013.

Pertencentes ao patrimônio cultural brasileiro, a carta de Pero Vaz de Caminha e a obra de Portinari retratam a chegada dos portugueses ao Brasil. Da leitura dos textos, constata-se que

a) a carta de Pero Vaz de Caminha representa uma das primeiras manifestações artísticas dos portugueses em terras brasileiras e preocupa-se apenas com a estética literária.

b) a tela de Portinari retrata indígenas nus com corpos pintados, cuja grande significação é a afirmação da arte acadêmica brasileira e a contestação de uma linguagem moderna.

c) a carta, como testemunho histórico-político, mostra o olhar do colonizador sobre a gente da terra, e a pintura destaca, em primeiro plano, a inquietação dos nativos.

d) as duas produções, embora usem linguagens diferentes – verbal e não verbal –, cumprem a mesma função social e artística.

e) a pintura e a carta de Caminha são manifestações de grupos étnicos diferentes, produzidas em um mesmo momento histórico, retratando a colonização.

5. (UFSC – 2013)

Texto 1

Old Greenwich, 3 de agosto de 1946.

Clarice,

Uma praia com areia preta. Um jardim todo torto, a grama cheia de folhas secas. Na frente o mar, com um homem barbado dando braçadas. A mulher de touca branca olha para trás dentro d'água, ri do barbado que deve ser seu marido, apesar da barba. A barba fica molhada, colada ao peito, escorrendo água. Na cabeça ele tem uma touca de meia de mulher. Estamos em 1912. No jardim tem uma árvore, debaixo da árvore tem uma mesa de vime, em cima da mesa uma máquina, em frente à mesa uma cadeira de vime e em cima da cadeira eu. Me sinto feito de vime também.[...] Abraço com muita amizade.

Fernando

Texto 2

Berna, 14 de agosto de 1946.

Fernando,

A descrição de Old Greenwich começou muito bem, eu lendo apenas; depois fui entrando em 1912, e entrei em transe – fiquei passeando pela praia com um *maillot* até os tornozelos e com meu lanche numa cestinha; e depois, na hora do pôr do sol, botei meu chapéu de abas largas até os olhos, meu vestido comprido de linho bordado e me sentei num banco junto de um homem de bigode e chapéu de palha. Que maravilha se a gente pudesse mesmo usar o pó do pirlimpimpim. "Nandinho", que carta boa a sua. [...]

Um abraço,

Clarice

SABINO, Fernando. **Cartas perto do coração** – Fernando Sabino, Clarice Lispector. 3. ed. Rio de Janeiro: Record, 2001, p. 42; 52. [Adaptado]

Considere as afirmativas abaixo, em relação aos textos 1 e 2.

I. Na construção "ri do barbado que deve ser seu marido" (texto 1), o pronome "que" introduz uma oração relativa que modifica o termo "barbado".

II. A referência ao ano de 1912, em ambos os textos, é feita pelo uso do verbo no tempo presente, o que produz uma incoerência em relação ao ano de 1946, época em que viviam os autores no momento em que escreveram as cartas.

III. As diferentes temporalidades, expressas em datas diferentes, sinalizam para dois contextos distintos: o contexto real em que viviam os autores das cartas e o contexto ficcional projetado pela imaginação.

V. Com a frase "Que maravilha se a gente pudesse mesmo usar o pó do pirlimpimpim." (texto 2), a autora expressa sua opinião acerca da possibilidade de se transportar no espaço e no tempo.

Assinale a alternativa CORRETA.

a) Somente as afirmativas I, II e III estão corretas.

b) Somente as afirmativas II e IV estão corretas.

c) Somente as afirmativas I e IV estão corretas.

d) Somente as afirmativas II e III estão corretas.

e) Somente as afirmativas I, III e IV estão corretas.

6. (UFSC - 2013)

Texto 1

Old Greenwich, 3 de agosto de 1946.

Clarice,

Uma praia com areia preta. Um jardim todo torto, a grama cheia de folhas secas. Na frente o mar, com um homem barbado dando braçadas. A mulher de touca branca olha para trás dentro d'água, ri do barbado que deve ser seu marido, apesar da barba. A barba fica molhada, colada ao peito, escorrendo água. Na cabeça ele tem uma touca de meia de mulher. Estamos em 1912. No jardim tem uma árvore, debaixo da árvore tem uma mesa de vime, em cima da mesa uma máquina, em frente à mesa uma cadeira de vime e em cima da cadeira eu. Me sinto feito de vime também.[...]

Abraço com muita amizade.

Fernando

Texto 2

Berna, 14 de agosto de 1946.

Fernando,

A descrição de Old Greenwich começou muito bem, eu lendo apenas; depois fui entrando em 1912, e entrei em transe – fiquei passeando pela praia com um *maillot* até os tornozelos e com meu lanche numa cestinha; e depois, na hora do pôr do sol, botei meu chapéu de abas largas até os olhos, meu vestido comprido de linho bordado e me sentei num banco junto de um homem de bigode e chapéu de palha. Que maravilha se a gente pudesse mesmo usar o pó do pirlimpimpim. "Nandinho", que carta boa a sua. [...]

Um abraço,

Clarice

SABINO, Fernando. **Cartas perto do coração** – Fernando Sabino, Clarice Lispector. 3. ed. Rio de Janeiro: Record, 2001, p. 42; 52. [Adaptado]

Com base nos textos 1 e 2, identifique se são **verdadeiras (V)** ou **falsas (F)** as afirmativas abaixo.

( ) O trecho da carta cujo destinatário é Clarice é basicamente descritivo, com verbos no tempo presente do modo indicativo; já o trecho da carta dirigida a Fernando mescla narração e descrição, com verbos predominantemente no pretérito perfeito do mesmo modo.

( ) No texto 1, as referências de localização são mais espaciais do que no texto 2; neste, há mais referências temporais do que naquele.

( ) As duas primeiras frases da carta cujo remetente é Fernando e a última frase da carta escrita por Clarice não contêm verbos.

( ) Embora se trate de cartas pessoais, em ambas há predomínio da terceira pessoa, pois os textos são de natureza literária.

( ) As cartas foram escritas ao final da primeira metade do século XX, por isso as mensagens trocadas estão totalmente ultrapassadas, sem nenhum valor para o leitor de hoje.

Assinale a alternativa que apresenta a sequência **CORRETA**, de cima para baixo.

a) V – F – F – F – V
b) F – V – F – V – V
c) V – F – F – F – F
d) V – V – V – F – F
e) F – V – V – V – F

7. (Ufla-MG – 2004)

Leia o texto para responder à questão.

Texto

Carta de Pero Vaz

A terra é mui graciosa,
Tão fértil eu nunca vi.
A gente vai passear,
No chão espeta um caniço,
No dia seguinte nasce
Bengala de **castão** de oiro.
Tem goiabas, melancias.
Banana que nem chuchu.
Quanto aos bichos, tem-nos muitos.
De plumagens mui vistosas.
Tem macaco até demais.
Diamantes tem à vontade,
Esmeralda é para os trouxas.
Reforçai, Senhor, a arca.
Cruzados não faltarão,
Vossa perna encanareis,
Salvo o devido respeito.
Ficarei muito saudoso
Se for embora d'aqui.

Murilo Mendes

castão: remate superior de uma bengala.

cruzado: antiga moeda portuguesa.

vossa perna encanareis: a expressão quer dizer que o rei "estava mal das pernas", isto é, sem dinheiro, "quebrado". As riquezas do Brasil poderão tirá-lo dessa situação.

Questão

Há nesse texto uma sátira à expressão "dar-se-á nela tudo", contida na Carta de Caminha (Texto). Marque a alternativa que confirma essa tendência.

a)

"Tem goiabas, melancias
Banana que nem chuchu."

b)

(...)
"No chão espeta um caniço,
No dia seguinte nasce
Bengala de castão de oiro."

c)

"A terra é mui graciosa
Tão fértil eu nunca vi."

d)

"Quanto aos bichos, tem-nos muitos
De plumagens mui vistosas.
Tem macaco até demais."

e)

"Diamantes tem à vontade,
Esmeralda é para os trouxas.
Reforçai, Senhor, a arca."

Ao longo desta unidade, você se engajou com os colegas em muitas atividades envolvendo o estudo do gênero textual relato de viagem. Escrever relatos pode nos ajudar a compreender melhor nossas experiências e os acontecimentos que vivemos, além de possibilitar que nossas vivências sejam compartilhadas com outras pessoas.

Organizando um *Caderno de viagens*

A atividade da turma nesta seção é desafiadora e gira em torno da seguinte questão: Como produzir um *Caderno de viagens* para divulgar os relatos produzidos por vocês?

Preparação

Converse com alguns colegas a respeito de como gostariam que fosse esse caderno e como ele deveria circular pela comunidade escolar. Considerem, também, a realidade: as possibilidades de produção e de circulação na escola de vocês. Nas fotos a seguir, vejam algumas ideias que podem inspirar a conversa.

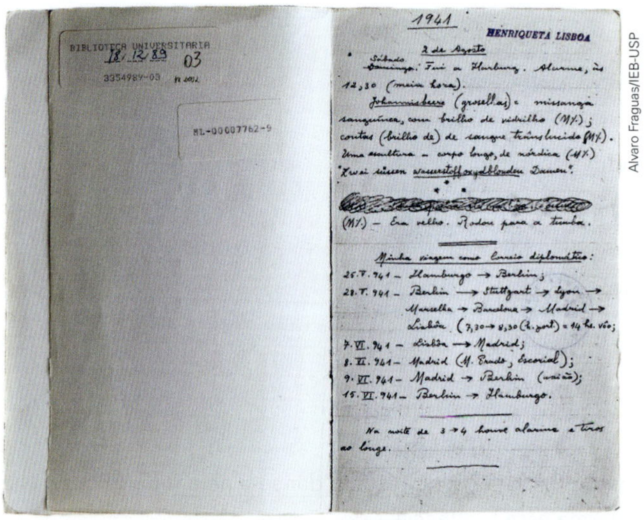

Alvaro Fraguas/IEB-USP

Página de caderno com anotações de viagens do escritor João Guimarães Rosa, de 1941. Pertence ao acervo do Instituto de Estudos Brasileiros da Universidade de São Paulo (USP).

Reprodução/Editora Sextante

Capa do *Caderno de viagem*, de Jean-Baptiste Debret, em publicação da editora Sextante, 2006.

Reprodução/Editora Sextante

Páginas do *Caderno de viagem*, de Jean-Baptiste Debret, em publicação da editora Sextante, 2006.

Discussão coletiva e planejamento

Na sequência, os grupos devem compartilhar suas propostas com a turma toda e, respeitosamente, ouvir as das demais equipes e defender suas ideias com base em argumentos consistentes, considerando a realidade da escola e os anseios de seu grupo.

Nessa discussão coletiva, a turma deve definir um plano para desenvolver o trabalho de organização do *Caderno de viagens*. Para isso, será preciso chegar a acordos. Por exemplo:

- O caderno será produzido para circular em papel ou em uma plataforma digital?
- Que critérios vão determinar a seleção e o agrupamento de textos e imagens na publicação?
- Como será organizado/produzido o material?
- Quem fará a apresentação do caderno?
- Como será feita a divulgação do caderno na comunidade escolar? Qual será o cronograma para a execução da atividade?

Para a organização e a confirmação desses acordos, pode ser interessante criar um mural com perguntas e construir juntos as respostas. Isso pode ser feito tanto presencialmente – com um mural de cortiça e papéis com as questões escritas, por exemplo – quanto de modo virtual, com a ajuda de plataformas e aplicativos específicos para o trabalho *on-line*. Algumas possibilidades são: Miro (disponível em: https://miro.com/), MURAL (disponível em: https://www.mural.co/) e Ideabordz (disponível em: https://ideaboardz.com/). Acesso em: 9 fev. 2022.

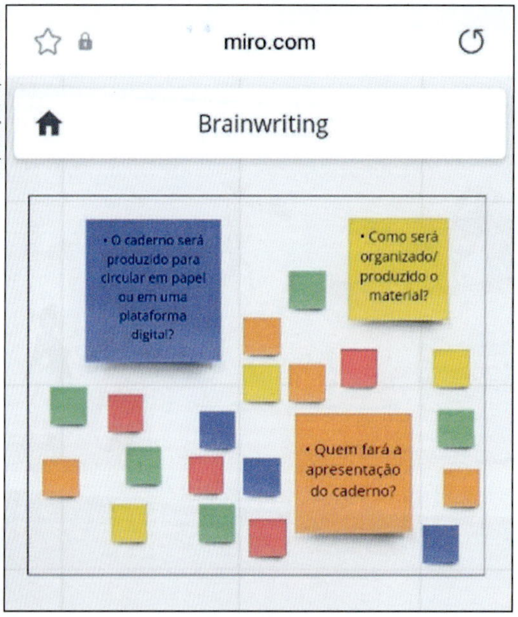

Exemplo de mural digital na plataforma Miro.

Caso decidam produzir o caderno em uma plataforma digital, vocês podem pesquisar na internet programas de criação digital de uso gratuito que possibilitem algumas funcionalidades interessantes para a montagem de um *e-book* (ou livro eletrônico), como escolher virtualmente a capa, o fundo de página, o formato do texto, acrescentar imagens, usar *hiperlinks*, entre outras. Algumas sugestões: Livros Digitais (disponível em: http://www.livrosdigitais.org.br/), Book Creator (disponível em: https://bookcreator.com/) e Papyrus (disponível em: https://www.papyrusauthor.com/). Acesso em: 9 fev. 2022.

Distribuição de ações

Combinado o plano e feitos os acordos necessários, será preciso distribuir as ações entre os grupos de trabalho. Na tabela a seguir, é apresentada uma sugestão de distribuição das ações, que poderá ser adaptada de acordo com as possibilidades e os interesses de vocês.

Ações	O que fazer	Responsável
Cronograma	Controlar o tempo de cada tarefa, considerando suas particularidades, a realidade da turma e a data combinada com o professor para finalizar o trabalho.	Equipe 1
Seleção e organização do material	Selecionar os relatos e as imagens que farão parte do caderno. Organizar o material: como será agrupado, ordem de inserção, necessidade ou não de haver uma pequena biografia e foto de cada autor junto ao texto, sumário, ilustrações (opcionais) para os textos, etc.	Equipe 2

Ações	O que fazer	Responsável
Concepção e produção do caderno	Criar um leiaute para o caderno, considerando material, organização interna e capa, além de, se for feito digitalmente, o tipo de programa em que será desenvolvido.	Equipe 3
Apresentação do caderno	Produzir o texto de apresentação para o caderno, dando ideia do contexto em que foi produzido e do conjunto dos textos e das imagens ali reunidos.	Equipe 4
Divulgação	Elaborar um plano de divulgação do material, considerando o público-alvo, a comunidade escolar. Considerem a possibilidade de divulgar o caderno por meio de redes sociais e as partes do material (como trechos de algumas produções e fotos dos autores) a serem usadas na divulgação para atrair os leitores.	Equipe 5

Avaliação

Com os colegas e o professor, depois da divulgação do caderno produzido pela turma, avalie o processo desenvolvido para executar as ações. Sugestões de perguntas para essa conversa:

- Como foi sua participação nas atividades? Justifique.
- O que aprendeu durante o processo?
- Os resultados pretendidos foram alcançados? Justifique.

Viktoria Kurpas/Shutterstock

Meu portfólio

Nesta unidade, você e os colegas estudaram diversos relatos de viagem e puderam perceber que relatar é uma prática que faz parte do cotidiano, ajudando a retomar e a reorganizar o que é vivido.

O portfólio com as produções

Conforme lembrado ao longo da unidade, em seu **portfólio**, você colecionou as produções de texto desenvolvidas. É importante rever todas as versões de uma mesma produção, para que você possa, ao final do trabalho, perceber seu aprimoramento.

Ao indicar a data de cada produção, conforme orientado, você terá condições de verificar, agora, sua história de aprendizagem dos gêneros trabalhados e perceber quais aspectos da produção de textos desenvolveu e aperfeiçoou.

UNIDADE

2 Diário pessoal

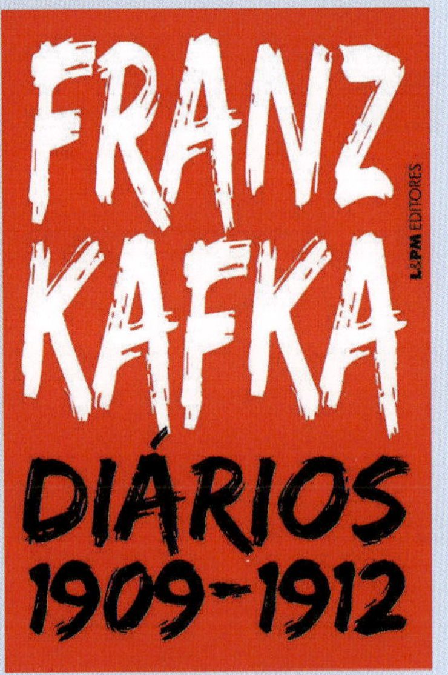

Reprodução/Editora L&PM

Capa do livro *Diários: 1909-1912*, do escritor tcheco de língua alemã Franz Kafka, publicado pela editora L&PM, 2019.

Reprodução/Editora Bertrand

Capa do livro *Diário: 1915-1926*, da escritora britânica Virginia Woolf, publicado pela editora Bertrand, 2018.

Reprodução/Editora Companhia de Bolso

Capa do livro *Minha vida de menina*, da escritora brasileira Helena Morley, publicado pela editora Companhia das Letras, selo Companhia de Bolso, 2016.

Reprodução/Editora Martin Claret

Capa do livro *Memorial de Aires*, do escritor brasileiro Machado de Assis, publicado pela editora Martin Claret, 2013.

Reprodução/Editora Companhia das Letras

Capa do livro *Diário do hospício / O cemitério dos vivos*, do escritor brasileiro Lima Barreto, publicado pela editora Companhia das Letras, 2017.

Reprodução/Editora Record

Capa do livro *O diário de Anne Frank*, da jovem alemã Anne Frank, publicado pela editora Record, 1995.

#TáNoFeed

Nesta unidade, você vai ler trechos de diários pessoais reais e imaginários. E perceberá que, a exemplo dos relatos de viagem, tema da Unidade 1, a atividade de produzir diários pode ajudar as pessoas em aspectos importantes, como na reorganização mental e textual das situações vividas e no próprio compartilhamento dessas experiências.

Ao final, você vai organizar com os colegas um conjunto de *posts* em uma rede social da turma ou uma exposição com cartazes e fará comentários sobre eles.

Observe agora as imagens de capas de livro na página ao lado.

Entre essas imagens, as cinco primeiras são de diários pessoais reais publicados em livro, e a última é do diário ficcional do personagem Conselheiro Aires, criado por Machado de Assis, escrito no formato clássico de diário: com data e descrições sobre o dia a dia do personagem.

1. Pensando nas imagens observadas e nas informações relacionadas a elas, forme um pequeno grupo de, no máximo, quatro participantes. Converse com os colegas do grupo sobre as seguintes questões:

a) Quais poderiam ser as principais diferenças entre um diário real e um diário ficcional?

b) Você se interessou pela leitura de algum(uns) dos livros? Sendo a resposta afirmativa ou negativa, explique os motivos.

c) Você acha que o título e/ou a capa de um livro podem estimular a leitura desse livro? Você já comprou um livro atraído apenas pelo título ou pelas imagens da capa, sem ter nenhuma referência a respeito do autor e da própria obra?

Depois de conversar, ouvir o ponto de vista de cada colega e formar uma opinião, registre suas respostas no caderno.

UVAconcept/Shutterstock

2. Pensando apenas nos diários pessoais, qual seria, provavelmente, a diferença entre o diário de alguém que utiliza o recurso somente como forma de expressão pessoal e/ou de reflexão e o diário de uma pessoa que o utiliza com a expectativa de um dia publicá-lo como livro? Converse com os colegas e, depois, registre sua resposta.

3. Liste, no caderno ou em um bloco de notas, fatos que ocorreram durante a semana, que tiveram repercussão nacional (e não apenas local ou regional) nas mídias e que provavelmente você comentaria no seu diário, se tivesse um. *Importante*: lembre-se de que o domingo é o primeiro dia da semana e também deve ser considerado.

4. Agora, selecione um dos fatos que você listou na atividade 3 e siga este passo a passo:

- Faça uma síntese do que aconteceu no caderno ou em seu diário pessoal – se tiver um.
- Comente o fato expressando suas opiniões pessoais a respeito dele.
- Depois, ilustre-o com um desenho ou uma foto.
- Faça, também, uma cópia da notícia na qual você encontrou o fato escolhido. A cópia pode ser feita por meio de uma fotografia da página, se tiver lido o fato em um meio impresso (jornal, revista), um *print* de tela, caso se trate de uma notícia publicada em meio digital, ou você pode escolher imprimir ou recortar a notícia.
- Guarde o material em seu **portfólio** (físico ou digital).

O professor vai determinar o dia em que sua tarefa deverá ser entregue. Esse texto será utilizado por você em uma atividade proposta ao final desta unidade.

Conheça a unidade

Objetivos

- Perceber o diário pessoal como gênero que circula em diversas esferas discursivas, entendendo-o tanto como escrita para si quanto como escrita para o outro.
- Analisar textos literários do cânone das literaturas brasileira e portuguesa relacionados ao tema diário.
- Compreender o funcionamento da exposição oral em seus aspectos composicionais principais.
- Produzir um diário ficcional, compreendendo a diferença entre enunciador e autor.

Justificativa

Nesta unidade, você vai perceber relações entre o gênero relato de viagem, tema da Unidade 1, e o gênero diário pessoal. Ambos favorecem o desenvolvimento de capacidades de linguagem ligadas às práticas de relatar. Essas capacidades de linguagem também são mobilizadas na produção e na recepção de gêneros que circulam em campos de atuação que não o da vida pessoal, como o relato de experiência.

A BNCC nesta unidade

Nesta unidade são desenvolvidas as competências e habilidades da BNCC indicadas a seguir.

Competências gerais da Educação Básica: 1, 3, 4, 5, 7, 9, 10.

Competências e habilidades específicas de Linguagens e suas Tecnologias para o Ensino Médio

Competências: 1, 2, 3, 6. **Habilidades:** EM13LGG101, EM13LGG103, EM13LGG104, EM13LGG201, EM13LGG202, EM13LGG301, EM13LGG302, EM13LGG604.

Competências específicas de Linguagens e habilidades específicas de Língua Portuguesa para o Ensino Médio

Competências: 1, 2, 3, 6. **Habilidades por campo de atuação:** Todos os campos de atuação social: EM13LP01, EM13LP03, EM13LP04, EM13LP06, EM13LP09, EM13LP10, EM13LP14, EM13LP15, EM13LP16. Campo da vida pessoal: EM13LP19, EM13LP20, EM13LP21. Campo artístico-literário: EM13LP48, EM13LP49.

Situação inicial

Na Unidade 1, *Relato de viagem*, você e os colegas observaram alguns objetos. Entre eles, havia um cartão de transporte público – também conhecido como bilhete único. Reveja-o nas fotos abaixo e converse com os colegas, considerando as questões a seguir.

Dênio Simões/Agência Brasília

Equipamento de reconhecimento de bilhete de transporte público em ônibus em Brasília (DF). Foto de 2018.

Dênio Simões/Agência Brasília

Uso de bilhete de transporte público em ônibus no Rio de Janeiro (RJ). Foto de 2016.

1. Agora, responda no caderno:

a) A que tipo de viagem esses bilhetes dão direito?

b) O que diferencia essas viagens das demais sobre as quais tratamos até agora? Por quê?

c) Você já usou um bilhete de ônibus? Em caso afirmativo, em que situação?

2. Nesta atividade de **produção**, vamos relembrar alguns textos que você escreveu na Unidade 1, quando estávamos estudando o relato pessoal.

- Na atividade 2 da seção *Práticas de leitura* daquela unidade, foi pedido a você que fizesse uma foto de um lugar especial no caminho de casa à escola. Retome essa imagem.
- Rememore o motivo de ter escolhido esse lugar para retratar. Retome a legenda e as explicações que você elaborou para a foto.
- Também na Unidade 1, você pensou em diversas situações fictícias: inventou um diálogo com um aviador noturno, imaginou-se no lugar dele pilotando um avião sobre "luzes perdidas na planície", foi convidado a criar a descrição de uma cidade recém-inaugurada que só existia na sua mente. Retome todas essas escritas.
- Agora, escolha uma dessas situações e crie um personagem para vivenciá-la. Dê a ele um nome, uma idade e uma personalidade.
- Imagine que esse personagem esteja relatando, em um diário, a situação escolhida. Em um arquivo digital de texto ou em uma folha à parte, escreva uma página desse diário contando a situação imaginada.
- Lembre-se de que o personagem tem um nome, uma idade e uma personalidade. Você não precisa colocar todas essas informações no seu texto agora, mas pensar nelas será importante para você se pôr no lugar do personagem ao escrever essa página de diário.
- Ao terminar, apresente o texto ao professor. Não se esqueça de guardar uma cópia no seu **portfólio**.

Diário de bordo

Registre em seu diário de bordo como foi construir esse personagem: que dificuldades você teve, quais foram suas preocupações ao definir a personalidade dele, como foi se colocar no lugar de um personagem inventado para escrever essa página de diário ficcional.

Práticas de leitura: diário ficcional e diário real

1. Você tem ou já teve um diário? Ou uma agenda? Em caso afirmativo, você costuma anotar fatos da sua vida neles? Em sua opinião, o que leva as pessoas a escrever diários? Registre sua resposta no caderno.
2. Em um diário pessoal, certamente ninguém anota tudo o que se passa ou passou em sua vida, mas faz uma seleção dos fatos que considera marcantes. Se você tem ou já teve um diário pessoal, quais são seus critérios para selecionar os fatos relatados? Se não tem um diário, quais poderiam ser esses critérios? Converse com os colegas e o professor. Depois, registre sua resposta no caderno.
3. Agora, troque ideias com os colegas: Em sua opinião, quem escreve um diário tem sempre em vista um leitor? Explique. Depois, registre suas respostas no caderno.

Diário ficcional

Você vai conhecer a personagem Bridget Jones: uma mulher solteira, de cerca de 30 anos, que considera estar acima do peso. Bridget faz várias promessas a si mesma, entre elas a de emagrecer e a de arrumar um namorado. Na tentativa de cumprir sua promessa, ela se envolve em diferentes situações, as quais registra em um diário. Você lerá alguns trechos nas próximas páginas.

Saiba +

A personagem Bridget é uma jornalista cujos registros em seu diário referem-se, inicialmente, à época em que ela trabalhava no departamento de publicidade de uma editora e iniciou uma paquera com o chefe dela, Daniel. Tempos depois, ela troca esse emprego por outro, em que trabalha como repórter de um programa jornalístico para um canal de TV.

Jovem escrevendo com caneta em uma agenda ou diário de papel.

Leia a seguir alguns fragmentos que reproduzimos do livro escrito pela britânica Hellen Fielding.

O diário de Bridget Jones

Helen Fielding

Terça-feira, 26 de setembro

56,7 kg, [...] 1 256 calorias, 0 bilhete de loteria instantânea, 0 pensamento obsessivo sobre Daniel, 0 pensamento negativo.

Estou uma santa.

É ótimo quando você só fica pensando na carreira profissional, em vez de se preocupar com coisas sem importância como homens e relacionamentos. O ***Good afternoon!*** vai muito bem. Acho que levo jeito para programas populares de televisão. E a melhor novidade é que vou fazer um teste de vídeo. Richard Finch teve essa ideia no final da semana passada: queria um especial ao vivo com os repórteres em serviços de emergência na cidade inteira. Ele não teve muita sorte no primeiro programa. As pessoas da redação ficavam dizendo que ele não tinha conseguido atenção de nenhum

Saiba +

Publicado como romance em 1999, o livro *O diário de Bridget Jones* foi adaptado para o cinema em 2001. Sucesso de vendas, a obra deu origem a outros romances com os desdobramentos da vida de Bridget, alguns dos quais também foram levados para o cinema.

Good afternoon!: programa de TV em que Bridget Jones trabalha como repórter. Na versão brasileira do filme, esse programa se chama *Acorda, Grã-Bretanha*. O personagem Richard Finch é o produtor do programa e o chefe de Bridget.

pronto-socorro e delegacia da cidade. Quando cheguei hoje de manhã, ele me agarrou pelos ombros e berrou:

– Bridget! Chegou a hora! Incêndio. Quero você ao vivo. [...] Estou pensando num capacete de bombeiro. Estou pensando em você segurando a mangueira.

A partir daí, foi um caos: as notícias do dia foram deixadas de lado e todo mundo foi para os telefones checar como seriam feitos os *links*, quais as torres de transmissão, etc. A reportagem só vai ao ar amanhã e tenho de estar no Corpo de Bombeiros de Lewisham às 11 horas. Vou ligar para todo mundo hoje à noite pedindo para não deixarem de me ver. Estou louca para avisar mamãe.

[...]

Quinta-feira, 5 de outubro

56,7 kg (ruim), 4 barras de chocolate (ruim), número de vezes que assisti ao vídeo: 17 (ruim).

11 HORAS. Estou no banheiro do trabalho. Ai, não, ai, não. Para completar a minha derrota, hoje fui o centro das atenções na reunião da manhã.

– Certo, Bridget, vou dar mais uma oportunidade para você – disse Richard Finch. – O julgamento da atriz Isabella Rossellini. A decisão do júri deve sair hoje e acho que ela vai ser absolvida. Vá até o Tribunal. [...] Então, Bridget, o que está esperando? Pode ir.

Eu não tinha a menor ou a mais remota ideia do assunto sobre o qual ele estava falando.

– Você sabe do processo da Isabella Rossellini, não? Você às vezes lê jornal, não? – perguntou Richard.

O problema nesse tipo de trabalho é que as pessoas ficam citando nomes e casos e você tem apenas um segundo para resolver se deve ou não confessar que não sabe do que estão falando e, se perde a oportunidade de dizer isso, vai passar a próxima meia hora tentando descobrir uma pista, mas sempre mantendo uma expressão confiante, de quem sabe exatamente o que aconteceu com Isabella Rossellini.

Daqui a cinco minutos tenho de encontrar uma assustadora equipe de filmagem no Tribunal para cobrir o julgamento e mostrar tudo na tevê, sem ter a menor ideia do que se trata.

11h05. Graças a Deus, Patchouli existe. Saí do banheiro e ela estava no corredor, tentando conter os cachorros de Richard pela coleira.

– Está tudo bem? – disse ela. – Você parece meio assustada.

– Não, não, estou ótima – garanti.

– É mesmo? – e ficou me olhando. – Escuta aqui, você percebeu que ele não estava querendo dizer Isabella Rossellini, não? Ele quis dizer Elena Rossini.

Ah, graças a Deus e todos os anjos do céu. [...] Peguei dois jornais para ler os detalhes e corri para um táxi. [...]

21 HORAS. Nao consigo acreditar: as coisas deram muito certo. Acabo de assistir à chamada do *Good afternoon!* pela quinta vez. Diz assim:

– Exclusivo para o *Good afternoon!*. Este é o único programa de tevê a mostrar uma entrevista com Elena Rossini, minutos após ela ter sido inocentada no julgamento. Nossa correspondente no local, Bridget Jones, tem as notícias exclusivas para você.

Adoro este trecho:

– Nossa correspondente no local, Bridget Jones, tem as notícias exclusivas para você.

Vou assistir só mais uma vez, depois desligo. [...]

Segunda-feira, 11 de dezembro

Cheguei do trabalho e encontrei um recado ríspido na **secretária**.

– Bridget. Aqui é Rebecca. Sei que você está trabalhando na tevê. Sei que agora tem grandes festas para ir todas as noites mas, mesmo assim, acho que poderia ter a gentileza de responder ao convite de uma amiga, apesar de você estar importante demais para se dignar a ir à festa dela.

Liguei para Rebecca na mesma hora, mas nem a secretária eletrônica atendia. Resolvi ir até a casa dela deixar um bilhete e, descendo a escada do meu prédio, encontrei Dan, o australiano que mora no andar de baixo e do qual escapei em abril.

– Oi. Feliz Natal – disse ele, animado. – Você pegou sua correspondência?

Olhei-o sem entender o que estava dizendo.

– Tenho colocado embaixo da sua porta para você não ter de descer de camisola para pegar de manhã, morrendo de frio.

Subi a escada correndo, levantei o capacho e embaixo dele, como um milagre natalino, havia uma pilha de cartões, cartas e convites todos endereçados a mim. A mim, a mim, a mim.

[...]

Sexta-feira, 22 de dezembro

Agora que o Natal está chegando, sinto uma espécie de ternura em relação a Daniel. É inacreditável eu não ter recebido um cartão de Natal dele (embora eu também não tenha conseguido mandar nenhum até agora). Parece estranho ter estado tão próxima dele o ano inteiro e não ter mais nenhum contato. Isso é muito triste. Talvez Daniel tenha virado um judeu **ortodoxo**. Talvez amanhã Mark Darcy telefone para me desejar Feliz Natal.

FIELDING, Helen. *O diário de Bridget Jones*. 5. ed. São Paulo: Paralela, [s.d.]. *E-book*.

secretária: forma reduzida da expressão *secretária eletrônica*. Dispositivo eletrônico que grava recados de voz no próprio aparelho quando há ligações telefônicas não atendidas.

ortodoxo: indivíduo que segue rigorosamente determinada doutrina.

yod370/Shutterstock

Na década de 1990, os telefones fixos analógicos com secretária eletrônica eram bastante comuns em escritórios e, principalmente nos Estados Unidos e na Europa, nas casas de famílias de classe média. Muitos filmes da época registram o uso cotidiano do dispositivo.

Saiba +

Helen Fielding (1959-), jornalista e escritora britânica, trabalhou para vários jornais e revistas da Grã-Bretanha. O sucesso obtido com *O diário de Bridget Jones* se repetiu no cinema. Além do diário, Fielding publicou *Bridget Jones: no limite da razão*, também adaptado para o cinema, e *Causa nobre*, ambos traduzidos para o português em publicação da editora Record.

DFree/Shutterstock

Alamy/Fotoarena

Lewisham, bairro da cidade de Londres. Todas as aventuras de Bridget se passam nessa cidade. Foto de 2009.

4. Identifique no texto duas passagens em que predomina o relato de fatos e outras duas em que Bridget faz alguma *reflexão sobre o que foi vivido*. Explique, no caderno, de que modo você percebe a diferença entre relato e reflexão sobre o já vivido.

5. Releia o começo do relato do dia 5 de outubro. A que conclusão você chega sobre a estreia de Bridget como telerrepórter? Justifique sua resposta no caderno.

6. Ainda no início desse registro de 5 de outubro, após a fala do chefe, Bridget admite para si mesma que desconhece o assunto sobre o qual faria uma cobertura jornalística. Em relação a esse episódio, pode-se dizer que ela não é a única pessoa mal informada? Justifique sua opinião.

7. Releia esta pergunta feita por Richard Finch a Bridget: "Você sabe do processo da Isabella Rossellini, não? Você às vezes lê jornal, não?". Explique, no caderno, a evidente ironia que se percebe nessa fala.

8. Releia este trecho do registro que Bridget fez no dia 11 de dezembro e, depois, responda às questões propostas no caderno: "Subi a escada correndo, levantei o capacho e embaixo dele, como um milagre natalino, havia uma pilha de cartões, cartas e convites todos endereçados a mim. A mim, a mim, a mim".

a) Faça uma análise do tom do trecho, ou seja, escreva sobre o que é possível constatar em relação ao modo como Bridget encara os acontecimentos e se eles refletem o estado de espírito dela.

b) É possível perceber que Bridget havia se enganado a respeito do recebimento de convites para as festas de Natal e de correspondências em geral. Justifique sua resposta.

c) Qual é o efeito de sentido que o enunciador busca ao repetir a expressão "A mim, a mim, a mim" nesse trecho?

Diário de bordo

Registre em seu diário de bordo suas reflexões sobre as possibilidades de relato da realidade e as reflexões que a escrita de diários possibilita. Se achar conveniente, retome antigos registros que você fez em seu diário de bordo – que é uma escrita *diarística* – e explique por que foi importante registrá-los e o que eles dizem a você hoje, quando os relê, passado um tempo do momento em que foram escritos.

Diário pessoal real

Agora, você e os colegas vão ler um trecho do diário escrito por Carolina Maria de Jesus, que é assim apresentada por uma estudiosa de sua obra:

> Saída da favela do Canindé, em 1958, a catadora de lixo, mãe solteira de três filhos, de pais diferentes, acreditou num sonho: a escrita. O que escreveria uma mulher negra, miserável, sozinha no mundo, semianalfabeta senão a sua própria história? O que ela buscava na escrita? Optou por narrar a sua luta diária e quase infinita nas páginas de um diário; o seu *diário de favelada*.

TOLEDO, Christiane Vieira Soares. *Carolina Maria de Jesus*: a escrita de si. Letrônica. Porto Alegre: Programa de Pós-graduação em Letras da PUCRS, n. 1, jul. 2010. v. 3. p. 247-257. Revista digital.

Nota dos editores

Na edição da qual foram retirados os extratos reproduzidos a seguir, há esta **nota dos editores**: "Esta edição respeita fielmente a linguagem da autora, que muitas vezes contraria a gramática, mas que por isso mesmo traduz com realismo a forma de o povo enxergar e expressar seu mundo".

Agora, leia um trecho.

Quarto de despejo: diário de uma favelada

Carolina Maria de Jesus

13 DE MAIO Hoje amanheceu chovendo. É um dia simpático para mim. É o dia da Abolição. Dia que comemoramos a libertação dos escravos.

Nas prisões os negros eram os bodes espiatórios. Mas o brancos são mais cultos. E não nos trata com despreso. Que Deus ilumine os brancos para que os pretos seja feliz.

Continua chovendo. E eu tenho só feijão e sal. A chuva está forte. Mesmo assim, mandei os meninos para a escola. Estou escrevendo até passar a chuva, para eu ir lá no senhor Manuel vender os ferro. Com o dinheiro dos ferros vou comprar arroz e linguiça. A chuva passou um pouco. Vou sair.

... Eu tenho tanto dó dos meus filhos. Quando eles vê as coisas de comer eles brada:

– Viva a mamãe!

A manifestação agrada-me. Mas eu já perdi o habito de sorrir. Dez minutos depois eles querem mais comida. Eu mandei o João pedir um pouquinho de gordura a Dona Ida. Ela não tinha. Mandei-lhe um bilhete assim:

– "Dona Ida peço-te se pode arranjar-me um pouco de gordura, para eu fazer uma sopa para os meninos. Hoje choveu e eu não pude ir catar papel. Agradeço. Carolina."

... Choveu, esfriou. É o inverno que chega. E no inverno a gente come mais. A Vera começou a pedir comida. E eu não tinha. Era a reprise do espetáculo. Eu estava com dois **cruzeiros**. Pretendia comprar um pouco de farinha para fazer um virado. Fui pedir um pouco de banha a Dona Alice. Ela deu-me a banha e arroz. Era 9 horas da noite quando comemos.

E assim no dia 13 de maio de 1958 eu lutava contra a escravidão atual – a fome!

15 DE MAIO Tem noite que eles improvisam uma batucada e não deixa ninguem dormir. Os visinhos de alvenaria já tentaram com abaixo assinado retirar os favelados. Mas não conseguiram. Os visinhos das casas de tijolos diz:

– Os politicos protegem os favelados.

Quem nos protege é o povo e os **Vicentinos**. Os politicos só aparecem aqui nas epocas eleitoraes. O senhor **Cantidio Sampaio** quando era vereador em 1953 passava os domingos aqui na favela. Ele era tão agradavel. Tomava nosso café, bebia nas nossas xicaras. Ele nos dirigia as suas frases de viludo. Brincava com nossas crianças. Deixou boas impressões por aqui e quando candidatou-se a deputado venceu. Mas na Camara dos Deputados não criou um progeto para beneficiar o favelado. Não nos visitou mais.

... Eu classifico São Paulo assim: O Palacio é a sala de visita. A Prefeitura é a sala de jantar e a cidade é o jardim. E a favela é o quintal onde jogam os lixos.

JESUS, Carolina Maria de. *Quarto de despejo*: diário de uma favelada. São Paulo: Ática, 2007. p. 27-28

cruzeiro: unidade monetária usada na época.

Vicentinos: membro da congregação fundada por são Vicente de Paulo (1581-1660), patrono de obras de caridade.

Cantídio Sampaio: Cantídio Nogueira Sampaio (1913--1982), político paulistano.

Saiba + +++

Arquivo do jornal O Estado de S. Paulo/Agência Estado

Carolina Maria de Jesus (1914-1977), nascida em Sacramento, Minas Gerais, teve seu talento como escritora reconhecido quando o jornalista Audálio Dantas percebeu nos diários da catadora de papel que ela escrevia "uma forma de narrar própria da poesia". Ela morava na favela do Canindé, em São Paulo. Na escola, não completou o curso hoje equivalente aos Anos Iniciais do Ensino Fundamental. Lançado em 1960, seu livro *Quarto de despejo: diário de uma favelada* alcançou enorme sucesso de público.

9. Escreva no caderno os termos que a escritora usa para indicar:

a) o espaço físico onde vivia;

b) o contexto histórico em que ocorreram os fatos relatados.

10. Que trechos do texto não apenas relatam os acontecimentos, mas expressam uma reflexão de Carolina Maria de Jesus?

11. A fome percorre o diário todo, como se fosse um personagem. No trecho lido, como ela aparece? Responda no caderno.

12. O título da obra parece ser mais do que uma síntese da favela. Que sentido(s) você consegue perceber nele? Registre sua resposta no caderno.

13. Troque ideias com os colegas com a ajuda do professor.

a) Em *O diário de Bridget Jones*, quem fez a tradução procurou reconstruir o texto, adaptando a linguagem à forma como, em português, uma pessoa de jeito semelhante ao de Bridget Jones teria escrito seu diário. A linguagem é predominantemente informal, com características próximas da fala coloquial. Considerando esses elementos, por que a escrita dos diários, reais ou imaginários, nos revela – necessariamente – características do *eu* que se projeta no texto?

b) Tendo em vista a resposta ao item **a**, releiam a nota dos editores feita no diário de Carolina. Por que essa nota poderia nos apontar para uma forma de preconceito linguístico?

14. Leia: "A chuva está forte. Mesmo assim, **mandei** os meninos para a escola. **Estou escrevendo** até passar a chuva, para eu ir lá no senhor Manuel vender os ferro. Com o dinheiro dos ferros **vou comprar** arroz e linguiça. A chuva passou um pouco. **Vou sair**".

No trecho lido, analise as formas verbais destacadas: quais delas indicam o relato de passado ou presente e quais têm caráter preditivo (anunciam o que vai acontecer, como em *O diário de Bridget Jones*)?

O livro *Quarto de despejo: diário de uma favelada*, de Carolina Maria de Jesus, edição comemorativa dos 60 anos de sua publicação original pela editora Ática.

Clube de leitura

A temática da exclusão social, presente como pano de fundo do livro *Quarto de despejo*, tem sido retomada por escritores contemporâneos em livros publicados a partir dos anos 1990, principalmente.

Fazem parte dessa temática, entre outras, obras ficcionais inspiradas nas experiências de vida dos autores, que coexistem com relatos biográficos, diários, sem caráter ficcional. O que todos têm em comum é o fato de trazerem a voz de pessoas ou de personagens considerados marginalizados (moradores das periferias dos centros urbanos ou de favelas, meninos e meninas de rua, entre outros) e procurarem retratar o cotidiano de violência vivido.

Muitas vezes, esses autores pertencem aos grupos retratados, e suas obras trazem um registro importante da realidade excludente em que vivem. Paulo Lins (com *Cidade de Deus*), Esmeralda do Carmo Ortiz (com *Por que não dancei*), Sérgio Vaz (com *A poesia dos deuses inferiores*), Ferréz (com *Capão Pecado*) são exemplos dessa tendência.

Zanone Fraissat/Folhapress

O escritor carioca Paulo Lins, autor do livro *Cidade de Deus*, que deu origem ao filme de mesmo nome.

Fabio Braga/Folhapress

O poeta mineiro Sérgio Vaz, fundador da Cooperativa Cultural da Periferia (Cooperifa) e do sarau dessa mesma cooperativa, costumeiramente realizado no Jardim Guarujá, bairro periférico da cidade São Paulo (SP).

- Sob a orientação do professor, você e os colegas vão selecionar algumas dessas obras para ler e discutir. Leiam a apresentação dos livros também, assim como as informações sobre o autor. As perguntas relativas ao trecho do diário de Carolina Maria de Jesus podem nortear a discussão das obras lidas.
- Se na região onde moram houver um escritor como esses, verifiquem com o professor se é possível convidá-lo para uma conversa com a turma.

Documentário cinematográfico e *trailer* de documentário

Nesta proposta de estudo, em uma data a ser marcada pelo professor, você e seus colegas de turma vão se organizar em grupos para tratar do gênero **documentário cinematográfico**. No estudo, vamos tratar também de outro gênero importante do universo do cinema: o ***trailer***.

documentário cinematográfico: gênero que tem como objetivo expressar a realidade por meio de uma obra audiovisual, buscando uma exposição não ficcional dos fatos que relata em tela, ainda que mantenha, muitas vezes, uma visão subjetiva e uma apresentação artística dos acontecimentos.

***trailer*:** no cinema, o *trailer* é uma curta peça audiovisual que apresenta uma seleção de cenas de um filme ou de um documentário com a intenção de fazer uma espécie de propaganda para o público.

1º momento

Converse com seu grupo sobre estas questões, anotando as opiniões de cada participante em um arquivo de texto ou uma folha à parte.

- Você se lembra de algum documentário a que tenha assistido há pouco tempo? Resuma o assunto para os colegas. Há respostas coincidentes?
- Como você definiria um documentário?
- Se você fosse cineasta, que tema escolheria hoje para criar um documentário?
- Seu documentário seria filmado predominantemente em estúdio ou em outros ambientes? Por quê? Que ambiente(s) você escolheria?

Todos devem ter uma cópia do que foi conversado para guardar no **portfólio** físico ou digital.

2º momento

Em um momento previamente combinado, assista ao *trailer* do documentário de Emicida: *AmarElo – É tudo pra ontem*, veiculado pela plataforma Netflix, com produção de Evandro Fioti e direção de Fred Ouro Preto. Disponível em: https://www.youtube.com/watch?v=FQ9hCN0ZYSg. Acesso em: 8 mar. 2022.

Saiba +

Reprodução/Netflix

O *rapper* Emicida no cartaz do documentário *AmarElo – É tudo pra ontem*.

AmarElo – É tudo pra ontem. Direção de Fred Ouro Preto. Documentário (89 min). 2020.

Esse documentário registra todo o processo de criação do espetáculo *AmarElo*, do músico e ativista negro Emicida, apresentado no Teatro Municipal de São Paulo em 2019. O espetáculo tematiza o histórico e os aspectos fundamentais da cultura negra no Brasil. O documentário mostra, além de momentos do *show* do *rapper*, conversas, encontros e reflexões sobre como se chegou a essa configuração.

Depois de assistir ao *trailer*, converse com os colegas e responda às questões a seguir no caderno.

15. Qual é a explicação de Emicida para o fato de ter escolhido o Teatro Municipal de São Paulo para apresentar seu espetáculo?

16. No vídeo, Emicida fala da ação do prisma, que decompõe a luz branca em muitas outras cores. Que comparação ele faz em seguida? Como você interpreta essa comparação?

3º momento

Depois de conversar e registrar as respostas, os grupos se reúnem novamente e redigem um plano de exposição de suas conclusões para a sala toda e, também, um documento para o 5º momento.

4º momento

Um representante de cada grupo expõe as conclusões para a sala.

5º momento

O documento que registra essas conclusões deverá ser postado em uma plataforma digital, como o Miro (disponível em: https://miro.com/, acesso em: 8 mar. 2022) e o Padlet (disponível em: https://pt-br.padlet.com/, acesso em: 8 mar. 2022), ou em um blogue ou uma rede social da qual a escola faça parte. Outra possibilidade é expor o documento no mural da turma, para que todos possam ler.

Práticas de análise linguística no diário pessoal ficcional

Nesta seção de análise linguística, estudaremos o uso de adjetivos, locução adjetiva e advérbios no diário pessoal ficcional. Estudaremos, também, a diferença entre enunciador e autor.

Adjetivo

1. Observe os adjetivos e a locução adjetiva destacados.

- pensamento **obsessivo**
- coisas **sem importância**
- 4 barras de chocolate (**ruim**)
- estou **ótima**
- pensamento **negativo**
- 56,7 kg (**ruim**)
- uma **assustadora** equipe de filmagem
- isso é muito **triste**

No contexto do qual foram retirados, esses adjetivos e essa locução adjetiva têm um caráter objetivo ou subjetivo? Justifique sua resposta no caderno.

Suvorova Alexandra/Shutterstock

2. Qual é o significado de cada uma das palavras destacadas nas frases a seguir? Registre no caderno.

Acho que ela vai ser **absolvida** pelo júri.

Acho que a água vai ser **absorvida** pelo solo arenoso.

3. Compare estes trechos e procure explicar as diferenças de sentido entre eles.

"É ótimo quando você só fica pensando na carreira profissional, em vez de se preocupar com coisas sem importância [...]."

É ótimo quando você fica só, pensando na carreira profissional, em vez de se preocupar com coisas sem importância.

Diferença entre enunciador e autor

Leia as informações do boxe a seguir e, depois, responda às atividades.

Para recordar

Em textos como os relatos de viagem e os diários, há um *eu* que se projeta neles. Nos estudos de linguagem, esse *eu* é chamado de ***enunciador***.

Os pronomes e as formas verbais de 1ª pessoa são algumas marcas desse *eu*. Mas também o são as formas de modalização e o uso dos adjetivos para caracterizar (como vimos na questão 1). Essas marcas, que permitem ao leitor identificar o enunciador, são as ***marcas de subjetividade***.

Fique atento ao seguinte: o autor não se confunde necessariamente com o enunciador do texto. O autor pode ser entendido como a pessoa que assume a autoria de um texto, enquanto o enunciador é o *eu* que se projeta no texto. Em muitos casos, pode até haver coincidência, mas isso nem sempre se verifica.

4. O enunciador do diário é a personagem Bridget Jones. Mesmo que o texto seja constituído de extratos do livro *O diário de Bridget Jones*, e ainda que você nunca tenha lido esse romance integralmente, é possível saber que Bridget Jones é o enunciador do texto. Sobre isso, responda no caderno aos itens a seguir.

   a) Que elementos desses extratos do livro lhe permitem saber isso?

   b) Em sua opinião, por que os trechos selecionados comprovam que Bridget é o enunciador do texto? Explique.

5. Nos relatos de viagem lidos na Unidade 1, é possível relacionar a pessoa do autor ao *eu* que se projeta no texto. Por exemplo, a poeta Adèle relata sua expedição ao Corcovado e, ao fazê-lo, produz um relato em 1ª pessoa. Assim, o enunciador (ou seja, o *eu* do relato) pode ser identificado com a própria poeta, a pessoa de carne e osso. Com *O diário de Bridget Jones*, ao contrário, não é possível identificar a autora Helen Fielding com o enunciador. Por quê?

6. Releia os trechos a seguir de *O diário de Bridget Jones*:

   I. "– Você sabe do processo da Isabella Rossellini, não? Você às vezes lê jornal, não? – perguntou Richard."

   II. "O problema nesse tipo de trabalho é que as pessoas ficam citando nomes e casos e você tem apenas um segundo para resolver se [você] deve ou não confessar que [você] não sabe do que estão falando e, se perde a oportunidade de dizer isso [...]."

   III. "– Nossa correspondente no local, Bridget Jones, tem as notícias exclusivas para você."

a) Nas ocorrências do pronome pessoal *você*, o referente, isto é, a pessoa a quem o pronome se refere não é o mesmo. Explique por que essa classe de palavras tem tal propriedade.

b) Indique, em cada caso, o referente do pronome. Releia os trechos do texto, se necessário.

c) Nas ocorrências do segundo trecho, qual é o efeito de sentido provocado pelo emprego de *você*?

d) Reformule o trecho II: "O problema nesse tipo de trabalho é que as pessoas ficam citando nomes e casos e você tem apenas um segundo para resolver se [você] deve ou não confessar". Para isso, substitua o pronome *você* por outro recurso da língua que se presta à mesma função linguístico-discursiva. Explique a transformação feita.

paratextual: observando que o prefixo grego *para* significa 'junto a', podemos entender que os elementos paratextuais são aqueles itens, verbais ou não verbais, que estão junto ao texto principal, tais como: o título, o subtítulo, a capa, as ilustrações que o acompanham, o índice, a bibliografia, etc.

portador textual: trata-se de um meio físico (como uma revista impressa) ou virtual (como um blogue) que carrega um registro de texto (verbal e/ou não verbal). Alguns exemplos de portadores textuais: jornal, livro, *outdoor*, embalagem de produto, etc.

7. Nos textos relatoriais, como o relato de viagens e o diário pessoal, a indicação temporal projetada no texto permite ao leitor situar os eventos relatados em relação à cronologia do mundo real. Em que outros gêneros conhecidos por você essa marcação da cronologia é também necessária e está sempre, de algum modo, indicada no texto ou em elementos **paratextuais** do mesmo **portador textual**?

8. Comparando os trechos do diário com os relatos de viagem da Unidade 1, que semelhanças e diferenças você apontaria entre eles? Justifique sua resposta no caderno.

Moviestore Collection/Easypix Brasil

Os atores Renée Zellweger, na pele da protagonista, e Colin Firth, que interpreta Mark Darcy, em cena do filme *O diário de Bridget Jones*, de 2001.

Adaptação do livro para o cinema

Nesta atividade de análise, sugerimos que você assista ao filme *O diário de Bridget Jones* e procure observar como se reconstroem os trechos do livro citados aqui. Você conseguirá facilmente identificar os momentos do filme que dialogam com os trechos do livro. Observe de que maneira os roteiristas e diretores transformaram os trechos. Sugestões para sua análise:

- Verifique como os cenários foram construídos e como os intérpretes dos personagens do filme atuam (quais gestos fazem, como expressam as emoções, como usam a voz, etc.).

- Observe elementos típicos da linguagem cinematográfica, como o enquadramento, a luz, os cortes das cenas, os elementos sonoros, a música, etc.
- Converse com os colegas e o professor para tentar explicar por que essas transformações ocorrem na passagem de um modo semiótico (o livro) para outro (o filme). Analise, ainda, em que aspectos essa transposição diferencia a experiência da recepção.
- O trabalho ficará ainda mais interessante e completo se você também puder ler o livro na íntegra – antes ou depois de ver o filme. Essa recepção duplicada – a obra em seu formato original de livro e na adaptação para a linguagem cinematográfica – poderá ser experimentada com outras obras que também passaram por adaptações.

Diário pessoal

Os diários são formas especiais de relato em que o registro das ações se dá pela cronologia do calendário: há um registro – de ações e fatos, experiências subjetivas e comentários – que respeita a sucessão dos dias.

A indicação precisa da data tem como finalidade principal demarcar tanto o tempo dos acontecimentos quanto o tempo em que o registro deles foi elaborado. Os marcos temporais e as datas funcionam, em um diário, como **índices enunciativos**. Além disso, boa parte do registro dos fatos é feita de memória e, por essa razão, outra característica atribuída ao diário é o memorialismo, isto é, o *eu* que se projeta no relato registra os eventos do dia ao lembrar-se do que aconteceu. É por essa razão que os tempos verbais predominantes nesses textos são os que expressam o passado.

índices enunciativos: informações que ajudam a situar os fatos relatados em relação às datas apontadas no relato.

A escrita do diário é sempre baseada em uma prática de mediação linguageira: o sujeito que registra no agora o que vivenciou no antes (mesmo se esse antes for o mesmo dia do relato, com pouca distância temporal) atua como mediador entre o *eu* que vivenciou a experiência (o *eu* do passado) e o *eu* que relembra, analisa e reinterpreta a experiência vivenciada.

Nos diários, porém, nem tudo é relato de memória, pois o enunciador também pode registrar o que ainda não aconteceu – o diário passa, então, a ter caráter preditivo, como uma agenda em que anotamos compromissos futuros, previsões, possibilidades. Essa característica se manifesta, também, em *O diário de Bridget Jones*, na última frase do comentário registrado em 22 de dezembro: "Talvez amanhã Mark Darcy telefone para me desejar Feliz Natal".

Saiba +

Reprodução/Penguin/Companhia das Letras

Odisseia, de Homero. Companhia das Letras, 2011. Tradução de Frederico Lourenço.

O poema *Odisseia* tem sua origem ligada à tradição oral grega. Ele foi registrado por escrito por volta do século VIII a.C. *Odisseia*, assim como *Ilíada*, é um dos textos fundadores da tradição literária ocidental, e nele são narradas as aventuras de Ulisses (ou Odisseu), guerreiro da Guerra de Troia, conflito entre aqueus e troianos ocorrido entre 1300 a.C. e 1200 a.C. As peripécias de Ulisses ocorrem ao longo de sua viagem de volta para casa após a guerra.

Feita pelo estudioso português Frederico Lourenço diretamente do grego antigo, a tradução de *Ilíada* para o idioma português é um trabalho de qualidade reconhecida e já foi premiada em diferentes iniciativas lusitanas, como é o caso do Prêmio Pessoa em 2016.

O livro *Odisseia*, de Homero, traduzido por Frederico Lourenço.

Estilos de época

Nesta seção, vamos estudar o Classicismo, um movimento literário que fez parte do Renascimento e que tem como um de seus pilares a valorização da chamada Antiguidade clássica.

Observe as linhas do tempo abaixo. Os estilos de época que sinalizam a literatura portuguesa e a brasileira aparecem nas linhas do tempo esquematizadas a seguir. Elas apresentam a cronologia dos estilos de época em Portugal e no Brasil. Depois, leia o texto sobre o Classicismo.

Portugal

1189/1198	1434	1527	1580	1756	1825	1865	1890	1915	1970-hoje
Trovadorismo	Humanismo	Classicismo	Barroco	Arcadismo	Romantismo	Realismo/ Naturalismo	Simbolismo	Modernismo	Tendências contemporâneas

Brasil

1500	1601	1768	1836	1881	1893	1902	1922	1970-hoje
Literatura de informação	Barroco	Arcadismo	Romantismo	Real./Natural./ Parnasianismo	Simbolismo	Pré-Modernismo	Modernismo	Tendências contemporâneas

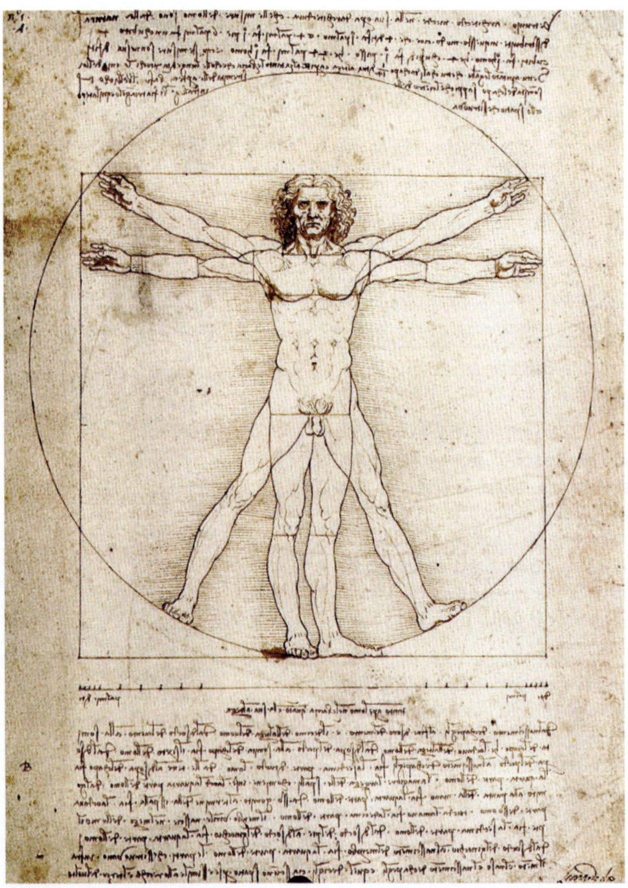

Reprodução/Galeria da Academia, Veneza, Itália.

Classicismo

O Classicismo é um movimento artístico que faz parte do Renascimento, um período histórico que tem como característica mais marcante a visão antropocêntrica de mundo. Nessa perspectiva, o ser humano tem uma posição de centralidade em relação ao Universo (do grego, *antropo* = homem) e há uma valorização da racionalidade e da ciência, em oposição ao teocentrismo (do grego, *Theos* = Deus) e aos valores religiosos da Idade Média.

O período renascentista é um momento de profunda transformação nas artes, na cultura, na ciência, enfim, nos modelos de pensamento e expressão da época.

Homem vitruviano, de Leonardo da Vinci, 1490 (lápis e tinta sobre papel, 35 cm × 26 cm)
Essa ilustração baseia-se nos estudos de Da Vinci sobre a obra do arquiteto romano Vitrúvio e representa uma figura masculina dentro de um círculo e de um quadrado, demonstrando as proporções humanas descritas por Vitrúvio. Essa obra representa as características do ideal clássico de beleza: equilíbrio, harmonia das formas, perfeição das proporções.

As bases dessa transformação estão relacionadas a acontecimentos políticos, econômicos e sociais da Europa, como:

a) A configuração do capitalismo;

b) A Reforma Protestante, que rompeu com a Igreja Católica;

c) As Grandes Navegações;

d) A divulgação da teoria heliocêntrica (**heliocentrismo**), formulada por Copérnico.

A palavra *classicismo* revela um dos importantes traços do período: a retomada da cultura greco-romana, chamada de *cultura clássica*. A arte produzida no período apresenta estas características principais, inspiradas na cultura clássica da Antiguidade:

- **racionalismo** – o culto à razão e a valorização da ciência, em oposição ao misticismo e ao dogmatismo religioso;
- **universalismo** – a busca por desenvolver o conhecimento humano em diversas áreas;
- **individualismo** – relacionado ao surgimento da burguesia e à prática do mecenato, na qual artistas eram patrocinados e protegidos pelos Mecenas (membros da nobreza e da burguesia);
- **busca da perfeição formal** – a ideia de que a beleza se manifesta na ordem, na harmonia e na proporção das formas. Na literatura, o rigor formal está presente, por exemplo, nas formas poéticas com esquemas de versos, métrica e rimas fixas;
- **presença da mitologia** – a referência aos mitos greco-romanos é um aspecto marcante da valorização da Antiguidade clássica nas artes.

Luís Vaz de Camões (1524-1580), que ganhou notoriedade com o poema épico *Os lusíadas,* é o poeta mais importante do Classicismo português. Nesta unidade, você vai ler trechos e fazer pesquisas sobre essa obra clássica da literatura portuguesa e mundial.

Camões também escreveu muitos sonetos, uma das formas fixas poéticas mais conhecidas. Os sonetos são sempre compostos de dois quartetos (estrofes de quatro versos) seguidos de dois tercetos (estrofes de três versos). Leia um exemplo a seguir.

Tanto de meu estado me acho incerto

Luís Vaz de Camões

Tanto de meu estado me acho incerto,
que em vivo ardor tremendo estou de frio;
sem causa, juntamente choro e rio,
o mundo todo abarco e nada aperto.

É tudo quanto sinto, um desconcerto;
da alma um fogo me sai, da vista um rio;
agora espero, agora desconfio,
agora desvario, agora acerto.

heliocentrismo: do grego, *helios* significa 'Sol'; heliocentrismo, portanto, é a teoria, desenvolvida pelo astrônomo polonês Nicolau Copérnico (1473--1543), segundo a qual o Sol está situado no centro do sistema planetário em que se encontra a Terra; nesse modelo teórico, os planetas orbitam ao redor do Sol, opondo-se ao geocentrismo (*geo* =Terra), teoria que considerava a Terra o centro do Universo.

Saiba +

Os lusíadas, de Luís Vaz de Camões, é uma **epopeia**, um poema narrativo extenso que relata feitos heroicos e grandiosos. Nessa obra, Camões retoma a estrutura e as características das epopeias da Antiguidade clássica, como *Odisseia* e *Ilíada*, cuja autoria é atribuída a Homero.

Publicada em 1542, a obra *Os lusíadas* narra a viagem de Vasco da Gama às Índias e é composta de dez cantos, com estrofes de oito versos. A estrutura das rimas é fixa e os versos são decassílabos (têm dez sílabas métricas).

Estando em terra, chego ao Céu voando,
num'hora acho mil anos, e é de jeito
que em mil anos não posso achar **ü'hora**.

Se me pergunta alguém porque **assi** ando,
respondo que não sei; porém suspeito
que só porque vos vi, minha Senhora

CAMÕES, Luís Vaz de. Disponível em: http://www.dominiopublico.gov.br/download/texto/bv000164.pdf. Acesso em: 10 maio 2022.

num'hora: numa hora.
ü'hora: uma hora.
assi: assim.

Mulher com espelho, de Ticiano, 1515 (óleo sobre tela, 96 cm × 76 cm).

Embora trate da temática amorosa, é possível perceber nesse poema a presença do racionalismo, pois o eu lírico busca definir o estado amoroso em que se encontra por meio de um raciocínio lógico, utilizando metáforas ("da vista um rio" = lágrimas) e antíteses ("vivo ardor" *versus* "tremendo de frio"). A estrutura e a métrica dos versos do soneto ainda revelam a busca pela perfeição formal.

Alguns sonetos de Camões também retomam personagens e episódios da mitologia greco-romana, uma característica marcante do Classicismo.

Leia a seguir outro soneto camoniano. Esse poema faz referência a uma passagem mitológica: a traição de Vênus (Afrodite), casada com Vulcano (Hefesto).

Soneto CCLXXXI

Luís Vaz de Camões

Enquanto **Febo** os montes acendia
do Céu com luminosa claridade,
por evitar do ócio a castidade
na caça o tempo **Délia** despendia.

Vênus, que então de furto descendia
por cativar de **Anquises** a vontade,
vendo **Diana** em tanta honestidade,
quase zombando dela, lhe dizia:

– Tu vás com tuas redes na espessura
os fugitivos **cervos** enredando;
mas as minhas enredam o sentido.

– Melhor é (respondia a deusa pura)
nas redes leves cervos ir tomando
que tomar-te a ti nelas teu marido.

CAMÕES, Luís Vaz de. Disponível em: http://www.dominiopublico.gov.br/download/texto/bv000164.pdf. Acesso em: 14 abr. 2022.

Febo: nome do deus romano que, na mitologia grega, equivale ao deus Apolo, o deus dos raios solares, das artes e da luz divina.

Délia: nascida na ilha grega de Delos; a deusa que nasceu nessa ilha: Diana (Artêmis para os gregos).

Anquises: um mortal príncipe troiano que foi pai do famoso personagem Eneias, fruto de seu relacionamento com Vênus (Afrodite).

Diana: nome romano da deusa grega da caça Artêmis.

cervo: veado; animal com grandes galhadas na cabeça e que é conhecido por ser tradicionalmente um animal de caça.

Veja também uma obra de arte da época do Renascimento que faz referência a esse mesmo mito.

Marte, Vênus e Cupido, de Palma Vecchio, 1520 (óleo sobre tela, 91,4 cm × 137,2 cm).

Saiba +

O poema faz interessantes referências ao mito romano de Vênus, Vulcano e Marte (na mitologia grega, Afrodite, Hefesto e Ares). Como a mitologia romana baseia-se na grega, os mitos são os mesmos, mas os nomes dos deuses são diferentes. Vênus (Afrodite), deusa do amor e da beleza, e Marte (Ares), deus da guerra, tiveram um longo caso amoroso enquanto ela era casada com Vulcano (Hefesto), deus do fogo e dos metais, considerado o deus mais feio do Olimpo (morada dos deuses). O mito tem diversos detalhes curiosos, como o fato de Vulcano ter usado uma rede transparente para prender os amantes e de os ter descoberto quando o Sol se pôs, referências sutis apresentadas no soneto camoniano.

Outro autor importante desse movimento literário foi Francisco Sá de Miranda, sendo considerado o marco inicial do Classicismo em Portugal o momento em que ele retorna da Itália trazendo ideias novas em relação às formas poéticas, sobretudo introduzindo o soneto em terras portuguesas.

Leia a seguir dois poemas desse autor:

Comigo me desavim

Francisco Sá de Miranda

Comigo me desavim,
Sou posto em todo perigo;
Não posso viver comigo
Nem posso fugir de mim.

Com dor da gente fugia,
Antes que esta **assi** crescesse:
Agora já fugiria
De mim, se de mim pudesse.
Que **meo** espero ou que fim
Do vão trabalho que sigo
Pois que trago a mim comigo
Tamanho **imigo** de mim?

MIRANDA, Francisco Sá de. *Poemas escolhidos*. Lisboa: Editorial Verbo, 1969. p. 54.

assi: assim.
meo: meio.
imigo: inimigo.

Em seu poema, Sá de Miranda apresenta um eu lírico que se vê duplo, contraditório, incapaz de conviver bem consigo. Em meio a esse conflito interno, percebe o perigo em que está a todo instante e lamenta por não conseguir fugir desse grande antagonista que traz em si. É possível perceber no texto a reflexão filosófica centrada no ser humano, na própria dualidade e em seus conflitos.

Ao amor e à fortuna

Francisco Sá de Miranda

Amor e Fortuna são
dous deuses que os antigos
ambos os pintaram cegos;
ambos não seguem razão;
ambos aos **mores** amigos
dão mores desassossegos;
ambos são sem piedade;
ambos não lhes tomais tino
do querer ou não querer;
ambos não falam verdade:
Amor é cego menino,
Fortuna é cega mulher.

MIRANDA, Francisco Sá de. Disponível em: http://culturafm.cmais.com.br/radiometropolis/lavra/sa-de-miranda-ao-amor-e-a-fortuna. Acesso em: 10 maio 2022.

Reprodução/Coleção Particular

Fortuna e sua roda, de Étienne Colaud, 1530.
A obra representa a deusa romana Fortuna girando sua roda. Fortuna é uma deusa associada ao destino, ao acaso e à sorte (boa ou má). Geralmente era representada cega ou com a vista tampada, como mencionado no poema de Sá de Miranda.

Nesse poema, além da referência à mitologia romana, é possível identificar o culto à razão, uma vez que o eu lírico explica o fato de os antigos representarem tanto o Amor quanto a Fortuna como cegos.

dous: dois.
mores: contração de *maiores*.

Agora que você aprendeu as principais características do Classicismo português, selecione um poema de Camões ou de Sá de Miranda e busque identificar os elementos do Classicismo presentes nele.

Práticas de leitura e análise literária: a literatura sob a inspiração de viagens

Entre realidade e ficção, as viagens são matéria-prima explorada por escritores de diferentes épocas e lugares. A literatura ocidental, segundo alguns estudiosos, teria sua origem em dois poemas atribuídos ao grego Homero: *Ilíada* e *Odisseia*. Uma dessas criações, *Odisseia*, relata uma grandiosa viagem. Nas literaturas de língua portuguesa, também há diversas obras inspiradas por viagens. Uma das mais consagradas é o longo poema *Os lusíadas*, do escritor português Luís Vaz de Camões, que viveu no século XVI.

Na mesma vertente de Luís Vaz de Camões, mas em outra época e estilo literário, enquadram-se vários poemas de outro célebre poeta português, Fernando Pessoa (1888-1935).

Observe a seguir imagens dos escritores portugueses Luís Vaz de Camões e Fernando Pessoa e leia as informações sobre eles.

Album/Fotoarena

Luís Vaz de Camões, poeta português do século XVI. Escreveu poesia lírica e épica e teatro. Suas obras têm influenciado diversos escritores lusófonos. A epopeia *Os lusíadas* é considerada sua obra-prima.

Cavalão/Wikipedia/Wikimedia Commons/Domínio Público

Fernando Pessoa, poeta português nascido no final do século XIX. Sua obra literária singular é marcada pela criação de personalidades poéticas distintas, cada uma delas com uma produção própria. Obras de destaque: *Mensagem* (lançada em 1934) e *O livro do desassossego* (publicado postumamente, em 1982).

Compartilhe oralmente com os colegas outros dados que cada um saiba a respeito desses dois escritores: quem foram, o contexto histórico e social em que viveram, o que escreveram, etc.

"Navegar é preciso, viver não é preciso"

Histórico da frase

No século I a.C., ocorria a expansão econômica e territorial de Roma, já se transformando em um império gigantesco. O fortalecimento dessa potência exigia o desbravamento dos mares. A navegação implicava enormes riscos, não só pelas limitações tecnológicas, mas também pelos ataques de piratas.

Para encorajar jovens a encarar a aventura marítima, o general Pompeu teria pronunciado a frase que se tornaria célebre: "Navegar é preciso, viver não é preciso".

1. Procure no dicionário os significados da palavra *preciso* e identifique os dois significados possíveis desse vocábulo na frase. Depois, reescreva-a duas vezes: use um significado na primeira versão e o outro na segunda versão.

Alguns séculos depois da fala do general romano, o poeta português Fernando Pessoa retomou a frase famosa e a inseriu neste poema:

Navegar é preciso

Fernando Pessoa

Navegadores antigos tinham uma frase gloriosa:

"Navegar é preciso; viver não é preciso".

Quero para mim o espírito [d]esta frase,
transformada a forma para a casar como eu sou:

Viver não é necessário; o que é necessário é criar.
Não conto gozar a minha vida; nem em gozá-la penso.
Só quero torná-la grande,
ainda que para isso tenha de ser o meu corpo e a (minha alma) a lenha desse fogo.

Só quero torná-la de toda a humanidade;
ainda que para isso tenha de a perder como minha.
Cada vez mais assim penso.

Cada vez mais ponho da essência anímica do meu sangue
o propósito impessoal de engrandecer a pátria e contribuir
para a evolução da humanidade.

É a forma que em mim tomou o misticismo da nossa Raça.

PESSOA, Fernando. Disponível em: http://www.dominiopublico.gov.br/download/texto/jp000001.pdf. Acesso em: 18 ago. 2021.

2. Identifique e explique o sentido da frase do general Pompeu no poema de Fernando Pessoa.

3. O compositor e cantor brasileiro Caetano Veloso retomou a mesma frase na canção *Os argonautas*. Depois de imprimir ou copiar a letra da canção (disponível em: http://tropicalia.com.br/v1/site/internas/pop_cae_69_argonaltas.html, acesso em: 8 mar. 2022), redijam, em grupo, um texto curto comparando as três ocorrências da famosa frase. Se possível, ouçam a gravação do próprio compositor (disponível em: https://www.youtube.com/watch?v=Pi34gRiCt_Y, acesso em: 8 mar. 2022).

4. Em seguida, cada participante do grupo vai considerar qual dos significados da palavra *preciso* lhe parece mais adequado à sua maneira de pensar sobre a vida. Não é necessário justificar a escolha. Essa escolha deverá se transformar em um *post* a ser publicado na rede social da escola.

- Dois dias depois, observe os *posts* dos colegas e identifique o comentário que tenha lhe parecido mais pertinente.
- Vocês vão conversar sobre isso na sala, no momento indicado pelo professor.
- Depois, você deverá escolher um *post* e um comentário (o comentário pode ser o seu ou o de algum colega), e fazer um *print* da publicação. Coloque esse *print* em um documento de texto e explique por que fez essa escolha.
- Apresente o documento produzido para o professor.

5. O universo digital emprestou da linguagem náutica o verbo *navegar*. Consulte um dicionário e, com base na explicação ali presente, explique, no caderno, o significado que esse verbo adquire na expressão "navegar na internet".

6. Durante a navegação marítima, aérea ou espacial, existe a possibilidade de o responsável pela navegação desviar-se de sua rota. Quando navega pela internet, você costuma "desviar-se" da sua rota inicial, preestabelecida? Com que frequência? Em sua opinião, por que isso acontece? Conte para a turma.

7. Para encerrar: navegar na internet é *preciso* ou... é *preciso*? Qual dos significados da palavra é mais adequado, considerando o contexto em que você vive? Justifique sua resposta no caderno.

Pesquisa sobre Camões e Fernando Pessoa

Agora, vocês vão investigar um pouco mais a respeito dos autores de que falamos no início desta seção e de suas obras. Esta é uma atividade de **interação**, **produção** e **mediação**. Para isso, façam o seguinte:

I. Você e os colegas vão se organizar em um número par de grupos (4, 6, 8, etc.) e seguir as indicações do professor.

II. Metade dos grupos pesquisará a vida e a obra de Luís Vaz de Camões (por exemplo, os grupos pares); a outra metade, a vida e a obra de Fernando Pessoa.

III. Consultem: livros de referência de estudos de literatura de língua portuguesa, *sites* variados sobre literatura e mais direcionados a esses escritores (verifiquem se são confiáveis), enciclopédias, exemplares de livros escritos por esses dois autores, que você certamente poderá encontrar na biblioteca da sua escola ou em uma biblioteca pública da região.

IV. A tarefa de vocês nessas pesquisas será:

- relacionar fatos da vida do escritor pesquisado – onde e quando nasceu, em que lugar passou a maior parte da vida, que profissão exercia, etc.;
- situar o contexto histórico do período em que viveu e produziu suas obras: o que ocorria no país de origem e no(s) lugar(es) onde viveu, quais foram os principais eventos históricos e culturais do período, que relação esses eventos podem ter com a vida e a obra do escritor; indicar, em linhas gerais, o que acontecia no mundo das artes e da cultura nesse período histórico e, principalmente, no lugar de origem desses escritores; relacionar as obras mais importantes do escritor e indicar em qual período da história literária foram escritas;
- explicar o tema e a estrutura, em linhas gerais, de obras fundamentais de cada um desses autores: *Os lusíadas*, no caso de Camões, e *Mensagem*, no caso de Fernando Pessoa;
- escolher poemas dos autores para compartilhar com os demais grupos e explicar os motivos dessa escolha;
- postar ou produzir cartazes com o material recolhido durante a pesquisa e, depois das apresentações, publicar no blogue da turma ou em uma rede social da qual todos participam ou, ainda, expor no mural da turma.

V. Algumas sugestões para o momento da escolha dos poemas:

- Fernando Pessoa é um dos mais conhecidos poetas do Modernismo português. Muitos dos seus poemas foram gravados por declamadores famosos, como os brasileiros Jô Soares e Antônio Abujamra ou o português João Villaret. É possível encontrar algumas dessas declamações na internet.
- Também poemas do maior poeta do Classicismo português, Luís Vaz de Camões, tiveram versões gravadas pelo português João Villaret. A atriz Regina Casé fez uma declamação espontânea de um trecho curto de *Os lusíadas*, ao passo que o jornalista Cid Moreira fez uma leitura do famoso soneto "Amor é fogo que arde sem se ver".
- Procurem na rede gravações de poemas de Pessoa e de Camões. Façam uma reunião para assistir a essas leituras e comentá-las.

Saiba +

Veja a declamação de Antônio Abujamra disponível em: https://www.youtube.com/watch?v=a1IBpsuCI14.

A declamação de Regina Casé está disponível em: https://globoplay.globo.com/v/3387000/?s=0s.

E a declamação de Cid Moreira pode ser vista em: https://www.youtube.com/watch?v=V9mA2GVIx_Q.

Acessos em: 12 abr. 2022.

Compartilhando a pesquisa

As pesquisas devem ser compartilhadas na forma de exposição oral. Para isso, será preciso, depois de selecionado o material, compartilhar as descobertas com os demais grupos envolvidos na pesquisa do mesmo autor, ou seja, os grupos pares compartilharão entre si as informações encontradas e os grupos ímpares farão o mesmo.

Apresentação

Tendo o material pesquisado como base, você e os colegas de grupo vão organizar uma apresentação com *slides* ou com os cartazes criados sob a orientação do professor e considerando as ações a seguir:

- Revejam o item **IV** das orientações iniciais, presentes em "Pesquisa sobre Camões e Fernando Pessoa", e distribuam entre si as informações referentes aos pontos pesquisados.
- Cada grupo vai ficar responsável por organizar a apresentação desses pontos. Assim, por exemplo, um dos grupos pares vai se responsabilizar pela apresentação dos fatos da vida do autor em discussão e da contextualização histórica e cultural do período em que ele viveu, ao passo que outro grupo vai organizar e apresentar o tema e a estrutura da obra indicada.
- Se for o caso, o grupo deverá retomar e aprofundar a pesquisa antes da apresentação.

Alamy/Fotoarena

O gigante Adamastor, em escultura de Júlio Vaz Júnior (1877-1963), instalada no miradouro de Santa Catarina, em Lisboa. Foto de 2010. No canto V de *Os lusíadas*, narra-se a aparição do gigante Adamastor, criatura imaginada por Camões como personificação do cabo da Boa Esperança, região próxima da atual Cidade do Cabo, na África do Sul. Na época de Camões, esse ponto geográfico era conhecido como de difícil travessia, em razão das condições marítimas locais, muito adversas à navegação.

Textos

Nas páginas a seguir, (re)leia trechos da produção dos escritores pesquisados: de Luís Vaz de Camões, há a transcrição de um fragmento de *Os lusíadas*; de Fernando Pessoa, há dois poemas extraídos de *Mensagem*.

Os lusíadas (Canto V)

[...]

Porém já cinco sóis eram passados
Que dali nos partíramos, cortando
Os mares nunca de outrem navegados,
Prosperamente os ventos assoprando,
Quando uma noite, estando descuidados
Na cortadora proa vigiando,
Uma nuvem que os ares escurece
Sobre nossas cabeças aparece.

Tão temerosa vinha e carregada,
Que pôs nos corações um grande medo;
Bramindo, o negro mar de longe brada
Como se desse em vão nalgum rochedo.
– "Ó **Potestade**", disse, "sublimada
Que ameaço divino ou que segredo
Este clima e este mar nos apresenta,
Que mor cousa parece que tormenta!"

Não acabava, quando uma figura
Se nos mostra no ar, robusta e válida,
De disforme e grandíssima estatura,
O rosto carregado, a barba **esquálida**,
Os olhos encovados, e a postura
Medonha e má e a cor terrena e pálida;
Cheios de terra e crespos os cabelos,
A boca negra, os dentes amarelos.

Tão grande era de membros, que bem posso
Certificar-te, que este era o segundo
De **Rodes estranhíssimo Colosso**,
Que um dos sete milagres foi do mundo.
Com um tom de voz nos fala horrendo e grosso,
Que pareceu sair do mar profundo:
Arrepiam-se as carnes e o cabelo
A mi e a todos, só de ouvi-lo e vê-lo.

bramir: gritar, soltar a voz ou bradar.

potestade: o que impõe sua vontade, ordena.

esquálido: descuidado.

Colosso de Rodes: escultura em bronze de Hélios, o deus do Sol na mitologia grega, erguida com cerca de 30 metros de altura, segundo contam, na ilha de Rodes, entre 292 a.C. e 288 a.C.

quebrantar: ir além, ultrapassar.

arado: navegado.

lenho: embarcação.

sojugar: subjugar, dominar.

pertinace: pertinaz, persistente.

E disse: – "Ó gente ousada, mais que quantas
No mundo cometeram grandes cousas,
Tu, que por guerras cruas, tais e tantas,
E por trabalhos vãos nunca repousas,
Pois os vedados términos **quebrantas**
E navegar nos longos mares ousas,
Que eu tanto tempo há já que guardo e tenho,
Nunca **arados** d'estranho ou próprio **lenho**.

Pois vens ver os segredos escondidos
Da natureza e do úmido elemento,
A nenhum grande humano concedidos
De nobre ou de imortal merecimento,
Ouve os danos de mi que apercebidos
Estão a teu sobejo atrevimento,
Por todo largo mar e pela terra
Que inda hás de **sojugar** com dura guerra.

Sabe que quantas naus esta viagem,
Que tu fazes, fizerem, de atrevidas,
Inimiga terão esta paragem,
Com ventos e tormentas desmedidas:
E da primeira armada que passagem
Fizer por estas ondas insofridas,
Eu farei d'improviso tal castigo,
Que seja mor o dano que o perigo!

Aqui espero tomar, se não me engano,
De quem me descobriu, suma vingança.
E não se acabará só nisto o dano
De vossa **pertinace** confiança:
Antes, em vossas naus vereis, cada ano,
Se é verdade o que meu juízo alcança,
Naufrágios, perdições de toda sorte,
Que o menor mal de todos seja a morte!" [...]

CAMÕES, Luís Vaz de. *Os lusíadas*. 13. ed. São Paulo: Melhoramentos, [s.d.]. p. 239-241. Edição comentada por Otoniel Mota.

ArtMari/Shutterstock

Representação gráfica do antigo monumento conhecido como Colosso de Rodes que teria existido na ilha grega, entre 292 a.C. e 288 a.C. Apesar dos muitos relatos escritos descrevendo a imensa escultura, que teria cerca de 30 metros de altura, não se sabe se o monumento realmente existiu nem qual seria sua posição exata. Por isso, há diversas representações artísticas que propõem diferentes imagens de como pode ter sido essa estátua no passado.

8. Monte uma tabela em uma folha à parte ou em uma planilha digital com o resumo das oito estrofes transcritas de *Os lusíadas*. Para isso, será preciso produzir uma sentença que sintetize e resuma o tópico principal narrado em cada uma delas. Veja um exemplo:

Estrofes lidas de *Os lusíadas*, de Camões	
Estrofe	**Resumo do tópico principal narrado**
1ª estrofe	Uma nuvem escurece os ares e surpreende os navegantes.

Ao finalizar a tarefa, preenchendo a planilha com os resumos de cada estrofe, envie o arquivo por *e-mail* para o professor ou apresente a folha que utilizou para montar a tabela.

9. De acordo com o que você e os colegas pesquisaram sobre *Os lusíadas* e a viagem de Vasco da Gama, exaltada nesse poema, explique: Por que atravessar o cabo era tão importante para os navegantes portugueses? Registre sua resposta no caderno.

10. Considerando tudo o que você já sabe sobre *Os lusíadas* agora que compartilharam as pesquisas, responda: Por que a viagem de Vasco da Gama, narrada nesse poema, teria sido tão fantástica a ponto de inspirar uma epopeia, entrando para a história da literatura da língua portuguesa e da literatura universal?

Everett Collection/Shutterstock

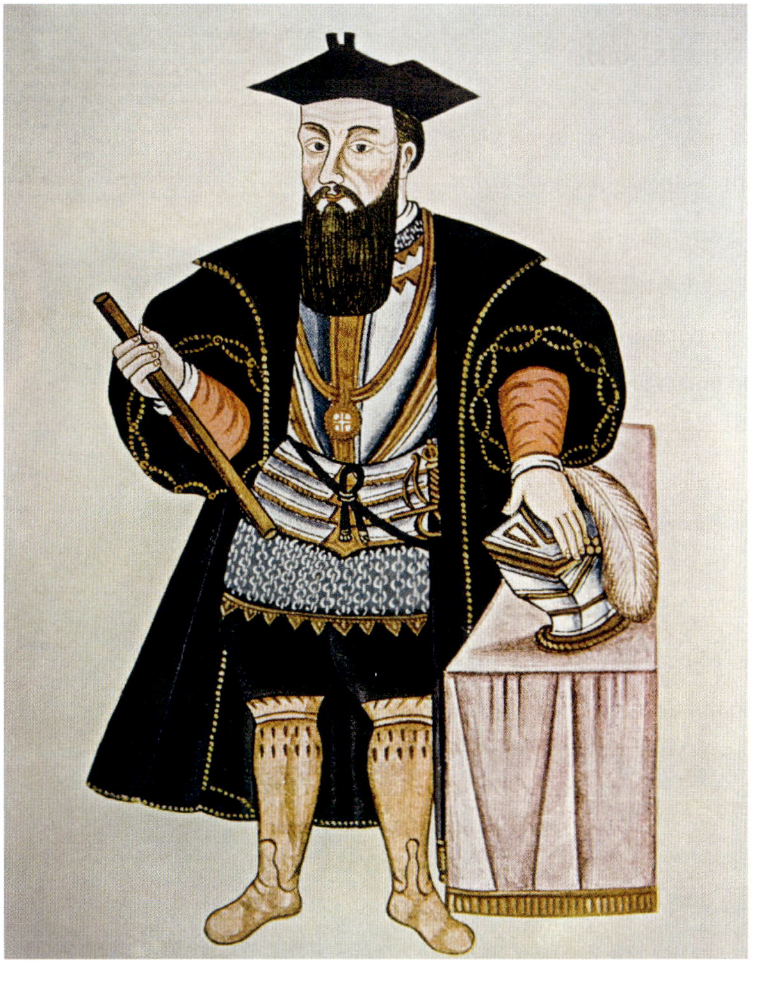

Representação do navegador português Vasco da Gama. Em 1497, esse navegador e sua tripulação conseguiram, meses depois de atravessar o cabo das Tormentas, aportar em Calicute, na Índia. Ilustração feita por Pedro Barretto de Resende, 1646.

Em *Mensagem*, Fernando Pessoa retoma o mito do gigante Adamastor no poema "O mostrengo". Sob a orientação do professor, você e os colegas vão fazer duas leituras do texto, transcrito na próxima página.

- Silenciosamente, leiam o poema uma vez, para conhecer as palavras, acostumar-se com elas.
- Com auxílio do professor, os colegas que se prontificarem poderão ler o poema em voz alta para toda a turma.
- Ao final dessas leituras, troquem ideias sobre a seguinte questão: por que é importante, ao interpretar poemas, lê-los em voz alta?

O mostrengo

Fernando Pessoa

O mostrengo que está no fim do mar
Na noite de breu ergueu-se a voar;
À roda da nau voou três vezes,
Voou três vezes a chiar,
E disse: "Quem é que ousou entrar
Nas minhas cavernas que não desvendo,
Meus tetos negros do fim do mundo?"
E o homem do leme disse, tremendo:
"**El-Rei D. João Segundo**!"

"De quem são as velas onde me roço?
De quem as quilhas que vejo e ouço?"
Disse o mostrengo, e rodou três vezes,
Três vezes rodou imundo e grosso,
"Quem vem poder o que só eu posso,
Que moro onde nunca ninguém me visse
E escorro os medos do mar sem fundo?"
E o homem do leme tremeu, e disse:
"El-Rei D. João Segundo!"

Três vezes do leme as mãos ergueu,
Três vezes ao leme as reprendeu,
E disse no fim de tremer três vezes:
"Aqui ao leme sou mais do que eu:
Sou um Povo que **quere** o mar que é teu;
E mais que o mostrengo, que me a alma teme
E roda nas trevas do fim do mundo;
Manda a vontade, que me ata ao leme,
De El-Rei D. João Segundo!"

PESSOA, Fernando. O mostrengo. *In*: PESSOA, Fernando. *Obra poética*. Rio de Janeiro: Aguilar, 1965. p. 79-80.

El-Rei D. João Segundo: tendo vivido entre 1455 e 1495, dom João II foi rei de Portugal e de Algarves em dois períodos distintos: em novembro de 1477 e, depois, de 1481 até sua morte. Durante seu reinado, impulsionou as viagens marítimas que deram início às Grandes Navegações, com o intuito de explorar novas rotas da Europa até a Ásia, para ampliar o comércio. Desse pioneirismo português resultou também a exploração do continente americano.

quere: quer.

Saiba + +++

Reprodução/Marina Galguinho

O gigante Adamastor: animação 3D, por Marina Galguinho. Disponível em: https://www.youtube.com/watch?v=K9Xm8s2dXgk. Acesso em: 8 mar. 2022.

No *link* indicado acima, é possível assistir a uma animação em 3D do episódio que narra a aparição do gigante Adamastor no canto V de *Os lusíadas*.

11. Ao longo do poema, o eu lírico dá voz ao "homem do leme" e ao "mostrengo". Ao comparar com o trecho lido de *Os lusíadas*, é possível identificar o mostrengo como o gigante Adamastor. Considerando essa comparação entre os textos, quem seria o "homem do leme"? Justifique sua resposta no caderno.

12. Você pôde notar que há uma conversa entre as duas obras em estudo: uma delas retoma personagens e situações da outra. Isso acontece entre diversas obras. Identifique outro poema que dialogue com a obra de Camões ou com a de Pessoa e indique, no caderno, o título e o autor desse poema. Depois, compartilhe o texto com a turma.

Leia o poema "Mar português" para fazer a atividade a seguir.

Mar português

Fernando Pessoa

Ó mar salgado, quanto do teu sal
São lágrimas de Portugal!
Por te cruzarmos, quantas mães choraram,
Quantos filhos em vão rezaram!
Quantas noivas ficaram por casar
Para que fosses nosso, ó mar!

Valeu a pena? Tudo vale a pena
Se a alma não é pequena.
Quem quer passar além do **Bojador**
Tem que passar além da dor.
Deus ao mar o perigo e o abismo deu,
Mas nele é que espelhou o céu.

PESSOA, Fernando. Mar português. *In*: PESSOA, Fernando. *Obra poética*. Rio de Janeiro: Aguilar, 1965. p. 82.

Cabo Bojador: situa-se na costa do Saara ocidental, no território controlado pelo Marrocos. O primeiro navegador que o atravessou foi o português Gil Eanes, em 1433. Antes disso, era conhecido como cabo do Medo, em razão dos recifes de arestas pontiagudas da região.

13. Formule uma hipótese interpretativa para o poema "Mar português". Compartilhe oralmente essa hipótese com os colegas e o professor. Em seguida, vocês poderão comparar as ideias sobre o texto e, por fim, registrar as conclusões em um arquivo digital ou em uma folha à parte.

Saiba +

Mar português. Poema musicado por André Luiz Oliveira. Disponível em: https://www.youtube.com/watch?v=tu7-ShLz-bI. Acesso em: 23 mar. 2022.

Os poemas de Fernando Pessoa já inspiraram diversas canções. Uma delas é a que foi produzida pelo músico e arranjador baiano André Luiz Oliveira e que pode ser encontrada no canal de vídeos do artista.

Em 2015, o músico reuniu três CDs, dois DVDs, um álbum de fotos e o próprio livro com os poemas de Pessoa em uma caixa de madeira, com o título *Mensagem*, lançada especialmente em homenagem ao poeta, cuja morte, nessa data, completava 80 anos. É de uma das interpretações desse material que se fez o vídeo aqui sugerido.

Diário de bordo

Registre em seu diário de bordo uma hipótese para explicar: Por que as viagens são um tema tão explorado na literatura? Que tipos de experiência elas possibilitam e por que vale a pena registrá-las?

Viagem pelo fluxo do pensamento

Se a literatura portuguesa é marcada pelas viagens de personagens que cruzam os mares em busca de novas terras, como em *Os lusíadas*, ou por viagens simbólicas, que se concentram na busca de sentido para a vida, como no poema "Mar português", há, ainda, outras possibilidades de trabalhar, na literatura, o tema viagens. Por exemplo, é possível pensar na viagem representada pelo cotidiano: um dia da vida de um homem comum em busca de solução para seus problemas.

Esse é o tema de várias obras produzidas nas literaturas do século XX, como a elaborada pelo escritor gaúcho Dyonélio Machado e intitulada *Os ratos*.

Publicado em 1935, esse romance se baseia em uma viagem que dura apenas um dia. Naziazeno, o personagem central, precisa arrecadar determinada quantia em dinheiro para conseguir pagar uma dívida. A busca começa certo dia logo cedo, quando o leiteiro o avisa de que cortará o fornecimento de leite se a dívida não for paga, e termina na manhã seguinte, quando o leiteiro retorna. Ao longo de um único dia, Naziazeno percorre o centro da cidade de Porto Alegre, em busca de seu chefe na repartição pública onde trabalha, de seu amigo Duque, além de se envolver em situações angustiantes ao tentar obter o dinheiro de que precisa.

Cesar Lopes/PMPA

Fachada do edifício em que se situa o Paço Municipal de Porto Alegre (RS), também chamado de Prefeitura Velha ou Paço dos Açorianos.

A narrativa mescla um narrador onisciente, em 3ª pessoa, com o fluxo de consciência de Naziazeno, apresentando o desespero do personagem ao longo dessas 24 horas. A linguagem usada no romance é original: para construir o fluxo de consciência, o escritor emprega as formas livres de discurso relatado, ou seja, o discurso direto livre e o discurso indireto livre. A seguir, leia um capítulo da obra, que se passa em meados dos anos 1930.

Os ratos

Dyonélio Machado

Capítulo 3

Como se desse um pulo, todo o seu interesse é agora, explosivamente, para esses cinquenta e três mil-réis do leiteiro!

O bonde ainda não parou, e ele já está maltratando a porta de saída com pequenos pontapés impacientes. Atravessa a praça; não olha para os lados. Uma "decisão" anterior, mal definida e mal aceita, o conduz todavia para o mercado, para o café da esquina. Pouca gente, caras "novas". É que é cedo. Não contava com isso. Todos os consumidores têm um ar grave e matinal; tomam o café com leite com cara ainda estremunhada, o chapéu repousando numa cadeira, o olhar nos aspectos agradáveis da rua.

Aquele "repouso" convida-o a sentar. Um cafezinho?... São dois tostões, a bem dizer metade das suas disponibilidades. É necessário prudência, prudência. Ele bem sabe o valor de dois tostões numa situação assim.

Sente-se outro, tem coragem, quer lutar. Longe do bonde (que é um prolongamento do bairro e da casa) não tem mais a "morrinha" daquelas ideias... Naquele ambiente comercial e de bolsa do mercado, quantos lutadores como ele!... Sente-se em companhia, membro lícito duma legião natural.

O Duque... Sim: o Duque, por exemplo, um batalhador. Tem a experiência... da miséria. Não recomenda a sua companhia (e o próprio Duque o sabe). Mas como acompanha com solicitude o amigo em situação difícil ao agiota ou à casa dos penhores. É ele quem fala. Se há uma negativa dura a fazer, o agiota não se constrange com o Duque: diz mesmo, diz tudo, naquelas ventas sovadas de cachorro sereno. Uma providência, o Duque...

Naziazeno, numa das esquinas, olha rapidamente em torno como se procurasse orientar-se. Mas nada vê. É o pensamento que se agita e arrasta a cabeça nos seus movimentos. Ele procura "visualizar" bem a ideia de ir ter com o Duque.

Mas, espera: que horas serão? Não há mais tempo agora; é preciso ir direito à repartição. Foi o seu primeiro plano, e é força segui-lo.

Impossível que o diretor não o desaperte. Cinquenta e três mil-réis... sessenta, arredondando. Já uma vez emprestou-lhe vinte, com toda a boa vontade, logo após a sua nomeação para o cargo.

Sim, Naziazeno sabe que os empregados mais graduados troçaram respeitosamente o diretor, que este (que é um moço) meio encabulou, alegando que não conhecia o caso, que era ainda estranho ao meio, que "noutra" não cairia, pois era realmente qualquer coisa assim como censurável estar cultivando esses exemplos de desregramento ou de perdularismo sistemáticos...

Saiba +

A unidade monetária que se utilizou no Brasil da época imperial até o início dos anos 1940 chamava-se *real* e tinha como plural o termo *réis*. Como não havia cédulas ou moedas no valor mínimo de uma unidade de real, a palavra *réis* acabou se popularizando.

Em 1942, essa unidade monetária foi substituída pelo cruzeiro, sendo que a equivalência estabelecida entre as unidades foi a seguinte: 1 cruzeiro = 1 mil-réis. Depois dessa primeira mudança monetária, muitas outras aconteceram no país até que voltássemos a ter uma moeda novamente denominada *real* que, porém, é subdividida em centavos e cujo plural é *reais*.

Isso disse o diretor, mas pra safar-se daquele momento um tanto crítico.

"– Fico ainda lhe restando cinco mil-réis, doutor."

"– Estamos quites!" havia-lhe respondido o outro, tomando o dinheiro, precipitadamente, sem fitá-lo, a cara mergulhada no vão da sua secretária de cortina.

"– Não sei como lhe agradecer, doutor. Eu já lhe disse, o médico exigia umas injeções. O seu dinheiro foi uma providência pra o meu filhinho."

"–Sim! está bem! pode retirar-se! – Já sabe: não me deve mais nada. Fique com esses cinco."

"– Oh! muito obrigado, doutor..."

Ele estava certo, certíssimo, que era só "agarrar-se" com o diretor.

O relógio da Prefeitura marca pouco mais de oito horas. Vem-lhe um quadro: a repartição toda aberta, vazia, e encostados a uma porta que dá pra uma areazinha com piso de tijolo, Horácio e Clementino desfiando histórias lentas, antigas. Naziazeno sente-se todo trepidação, ainda. Mas já não tem muito entusiasmo em chegar logo à repartição, abordar o diretor. Nem ele há de cumprir logo assim, sem exame, aquele plano de chegar sempre cedo à repartição. É a hora da limpeza. Horácio e Clementino, serventes privilegiados, ficam ali... mas sempre lhe causou certa repugnância e qualquer outra coisa mais ver o velho Jacinto, curvo, com as abas do capote varrendo o chão, varrendo tudo, a trazer as pencas de escarradeiras, o ar atarantado e fantástico, e ir colocando-as nos seus lugares, sob o olhar fiscalizador e vulgar do Clementino...

Para "encher" esse tempo que lhe falta, há uma alternativa: sentar na praça, entrar no café. Sentar num banco da praça é esfriar, perder aquele "impulso". O café é o rebuliço. Pra o café, pois.

Do café do mercado a esse outro café, foi-se-lhe boa parte da prudência, bem nota ele. A cautela de poupar dois tostões, a possibilidade de se tirar de dificuldades com dois tostões não são dele (isto é que é exato): – é plano do Duque. É de ver como o Duque multiplica um simples **nicolau**... Uma das suas primeiras "esperanças" essa manhã foi o Duque. O seu gênio o protegia e o inspirava... Mas ele agora bem pode soltar esse níquel. À medida que rememora a pessoa do diretor, vem-lhe a confiança no seu plano.

nicolau: moeda, níquel.

O seu plano sempre é simples: é o recurso amigo, a solidariedade. Quem não o compreenderia?... Inegável, essa superioridade do Duque: o Duque é o agente, o corretor da miséria. Conduz o negócio serenamente. Tem a propriedade de despersonalizar a coisa. Depois de pouco tempo, toda a sua vida – Naziazeno reconhece – está devassada: a doença, a mulher, o filho. Com o Duque, não. Ele olha muito, ouve muito, aparece muito, mas só diz uma ou outra coisa, só o necessário e o viável.

"– Este relógio ainda está marcando oito e dez."

Os relógios não andam certos. Mas já há de ser umas oito e vinte ou oito e meia. Às nove ele se encaminhará pra a repartição.

Se ainda tivesse um jornal...

Além do mais, um jornal é útil, numa "situação dessas". É pelo menos o que pensa o Duque, que sempre percorre certos anúncios do jornal... Mas não, ele não saberia tirar coisa nenhuma do jornal. Era comprar pra ler, ler a política.

Quanto custa um jornal?... É estranho, está em dúvida... Duzentos ou trezentos? A sua cabeça anda cansada, é isto. Mas não se lembra bem mesmo. Parece que é trezentos: sofreu dois aumentos – o primeiro pra duzentos réis, depois pra trezentos...

É caro. Já se lhe foram quinhentos réis... – Um medo o invade, então! Mas é passageiro, e outra vez está ali com ele a sua confiança.

"– Doutor, vejo-me outra vez forçado a recorrer..." – Não! isto é vago, geral. Deve dizer o fato, o que se passa. "– Doutor, imagine a minha situação, o meu leiteiro..." "– Não! Não! Trivialidade... uma trivialidade..." "– O meu filho, doutor!..." "– Outra vez o teu filho, Naziazeno... sempre o teu filho...

Um gelo toma todo o seu corpo. Gelo que é tristeza e desânimo. Voltam-lhe as cenas da manhã, o **arrabalde**, a casa, a mulher. Tem medo de desfalecer nos seus propósitos. Acha-se sozinho. Aquela multidão que entra e sai pela enorme porta do café lhe é mais do que desconhecida: parece-lhe inimiga. Já acha absurdo agora o seu plano, aquele plano tão simples. Quando pensa em pedir ao diretor sessenta mil-réis emprestados – sessenta! – chega a sentir um vermelhão quente na cara, tão despropositado lhe parece tudo isso. "– Sessenta mil-réis! um ordenado quase!... É isso coisa que se peça?!"

Não! Está a ver o diretor, tirando o dinheiro do bolso, entregando-lho num gesto quase furtivo, sem olhá-lo, como quem tem pressa...

Puxa o níquel.

Ele não vai levantar já, mas é preciso pagar a despesa, não vá um conhecido aparecer. Põe o níquel debaixo da borda do pires, bem à mostra pra o amigo que venha aumentar a despesa, bem oculto pra o **garção**, que não vendo que o café se acha pago não virá levantar a louça. Porque ele ainda quer ficar ali mais uns vinte minutos. Depois, se tocará devagar pra a repartição. Chegando às nove e um quarto mais ou menos, chega bem. Já houve tempo do diretor atender a primeira fornada de papéis. À hora do cafezinho – nove e meia – ele está sempre só. É esse o momento.

– Café?

– Não. Já tomei...

O garção põe a xícara servida na bandeja, ao lado de outras. Recolhe o níquel. Com um giro do guardanapo limpa o tampo da mesinha. Enquanto isso, os cotovelos meio levantados, Naziazeno olha por cima a rua, lá longe, através da grande porta. Tem agora à sua frente um tampo **luzidio** de mármore. Vazio. Só o cilindro do açucareiro. Falta-lhe um apoio. Levanta-se. São oito e meia quase no relógio do café. Se fosse até ao cais?

MACHADO, Dyonélio. *Os ratos*. São Paulo: Planeta, 2004. p. 15-17.

arrabalde: lugar afastado do centro da cidade.

garção: garçom.

luzidio: brilhante, lustroso.

Saiba + +++

Dyonélio Tubino Machado (1895-1985) nasceu em Quaraí, no Rio Grande do Sul, e foi psiquiatra, jornalista e escritor. Iniciou a carreira literária com a publicação do livro de contos *Um pobre homem*, em 1927. Outras de suas obras de destaque são: *Os ratos* (lançado em 1935), *O louco do Cati* (1942) e, homenageado com o prêmio Jabuti, em 1981, o romance *Endiabrados* (1980).

Arquivo do jornal O Estado de S. Paulo/Agência Estado

A angústia de Naziazeno se estende por toda a narrativa.

14. Considerando o capítulo lido:

a) identifique os trechos em que esse sentimento se nota de forma mais intensa e indique no caderno os parágrafos em que isso ocorre. Justifique suas escolhas.

b) Nesta atividade oral, forme grupos de quatro a seis pessoas com colegas próximos e compare os trechos que você selecionou com os deles. Para ajudar nessa identificação, observe recursos de linguagem como o discurso indireto livre, usado nos momentos em que Naziazeno parece conversar consigo mesmo: "Se ainda tivesse um jornal... Além do mais, um jornal é útil, numa 'situação dessas'".

15. A conversa mental que o personagem mantém consigo mesmo, expressa pelo discurso indireto livre, é chamada nos estudos literários de "fluxo de consciência". Você já sabe que esse recurso ajuda a construir a impressão de angústia. Além desse, você consegue identificar outros recursos de linguagem empregados para criar no leitor a sensação, quase cinematográfica, da urgência e da angústia experimentada por Naziazeno?

16. A angústia de Naziazeno não é diferente daquela experimentada por boa parte da população brasileira ainda hoje. No caderno, justifique essa afirmativa. Comente com os colegas: a função da literatura é provocar o leitor, levá-lo a pensar sobre a própria realidade? Por quê?

Saiba +

Viagem à roda do meu quarto, de Xavier de Maistre. Estação Liberdade, 2008.

A literatura possibilita dar novos sentidos ao que vivemos. Por isso, a viagem pelo cotidiano de Porto Alegre empreendida por Naziazeno é um tema comum a outras obras, cuja leitura pode ser proveitosa. Uma delas é o romance *Viagem à roda do meu quarto*, de Xavier de Maistre, de 1794, que contribuiu muito para a formação do romance moderno. Nele é narrada, em capítulos curtos, uma viagem feita dentro do quarto, com base em deslocamentos entre a poltrona e a cama, a cama e a janela, e assim por diante.

Ulysses, de James Joyce. Penguin/Companhia das Letras, 2012.

Outra obra com essa temática é o romance *Ulysses*, de James Joyce. Inspirado na epopeia *Odisseia*, de Homero, a obra narra um dia na vida de um jovem poeta, Stephen Dedalus, pela cidade de Dublin, na Irlanda.

O livro *Viagem à roda do meu quarto*, de Xavier de Maistre.

O livro *Ulysses*, de James Joyce.

Práticas de produção oral: exposição oral (II)

Com os colegas, retome as conclusões elaboradas no final das atividades de *Práticas de produção oral* da Unidade 1. Retome, também, os registros feitos com relação às exposições orais que vocês organizaram e apresentaram desde o início das atividades daquela unidade.

Se as exposições produzidas pelos grupos tiverem sido gravadas, vocês podem escolher alguma(s) e assistir a ela(s).

Com a ajuda do professor, você e os colegas do grupo formado para o trabalho com *Prática de produção oral* da Unidade 1 vão reler o que foi registrado e separar as conclusões e os registros em dois conjuntos, em um arquivo de texto, conforme indicado a seguir.

Aspectos positivos das exposições orais	Aspectos que poderiam ser melhorados

A seguir, você e os colegas de grupo vão discutir alguns procedimentos:

- Sob a orientação do professor, a turma vai organizar as cadeiras da sala de aula em círculos, de acordo com o número de estudantes dos grupos de apresentação oral, de modo que haja cadeira suficiente para todos os integrantes de cada grupo.
- Deve haver seis círculos ou múltiplos de 6, repetindo o tema dos seis primeiros. No centro de cada círculo, é necessário um papel com o registro indicado a seguir, para orientar a conversa, e mais alguns papéis e canetas, para que vocês façam anotações ao discutirem as questões propostas no círculo.
- Com o professor, combinem o tempo de discussão em cada círculo. Decorrido esse tempo, o grupo vai passar para o círculo seguinte e discutir o que lá estiver indicado. Assim, cada grupo vai passar por seis círculos distintos de conversa.

Círculo 1

Expositor e audiência

- Em suas exposições, vocês ofereceram o suporte necessário para que sua audiência compreendesse o que foi exposto? Por quê?
- Quando viram a exposição dos colegas, fizeram anotações? Como isso ajuda?

Círculo 1.

Andrii Yalanskyi/Shutterstock

Círculo 2

Passos 1 e 2 de uma exposição oral

- Como estratégia inicial de interação, o expositor deve conquistar a atenção dos ouvintes. Para isso, o primeiro passo é apresentar-se: de que modo vocês se apresentaram?
- O segundo passo é apresentar sucintamente o tema ou o plano geral da exposição, preparando a plateia para ouvir o que será dito. Vocês costumam utilizar formas linguísticas que pontuem esses momentos, como "Para começar..."? Anotem no papel aquelas mais utilizadas.

Círculo 2.

Andrii Yalanskyi/Shutterstock

Círculo 3: iniciando a exposição de fato

- Vocês anunciaram aquilo que seria exposto a cada sequência, dizendo, por exemplo: "Vamos então dar início ao primeiro ponto..." ou "Neste momento, vamos falar de..."? Anotem no papel as expressões que se recordam de ter usado.

Círculo 3.

Andrii Yalanskyi/Shutterstock

Círculo 4

Apoios: documentos visuais e exemplos

- A exposição pode ser acompanhada de documentos visuais de apoio, que ajudam a prender a atenção da audiência.
- Que documentos visuais apoiaram as exposições de vocês? Qual foi a reação da plateia a eles?
- Mencionar exemplos também conquista a adesão da plateia ao que é exposto. Se usaram exemplos, que efeito provocaram na audiência? E que expressão usaram para introduzi-los? Anotem essas formas linguísticas no papel.

Círculo 4.

Andrii Yalanskyi/Shutterstock

Círculo 5

Reformular o que foi dito

- Já ocorreu de vocês perceberem que a plateia não entendeu parte da exposição de vocês? Como isso ficou evidente?
- Ao perceberem que não foram compreendidos, como costumam introduzir a reformulação dessa fala? Anotem no papel as expressões que usam.

Círculo 5.

Andrii Yalanskyi/Shutterstock

Círculo 6: o encerramento da exposição oral

- O encerramento pode ser feito com um resumo da apresentação, destacando os pontos principais. De que modo vocês introduzem esse resumo que fecha a exposição? Anotem no papel.
- Como agradeceram aos ouvintes por terem assistido à sua exposição? Anotem no papel.

Círculo 6.

Andrii Yalanskyi/Shutterstock

Com base nas reflexões feitas, elabore com seu grupo um modelo de plano para as próximas exposições orais.

Diário de bordo

Registre em seu diário de bordo as conclusões sobre a organização das exposições orais, considerando esta questão: De que modo a linguagem pode ajudar na organização da exposição oral?

Práticas de produção escrita: diário ficcional

Na atividade 2 da seção *Situação inicial*, foi pedido a você que escolhesse uma entre várias situações elencadas, que criasse um personagem para vivenciá-la e que esse personagem escrevesse uma página de diário, contendo a descrição da situação escolhida.

Agora, depois de tudo o que você estudou sobre diário pessoal real e diário ficcional, que tal rever aquele texto?

Preparação e revisão

Retome o texto que você guardou no seu **portfólio** e releia-o. Nessa leitura, observe os seguintes aspectos:

- Seu personagem está bem caracterizado? Tem nome, idade, profissão? Como ele é fisicamente?
- Quanto à personalidade, ela está descrita com detalhes, a ponto de o leitor poder identificar o personagem psicologicamente?
- O(s) fato(s) relatado(s) nesse primeiro texto está(ão) escrito(s) como você imagina? Quer acrescentar ou tirar algo?
- Há detalhes no texto que ajudam o leitor a visualizar o que está ocorrendo?
- O(s) fato(s) narrado(s) prende(m) a atenção do leitor?
- Como seu personagem reage diante de determinados acontecimentos? Verifique se essas reações estão coerentes com a personalidade dele.
- Analise especificamente as reflexões e as emoções do personagem. Você alteraria alguma coisa no seu texto?

christakhova/Shutterstock

Por fim, analise a linguagem utilizada. Como se trata de um diário, o texto deve ser escrito em 1ª pessoa, no nível de linguagem adequado ao personagem e à situação que está sendo relatada.

- A linguagem é mais informal ou formal?
- Foram empregadas gírias? Elas estão adequadas?
- O texto é fluente? Está claro?
- Há incorreções ortográficas?
- A pontuação utilizada confere ritmo ao texto?
- Há construções que dificultam o entendimento?
- Os verbos estão concordando com seus respectivos sujeitos?

Leitura coletiva

Reúna-se em grupo com mais três ou quatro colegas.

Compartilhem a leitura de modo que os textos de todos sejam lidos pelos componentes do grupo.

Observem com atenção os aspectos levantados anteriormente: descrição física e psicológica do personagem, itens relacionados ao comportamento esperado e adequação e correção da linguagem.

Nessa rodada de leitura, podem surgir sugestões de alteração nos textos.

Reescrita

Chegou o momento de fazer as alterações resultantes de suas reflexões e daquelas sugeridas pelos colegas. Em relação às sugestões, altere o que você achar pertinente. Afinal, o autor desse diário ficcional e da história desse personagem é você.

Divulgação

Quem quiser, poderá combinar com o professor um dia para postar seu texto no blogue ou nas redes sociais da turma ou da escola. Caso tenham optado por escrever o texto em uma folha à parte, ele pode ser exposto no mural da turma. É importante que seja postado ou exposto pelo menos um texto de cada grupo.

Para encerrar esta unidade sobre diário, sugerimos a leitura deste trecho escrito por um autor que se debruçou longamente sobre as escritas do *eu*, inclusive o diário.

> Mantém-se enfim um diário porque se gosta de escrever. É fascinante transformar-se em palavras e frases e inverter a relação que se tem com a vida ao se autoengendrar. Um caderno no qual nos contamos – ou folhas que mandamos encadernar – é uma espécie de corpo simbólico que, ao contrário do corpo real, sobreviverá. O prazer é ainda maior por ser livre. Qualquer um se sente autorizado a manejar a língua como quiser, escrever sem medo de cometer erros. Podem-se escolher as regras do jogo. Ter vários cadernos. Misturar os gêneros. Fazer de seu diário, ao mesmo tempo, o observatório da vida e o ponto de encontro de seus escritos. Um diário raramente é corrigido e, no entanto, tem-se a impressão de progredir. O diarista não tem a vaidade de se acreditar escritor, mas encontra em seus escritos a doçura de existir nas palavras e a esperança de deixar um vestígio.

LEJEUNE, Philippe. *O pacto autobiográfico:* de Rousseau à internet. Jovita Maria Gerheim Noronha (org.). Belo Horizonte: Editora UFMG, 2008. p. 264-265.

Responda às questões a seguir para fazer uma retomada dos seus conhecimentos e rever alguns assuntos que estudou nesta unidade.

1. (Facimed-RO – 2016)

A gente nunca para para pensar, mas, dentro de nosso corpo, inúmeras batalhas são travadas todos os dias. Vírus, bactérias, agentes infecciosos em geral e até células que teimam em ser defeituosas e querem a todo custo vencer nosso exército de defesa e nos dominar. Na maioria das vezes, saímos vitoriosas, mas há períodos em que não conseguimos derrotar nem aquela gripe. Para entender o segredo da saúde de ferro, é preciso ir além da vitamina C.

(Viva Sempre Bem, nº 17, 2015.)

Em relação ao texto acima, analise as afirmativas.

I. Em *A gente nunca para para pensar*, o primeiro *para* é preposição com valor de finalidade e o segundo é verbo.

II. A expressão *A gente* apresenta valor semântico equivalente ao pronome reto *nós*, tanto que na continuidade do texto é usada a primeira pessoa do plural.

III. A presença de adjetivo feminino em *Na maioria das vezes, saímos vitoriosas* sugere que o texto tenha sido escrito por mulheres.

IV. A presença de subjetividade no texto revela-se pelo uso da primeira pessoa e de expressões como *a todo custo* e *aquela gripe*.

Estão corretas as afirmativas

a) I, III e IV. **b)** II e III, apenas. **c)** II, III e IV. **d)** I e II, apenas.

2. (Unigranrio-RJ – 2018)

O texto seguinte foi extraído do romance *Senhora*. Neste romance, o autor retrata os costumes da sociedade carioca da época, tomando como base o relacionamento amoroso entre as personagens Aurélia Camargo e Fernando Seixas. O trecho citado mostra uma reflexão sobre o rompimento entre Aurélia e Seixas, quando ela ainda não tinha recebido a herança do avô.

Senhora

José de Alencar

Aurélia passava agora as noites solitária.

Raras vezes aparecia Fernando, que arranjava uma desculpa qualquer para justificar sua ausência. A menina, que não pensava em interrogá-lo, também não contestava esses fúteis inventos. Ao contrário buscava afastar da conversa o tema desagradável.

Conhecia a moça que Seixas retirava-lhe seu amor; mas a altivez de coração não lhe consentia queixar-se. Além de que, ela tinha sobre o amor ideias singulares, talvez inspiradas pela posição especial em que se achara ao fazer-se moça.

Pensava ela que não tinha nenhum direito a ser amada por Seixas; pois a afeição que lhe tivesse, muita ou pouca, era graça que dele recebia. Quando se lembrava que esse amor a poupara à degradação de um casamento de conveniência, nome com que se decora o mercado matrimonial, tinha impulsos de adorar a Seixas, como seu Deus e redentor.

Parecerá estranha essa paixão veemente, rica de heroica dedicação, que entretanto assiste calma, quase impassível, ao declínio do afeto com que lhe retribuía o homem amado, e se deixa abandonar, sem proferir um queixume, nem fazer um esforço para reter a ventura que foge.

Esse fenômeno devia ter uma razão psicológica, de cuja investigação nos abstemos; porque o coração, e ainda mais o da mulher que é toda ela, representava o caos do mundo moral. Ninguém sabe que maravilhas ou que monstros vão surgir desses limbos.

Suspeito eu porém que a explicação dessa singularidade já ficou assinalada. Aurélia amava mais seu amor do que seu amante; era mais poeta do que mulher; preferia o ideal ao homem.

(ALENCAR, José de. *Senhora*. 24. ed. São Paulo, Ática, 1994, p. 97.)

Ao desligamento retratado na relação amorosa corresponde uma paixão cada vez mais intensa por parte de Aurélia. A letra que encerra dois adjetivos que podem caracterizar essa paixão que Aurélia sente é...

a) ... veemente e dedicada.
b) ... solitária e fútil.
c) ... fria e distante.
d) ... desinteressada e pequena.
e) ... indiferente e guerreira.

3. (Comvest/Unicamp-SP – 2016)
Leia o poema "Mar Português", de Fernando Pessoa.

MAR PORTUGUÊS

Ó mar salgado, quanto do teu sal
São lágrimas de Portugal!
Por te cruzarmos, quantas mães choraram,
Quantos filhos em vão rezaram!
Quantas noivas ficaram por casar
Para que fosses nosso, ó mar

Valeu a pena? Tudo vale a pena
Se a alma não é pequena.
Quem quer passar além do Bojador
Tem que passar além da dor.
Deus ao mar o perigo e o abismo deu,
Mas nele é que espelhou o céu.

(Disponível em http://www.jornaldepoesia.jor.br/fpesso03.html.)

No poema, a apóstrofe, uma figura de linguagem, indica que o enunciador

a) convoca o mar a refletir sobre a história das navegações portuguesas.
b) apresenta o mar como responsável pelo sofrimento do povo português.
c) revela ao mar sua crítica às ações portuguesas no período das navegações.
d) projeta no mar sua tristeza com as consequências das conquistas de Portugal.

4. (Comvest/Unicamp-SP – 2017)
Leia o soneto abaixo, de Luís de Camões.

"Enquanto quis Fortuna que tivesse
esperança de algum contentamento,
o gosto de um suave pensamento
me fez que seus efeitos escrevesse.

Porém, temendo Amor que aviso desse
minha escritura a algum juízo isento,
escureceu-me o engenho com tormento,
para que seus enganos não dissesse.

Ó vós, que Amor obriga a ser sujeitos
a diversas vontades! Quando lerdes

num breve livro casos tão diversos,
verdades puras são, e não defeitos...
E sabei que, segundo o amor tiverdes,
Tereis o entendimento de meus versos!"

(Disponível em http://www.dominiopublico.gov.br/download/texto/bv000164.pdf. Acessado em 02/08/2016.)

a) Nos dois quartetos do soneto acima, duas divindades são contrapostas por exercerem um poder sobre o eu lírico. Identifique as duas divindades e explique o poder que elas exercem sobre a experiência amorosa do eu lírico.

b) Um soneto é uma composição poética composta de 14 versos. Sua forma é fixa e seus últimos versos encerram o núcleo temático ou a ideia principal do poema. Qual é a ideia formulada nos dois últimos versos desse soneto de Camões, levando-se em consideração o conjunto do poema?

5. (Epcar-MG/AFA-SP– 2015)

MULHER BOAZINHA

(Martha Medeiros)

Qual o elogio que uma mulher adora receber?

Bom, se você está com tempo, pode-se listar aqui uns setecentos: mulher adora que verbalizem seus atributos, sejam eles físicos ou morais.

Diga que ela é uma mulher inteligente, e ela irá com a sua cara.

Diga que ela tem um ótimo caráter e um corpo que é uma provocação, e ela decorará o seu número.

Fale do seu olhar, da sua pele, do seu sorriso, da sua presença de espírito, da sua aura de mistério, de como ela tem classe: ela achará você muito observador e lhe dará uma cópia da chave de casa.

Mas não pense que o jogo está ganho: manter o cargo vai depender da sua perspicácia para encontrar novas qualidades nessa mulher poderosa, absoluta.

Diga que ela cozinha melhor que a sua mãe, que ela tem uma voz que faz você pensar obscenidades, que ela é um avião no mundo dos negócios.

Fale sobre sua competência, seu senso de oportunidade, seu bom gosto musical.

Agora quer ver o mundo cair?

Diga que ela é muito boazinha.

Descreva aí uma mulher boazinha.

Voz fina, roupas pastel, calçados rente ao chão.

Aceita encomendas de doces, contribui para a igreja, cuida dos sobrinhos nos finais de semana.

Disponível, serena, previsível, nunca foi vista negando um favor.

Nunca teve um chilique.

Nunca colocou os pés num show de rock.

É queridinha.

Pequeninha.

Educadinha.

Enfim, uma mulher boazinha.

Fomos boazinhas por séculos.

Engolíamos tudo e fingíamos não ver nada, ceguinhas.

Vivíamos no nosso mundinho, rodeadas de panelinhas e nenezinhos.

A vida feminina era esse frege: bordados, paredes brancas, crucifixo em cima da cama, tudo certinho.

Passamos um tempão assim, comportadinhas, enquanto íamos alimentando um desejo incontrolável de virar a mesa.

Quietinhas, mas inquietas.

Até que chegou o dia em que deixamos de ser as coitadinhas.

Ninguém mais fala em namoradinhas do Brasil: somos atrizes, estrelas, profissionais.

Adolescentes não são mais brotinhos: são garotas da geração *teen*.

Ser chamada de patricinha é ofensa mortal.

Pitchulinha é coisa de retardada.

Quem gosta de diminutivos, definha.

Ser boazinha não tem nada a ver com ser generosa.

Ser boa é bom, ser boazinha é péssimo.

As boazinhas não têm defeitos.

Não têm atitude.

Conformam-se com a coadjuvância.

PH neutro.

Ser chamada de boazinha, mesmo com a melhor das intenções, é o pior dos desaforos.

Mulheres bacanas, complicadas, batalhadoras, persistentes, ciumentas, apressadas, é isso que somos hoje.

Merecemos adjetivos velozes, produtivos, enigmáticos.

As "inhas" não moram mais aqui.

Foram para o espaço, sozinhas.

(Disponível em: http://pensador.uol.com.br/frase/NTc1ODIy/ acesso em 28/03/14)

Leia os fragmentos abaixo:

Quietinhas, mas inquietas.

Ser boa é bom, ser boazinha é péssimo.

I. O grau superlativo absoluto sintético foi utilizado para estabelecer a diferença entre as mulheres boas e as boazinhas.

II. O paradoxo foi utilizado no primeiro fragmento para ressaltar a complexidade do comportamento feminino por meio da coexistência de aspectos opostos.

III. Ambos os fragmentos apresentam como recursos expressivos o jogo com palavras cognatas e o uso da adversidade.

Estão corretas as alternativas:

a) I, II e III. **b)** I e III apenas. **c)** II e III apenas. **d)** I e II apenas.

6. (Enem – 2014)

Blog é concebido como um espaço em que o blogueiro é livre para expressar e discutir o que quiser na atividade de sua escrita, como a escolha de imagens e sons que compõem o todo do texto veiculado pela Internet por meio dos posts. Assim, essa ferramenta deixa de ter como única função a exposição de vida e/ou rotina de alguém – como em um diário pessoal –, função para qual serviu inicialmente e que o popularizou, permitindo também que seja um espaço para discussão de ideias, trocas e divulgação de informações.

A produção dos *blogs* requer uma relação de troca, que acaba unindo pessoas em torno de um ponto de interesse comum. A força dos *blogs* está em possibilitar que qualquer pessoa, sem conhecimento técnico, publique suas ideias e opiniões na *web* e que milhões de outras pessoas publiquem comentários sobre o que foi escrito, criando um grande debate aberto a todos.

LOPES, B.O. **A linguagem dos *blogs* e as redes sociais**. Disponível em: www.fateczl.edu.br. Acesso em: 29 abr. 2013 (adaptado).

De acordo com o texto, o blog ultrapassou sua função inicial e vem se destacando como

a) estratégia para estimular relações de amizade.

b) espaço para exposição de opiniões e circulação de ideias.

c) gênero discursivo substituto dos tradicionais diários pessoais.

d) ferramenta para aperfeiçoamento da comunicação virtual escrita.

e) recurso para incentivar a ajuda mútua e a divulgação da rotina diária.

7. (Comvest/Unicamp-SP – 2021)

Mudam-se os tempos, mudam-se as vontades,
Muda-se o ser, muda-se a confiança:
Todo o mundo é composto de mudança,
Tomando sempre novas qualidades.

Continuamente vemos novidades,
Diferentes em tudo da esperança:
Do mal ficam as mágoas na lembrança,
E do bem (se algum houve) as saudades.

O tempo cobre o chão de verde manto,
Que já coberto foi de neve fria,
E em mim converte em choro o doce canto.

E afora este mudar-se cada dia,
Outra mudança faz de mor espanto,
Que não se muda já como **soía***.

(Luís Vaz de Camões)
(Luís de Camões, 20 sonetos. Campinas: Editora da Unicamp, p.91.)

***soía:** terceira pessoa do pretérito imperfeito do indicativo do verbo "soer" (costumar, ser de costume).

Indique a afirmação que se aplica ao soneto escrito por Camões.

a) O poema retoma o tema renascentista da mudança das coisas, que o poeta sente como motivo de esperança e de fé na vida.
b) A ideia de transformação refere-se às coisas do mundo, mas não afeta o estado de espírito do poeta, em razão de sua crença amorosa.
c) Tudo sempre se renova, diferentemente das esperanças do poeta, que acolhem suas mágoas e saudades.
d) Não apenas o estado de espírito do poeta se altera, mas também a experiência que ele tem da própria mudança.

8. (Comvest/Unicamp-SP – 2021)

Leia o poema e responda à questão que se segue.

A fermosura desta fresca serra
e a sombra dos verdes castanheiros,
o manso caminhar destes ribeiros,
donde toda a tristeza se desterra;

o rouco som do mar, a estranha terra,
o esconder do Sol pelos outeiros,
o recolher dos gados derradeiros,
das nuvens pelo ar a branda guerra;

enfim, tudo o que a rara natureza
com tanta variedade nos oferece,
se está, se não te vejo, magoando.

Sem ti, tudo me enoja e me aborrece;
sem ti, perpetuamente estou passando,
nas mores alegrias, mor tristeza.

É correto afirmar que, no soneto de Camões,

a) a beleza natural aborrece o eu lírico, uma vez que se transforma em objeto de suas maiores tristezas.
b) a variedade da paisagem está em harmonia com o sentimento do eu lírico porque a relação amorosa é imperfeita.
c) a harmonia da natureza consola o eu lírico das imperfeições da vida e da ausência da pessoa amada.
d) a singularidade da natureza entristece o eu lírico quando ele está distante da pessoa amada.

No início desta unidade, em *#TáNoFeed*, você escolheu um acontecimento da semana e escreveu um comentário, que foi registrado no **portfólio**. Foi solicitado, também, que você o ilustrasse com um desenho ou uma foto.

Agora, retome esse texto e releia-o. Veja se está de acordo com o que você aprendeu sobre as características de um diário:

- O texto está claro? Você faria alguma mudança nele?
- O texto está correto do ponto de vista gramatical? Há algum erro de ortografia, pontuação ou concordância?
- Observe melhor o desenho ou a ilustração. A imagem está adequada ao texto?
- Mudaria alguma coisa ou manteria como está?

Depois de rever o seu texto, você poderá encaminhá-lo por *e-mail* ou apresentá-lo em uma folha à parte para o professor, que deverá corrigi-lo.

Publicação: *post* em rede social ou exposição no mural da turma

Depois da correção do professor e da reescrita (se necessária) feita por você, o texto e a ilustração (ou foto) estão prontos para serem postados na rede social da turma ou expostos no mural da turma, caso tenham optado por criar cartazes.

Em um dia determinado pelo professor, você vai ter acesso aos textos de toda a turma e poderá lê-los e comentá-los. Os comentários deverão ser afixados no mural abaixo do cartaz com o texto escolhido.

fizkes/Shutterstock

Uma jovem escrevendo à mão registros em um diário.

Alguns itens que devem ser observados antes de fazer os comentários:

- Escolha um texto que mereça destaque pelo seu modo de escrita.
- Escolha, também, uma imagem adequada ao fato comentado no texto.
- Tenha cuidado com as palavras e evite fazer comentários desagradáveis ou ofensivos nos *posts* ou cartazes expostos que apresentarem opinião diferente da sua.

Avaliação

Com os colegas e o professor, depois de lidos e comentados os *posts* ou cartazes, avalie o processo desenvolvido para executar as ações. Sugestões de perguntas para essa conversa:

- Notaram se um mesmo fato noticiado chamou a atenção de grande parte de seus colegas que escreveram os textos?
- O que você aprendeu depois da leitura de todos os textos? Relate para a turma.
- Como foi sua participação nas atividades? Justifique.
- O que aprendeu durante o processo?
- Os resultados pretendidos foram alcançados? Justifique.

mentalmind/Shutterstock

Meu portfólio

Nesta unidade, você e os colegas estudaram diversos diários: reais e ficcionais e puderam perceber que a escrita de um diário foi e ainda é uma prática que faz parte do cotidiano, ajudando a retomar e a reorganizar o que é vivido. Depois produziram um diário ficcional, criando um personagem que relatava uma situação em um diário, identificando, assim, as características do gênero.

O portfólio com as produções

Conforme lembrado ao longo da unidade, em seu **portfólio**, você colecionou as produções de texto desenvolvidas. É importante rever todas as versões de uma mesma produção, para que você possa, ao final do trabalho, perceber seu aprimoramento.

Ao indicar a data de cada produção, conforme orientado, você terá condições de verificar, agora, sua história de aprendizagem dos gêneros trabalhados e perceber quais aspectos da produção de textos desenvolveu e aperfeiçoou.

Respostas #EnemVestibular

Unidade 1

1. (FGV-SP – 2011)

Resposta correta: alternativa **b**. O modo verbal adequado para essa construção e a forma devidamente flexionada são, respectivamente, subjuntivo – existam.

2. (Epcar-MG/AFA-SP – 2016)

Resposta correta: alternativa **b**. A sequência correta é: V, F, V, V, F.

3. (Uerj – 2017)
Presente do indicativo. Sugestão: No início desse texto narrativo, há predominância de verbos no pretérito (permaneceu, acreditou, pensou), o que provoca um distanciamento como efeito de sentido, ou seja, algo que aconteceu no passado e, provavelmente, já se encerrou. No entanto, a mudança para o presente do indicativo, no parágrafo citado, pode ter como efeito de sentido uma ideia de proximidade e, ao mesmo tempo, de permanência indefinida: a situação do personagem Cariba ainda não se resolveu, ele continua preso e continua sendo a única pessoa que faz perguntas; e essa é a única prova contra ele.

4. (Enem – 2013)
Resposta correta: alternativa **c**. Da leitura dos textos, constata-se que a carta, como testemunho histórico-político, mostra o olhar do colonizador sobre a gente da terra, e a pintura destaca, em primeiro plano, a inquietação dos nativos.

5. (UFSC – 2013)
Resposta correta: alternativa **e**. A afirmativa II está incorreta porque desconsidera que as cartas trocadas entre os escritores Clarice Lispector e Fernando Sabino utilizam diferentes temporalidades propositalmente para construir espaços de sentido. Assim, nas datas das cartas está o contexto real, tempo em que viviam os autores, e no corpo do texto está uma apresentação de um contexto ficcional, um tempo projetado pela imaginação.

6. (UFSC – 2013)
Resposta correta: alternativa **d**. A quarta afirmativa é falsa porque, na carta de Fernando Sabino, há predominância da primeira pessoa (*entrei* em transe, *fiquei* passeando, *meu* lanche, *botei* meu chapéu, etc.). E a quinta afirmativa é falsa porque traz um juízo de valor sobre a obsolescência dos textos considerando apenas a passagem do tempo como item depreciativo, sem avaliar a importância dessas cartas como registro histórico da comunicação entre personalidades relevantes para a cultura nacional.

7. (Ufla-MG – 2004)
Resposta correta: alternativa **b**. O item está correto porque há clara correlação com a ideia de terra fértil presente tanto em "dar-se-á nela tudo" quanto em "No chão espeta um caniço, / No dia seguinte nasce / Bengala de castão de oiro".

Unidade 2

1. (Facimed-RO – 2016) Resposta correta: alternativa **c**.
As afirmações dos itens II, III e IV são verdadeiras. No item I, há o seguinte erro: o primeiro *para*, na verdade, é verbo, e o segundo é a preposição com valor de finalidade.

2. (Unigranrio-RJ – 2018) Resposta correta: alternativa **a**.
Os adjetivos *veemente* e *dedicada*, além de corresponderem ao trecho "essa paixão veemente, rica de heroica dedicação" do texto, são os únicos, entre os que aparecem nas demais alternativas, que comunicam a ideia de uma paixão cada vez mais intensa, conforme sinalizado no enunciado da questão.

3. (Comvest/Unicamp-SP – 2016) Resposta correta: alternativa **a**.
Apóstrofe é uma figura de linguagem que se caracteriza por ser uma evocação ou um chamamento de algo ou alguém. Assim, por meio da expressão "Ó mar salgado", a voz poética do texto dirige-se ao próprio mar com a intenção de convocá-lo a refletir sobre o tema abordado nos versos: as navegações portuguesas.

4. (Comvest/Unicamp-SP – 2017)

a) Sugestão: Nesse soneto, as divindades contrapostas são Fortuna ("Enquanto quis Fortuna que tivesse") e Amor ("Porém, temendo Amor que aviso desse"). Na mitologia romana, a deusa Fortuna tem como temas a esperança e a sorte. Na primeira estrofe, há relação direta desta com o eu lírico, que escreve os versos sob influência das vontades dela, na perspectiva de experimentar alguma alegria. O contraponto a essa alegria surge no segundo quarteto, com a presença do deus romano Amor, também conhecido nessa mitologia como Cupido. Ele exerce o poder de submeter os indivíduos à sua vontade ou aos seus caprichos. Nesse caso, isso se traduz na ação de atormentar o poeta, escurecendo seu raciocínio, impedindo-o de revelar aos leitores os enganos que esse deus causa.

b) Sugestão: Nos dois últimos versos do terceto final, é formulada a ideia de que a compreensão do sentido da obra poética do autor dependerá da própria experiência amorosa do leitor.

5. (Epcar-MG/AFA-SP – 2015)
Resposta correta: alternativa **a**. Os itens **I**, **II** e **III** refletem bem o significado do fragmento destacado.

6. (Enem – 2014)
Resposta correta: alternativa **b**. Trechos como "um espaço em que o blogueiro é livre para expressar e discutir" e "permitindo também que seja um espaço para discussão de ideias, trocas e divulgação de informações" confirmam que a alternativa **b** é a que melhor reflete o que o texto apresenta.

7. (Comvest/Unicamp-SP – 2021)
Resposta correta: alternativa **d**. No primeiro quarteto, o eu lírico apresenta o tema que vai abordar: a mudança. Esse tema será desenvolvido e, depois, confirmado pela constatação das transformações que acontecem no eu lírico e na natureza. No final, conclui-se que a própria mudança é um objeto de mudança, ou seja, não apenas o estado de espírito do eu lírico se altera, mas também a experiência que ele tem da própria mudança.

8. (Comvest/Unicamp-SP – 2021)
Resposta correta: alternativa **d**. Depois de, nas estrofes iniciais, o eu lírico descrever a natureza que o rodeia, ele conclui que a beleza da paisagem lhe causa tristeza pela ausência da amada.

Lista de siglas das atividades extraídas de provas oficiais

Comvest/Unicamp-SP: Comissão Permanente para os vestibulares da Unicamp/ Universidade Estadual de Campinas (São Paulo)
Epcar-MG/AFA-SP: Escola Preparatória de Cadetes do Ar (Minas Gerais) / Academia da Força Aérea (São Paulo)
Enem: Exame Nacional do Ensino Médio
Facimed-RO: Faculdade de Ciências Biomédicas de Cacoal (Rondônia)
FGV-SP: Fundação Getúlio Vargas (São Paulo)
Uerj: Universidade do Estado do Rio de Janeiro
Ufla-MG: Universidade Federal de Lavras (Minas Gerais)
UFSC: Universidade Federal de Santa Catarina
Unigranrio-RJ: Universidade do Grande Rio (Rio de Janeiro)

PROJETO MÚLTIPLO

LÍNGUA PORTUGUESA

Carlos Emílio Faraco
Bacharel e licenciado em Letras pela Universidade de São Paulo (USP)
Ex-professor do Ensino Fundamental e do Ensino Médio

Francisco Marto de Moura
Licenciado em Letras pela Universidade de São Paulo (USP)
Ex-professor do Ensino Fundamental, do Ensino Médio e do Ensino Superior

José Hamilton Maruxo Júnior
Bacharel, licenciado e doutor em Letras pela Universidade de São Paulo (USP)
Professor do curso de Letras da Universidade Federal de São Paulo (Unifesp)

ENSINO MÉDIO

VOLUME ÚNICO | PARTE B

Relações

editora ática

Sumário

Unidade 2: Discurso político e carta de solicitação ... 158

UNIDADE

1 Manifesto

Cena do cotidiano. Foto 1.

wavebreakmedia/Shutterstock

Cena do cotidiano. Foto 2.

Cena do cotidiano. Foto 3.

Agung Pandit Wiguna/Pexels

Cena do cotidiano. Foto 4.

#TáNoFeed

Nesta unidade, você e os colegas vão refletir sobre o gênero manifesto, ligado à vida pública, compreendendo aspectos das diferentes situações em que as pessoas se associam para reivindicar seus direitos. Ao final, com base nas atividades desenvolvidas ao longo da unidade, vocês terão a oportunidade de se engajar na proposição de mudanças positivas para o entorno por meio de um evento a ser organizado por toda a turma na seção *#Multiplicar*. Nesse evento, que deverá se chamar *Caminhos da expressão e escuta na escola*, vocês poderão trabalhar em grupo e propor diversas melhorias.

Observe agora as fotografias reproduzidas ao lado para responder às atividades.

1. Discuta essas imagens com a turma considerando as perguntas a seguir. Depois, registre as respostas em seu caderno.

a) Em sua opinião, que relações existem entre as pessoas retratadas em cada uma das quatro fotografias? Em algumas delas parece haver, por exemplo, relações de parentesco? Ou de amizade? Ou de outros tipos? Quais? Justifique suas respostas.

b) Ao analisar as imagens, você se identifica com elas? Ou se reconheceria como possível participante de alguma(s) das situações representadas?

c) Observando essas situações, qual delas, em sua opinião, retrata um tipo de relação mediada por laços profissionais? Explique.

Leia, a seguir, uma matéria jornalística sobre grêmios estudantis do estado do Rio de Janeiro e perceba a atuação dessas organizações na prática de algumas escolas públicas.

ESB Professional/Shutterstock

Shutterstock / StrDr stock

Grêmios estudantis voltam a crescer nos colégios públicos

Elenilce Bottari

Erguido há 36 anos, o **Ciep** José Maria Nanci, que atende à comunidade da Reta Velha, uma das regiões mais carentes de Itaboraí, inaugurou na semana passada sua primeira rádio. A emissora foi idealizada, projetada e construída pelos oito alunos do novíssimo grêmio estudantil, com apoio de toda a escola. O programa dirigido pelos alunos vem transformando o intervalo entre as aulas num atrativo capaz de reter seus mais de 360 estudantes durante todo o turno.

Ciep: sigla para Centro Integrado de Educação Pública; os Cieps foram criados no estado do Rio de Janeiro na década de 1980 pelo antropólogo Darcy Ribeiro, então Secretário da Educação do estado fluminense, durante o governo de Leonel Brizola.

Distante dali, a cerca de 35 quilômetros, está o Ciep Zuzu Angel, em Arsenal, o maior e mais antigo de São Gonçalo, onde o também recém-empossado grêmio estudantil está fechando parceria com o Consulado do Equador para trazer curso de idiomas.

Após um período de esvaziamento que culminou com a permanência de apenas 136 representações estudantis no ano passado, os grêmios escolares estão de volta ao estado e já ocupam 957 das 1.222 escolas públicas estaduais. Um crescimento de mais de 600% em um ano.

Roberto Moreyra/Agência O Globo

Grêmios crescem nas escolas.
Foto de Roberto Moreyra, 2019.

Garantidos por lei, os grêmios são entidades autônomas representativas dos interesses dos estudantes secundaristas, com finalidades educacionais, culturais, cívicas, desportivas e sociais. E agora estão sendo considerados a maior ferramenta da Secretaria Estadual de Educação para o combate à violência nas escolas, ao *bullying* e para o desenvolvimento de políticas que ajudem a educação pública do estado a sair do vermelho na qualidade de ensino. Segundo o Índice de Desenvolvimento da Educação Básica (Ideb) de 2017 (último divulgado), o Rio de Janeiro está em 17º lugar, junto com Piauí, Amazonas e Roraima.

– Defendemos a participação do aluno como parte da solução. A ideia é que ele acompanhe o orçamento da escola, participe da escolha de programas e projetos tocados no ambiente estudantil e seja também um mediador de conflitos. A ideia é que desde os 11 anos o aluno aprenda a mediar, porque a mediação de conflito evita que pequenos conflitos se transformem em atos de violência nas escolas – diz o Secretário Estadual de Educação, Pedro Fernandes.

O novo grêmio do Ciep Zuzu Angel já experimentou a importância da mediação de conflitos. Quando organizou um campeonato de futebol interturnos, houve um princípio de confusão na semifinal que culminou na suspensão da decisão. O grêmio pediu ajuda à coordenadora pedagógica do Zuzu Angel, Solange Barbosa de Souza Barros, e a solução foi criar um novo evento para antes da disputa.

– Ela sugeriu que fizéssemos uma campanha de não violência, com a confecção de cartazes, faixas incentivando o respeito entre nós, acabando com os xingamentos que acabam acirrando os ânimos – explica a diretora de esportes do grêmio, Eduarda Vianna.

[...]

BOTTARI, Elenilce. Grêmios estudantis voltam a crescer nos colégios públicos. *Extra*, 11 ago. 2019. Disponível em: https://extra.globo.com/noticias/rio/gremios-estudantis-voltam-crescer-nos-colegios-publicos-23869425.html. Acesso em: 29 mar. 2022.

2. Agora, discuta esse texto com a turma considerando as próximas questões. Lembre-se de escrever as respostas em seu caderno após a discussão.

a) Em sua escola, há um grêmio ou outro tipo de associação institucional estudantil? Em caso afirmativo, você participa dele?

b) Em sua escola, ocorrem situações semelhantes às que foram apresentadas na matéria jornalística, para as quais a participação do grêmio poderia contribuir de forma decisiva? Converse com os colegas e o professor e procurem fazer um levantamento dessas possíveis situações. Registre em seu caderno os itens desse levantamento.

c) Discutam também a importância de haver, nas escolas, organizações como o grêmio estudantil. O que você pensa sobre isso?

Conheça a unidade

Objetivos

- Analisar as características do gênero manifesto e usá-las na organização de um texto do gênero.
- Compreender a forma como, em textos multissemióticos, os elementos verbais e não verbais contribuem para a constituição dos sentidos.
- Apreciar poemas produzidos para serem lidos em voz alta, que fazem parte de campeonatos de poesia, como os *poetry slams*.
- Compreender a importância da tomada de notas quando se é observador de um gênero oral formal, como uma aula expositiva.
- Identificar as características da organização de gêneros escritos que dão apoio à fala, em situações formais, e empregá-las em sua produção.

Justificativa

O estudo de um gênero como o manifesto no Ensino Médio se justifica porque é nessa fase dos estudos que você tem contato com situações variadas – políticas, sociais, ecológicas, etc. – em que é necessário perceber como, por meio da linguagem, é possível manifestar-se para reivindicar seus direitos. O trabalho na seção *Práticas de leitura e análise literária*, que enfoca poetas que fazem parte do circuito da *poetry slam*, passa a fazer todo o sentido, já que essa forma poética é, por si mesma, uma forma de manifestação. Os estudos de análise linguística propostos devem contribuir para a compreensão do gênero manifesto e, ao mesmo tempo, chamam atenção para o caráter multissemiótico de outros gêneros, como o cartaz, também associados a manifestações.

A BNCC nesta unidade

Nesta unidade são desenvolvidas as competências e as habilidades da BNCC indicadas a seguir.

Competências gerais da Educação Básica: 2, 3, 4, 5, 9, 10.

Competências e habilidades específicas de Linguagens e suas Tecnologias para o Ensino Médio

Competências: 2, 3, 6. **Habilidades:** EM13LGG204, EM13LGG301, EM13LGG303, EM13LGG304, EM13LGG305, EM13LGG602, EM13LGG603, EM13LGG604.

Competências específicas de Linguagens e habilidades específicas de Língua Portuguesa para o Ensino Médio

Competências: 1, 2, 3, 6, 7. **Habilidades por campo de atuação**. Todos os campos de atuação social: EM13LP01, EM13LP02, EM13LP05, EM13LP11, EM13LP12, EM13LP15, EM13LP18. Campo de atuação na vida pública: EM13LP24, EM13LP25, EM13LP26, EM13LP27. Campo das práticas de estudo e pesquisa: EM13LP29, EM13LP30, EM13LP34, EM13LP35. Campo jornalístico-midiático: EM13LP44. Campo artístico-literário: EM13LP46, EM13LP47, EM13LP54.

Situação inicial

Em *#TáNoFeed*, você leu uma matéria jornalística e pôde perceber que foi por meio de associação e participação coletiva que os estudantes conseguiram elaborar projetos e campanhas em favor da escola e da comunidade.

Manifestação pública contra as mudanças climáticas globais na cidade de Milão, na Itália, ocorrida em 2 de outubro de 2021. Há diferentes formas de manifestar uma posição sobre determinado assunto, seja em grupos menores, em escolas e bairros, para reivindicar melhorias específicas para determinadas regiões; seja em grupos maiores, para pedir mudanças mais abrangentes.

A seguir, você e os colegas vão discutir sobre temas de interesse da turma que sejam também importantes para outras pessoas que fazem parte do ambiente escolar. Para isso, siga as próximas orientações, que envolvem atividades de **interação** e de **produção**.

- Organize-se em um pequeno grupo com alguns colegas. Enumerem situações existentes em sua escola que, na opinião de vocês, poderiam merecer algum tipo de transformação. Pensem em situações que impactem a vida estudantil no ambiente escolar: desde o funcionamento e a infraestrutura da escola até questões como um procedimento que foi decidido sem que houvesse a participação ampla dos estudantes na tomada de decisão.
- Em seguida, socializem com os demais grupos os pontos que vocês enumeraram. Durante esse momento, o professor vai anotar essas enumerações.

- Ao final das apresentações dos grupos, espera-se que a turma tenha elaborado uma lista única de situações. De posse dessa lista, analisem as enumerações e procurem estabelecer uma hierarquia entre elas, isto é, ordená-las de acordo com o grau de importância para a turma: qual é a situação mais relevante e qual é a menos relevante. Com a ajuda do professor, organizem a hierarquização da lista segundo esse critério.
- Finalizado o momento anterior, a turma terá criado uma pauta inicial de situações escolares que merecem transformação, ou seja, de reivindicações. Faça uma cópia dessa lista para incluir em seu **portfólio** e ser consultada mais adiante.

Para auxiliá-lo no seu processo de gestão da própria aprendizagem, ao longo das seções há sempre uma recomendação para que as produções de texto sejam guardadas, de rascunhos a versões finais. Essas recomendações são marcadas com um ícone, como este acima.

Para facilitar esse trabalho, recomendamos que você tenha uma pasta – virtual e/ou física – chamada **portfólio**, em que essas produções serão guardadas. Assim, sempre que for necessário reescrever ou refazer um texto, ao longo de um processo de produção de textos, você terá facilidade de encontrar as versões anteriores da mesma produção.

Ao longo desta e da segunda unidade de *Relações*, você e os colegas vão experimentar uma forma associativa de endereçar as demandas da turma às autoridades e aos destinatários a quem cabe acolher reivindicações estudantis. Para isso, nesta Unidade 1, vocês vão elaborar um manifesto e, na Unidade 2, vão enviar uma carta de solicitação a uma autoridade competente.

Diário de bordo

Registre em seu diário de bordo qual aspecto desse momento com os colegas em torno da elaboração de uma única pauta de reivindicação da turma você considerou o mais significativo. Reflita também sobre a maneira como foi feita a organização do trabalho: primeiro em grupos pequenos, depois a socialização com a turma até a construção de uma pauta comum.

Ao longo das unidades deste material, sempre que um conjunto de atividades for concluído, você será convidado a fazer em seu diário de bordo o registro da experiência vivenciada. Você pode fazer esses registros em qualquer suporte que considere interessante: um blogue, uma agenda em papel ou virtual, um bloco de anotações. O que importa é definir um suporte e usá-lo sempre. Será importante, também, que você siga alguns procedimentos próprios de um diário: insira a data de cada registro e indique a atividade a que ele está relacionado.

Viktoria Kurpas/Shutterstock

Práticas de leitura: manifesto

Leia a matéria jornalística a seguir e, depois, discuta com os colegas e o professor sobre as perguntas seguintes.

Manifesto pela erradicação da violência contra a mulher

O Grupo Mulheres do Brasil Núcleo Fortaleza celebrou ontem, 7 de agosto, os 13 anos da Lei Maria da Penha, lançando um manifesto pela erradicação da violência contra a mulher. O evento foi realizado na Casa da Mulher Brasileira, em Fortaleza, e foi abrilhantado com a presença ilustre da própria Maria da Penha, além da cordelista mirim Samya Abreu.

De acordo com Annette Reeves de Castro, líder do Núcleo, o manifesto é um alerta sobre um assunto sério e que diz respeito a todos e também tem a intenção de lançar as ações de combate à violência contra a mulher do Grupo em Fortaleza. "Vamos focar menos no discurso do combate à sociedade 'machista' e muito mais ao trabalho construtivista para que as mulheres de todas as classes sociais retomem sua dignidade e autoestima", explica a líder. [...]

SOUZA, Susana de. Manifesto pela erradicação da violência contra a mulher. *Grupo Mulheres do Brasil*. Disponível em: https://noticias.grupomulheresdobrasil.org.br/fortaleza/manifesto-pela-erradicacao-da-violencia-contra-a-mulher/. Acesso em: 29 mar. 2022.

1. Agora, responda:

a) Você sabe o que é a Lei Maria da Penha e por que ela recebeu esse nome? Se preciso, consulte fontes impressas ou digitais para obter informações a esse respeito.

b) Por que essa lei merece ser celebrada, como aparece na notícia? Em sua opinião, qual é a importância de se ter uma lei como essa?

natvect/Shutterstock

A seguir, faça a leitura da imagem que é a capa do manifesto de que trata a matéria jornalística que você leu anteriormente.

Disponível em: https://noticias.grupomulheresdobrasil.org.br/wp-content/uploads/2019/08/Manifesto.pdf. Acesso em: 29 mar. 2022.

2. Responda:

a) Como a organização dos elementos verbais e não verbais contribuem para a compreensão dessa capa?

b) Para você, nos dias atuais ainda é necessário se discutir sobre a erradicação da violência contra a mulher no Brasil? Por quê?

c) Em sua opinião, as mulheres são ouvidas e respeitadas na sociedade brasileira? Justifique sua resposta.

Agora, leia o manifesto completo citado na matéria jornalística.

Manifesto: Erradicação da violência contra a mulher, que as vozes femininas sejam ouvidas e respeitadas

Estamos no final da segunda década do século 21 e ainda há uma mácula indelével na sociedade patriarcal em que vivemos: a violência contra a mulher. Sofrida pelo domínio da irracionalidade, de inferiorizar a condição de ser mulher e subjugá-la a padrões estabelecidos que ignoram a preservação de sua saúde física e mental, e ainda prejudicam a moral, a convivência social e a oportunidade de seu desenvolvimento intelectual e financeiro.

Nós, do Grupo Mulheres do Brasil, queremos uma sociedade justa e igualitária, somos um grupo feminista e suprapartidário composto por mais de 25 mil mulheres no Brasil e no mundo, lutamos para que seja erradicado qualquer tipo de violência contra a mulher, independente de sua classe, raça, etnia, orientação sexual, renda, cultura, nível educacional, idade e religião.

É urgente sair do conformismo e da ignorância. Maria da Penha é a voz que nutriu o avanço com marcas permanentes no seu corpo. Outras vozes são silenciadas para a eternidade: vítimas do feminicídio ou do suicídio daquelas que não encontraram apoio e nem condição para mudar os abusos sofridos.

A vítima está fragilizada, e muitas ignoram que vivem em condição de violência, com sua moral questionada, o emocional manipulado e seu psicológico usurpado por palavras ofensivas e degradantes, tendo seu patrimônio dilapidado e seu corpo subjugado, reduzida a sofrer em silêncio no espaço tolerado pela impunidade.

Vozes precisam ser ouvidas e respeitadas em um maior número de Delegacias da Mulher e em espaços de apoio emocional, psicológico e estímulo financeiro. Que exista uma justiça mais conhecedora dos aspectos que envolvem a violência de gênero e leis que erradiquem os abusos cometidos contra a mulher. Que haja núcleos de combate à violência nos equipamentos de saúde para identificar, orientar e encaminhar as vítimas e denunciar o agressor. Precisamos de diálogo dentro das empresas para coibir os assédios morais e sexuais, com ampla divulgação dos amparos legais da Lei Maria da Penha.

A violência está presente em toda classe social e em qualquer nível cultural, por isso nenhuma voz deve ser silenciada. É preciso acelerar a mudança e abalar essa estrutura corrompida da desigualdade para vivenciar a pedra angular do respeito e da justiça.

Hoje, este manifesto planta a crença na força da união, de mulheres e homens, e no caminho da igualdade, onde todas as vozes são ouvidas, amparadas e respeitadas, e assim surgir o alvorecer da humanidade do século 21.

Fortaleza, 07 de agosto de 2019.

Grupo Mulheres do Brasil Núcleo Fortaleza.

GRUPO Mulheres do Brasil. *Manifesto Erradicação da violência contra a mulher*: que as vozes femininas sejam ouvidas e respeitadas. Fortaleza, 7 ago. 2019. Disponível em: https://noticias.grupomulheresdobrasil.org.br/wp-content/uploads/2019/08/Manifesto.pdf. Acesso em: 29 mar. 2022.

3. O manifesto é um gênero textual que, como o próprio nome já diz, manifesta o pensamento de uma pessoa ou grupo sobre um assunto de interesse geral ou de qualquer natureza (política, social, cultural, religiosa, etc.). Sobre o manifesto que você leu, responda às questões seguintes.

   a) Que pensamento está sendo manifestado nele?
   b) A que público-alvo esse manifesto se destina?
   c) Em sua opinião, qual é a importância desse tipo de manifesto nos tempos atuais?

4. O manifesto pode ser considerado uma forma de reivindicação.

   a) Por que é possível fazer essa afirmação?
   b) Quais são as reivindicações feitas no manifesto?
   c) Além do manifesto, que outras formas de protesto você conhece?

5. Além da agressão física, quais outros tipos de violência que as mulheres podem sofrer são mencionados no manifesto?

6. Sob a orientação do professor, a turma deverá organizar-se em grupos e buscar informações sobre os tipos de violência mencionados na atividade 5; em seguida, deverão socializar com os demais grupos os resultados dessa pesquisa; por fim, é importante chegar a uma conclusão sobre o que foi discutido, escrevê-la no caderno e enviar uma cópia manuscrita ou digital para o professor.

7. Agora que você já leu e discutiu o assunto do manifesto, repense sua resposta à atividade 2, item **c**: As mulheres são ouvidas e respeitadas? Caso tenha mudado de opinião ao longo do estudo, procure explicar o que levou você a isso. Se não mudou, também justifique.

8. Para você, qualquer pessoa ou grupo tem o direito de criar um manifesto? Por quê?

Aleksandr Merg/Shutterstock

Pesquisa e ação – parte 1: buscar informações sobre ONGs e divulgá-las

Será que em sua região ou cidade existem ONGs que prestam um serviço semelhante ao do Instituto Maria da Penha? Para conhecê-las, siga as orientações.

- Busque informações sobre essas organizações não governamentais. Para isso, você pode fazer uma pesquisa na internet e usar ferramentas de localização, como os mapas *on-line*. Há ainda *sites* que reúnem esse mapeamento, indicando os locais onde há serviços públicos para a assistência de mulheres vítimas de violência. Outra possibilidade é realizar uma pesquisa de campo e visitar unidades básicas de saúde ou hospitais para conversar com profissionais dessa área e saber se nesses locais há serviços dedicados à mulher que sofreu algum tipo de violência.
- Faça o registro dessas informações utilizando o recurso que considerar mais adequado, desde que ele possa ser consultado posteriormente em sala de aula, e não se esqueça de anotar as fontes consultadas.
- Após fazer esse levantamento, em um dia previamente combinado com o professor e a turma, leve para a sala de aula as informações que você encontrou e socialize os registros com os colegas. Em seguida, e coletivamente, agrupem as informações que forem iguais, ou seja, caso dois ou mais estudantes tenham encontrado dados sobre uma mesma ONG.
- Depois, a turma deverá se organizar para elaborar resenhas sobre cada uma das ONGs. Nesse texto, é necessário que vocês informem o nome da instituição, a localidade, o telefone, os perfis em redes sociais (se houver) e a que essa instituição se dedica. De acordo com o perfil da turma e da comunidade escolar, escolham o suporte mais adequado para a elaboração do texto (se impresso ou digital), pois o objetivo é que as resenhas sejam divulgadas.
- Ao final, veiculem as resenhas para que a comunidade escolar tenha ciência de que esses lugares existem e de que é possível as mulheres buscarem apoio neles. Essa atividade poderá ajudar mulheres da escola e da comunidade que talvez sofram violência a encontrar a ajuda de que necessitam. Por isso, divulguem o material que organizaram de modo que muitas pessoas tenham acesso a ele. Há várias possibilidades: fazer uma publicação no blogue da turma ou da escola ou em redes sociais, elaborar um painel em algum local de grande circulação de pessoas na escola, fazer cópias das resenhas e afixá-las em estabelecimentos comerciais e/ou em postos de saúde da comunidade onde vivem.

Saiba +

Entrevista com Maria da Penha. Trecho do *Programa do Porchat*, disponível em: https://www.youtube.com/watch?v=KZXsPc-iSJM. Acesso em: 29 mar. 2022.

Neste vídeo, você pode assistir a um trecho da entrevista da farmacêutica Maria da Penha para o apresentador Fábio Porchat.

Pesquisa e ação – parte 2: buscando mais informações para divulgação

Leia esta postagem feita em uma rede social, no perfil oficial da Secretaria de Estado de Justiça, Direitos Humanos e Cidadania do Estado do Amazonas.

Sejusc do Amazonas
@redesejusc

Em briga de marido e mulher, se mete a colher, sim! Saiba como denunciar casos de violência contra a mulher:

Disque 100

Disque 180

Disque 181

#GovernodoAmazonas #SejuscAM #Cidadania #Justiça #DireitosHumanos #LeiMariadaPenha

4:33 PM · 16 de ago de 2019 · Twitter Web App

SEJUSC do Amazonas. Disponível em: https://twitter.com/sejuscam/status/1162447217145339904?lang=ga. Acesso em: 29 mar. 2022.

Essa postagem faz parte de uma campanha de 2019 que subverte uma expressão popular – "Em briga de marido e mulher, não se mete a colher" – para colocar em pauta a questão da violência contra a mulher. Tanto no texto da postagem como na imagem da campanha, na parte inferior da publicação, afirma-se o contrário do que diz a expressão.

Na publicação, há a indicação de números de telefone que recebem denúncias contra esse tipo de violência. Você sabe para que serve cada um deles?

- De acordo com a orientação do professor sobre a organização desta atividade, busque informações para saber a função desses números de telefone e escreva-as em seu caderno.
- De posse dessas informações, decida com os colegas e o professor a melhor maneira de divulgá-las, de modo que elas sejam vistas pela comunidade escolar e o entorno.
- Vocês podem elaborar um texto para ser divulgado em um suporte impresso ou digital. Como exemplo de suporte impresso, uma possibilidade é elaborar cartazes e expô-los em murais e em outros locais de grande circulação da escola. Para a divulgação em suportes digitais, a turma pode elaborar um texto e publicá-lo em uma postagem em redes sociais da turma ou da escola usando o recurso de *hashtags* para que o conteúdo produzido seja mais facilmente encontrado e compartilhado. É possível também transformar o texto em imagem e compartilhá-la em grupos de aplicativos de mensagens instantâneas.

Diário de bordo

Registre em seu diário de bordo suas reflexões e conclusões a respeito das atividades realizadas sobre a leitura do manifesto: elas contribuíram para que você pudesse perceber os sentidos veiculados pelo texto? Registre também suas considerações sobre as atividades relacionadas com o tema violência contra a mulher: elas possibilitaram a você refletir mais sobre o assunto?

Práticas de análise linguística no manifesto

Nesta seção de análise linguística, estudaremos usos de elementos linguísticos diversos – como adjetivo, advérbio, pronomes, entre outros – no manifesto e, mais especificamente, a coesão sequencial. Também estudaremos o caráter argumentativo do gênero.

1. Releia, a seguir, um trecho do manifesto em estudo na seção anterior. Depois, responda às questões.

"[...] lutamos para que seja erradicado qualquer tipo de violência contra a mulher, independente de sua classe, raça, etnia, orientação sexual, renda, cultura, nível educacional, idade e religião."

a) Nesse trecho, a palavra *independente* desempenha qual função sintática?

b) O núcleo dessa função sintática normalmente é ocupado por uma palavra da classe dos advérbios. Mas *independente* é um adjetivo. Como você explica esse funcionamento a partir desse contexto?

Jarbas Oliveira/Agência Estado

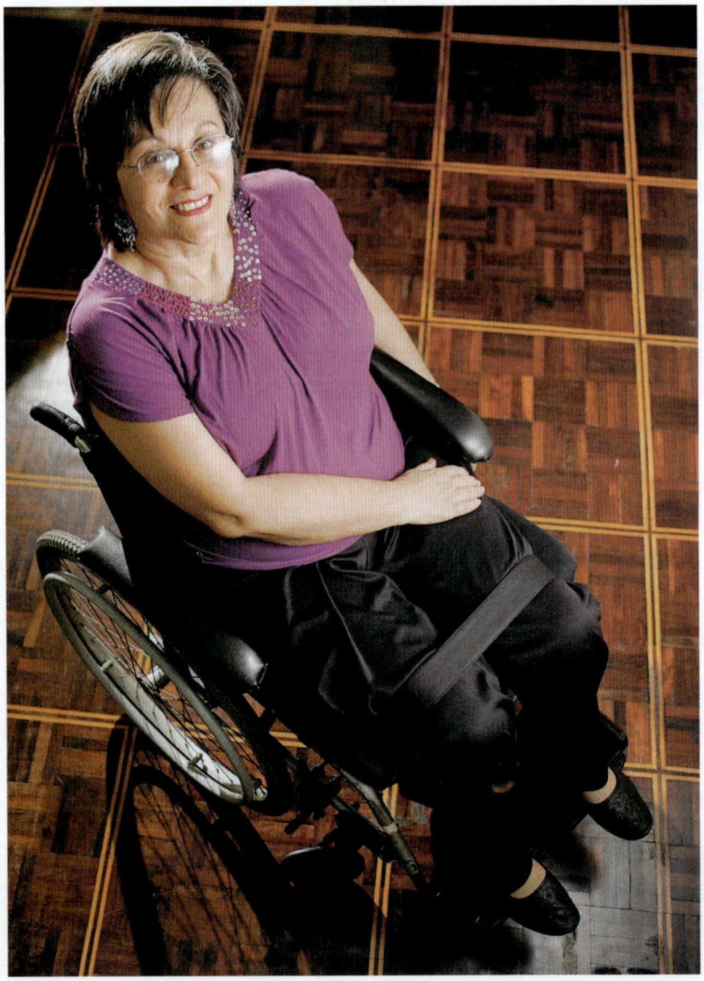

A farmacêutica Maria da Penha. Foto de 2008.

2. Observe o emprego do pronome indefinido *muitas* no trecho a seguir.

"A vítima está fragilizada, e **muitas** ignoram que vivem em condição de violência."

a) Esse pronome retoma qual palavra anteriormente mencionada?

b) Explique o funcionamento dessa retomada com base no conceito textual de coesão sequencial.

3. Observe estes dois trechos extraídos do manifesto.

I. "Que **exista** uma justiça mais conhecedora dos aspectos que envolvem a violência de gênero [...]."

II. "Que **haja** núcleos de combate à violência nos equipamentos de saúde [...]."

a) Qual é o modo das formas verbais em destaque?

b) Por que esse modo verbal foi selecionado e que tipo de noção ele ajuda a traduzir nesses casos?

c) Em textos como o manifesto, é comum o uso de elementos linguísticos que exprimem desejo. Explique essa informação com base nos trechos que você acabou de reler.

4. Releia os trechos a seguir observando os destaques.

I. "A violência está presente em toda classe social e em qualquer nível cultural, por **isso** nenhuma voz deve ser silenciada."

II. "Hoje, **este** manifesto planta a crença na força da união [...]."

a) As palavras em destaque fazem parte de qual classe gramatical?

b) Que função textual essas palavras costumam desempenhar nos textos?

c) Explique a diferença entre o emprego de *isso* e *este* nos trechos **I** e **II**, respectivamente.

5. No manifesto que você leu, o enunciador se projeta no texto por meio do emprego da primeira pessoa do plural. Qual é a importância desse coletivo, o *nós*, nesse texto?

6. Releia o seguinte trecho do manifesto:

> Vozes precisam ser ouvidas e respeitadas em um maior número de Delegacias da Mulher e em espaços de apoio emocional, psicológico e estímulo financeiro. [...]

Nesse trecho, a omissão de uma preposição pode causar certo *estranhamento* durante a leitura.

a) Que preposição foi omitida? Em qual ponto do texto ela deveria ter sido empregada?

b) Por que a ausência da preposição causa certo estranhamento durante a leitura do trecho, embora não prejudique a compreensão do que é mencionado?

7. Em um manifesto, o título é muito importante, porque ele deve chamar a atenção do público ao mesmo tempo que informa o assunto de que vai tratar. Pensando nisso, você considera adequado o título desse manifesto lido? Por quê?

Reprodução/https://noticias.grupomulheresdobrasil.org.br/

Detalhe mostrando o título do manifesto.

8. Uma das finalidades do manifesto é convencer o leitor do assunto que está sendo tratado nele. Sendo assim, o manifesto é um texto de caráter argumentativo. Com base nessa afirmação, responda às questões.

a) Qual é a tese defendida no texto?

b) Que argumentos são usados para reforçar a ideia da tese?

Saiba +

Lei Maria da Penha. Planalto. Disponível em: http://www.planalto.gov.br/ccivil_03/_ato2004-2006/2006/lei/l11340.htm. Acesso em: 29 mar. 2022.

O objetivo da criação dessa lei é haver mecanismos para coibir a violência doméstica e familiar contra as mulheres brasileiras.

9. Nesta atividade de **produção**, reúna-se outra vez com o grupo com quem trabalhou na seção *Situação inicial* e sigam as próximas orientações.

- Releiam a pauta única da turma que vocês elaboraram naquela seção e elejam um ponto específico que consideram particularmente importante. Tenham em vista uma situação em que haja, potencialmente, algum tipo de polêmica envolvida: por exemplo, uma decisão que envolve diretamente os estudantes, mas que tenha sido tomada sem a participação de vocês.
- Redijam um manifesto com base nas características que vocês já conseguiram perceber ao longo desta unidade sobre esse gênero textual, mas não se preocupem se o manifesto não ficar ainda do jeito que vocês gostariam.
- Providenciem a cópia do texto para todos os integrantes do grupo. Assinem o manifesto com o nome de cada integrante para identificar o texto.
- Guardem uma cópia do texto no **portfólio** de cada um.
- Esta produção textual corresponde à primeira versão da escrita do manifesto, e vocês ainda terão a oportunidade de melhorar o texto na seção *Práticas de produção escrita: manifesto*.
- Providenciem uma cópia dessa primeira versão e entreguem para o professor.

Observe o texto verbo-visual que corresponde à *home page* do Instituto Maria da Penha, ou seja, à página inicial do *site* dessa ONG.

IMP. Instituto Maria da Penha. Disponível em: https://www.institutomariadapenha.org.br/. Acesso em: 29 mar. 2022.

10. Agora, responda:

a) Aproximadamente, quantos *links* há na *home page*? Como você os reconhece no conjunto semiótico da página? Responda sem acessar o *site*.

b) As imagens de mulheres devem – supostamente, ao menos – representar três faixas etárias. Por que essa representação, no *site* de um instituto de defesa da mulher, é significativa?

c) Como você explica, no conjunto do *site*, o destaque dado às palavras *conscientização* e *empoderamento*, escritas em letras capitais (todas maiúsculas) e em vermelho?

Você leu anteriormente uma postagem que a Secretaria de Estado de Justiça, Direitos Humanos e Cidadania do Estado do Amazonas fez em uma rede social. Nessa postagem, há um cartaz da campanha "Agosto Lilás", um texto multissemiótico composto por elementos verbais e visuais. Releia-o a seguir.

Reprodução/https://twitter.com/sejuscam

Reprodução/https://twitter.com/sejuscam

11. Qual é o provérbio popular que o cartaz toma como ponto de partida? E o que significa no uso comum?

12. Os provérbios de uma língua/cultura são enunciados completos, utilizados para transmitir um tipo de ensinamento. Seu sentido só pode ser compreendido quando o todo que o constitui é interpretado em uma situação de uso. Ao reconstruir o provérbio, invertendo o caráter negativo de uma das sentenças que o constituem, que efeito de sentido a campanha publicitária consegue provocar? O que é possível afirmar sobre o uso desse provérbio associado à violência contra a mulher?

13. Observe novamente a imagem:

Como você interpreta, no contexto do cartaz, a expressão "meter a colher", acompanhada da imagem do próprio objeto?

14. A cor lilás é uma referência ao movimento das sufragistas inglesas de 1908, grupo de mulheres que lutou pelo direto ao voto feminino na Inglaterra. Posteriormente, a cor lilás foi retomada pelo movimento feminista nos anos 1960, para simbolizar a igualdade entre homens e mulheres. Por que, no contexto da luta contra a violência feminina, o emprego da cor que simboliza a igualdade entre os sexos é tão significativo?

15. Os elementos verbais que fazem parte do cartaz são apresentados com o uso de duas cores: um tom mais escuro de lilás e branco. Pode-se afirmar que os dizeres, em uma das cores, são complementares ao outro de mesma cor e, juntos, compõem um sentido. Qual? Explique.

Cores e formas: criação de logotipo

Assim como observamos no cartaz, é frequente a escolha de certas cores para representar determinados temas, tanto como forma de manter uma tradição quanto de ressignificar determinado simbolismo ou ainda de propor um sentido novo.

Pensando nisso, a proposta é que a turma se organize em quatro grupos para realizar a produção de um logotipo. Esse logotipo vai simbolizar o tema escolhido por vocês para a escrita do manifesto, cuja primeira versão foi enviada ao professor na atividade 9 de *Práticas de análise linguística*.

Para essa produção, os grupos devem se organizar da seguinte maneira:

- **Grupo 1**: Pesquisa. A ideia é que esse grupo pesquise o uso de cores específicas como símbolo de diferentes movimentos reivindicatórios.
- **Grupo 2**: Desenvolvimento. Este grupo vai ficar responsável por analisar o material pesquisado pelo grupo 1 e definir a cor mais adequada considerando o tema do manifesto da turma e qual poderia ser o grafismo escolhido: uma imagem mais abstrata ou mais realista?
- **Grupo 3:** Execução. O grupo 3 deverá colocar em prática o projeto: escolher o programa de criação de imagens, definir se alguém vai desenhar a imagem no papel e depois escanear ou se já vão partir para uma criação inteiramente digital. E, por fim, criar o logotipo.

Depois de terminado o logotipo, coloquem uma cópia no **portfólio**. É importante deixá-lo junto ao manifesto, para que possam retomar os dois na seção *Práticas de produção escrita*.

Prostock-studio/Shutterstock

Para criar o logotipo é possível usar diferentes programas de edição de imagens disponíveis para acesso on-line ou em *softwares* armazenados na memória do próprio computador ou *notebook*.

Diário de bordo

Registre em seu diário de bordo suas conclusões a respeito da análise dos textos multissemióticos apresentados. Verifique se as atividades realizadas e a socialização das respostas contribuíram para que você pudesse perceber aspectos de sua composição textual que não haviam sido notados à primeira leitura. Registre também como foi o processo de escrita da primeira versão do manifesto e o que conseguiu perceber e aprender com o trabalho realizado em grupo.

Cultura digital as ações de *curtir*, *comentar*, *compartilhar* em redes sociais

Monkey Business Images/Shutterstock

Celulares, *tablets* e *notebooks* são exemplo de aparelhos utilizados para ter acesso a diversas redes sociais disponíveis na internet.

Se você utiliza redes sociais, certamente está familiarizado com três verbos: *curtir*, *comentar* e *compartilhar*. A experiência de cada uma dessas ações faz parte da natureza dessas redes e do tipo de interação que elas proporcionam. A identidade virtual das pessoas está cada vez mais ligada à sua participação nas redes e ao que é curtido, comentado e compartilhado.

A atividade proposta a seguir vai ajudar você e os colegas a analisar, discutir e refletir sobre conteúdos que curtem, comentam e compartilham e com que propriedade vocês realizam essas ações.

- Combinem coletivamente com o professor um período para analisar uma rede social. Para o trabalho não ser exaustivo, sugerimos algo em torno de dois ou três dias.
- Individualmente, cada um de vocês escolhe uma rede social para ser analisada. É importante que todos, ou a maioria de vocês, participem dessa rede. O trabalho proposto com essa primeira rede social poderá ser feito com outras redes posteriormente.
- A turma deve construir uma tabela conforme o modelo a seguir. Ela também pode ser elaborada por meio de aplicativo de edição coletiva de textos ou de planilhas. É importante que todos da turma tenham acesso ao documento e possam editá-lo para inserir os dados que serão coletados.

Curti	Comentei	Compartilhei	Por quê?

- Diariamente, cada um de vocês vai escolher um momento do dia para registrar na tabela as interações que realizou na rede social.
- Vocês não precisam copiar, na tabela, o conteúdo exato da postagem com que interagiram; basta apenas indicá-lo de forma resumida. Também não é necessário identificar-se individualmente, porque o objetivo desta atividade não é apontar quem curtiu/comentou/compartilhou.
- Depois de terminado o período de investigação e com todos os registros da turma reunidos na tabela, é o momento de vocês analisarem os dados. Para isso, leiam atentamente a tabela, revejam as interações realizadas e discutam, com a ajuda do professor, sobre algumas questões como as sugeridas a seguir.

  I. Que tipos de conteúdo foram mais curtidos? O que levou vocês a escolherem curtir esses conteúdos e não outros?

  II. Quando vocês comentam postagens de outras pessoas da rede, por que o fazem?

  III. Os conteúdos que você compartilhou tratavam de um tema que já era do seu conhecimento ou eram uma novidade? O que levou você a compartilhá-los?

  IV. Você já compartilhou uma notícia apenas pelo conteúdo lido no seu título, sem ler integralmente o texto?

  V. Um dos significados do verbo *curtir* é gostar (de alguém ou de algo), ou seja, gostar muito. Será que sempre que curtimos uma postagem de fato "gostamos muito" dela ou estamos apenas comunicando ao autor que a postagem foi lida?

  VI. Se você pudesse inserir nas redes sociais mais duas alternativas que expressassem reações à postagem, quais seriam? Por quê?

- Escreva um texto resumindo o que você e os colegas concluíram dessa análise e entregue para o professor.

Julia Tim/Shutterstock

Estilos de época

Antes de dar início à leitura de diferentes poemas contemporâneos na seção *Práticas de leitura e análise literária*, saiba o que são tendências contemporâneas na literatura.

Observe as linhas do tempo abaixo. Elas apresentam a cronologia dos estilos de época em Portugal e no Brasil. Depois, leia o texto que trata sobre Tendências contemporâneas no Brasil.

Portugal

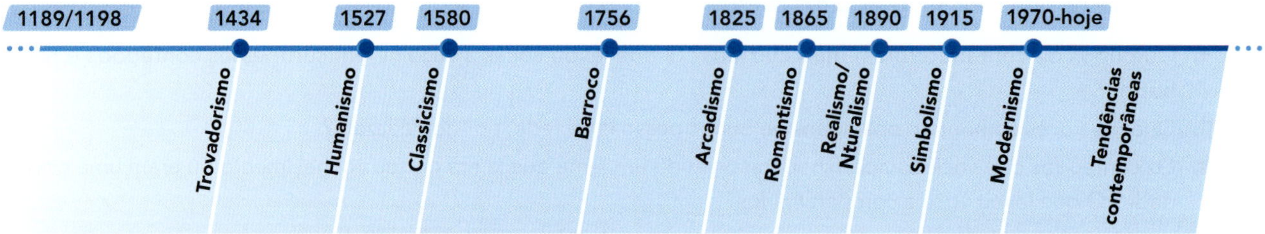

Brasil

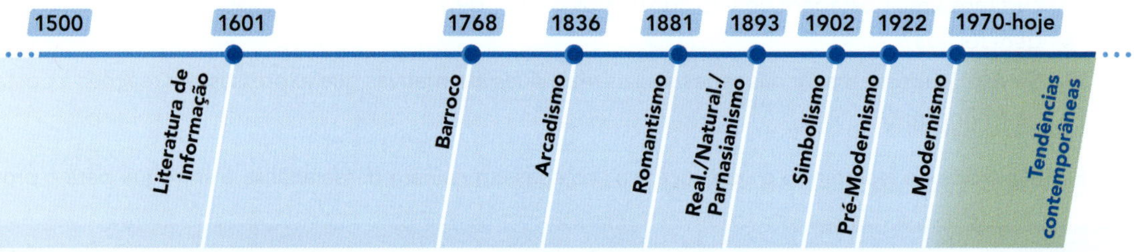

Tendências contemporâneas

Considerando a produção literária nacional, a expressão *tendências contemporâneas* abriga, *grosso modo*, a literatura criada no Brasil depois da década de 1970.

Trata-se de vertentes muito variadas, de difícil sistematização, pois falta ao historiador da literatura o distanciamento temporal necessário em relação ao objeto de estudo. Em outras palavras, pelo fato de o historiador viver na época em que ocorrem as manifestações, existe um envolvimento dele com o assunto e isso dificulta a análise objetiva da produção literária da época a ser estudada por ele.

De modo geral, na poesia destacam-se movimentos mais antigos e estabelecidos como o Concretismo, a poesia de preocupação social, a poesia marginal dos anos 1970 e outros segmentos que têm surgido e se destacado ao longo do tempo. O *poetry slam* é uma dessas tendências mais atuais, com características bem próprias, que serão estudadas nesta unidade, na seção *Práticas de leitura e análise literária*. Na prosa, ao lado dos gêneros tradicionais, como conto, crônica, novela ou romance, surgiram os gêneros híbridos, produções que não se enquadram com exatidão nessas categorias.

Nesta seção, vamos abordar alguns desses movimentos e textos produzidos no Brasil a partir de 1970.

artes plásticas: formas de expressão artística que utilizam a manipulação de materiais diversos na composição de obras, como o uso da argila e do mármore na escultura e dos pigmentos de tinta na pintura.

arte figurativa: em oposição à arte abstrata, é o modelo de composição artística que privilegia a representação de figuras do mundo real, seja de modo mais realista, como em obras do Barroco e do Renascimento, seja de modo mais estilizado, como em obras do Impressionismo e do Expressionismo.

Arte Concreta

O movimento da Arte Concreta surgiu na Europa no século XX como um movimento artístico relacionado diretamente às **artes plásticas** e que deve ser compreendido como parte do movimento abstracionista moderno, que recusava a representação e a imitação de objetos do mundo exterior na composição de suas obras, em oposição ao modelo renascentista principalmente e à **arte figurativa** como um todo.

O Abstracionismo pode ser dividido em duas vertentes: o *Abstracionismo informal* ou *lírico* e o *Abstracionismo geométrico*.

A primeira tem como características o predomínio de sentimentos e emoções e a criação livre de cores e formas para expressar a subjetividade do artista. O pintor Wassily Kandinsky (1866-1944) é considerado pioneiro dessa vertente com a obra *Primeira aquarela abstrata* (1910).

Reprodução/Museu de Arte Moderna, São Francisco, EUA.

Primeira aquarela abstrata, de Wassily Kandinsky, 1910 (aquarela e tinta sobre papel, 496 cm × 648 cm). Museu de Arte Moderna, São Francisco, Estados Unidos.

A segunda vertente, a do Abstracionismo geométrico, é a que mais se relaciona com a Arte Concreta. Com forte influência do Cubismo e do Futurismo, essa vertente valoriza a racionalidade e o rigor matemático, de modo que as formas e as cores são organizadas para expressar uma concepção geométrica. O holandês Piet Mondrian (1872-1944) é um de seus mais famosos representantes.

Reprodução/Museu Municipal de Haia, Haia, Holanda.

Composição com vermelho, amarelo e azul, de Piet Mondrian, 1921 (óleo sobre tela, 59,5 cm × 59,5 cm). Museu Municipal de Haia, Haia, Holanda.

O pintor holandês e outros artistas conterrâneos, como Theo van Doesburg (1883-1931) e Gerrit Thomas Rietveld (1888-1964), criaram um grupo chamado *De Stijl* ("o estilo", em português) em 1917. O grupo tinha como propósito encontrar uma nova forma de expressão plástica, com composições baseadas em linhas retas, formas geométricas e cores primárias.

Em 1930, Van Doesburg publica seu manifesto *Arte Concreta*, lançando as bases conceituais do movimento concretista. Para esse artista, a pintura concreta é necessariamente não abstrata, já que nada seria mais concreto do que os elementos plásticos presentes em um quadro, como a linha, o ponto, a cor, a superfície; e esses elementos não representam ou simbolizam nada além daquilo que são. Assim, Van Doesburg estabelecia uma oposição ao próprio movimento abstracionista que possibilitou a existência da Arte Concreta, principalmente em relação à sua primeira vertente, mais lírica e simbólica.

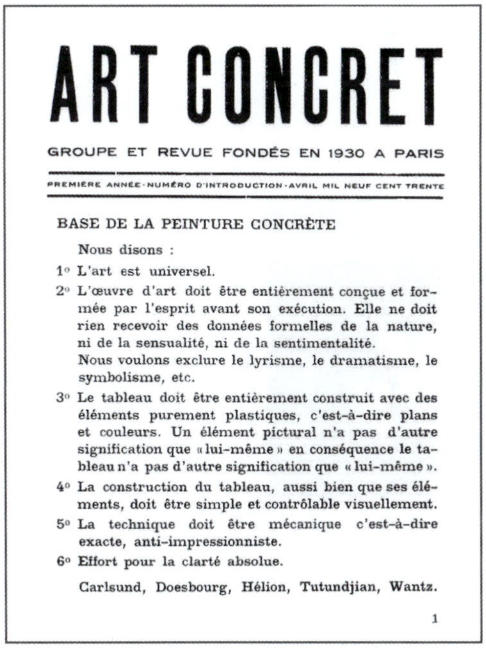

ART CONCRET

GROUPE ET REVUE FONDÉS EN 1930 A PARIS

PREMIÈRE ANNÉE-NUMÉRO D'INTRODUCTION-AVRIL MIL NEUF CENT TRENTE

BASE DE LA PEINTURE CONCRÈTE

Nous disons :

1º L'art est universel.

2º L'œuvre d'art doit être entièrement conçue et formée par l'esprit avant son exécution. Elle ne doit rien recevoir des données formelles de la nature, ni de la sensualité, ni de la sentimentalité.
Nous voulons exclure le lyrisme, le dramatisme, le symbolisme, etc.

3º Le tableau doit être entièrement construit avec des éléments purement plastiques, c'est-à-dire plans et couleurs. Un élément pictural n'a pas d'autre signification que « lui-même » en conséquence le tableau n'a pas d'autre signification que « lui-même ».

4º La construction du tableau, aussi bien que ses éléments, doit être simple et contrôlable visuellement.

5º La technique doit être mécanique c'est-à-dire exacte, anti-impressionniste.

6º Effort pour la clarté absolue.

Carlsund, Doesbourg, Hélion, Tutundjian, Wantz.

1

Reprodução/Coleção particular

Manifesto *Arte Concreta*, de Theo van Doesburg, 1930.

Concretismo no Brasil

A partir de 1950, a política desenvolvimentista do presidente Juscelino Kubistchek produz transformações na paisagem urbana de cidades como Rio de Janeiro e São Paulo, dando início a processos de metropolização. No cenário artístico e cultural, a criação de museus e galerias impulsiona a divulgação do movimento concretista no país, com diversas exposições de Arte Concreta ocorrendo nesses espaços.

Um dos primeiros indícios da presença do movimento no Brasil foi o lançamento da revista *Noigandres*, em 1952, editada pelo grupo de mesmo nome, formado pelos poetas Haroldo de Campos (1929-2003), Augusto de Campos (1931-) e Décio Pignatari (1927-2012).

No entanto, o lançamento oficial do Concretismo no Brasil ocorreu em 1956 na Exposição Nacional de Arte Concreta, em São Paulo.

Concretismo e poesia visual

Seguindo as premissas do movimento da Arte Concreta nas artes plásticas, ou seja, a proposta de que os elementos básicos de determinada obra, como cores primárias e elementos geométricos, representam a si mesmos, também o poema concreto é ele mesmo um objeto de apreciação sem que haja preocupação com estruturas literárias como estrofes, versos e rimas. É um poema-objeto. A forma e a linguagem visual prevalecem sobre possíveis temas e sobre a linguagem verbal, que até então era o componente único da literatura. As obras concretistas integram som, imagem e palavra.

Além dessas características, podemos citar o "apagamento" do eu lírico e da subjetividade, a utilização de recursos gráficos e a possibilidade de leituras de um mesmo poema na vertical ou na diagonal e não apenas na forma convencional (na horizontal, da esquerda para a direita). Alguns dos principais escritores de poemas visuais, além dos irmãos Campos e de Décio Pignatari, já citados, são José Lino Grünewald (1931-2000), Ronaldo Azeredo (1937-2006), Arnaldo Antunes (1960-) e Sérgio Caparelli (1947-).

Leia a seguir um poema de José Lino Grünewald.

durassolado solumano

petrifincado corpumano

amargamado fardumano

agrusurado servumano

capitalienado gadumano

massamorfado desumano

Poema "durassolado" de José Lino Grünewald, 1961.

GRÜNEWALD, José Lino. durassolado. *In*: DANTAS, Iumna Maria Simon; DANTAS, Vinicius. *Poesia concreta*. São Paulo: Abril Educação, 1982. p. 53.

Saiba +

Reprodução/Arquivo Nacional, Rio de Janeiro, RJ.

José Lino Grünewald (1931-2000) nasceu no Rio de Janeiro. Foi poeta e escreveu artigos jornalísticos para diversos veículos, como *Folha de S.Paulo, O Estado de S. Paulo* e *Última Hora*. Não participou em 1956 da Exposição Nacional de Arte Concreta no MAM, em São Paulo, porque o grupo já estava fechado, mas se aproximou de Augusto de Campos e de Haroldo de Campos. Contribuiu como membro informal para a revista *Noigrandes*, criada pelos irmãos Campos, Décio Pignatari e Ronaldo Azeredo.

No poema de Grünewald, observam-se algumas das características citadas anteriormente, como a forma e a disposição das palavras, que contribuem para o significado do poema. No *site* oficial do escritor, há diversos poemas que demonstram estas e outras características do Concretismo, como "vai e vem" e "rio raio", disponíveis em: https://joselinogrunewald.com.br/poemas.php. Acesso em: 22 jun. 2022.

Prosa e literatura verdade: a crônica

A crônica foi uma das manifestações marcantes da prosa contemporânea. Por circular tanto na esfera literária como na jornalística, apresenta uma estrutura mais livre, podendo assumir uma forma próxima do conto ou de gêneros jornalísticos como a notícia. No entanto, tem finalidade distinta, pois convida o leitor a refletir e a tirar as próprias conclusões a respeito de determinado fato.

Colocando-se na perspectiva de um observador social, o cronista utiliza acontecimentos prosaicos do seu cotidiano e os transforma em algo relevante e inusitado, fazendo registros da vida social, dos acontecimentos políticos e dos costumes de seu tempo. Esse lugar já foi ocupado por célebres escritores da língua portuguesa, como Machado de Assis (1839-1908), José de Alencar (1829-1877) e Lima Barreto (1881-1922), e nos séculos XX e XXI por nomes como Rubem Braga (1913-1990), Luis Fernando Verissimo (1936-), Lygia Fagundes Telles (1918-2022) e, mais recentemente, Antonio Prata (1977-) e Gregorio Duvivier (1986-).

Leia uma crônica de Gregorio Duvivier.

Vergonha parcelada

Gregorio Duvivier

Não estranhe se você me vir levando as mãos ao rosto no meio da rua e gritando comigo mesmo: "Não! Não, Gregorio! Por que você fez isso, cara?". Sofro de uma síndrome comum: a da vergonha parcelada. Algumas situações me causam tanto embaraço que pago por elas a vida inteira. A cada vez que uma vergonha antiga me vem à cabeça, sofro como se fosse a primeira vez que estivesse sofrendo.

Não parecem vergonhas monumentais, são vergonhas ridículas – mas é isso o que faz delas monumentais. Exemplo: no aeroporto de Congonhas, pedi um café. "Carioca?", a moça perguntou. "Sou", respondi, achando que ela queria saber minha procedência. A moça pensou que eu tinha feito uma piadinha péssima e retribuiu com o pior tipo de sorriso – aquele cheio da misericórdia. Tive vontade de me esconder debaixo dos bancos do salão de embarque pelo simples fato de que alguém no mundo tinha achado que eu era uma pessoa que faria aquele tipo de piada. Até hoje, só passo em frente à Casa do Pão de Queijo de Congonhas com uma mochila escondendo o rosto.

Outro dia, **chovia a cântaros** – deve fazer um bom tempo, porque faz um bom tempo que não chove a cântaros. Acenava desesperadamente pros táxis, em frente ao Shopping da Gávea. Eis que um sujeito surge e começa a fazer o mesmo, alguns passos à minha frente. Todo ser humano civilizado sabe que, a partir do momento em que uma pessoa acena pros táxis, os outros candidatos têm que se posicionar atrás dela. Na frente, nunca. Revoltado, intercedi: "Amigo, desculpa, cheguei antes". Ao que ele respondeu, humilde: "Tô chamando táxi pra você. Sou segurança do *shopping*". E conseguiu um táxi, e abriu a porta pra mim, e eu entrei, e ele bateu a porta, e junto com a porta se abateu sobre mim o peso da miséria humana.

Encontrei um amigo de longa data. Não lembrava seu nome, e ainda hoje não lembro – talvez fosse Marcelo. Consegui disfarçar chamando o amigo de "brother", até que sua namorada me perguntou: "Há quanto tempo você conhece o Marcelo?". Respondi: "Desculpa, não sei de quem você tá falando". O Marcelo em questão, perplexo, me observava com um misto de tristeza pelo esquecimento e espanto pela minha estupidez.

Enquanto escrevo esta crônica, algumas vezes precisei interromper a digitação pra levar as mãos ao rosto e exclamar, em voz alta: "Não! Não, Gregorio! Por que você fez isso, cara?".

DUVIVIER, Gregorio. *Caviar é uma ova*. São Paulo: Companhia das Letras, 2016. Edição em *e-book*.

chover a cântaros: chover muito.

Saiba +

Felipe Rau/Agência Estado

Gregorio Duvivier (1986-) nasceu na cidade do Rio de Janeiro. É ator, roteirista, humorista e escritor. Dentre suas obras literárias, destacam-se livros de poemas e de crônicas. Escreve também artigos de opinião sobre temas contemporâneos diversos e roteiros de filmes e de teatro.

Práticas de leitura e análise literária: o gênero lírico em vozes contemporâneas

Nas atividades de leitura e análise literária desta seção, você terá a oportunidade de ler formas literárias associadas à temática de *Relações* e às culturas juvenis: o poema para ser lido em voz alta em competições de ***poetry slam***. Essa manifestação poética é uma das que mais têm se expandido nos últimos tempos e está profundamente ligada à ideia de "relações".

poetry slam: esse termo em inglês significa, ao pé da letra, "batida de poesia". Trata-se de uma competição entre poetas que leem ou declamam poemas seus ou de outros poetas. Membros selecionados da plateia participam, julgando as apresentações. Outras vezes, as obras e apresentações são submetidas a uma comissão de jurados.

Para dar início a esse estudo, leia o trecho de uma matéria jornalística a respeito da poesia *slam*.

"*Slam*" é voz de identidade e resistência dos poetas contemporâneos

Margareth Artur

A poesia falada e apresentada para grandes plateias não é um fato novo, porém, a grande diferença é que hoje a poesia falada se apresenta para o povo e não para uma elite – estamos falando da poesia *slam*. Essa palavra surgiu em Chicago, em 1984, e hoje a *poetry slam*, como é chamada, é uma competição de poesia falada que traz questões da atualidade para debate. *Slam* é uma expressão inglesa cujo significado se assemelha ao som de uma "batida" de porta ou janela, "algo próximo do nosso 'pá!' em língua portuguesa", explica Cynthia Agra de Brito Neves, em artigo recém-publicado na revista Linha D'Água. Nas apresentações de *slam* o poeta é performático e só conta com o recurso de sua voz e de seu corpo.

StockSnap/Pixabay

O *slam* é um grito, atitude de "reexistência", termo criado com a fusão das palavras *existência* e *resistência*.

A *poetry slam*, também chamada "batalha das letras", tornou-se, além de um acontecimento poético, um movimento social, cultural e artístico no mundo todo, um novo fenômeno de poesia oral em que poetas da periferia abordam criticamente temas como racismo, violência, drogas, entre outros, despertando a plateia para a reflexão, tomada de consciência e atitude política em relação a esses temas. Os campeonatos de poesias passam por etapas ao longo do ano, de fevereiro a novembro, são compostos de três rodadas e o vencedor, escolhido por cinco jurados da plateia, é premiado com livros e participa do Campeonato Brasileiro de *Slam* (*Slam* Br). O poeta vencedor dessa etapa competirá na Copa do Mundo de *Slam*, realizada todo ano em dezembro, na França.

Os campeonatos de *slam* no Brasil foram introduzidos por Roberta Estrela D'Alva, a *slammer* (poetisa) brasileira mais conhecida pela mídia e que conquistou o terceiro lugar na Copa do Mundo de Poesia *Slam* 2011, em Paris. [...]

[...]

É fundamental o papel da escola na disseminação dos "*slams*", pois por meio deles os alunos expressam "seus modos de existir" e suas reivindicações por "uma cultura jovem, popular, negra e pobre, de moradores da periferia [...]".

ARTUR, Margareth. "*Slam*" é voz de identidade e resistência dos poetas contemporâneos. *Jornal da USP*, 23 nov. 2017. Disponível em: https://jornal.usp.br/ciencias/ciencias-humanas/slam-e-voz-de-identidade-e-resistencia-dos-poetas-contemporaneos/. Acesso em: 29 mar. 2022.

Agora, converse com os colegas e o professor sobre as questões propostas a seguir. Depois dessa conversa, escreva suas respostas no caderno.

1. Você já tinha ouvido falar de *poetry slam* ou já participou (como poeta ou ouvinte) de um encontro de *slam*? Em caso afirmativo, o que sabe sobre esse movimento?

2. Para você, que aspecto do *slam*, de acordo com o texto, parece ser o mais interessante? Por quê?

Leitura em voz alta

Na sequência, você vai ler quatro poemas que foram extraídos da antologia *Querem nos calar: poemas para serem lidos em voz alta* (2019), organizada pela poeta e *slammer* paulistana Mel Duarte (1988-) que integra o *Slam* das Minas de São Paulo, um campeonato de poesia falada.

Capa do livro *Querem nos calar*, organizado por Mel Duarte, publicado pela editora Planeta do Brasil, em 2019.

Para começar, nesta atividade de **recepção** e de **mediação**, você e os colegas podem combinar previamente com o professor a melhor maneira de fazer uma **sessão coletiva** de leitura em voz alta dos poemas. A seguir, sugerimos uma maneira de organizar essas leituras, mas ela deve ser entendida apenas como inspiração para vocês encontrarem o modo da turma de fazer a atividade.

- Para conhecer os poemas, faça uma primeira leitura silenciosa. O objetivo dessa leitura é aproximar você dessas obras, para que tome contato com elas.
- Escolha um dos poemas com o qual você tenha se identificado ou que tenha chamado a sua atenção.
- Formem uma roda na turma. A leitura começa assim que o primeiro voluntário se sentir à vontade para iniciar. Não há ordem para as apresentações: assim que você quiser, levante-se, vá ao centro da roda e leia em voz alta o poema para os colegas (e para si mesmo!).
- A atividade termina quando não restar mais ninguém que queira ler algum poema. Quando a sessão terminar, comente a atividade com os colegas e o professor.

Seleção de poemas

Leia a seguir quatro poemas de jovens escritoras que tratam de temas variados, mas sempre partindo de uma perspectiva muito própria da poesia feita para ser falada em voz alta.

Observe os versos com atenção e confira as diferentes referências contidas neles.

Karinny de Magalhães/Acervo da fotógrafa

Representação gráfica de Tereza de Benguela, líder quilombola que viveu no Vale do Guaporé (MT) em meados do século XVIII.

O sistema é bruto, mas eu sou muito mais eu

Anna Suav

Contorno com suavidade tudo que Deus não me deu
Maloqueira da **ZN**, correria é o lema dela
Meio Sônia Guajajara mais Tereza de Benguela
Quero ver quem tem coragem pra peitar
Batuque africano, cinco elementos vieram me chamar
Cria 092 de onde o sol não dá arrego
Imagina se eu vou dar sossego pra quem se incomoda
[com o que eu tenho?
Foi o axé quem resgatou, **Tambor de Mina** fez sentir
Quanto mais você reclama, mais vai ter que me ouvir
Coletivo Difusão, Até o Tucupi
Personalidades Negras me lembrou o que eu esqueci
Ter orgulho do meu corre não é perda de humildade
Cês adora confundir autoestima com vaidade
Cês espera, cês vão ler tudo na minha biografia
Vou citar todas as manas que passaram na minha vida
Essa poesia é minha raiz e é dedo na ferida
Se não for pra incomodar, irmã, eu nem vinha
Se não for pra revolucionar, não me chama
Se não for pra afrontar, então eu não posso
Aonde uma preta chega, tudo certo, é tudo nosso!

SUAV, Anna. O sistema é bruto, mas eu sou muito mais eu. *In*: DUARTE, Mel (org.). *Querem nos calar*: poemas para serem lidos em voz alta. São Paulo: Planeta do Brasil, 2019. Edição em *e-book*.

maloqueiro: substantivo usado, em geral, com valor pejorativo para designar pessoa marginalizada pela sociedade; no poema, o valor pejorativo é revisto e a palavra "maloqueira" é usada com orgulho.

ZN: abreviação de Zona Norte; refere-se ao conjunto de bairros localizados na zona norte do município de Manaus, cidade onde a artista nasceu.

Tambor de Mina: religião de origem afro-brasileira.

Saiba +

Anna Suav, que também usa o nome "Cria 092", nasceu em Manaus, no Amazonas. É artista, jornalista, fotógrafa e produtora cultural.

Karinny de Magalhães/Acervo da fotógrafa

Coisa de preto

Cristal Rocha

"Ô, Cristal! Tu só fala de racismo nas linha!"

Desculpa, é coisa de preto, tu não entenderia

Ouvi tanto o que não devia, evitando fadiga

Agora entende por que me explodo na roda de poesia?

Então vamo pôr na roda o que eles não querem ouvir

Esses tiozão que nos poda antes da gente florir

Se a verdade tem que ser dita, então eu vou repetir

Tô aprendendo agora o que na escola não aprendi

Com Malcolm, Djamila e Muhammad Ali.

[...]

ROCHA, Cristal. Coisa de preto. *In*: DUARTE, Mel (org.). *Querem nos calar*: poemas para serem lidos em voz alta. São Paulo: Planeta do Brasil, 2019. Edição em *e-book*.

Nilton Fukuda/Agência Estado

A escritora, filósofa e ativista Djamila Ribeiro. Foto de 2020.

Allen Berezovsky/FilmMagic/Getty Images

O boxeador estadunidense Muhammad Ali. Foto de 2011.

Saiba +

Cristal Rocha é gaúcha e participa desde 2002 de eventos poéticos pelo Brasil. É uma das idealizadoras do coletivo *Poetas Vivos*, que teve origem no Rio Grande do Sul.

Josemar Afrovulto/Acervo do fotógrafo

Poesia é palavra ilimitada

Carol Dall Farra

Mundo ensina que poesia é palavra ilimitada disparada braba

Que cura problemas psicológicos, foge de diagnósticos

Te faz sorrir sem tarja preta

Ensina que o mundo é muita treta e que não estamos preparados para reparação [histórica

Mundo, ensina outro caminho que ultrapasse o egoísmo e desfaça os invisíveis

Pois debaixo da marquise não há lugar para o teu ego

Mundo, ensina!

Que desigualdade é pauta, que o padrão é coisa falsa para substituir verdades

Quem for viver de lecionar vai passar muito perrengue

Pois no *ranking* da importância o capital passou na frente da educação
[e da mudança

Ensina que é questão de ideia e que ideia está em falta

Pensar não é só filosofia é também questão de vida

Que a corrida alienada traz a competição à tona

Competir é nosso lema

Por isso que nosso esquema tem por maestria *money*

Vários menor passando fome, mas fazendo jornada tripla

Riquezas pra minoria

Balas com destino certo e camarote pra burguesia

Ensina agora que isso tudo vai ser *shot* de terapia

Vai faltar psicólogo pra estancar essa sangria de doença pós-moderna

FARRA, Carol Dall. Poesia é palavra ilimitada. *In*: DUARTE, Mel (org.). *Querem nos calar*: poemas para serem lidos em voz alta. São Paulo: Planeta do Brasil, 2019. Edição em *e-book*.

Saiba +

Carol Dall Farra nasceu na cidade de Duque de Caxias, no Rio de Janeiro, e é uma multiartista: poeta, *rapper* e *slammer*. É uma das organizadoras do evento *Slam* das Minas, dedicado às mulheres que declamam suas poesias.

Andressa Guerra/Acervo da fotógrafa

Liberdade

Tom Grito

Eu queria trazer palavras de liberdade
mas lá fora as pessoas estão presas em seus trabalhos,
aprisionadas no transporte público lotado,
hipnotizadas por seus celulares.
Faz um tempo que ninguém olha no olho.
Faz um tempo que ninguém se abraça.

Mas hoje de manhã,
sem ninguém perceber,
eu segurei as mãos de uma companheira
e me lembrei do que se trata o afeto.

E agradeço por ter o céu por teto,
e por ter o sol, vez em quando,
a me banhar.

Já faz tempo que não vejo a lua
e ainda guardo o uivo dela aqui no peito,
e ouço meus sonhos,
sempre que me deito,
que eu só confio na voz que sai daqui de dentro.
Mas hoje cedo
um passarinho de pluma azul me visitou
e trouxe histórias que,
considero, são a verdade
das memórias que trago
da realidade:
cores, sonhos, cheiros, pessoas,
histórias, amizade.

Tudo isso
é que se chama
liberdade.

Dedicado às mulheres em situação de privação de liberdade da Colônia Penal Feminina de Buíque/Pernambuco. BRITO, Letícia. Liberdade. *In*: DUARTE, Mel (org.). *Querem nos calar*: poemas para serem lidos em voz alta. São Paulo: Planeta do Brasil, 2019. Edição em *e-book*.

Saiba +

Tom Grito é carioca e se dedica à poesia falada. Em 2019, integrou a banca avaliadora da Festa Literária das Periferias (Flup), uma feira internacional organizada na cidade do Rio de Janeiro, em localidades tradicionalmente excluídas dos programas literários. Pessoa não binária transmasculina, Tom viveu até 2019 sob o heterônimo de Letícia Brito.

Depois da experiência sensorial poética com a leitura e a escuta das declamações, propomos a você que faça uma leitura mais atenta de cada um deles. Pode ser que, nesse percurso de leitura, você descubra sentidos que não havia percebido.

Utilize as questões a seguir para guiar essa terceira leitura. Escreva as respostas em uma folha à parte para incluir em seu **portfólio** e providencie uma cópia desse registro para o professor.

3. Personalidades brasileiras e estrangeiras são mencionadas em alguns poemas: Sonia Guajajara, Tereza de Benguela, Malcolm, Djamila e Muhammad Ali. Busque informações sobre elas, em suportes impressos ou digitais, e procure explicar por que teriam sido citadas nos respectivos poemas.

4. Todos os poemas, de alguma forma, apresentam aspectos de vida comuns à população que mora em periferias de grandes cidades brasileiras. Comente sobre os aspectos que você conseguiu perceber ao ler os poemas.

5. Há também questões a respeito da condição feminina. Quais delas você consegue identificar e, em sua opinião, por que elas aparecem nesses poemas?

6. Podemos estabelecer algumas relações entre as temáticas abordadas no manifesto lido no início da unidade e os poemas apresentados nesta seção. Em sua opinião, por que essas temáticas cruzam o caminho de boa parte das mulheres na sociedade brasileira? Pensando a respeito disso, levante uma hipótese sobre por que é importante manifestações artísticas darem voz e visibilidade aos problemas vividos pelas mulheres, especialmente as que enfrentam as condições sugeridas nesses poemas.

7. Observe a capa ao lado e releia o título do livro de onde todos os poemas foram extraídos.

Esse título – *Querem nos calar: poemas para serem lidos em voz alta* – contém um duplo sentido que é mais bem percebido após a leitura atenta de cada poema. Pela pequena amostra lida na unidade, procure explicar essa ambiguidade. Relacione-a com a resposta que você deu à questão anterior.

8. Os poemas da antologia organizada por Mel Duarte podem ser considerados manifestos poéticos. O que os aproxima desse gênero?

9. Analise agora a linguagem dos poemas. Converse sobre isso com os colegas e, depois, registre as respostas em uma folha à parte para entregar ao professor. Considere as seguintes questões para a conversa:

- Em todos os poemas lidos, é possível observar a presença de gírias e termos próprios da linguagem oral. Localize algumas passagens em que isso se verifica e procure explicar por que, considerando que os poemas devem ser lidos em voz alta, o emprego desses elementos foi feito de maneira adequada.
- Em vez de empregar as formas convencionadas pela norma-padrão da língua portuguesa para fenômenos sintáticos, como a concordância, a regência e a colocação das palavras, em alguns poemas verifica-se que as poetas preferiram se valer de construções diferentes. Por que recorrer a um emprego restrito das convenções da norma-padrão nos poemas seria inadequado?

10. Nos poemas lidos, sem exceção, o eu lírico que se depreende de cada um é claramente feminino. Além disso, de diferentes modos, nos poemas há uma tentativa de mostrar que as vozes femininas, negras e periféricas podem lutar por seu empoderamento.

- Reúna-se com os colegas, agora em pequenos grupos, e discutam essa questão.
- Identifiquem a temática predominante em cada poema e procurem explicar de que maneira ela se relaciona com a ideia do empoderamento feminino.
- Socializem suas respostas com os demais grupos e, juntos, com a ajuda do professor, construam uma síntese interpretativa para cada poema.
- Registrem as sínteses interpretativas em uma folha à parte e entreguem para o professor.

Provavelmente há semelhanças entre as histórias de vida dessas poetas, assim como entre tais histórias e a realidade de boa parte das juventudes brasileiras. Discuta com os colegas do grupo e o professor:

- Para vocês, quais são os grupos sociais marginalizados no país?

- Em uma sociedade democrática como a nossa, é importante que os jovens que se consideram integrantes desses grupos se manifestem, tornem sua voz presente na cena pública do país? Explique.

Saiba +

Querem nos calar: poemas para serem lidos em voz alta, organizado por Mel Duarte. Planeta do Brasil, 2019.

O livro é uma antologia de poemas que têm uma característica em comum: são textos para serem lidos em voz alta, produzidos por *slammers* de várias localidades do Brasil.

Além dos textos que você leu nesta unidade, fazem parte desse livro outros poemas escritos por *slammers* como Roberta Estrela D'Alva, Ryane Leão, Negafya e Meimei Bastos.

O prefácio dessa obra é de autoria de Conceição Evaristo, escritora contemporânea brasileira.

Maurício Hora/flickr/Creative Commons 2.0

A *slammer* Roberta Estrela D'Alva é uma das escritoras que fazem parte da antologia *Querem nos calar: poemas para serem lidos em voz alta*. Foto de 2018.

Competição poética

Depois desse passeio pela poesia falada produzida por jovens poetas, que tal se você e os colegas fizessem como elas? Reflita sobre algum aspecto da sua condição como jovem e, a partir disso, procure produzir um poema para ser lido em voz alta. Pelo que você deve ter observado com as leituras, a expressão poética é livre e democrática. Se todos da turma resolverem aderir à ideia, podem até mesmo organizar um *slam* na escola, envolvendo outras turmas e jovens da comunidade.

Vocês podem, por exemplo, buscar informações na internet sobre como ocorrem competições poéticas e, com base nos achados, reunir-se para organizar o evento. Por se tratar de um evento escolar, não deixem de conversar com os professores e gestores da escola para combinar a organização da competição. Contem também com a ajuda do professor da disciplina de Língua Portuguesa.

Essa atividade será uma boa maneira de "pôr a mão na massa" e experimentar um tipo de associação entre jovens por meio da poesia.

Os poemas produzidos podem ser posteriormente publicados nas redes sociais e no *site* da escola para ampla divulgação, a fim de que outros jovens – da escola, de sua comunidade, do seu entorno – possam ler e se inspirar.

Conversem com os colegas sobre o que vocês perceberam a respeito do conjunto de situações levantadas nos poemas que produziram. Sugerimos algumas questões que podem ajudar nesse momento de socialização:

- Houve aspectos levantados que surpreenderam vocês? Por quê?
- Vocês se sentiram representados de modo geral?
- Gostariam de acrescentar mais alguma questão? Em caso afirmativo, qual?

Diário de bordo

Após as leituras e reflexões realizadas até aqui, registre em seu diário de bordo o que compreendeu sobre essa forma poética que se disseminou recentemente em nosso país, a da poesia feita para ser lida em voz alta em competições poéticas de *poetry slam*. Registre também como você entende que esse tipo de associação poética pode contribuir para a discussão de questões que dão voz aos jovens por meio da poesia.

Práticas de produção oral: tomada de notas e apresentação de *slides*

É possível que você já tenha tido a oportunidade de observar algumas situações de produção de textos orais como as exemplificadas a seguir.

- Você teve um problema de saúde e faltou à aula. Como fará para copiar o resumo do conteúdo que o professor expôs nesse dia de aula?
- Um jornalista assiste à fala de um cientista. Em seguida, precisa produzir uma matéria jornalística sobre a descoberta científica. Em que ele se baseará?
- Um mês depois de ter assistido a um programa de culinária, você decide pôr em prática a receita explicada. Acredita que ainda se lembrará de todos os ingredientes e do modo de preparo?

Seria fácil resolver esses problemas se no início de cada situação anterior houvesse ocorrido uma providência simples: a tomada de notas. Na segunda situação, por exemplo, se o cientista tivesse disponibilizado o material escrito empregado na apresentação, o jornalista poderia se basear nesse texto para (re)organizar sua própria escrita e produzir a matéria jornalística.

Para entender a importância dessas práticas de linguagem e como elas acontecem no cotidiano, você e os colegas vão aproveitar uma situação que ocorre frequentemente com vocês: uma aula expositiva da própria escola. Para isso, sigam as orientações dadas e se organizem para realizar esta atividade de **produção**.

Planejamento

Combinem com o professor de Língua Portuguesa qual aula expositiva – de preferência de outro professor da turma – será o objeto de estudo. O objetivo é que vocês tenham a gravação dessa aula para consultá-la em outro momento desta atividade. Para isso, antecipadamente, peçam autorização ao professor em questão para gravar a aula dele. Para fazer a gravação, providenciem aparelhagem técnica adequada (por exemplo, gravador digital ou aplicativo de gravador de áudio em um *smartphone*).

Em um dia previamente combinado com esse professor, gravem a aula escolhida. Individualmente, durante essa aula, faça anotações no caderno, registrando por escrito as informações que julgar mais importantes ou mais convenientes ao aprendizado. Caso o professor utilize uma apresentação de *slides* para apoio da fala, a turma pode solicitar-lhe que disponibilize esse material escrito e digital.

MONKEY BUSINESS IMAGES/Shutterstock

Alunos fazendo anotações durante uma aula expositiva.

Situação de produção: fazendo anotações

Leia, a seguir, algumas dicas para fazer a tomada de notas dessa aula.

- É fundamental conhecer bem a situação e a finalidade do que será anotado: tomar notas sobre uma palestra é diferente de anotar uma receita culinária a que você assistiu em um programa de televisão (isso porque o gênero oral que serve de base às anotações tem, em cada caso, uma organização própria, uma finalidade comunicativa especial, e isso influencia o registro).
- Uma possibilidade é observar termos ou palavras que se repetem com frequência, pois provavelmente esses elementos se referem às informações essenciais do que é dito.
- Muitas vezes, a pessoa que fala se desvia do assunto principal. Por exemplo, durante uma aula sobre a reprodução dos mamíferos, o professor de Ciências da Natureza conta uma história de infância na qual acompanhou a gestação dos filhotes de sua gata de estimação. Embora esteja relacionado com o tema tratado, isso não é essencial. É o que se costuma chamar de episódio anedótico, e não deve compor parte das anotações da aula expositiva.
- Geralmente, em uma exposição oral, o tema se repete algumas vezes. Se não anotou algo significativo, é possível que essa informação retorne à exposição.
- Nas situações de comunicação em presença – quando você pode interagir face a face com a pessoa que fala –, pode-se perguntar algo que não ficou claro e sobre o qual se deseja tomar notas.

Jacob Lund/Shutterstock

Se tiver dúvidas sobre o que foi dito durante uma apresentação oral, não deixe de perguntar. É importante também saber o melhor momento para compartilhar a dúvida, evitando interromper a pessoa que está falando. A melhor forma de fazer isso é levantar a mão em silêncio e esperar sua vez de falar.

Análise e síntese coletiva

De volta à aula de Língua Portuguesa, você e os colegas vão fazer a análise das anotações. Para isso, sigam as próximas orientações.

- Organizem-se em pequenos grupos, duplas ou trios, e comparem as anotações uns dos outros. Verifiquem as coincidentes (as que foram anotadas por mais de um colega) e as demais, em que não houve coincidência. Registrem estas últimas em uma folha à parte.
- Releiam essas últimas anotações e discutam entre si quais lhes parecem mais significativas, que mereceriam ter sido registradas por todos do grupo, mas não foram.
- Socializem as respostas entre os demais grupos. Depois, sob a supervisão do professor de Língua Portuguesa, formulem uma única síntese coletiva com as principais informações da turma sobre a aula anotada.

Trabalho individual

Agora, nesta etapa, deixem o grupo e trabalhem individualmente. Retome as próprias notas individuais, feitas durante a aula expositiva do outro professor, e compare-as com a síntese coletiva feita pela turma na etapa anterior.

- Alguma informação considerada importante pela turma deixou de ser anotada por você durante a aula expositiva?
- Em sua opinião, por que isso ocorreu?

Análise da exposição oral

Com os colegas e sob a orientação do professor de Língua Portuguesa, leiam a apresentação de *slides* fornecida pelo professor cuja aula serviu de base para essas atividades de tomada de notas. Caso ele não tenha se valido desse recurso, convidem-no a participar da discussão.

- Analisem a apresentação fornecida ou peçam ao professor convidado que indique, daquilo que foi exposto, quais eram as informações ou os pontos essenciais daquela aula. Façam o registro do que ele disser.
- Comparem as informações registradas nesse momento com as que foram feitas na atividade de *Análise e síntese coletiva*, no último item, e anotem as principais diferenças e semelhanças.
- Depois desse trabalho com a tomada de notas, a que conclusões vocês chegam? Escrevam as considerações no caderno e, se necessário, peçam a ajuda do professor de Língua Portuguesa.

Análise de apresentação de *slides*

Agora, você e os colegas vão realizar uma atividade de **recepção**. Para isso, deverão analisar a apresentação de *slides* como recurso expositivo – ela constituirá um ponto de partida para esse trabalho. Caso o professor convidado não tenha utilizado esse apoio, vocês podem analisar qualquer apresentação de *slides*, desde que tenha sido usada como apoio a uma exposição oral. O foco deste trabalho é para o entendimento de como funciona esse recurso. Para essa etapa, orientem-se pelas instruções a seguir.

I. Retornem à formação de duplas ou trios com quem trabalharam na atividade de *Análise e síntese coletiva*. Com a ajuda do professor, analisem a apresentação escolhida, tendo em vista os itens a seguir.

- Observem os componentes dos materiais da apresentação: efeitos de transição de *slides*, plano(s) de fundo(s) empregado(s), tipos e tamanhos de letras, presença de elementos multissemióticos (imagens, sons, infográficos, tabelas, esquemas, ícones, etc.). Todos esses elementos contribuem ou prejudicam a compreensão do tema/conteúdo? De que modo?
- Os escritos de cada *slide* são curtos e simples, em forma de tópicos, ou há muito texto?
- Sobre as imagens, os sons ou os vídeos: ficam sozinhos em um *slide* ou dividem espaço com outros elementos verbais e/ou multissemióticos? Têm uma função clara na apresentação ou foram empregados só para torná-la mais bonita ou agradável?
- Com relação às cores empregadas no plano de fundo e no texto verbal: são suaves e facilitam a leitura ou lhes parecem excessivas?
- Há um encadeamento lógico entre os *slides*, a fim de facilitar a compreensão do tema?

II. Feitas as análises, escrevam suas conclusões em folha à parte e socializem-nas com os outros grupos.

Revisão de apresentações antigas

Após a socialização, de posse já dos elementos concluídos por toda a turma, cada dupla ou trio escolhe uma apresentação própria, que tenha feito para algum tipo de exposição na escola.

- Com base nos elementos da conclusão, analisem a própria apresentação, verificando o que poderia ser modificado. Refaçam a apresentação.
- Ao final desse processo, as duplas ou trios devem apresentar o "antes" e o "depois" para a turma.
- As demais apresentações modificadas podem ser compartilhadas via rede social ou no blogue ou *site* da turma ou da escola.

Viktoria Kurpas/Shutterstock

Diário de bordo

Ao final de todo o trabalho realizado com a tomada de notas e a apresentação de *slides*, registre em seu diário de bordo de que modo você percebe, a partir de agora, a importância desses elementos escritos de apoio à fala em gêneros orais públicos complexos, como a aula expositiva. Registre também o que conseguiu aprender sobre a organização de apresentações de *slides*.

Práticas de produção escrita: manifesto

O manifesto é um gênero textual empregado para expressar reivindicações, protestos, intenções de um grupo ou, mais raramente, de um indivíduo, com o objetivo de impactar o público a quem se dirige. A linguagem empregada deve ser adequada ao grupo ao qual se destina e respeitar as convenções da norma-padrão. O texto do manifesto tem características argumentativas: isso significa que em todo manifesto é possível observar a presença de uma tese que é defendida.

Muitas vezes, o manifesto procura tornar pública uma situação desconhecida da audiência a que se destina, mas isso não é uma regra geral. Como você pôde observar no manifesto que leu na seção *Práticas de leitura: manifesto* desta unidade, a situação de violência contra a mulher que motivou a escrita do texto não é um tema desconhecido – tanto que já existem até mesmo leis, como a Lei Maria da Penha, que tratam especificamente desse problema social. No entanto, o manifesto foi apresentado em uma data comemorativa e tem a função de não deixar que a sociedade se esqueça do problema, relembrando a todos a importância social dessa discussão.

ivector/Shutterstock

Quanto à forma textual, não há muitas regras, mas, sendo um texto argumentativo, é importante que haja:

- Um título sugestivo, que resuma o ponto principal do manifesto.
- Um parágrafo introdutório que apresente o ponto a ser manifestado e a tese do manifesto.
- Um conjunto de argumentos que componham a maior parte do texto.
- O fecho, retomando a temática principal que motivou a produção do manifesto.
- O local, a data e a assinatura dos manifestantes.

Uma característica importante desse texto é que, muitas vezes, ele é escrito para ser lido em voz alta: por essa razão, ele não deve conter enunciados muito longos, nem estruturas sintáticas complexas, com inversões sintáticas e outras formas de expressão que exigiriam muita atenção dos destinatários.

Preparação

O texto que você vai ler a seguir é um manifesto redigido a partir de uma proposta de redação apresentada em uma prova de vestibular e foi considerado exemplar pela banca examinadora da instituição acadêmica. Leia-o e procure identificar as características do gênero indicadas anteriormente.

> Caros pais, professores e diretoria, nós, alunos desta escola, nos sentimos chocados com o recente episódio no qual alguns alunos gravaram uma aula de História e a criticaram com comentários públicos no Facebook, uma rede social na internet. Porém, fomos ainda mais surpreendidos quando a direção de nossa escola decidiu não apenas exigir que tal material fosse apagado e os responsáveis punidos, mas também criou um monitoramento do que é publicado na internet pelos alunos, para que assim qualquer material "danoso à imagem da escola" possa ser rastreado e apagado.
>
> Repudiamos tal medida e exigimos que a escola não aja de maneira tão abusiva e arbitrária. A escola é uma instituição educacional e conscientizadora e, portanto, deve trabalhar para educar os seus alunos sobre seus limites fora e dentro do ambiente escolar e conscientizá-los sobre como emitir suas opiniões. É cobrado de tal instituição que fomente as discussões e os debates para ajudar os seus alunos a desenvolver um senso crítico e postura adequada no mundo moderno.
>
> O monitoramento, na forma como foi instalado em nossa escola, não contribui para nenhum desses objetivos, pelo contrário, prejudica o trabalho de nossa escola. Com ele, a escola não só não contribui para alcançar alguns de seus objetivos mais importantes, mas também perde um grande espaço de discussões e aperfeiçoamento, o qual seria muito útil para ela mesma interagir com seus alunos: o espaço da internet.
>
> E é por isso que nós defendemos que a medida do monitoramento seja revogada e convocamos pais, professores e outros alunos desta escola para que juntos trabalhemos para replantar esta medida com projetos realmente efetivos e que procurem instruir e conscientizar nossos alunos para formar cidadãos conscientes e preparados para ingressar nessa sociedade adulta com as capacidades que lhes são exigidas.

VEJA exemplos de redações corrigidas da Unicamp. *Guia do estudante*. Atualizado em: 16 maio 2017, publicado em: 9 nov. 2012. Disponível em: https://guiadoestudante.abril.com.br/universidades/veja-exemplos-de-redacoes-corrigidas-da-unicamp/. Acesso em: 29 mar. 2022.

Leia, a seguir, a proposta de redação que originou o texto acima.

Coloque-se no lugar dos estudantes de uma escola que passou a monitorar as páginas de seus alunos em redes sociais da internet [...], após um evento similar aos relatados na matéria reproduzida abaixo. Em função da polêmica provocada pelo monitoramento, você resolve escrever um manifesto e recebe o apoio de vários colegas. Juntos, decidem lê-lo na próxima reunião de pais e professores com a direção da escola. Nesse manifesto, a ser redigido na modalidade oral formal, você deverá necessariamente:

- explicitar o evento que motivou a direção da escola a fazer o monitoramento;
- declarar e sustentar o que você e seus colegas defendem, convocando pais, professores e alunos a agir em conformidade com o proposto no documento.

Escolas monitoram o que o aluno faz em rede social

Durante uma aula vaga em uma escola da Grande São Paulo, os alunos decidiram tirar fotos deitados em colchonetes deixados no pátio para a aula de educação física. Um deles colocou uma imagem [em uma rede social] com uma legenda irônica, em que dizia: vejam as aulas que temos na escola. Uma professora viu a foto e avisou a diretora. Resultado: o aluno teve de apagá-la e todos levaram uma bronca.

O caso é um exemplo da luta que as escolas têm travado com os alunos por conta do uso das redes sociais. Assuntos relativos à imagem do colégio, casos de *bullying* virtual e até mensagens em que, para a escola, os alunos se expõem demais, estão tendo de ser apagados e podem acabar em punição. Em outra instituição, contam os alunos, um casal foi suspenso depois de a menina pôr [em uma rede social] uma foto deles se beijando nas dependências da escola.

As escolas não comentaram os casos. Uma delas diz que só pediu para apagar a foto porque houve um "tom ofensivo". Como outras escolas consultadas, nega que monitore o que os alunos publicam nos *sites*.

Exercícios – Como professores e alunos são "amigos" nas redes sociais, a escola tem acesso imediato às publicações.

Foi o que aconteceu com um aluno do ABC paulista. Um professor soube da página que esse aluno criou com amigos [em uma rede social]. Nela, resolviam exercícios de geografia – cujas respostas acabaram copiadas por colegas. O aluno teve de tirá-la do ar.

O caso é parecido com o de uma aluna de 15 anos do Rio de Janeiro obrigada a apagar uma comunidade criada por ela [em uma rede social] para a troca de respostas de exercícios. Ela foi suspensa. Já o aluno do ABC paulista não sofreu punição e o assunto ética na *internet* passou a ser debatido em aula.

Transformar o problema em tema de discussão para as aulas é considerado o ideal por educadores. "A atitude da escola não pode ser policialesca, tem que ser preventiva e negociadora no sentido de formar consciência crítica", diz Sílvia Colello, professora de pedagogia da USP.

(Adaptado de Talita Bedinelli & Fabiana Rewald, *Folha de S.Paulo*, 19/06/2011.) Idem.

Reescrita

Com base no texto expositivo que você leu no início desta seção, retome o grupo de trabalho de que você participou quando foi feita a primeira versão do texto, em *Práticas de análise linguística no manifesto*. Juntos, façam o que se pede.

- Retomem a primeira versão do manifesto que guardaram no **portfólio** de cada um de vocês e, juntos, releiam o texto atentamente. Na sequência, verifiquem quais das características apresentadas anteriormente já estão presentes no texto e quais ainda devem ser acrescentadas.
- Redijam uma nova versão do manifesto, agora mais bem estruturada e levando em conta o que aprenderam. Depois, providenciem a cópia do texto para todos os integrantes do grupo.
- No **portfólio** também está o logotipo criado por vocês para acompanhar o manifesto. Retomem e analisem se ele está adequado à versão final do manifesto. Caso seja necessário, este é o momento de fazer algum último retoque nessa imagem.

Apresentação

- Cada grupo deve escolher um representante que vai ler essa nova versão do manifesto em voz alta para o restante da turma.
- Após cada leitura, os demais grupos devem comentar o manifesto ouvido e sugerir modificações. Essas sugestões devem ser anotadas pelo grupo, e o texto, refeito mais uma vez. Providenciem novamente a cópia desse texto para todos os integrantes do grupo.
- Na seção *#Multiplicar*, o texto final do manifesto e a imagem do logotipo serão utilizados no evento que vocês vão organizar para o encerramento da unidade.

Diário de bordo

Registre em seu diário de bordo suas impressões sobre todo o processo de elaboração do manifesto, desde o início, em que houve o levantamento dos pontos a serem reivindicados pela turma, a redação das primeiras versões até a conclusão do trabalho. Comente também a organização dos manifestos produzidos pelos outros grupos. Registre suas impressões sobre a atividade de comparação e de compartilhamento das produções e de que maneira esse momento contribuiu para você observar aspectos a serem melhorados em sua própria produção textual.

Visual Generation/Shutterstock

#EnemVestibular

Responda às questões a seguir para fazer uma retomada dos seus conhecimentos e rever alguns assuntos que estudou nesta unidade.

1. (Comvest/Unicamp-SP – 2018)

Leia, a seguir, um excerto de "Terrorismo Literário", um manifesto do escritor Ferréz.

A capoeira não vem mais, agora reagimos com a palavra, porque pouca coisa mudou, principalmente para nós. A literatura marginal se faz presente para representar a cultura de um povo composto de minorias, mas em seu todo uma maioria.

A Literatura Marginal, sempre é bom frisar, é uma literatura feita por minorias, sejam elas raciais ou socioeconômicas. Literatura feita à margem dos núcleos centrais do saber e da grande cultura nacional, isto é, de grande poder aquisitivo. Mas alguns dizem que sua principal característica é a linguagem, é o jeito que falamos, que contamos a história, bom, isso fica para os estudiosos.

Cansei de ouvir: — 'Mas o que cês tão fazendo é separar a literatura, a do gueto e a do centro'. E nunca cansarei de responder: — 'O barato já tá separado há muito tempo, foi feito todo um mundo de teses e de estudos do lado de lá, e do de cá mal terminamos o ensino dito básico.'

(Adaptado de Ferréz, "Terrorismo literário", em Ferréz (Org.), *Literatura marginal*: talentos da escrita periférica. Rio de Janeiro: Agir, 2005, p. 9, 12, 13.)

Ferréz defende sua proposta literária como uma

a) descoberta de que é preciso reagir com a palavra para que não haja separação entre a grande cultura nacional e a literatura feita por minorias.

b) comprovação de que, sendo as minorias de fato uma maioria, não faz sentido distinguir duas literaturas, uma do centro e outra da periferia.

c) manifestação de que a literatura marginal tem seu modo próprio de falar e de contar histórias, já reconhecido pelos estudiosos.

d) constatação de que é preciso reagir com a palavra e mostrar-se nesse lugar marginal como literatura feita por minorias que juntas formam uma maioria.

2. (Enem – 2019)

1. Nós queremos cantar o amor ao perigo, o hábito da energia e da temeridade.

2. A coragem, a audácia, a rebelião serão elementos essenciais de nossa poesia.

3. A literatura exaltou até hoje a imobilidade pensativa, o êxtase, o sono. Nós queremos exaltar o movimento agressivo, a insônia febril, o passo de corrida, o salto mortal, o bofetão e o soco.

4. Nós afirmamos que a magnificência do mundo enriqueceu-se de uma beleza nova: a beleza da velocidade. Um automóvel de corrida com seu cofre enfeitado com tubos grossos, semelhantes a serpentes de hálito explosivo... um automóvel rugidor, que parece correr sobre a metralha, é mais bonito que a Vitória de Samotrácia.

5. Nós queremos entoar hinos ao homem que segura o volante, cuja haste ideal atravessa a Terra, lançada também numa corrida sobre o circuito da sua órbita.

6. É preciso que o poeta prodigalize com ardor, fausto e munificiência, para aumentar o entusiástico fervor dos elementos primordiais.

MARINETTI, F. T. Manifesto futurista. In: TELES, G. M. **Vanguardas europeias e Modernismo brasileiro**. Petrópolis: Vozes, 1985.

O documento de Marinetti, de 1909, propõe os referenciais estéticos do Futurismo, que valorizam a

a) composição estática.

b) inovação tecnológica.

c) suspensão do tempo.

d) retomada do helenismo.

e) manutenção das tradições.

3. (UFRGS-RS – 2015)

"Hoje os conhecimentos se estruturam de modo fragmentado, separado, compartimentado nas disciplinas. Essa situação impede uma visão global, uma visão fundamental e uma visão complexa. "Complexidade" vem da palavra latina *complexus*, que significa a compreensão dos elementos no seu conjunto.

As disciplinas costumam excluir tudo o que se encontra fora do seu campo de especialização. A literatura, no entanto, é uma área que se situa na inclusão de todas as dimensões humanas. Nada do humano lhe é estranho, estrangeiro.

A literatura e o teatro são desenvolvidos como meios de expressão, meios de conhecimento, meios de compreensão da complexidade humana. Assim, podemos ver o primeiro modo de inclusão da literatura: a inclusão da complexidade humana. E vamos ver ainda outras inclusões: a inclusão da personalidade humana, a inclusão da subjetividade humana e, também, muito importante, a inclusão do estrangeiro, do marginalizado, do infeliz, de todos que ignoramos e desprezamos na vida cotidiana.

A inclusão da complexidade humana é necessária porque recebemos uma visão mutilada do humano. Essa visão, a de *homo sapiens*, é uma definição do homem pela razão; de *homo faber*, do homem como trabalhador; de *homo economicus*, movido por lucros econômicos. Em resumo, trata-se de uma visão prosaica, mutilada, que esquece o principal: a relação do *sapiens/demens*, da razão com a demência, com a loucura.

Na literatura, encontra-se a inclusão dos problemas humanos mais terríveis, coisas insuportáveis que nela se tornam suportáveis. Harold Bloom escreve: "**Todas** as grandes obras **revelam** a universalidade humana através de destinos singulares, de situações singulares, de épocas singulares". É essa a razão por que as obras-primas atravessam séculos, sociedades e nações.

Agora chegamos à parte mais humana da inclusão: a inclusão do outro para a compreensão humana. A compreensão nos torna mais generosos com relação ao outro, e o criminoso não é unicamente mais visto como criminoso, como o Raskolnikov de Dostoievsky, como o Padrinho de Copolla.

A literatura, o teatro e o cinema são os melhores meios de compreensão e de inclusão do outro. Mas a compreensão se torna provisória, esquecemo-nos depois da leitura, da peça e do filme. Então essa compreensão é que **deveria** ser introduzida e desenvolvida em nossa vida pessoal e social, porque **serviria** para melhorar as relações humanas, para melhorar a vida social."

Adaptado de: MORIN, Edgar. *A inclusão*: verdade da literatura. In: RÖSING, Tânia et al. Edgar Morin: religando fronteiras. Passo Fundo: UPF, 2004. p. 13-18.

Considere as seguintes afirmações, referentes ao uso de tempos e modos verbais no texto.

I. O emprego do presente na forma verbal *revelam* reforça o caráter generalizador da afirmação, já sinalizado pelo emprego de *Todas*.

II. Os usos de futuro do pretérito em *deveria* e *serviria* contribuem para mostrar que o autor conclui a argumentação com soluções possíveis e desejáveis.

III. A presença no texto de verbos nos modos indicativo e subjuntivo confere sentidos de certeza e de possibilidade à argumentação.

Quais estão corretas?

a) Apenas I.

b) Apenas II.

c) Apenas I e II.

d) Apenas I e III.

e) I, II e III.

4. (Unisinos-RS – 2015)

Por que tanta ostentação?*

Longe de mim querer insurgir-me contra esse turbilhão de exibicionismo a nossa volta, nas redes sociais e na vida real. Nada contra endinheirados e a liberdade que têm de viver e de expor-se como bem entendem. E é natural que tantos jovens se sintam obcecados pelos ganhos fáceis de seus ídolos. O problema começa quando a obsessão pelo excesso, incluindo o de dinheiro, torna-se o principal objetivo, se não o único.

Não faz muito, vimos uma dessas caricaturas do acúmulo sem maior esforço ruir entre iates e carros luxuosos. Nem mesmo o juiz responsável pelo caso resistiu ao fascínio de sair pelas ruas pilotando um Porsche branco, como nos fantasiosos clipes de funk ostentação. E ainda houve aquele corrupto com tanta obra de arte em casa que daria para montar um museu. É ingênuo imaginar que pessoas assim possam, espontaneamente, tornar-se mais humildes. Também não é o caso de desejarmos vê-las na miséria. A não ser quando ocorre por opção, pobreza é uma condição degradante. Mas podemos, sim, pressionar pela redução de privilégios que facilitam o vale-tudo.

Qual, por exemplo, a razão de políticos e magistrados ganharem um salário tão superior ao de outros profissionais,– inclusive dos que os prepararam para chegar aonde estão? Precisa tanto ministro, tanto secretário? Mais: por que sobra tanta comida em algumas mesas? Por que há tanto esbanjamento? Sem esquecer que, hoje, tudo vira evento, show,– até mesmo festinha de criança. Impossível que isso não ajude a levar mais gente ainda a vender a alma ao diabo. A fatura demora, mas vem.

Menos mal que, diante dessas indagações, há quem se lembra de gente simples. Do Papa Francisco, de José Pepe Mujica, do Dalai Lama... Ou então de visionários como Duane Elgin, o criador da expressão simplicidade voluntária, que defende "uma maneira de viver exteriormente mais simples e interiormente mais rica". Algo assim como "um modo de ser no qual nosso eu mais autêntico é posto em contato direto com a vida".

Claro que não há só uma razão para o apego excessivo à pompa, nem uma única forma de enfrentá-lo. Mas podemos inspirar-nos menos em quem só pensa em acumular – inclusive o que é nosso – e mais em quem defende valores essenciais. A simplicidade, por exemplo. O respeito ao próximo e ao que é do próximo. O estudo. Parece óbvio, mas não há o que garanta mais crescimento interior e a riqueza que realmente importa, pois nos engrandece.

*Texto publicado no jornal Zero Hora, em 09 abr. 2015. Disponível em http://wp.clicrbs.com.br/opiniaozh/2015/04/09/artigo-por-que-tanta-ostentacao/?topo=13,1,1,,,13. Acesso em 09 abr. 2015.

**Editorialista do jornal Zero Hora.

Considerando a coesão sequencial e referencial no texto, assinale a única alternativa correta.

a) O articulador "como" expressa uma relação de comparação entre a cena do juiz pilotando um Porsche branco e os fantasiosos clipes de funk ostentação.

b) Em sua primeira ocorrência na linha, a conjunção "que" introduz uma justificativa (*montar um museu*) de um fato anterior (*tanta obra de arte em casa*).

c) O advérbio "assim" refere-se a pessoas que acumulam obras de arte.

d) O pronome demonstrativo "isso" retoma a expressão "festinha de criança".

e) O conectivo "pois" expressa uma ideia de conclusão e poderia ser substituído por "portanto".

5. (Unigranrio-RJ – 2017)

Há outros dez tipos de abuso contra a mulher além da violência física

(Autor desconhecido)

Controlar financeiramente, expor vida íntima e forçar atos sexuais desagradáveis são casos previstos pela Lei Maria da Penha (Lei nº 11.340/2006), que é a principal legislação brasileira para enfrentar a violência contra a mulher. A norma é reconhecida pela ONU como uma das três melhores legislações do mundo no enfrentamento à violência de gênero.

Além da Lei Maria da Penha, a Lei do Feminicídio – sancionada em 2015 – colocou a morte de mulheres no rol brasileiro de crimes hediondos e diminuiu a tolerância nesses casos.

Mas o que poucos sabem é que a violência doméstica vai muito além da agressão física ou do estupro. A Lei Maria da Penha classifica os tipos de abuso contra a mulher nas seguintes categorias: violência patrimonial, violência sexual, violência física, violência moral e violência psicológica. Algumas formas de agressões que são consideradas violência doméstica, no Brasil, estão citadas a seguir.

Agressões como humilhação, desvalorização moral (xingamentos) ou deboche público em relação à mulher, tentando diminuir sua autoestima, constam como tipos de violência emocional.

Um homem não pode restringir a ação, a decisão ou a crença de uma mulher. Isso também é considerado como uma forma de violência psicológica. Fazer a mulher achar que está ficando louca é uma forma de abuso mental que consiste em distorcer os fatos e omitir situações para deixar a vítima em dúvida sobre a sua memória e sanidade. Há inclusive um nome para isso: o *gaslighting*.

Controlar e oprimir a mulher, o comportamento obsessivo do homem sobre a mulher, como querer controlar o que ela faz, não deixá-la sair, isolar sua família e amigos ou procurar mensagens no seu celular ou *e-mail* também configura abuso.

Falar sobre a vida do casal para outros é considerado uma forma de violência moral, como, por exemplo, vazar fotos íntimas nas redes sociais como forma de vingança.

Nem toda violência física é o espancamento. A tentativa de arremessar objetos, com a intenção de machucar, sacudir e segurar com força uma mulher são considerados também como abuso físico.

Não é só forçar o sexo que consta como violência sexual. Obrigar a mulher a fazer atos sexuais que causam desconforto ou repulsa, como a realização de fetiches, os chamados atos sexuais desconfortáveis, também é violência. O ato de impedir uma mulher de usar métodos contraceptivos, como a pílula do dia seguinte ou o anticoncepcional, é considerado uma prática da violência sexual. Da mesma maneira, obrigar uma mulher a abortar também é outra forma de abuso.

Se o homem tenta controlar, guardar ou tirar o dinheiro de uma mulher contra a sua vontade, assim como guardar documentos pessoais dela, isso é considerado uma forma de violência patrimonial. Outra forma de violência ao patrimônio da mulher é causar danos, de propósito, a objetos desta, ou a objetos de que ela goste.

(Adaptado de Portal Brasil. Acesso em 26/09/2016.)

"Além da Lei Maria da Penha, a Lei do **Feminicídio** – sancionada em 2015 – colocou a morte de mulheres no rol brasileiro de crimes **hediondos** e diminuiu a tolerância nesses casos." (2º§)

O significado dos adjetivos destacados, respectivamente, é ...

a) ... feminismo / íntegros.
b) ... profissionalização / honrosos.
c) ... suicídio de mulheres / convenientes.
d) ... homicídio de mulheres / sórdidos.
e) ... trabalho escravo / castos.

6. (Unigranrio-RJ – 2017)

"Há inclusive um nome para isso: o **'gaslighting'**". (5º§)

O tipo de abuso a que se refere o termo destacado é ...

a) ... patrimonial.
b) ... moral.
c) ... mental.
d) ... físico.
e) ... sexual.

7. (UPE – 2012)

Navegando rumo ao espaço escolar

Com base no meu conhecimento da realidade escolar brasileira, não me resta dúvida de que o grande problema para a superação do analfabetismo digital e/ou para a aprendizagem do manejo de computadores pelas novas gerações reside num elemento-chave: o professor. Sem que o professor esteja objetivamente habilitado para o uso dos computadores, incluindo aqui o domínio dos principais programas e das principais linguagens para a produção/recepção de informações virtuais, serão mínimas as chances de uma socialização da Internet no espaço escolar ou, se quiser, será muito lento esse processo, retardando sobremaneira o usufruto dos seus benefícios pela maioria da população brasileira.

A profissionalização dos professores vem sofrendo uma corrosão crescente nestes últimos tempos. A formação básica, em decorrência de um aumento exponencial de faculdades particulares de condição duvidosa, e a formação continuada, nem sempre assumida rigorosamente pelos governos, ainda deixam muito a desejar. Some-se a isso o baixo salário e outras péssimas condições de trabalho no magistério, transformando as dificuldades dessa área em grandes desafios. Para alguns, considerando o descaso histórico e a atual indiferença em relação ao chamado "ensino de qualidade", os problemas relacionados à formação de professores são quase que intransponíveis, descartando quaisquer iniciativas duradouras no tempo e que gerem efeitos significativos nas salas de aula.

Some-se a essa desgraça a tradição secular do chamado "ensino de giz-e-lousa". Desde 1930, esse esclerosado paradigma e todos os ranços de uma pedagogia baseada na saliva foram recorrentemente criticados, havendo, inclusive, propostas sadias para substituição das velhas metodologias que levam a uma aprendizagem mecânica e repetitiva, conforme criticava Paulo Freire. Entretanto, sabe-se lá a teia complexa de fatores que agem sobre a educação escolarizada brasileira, o estilo "giz-e-lousa" sempre encontrou maneiras de permanecer ou, então, de ressurgir ainda mais forte no transcorrer dos tempos. Outrossim, os demais instrumentos para a produção do ensino, inclusive dos computadores, quase sempre ficam na periferia daquele estilo básico, sendo aprendidos e utilizados, em termos de manejo, muito mais fora da escola que dentro dela.

No que se refere ao espaço escolar propriamente dito, convém insistir nas carências que resultam da falta de investimentos contínuos e/ou são consequências – apenas – de entusiasmos passageiros dos governos em início de gestão, fazendo que os poucos ou parcos investimentos passem a significar absolutamente nada. Isso porque não levam em conta dois fatores fundamentais: (1) o próprio professor que, como afirmado no início dessa reflexão, é o condutor responsável pelo "bonde" do ensino; é o principal agente de facilitação da aprendizagem dos estudantes e sem ele quaisquer propostas de inovação não vingam nem se sustentam na prática; e (2) a nova estrutura da administração da escola, que deve agora contar com novos profissionais para dar conta das novas funções assimiladas em benefício da formação dos estudantes. Exemplificando: caso a escola passe a fornecer merenda, a contratação de uma nutricionista torna-se imprescindível; caso venha a ter uma biblioteca, deve possuir um bibliotecário para organizar esse espaço; caso passe a contar com um laboratório ou sala de informática, a presença de um técnico ou graduado nessa área é fundamental.

O problema é que os governos escamoteiam essas necessidades, atribuindo aos próprios professores o cumprimento das novas funções agregadas à organização – funções muito além da formação básica para o exercício do magistério (também precária, como foi visto acima). Nesses termos, morrem na praia, depois de certo tempo de operação (passado o entusiasmo do ritual de inauguração do espaço), as tentativas de enriquecer o ensino-aprendizagem com instrumentos mais sofisticados do que apenas o giz e a lousa e os exercícios de cópia a partir dos rotineiros comandos verbais dos professores. Daí, na maior parte das vezes, a aprendizagem do manejo da mídia – exatamente igual ao que ocorre com a aprendizagem da língua inglesa (sem laboratórios nas escolas e com professores fraquíssimos em termos de domínio) – ser feita fora da escola, ao sabor das escolinhas de informática que faturam quanto querem em decorrência do fracasso das escolas públicas nessa área.

In: SILVA, E. T. *A leitura nos oceanos da Internet*. São Paulo: Cortez, 2003. p. 53-55 (com adaptações).

Considerando os tipos textuais utilizados na sua composição, o texto é, predominantemente,

a) argumentativo, pois apresenta uma tese principal no 1º parágrafo e, em seguida, argumentos que colaboram na construção de um ponto de vista sobre o tema.

b) descritivo, visto que descreve, com precisão e objetividade, a realidade da escola pública brasileira no que diz respeito ao uso de tecnologias digitais.

c) instrucional ou injuntivo, pois propõe intervenções concretas no espaço escolar para superação do analfabetismo digital pelas novas gerações.

d) interativo ou dialogal, visto que o uso da 1ª pessoa do singular em expressões como "não me resta dúvida" instaura, implicitamente, um diálogo com os leitores.

e) narrativo, pois seu propósito comunicativo é narrar os principais motivos do fracasso da escola pública no que tange à inclusão digital.

8. (Ufes – 2000)

Texto I

Destes penhascos fez a natureza
O berço, em que nasci! oh queima cuidara,
Que entre penhas tão duras se criara
Uma alma terna, um peito sem dureza!

Amor, que vence os tigres, por empresa
Tomou logo render-me; ele declara
Contra o meu coração guerra tão rara,
Que não me foi bastante a fortaleza.

Pois mais que eu mesmo conhecesse o dano,
A que dava ocasião minha brandura,
Nunca pude fugir ao cego engano:

Vós, que ostentais a condição mais dura,
Temei, penhas, temei; que Amor tirano,
Onde há mais resistência, mas se apura.

(Cláudio Manuel da Costa)

Texto II

ruaruaruasol
ruaruasolrua
ruasolruarua
solruaruarua
ruaruaruas

(Ronaldo Azeredo)

Considerando as obras supracitadas como ilustrativas da poesia árcade e da poesia concreta, assinale a opção cuja ordem preenche CORRETAMENTE as afirmativas seguintes:

1 – "O _________ é, pois, consciência de integração: de ajustamento a uma ordem natural, social e literária, decorrendo disso a estética da imitação, por meio da qual o espírito reproduz as formas naturais, não apenas como elas aparecem à razão, mas como as conceberam e recriaram os bons autores da Antiguidade."

2 – "Os elementos de composição característicos da poesia _________ são a organização geométrica do espaço e o jogo de semelhanças de significantes."

3 – "Os _________ se recusavam a uma exploração mais completa da psicologia humana, assim como se tinham negado a uma concepção mais imaginativa da linguagem."

4 – "Talvez se pudesse concluir que um poema _________ seja definido mais ou menos assim: um tipo de composição poética centrada na utilização de poucos elementos dispostos no papel de modo a valorizar a distribuição espacial, o tamanho e a forma dos caracteres tipográficos e as semelhanças fônicas entre as palavras."

5 – A poesia _________ significou o reconhecimento do poema como objeto também espacial, e da necessidade de procedimentos composicionais compatíveis com essa realidade."

a) 1-Arcadismo; 2-concreta; 3-concretistas; 4-concreto; 5-árcade.

b) 1-Concretismo; 2-concreta; 3-concretistas; 4-árcade; 5-concreta.

c) 1-Arcadismo; 2-concreta; 3-árcades; 4-concreto; 5-concreta.

d) 1-Concretismo; 2-árcade; 3-árcades; 4-árcade; 5-concreta.

e) 1-Arcadismo; 2-árcade; 3-árcades; 4-concreto; 5-árcade.

9. (UFRGS-RS – 1998) Considere as seguintes afirmações sobre o Concretismo.

I. Buscou na visualidade um dos suportes para atingir rupturas radicais com a ordem discursiva da língua portuguesa.

II. Teve como integrantes fundamentais Haroldo de Campos, Augusto de Campos e Décio Pignatari.

III. Foi um projeto de renovação formal e estética da poesia brasileira, cuja importância ficou restrita à década de 1950.

Quais estão corretas?

a) Apenas I.

b) Apenas II.

c) Apenas III.

d) Apenas I e II.

e) I, II e III.

Sobre o evento *Caminhos da expressão e escuta na escola*

A atividade da turma nesta seção gira em torno da questão: como organizar um evento que reúna diálogo sobre reivindicações para a escola e divulgação das características dos gêneros em estudo que podem ser úteis a outras pessoas?

Viktoria Kurpas/Shutterstock

Sugerimos para o evento o título *Caminhos de expressão e escuta na escola* para lembrar que se trata do estabelecimento de um diálogo respeitoso, em que todos terão momentos para se expressar e para ouvir.

As tarefas da atividade se estruturam em torno da organização do evento, considerando a conversa na escola entre estudantes, representantes da gestão escolar e da comunidade.

De que modo é possível executar essas etapas a fim de que as atividades sejam cumpridas, garantindo um evento na escola que possibilite a você e aos colegas compartilhar suas aprendizagens e reflexões com a comunidade e dar a ela voz para contribuir com o processo? Há vários caminhos, sugerimos um que vocês vão discutir com o professor e encontrar a melhor solução, considerando a realidade de vocês e as propostas que têm para o evento.

Organização do evento

Para a produção do evento, a sugestão é discutir com a turma as etapas a seguir, avaliando se outras devem ser acrescentadas e se algumas devem ser suprimidas. Também será preciso estipular os grupos que ficarão responsáveis por elas.

Discussão sobre como será o evento

Nesse momento, é importante que toda a turma participe da conversa para planejar o evento. O professor e um representante da gestão escolar poderão ajudá-los a pensar como resolver algumas questões, por isso podem ser convidados para essa conversa inicial.

Planejamento

A seguir, há alguns procedimentos essenciais a serem observados para o planejamento do evento.

I. Estimar o número de participantes e, com base nesse número, **definir o espaço**:

- Será usada uma sala de aula apenas? Ou mais salas?
- Será usado também o pátio da escola?
- O salão de esportes pode ser uma opção?
- A escola tem auditório? Se tiver, poderia ser interessante pedir o agendamento desse espaço?

II. Depois de definir o local, será necessário **planejar sua organização** para o evento considerando:

- o objetivo da utilização desse espaço;
- a quantidade de pessoas que deverão participar;
- os objetos e os equipamentos necessários para acolher os convidados.

Além disso, é preciso possibilitar que todos participem da conversa sobre as reivindicações, conhecendo o que foi solicitado.

III. Planejar como se dará o **momento da conversa** sobre as **reivindicações**. Por exemplo, quem vai **abrir o diálogo** e, depois, convidar outras pessoas para falar? Que critérios serão estabelecidos para os que desejarem se expressar?

IV. Produzir e enviar um **convite** aos participantes explicando o objetivo do evento e indicando o que acontecerá no encontro, com informações como **local**, **data** e **horário** do evento.

Leitura do manifesto e distribuição das tarefas de organização do evento

Um representante de cada grupo poderá se encarregar de ler em voz alta o manifesto produzido para abrir a conversa e, assim, situar os convidados quanto ao que está sendo reivindicado.

Viktoria Kurpas/Shutterstock

Distribuição das tarefas de organização do evento

Os grupos podem se organizar de acordo com tarefas específicas, conforme as sugestões a seguir.

- Um grupo fica responsável por reservar o local da escola para o evento e por providenciar sua organização, considerando todas as etapas aprovadas no planejamento.
- Outro fica responsável pela produção e pelo envio dos convites.
- Outro grupo se concentra em providenciar os detalhes da exposição da campanha.

O evento: despertar a atenção e engajar

É importante que o evento não seja apenas uma reunião de convidados que assistirão à leitura do manifesto de cada grupo e que, depois, voltarão para casa. Aproveitem a reunião de pessoas diferentes para propor espaços de conversa e de compartilhamento de informações e aprendizagens, além de apresentações culturais e exposição de trabalhos em diversas linguagens, como colagens, pintura, fotos, poesia.

Algumas sugestões que podem ser organizadas:

- Mesa-redonda em horário previamente definido para debate dos temas escolhidos no manifesto de cada grupo.
- Murais com cartazes informativos.
- Leitura e/ou declamação de poesia sobre os temas escolhidos.

Avaliação

Com os colegas e o professor, depois de terminado o evento, avalie o processo desenvolvido para executar as ações. Sugestões de perguntas para essa conversa:

- Como foi sua participação nas atividades? Justifique.
- O que aprendeu durante o processo?
- Os resultados pretendidos foram alcançados? Justifique.

Viktoria Kurpas/Shutterstock

Meu portfólio

Nesta unidade, você e os colegas estudaram o manifesto, um gênero textual do campo de atuação na vida pública. Leram também poemas escritos por jovens que se associam para expressar e fazer notar sua identidade por meio da linguagem poética.

O portfólio com as produções

Conforme lembrado ao longo da unidade, em seu **portfólio**, você colecionou as produções de texto desenvolvidas. É importante rever todas as versões de uma mesma produção, para que você possa, ao final do trabalho, perceber seu aprimoramento.

Ao indicar a data de cada produção, conforme orientado, você terá condições de verificar, agora, sua história de aprendizagem dos gêneros trabalhados e perceber quais aspectos da produção de textos desenvolveu e aperfeiçoou.

UNIDADE

2 Discurso político e carta de solicitação

Rawpixel.com/Shutterstock

#TáNoFeed

Nesta unidade, você e os colegas vão refletir sobre outros gêneros ligados à vida pública: o discurso político e a carta de solicitação, compreendendo aspectos do fenômeno da vida em sociedade e observando mais aspectos do tema da reivindicação de direitos. Ao final, tendo por base as atividades e as discussões desenvolvidas ao longo dos estudos, vão criar um diário coletivo virtual para apresentar as etapas da produção textual desta unidade.

Para iniciar a conversa, observem a imagem ao lado e comentem livremente o que pensam a respeito dela.

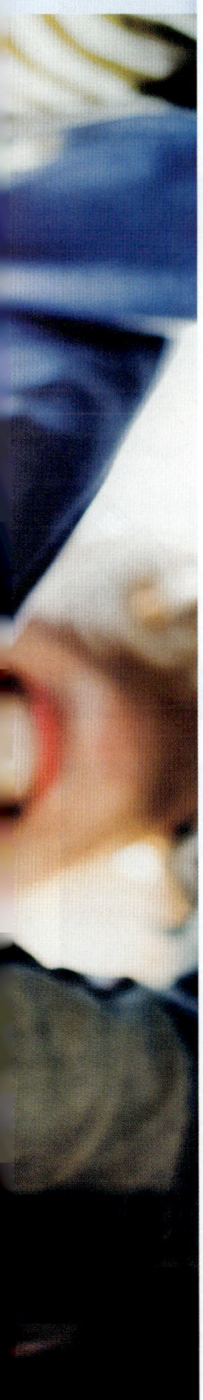

Emoções em rede: reagindo a imagens

Nas redes sociais, é bastante comum a seguinte dinâmica: uma pessoa posta fotos – pessoais ou sobre temas variados –, e a sua rede de amigos ou de seguidores reage àquelas imagens, seja com palavras, seja com os famosos ***emojis***.

> ***emoji***: representação gráfica usada em conversas *on-line* para transmitir uma ideia ou emoção.

Na proposta a seguir, a ideia é usar um pouco esse formato das **reações** de redes sociais como um instrumento para a análise de imagens, buscando entender as próprias formas de enxergar e de interpretar o que observa.

1. Escreva palavras ou desenhe símbolos e *emojis* que representem suas reações às imagens da página a seguir. Você pode usar alguma palavra da caixa de palavras abaixo ou escolher outras. Colocamos também alguns exemplos de *emojis*, mas você pode escolher desenhar reações diferentes. Vamos lá?

amor susto alegria briga gratidão
raiva amizade preocupação felicidade humor
empatia carinho fofura medo paz

flower travelin man/Shutterstock

Imagem 1
fizkes/Shutterstock

Imagem 2
Pixel-Shot/Shutterstock

Imagem 3
Vasyl Shulga/Shutterstock

Imagem 4
Zdravinjo/Shutterstock

Imagem 5
Ecaterina Glazcova/Shutterstock

Imagem 6
fizkes/Shutterstock

Pesquisa

Primeiro, vocês comentaram uma imagem com o registro de um gesto bastante recorrente em determinadas situações de grupo. Depois, reagiram a fotografias que traziam diferentes situações: algumas vividas em grupo, outras que mostravam emoções individuais.

2. A tarefa agora é pesquisar, em material impresso ou na internet, imagens que tragam gestos realizados em grupo e, depois, identificar seu significado.

Cada estudante deverá contribuir com uma imagem e identificar o significado do gesto nela documentado. É importante fazer esse registro por escrito. Todos deverão armazenar as imagens da turma e o registro escrito no próprio **portfólio**, por isso providenciem cópias das imagens para todos os colegas.

Ao final desta unidade, em *#Multiplicar*, vocês vão organizar um diário virtual de produções de textos e imagens. Depois de todas essas atividades de análise, discussão e interpretação de imagens, selecionar e organizar as fotografias para esse diário certamente representará um fechamento significativo do seu trabalho.

Conheça a unidade

Objetivos

- Compreender o funcionamento do discurso político e discutir sua importância em uma sociedade democrática.
- Discutir como a tecnologia favorece a divulgação e a circulação de textos literários.
- Compreender como a internet e as redes sociais contribuem para a disseminação de textos literários.
- Analisar características da leitura pública em voz alta, compreendendo-a como gênero oral que depende da escrita.
- Analisar cartas de solicitação e identificar características do gênero.

Justificativa

A análise do discurso político pode levar você a compreender a importância desse gênero em uma sociedade democrática como a nossa. O caráter argumentativo do gênero vai contribuir para sua compreensão da arena política como lugar social de reivindicação de direitos. Os estudos literários mostram a internet como um espaço de manifestações, de associação de pessoas com interesses e reivindicações em comum. O estudo da leitura em voz alta tem como finalidade chamar sua atenção para esse gênero presente em várias formas de associação.

A BNCC nesta unidade

Nesta unidade são desenvolvidas as competências e as habilidades da BNCC indicadas a seguir.

Competências gerais da Educação Básica: 1, 2, 3, 4.

Competências e habilidades específicas de Linguagens e suas Tecnologias para o Ensino Médio

Competências: 1, 3, 6.

Habilidades: EM13LGG101, EM13LGG104, EM13LGG304, EM13LGG601, EM13LGG602.

Competências específicas de Linguagens e habilidades específicas de Língua Portuguesa para o Ensino Médio

Competências: 1, 2, 3, 4, 6, 7.

Habilidades por campo de atuação. Todos os campos de atuação social: EM13LP02, EM13LP05, EM13LP06, EM13LP13, EM13LP15, EM13LP16, EM13LP17. Campo da vida pessoal: EM13LP20. Campo de atuação na vida pública: EM13LP23, EM13LP24, EM13LP26. Campo das práticas de estudo e pesquisa: EM13LP28, EM13LP30. Campo artístico-literário: EM13LP46, EM13LP51.

Situação inicial

Na Unidade 1 de *Relações*, Parte B do seu livro, você e alguns colegas produziram um manifesto com o objetivo de solicitar que determinada reivindicação fosse atendida.

Agora, ao longo desta unidade, tendo essa produção como base, vocês vão compor um texto de outro gênero, por meio do qual também é possível reivindicar, solicitar e fazer pedidos: a carta de solicitação. Assim, conforme a necessidade e as situações em questão, saberão redigir dois gêneros diferentes de textos reivindicatórios.

Produção inicial de carta de solicitação

Nesta atividade de **produção**, a proposta vai exigir que a turma toda trabalhe em conjunto, com a ajuda do professor.

Para isso, sigam este passos a passo:

I. Retomem a lista de reivindicações formulada em *Situação inicial* da Unidade 1, *Manifesto*.

- Releiam atentamente cada reivindicação proposta e selecionem uma delas: na opinião da turma, qual é uma das mais importantes e poderia ganhar vida se fosse endereçada diretamente a uma autoridade e analisada por ela de maneira precisa?

BearFotos/Shutterstock

Estudantes reunidos em volta de uma mesa conversam sobre uma atividade que será realizada em grupo. Para redigir a primeira versão da carta de solicitação, é importante que você e os colegas do grupo conversem bastante sobre a lista de reinvindicações feitas na Unidade 1 e que cheguem juntos a um consenso sobre qual delas será escolhida para o trabalho de produção desta Unidade 2.

- Sabendo, agora, que a reivindicação deverá ser enviada a uma autoridade, ou seja, será tema de uma situação real de interlocução, é possível definir de modo mais claro todo o contexto para a produção de uma carta: do destinatário ao corpo do texto.
- Com a ajuda do professor, verifiquem qual setor responsável da gestão da própria escola ou da rede de ensino, ou, ainda, de outros órgãos públicos de sua região, poderia ajudar vocês a ter essa reivindicação atendida. É para esse destinatário que a carta de solicitação será endereçada.

- Reúnam dados, fatos, explicações e argumentos que possam comprovar que a reivindicação de vocês é válida e deve ser considerada pelo destinatário definido.

Viktoria Kurpas/Shutterstock

II. Redijam, em um novo arquivo de texto e com a ajuda do professor, os pontos levantados na etapa anterior.

- Neste momento, como se trata de uma primeira versão, preocupem-se mais em registrar o máximo de informação possível sobre o que pesquisaram e o que esperam como resolução para a questão.
- Se na sua escola houver um grêmio estudantil, vocês podem convidar representantes dessa associação para participar da discussão, pois pode ser que a reivindicação selecionada por vocês também seja a de outras turmas da escola.
- Se for possível, registrem o trabalho feito nesta seção para guardá-lo no **portfólio**. Solicitem autorização para registrar a imagem dos colegas. Depois, filmem e/ou registrem por meio de fotos o processo de produção para compartilhar esses momentos no *Diário digital de produções* que será proposto em *#Multiplicar*.
- Cada um dos participantes do grupo deverá guardar no próprio **portfólio** o arquivo de texto com a primeira versão dos pontos levantados na discussão.

Diário de bordo

Registre em seu diário de bordo que aspecto dessa atividade você considerou mais significativo e por quê. Reflita, também, sobre o processo de organização da atividade e sobre a discussão da qual participaram para chegar a acordos sobre o que será produzido.

Viktoria Kurpas/Shutterstock

Práticas de leitura: discurso político

Você vai ler, nesta seção, o discurso de posse proferido pelo presidente Juscelino Kubitschek em sua seção de diplomação, em 27 de janeiro de 1956. Antes, observe a linha do tempo a seguir com os acontecimentos do período.

03/10/1955

Juscelino Kubitschek vence eleições presidenciais

Juscelino Kubitschek (Partido Social Democrático, PSD) e João Goulart (Partido Trabalhista Brasileiro, PTB) vencem as eleições em 3 de outubro de 1955, com 35,68% dos votos totais, derrotando o general Juarez Távora, o candidato da União Democrática Nacional, UDN.

Derrotada por uma diferença de 500 mil votos, a UDN solicita a impugnação da eleição, alegando que o candidato do PSD não tinha alcançado a maioria absoluta dos votos.

Acervo UH/Folhapress

Juscelino Kubitschek (à esq.), candidato à presidência em eleição de 1955, acompanhado de João Goulart, candidato à vice-presidência.

09/11/1955

O apelo ao golpe aumenta

Em 9 de novembro, em seu jornal *Tribuna da Imprensa*, Carlos Lacerda publica: "Esses homens não podem tomar posse, não devem tomar posse, nem tomarão posse".

No dia seguinte, por questões de saúde, Café Filho se afasta da Presidência da República, que é assumida por Carlos Luz. O general Lott recebe de Luz a negativa definitiva de sua solicitação.

Reprodução/Arquivo Nacional, Rio de Janeiro, RJ.

O político e jornalista Carlos Lacerda. Foto de 1954

11/11/1955

O "golpe" preventivo de 11 de novembro de 1955

Em 11 de novembro, o general Lott comanda 25 mil homens, que tomam pontos estratégicos do Rio de Janeiro – então capital federal do Brasil –, impedindo o golpe e destituindo o presidente Carlos Luz. Assume a Presidência Nereu Ramos, primeiro vice-presidente do Senado, que assegura a posse dos eleitos.

Reprodução/Arquivo Nacional, Rio de Janeiro, RJ.

Henrique Teixeira Lott, ministro da Guerra. Foto de 1955.

João Café Filho, presidente do Brasil de 1954 a 1955. Foto de 1954.

31/10/1955

Discurso do coronel Jurandir Bizarria Mamede

Em 31 de outubro de 1955, no funeral do general Canrobert Pereira da Costa, o coronel Mamede discursa contra a posse dos eleitos e a favor de um golpe. Recebe cumprimentos de Carlos Luz, presidente da Câmara dos Deputados.
O discurso chama a atenção de Henrique Teixeira Lott, ministro da Guerra, que tenta solicitar ao então presidente da República João Café Filho punição a Mamede por incitar o descumprimento das leis constitucionais do país.

07/01/1956 a 31/01/1956

Kubitschek é proclamado presidente e toma posse

Em 7 de janeiro de 1956, proclamam-se os resultados oficiais do pleito. Kubitschek e Goulart tomam posse em 31 de janeiro de 1956.

Posse de Juscelino Kubitschek, como presidente da República, e de João Goulart, como vice-presidente, no Palácio do Catete, no Rio de Janeiro, em 31 de janeiro de 1956.

1. As ações lideradas pelo general Lott ficaram conhecidas como *golpe preventivo*. Com base nos acontecimentos descritos na linha do tempo, como se explica essa denominação?

Na ocasião da eleição e da posse do presidente Juscelino Kubitschek (JK) e do vice-presidente João Goulart (Jango), o **TSE** era presidido pelo jurista Luiz Gallotti (1904-1974). Para apoiar ainda mais sua compreensão do tom do discurso de posse a ser estudado, leia a seguir o trecho da biografia do jurista. Nesse trecho é mencionada sua atuação junto ao Tribunal, durante os acontecimentos pós-eleições indicados na linha do tempo.

TSE: Tribunal Superior Eleitoral, órgão máximo da Justiça Eleitoral no Brasil.

STF: Supremo Tribunal Federal, a mais alta instância do Poder Judiciário no Brasil.

Luís Gallotti nasceu em Tijucas (SC) em 15 de agosto de 1904 [...].

[...]

Em 1953, foi nomeado juiz do TSE, cargo que exerceu até 1965 na qualidade de ministro do **STF**. Ocupou a presidência do TSE de setembro de 1955 a janeiro de 1957, tendo a seu encargo a supervisão das eleições presidenciais de outubro de 1955. Como em 1950, a UDN levantou a tese da maioria absoluta, tentando impedir a posse de Juscelino Kubitschek e de João Goulart, eleitos presidente e vice-presidente da República. Antes que o TSE se reunisse para examinar o recurso da UDN, o país foi abalado por grave crise político-militar, que culminou com o movimento de 11 de novembro de 1955, liderado pelo ministro da Guerra, general Henrique Teixeira Lott, visando assegurar a posse dos eleitos. O movimento provocou o impedimento dos presidentes Carlos Luz, em exercício, e Café Filho, licenciado, empossando na chefia da nação o vice-presidente do Senado, Nereu Ramos. Em 24 de janeiro de 1956, Gallotti proclamou eleitos Juscelino Kubitschek e João Goulart e uma semana mais tarde os dois tomaram posse.

DICIONÁRIO Histórico-Biográfico Brasileiro. Disponível em: http://www.fgv.br/cpdoc/acervo/dicionarios/verbete-biografico/gallotti-luis. Acesso em: 28 fev. 2022.

André Moreira/Fotoarena

O antigo edifício do TSE, na rua 1º de Março, Rio de Janeiro (RJ). O Tribunal Superior Eleitoral esteve instalado em três prédios diferentes antes de sua mudança para Brasília. Durante a época em que era presidido por Luís Gallotti (de 1953 a 1965) ocorreu a transferência da sede que ficava na rua 1º de Março, no Rio de Janeiro, para o novo prédio da Praça dos Tribunais Superiores, em Brasília.

Borowskki/Wikipedia/Wikimedia Commons 1.0

O atual edifício sede do TSE está localizado na Praça dos Tribunais Superiores, em Brasília (DF). A sede do TSE foi instalada em Brasília nos anos 1960, na época da inauguração da nova capital brasileira.

2. Qual seria sua expectativa a respeito do discurso de posse de um presidente que, entre ganhar as eleições e assumir o mandato, quase perdeu seu direito legitimamente obtido?

A seguir, leia o discurso de posse do presidente Juscelino Kubitschek. Tome notas do que considerar relevante durante a leitura. Você poderá recorrer a essas anotações nas discussões que fará sobre o texto com os colegas.

Detalhe da foto da posse de Juscelino Kubitschek como presidente da República em 31 de janeiro de 1956.

Saiba +

O golpe que salvou a democracia em 1955. Videorreportagem de Ricardo Westin, publicada no canal do portal *Senado Notícias*. Disponível em: https://www.youtube.com/watch?v=XQ0ITQuL7uQ. Acesso em: 28 fev. 2022.

Recorrendo a documentos do acervo do Arquivo do Senado, o jornalista Ricardo Westin aborda a atuação do general Henrique Teixeira Lott em sua função de ministro da Guerra no governo do presidente Café Filho, especialmente em 1955, logo após Juscelino Kubitschek e João Goulart vencerem as eleições presidenciais. Assim, resgata o chamado Movimento de 11 de novembro de 1955 – ou o golpe preventivo – e relata os acontecimentos que levaram o Brasil a ter três presidentes da República em uma única semana e a decretar estado de sítio para garantir a posse de um presidente eleito em pleito direto.

No Tribunal Superior Eleitoral, ao receber o diploma de Presidente da República

Rio de Janeiro, 27 de janeiro de 1956.

Recebendo das mãos de Vossa Excelência, Senhor Ministro Presidente do Tribunal Superior Eleitoral, os diplomas de Presidente e Vice-Presidente da República, experimentamos uma sensação ao mesmo tempo de júbilo e de terrível responsabilidade. O júbilo vem de ter tido desenvolvimento pacífico e legal a crise brasileira; quanto à temerosa responsabilidade, estão na consciência de todos os inúmeros problemas que tem de enfrentar quem vai governar este país.

Jubilosos estamos, Senhor Ministro Presidente, porque de agora em diante sabemos melhor, por uma extraordinária experiência vivida, o quanto é difícil desrespeitar a lei; aprendemos todos nós como é poderosa a força da justiça, a que todos devemos submeter-nos, desde os mais graduados aos mais humildes. Sentimo-nos confortados e tranquilos com a nossa consciência. Senhor Ministro Presidente e Senhores Ministros, não por nos vermos alçados agora à posição de chefe de Governo, mas por termos sido, em toda a campanha – cujo epílogo é a proclamação e diplomação a que este **egrégio** Tribunal acaba de proceder – simplesmente mas sem desfalecimentos, defensores da lei, homens que não deixaram de confiar um só instante nas leis de seu país. Não duvidamos, mesmo nas horas mais difíceis, que o nosso país já estivesse amadurecido suficientemente para que as regras e fundamentos da moral e do direito resistissem a toda sorte de desregramentos da paixão. O ato de hoje, neste Tribunal, fortalece o princípio de que não vinga mais entre nós o arbítrio e de que a lei é forte. Só se podem incluir, aliás, no número dos países civilizados, aqueles em que as regras do jogo político são invioláveis, depois de aceitas. Só se podem considerar de fato constituídos em nação os povos para os quais a lei é objeto de acatamento, de limitação de sentimentos bruscos de desgoverno.

egrégio: distinto, extremamente importante, notável.

Não é apenas a nós, Senhor Presidente e Senhores membros desta alta corte, a quem consagram Vossas Excelências supremos magistrados da República Brasileira; o que se consagra aqui, também e muito mais, é a vontade popular, fonte de toda a autoridade nas democracias. O que proclama este Tribunal é a submissão à vontade do povo; o que defende o ato de hoje é a confiança e a esperança popular na lei.

Nesta hora solene, queremos reafirmar que pretendemos construir toda a nossa autoridade na obediência à lei e a nada mais aspiramos. Da lei não nos afastaremos um só momento, sob qualquer pretexto. Toda nossa segurança virá sempre da lei.

Agradeço, em meu nome e em nome do eminente companheiro Doutor João Goulart, a Vossas Excelências, Senhores Ministros, o exemplo de isenção, de imparcialidade, de rigorosa austeridade dado ao país. O segredo do equilíbrio e do prestígio deste Tribunal, a que a civilização brasileira deve mais um grande serviço, reside em duas virtudes fundamentais – a prudência e a altivez, que caracterizam os magistrados brasileiros. São Vossas Excelências prudentes, cautelosos, invariavelmente atentos na defesa da justiça e do direito.

Não nos cabe agradecer o ato desta hora. O que devemos fazer é felicitar o Brasil por ter a serviço da vontade de seu povo homens como os que compõem o Tribunal Superior Eleitoral: homens do valor, das qualidades morais e da dedicação à causa pública de Vossas Excelências.

E usando desta oportunidade, que é o marco final de uma caminhada áspera e terrível, queremos mais uma vez reafirmar o nosso desejo de reunir, numa obra afirmativa da força e do poder criador da nacionalidade brasileira, todos os homens de boa vontade, todos aqueles que colocam alto o interesse da pátria, tão necessitada, nesta hora, de desvelo, de cuidado e de trabalho. Sentimo-nos mais do que nunca animados do ardente desejo de trabalhar incansavelmente pela paz da família brasileira.

Pedimos a Deus que nos inspire e nos dê o sentimento da grandeza de nossa missão.

PINTO, Lucia H. N. (org.). *Discursos selecionados do Presidente Juscelino Kubitschek*. Brasília: Fundação Alexandre de Gusmão, 2009. p. 9-10. Disponível em: http://funag.gov.br/biblioteca/download/628-Discursos_jk.pdf. Acesso em: 28 fev. 2022.

Saiba +

Juscelino Kubitschek de Oliveira (1902-1976) foi médico e político mineiro. Eleito deputado federal, Kubitschek exerceu a função entre 1934 e 1937. Depois, entre 1940 e 1945, foi prefeito de Belo Horizonte. Após uma gestão como deputado constituinte, em 1946, pelo PSD, elegeu-se governador em Minas Gerais (1950-1954). Na coligação PSD-PTB, venceu as eleições presidenciais e exerceu o cargo entre 1956 e 1961.

Granger/Shutterstock

3. O que você pensa sobre esse discurso de JK? Você diria que o tom predominante no discurso é de um vencedor ou de alguém que está se sentindo acuado, dadas as condições em que tomou posse? Converse sobre isso com os colegas e o professor. Depois, registre sua resposta no caderno e justifique-a.

Bossa Nova

Uma das manifestações artísticas brasileiras mais reconhecidas mundo afora é musical: a Bossa Nova. Esse estilo musical teve origem no samba. A canção "Chega de saudade", composta por Tom Jobim e Vinicius de Moraes em 1958, gravada inicialmente por Elizete Cardoso e, depois, por João Gilberto, é considerada o marco inicial desse estilo. A Bossa Nova se desenvolveu e se consolidou no período em que JK foi presidente do Brasil – por essa razão, ele recebeu a alcunha de "Presidente Bossa Nova".

Reprodução/Estúdios Columbia

Capa do álbum *Canção do amor demais*, gravado por Elizete Cardoso no Rio de Janeiro, Estúdio Columbia, em 1958. Nele, Elizete registrou sua gravação da música "Chega de saudade", de Tom Jobim e Vinicius de Moraes.

Reprodução/Odeon

Capa do álbum *Chega de saudade*, gravado por João Gilberto no Rio de Janeiro, Estúdios Odeon, em 1959. Nele, João Gilberto interpreta canções de sua autoria, outras de Tom Jobim e Vinicius de Moraes e, até mesmo, de Carlos Lira e Ronaldo Bôscoli.

Pesquisa

Pela importância que o estilo musical Bossa Nova teve em sua época e pela transformação que provocou na música brasileira, sugerimos que você e seus colegas se preparem para a atividade de pesquisa a seguir.

Organizem-se em grupos para o trabalho inicial de pesquisa sob a orientação do professor de Língua Portuguesa e de Arte. A distribuição das tarefas de cada grupo pode ser a seguinte:

- **Grupos 1 e 2:** pesquisam as características desse estilo para compreender o que exatamente o diferencia do samba em termos musicais e poéticos, tendo em vista as músicas (grupo 1) e as letras das canções (grupo 2).
- **Grupos 3 e 4:** pesquisam os principais artistas – músicos compositores e poetas (grupo 3) e intérpretes (grupo 4) da Bossa Nova.
- **Grupos 5 e 6:** pesquisam a influência da Bossa Nova na música popular brasileira dos anos 1960 em diante (grupo 5) e sua divulgação no exterior, compondo uma imagem do Brasil por meio da música (grupo 6).

Combinem uma forma de apresentação e divulgação das pesquisas. Se possível, organizem uma *playlist* comentada, dedicada à Bossa Nova, divulgando-a na escola. O encerramento da atividade pode ser sob a forma de uma apresentação musical, em que vocês tocam e cantam composições de Bossa Nova, como em um festival de talentos.

Constituição e direito ao voto

Em seu discurso, o presidente empossado enfatiza a importância de ser respeitado este direito dos cidadãos: eleger, por meio do voto, seus representantes. Considerando esse discurso, converse com os colegas sobre o direito ao voto no contexto das eleições de JK e na atualidade. Depois dessa atividade de discussão oral, leia os textos a seguir.

A Constituição Federativa do Brasil de 1946, de cuja Assembleia Constituinte o então deputado Juscelino Kubitschek fez parte, embora tenha representado um avanço para a democracia e para o exercício dos direitos políticos – como o direito ao voto em eleições diretas para os cargos de todas as esferas (União, estados e municípios) –, não determinou que esses direitos fossem garantidos a todos os brasileiros.

A seguir, leia e compare os artigos da Constituição de 1946 e da Constituição de 1988 (em vigor) que fazem referência ao direito ao voto.

Constituição de 1946

Capítulo I
– Da nacionalidade e da cidadania

Art. 131. São eleitores os brasileiros maiores de dezoito anos que se alistarem na forma da lei.

Art. 132. Não podem alistar-se eleitores:

I – os analfabetos;

II – os que não saibam exprimir-se na língua nacional;

III – os que estejam privados, temporária ou definitivamente, dos direitos políticos.

Parágrafo único. Também não podem alistar-se eleitores as **praças de pré**, salvo os aspirantes a oficial, os suboficiais, os subtenentes, os sargentos e os alunos das escolas militares de ensino superior.

Art. 133. O alistamento e o voto são obrigatórios para os brasileiros de ambos os sexos, salvo as exceções previstas em lei.

Art. 134. O **sufrágio** é universal e direto; o voto é secreto; e fica assegurada a representação proporcional dos partidos políticos nacionais, na forma que a lei estabelecer. [...]

BALEEIRO, Aliomar; BARBOSA LIMA SOBRINHO (org.). *Constituições brasileiras*. 3. ed. Brasília: Senado Federal, 2012. Volume V: 1946. Disponível em: https://www2.senado.leg.br/bdsf/bitstream/handle/id/139953/Constituicoes_Brasileiras_v5_1946.pdf?sequence=9&isAllowed=y. Acesso em: 28 fev. 2022.

praça de pré: militar subalterno, que pertence à categoria inferior da hierarquia militar.

sufrágio: processo de escolha por votação; eleição.

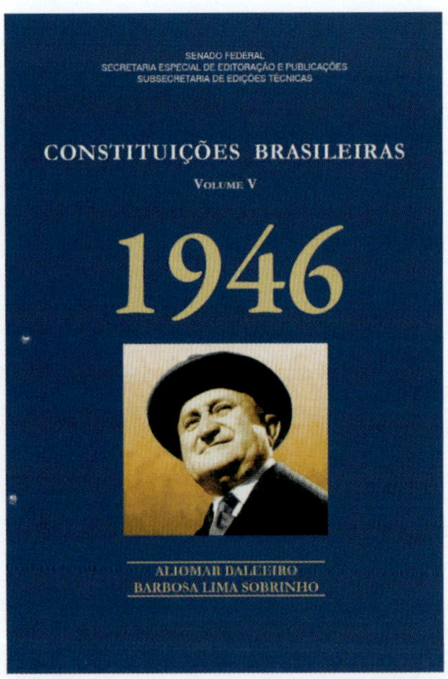

Reprodução/Secretaria Especial de Editoração e Publicações

A capa do livro *Constituições brasileiras: Volume V: 1946*, organizado pelo Senado Federal.

Constituição de 1988

Capítulo IV – Dos Direitos Políticos

Art. 14. A soberania popular será exercida pelo sufrágio universal e pelo voto direto e secreto, com valor igual para todos, e, nos termos da lei, mediante:

I. plebiscito;

II. referendo;

III. iniciativa popular.

§ 1º O alistamento eleitoral e o voto são:

I. obrigatórios para os maiores de dezoito anos; II. facultativos para:

a) os analfabetos;

b) os maiores de setenta anos;

c) os maiores de dezesseis e menores de dezoito anos.

§ 2º Não podem alistar-se como eleitores os estrangeiros e, durante o período do serviço militar obrigatório, os **conscritos**. [...]

SÃO PAULO. *Constituição da República Federativa do Brasil. Constituição do Estado de São Paulo.* Ed. atualizada setembro de 2019. São Paulo: Imprensa Oficial. Governo do Estado de São Paulo. Disponível em: https://www.imprensaoficial.com.br/downloads/pdf/Constituicoes_declaracao.pdf. Acesso em: 28 fev. 2022.

conscrito: aquele que se alistou no Exército.

4. Responda:

a) Levando em conta o título atribuído ao Capítulo I da Constituição de 1946, o que significa excluir da lista de brasileiros que podem se alistar como eleitores os analfabetos?

b) Em que a Constituição de 1988 avançou em relação aos direitos em questão?

c) Qual pode ser a razão de estarem proibidos ao voto os praças de pré, na Constituição de 1946, e os conscritos, durante o período do serviço militar obrigatório, na Constituição de 1988?

Diário de bordo

Depois de compreender o discurso de posse do presidente Juscelino Kubitschek, considerando o contexto histórico em que foi produzido, registre em seu diário de bordo o que você pensa a respeito da importância de conhecer e ler discursos como esse ainda hoje. Registre, também, suas impressões a respeito das discussões feitas com a turma ao longo deste estudo.

"50 anos em 5!"

Esse era o *slogan* que resumia o programa de governo do presidente Juscelino Kubitschek, que ficou conhecido como Plano de Metas: um conjunto de 31 objetivos que contemplariam diversos setores da economia, incluindo a construção de Brasília, que seria a futura capital federal do país.

O governo de JK e de Jango viria a sofrer muitas pressões e acusações de corrupção no processo de execução desse plano, dado o volume de valores monetários mobilizado para a construção da nova capital e, também, para a construção de rodovias para incentivar a indústria automobilística, entre outras ações. Muitas das metas traçadas no plano foram alcançadas, o que levou esse período da história do país a ser denominado "anos dourados", mas também acarretou a perda de muitas vidas no trabalho de construção de Brasília, o endividamento do setor público e a alta da inflação.

Você conhece o plano de governo que está em curso na sua cidade, no seu estado e no país? E as propostas dos candidatos eleitos para a Câmara dos Deputados e para a Câmara dos Vereadores? Acompanhar essas propostas e sua implementação é um direito dos cidadãos, que podem, assim, ajudar a preservar o bem comum. É importante conhecer as propostas que os candidatos apresentam para seus mandatos e, depois, é fundamental acompanhar a implementação (ou alteração) das propostas dos que venceram as eleições.

No Brasil, pelas determinações de acesso à informação previstas na Constituição de 1988, pela aprovação da Lei de Responsabilidade Fiscal em 2000, pela Lei de Transparência de 2009 e pela Lei de Acesso à Informação de 2011, é possível acompanhar o mandato dos candidatos eleitos. Alguns *sites* e aplicativos podem ser úteis, como o *Portal da Transparência* (disponível em: http://www.portaltransparencia.gov.br); o *site* da Câmara dos Deputados https://www.camara.leg.br/); os *sites* das Assembleias Legislativas de cada um dos 26 estados brasileiros (e o da Câmara Legislativa do Distrito Federal) e, ainda, o aplicativo de celular *Meu Deputado* (acesso em: 28 fev. 2022).

Juscelino Kubitschek em palestra no Clube Militar, no Rio de Janeiro, em 21 de julho de 1959, apresentando seu plano para a construção de rodovias pelo Brasil.

Pesquisa: propostas da esfera política

Sob a orientação do professor e em grupo, você e alguns colegas vão definir a instância que vão pesquisar para conhecer as propostas e o trabalho que está sendo feito: se em uma instância mais local – buscando propostas de vereadores, prefeitos – ou se em instâncias mais gerais – buscando conhecer as propostas e o trabalho desenvolvido por deputados estaduais e/ou por deputados federais, senadores e presidente da República.

Depois de feito o recorte de investigação de cada grupo, você e os colegas devem definir os critérios dessa análise. As propostas a seguir são sugestões, vocês podem combinar outros critérios com a ajuda do professor.

- Quais são as metas propostas pelo cidadão eleito e que setor foi priorizado (economia, saúde, educação, meio ambiente, etc.)?
- Como tem sido sua atuação no cargo para alcançar as metas propostas?
- Considerando a necessidade de garantir e preservar o bem comum, o grupo concorda com as metas estabelecidas? Por quê?

Depois de feita a pesquisa, cada equipe vai organizar os dados recolhidos em uma exposição oral apoiada por *slides* ou cartazes. Se for o caso, conversem, então, sobre possibilidades de providências coletivas para denunciar atuações que não condizem com as propostas de campanha ou para cobrar uma atuação mais eficiente de determinados candidatos eleitos.

Práticas de análise linguística no discurso político

Nesta seção de análise linguística, estudaremos as projeções enunciativas em discurso político, algumas formas de tratamento e a estrutura do discurso político e sua função argumentativa.

1. Há passagens do discurso do presidente Kubitschek em que o enunciador se torna explícito por meio do emprego de formas da 1ª pessoa, em verbos e pronomes, por exemplo. Observe a seguir alguns trechos do texto em que isso ocorre.

I. "Jubilosos **estamos**, Senhor Ministro Presidente, porque de agora em diante **sabemos** melhor, por uma extraordinária experiência vivida, o quanto é difícil desrespeitar a lei [...]."

II. "Sentimo-**nos** confortados e tranquilos com a **nossa** consciência."

III. "**Agradeço**, em **meu** nome e em nome do eminente companheiro Doutor João Goulart, a Vossas Excelências, Senhores Ministros, o exemplo de isenção, de imparcialidade, de rigorosa austeridade dado ao país."

Como você explica, no contexto do discurso, a diferença de emprego entre a 1ª pessoa do plural e a 1ª pessoa do singular? Que efeito de sentido essa oposição provoca?

2. Pesquise em uma gramática o pronome de tratamento adequado a cada pessoa na relação a seguir, caso um falante precisasse se dirigir a elas. Escreva também a abreviatura de cada um desses pronomes.

a) À prefeita de uma cidade.
b) A um rei ou a uma rainha.
c) A uma pessoa mais velha que tratamos com respeito e/ou distanciamento.
d) A um príncipe ou a uma princesa.
e) A pessoas que tratamos com necessária cerimônia, especialmente em textos como correspondência oficial, requerimentos e outros.
f) Ao papa.
g) A bispos e arcebispos.

vectorstudi/Shutterstock

3. Embora o destinatário do discurso explicitado no texto seja o *Senhor Ministro Presidente do Tribunal Superior Eleitoral*, pelas características do discurso e pelo contexto em que foi proferido, podemos dizer que o discurso se endereçava não somente a esse ministro, mas também à nação brasileira. Em que parágrafo do texto isso fica mais evidenciado?

4. Se o discurso do presidente Juscelino Kubitschek tivesse sido proferido atualmente, é provável que expressões como "homens como os que compõem o tribunal superior" ou "todos os homens de boa vontade" não fossem empregadas.

a) Que expressões você acredita que as substituiriam? Por quê?

b) Por meio da comparação feita no item anterior da atividade, o que é possível perceber sobre a maneira como as formas linguísticas – e os discursos com elas construídos – se transformam para representar as realidades que emergem socialmente? O que isso nos diz sobre a língua?

5. Releia o primeiro parágrafo do discurso de Juscelino Kubitschek:

> Recebendo das mãos de Vossa Excelência, Senhor Ministro Presidente do Tribunal Superior Eleitoral, os diplomas de Presidente e Vice-Presidente da República, experimentamos uma sensação ao mesmo tempo de júbilo e de terrível responsabilidade. O júbilo vem de ter tido desenvolvimento pacífico e legal a crise brasileira; quanto à temerosa responsabilidade, estão na consciência de todos os inúmeros problemas que tem de enfrentar quem vai governar este país.

Após esse primeiro parágrafo, em que o presidente eleito diz experimentar as sensações de júbilo e de "terrível responsabilidade", o restante do discurso pode ser dividido em cinco partes. Veja:

Parte 1 – Agradecimento aos ministros do TSE.

Parte 2 – Apresentação de valores e crenças do presidente e do vice-presidente.

Parte 3 – Declaração de propósitos.

Parte 4 – Novos agradecimentos.

Parte 5 – Encerramento com indicação de novo propósito e agradecimentos.

a) Identifique no texto os trechos que correspondem a cada uma dessas partes.

b) JK faz um agradecimento específico ao TSE. Que fatos motivaram esse agradecimento?

c) No discurso, que valores e crenças o presidente apresenta como seus?

d) Que propósitos de governo JK apresenta?

6. Uma das características específicas dos discursos políticos é apresentar o compromisso do orador quanto ao futuro, ou seja, o que ele se compromete a fazer durante seu mandato. Nos discursos de campanha para as eleições presidenciais, uma das promessas do então candidato Kubitschek foi promover o desenvolvimento imediato e acelerado do país, conforme o *slogan* de campanha e de mandato: *50 anos em 5*.

Em seu discurso de posse, porém, em vez de mencionar suas promessas de campanha, o presidente declara outros propósitos. Qual pode ter sido a razão da ausência explícita a essa promessa de campanha em seu discurso, considerando tudo o que você viu até aqui sobre as eleições de JK e Jango?

7. Discursos políticos costumam ser produzidos para serem falados em público, proferidos por personalidades da vida pública. Discursos dessa natureza são estudados há séculos pela *retórica* – a arte da oratória, do bem argumentar. Para analisar o discurso de posse de JK de acordo com as regras da oratória, vamos recorrer a conceitos básicos dela apresentados a seguir.

- **Auditório**: é constituído de uma pessoa ou grupos de pessoas a quem o orador apresenta o seu discurso.
- **Argumentação**: é a parte do discurso em que o orador apresenta os argumentos em favor das ideias que pretende defender no seu discurso.
- **Orador**: aquele que se dirige ao auditório, tendo como intencionalidade provocar nele alguma reação.

a) Tendo em vista que se trata de um discurso de posse do presidente da República proferido no TSE, o qual é registrado como parte da história do país, poderíamos dizer que há um auditório mais imediato e um auditório mais amplo. Quem faria parte de cada um desses auditórios do orador?

b) Nos parágrafos 1, 4 e 9 de seu discurso, o presidente faz menção a problemas, perigos e inimigos de forma velada. A que ele se refere e por que essa referência não é explícita?

c) Que imagem o presidente procura construir de si mesmo nesse discurso, considerando os elementos em estudo?

GoodStudio/Shutterstock

Diário de bordo

Registre em seu diário de bordo o que você compreendeu da estrutura enunciativa do discurso em estudo. Para isso, tenha em vista especialmente as respostas e discussões feitas entre você, os colegas e o professor a respeito das atividades de *Práticas de leitura* e *Práticas de análise linguística*.

Discurso político

O discurso político caracteriza-se essencialmente como expositivo-argumentativo. Em geral, o enunciador representa um grupo social em nome do qual se pronuncia: no caso do discurso de posse de JK, isso é evidente: é o presidente recém-eleito – portanto, representante do conjunto dos eleitores – que o profere. Outra característica é a duplicidade do destinatário: você percebeu que, na cena enunciativa em que foi proferido, o discurso de JK tinha como destinatários: (i) o **presidente** do Tribunal Superior Eleitoral e a **audiência** que acompanhou a cerimônia de posse; (ii) toda a **nação brasileira**. O primeiro destinatário, durante a análise, chamamos de "auditório imediato" e o segundo de "auditório mais amplo". Outra característica é que, por ser um discurso de representação – o enunciador representa um grupo –, toma a forma de uma "fala coletiva", que se manifesta em nome de interesses da comunidade representada. Essa característica deixa marcas linguísticas no texto do discurso; por exemplo, o emprego da 1ª pessoa do plural, conforme analisamos.

GoodStudio/Shutterstock

Esse gênero faz parte da esfera de circulação política, e é produzido mais frequentemente em períodos eleitorais e sempre que autoridades políticas se manifestam publicamente como representantes de um grupo. Por exemplo: quando o presidente da República discursa em um fórum internacional, como no das Nações Unidas, como representante do país, sua fala toma a forma de um discurso político.

Marcas linguísticas características do discurso são as que expressam ponto de vista, como a modalização por meio do uso de verbos de opinião e crença, conectores e organizadores textuais. Os verbos em geral se apresentam no sistema enunciativo do presente: o tempo verbal presente do indicativo (para enunciar os argumentos), o tempo verbal pretérito perfeito simples do indicativo (para indicar os processos e as ações que antecederam o momento do discurso) e o tempo verbal futuro simples do indicativo (para enunciar os compromissos políticos assumidos, a serem concretizados).

Estilos de época

Nesta seção, continuamos os estudos sobre a produção literária relacionada com as tendências contemporâneas no Brasil.

Observe as linhas do tempo abaixo. Elas apresentam a cronologia dos estilos de época em Portugal e no Brasil. Depois, leia o texto que trata das Tendências contemporâneas.

Portugal

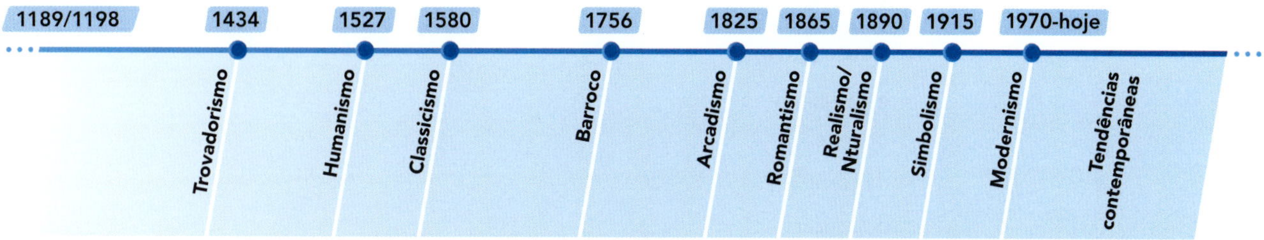

Brasil

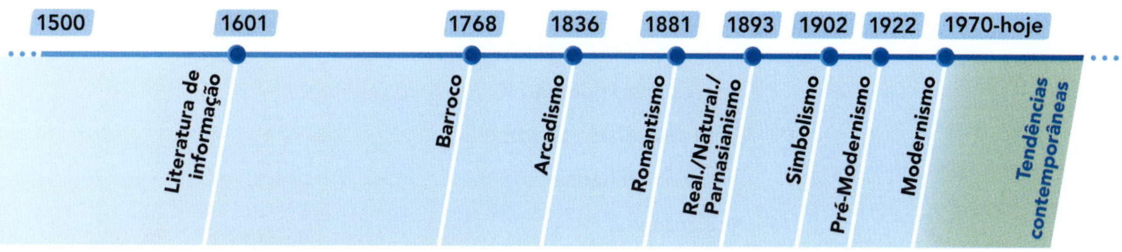

Tendências contemporâneas

Você já sabe que, no quadro da produção literária nacional, a expressão *tendências contemporâneas* abriga, *grosso modo*, a literatura criada no Brasil depois da década de 1970. A literatura produzida dessa época até os tempos atuais apresenta obras e autores de tendências variadas e diferentes entre si.

Como você viu na Unidade 1 desta parte, um dos movimentos literários que se consolidaram no início da década de 1970 foi o Concretismo. Nesta seção, você vai conhecer outras tendências e alguns autores que se destacaram na produção literária contemporânea, tanto na poesia quanto na prosa.

Para compreender uma parte dessas tendências, é importante retomar alguns acontecimentos históricos, como o golpe militar de 1964, que deu início à ditadura, em que políticos, intelectuais, artistas e outros cidadãos que se manifestaram contra o regime eram perseguidos e torturados. Além disso, havia censura de produções artísticas e dos meios de comunicação. Como não podia deixar de ser, esses acontecimentos afetaram a produção literária nacional, e o Concretismo passou a receber críticas por se manter à margem dessa realidade, sem abordá-la em suas obras.

Assim, alguns poetas que inicialmente tinham aderido ao Concretismo romperam com o movimento e começaram a produzir poemas que tratavam desse contexto social e político. Esses poetas trouxeram de volta a construção do texto em versos e empregavam uma linguagem mais simples e direta, destinada a um público amplo, fazendo da poesia um instrumento de participação política e transformação social. Não houve exatamente um grupo ou movimento literário que defendia essa *poesia social*, e sim vozes que surgiram nessa direção, como é o caso do maranhense Ferreira Gullar.

Leia na próxima página um dos poemas mais conhecidos dessa fase do poeta.

Não há vagas

Ferreira Gullar

O preço do feijão
Não cabe no poema. O preço
do arroz
não cabe no poema.
Não cabem no poema o gás
a luz o telefone
a sonegação
do leite
da carne
do açúcar
do pão.

O funcionário público
não cabe no poema
com seu salário de fome
sua vida fechada
em arquivos.

Como não cabe no poema
o operário
que esmerila seu dia de aço
e carvão
nas oficinas escuras

– porque o poema, senhores,
está fechado:
"não há vagas"

Só cabe no poema
o homem sem estômago
a mulher de nuvens
a fruta sem preço

O poema, senhores,
não fede
nem cheira.

GULLAR, Ferreira. *Toda poesia*. São Paulo: Círculo do Livro, [s.d.]. p. 224.

Saiba +

Zô Guimarães/Folhapress

Ferreira Gullar (1930-2016), pseudônimo do maranhense José Ribamar Ferreira, foi poeta, crítico de arte, biógrafo, tradutor, ensaísta e um dos fundadores do Neoconcretismo, movimento artístico que surgiu no Rio de Janeiro em oposição ao chamado Concretismo ortodoxo da vertente paulista. Preso por questões políticas em 1968, exilou-se na Argentina. Voltou ao Brasil em 1976 e, em 1980, publicou pela primeira vez *Toda poesia*, uma reunião de sua obra poética.

Outra tendência que se destacou nesse período foi a chamada *poesia marginal* dos anos 1970, representada por um grupo de poetas que, além da preocupação com questões sociais, incorporaram novos temas em suas obras e retomaram o poema-piada da primeira fase modernista. O grupo era também conhecido como geração mimeógrafo.

Entre os poetas dessa tendência estão Cacaso (1944-1987), Chacal (1951-), Chico Alvim (1938) e Paulo Leminski (1944-1989).

Leia a seguir trechos de uma entrevista de Chacal à revista *Cult*, em que o poeta comenta algumas características da poesia marginal e da produção literária atual.

Chacal: O poeta dos silêncios

Dos uivos ***beatnik*** e dos acordes de *rock*. De uma atitude subversiva à margem da cultura. De rasgos lúdicos e performáticos em meio a uma ditadura militar. Assim despontou o poeta Chacal na década de 70. [...]

CULT – Um dos temas caros à geração de poetas da década de 70 foi a questão da identidade, que perpassa sua obra em poemas como "Ser e não ser", "ID" e em todo *Seu madruga e eu* (2015). Como você avalia essas influências temáticas em sua obra?

Essa identidade mutante está mais presente nas gerações de agora. As identidades se tornam voláteis como o capital. A biotecnologia, a globalização, a questão de refugiados e imigrantes, a mão de obra que migra para novas chances de trabalho. Tudo isso gera muita confusão e perda de identidade. Na rede, você inventa uma identidade diferente a cada dia. Os poemas e livro a que você se refere são coisas recentes. Transformo essa angústia contemporânea em poesia.

[...]

CULT – Você acredita que ainda há espaço para movimentos de poesia independentes atualmente?

A poesia só existe porque é independente. Não depende do mercado para sobreviver. É uma mercadoria sem valor de mercado. Isso permite experimentações que outras linguagens têm que reprimir por causa desse mercado [...]. A poesia pode inventar mais à vontade. Foi isso que a tornou um foco de resistência nos anos 70. As outras linguagens, por terem mais público, sofriam muita censura, censura essa que se introjetou na atual ditadura do mercado.

CHACAL: o poeta dos silêncios. Revista *Cult*, 13 jul. 2016.
Disponível em: https://revistacult.uol.com.br/home/63970-2/.
Acesso em: 9 maio 2022.

beatnik: termo que se relaciona com o chamado movimento *beat* ou geração *beat*, que, nos Estados Unidos, contestava valores, padrões de vida e costumes da sociedade consumista da década de 1960. A palavra *beat* significa 'gasto, corroído' e o termo *nik* remete a palavras russas que nomeiam satélites artificiais, como *Lunik* e *Sputnik*.

Saiba +

Chacal (1951-) é o pseudônimo adotado pelo poeta e letrista brasileiro Ricardo de Carvalho Duarte, um dos pioneiros da chamada poesia marginal ou geração mimeógrafo, marcada pela impressão de livros de poesia em pequenas tiragens que eram vendidos por ruas, bares e teatros. Principais obras *Muito prazer, Ricardo* (1971), *América* (1975), *Letra elétrika* (1994), *Posto nove* (1998), *A vida é curta pra ser pequena* (2002) e *Tudo e mais um pouco* (2016).

Luciana Whitaker/Folhapress

O poeta Paulo Leminski é um dos mais conhecidos da poesia marginal, e sua obra tem um grande alcance de público até os dias atuais. Leia a seguir um poema desse artista.

contra narciso

em mim
eu vejo o outro
e outro
e outro

enfim dezenas
trens passando
vagões cheios de gente
centenas
o outro
que há em mim
é você
você
e você
assim como
eu estou em você
eu estou nele
em nós
e só quando
estamos em nós
estamos em paz
mesmo que estejamos a sós

LEMINSKI, Paulo. *Toda Poesia*. São Paulo: Companhia das Letras, 2013. p. 32.

Saiba + +++

Paulo Leminski (1944-1989) nasceu em Curitiba (PR) e foi um dos poetas brasileiros mais importantes da segunda metade do século XX. Fascinado pela cultura japonesa, Leminski misturou a estrutura concisa dos haicais com o estilo livre e irreverente da poesia marginal. Algumas de suas principais publicações de poesia são *Caprichos e relaxos* (1987), *La vie en close* (1991) e *Distraídos venceremos* (1995). Embora tenha se destacado com sua produção poética, Leminski escreveu alguns livros em prosa, como *Catatau* (1975), *Guerra dentro da gente* (1986) e *Agora é que são elas* (1984).

Luiz Novaes/Folhapress

O título desse poema faz referência a Narciso, personagem da mitologia grega. Narciso é um belo jovem que, por ter rejeitado o amor de Eco, a protegida dos deuses, é condenado a admirar a própria imagem nas águas de um lago ou uma fonte. Fica perdidamente apaixonado por si mesmo. Por isso, o termo *narcisista* designa uma pessoa egocêntrica e ensimesmada. O poema "contra narciso" estabelece, portanto, uma oposição à figura mitológica, uma vez que o eu lírico, ao se ver, revela um processo de identificação e dissolução do "eu" nos "outros", que são muitos e configuram um "nós".

Da poesia à prosa

Como comentado por Chacal em sua entrevista, as redes sociais possibilitaram a circulação de muitas manifestações poéticas, individuais ou em grupo. O movimento analisado nesta Unidade 2, o poetrix, reúne um grupo de poetas que têm na internet seu veículo de divulgação mais abrangente.

Centenas de poetas, desde os mais famosos por suas edições impressas até aqueles ainda desconhecidos do grande público, nunca veiculados em edições de papel, valem-se das redes sociais para divulgar seus escritos.

Na rede, é possível encontrar ainda vários grupos dedicados ao haicai, uma forma poética japonesa criada há muitos séculos e reinserida na contemporaneidade. Conforme dissemos, Leminski foi um dos poetas contemporâneos que exploraram o haicai em suas obras, muitas vezes fugindo à forma rígida do haicai japonês. Vários outros poetas também escrevem haicais, ora seguindo o modelo tradicional, ora introduzindo novidades temáticas e formais, como fez Leminski. Você pode visitar na internet páginas de autores de haicais para conhecer essa forma poética.

Na prosa, surgiram também os gêneros híbridos, ou seja, produções que não se enquadram com exatidão nas categorias dos gêneros tradicionais, como conto, novela e romance. Um dos mais contemporâneos é o microconto, uma das chamadas formas nanopoéticas, que você vai estudar nesta Unidade 2. Também a mistura entre ficção, memórias e imaginação tem sido uma técnica de criação literária bastante explorada atualmente, com a proposição de obras que podem ser encaixadas como de metaficção (criação ficcional que expõe os mecanismos da ficção) ou de autoficção (ficção de si mesmo).

Dentre os autores da prosa contemporânea destacam-se Adriana Falcão (1960-), Dalton Trevisan (1925-), João Gilberto Noll (1946-2017), Marcelino Freire (1967-), Millôr Fernandes (1923-2012), Conceição Evaristo (1946) e Bernardo Carvalho (1960).

Leia a seguir um trecho do romance *Nove noites*, de Bernardo Carvalho, que trabalha com estratégias de metaficção e de autoficção ao propor uma combinação de fatos reais e imaginários na elaboração da história.

Nove noites

Bernardo Carvalho

2. Ninguém nunca me perguntou. E por isso também nunca precisei responder. Não posso dizer que nunca tivesse ouvido falar nele, mas a verdade é que não fazia a menor ideia de quem ele era até ler o nome de Buell Quain pela primeira vez num artigo de jornal, na manhã de 12 de maio de 2001, um sábado, quase sessenta e dois anos depois da sua morte às vésperas da Segunda Guerra. O artigo saiu meses antes de outra guerra ser deflagrada. Hoje as guerras parecem mais pontuais, quando no fundo são permanentes. Li várias vezes o mesmo parágrafo e repeti o nome em voz alta para me certificar de que não estava sonhando, até entender – ou confirmar, já não sei – que o tinha ouvido antes. O artigo tratava das cartas de outro antropólogo, que também havia morrido entre os índios do Brasil, em circunstâncias ainda hoje debatidas pela academia, e citava de passagem, em uma única frase, por analogia, o caso de "Buell Quain, que se suicidou entre os índios krahô, em agosto de 1939".

Procurei a antropóloga que havia escrito o artigo. A princípio, foi seca no telefone. Deve ter achado estranho que alguém lhe telefonasse por causa de um detalhe do texto, mas não disse nada. Trocamos alguns e-mails, que serviram como uma aproximação gradual. Preferia não me encontrar pessoalmente. Queria ter certeza de que os meus objetivos não eram acadêmicos. Mas mesmo se de início chegou a desconfiar do meu interesse por aquele homem, não perguntou as minhas verdadeiras intenções. Ou, pelo menos, não insistiu em saber as minhas razões. Supôs que eu quisesse escrever um romance, que meu interesse fosse literário, e eu não a contrariei. A história era realmente incrível. Aos poucos, conforme me embrenhava naquele caso com as minhas perguntas, passou a achar natural a curiosidade que eu demonstrava pelo etnólogo suicida. Talvez por discrição e por sentir que, de alguma forma e por uma experiência que ela não teria podido conceber, eu também havia intuído naquele caso algo que mais tarde ela própria me revelaria ter suspeitado desde sempre, quando por fim nos encontramos e ela me fez a pergunta. Foi ela quem me indicou as primeiras pistas.

[...]

Buell Quain se matou na noite de 2 de agosto de 1939 – no mesmo dia em que Albert Einstein enviou ao presidente Roosevelt a carta histórica em que alertava sobre a possibilidade da bomba atômica, três semanas antes da assinatura do pacto de não agressão entre Hitler e Stalin, o sinal verde para o início da Segunda Guerra e, para muitos, uma das maiores desilusões políticas do século XX. Topei com uma referência à carta de Einstein, por mera coincidência, logo que comecei a vasculhar a morte de Quain. Ele não chegou a ver nada. O mundo dele não foi o meu. Não viu a guerra, não viu a bomba – ainda que, na loucura final das suas observações sobre os Krahô, e com base nas lembranças das revistas científicas que lia na adolescência, tenha tentado aplicar "os mesmos princípios matemáticos que governam os fenômenos atômicos" aos fenômenos sociais, detectando nos índios "síndromes de comportamento cultural" análogas às leis da física. Tinha um fascínio quase adolescente pela ciência e pela tecnologia. Não podia ter pensado que quanto mais o homem tenta escapar da morte mais se aproxima da autodestruição, não podia lhe passar pela cabeça que talvez fosse esse o desígnio oculto e traiçoeiro da ciência, sua contrapartida, embora muito do que observou entre os índios e associou por intuição à sua própria experiência pudesse tê-lo levado a alguma coisa muito próxima dessa conclusão. [...]

CARVALHO, Bernardo. *Nove noites*. São Paulo: Companhia das Letras, 2002. Edição em *e-book*.

Saiba + +++

Bernardo Carvalho (1960-) é romancista, contista e jornalista. Publicou, em 1993, seu primeiro livro de contos, *Aberração*. Seu romance inaugural, *Onze*, seria lançado em 1995. O romance *Mongólia*, lançado por Carvalho em 2003, ganhou o Prêmio APCA, da Associação dos Críticos de Arte, e o Prêmio Jabuti de 2004. A obra *Nove noites*, da qual você lê um trecho aqui, recebeu o Prêmio Portugal Telecom de Literatura Brasileira em 2003. Em 2014, seu romance *Reprodução* ganhou o Prêmio Jabuti.

Karime Xavier/Folhapress

Práticas de leitura e análise literária: a literatura nas redes sociais

Um tipo de produção literária que tem ganhado cada vez mais espaço é a poesia que circula nas redes sociais. Essa forma de manifestação poética tem muitas relações com a cultura do "curtir" / "compartilhar" / "recomendar" estimulada por essas redes. Por meio dessa cultura, as produções literárias ganham visibilidade e se disseminam.

GoodStudio/Shutterstock

Uma das escritoras que tiveram o início de sua carreira literária ligado a essa prática de publicação em redes sociais é Ryane Leão. Leia a seguir trechos de uma entrevista concedida por ela a uma revista feminina em 2017, quando lançou em forma de livro a coletânea de poemas *Tudo nela brilha e queima*.

Ryane Leão lança livro com poemas sobre militância negra

Em livro de estreia, escritora negra e lésbica transforma sua dor e luta em versos marcantes

Por Anna Laura Moura

A resistência move Ryane Leão, 28 anos, poeta e professora nascida em Cuiabá. A vida em São Paulo e a dificuldade enfrentada ao perder o pai, negro, ser criada pela mãe, branca, ter de lidar com tantas batalhas levaram-na a fazer *Tudo nela brilha e queima* [...], lançado em outubro. "A gente cresce com uma solidão tão grande sendo mulher negra, sem ter nada palpável, que precisa escrever sobre coisas românticas", diz sobre o livro de estreia.

A escritora Ryane Leão.

Julia Rodrigues/Abril Comunicações S.A.

Como foi sua formação?

Ryane Leão: Estudei minha vida toda com bolsa num colégio de padres. Não tinha condições financeiras, e a mensalidade daquela escola era praticamente o salário da minha mãe. Foi difícil. Quase ninguém falava comigo por eu ser pobre, mas a gente se fortalece. Depois fiz moda na USP Leste para me encontrar, mas no fim virei escritora. É o destino.

Você nasceu em Cuiabá e mudou-se para São Paulo. Como é viver aqui?

Ryane: Morei em muitos lugares por questão de grana. Agora vivo no Jardim da Glória (Zona Centro-Sul). Gosto daqui, mas não quero ficar muito tempo. Chega um momento em que precisamos expandir, até porque as oportunidades não são iguais para todas as pessoas.

REPRODUÇÃO/EDITORA PLANETA BRASIL

Capa do livro *Tudo nela brilha e queima*, de Ryane Leão, publicado pela editora Planeta Brasil, 2017.

Quando você começou a escrever?

Ryane: Escrevo desde criança. Sempre tive muitos diários, e um dos temas recorrentes era o amor. Passei a frequentar saraus e a fazer *blogs*. Tornei públicos os meus textos a partir de 2008.

O título de seu livro, *Tudo nela brilha e queima*, refere-se a quê?

Ryane: Tem gente que só quer ver a parte boa da vida, o brilho, e outros só sentem a ardência, o lado ruim. Por que não sentir os dois? Podemos arder de amor ou dor. E falar sobre amor-próprio nem sempre significa encontrar esse sentimento. Geralmente dizem isso sobre as escritoras feministas. As pessoas romantizam demais, acham que a gente nunca cai. Existe o mito da mulher negra forte, que não fraqueja. Mas podemos e devemos cair para emergir. [...]

MOURA, Anna Laura. Ryane Leão lança livro com poemas sobre militância negra. *Claudia*. São Paulo: Abril, 30 nov. 2017. Disponível em: https://claudia.abril.com.br/noticias/ryane-leao-lanca-livro-poemas. Acesso em: 28 fev. 2022.

1. Converse sobre a entrevista com os colegas, considerando as seguintes questões.

a) Você já tinha ouvido falar de Ryane Leão?

b) Conhece outros escritores que publicam nas redes sociais?

c) E você? Já se aventurou a publicar seus escritos literários? Costuma usar as redes sociais para compartilhar essas produções? Em caso afirmativo, conte como costuma ser a recepção dos seus textos pelos contatos que você mantém nas redes que utiliza.

Poemas de Ryane Leão

Leia a seguir alguns poemas de Ryane Leão para, na sequência, responder a um conjunto de atividades ligadas à prática de linguagem de **recepção**.

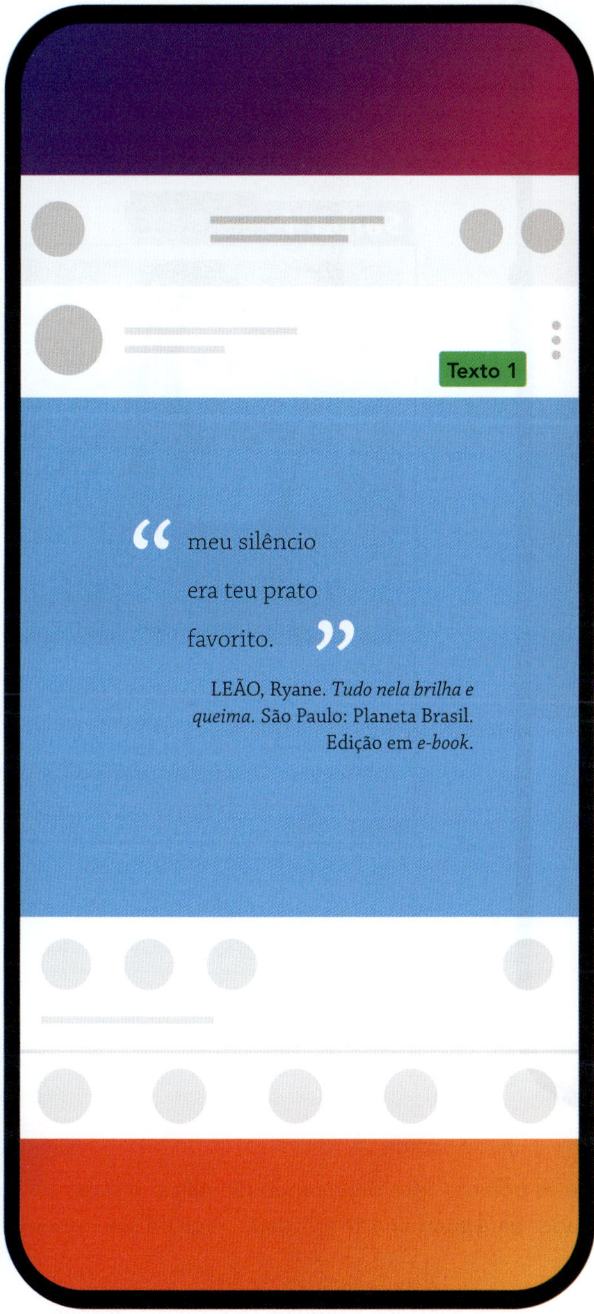

vector_IT/Shutterstock

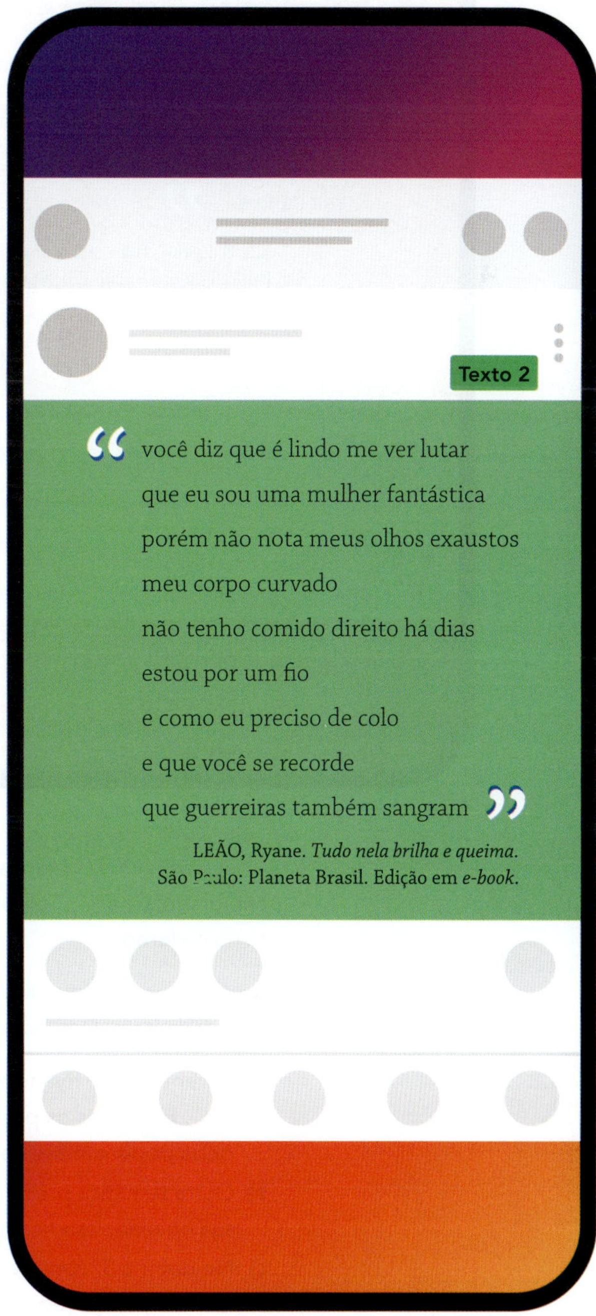

vector_IT/Shutterstock

vector_IT/Shutterstock

Texto 3

"da importância de encarar a si mesma

escolha seus melhores discos
e tire suas piores dores
pra dançar"

LEÃO, Ryane. *Tudo nela brilha e queima.* São Paulo: Planeta Brasil. Edição em *e-book*.

Saiba +

Marcos Alves/Agencia O Globo

Ryane Leão (1989-) é poeta e professora. Em 2019, publicou *Jamais peço desculpas por me derramar*, pela editora Planeta Brasil. Em seu perfil no Instagram, @ondejazzmeucoração, costuma publicar muitos de seus poemas.

2. Converse com os colegas sobre os poemas lidos procurando identificar o(s) tema(s) explorado(s) nesses textos. Depois, para concluir esta atividade, registre sua resposta no caderno.

3. Agora vamos inverter a dinâmica. Leia as questões a seguir e registre suas respostas para cada item. Depois, socialize as respostas com os colegas.

a) Na entrevista, Ryane afirma que "a solidão faz a gente escrever coisas românticas". Em todos os poemas, há menção a relações afetivas. Em sua opinião, quais delas poderiam ser descritas como relações amorosas, entre um casal? Por quê?

b) Outra temática presente nos poemas é a condição da mulher. Em qual deles, em sua opinião, isso fica mais evidente? Por quê?

c) No poema 3, como você interpreta a antítese "melhores discos" × "piores dores"? Que relação poética de sentido se constrói com base nessa figura?

4. No início da entrevista, a jornalista apresenta Ryane como "escritora negra e lésbica" que "transforma sua dor e luta em versos marcantes". Nessa qualificação, destacam-se duas características que indicam o pertencimento da escritora a grupos sociais marginalizados. Considerando a discussão feita na atividade anterior, você acha que esse pertencimento influencia a obra de Ryane? Explique.

5. Na entrevista, Ryane faz duas afirmações importantes: que, desde pequena, escrevia diários – isso significa que, de algum modo, a escrita sempre esteve presente na vida dela – e que "podemos e devemos cair para emergir". De que forma a escrita e a leitura de literatura nos ajudam a aprender a "cair para emergir"?

6. O comentário que Ryane faz em relação ao título de seu livro de estreia evidencia uma característica que é perceptível em todos os poemas dela apresentados nesta seção. Converse com os colegas e tentem identificar essa temática da obra. Depois, registre sua resposta no caderno.

Poetrix

Ao final dos anos 1990, uma forma poética nova, chamada *poetrix*, começou a ser produzida. Mais recentemente, tornou-se um fenômeno por causa da ampla divulgação na internet, tanto no Brasil como no exterior, e há muitos poetas jovens que produzem poetrix. Publicado também em livros e discutido em eventos literários, o poetrix passou a ser estudado nas universidades. Um exemplo é o estudo feito por Sayonara Amaral de Oliveira, professora de Literatura da Uneb (Universidade do Estado da Bahia). Leia um trecho:

> O conceito do poetrix se formou inicialmente no espaço *off line*, em 1999, quando o poeta baiano Goulart Gomes, fundador do movimento, publicou o seu livro *TRIX - Poemetos Tropi-kais* , lançado na Bienal do Livro da Bahia naquele ano. Mas foi somente em 2006 que a proposta ganhou a internet, com a criação de uma página no sítio Recanto das Letras, onde ainda hoje permanece. [...]
>
> A nomenclatura poetrix se explica pela junção dos termos *poesia* (poe) e *três* (trix), definindo assim um poema composto por três versos, sem ultrapassar o número de trinta sílabas métricas no total. Em linhas gerais, trata-se de um terceto contemporâneo, que pode versar sobre qualquer tema, devendo, para tanto, explorar figuras de linguagem ou de pensamento, bem como o ritmo e a sonoridade das palavras. Também são bem-vindos os neologismos e acentos de teor satírico, cujo efeito é deflagrar ambiguidades no discurso, levando os sentidos dos versos para além do confinamento que o tamanho diminuto do terceto pareceria impor. "O mínimo é o máximo!", diz a orientação postada a título de epígrafe na *homepage* do movimento. [...]

OLIVEIRA, Sayonara Amaral de. *Sobre vivências poéticas no campo da mídia digital.* Disponível em: https://doi.org/10.1590/2316-4018473. Acesso em: 16 jun. 2022.

Como explicado no trecho acima do estudo de Sayonara Amaral de Oliveira, o movimento poetrix foi fundado pelo escritor Goulart Gomes. O poetrix é uma forma poética que tem forma fixa, devendo obrigatoriamente ter um título e três versos, com no máximo 30 sílabas poéticas no total. Pode ter rima, figuras de linguagem, mas deve evitar as conjunções coordenativas. Os temas podem variar, e o poeta pode expressar seus sentimentos e emoções de forma explícita.

O poetrix é semelhante ao haicai, mas há diferenças marcantes entre eles: no haicai não pode haver título, e a rima, quando existe, só pode ser interna aos versos; o haicai pode ter no máximo 17 sílabas poéticas, em geral distribuídas em versos de 5, 7 e 5 sílabas. E os temas são mais ligados à contemplação da natureza.

Leia a seguir alguns exemplos de poetrix.

Saiba +

Reprodução/Arquivo pessoal

Goulart Gomes, graduado em Administração de Empresas, é especialista em literatura brasileira. Tem produções literárias publicadas em livros e *sites*.

Texto 1

(G)estações

juras de amor eterno
nas folhas caídas do outono
não chegaram ao inverno

GOMES, Goulart. (G)estações. *In*: (org.) *Antologia internacional poetrix 2*. S.l. p: Movimento Internacional Poetrix (MIP), 2007. p. 44.

Texto 2

Felicidade possível

O peixe em seu aquário
O pássaro em sua gaiola
A bailarina em sua caixinha

GOMES, Goulart. Felicidade possível. *Idem*, *ibid*. p. 48.

Saiba +

Reprodução/Arquivo pessoal

Lílian Maial é médica, escritora e poeta carioca, com produções poéticas publicadas em livros, antologias e em *sites*.

Texto 3

Doa-se

coração adestrado
com pedigree, vacinado
só não obedece ao dono

MAIAL, Lílian. Doa-se. *Idem*, *ibid*. p.68.

Saiba +

Reprodução/Academia de Letras de Londrina, PR.

José Aparecido Cauneto, natural de Paranavaí, no Paraná, é licenciado em Letras. É membro da Academia de Letras e Artes de Paranavaí.

Texto 4

Essência

Contigo
anoiteço trigo
amanheço vinho

CAUNETO, José Aparecido. Essência. *Idem*, *ibid*. p. 25.

7. Converse com um colega para elaborar uma hipótese que explique o sucesso alcançado por essa forma poética. Que características ela tem que favorecem sua disseminação nos meios digitais? Registre sua resposta no caderno.

Formas nanopoéticas

É importante você saber que, embora formas poéticas como o poetrix façam enorme sucesso na internet, sua origem é anterior ao fenômeno da grande massificação do acesso aos meios digitais, ocorrida a partir dos anos 2000. Essas formas, chamadas pelos estudiosos de *nanopoéticas* – principalmente em razão de suas dimensões textuais reduzidas – já se afiguravam como tendência na literatura brasileira do século XX.

Uma dessas formas nanopoéticas bastante conhecidas é o microconto. De curto, o conto passou a miniconto e, depois, a microconto.

Saiba +

Os cem menores contos brasileiros do século, organizado por Marcelino Freire. Ateliê Editorial, 2008.

Para essa antologia organizada pelo prosador e poeta Marcelino Freire, foram reunidas produções de autores que aceitaram o desafio de escrever contos de, no máximo, cinquenta letras. Com isso, a obra procura fornecer ao leitor um panorama das narrativas curtíssimas da literatura brasileira contemporânea.

No livro *Os cem menores contos brasileiros do século*, é possível encontrar textos de escritores como Adriana Falcão, André Laurentino e Andrea Del Fuego.

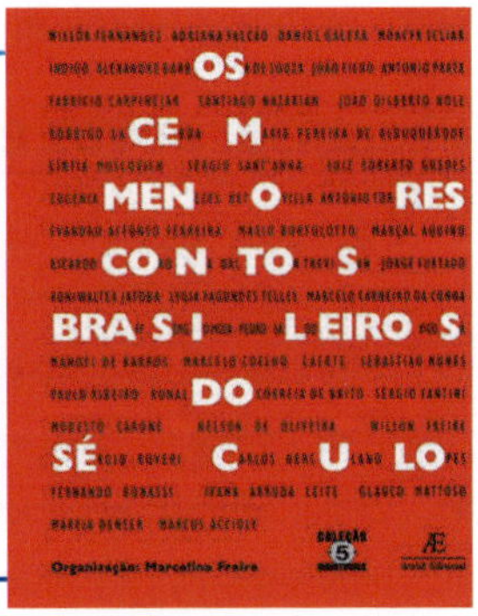

Reprodução/Marcelino Freire, Ateliê Editorial

O livro *Os cem menores contos brasileiros do século*, organizado por Marcelino Freire.

O miniconto e o microconto são narrativas em que se tenta, com o mínimo de recursos, contar ou sugerir, com muita expressividade, uma história. Pelo tamanho, precisa causar impacto sobre o leitor. Esse tipo de narrativa, especialmente o microconto, exige do leitor o desvendamento da história, que deve ter começo, meio e fim, mas que é quase sempre subentendida.

Os microcontos também encontram na internet um poderoso meio de divulgação. Blogues, microblogues e redes sociais têm veiculado micronarrativas de gente famosa e de autores desconhecidos.

Em meios digitais como os microblogues, a limitação do número de caracteres que podem ser digitados em cada postagem é uma realidade. Essa forma de comunicação impõe ao produtor do texto uma tentativa de síntese e de concentração informativa para comunicar suas ideias com o menor número de palavras.

A seguir, leia um microconto extraído de uma coletânea organizada por Marcelino Freire. A narrativa é de autoria da escritora Adriana Falcão.

Ali, deitada, divagou:
se fosse eu,
teria escolhido lírios.

FALCÃO, Adriana. "Ali, deitada, divagou:". *In*: FREIRE, Marcelino (org.). *Os cem menores contos brasileiros do século*. São Paulo: Ateliê Editorial, 2004.

Saiba +

Adriana Franco de Abreu Falcão (1960-), natural do Rio de Janeiro, é escritora e roteirista.

Barbara Lopes/Agencia O Globo

Diário de bordo

Registre em seu diário de bordo suas conclusões a respeito da relação entre as formas poéticas e a literatura contemporânea; exponha, também, de que modo você vê a maneira de a escrita se transformar e se reconfigurar na internet.

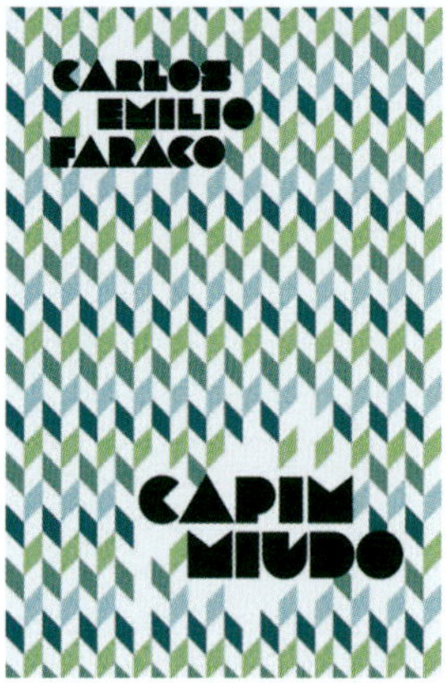

Reprodução/E-GALÁXIA

Saiba +

Capim miúdo, de Carlos Emilio Faraco. e-galáxia, 2017.

O livro apresenta um conjunto de histórias muito curtas, cabendo nelas apenas o dia a dia das pessoas. Com seus microcontos, o autor pretende provocar reflexão sobre estar no mundo e estar sujeito às armadilhas da sorte.

Internet e circulação de textos literários

As redes sociais, os *sites* especializados em literatura, os blogues e os canais de divulgação de vídeos, entre tantos outros espaços na internet, transformaram os modos de produção e recepção literários.

Antes da internet, para que um escritor tivesse seus textos publicados e divulgados, o processo implicava que sua produção literária fosse publicada em livros ou na mídia impressa. E, para chegar ao público, era preciso passar por inúmeros filtros ligados aos processos e às condições das editoras. Assim, era muito mais difícil do que hoje ter seus textos divulgados. A internet propiciou uma nova maneira de circulação dos escritos literários porque quebrou as barreiras editoriais.

Pesquisa: novos escritores

- Pensando nessa nova realidade, você e os colegas podem pesquisar outros escritores que se tornaram conhecidos por meio de sua participação na internet. Selecionem exemplos desses escritores, conheçam suas histórias, verifiquem suas motivações para a escrita, selecionem textos escritos por eles.
- Organizem os achados e, em um dia combinado com o professor, montem na escola uma exposição sobre esses escritores e suas obras. Vocês podem criar cartazes com as obras e as histórias dos escritores e "espalhá-los" pela escola, para que colegas de outras turmas tenham acesso. Combinem com o professor uma forma de fazer a exposição e a divulgação das pesquisas. Conversem com os gestores da escola para definir o modo e o local para essa exposição. Será uma forma de "intervenção literária" na escola.

Monkey Business Images/Shutterstock

Pessoas compartilhando ideias para organizar resultados de pesquisa.

Práticas de produção oral: leitura em voz alta

Nesta unidade, você pôde ler o discurso de posse do presidente Juscelino Kubitschek. O discurso político é uma das situações de leitura em voz alta. Há muitas outras. A seguir, será lançado a você um desafio: como ler em voz alta para alguém? Essa leitura tem características próprias? Em caso afirmativo, quais? Se há essas características, elas são sempre as mesmas ou mudam, conforme a situação comunicativa em questão?

Para resolver esse desafio, propomos a você uma reflexão sobre suas experiências a respeito de leituras dessa natureza, seguida de pesquisa e de análise, usando estratégias pautadas no raciocínio lógico e no **pensamento computacional**.

1. Em que situações você acha que uma pessoa pode ler textos em voz alta para outras? E com quais objetivos? Converse com os colegas e, em outro momento, registre suas respostas no caderno.

2. E você? Já leu em voz alta para alguém? Em caso afirmativo, em que situações isso ocorreu? Relate aos colegas. Depois, registre suas respostas no caderno.

Situação de leitura em voz alta

Sob a orientação do professor, você e os colegas vão organizar, na classe, uma seção de leitura em voz alta. Escolha um texto de que você goste e que deseje partilhar com os colegas e o professor. Traga-o para a aula no dia combinado. Essa será uma oportunidade de vivenciar os dois papéis essenciais do gênero: o *de quem lê* e o *de quem ouve* a leitura.

As orientações a seguir vão ajudar você e seus colegas a perceber os aspectos mais especiais de cada papel e, assim, a identificar certas características da situação de leitura em voz alta.

- Formem uma roda. Cada um de vocês lê para os demais o texto escolhido. Se possível, esse momento deverá ser gravado em vídeo ou em áudio. Isso permitirá a análise da leitura.
- Na condição de ouvinte, preste atenção em cada colega enquanto ele estiver lendo. Afinal, quem lê um texto em voz alta espera ser ouvido. A leitura em voz alta é uma forma divertida de compartilhar experiências.
- Na condição de leitor, conte por que escolheu o texto em questão, que significado ele tem para você, e permita que os colegas façam comentários a respeito ao terminar sua leitura.

Discurso político: análise

Um dos discursos políticos mais importantes da história recente de nosso país é o que você poderá ouvir nesta atividade. Ele foi proferido pelo então deputado e presidente da Assembleia Nacional Constituinte Ulysses Guimarães, em 5 de outubro de 1988, data em que foi promulgada a Constituição Brasileira atualmente em vigor.

Considere o então deputado um modelo de leitor experiente. Você será convidado a analisar os procedimentos de leitura em voz alta adotados por ele no discurso e, assim, poderá identificar padrões a serem seguidos em situações comunicativas semelhantes.

I. Com a orientação do professor, ouça atentamente o áudio do discurso de Ulysses Guimarães, disponível em: https://www.camara.leg.br/radio/programas/277285-integra-do-discurso-presidente-da-assembleia-nacional-constituinte-dr-ulysses-guimaraes-10-23/ (acesso em: 28 fev. 2022). Converse com os colegas sobre as impressões que tiverem desse discurso.

André Dusek/Estadão conteúdo

Ulysses Guimarães (1916-1992), então presidente da Câmara dos Deputados, acena para os parlamentares na Assembleia Nacional Constituinte após a promulgação da Constituição, em 5 de outubro de 1988.

II. O professor distribuirá cópias em papel desse texto à turma. Leia silenciosamente o discurso uma vez, para conhecê-lo em sua forma escrita.

III. Agora, você e os colegas vão analisar o aspecto propriamente oral implicado nesse gênero. Para isso, tenham em mãos a cópia do discurso em papel e um lápis para anotações e acompanhem novamente o áudio do discurso. Durante essa segunda escuta, agora com o texto em mãos, anote os incidentes orais percebidos. As orientações a seguir procuram indicar os passos da análise para organizar e facilitar o trabalho.

- Momentos de pausas: marquem com uma barra simples (/) as pausas mais breves e com uma barra dupla (//) as mais longas.
- Interrupções da plateia: anotem com um asterisco o lugar em que ocorrem. Ao lado do asterisco, indiquem P para "aplauso" e AP para "aplauso acompanhando de manifestações orais". Se você perceber outros "incidentes", anote com a letra O.
- Inflexões de voz, isto é, trechos em que o volume vocal fica mais fraco ou mais forte do que no restante do discurso: sublinhem a palavra ou o trecho em que ocorre a inflexão com uma linha para os momentos "fracos" e duas linhas para os momentos "fortes".
- O ritmo é a velocidade da fala, que também é importante. Por isso, anotem os trechos em que percebem aceleração ou desaceleração do ritmo.

IV. Com um ou dois colegas, compare as anotações feitas. Juntos, tentem chegar a um acordo sobre elas: talvez haja pequenas diferenças, provavelmente ocasionadas pela maneira de cada um de vocês perceber a leitura.

V. Em dupla ou trio, analisem a função das marcas feitas. Para isso, será preciso levar em conta os sentidos do texto, assim como a estrutura composicional do discurso político e suas finalidades, estudadas nesta unidade. Em sua análise, considere as questões a seguir, que podem colaborar para mostrar as relações entre os incidentes orais observados no item **III** e a estrutura e as finalidades do discurso. Elas procuram decompor o trabalho de análise em partes (os incidentes orais), para facilitar a observação.

- Quando ocorrem as pausas breves? O que elas sinalizam na leitura?
- Quando ocorrem as pausas longas? O que justifica sua existência no texto?
- As interrupções da plateia: o que elas sinalizam?
- As inflexões de voz: em que momentos ocorrem e o que as justificaria (tenham em vista o sentido dos trechos em que acontecem)?
- O ritmo: quando e por que ele varia? Em que essa variação rítmica contribui para a compreensão do discurso?
- O volume vocal, isto é, a intensidade com que a voz é proferida: é possível ouvir claramente o que é dito? A voz é muito intensa? A voz é muito fraca?
- Por fim, discutam com os demais grupos e, com a ajuda do professor, construam no caderno um quadro com as principais características da leitura pública em voz alta.

Leitura em voz alta gravada

O professor sorteará, agora, de seis a oito momentos da gravação das leituras em voz alta feitas por vocês na atividade realizada em *Discurso político: análise*.

- Formem de seis a oito grupos.
- Cada grupo analisará uma leitura em voz alta gravada com base nos parâmetros analíticos adotados para a análise da leitura em voz alta de Ulysses Guimarães. Cada grupo deve ter, portanto, uma versão da gravação e cópias do texto anteriormente lido.
- Feita a análise, os grupos apresentam o resultado do que puderam observar, apontando as qualidades da leitura analisada e elementos que podem ser aperfeiçoados.

Syda Productions/Shutterstock

Estudantes organizados em grupos fazendo anotações. É importante fazer anotações para poder apontar os itens sobre as leituras em voz alta que serão analisadas.

Leitura em voz alta de texto do livro

Agora o desafio é escolher um texto deste livro, já lido e estudado anteriormente. Faça uma cópia do texto escolhido em papel, para que você possa fazer anotações nele.

I. Leia silenciosamente o texto até ter certeza de tê-lo compreendido. Esclareça o sentido de enunciados que lhe pareçam complexos.

II. Esclareça a pronúncia de palavras que você não conhece: se tiver dúvida, consulte os colegas ou o professor. Você pode, também, consultar dicionários da língua portuguesa, que, em geral, trazem instruções sobre a pronúncia de palavras cuja ortografia não é transparente.

- Reúna-se com um colega, forneça-lhe a cópia de seu texto e leia-o em voz alta. Enquanto você lê, ele vai anotar na cópia as características que sua leitura apresentar, conforme a análise anterior. Ele vai assinalar possíveis problemas, como erros de pronúncia, hesitações, pausas inadequadas, trechos que ficarem incompreensíveis. Faça o mesmo com o colega, enquanto ele lê para você o texto escolhido por ele.
- Analise os problemas apontados pelo colega e avalie quais são os ajustes necessários.

III. Faça mais uma leitura em voz alta e, se possível, grave-a.

- Ouça você mesmo a gravação enquanto acompanha o texto escrito, para detectar outros problemas.
- Esse exercício pode ser repetido algumas vezes, com textos variados, até que você sinta que consegue ler com fluência, sem hesitações. Isso pode demorar um pouco, mas não desanime. Até os profissionais da leitura em voz alta (como os jornalistas da tevê e do rádio, os atores, os locutores em geral) às vezes cometem erros.

Diário de bordo

Registre em seu diário de bordo a importância de cada um dos passos vivenciados no exercício de leitura em voz alta, para que você possa compreender o funcionamento do gênero. Registre, também, as conclusões a respeito da importância de saber ler em voz alta em situações públicas.

Práticas de produção escrita: carta de solicitação

A carta de solicitação é um gênero argumentativo reivindicatório. Assim, seus objetivos são semelhantes aos de um manifesto. Trata-se de um gênero importante nas sociedades democráticas, porque por meio dele os indivíduos ou as associações podem se comunicar com autoridades para apresentar suas reivindicações. Também é usado quando um cidadão pretende reivindicar seus direitos como consumidor.

Embora semelhantes em sua função como texto reivindicatório, o manifesto e a carta de solicitação são gêneros diferentes, em seus modos de circulação e de composição. O manifesto, como vimos na Unidade 1, tem caráter público, parte de uma organização ou de um indivíduo e é endereçado de forma pública aos destinatários. Sua função é despertar o interesse por uma temática de relevância social e manifestar uma pauta de reivindicações publicamente. É por isso que ele circula na internet, em eventos como passeatas e comícios, é publicado em veículos de imprensa, etc. Os destinatários de um manifesto são múltiplos: ele enuncia reivindicações como um conjunto de princípios, como vimos a propósito do manifesto do Grupo Mulheres do Brasil na Unidade 1. Por isso, também, os manifestos produzidos naquela unidade foram divulgados em um evento público organizado por vocês naquele momento.

Estudantes compartilhando opiniões e ideias.

A carta de solicitação, por sua vez, é um gênero epistolar: tem uma forma textual composicional específica, como todas as cartas. Enunciativamente, um remetente – que pode ser um indivíduo ou um grupo – se endereça a um destinatário preciso. A reivindicação – ou solicitação, demandas, etc. – feita por meio desse gênero deve ser precisa, formulada de acordo com as possibilidades de ação do destinatário em responder a ela.

Para você conhecer outras características desse gênero, lançamos um desafio: Quais são as características composicionais de uma carta de solicitação e de que modo ela circula pela sociedade?

Para resolver esse desafio, propomos a você e aos colegas um trabalho de pesquisa e análise, usando estratégias pautadas no raciocínio lógico e no pensamento computacional.

Depois de selecionarem modelos da carta de solicitação, vocês vão adotar alguns procedimentos para decompor e analisar essas cartas de modo sistematizado. Então, vão reconhecer os padrões de organização das cartas dessa natureza, abstraí-los para poder aplicá-los na escrita do texto de vocês e, assim, resolver o desafio lançado e buscar ir além: escrever individualmente a carta de solicitação.

Com esses procedimentos, você estará apto a analisar todo o processo, de modo a elaborar um pensamento crítico sobre ele, e poderá adotá-lo em outras situações semelhantes.

Seleção e análise

Considerando as sugestões a seguir, selecionem modelos de cartas de solicitação e analisem sua forma composicional.

I. Em grupos, pesquisem na internet ou em outras fontes exemplos de cartas de solicitação. Selecionem alguns desses exemplos (bastarão uns quatro ou cinco modelos por grupo) e, no dia combinado com o professor, tragam o material para a escola.

II. Leiam e analisem cada um dos exemplos encontrados. Para facilitar o processo de análise, é importante organizar a observação em duas fases, decompondo o processo. Para começar, observem a presença de elementos textuais epistolares, aqueles típicos de cartas. Então será importante observar a presença ou não dos aspectos indicados a seguir.

- Há indicações de data e local? Como são expressas e em que lugar na carta?
- Há um destinatário claro? Como e em que lugar isso é sinalizado na carta? Quais recursos de linguagem são empregados para que os remetentes se dirijam a ele?
- Há uma fórmula empregada ao final da carta, como desfecho de cortesia? Que fórmula é essa?
- Como o remetente sinaliza a autoria da carta? Em que lugar essa marca de autoria aparece?
- Há dados e informações pessoais de contato expressas em algum lugar da carta?
- O texto é impresso ou manuscrito? Considerando os exemplos encontrados, essa forma do portador é importante? Por quê?
- Observem as características de formatação: alinhamentos, espaços interlineares, tipo de letra, tamanho das margens, etc.

III. Agora, o fundamental será identificar os elementos típicos das cartas de solicitação. Para isso, debrucem-se sobre o corpo do texto propriamente dito, isto é, a parte em que se percebe que reivindicações são feitas, para quem, com base em que argumentos, em que nível de linguagem, etc. As dicas a seguir podem orientar a observação das cartas.

- O nível de linguagem é formal, respeitando a norma-padrão, ou é informal?
- Como se estrutura o corpo do texto, considerando as questões a seguir?

a) Que informações são organizadas no primeiro parágrafo? No entender do grupo, qual é o objetivo delas?

b) Nos parágrafos seguintes, como se apresentam as solicitações que motivam as cartas?

c) Há marcas de subjetividade (por exemplo, o uso da 1ª pessoa do singular, marcas de modalização)?

d) A carta é extensa?

e) Quem são os destinatários? Eles representam instituições ou indivíduos capazes de atender à solicitação?

- Entre as cartas de solicitação analisadas, há alguma que lhes pareça mais adequada? Por quê?

Compartilhando resultados

Com a ajuda do professor, compartilhem as análises feitas com os outros grupos.

I. Na comparação dos resultados, verifiquem semelhanças e diferenças entre as análises feitas nos itens II e III. Assim, vão chegar a um "denominador comum", isto é, às características principais do gênero, observadas na maior parte dos exemplos recolhidos. Por meio desse processo, vocês vão identificar o padrão das cartas de solicitação, considerando seus aspectos comuns às cartas em geral e os aspectos específicos das cartas de solicitação.

II. Com esse resultado comparativo, organizem um quadro com as características do gênero e o compartilhem no *site* da escola para que outras pessoas possam escrever cartas dessa natureza.

III. Esse quadro pode ser montado em um mural físico da escola ou com a ajuda de plataformas e aplicativos específicos.

Escrita e revisão da carta de solicitação

De posse dessa análise e do quadro do gênero produzido por vocês, será possível à turma redigir a própria carta de solicitação.

I. Retomem o esboço da carta redigido em *Situação inicial* desta unidade e guardado no **portfólio**.

II. Coletivamente, sob a supervisão do professor, releiam-no e elaborem uma nova versão, por meio de um aplicativo de edição e produção compartilhada de textos.

III. Utilizem o quadro criado por vocês com as características do gênero para garantir que a carta de solicitação produzida está de acordo com as definições observadas.

IV. Confiram se o endereço do remetente e do destinatário estão completos e atualizados.

V. Avaliem se os recursos de língua a seguir foram adequadamente empregados:

- Pronomes de tratamento e fórmulas de polidez.
- Aspectos sintáticos da linguagem formal, ligados à concordância e à regência.
- A coerência dos argumentos e as justificativas apresentadas para a solicitação.

Por fim, enviem a carta ao destinatário previamente definido e aguardem a resposta. Depois de estabelecido esse primeiro contato, é importante que vocês se mantenham atualizados sobre o desenrolar de ações decorrente da solicitação e que estejam preparados para dar sequência a esse diálogo.

Viktoria Kurpas/Shutterstock

Diário de bordo

Registre em seu diário de bordo as aprendizagens que você considera que construiu a respeito do gênero carta de solicitação ao longo do trabalho. Registre, também, como foi o processo coletivo de análise das cartas e a organização do quadro com as características do gênero.

Responda às questões a seguir para fazer uma retomada dos seus conhecimentos e rever alguns assuntos que estudou nesta unidade.

1. (Enem – 2013)

Concurso de microcontos no Twitter

A nona edição do Simpósio Internacional de Contadores de História promove concurso de microcontos baseado no Twitter. Os interessados devem ter uma conta no Twitter, seguir o *@simposioconta* e escrever um microconto de gênero suspense, com tema livre. O conto deve seguir as regras do Twitter: apenas 140 caracteres.

ELINA, R. Disponível em: www.consuladosocial.com.br. Acesso em: 28 jul. 2010.

Na atualidade, o texto traz uma proposta de utilização do Twitter como ferramenta que proporciona uma construção rápida, sintética e definida pelo gênero suspense. Isso demonstra que essa rede social pode ser uma forma de inovação tecnológica que

a) define uma dinâmica diferente de construção de texto, condensando as ideias principais sem perder a criatividade.

b) conceitua uma nova vertente de texto, na qual a rapidez supera o enredo e as outras características do texto.

c) considera que a utilização da escrita com caneta e papel seja primitiva para os dias atuais.

d) caracteriza um texto de tema livre, no qual o número de caracteres importa mais que a criatividade do autor.

e) propõe um novo traço à escrita, pois garante a eficiência dos processos de comunicação.

2. (Comvest/Unicamp-SP – 2019)

Leia o texto a seguir, publicado no Instagram e em um livro do @akapoeta João Doederlein.

Comvest/Unicamp-SP2019

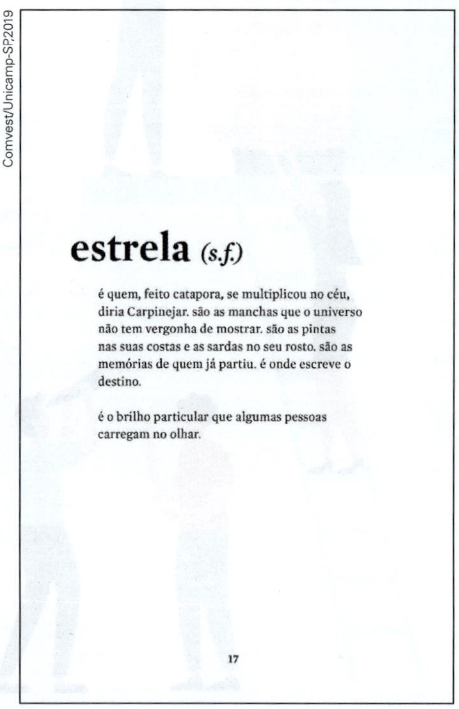

estrela *(s.f.)*

é quem, feito catapora, se multiplicou no céu, diria Carpinejar. são as manchas que o universo não tem vergonha de mostrar. são as pintas nas suas costas e as sardas no seu rosto. são as memórias de quem já partiu. é onde escreve o destino.

é o brilho particular que algumas pessoas carregam no olhar.

17

(João Doederlein, *O livro dos significados*. São Paulo: Paralela, 2017, p. 17.)

A ressignificação de *estrela* ocorre porque o verbete apresenta

a) diversas acepções dessa palavra de modo amplo, literal e descritivo.

b) cinco definições da palavra relativas à realidade e uma definição figurada.

c) vários contextos de uso que evidenciam o caráter expositivo do gênero verbete.

d) uma entrada formal de dicionário e acepções que expressam visões particulares.

3. (UFJF-MG – 2014)

Muribeca

Lixo? Lixo serve pra tudo. A gente encontra a mobília da casa, cadeira pra pôr uns pregos e ajeitar, sentar. Lixo pra poder ter sofá, costurado, cama, colchão. Até televisão. É a vida da gente o lixão. E por que é que agora querem tirar ele da gente? O que é que eu vou dizer pras crianças? Que não tem mais brinquedo? Que acabou o calçado? Que não tem mais história, livro, desenho? E o meu marido, o que vai fazer? Nada? Como ele vai viver sem as garrafas, sem as latas, sem as caixas? Vai perambular pela rua, roubar pra comer? E o que eu vou cozinhar agora? Onde vou procurar tomate, alho, cebola? Com que dinheiro vou fazer sopa, vou fazer caldo, vou inventar farofa? Fale, fale. Explique o que é que a gente vai fazer da vida? O que a gente vai fazer da vida? Não pense que é fácil. Nem remédio pra dor de cabeça eu tenho. Como vou me curar quando me der uma dor no estômago, uma coceira, uma caganeira? Vá, me fale, me diga, me aconselhe. Onde vou encontrar tanto remédio bom? E esparadrapo e band-aid e seringa? O povo do governo devia pensar três vezes antes de fazer isso com chefe de família. Vai ver que eles tão de olho nessa merda aqui. Nesse terreno. Vai ver que eles perderam alguma coisa. É. Se perderam, a gente acha. A gente cata. A gente encontra. Até bilhete de loteria, lembro, teve gente que achou. Vai ver que é isso, coisa da Caixa Econômica. Vai ver que é isso, descobriram que lixo dá lucro, que pode dar sorte, que é luxo, que lixo tem valor. Por exemplo, onde a gente vai morar, é? Onde a gente vai morar? Aqueles barracos, tudo ali em volta do lixão, quem é que vai levantar? Você, o governador? Não. Esse negócio de prometer casa que a gente não pode pagar é balela, é conversa pra boi morto. Eles jogam a gente é num esgoto. Pr'onde vão os coitados desses urubus? A cachorra, o cachorro? Isso tudo aqui é uma festa. Os meninos, as meninas naquele alvoroço, pulando em cima de arroz, feijão. Ajudando a escolher. A gente já conhece o que é bom de longe, só pela cara do caminhão. Tem uns que vêm direto de supermercado, açougue. Que dia na vida a gente vai conseguir carne tão barato? Bisteca, filé, chã-de-dentro – o moço tá servido? A moça? Os motoristas já conhecem a gente. Têm uns que até guardam com eles a melhor parte. É coisa muito boa, desperdiçada. Tanto povo que compra o que não gasta – roupa nova, véu, grinalda. Minha filha já vestiu um vestido de noiva, até a aliança a gente encontrou aqui, num corpo. É. Vem parar muito bicho morto. Muito homem, muito criminoso. A gente já tá acostumado. Até o camburão da polícia deixa seu lixo aqui, depositado. Balas, revólver 38. A gente não tem medo, moço. A gente é só ficar calado. Agora, o que deu na cabeça desse povo? A gente nunca deu trabalho. A gente não quer nada deles que não esteja aqui jogado, rasgado, atirado. A gente não quer outra coisa senão esse lixão pra viver. Esse lixão para morrer, ser enterrado. Pra criar os nossos filhos, ensinar o nosso ofício, dar de comer. Pra continuar na graça de Nosso Senhor Jesus Cristo. Não faltar brinquedo, comida, trabalho. Não, eles nunca vão tirar a gente deste lixão. Tenho fé em Deus, com a ajuda de Deus eles nunca vão tirar a gente deste lixo. Eles dizem que sim, que vão. Mas não acredito. Eles nunca vão conseguir tirar a gente deste paraíso.

FREIRE, Marcelino. Muribeca. In:_____. *Angu de sangue*. São Paulo: Ateliê, 2000. p. 23-25.

No conto de Marcelino Freire, o tema central, que motiva o drama do narrador-personagem, corresponde ao seguinte elemento da narrativa:

a) tempo.
b) espaço.
c) protagonista.
d) foco narrativo.
e) narrador.

4. (UEL-PR – 2015)

Leia a letra de canção a seguir.

Vai, minha tristeza, e diz a ela
Que sem ela não pode ser
Diz-lhe numa prece que ela regresse
Porque eu não posso mais sofrer
Chega de saudade
A realidade é que sem ela não há paz
Não há beleza, é só tristeza
E a melancolia que não sai de mim
Não sai de mim, não sai
Mas se ela voltar, se ela voltar
Que coisa linda, que coisa louca!
Pois há menos peixinhos a nadar no mar
Do que os beijinhos que eu darei na sua boca
Dentro dos meus braços
Os abraços hão de ser milhões de abraços
Apertados assim, colados assim, calados assim,
Abraços e beijinhos e carinhos sem ter fim
Que é pra acabar com esse negócio
De você viver longe de mim
Não quero mais esse negócio
De você viver assim
Vamos deixar desse negócio
De você viver sem mim

(Vinicius de Moraes / Tom Jobim. *João Voz e Violão*. Universal Music, CD, 1999.)

A canção Chega de Saudade foi composta por Vinicius de Moraes (letra) e por Tom Jobim (melodia). Foi gravada pela primeira vez em 1958 na voz de Eliseth Cardoso, acompanhada pelo violão de João Gilberto. Alguns anos depois, essa gravação ficou conhecida como um dos primeiros registros fonográficos da Bossa Nova. Chega de Saudade traz elementos novos para a música popular brasileira, que constituirão a Bossa Nova.

Cite cinco dessas novidades quanto aos elementos melódicos e à temática da letra.

5. (EsPCEx-SP – 2017)

Noruega como Modelo de Reabilitação de Criminosos

O Brasil é responsável por uma das mais altas taxas de reincidência criminal em todo o mundo. No país, a taxa média de reincidência (amplamente admitida mas nunca comprovada empiricamente) é de mais ou menos 70%, ou seja, 7 em cada 10 criminosos voltam a cometer algum tipo de crime após saírem da cadeia.

Alguns perguntariam "Por quê?". E eu pergunto: "Por que não?" O que esperar de um sistema que propõe reabilitar e reinserir aqueles que cometerem algum tipo de crime, mas nada oferece, para que essa situação realmente aconteça? Presídios em estado de depredação total, pouquíssimos programas educacionais e laborais para os detentos, praticamente nenhum incentivo cultural, e, ainda, uma sinistra cultura (mas que diverte muitas pessoas) de que bandido bom é bandido morto (a vingança é uma festa, dizia Nietzsche).

Situação contrária é encontrada na Noruega. Considerada pela ONU, em 2012, o melhor país para se viver (1º no ranking do IDH) e, de acordo com levantamento feito pelo Instituto Avante Brasil, o 8º país com a menor taxa de homicídios no mundo, lá o sistema carcerário chega a reabilitar 80% dos criminosos, ou seja, apenas 2 em cada 10 presos voltam a cometer crimes; é uma das menores taxas de reincidência do mundo. Em uma prisão em Bastoy, chamada de ilha paradisíaca, essa reincidência é de cerca de 16% entre os homicidas, estupradores e traficantes que por ali passaram. Os EUA chegam a registrar 60% de reincidência e o Reino Unido, 50%. A média europeia é 50%.

A Noruega associa as baixas taxas de reincidência ao fato de ter seu sistema penal pautado na reabilitação e não na punição por vingança ou retaliação do criminoso. A reabilitação, nesse caso, não é uma opção, ela é obrigatória. Dessa forma, qualquer criminoso poderá ser condenado à pena máxima prevista pela legislação do país (21 anos), e, se o indivíduo não comprovar estar totalmente reabilitado para o convívio social, a pena será prorrogada, em mais 5 anos, até que sua reintegração seja comprovada.

O presídio é um prédio, em meio a uma floresta, decorado com grafites e quadros nos corredores, e no qual as celas não possuem grades, mas sim uma boa cama, banheiro com vaso sanitário, chuveiro, toalhas brancas e porta, televisão de tela plana, mesa, cadeira e armário, quadro para afixar papéis e fotos, além de geladeiras. Encontra-se lá uma ampla biblioteca, ginásio de esportes, campo de futebol, chalés para os presos receberem os familiares, estúdio de gravação de música e oficinas de trabalho. Nessas oficinas são oferecidos cursos de formação profissional, cursos educacionais, e o trabalhador recebe uma pequena remuneração. Para controlar o ócio, oferecer muitas atividades, de educação, de trabalho e de lazer, é a estratégia.

A prisão é construída em blocos de oito celas cada (alguns dos presos, como estupradores e pedófilos, ficam em blocos separados). Cada bloco tem sua cozinha. A comida é fornecida pela prisão, mas é preparada pelos próprios detentos, que podem comprar alimentos no mercado interno para abastecer seus refrigeradores.

Todos os responsáveis pelo cuidado dos detentos devem passar por no mínimo dois anos de preparação para o cargo, em um curso superior, tendo como obrigação fundamental mostrar respeito a todos que ali estão. Partem do pressuposto que, ao mostrarem respeito, os outros também aprenderão a respeitar.

A diferença do sistema de execução penal norueguês em relação ao sistema da maioria dos países, como o brasileiro, americano, inglês, é que ele é fundamentado na ideia de que a prisão é a privação da liberdade, e pautado na reabilitação e não no tratamento cruel e na vingança.

O detento, nesse modelo, é obrigado a mostrar progressos educacionais, laborais e comportamentais, e, dessa forma, provar que pode ter o direito de exercer sua liberdade novamente junto à sociedade.

A diferença entre os dois países (Noruega e Brasil) é a seguinte: enquanto lá os presos saem e praticamente não cometem crimes, respeitando a população, aqui os presos saem roubando e matando pessoas. Mas essas são consequências aparentemente colaterais, porque a população manifesta muito mais prazer no massacre contra o preso produzido dentro dos presídios (a vingança é uma festa, dizia Nietzsche).

LUIZ FLÁVIO GOMES, jurista, diretor-presidente do Instituto Avante Brasil e coeditor do Portal atualidadesdodireito.com.br. Estou no blogdolfg.com.br.
** Colaborou Flávia Mestriner Botelho, socióloga e pesquisadora do Instituto Avante Brasil.
Fonte: Adaptado de: http://institutoavantebrasil.com.br/noruega-como-modelo-dereabilitacao-de-criminosos/. Acessado em 17 de março de 2017.

Em "Alguns perguntariam 'Por quê?'. E eu pergunto: 'Por que não?", as perguntas retóricas constituem:

a) crítica ao senso comum, por meio do discurso subjetivo.

b) linguagem apelativa, com intuito de persuadir o leitor.

c) verossimilhança, por meio do discurso direto.

d) diálogo entre textos, fazendo alusão ao discurso alheio.

e) estratégia argumentativa, ponto de partida da análise do autor.

6. (EsPCEx-SP – 2017)

"Mas essas são consequências aparentemente colaterais, porque a população manifesta muito mais prazer no massacre contra o preso produzido dentro dos presídios".

Há um trecho, dentro do período destacado acima, que provoca ambiguidade. Marque-o:

a) aparentemente colaterais

b) produzido dentro dos presídios

c) contra o preso

d) manifesta mais prazer

e) no massacre

7. (EsPCEx-SP – 2017)

"(...) uma **sinistra** cultura de que bandido bom é bandido morto."

O adjetivo em destaque apresenta, no texto, o significado de:

a) errada.

b) maligna.

c) desprezível.

d) forte.

e) correta.

8. (Uerj – 2009)

Juventude e participação

Inicialmente, gostaria de destacar que toda avaliação é feita a partir de uma comparação. Neste caso, essa comparação poderia ser feita em duas direções. Uma delas em relação a outras faixas etárias e a outra em relação à juventude de épocas passadas. Em relação à primeira dimensão, me parece que o comportamento político da juventude não seja diferente do de outras faixas etárias. **Os que avaliam como baixa a participação política da juventude atual não podem afirmar que seja diferente da participação política das outras faixas**. Existem parcelas da população passivas (e entre elas há jovens e também adultos), assim como existem parcelas da população com alta taxa de participação política, e entre elas podemos igualmente identificar jovens e adultos.

Logo, uma comparação entre faixas etárias não nos leva a concluir que seja baixa a participação política da juventude. Agora, em relação à outra dimensão, a comparação entre juventudes de épocas diferentes, podemos constatar diferenças que aparentemente levem algumas pessoas a afirmações do tipo "a juventude atual não está com nada", "antigamente os jovens tinham maior consciência e atuação política". E aqui, novamente, devemos analisar a questão por partes. Jovens alienados e passivos sempre existiram ao lado de jovens conscientizados e ativos politicamente.

Deve-se reconhecer que a proporção entre essas duas categorias muda com o tempo, tem épocas em que a proporção de jovens ativos se amplia e em outras épocas diminui. Mas esse aumento ou diminuição é uma expressão da sociedade como um todo e não de uma determinada faixa etária. Se numa época a parcela de jovens cresce e se torna mais intensa, é porque esse mesmo fenômeno se manifesta na sociedade como um todo. **O comportamento juvenil expressa as tendências gerais da sociedade como um todo**.

A grande diferença está nos meios de que dispõem os jovens para desenvolver sua consciência crítica ou para manifestar sua postura política. Aí, sim, registramos mudanças radicais em relação a outras épocas.

Atualmente, os jovens têm acesso aos meios de comunicação que permitem ampliar a velocidade e a abrangência da transmissão de ideias, o que oferece facilidades nunca antes disponíveis para a expressão política da juventude.

A minha resposta pode parecer otimista e tenho plena consciência de que ela é. Os jovens da atualidade não são diferentes dos jovens de outras épocas, aceitam ou rechaçam valores, assumem ou não atitudes políticas com a mesma postura dos jovens do passado, a diferença não está no grau e sim na forma. Não muda o caminho, muda a forma de caminhar.

LA MORA, Luis de. *Juventude e participação*. Adaptado de www.cipo.org.br.

A argumentação do autor se pauta pela cautela, combatendo principalmente os discursos que fazem generalizações apressadas.

A frase do texto que melhor comprova essa afirmativa está indicada em:

a) "Os que avaliam como baixa a participação política da juventude atual não podem afirmar que seja diferente da participação política das outras faixas."

b) "O comportamento juvenil expressa as tendências gerais da sociedade como um todo."

c) "A grande diferença está nos meios de que dispõem os jovens para desenvolver sua consciência crítica ou para manifestar sua postura política."

d) "Atualmente, os jovens têm acesso aos meios de comunicação que permitem ampliar a velocidade e a abrangência da transmissão de ideias, o que oferece facilidades nunca antes disponíveis para a expressão política da juventude."

Na Unidade 1, a turma organizou o evento *Caminhos da expressão e escuta na escola*, para apresentar à comunidade escolar e aos convidados os manifestos produzidos naquela unidade. Agora, como a escrita e o envio da carta de solicitação não são um evento público, a ideia é que vocês apresentem às outras turmas da escola como foi a elaboração da carta de solicitação.

Assim, nesta finalização da Unidade 2, as tarefas serão desenvolvidas em torno da organização de um diário coletivo virtual com o registro em imagens e textos do processo de produção da carta de solicitação executado pela turma ao longo dos estudos. Se quiserem, esse diário também poderá ter uma versão impressa.

Organização do diário virtual de produções

Prostock-studio/Shutterstock

Resolução de tarefas em grupo.

Para o desenvolvimento do diário virtual de produções, a sugestão é discutir com a turma as etapas a seguir. Por meio desse diário, todo o processo mobilizado para a redação da versão final da carta de solicitação poderá ser compartilhado, assim como os modelos das produções de vocês e o quadro com as características desse gênero. Também será preciso estipular os grupos que ficarão responsáveis por essas tarefas.

O **diário** pode conter a seguinte estrutura:

A apresentação inicial da proposta

Para a redação dessa apresentação inicial, retomem os passos vivenciados na produção da carta e expliquem os objetivos de cada situação.

Os registros visuais

É importante organizar os vídeos e/ou as fotografias que provavelmente vão ocupar boa parte do diário. Para organizá-los, uma possibilidade é seguir estas ideias:

- Reúnam os vídeos e/ou as fotografias produzidos ao longo das etapas vivenciadas e selecionem aquelas que lhes parecerem as mais representativas do processo. Dependendo do suporte, os filmes e/ou as imagens devem ser reunidos em determinado formato e poderão ser editados com as ferramentas adequadas ou organizados na página da melhor forma possível.
- Organizem essas fotografias ou filmes na ordem do processo vivenciado.

- Para cada foto, será importante redigir uma legenda capaz de explicar o que ela representa e em que momento do processo ela foi feita. Lembrem-se das atividades de aquecimento que fizeram ao analisar imagens na seção *#TáNoFeed*. Será interessante aproveitar, neste momento, muito do que vocês discutiram ao realizar aquelas atividades.

Billion Photos/Shutterstock

É importante que o grupo todo observe as imagens e ajude a criar as legendas, seja escrevendo as informações, seja revisando as informações indicadas pelos colegas. É uma forma de garantir a participação de todos.

O conjunto dos documentos escritos produzidos

Para organizar esse conjunto, será importante retomar os textos inicial e final da carta de solicitação e organizá-los de modo a compor o diário no mesmo suporte que as fotos.

A exposição oral

Vocês também podem fazer uma exposição oral do processo de produção ao longo da unidade, levando em conta o que aprenderam em *Práticas de produção oral* da Unidade 1. Essa exposição deverá ser gravada e pode ser anexada ao diário físico ou fazer parte de uma das telas do diário virtual. Nessa gravação, será interessante compartilhar o processo vivenciado e as aprendizagens conquistadas no que diz respeito à importância de terem se associado para construírem juntos reivindicações que possam beneficiar o coletivo da escola.

Será importante que um grupo de alunos fique responsável por criar um documento com a autorização de uso de imagens das pessoas que forem fotografadas e/ou filmadas, para que ninguém tenha sua imagem utilizada de modo indevido, sem o seu conhecimento e a sua concordância.

Saiba +

Para a montagem do diário virtual, há diferentes plataformas que poderão ser utilizadas, dependendo do formato que vocês definirem para esse diário. Cada plataforma vai oferecer diferentes opções de visualização e navegação. O importante é que a plataforma escolhida permita o uso de imagens, textos e vídeos. Alguns exemplos: Canva (disponível em: https://www.canva.com/design/play?category=tACZCvWVb9E), Book Creator (disponível em: https://bookcreator.com), PowerPoint Online (disponível em: https://office.live.com/start/powerpoint.aspx). Acesso em: 28 fev. 2022.

Na distribuição das tarefas de organização do diário virtual de produções, os grupos poderão se organizar de acordo com tarefas específicas, conforme as sugestões a seguir.

- Um grupo fica responsável pela produção da apresentação do diário e pela organização das fotos e/ou vídeos e dos textos.
- Outro fica responsável pela organização das fotos e das legendas para elas, assim como pela organização dos textos escritos.
- Outro grupo se concentra na produção e na gravação da exposição oral.

Viktoria Kurpas/Shutterstock

Avaliação

Com os colegas e o professor, depois de terminado o diário virtual produzido pela turma, avalie o processo desenvolvido para executar as ações. Sugestões de perguntas para essa conversa:

- Como foi a sua participação nas atividades? Justifique.
- O que aprendeu durante o processo?
- Os resultados pretendidos foram alcançados? Justifique.

Meu portfólio

Nesta unidade, você e os colegas estudaram o discurso político e as cartas de solicitação, escreveram diferentes versões dessa carta e organizaram um diário virtual de produções para expor o trabalho realizado.

O portfólio com as produções

Conforme lembrado ao longo da unidade, em seu **portfólio**, você colecionou as produções de texto desenvolvidas. É importante rever todas as versões de uma mesma produção, para que você possa, ao final do trabalho, perceber seu aprimoramento.

Ao indicar a data de cada produção, conforme orientado, você terá condições de verificar, agora, sua história de aprendizagem dos gêneros trabalhados e perceber quais aspectos da produção de textos desenvolveu e aperfeiçoou.

Respostas #EnemVestibular

Unidade 1

1. (Comvest/Unicamp-SP – 2018)

Resposta correta: alternativa **d**. Acerca de sua proposta literária, o escritor Ferréz diz que a "capoeira não vem mais, agora reagimos com a palavra", afirmando a importância da literatura como forma de reagir a um estado de coisas. Em seguida, afirma que a Literatura Marginal "se faz presente para representar a cultura de um povo composto de minorias, mas em seu todo uma maioria" e frisa a importância de ser essa uma "literatura feita por minorias, sejam elas raciais ou socioeconômicas" e "feita à margem dos núcleos centrais do saber". Apresenta assim uma constatação da própria marginalidade como um lugar específico de reação, de diferenciação e até mesmo de poder (por formar uma maioria) diante do que está dado pelos núcleos centrais do saber.

2. (Enem – 2019)

Resposta correta: alternativa **b**. Em seu manifesto, Marinetti propõe as bases do movimento estético conhecido como Futurismo e afirma que um "automóvel de corrida com seu cofre enfeitado com tubos grossos, semelhantes a serpentes de hálito explosivo [...] é mais bonito que a Vitória de Samotrácia", exaltando a beleza de um meio de transporte moderno usado em competições de corrida em relação a uma escultura criada na Antiguidade (a Vitória da Samotrácia). Dessa forma, ele demonstra que a inovação tecnológica é valorizada em relação à manutenção da tradição. A própria ideia de retomada do helenismo se mostra incorreta porque seria necessária, para isso, a valorização de aspectos da cultura greco-romana, mas o que ocorre é o contrário: a escultura antiga é rechaçada. Além disso, a exaltação da velocidade e a rejeição à "imobilidade pensativa" se mostram elementos contrários em relação à ideia de suspensão do tempo, como conteúdo, e à composição estática, como forma poética.

3. (UFRGS-RS – 2015)

Resposta correta: alternativa **c**. Das três afirmações, somente a que está no item III apresenta um erro: nela se diz que a "presença no texto de verbos nos modos indicativo e subjuntivo confere sentidos de certeza e de possibilidade à argumentação", mas o texto não apresenta nenhum verbo no modo subjuntivo. No texto, os termos *revelam* e *Todas* têm caráter generalizador, e os verbos no futuro do pretérito *deveria* e *serviria* exercem a função de demonstrar soluções possíveis e desejáveis para concluir a argumentação do autor.

4. (Unisinos-RS – 2015)

Resposta correta: alternativa **a**. Vejamos as explicações: a conjunção *que*, na verdade, dá sentido de consequência ("montar um museu") a um fato expresso na oração ("tanta obra de arte em casa"). Por sua vez, o advérbio *assim* refere-se no texto a pessoas que acumulam dinheiro (os "endinheirados") sem maior esforço. Quanto ao pronome demonstrativo *isso*, no segundo parágrafo, ele retoma toda a ideia presente em "políticos e magistrados ganharem um salário tão superior ao de outros profissionais". Por fim, no caso do texto lido, o conectivo *pois* expressa uma ideia de explicação e poderia ser substituído por *porque*.

5. (Unigranrio-RJ – 2017)

Resposta correta: alternativa **d**. A alternativa correta é a **d** porque a palavra *feminicídio* se refere ao assassinato, ou seja, ao homicídio de mulheres e a palavra *hediondos* poderia ser substituída por *sórdidos* sem alterar o significado na frase.

6. (Unigranrio-RJ – 2017)

Resposta correta: alternativa **c**. A alternativa correta é a **c** porque faz referência ao abuso mental sofrido pela mulher por meio da distorção de fatos e omissão de situações que deixam a vítima "em dúvida sobre a sua memória e sanidade", como é explicado no texto.

7. (UPE – 2012)

Resposta correta: alternativa **a**. A alternativa correta é a **a** porque o texto apresenta uma tese logo em seu primeiro parágrafo e depois apresenta argumentos para comprová-la.

8. (Ufes – 2000)

Resposta correta: alternativa **c**. Essa alternativa é a correta porque o Arcadismo se caracterizou pelo culto à Antiguidade clássica e a uma concepção naturativista da vida, assim como, em razão disso, seus representantes, os árcades, buscaram produzir uma arte que procura restabelecer o equilíbrio, a harmonia e a simplicidade na literatura por meio de uma linguagem simples e objetiva em relação ao movimento anterior, o Barroco, adepto de expressões rebuscadas, excessos e conflitos humanos. Essas questões são expostas nos itens 1 e 3. Já nos itens 2, 4 e 5 temos a exposição de características típicas do Concretismo, como: poesia com organização geométrica do espaço e jogo de semelhanças de significantes; composição poética que valoriza a distribuição espacial e a forma dos caracteres tipográficos; e, por fim, o reconhecimento do poema como objeto também espacial.

9. (UFRGS-RS – 1998)

Resposta correta: alternativa **d**. Essa alternativa é a correta porque a importância do Concretismo não ficou restrita apenas à década de 1950, tendo fortes impactos em produções de autores recentes, como Arnaldo Antunes e Sérgio Caparelli.

Unidade 2

1. (Enem – 2013)

Resposta correta: alternativa **a**. A alternativa estabelece uma relação coerente entre o uso do Twitter como ferramenta para construção textual e a forma como isso acontece, podendo essa rede social ser interpretada como uma inovação tecnológica que define uma dinâmica diferente de construção de texto, condensando as ideias principais.

2. (Comvest/Unicamp-SP – 2019)

Resposta correta: alternativa **d**. Para responder à questão, é preciso relacionar o verbete *estrela* à linguagem poética e entender sua ressignificação tal como especificada na alternativa **d**. Embora seja introduzido como uma entrada formal de dicionário, o verbete só apresenta acepções subjetivas (do autor).

3. (UFJF-MG – 2014)

Resposta correta: alternativa **b**. No conto, o tema central é o espaço, elemento da narrativa que predomina nas descrições do texto e que define todo o drama do narrador-personagem. O espaço do lixão em que esse personagem vive e do qual, aparentemente, foi expulso.

4. (UEL-PR – 2015)

Sugestão de resposta: Novidades quanto aos elementos melódicos: 1. A batida usada pelo violonista tornou-se a principal característica da bossa nova. 2. Os acordes utilizados na música eram uma novidade na época. 3. A voz suave e quase sussurrante de João Gilberto contrastava com as vozes fortes dos cantores e das cantoras do samba-canção. Novidades quanto à temática da letra: 4. Romantismo melancólico e saudosista. 5. Sentimento de nostalgia bastante intenso, apesar de ter um tom esperançoso no final.

5. (EsPCEx-SP – 2017)

Resposta correta: alternativa **e**. No texto lido, as perguntas retóricas constituem estratégia argumentativa, sendo o ponto de partida da análise do autor em relação à situação de negligência e abandono do sistema carcerário no Brasil e da diferença de tratamento que recebem os presos no sistema de execução penal norueguês. As perguntas servem para enfatizar o problema apontado pelo autor.

6. (EsPCEx-SP – 2017)

Resposta correta: alternativa **b**. O trecho que provoca ambiguidade no período destacado é "produzido dentro dos presídios", pois sua leitura provoca dúvidas a respeito de qual seria a intenção do autor sobre o que foi produzido dentro dos presídios: se foi o massacre ou se foi o preso.

7. (EsPCEx-SP – 2017)

Resposta correta: alternativa **b**. As alternativas **d** (*forte*) e **e** (*correta*) podem ser descartadas rapidamente porque ambas apresentam adjetivos que denotam sentido positivo, diferente do que o adjetivo *sinistra* indica. As alternativas **a** (*errada*) e **c** (*desprezível*) denotam sentido negativo, mas a palavra *sinistra* se relaciona mais com algo ligado à ideia de maldade, como a palavra *maligna* da alternativa **b**, do que simplesmente a algo errado ou a algo tão pequeno e/ou ruim que merece ser desprezado.

8. (Uerj – 2009)

Resposta correta: alternativa **a**. A frase da alternativa **a** é a correta porque com ela o autor argumenta de modo a desfazer uma generalização: a de que a participação política dos jovem é baixa atualmente, pois considera também outras faixas etárias.

Lista de siglas das atividades extraídas de provas oficiais

Comvest/Unicamp-SP: Comissão Permanente para os Vestibulares da Unicamp/Universidade Estadual de Campinas (São Paulo)
Enem: Exame Nacional do Ensino Médio
EsPCEx-SP: Escola Preparatória de Cadetes do Exército (São Paulo)
UEL-PR: Universidade Estadual de Londrina (Paraná)
Uerj: Universidade do Estado do Rio de Janeiro
Ufes: Universidade Federal do Espírito Santo
UFJF-MG: Universidade Federal de Juiz de Fora (Minas Gerais)
UFRGS-RS: Universidade Federal do Rio Grande do Sul
Unigranrio-RJ: Universidade do Grande Rio (Rio de Janeiro)
Unisinos-RS: Universidade do Vale do Rio dos Sinos (Rio Grande do Sul)
UPE: Universidade de Pernambuco

PROJETO
MÚLTIPLO

LÍNGUA PORTUGUESA

Carlos Emílio Faraco
Bacharel e licenciado em Letras pela Universidade de São Paulo (USP)
Ex-professor do Ensino Fundamental e do Ensino Médio

Francisco Marto de Moura
Licenciado em Letras pela Universidade de São Paulo (USP)
Ex-professor do Ensino Fundamental, do Ensino Médio e do Ensino Superior

José Hamilton Maruxo Júnior
Bacharel, licenciado e doutor em Letras pela Universidade de São Paulo (USP)
Professor do curso de Letras da Universidade Federal de São Paulo (Unifesp)

ENSINO MÉDIO

VOLUME ÚNICO | PARTE **C**

Natureza humana

editora ática

Sumário

Unidade 2: Texto de divulgação científica 258

UNIDADE 1

Reportagem

Uma tarde de domingo na ilha de Grande Jatte (*Un dimanche après-midi à l'Île de la Grande Jatte*), de Georges Seurat, 1884-1886 (óleo sobre tela, 207,5 cm × 308,1 cm).

#TáNoFeed

Nesta unidade, você e os colegas vão ler e estudar o gênero reportagem e analisar o funcionamento da entrevista oral, refletindo, ao mesmo tempo, sobre aspectos variados da vida humana. Com base nesses estudos, produzirão reportagens sobre o tema *O lugar onde vivo*. Ao final, poderão divulgar essas produções na escola e na comunidade.

Para começar, observe a obra de arte ao lado, de Georges Seurat.

1. Converse com os colegas e o professor sobre as perguntas a seguir. Depois, registre suas respostas.

a) Quais elementos da obra chamam mais a sua atenção e por quê?

b) Que sensações a pintura pode sugerir por meio da relação que se estabelece entre as figuras humanas (personagens) e a natureza (cenário)?

c) Para algumas pessoas, esse quadro provoca certa impressão de estabilidade, de harmonia. Quais impressões a obra provocou em você?

Representações da vida humana são constantes não apenas nas artes visuais, como a pintura, mas também nas canções. É o caso de "Vida, vida", letra composta em 1981 por Guilherme Maia, Zeca Barreto e Moraes Moreira, que ficou conhecida pela interpretação do cantor e artista Ney Matogrosso. Leia a letra dessa canção.

Vida, vida

Mora pra lá do outro mundo
E às vezes até
Fora do alcance dos sentidos
Sendo que também é
Sensação de viver
Criação, conhecer
Revoar nas asas da imaginação
Para muito além da imensidão
Revoar nas asas da imaginação
Para muito além da imensidão
Vida, vida que mais te quero ainda
Linda vida, que mais te faço linda
Luz da fruta, beleza que desfruta
Da riqueza que Deus em ti oculta
Quero mais

MAIA, Guilherme; MOREIRA, Moraes; BARRETO, Zeca. Intérprete: Ney Matogrosso. *In*: *Ney Matogrosso*. Rio de Janeiro: Ariola, 1981. 1 disco vinil, lado B, faixa 7.

Saiba +

Andre Luiz Moreira/Shutterstock

Ney Matogrosso (1941-) nasceu na cidade de Boa Vista, em Mato Grosso do Sul, sendo reconhecido até hoje como grande representante da música popular brasileira. Além de cantor, é compositor, ator, dançarino e diretor de seus espetáculos musicais. Na década de 1970, foi um dos integrantes da banda Secos & Molhados.

Ricardo Borges/Folhapress

Antônio Carlos Moreira Pires (1947-2020), mais conhecido como **Moraes Moreira**, nasceu em Ituaçu, na Bahia. Foi um dos compositores mais versáteis do Brasil; sintetizou gêneros como *rock*, samba, choro, frevo, baião e música erudita.

Guilherme Maia (1954-) é músico, professor, compositor e produtor musical. Iniciou a vida profissional em Salvador, na década de 1970, enquanto cursava Composição na Universidade Federal da Bahia (UFBA).

Zeca Barreto (?-), músico e compositor brasileiro, já trabalhou com diversos artistas renomados, entre eles, Moraes Moreira.

2. Nesta atividade de **interação**, converse com os colegas sobre as perguntas a seguir e, depois, escreva suas conclusões.

a) A canção "Vida, vida" foi gravada na década de 1980. Você a conhecia? Em caso afirmativo, o que acha dela? Se é inédita para você, comente a impressão que teve ao ler sua letra.

b) Para você, que versos da letra da canção podem estar relacionados com a obra *Uma tarde de domingo na ilha de Grande Jatte*, de Seurat? Por quê?

Saiba +

Georges-Pierre Seurat (1859-1891) foi um pintor francês que ajudou a difundir o pontilhismo/divisionismo na pintura. A obra *Uma tarde de domingo na ilha de Grande Jatte*, produzida entre 1884 e 1886, é considerada o marco inicial do Neoimpressionismo na pintura. Com a técnica do pontilhismo, o pintor aplica pequenos pontos de diferentes cores sobre a tela, o que provoca no espectador a mistura óptica entre elas e cria os tons e as imagens. Ao observar esse tipo de obra, o espectador pode ter a impressão de ver uma fotografia granulada.

Reprodução/Coleção particular

Conheça a unidade

Objetivos

- Analisar as características do gênero reportagem e empregá-las em sua produção.
- Estabelecer relações entre o modo de circulação dos textos literários e sua dinâmica de recepção pelos leitores de dado período.
- Observar o uso de alguns recursos linguísticos, como as formas de citação (discurso direto e discurso indireto) e a modalização em seu funcionamento em textos do campo jornalístico-midiático.
- Compreender a organização composicional e o funcionamento da entrevista oral.

Justificativa

O estudo de gêneros do campo jornalístico-midiático, como a reportagem, pode levar você a desenvolver variadas capacidades de linguagem. O estudo da entrevista oral, por sua vez, possibilita a observação de recursos linguísticos que também são empregados na reportagem. A observação do fenômeno do folhetim, vinculada ao estudo de romances do século XIX, pode ajudá-lo a perceber formas de circulação da literatura que colaboraram para a divulgação desse gênero literário no país.

A BNCC nesta unidade

Nesta unidade são desenvolvidas as competências e as habilidades da BNCC indicadas a seguir.

Competências Gerais da Educação Básica: 1, 2, 3, 4, 5, 8, 9, 10.

Competências e habilidades específicas de Linguagens e suas Tecnologias para o Ensino Médio

Competências: 1, 3, 5, 6, 7. **Habilidades**: EM13LGG101, EM13LGG102, EM13LGG104, EM13LGG301, EM13LGG501, EM13LGG601, EM13LGG602, EM13LGG604, EM13LGG701.

Competências específicas de Linguagens e habilidades específicas de Língua Portuguesa para o Ensino Médio

Competências: 1, 2, 3, 4, 6, 7. **Habilidades por campo de atuação**. Todos os campos de atuação social: EM13LP01, EM13LP02, EM13LP03, EM13LP04, EM13LP06, EM13LP07, EM13LP11, EM13LP12, EM13LP15, EM13LP16, EM13LP17. Campo de atuação na vida pessoal: EM13LP20. Campo de atuação na vida pública: EM13LP27. Campo das práticas de estudo e pesquisa: EM13LP28, EM13LP29, EM13LP30, EM13LP32, EM13LP33, EM13LP34, EM13LP35. Campo jornalístico-midiático: EM13LP38, EM13LP41, EM13LP42, EM13LP45. Campo artístico-literário: EM13LP46, EM13LP48, EM13LP50, EM13LP53.

Situação inicial

Nesta unidade, você e os colegas vão preparar uma reportagem. Para isso, é importante conhecer bem esse gênero do campo jornalístico-midiático tão importante na atualidade em tempos de divulgação desenfreada de notícias falsas e do surgimento de diferentes mecanismos atualmente disponíveis para a checagem de notícias.

Pesquisa: tema e recorte local

Organize-se em um grupo de seis a oito integrantes. Cada grupo deverá selecionar dois ou três textos jornalísticos relacionados com o tema geral *O lugar onde vivo*. Utilizem como metodologia de pesquisa a **revisão de referências bibliográficas** e o **levantamento de dados** e busquem informações em suportes digitais e/ou impressos que tenham abrangência nacional ou que circulem especificamente na região em que vivem.

Esse tema é bastante amplo, então é importante fazer um recorte dele, considerando os interesses do grupo sobre o tema e a realidade do local onde vivem. Para fazer esse recorte que vai orientar a pesquisa, vocês podem considerar, por exemplo:

- problemas ligados ao meio ambiente local ou ações que procuram reduzir esses problemas, como projetos de **conservação ambiental**;
- questões relativas ao modo de vida da população em geral, como saneamento básico, formas de lazer ligadas à natureza, à prática desportiva, etc.;
- questões próprias a alguma comunidade ou a determinado grupo social ou etário da região em que vivem, desde que relacionadas ao modo de vida e à relação com a natureza.

Caso escolham questões relativas a saneamento básico como tema, vocês podem observar o diagrama a seguir para entender melhor como funciona essa necessidade primordial das populações humanas.

WYM Design/Arquivo da editora

revisão de referências bibliográficas: de forma geral, revisão de referências bibliográficas é a leitura que você deverá fazer de textos já produzidos por especialistas no assunto e relacionados à sua pesquisa, com o objetivo de garantir a fundamentação teórica do seu trabalho. É basicamente conhecer um pouco sobre o que já foi feito, discutido, apresentado a respeito do tema.

levantamento de dados: busca de dados específicos sobre o tema da sua pesquisa.

conservação ambiental: é o conjunto das ações corretivas e de manutenção da integridade e da qualidade do meio ambiente.

Saiba +

A Lei n. 6.938/1981, em seu art. 3º, I, conceitua **meio ambiente** como: "conjunto de condições, leis, influências e interações de ordem física, química e biológica, que permite, abriga e rege a vida em todas as suas formas". Disponível em: http://www.planalto.gov.br/ccivil_03/leis/l6938.htm. Acesso em: 30 jun. 2022.

Já a Lei n. 14.026/2020 dispõe e regula os serviços de **saneamento básico**, identificando-os como quatro atividades de serviços públicos: (a) abastecimento de água potável; (b) esgotamento sanitário; (c) limpeza urbana e manejo de resíduos sólidos; e (d) drenagem e manejo de águas pluviais urbanas. Disponível em: http://www.planalto.gov.br/ccivil_03/_ato2019-2022/2020/lei/l14026.htm. Acesso em: 30 jun. 2022.

Organização dos dados pesquisados

Em um dia combinado com o professor, tragam para a sala de aula os textos selecionados, de preferência em fontes impressas. Se possível, imprimam os textos extraídos de fontes digitais.

Análise de dados

A seguir, vejam um exemplo de texto jornalístico, da Agência Brasil. Neste caso, façam apenas uma análise da estrutura do texto, observando itens como título, subtítulo, introdução (parágrafo introdutório) e corpo do texto.

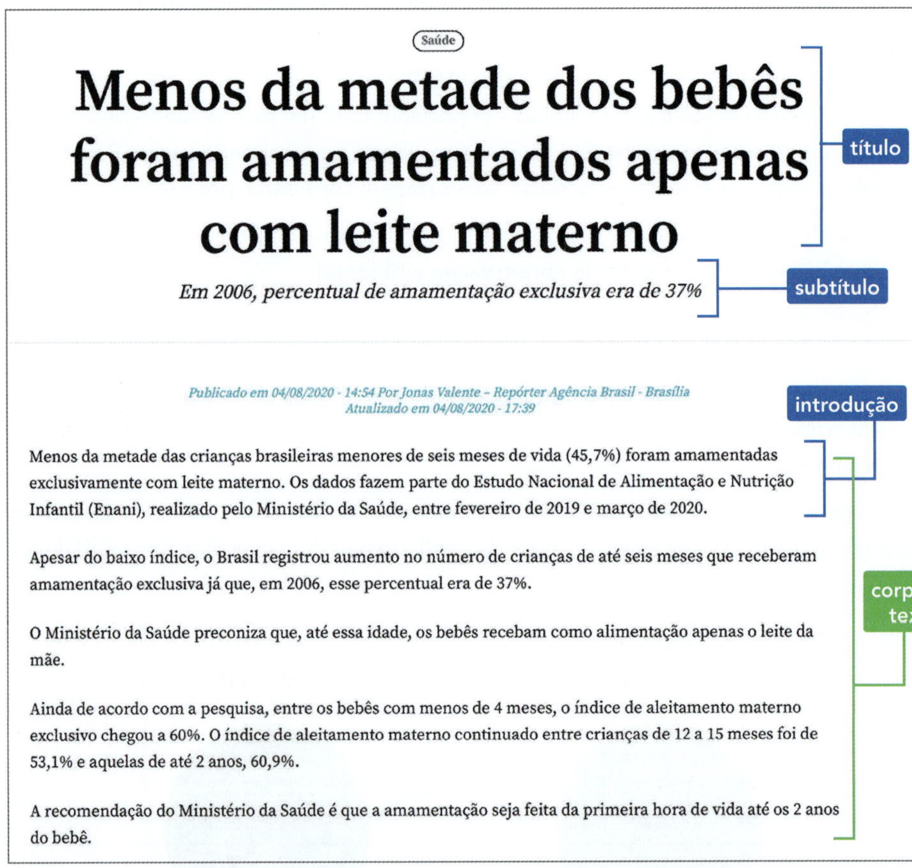

Saúde

Menos da metade dos bebês foram amamentados apenas com leite materno

Em 2006, percentual de amamentação exclusiva era de 37%

Publicado em 04/08/2020 - 14:54 Por Jonas Valente - Repórter Agência Brasil - Brasília
Atualizado em 04/08/2020 - 17:39

Menos da metade das crianças brasileiras menores de seis meses de vida (45,7%) foram amamentadas exclusivamente com leite materno. Os dados fazem parte do Estudo Nacional de Alimentação e Nutrição Infantil (Enani), realizado pelo Ministério da Saúde, entre fevereiro de 2019 e março de 2020.

Apesar do baixo índice, o Brasil registrou aumento no número de crianças de até seis meses que receberam amamentação exclusiva já que, em 2006, esse percentual era de 37%.

O Ministério da Saúde preconiza que, até essa idade, os bebês recebam como alimentação apenas o leite da mãe.

Ainda de acordo com a pesquisa, entre os bebês com menos de 4 meses, o índice de aleitamento materno exclusivo chegou a 60%. O índice de aleitamento materno continuado entre crianças de 12 a 15 meses foi de 53,1% e aquelas de até 2 anos, 60,9%.

A recomendação do Ministério da Saúde é que a amamentação seja feita da primeira hora de vida até os 2 anos do bebê.

Reprodução/https://agenciabrasil.ebc.com.br/

VALENTE, Jonas. *Menos da metade dos bebês foram amamentados apenas com leite materno*. Reportagem disponível em: https://agenciabrasil.ebc.com.br/saude/noticia/2020-08/ministerio-da-saude-lanca-campanha-de-amamentacao. Acesso em: 8 ago. 2021.

Depois de observar o texto jornalístico da Agência Brasil, troquem os textos encontrados entre os grupos, fazendo circular tudo o que foi pesquisado. Esta é uma atividade de **recepção** e de **interação**.

Durante essa troca, leiam previamente todos os materiais, usando estratégias de leitura que vocês já desenvolveram para a leitura de textos jornalísticos: atentem aos elementos composicionais, como título, subtítulo, linha fina, linha breve, lide ou parágrafo introdutório, resumo prévio, olho das notícias, fotografia, entre outros. Essa leitura rápida dos textos os ajudará a "inspecionar" os achados e a tomar conhecimento inicial de tudo o que foi pesquisado e encontrado.

Feita essa leitura inicial, distribuam entre os grupos os textos que tenham semelhança temática, de modo que cada grupo fique com um subtema dentro da temática mais ampla. Em seguida, leiam os textos que ficaram com o grupo, agora de maneira mais analítica: tomem nota das ideias principais relativas às problemáticas apresentadas e as organizem. Como vocês farão a leitura de mais de um texto, é muito provável que haja coincidências entre eles sobre formas de apresentação da problemática.

Organizadas as notas, façam um resumo delas, tentando exprimir a ideia principal. Para o registro, utilizem a estratégia que considerarem mais adequada: em forma de tópicos ou em um pequeno texto de síntese para facilitar a posterior utilização do que foi encontrado.

Escrita: primeira versão

Com base no trabalho de leitura e nas anotações, redijam um texto com caráter jornalístico que assuma a estrutura de uma reportagem. Para isso, sigam as instruções abaixo:

- Durante a produção do texto, utilizem os conhecimentos prévios que vocês já têm sobre a forma composicional de uma reportagem. Como se trata de uma produção inicial, não se preocupem muito se o texto não ficar "perfeito" – essa produção será revisitada ao longo do trabalho desta unidade.
- Essa reportagem será divulgada, mais adiante, para os membros da escola e da comunidade em que vocês vivem. Então, ao planejar o texto, tenham em mente que, entre os possíveis leitores da reportagem, estão a comunidade escolar (colegas de sua turma e de outras, professores e demais funcionários da escola), os familiares, os amigos e as demais pessoas da região diretamente implicadas na problemática definida com base no tema *O lugar onde vivo*.

Depois da escrita dessa primeira versão do texto, é hora de compartilhar a reportagem de vocês. Para isso, façam o que se pede a seguir:

I. Exponham a versão preliminar da reportagem em um mural na sala de aula ou em outro ambiente da escola, ou façam a publicação dela em um ambiente virtual do qual muitas pessoas participem; por exemplo, em um *site* ou blogue da escola, em um perfil da turma ou da comunidade em rede social ou em um grupo de mensagens instantâneas.

II. Incentivem a participação dos leitores para, além de ler a reportagem, comentá-la. Esses comentários poderão ajudar os grupos na continuidade do trabalho com a escrita da reportagem.

III. Como a produção textual foi coletiva, cada integrante do grupo deve providenciar a cópia da primeira versão da reportagem e guardá-la no **portfólio**.

Diário de bordo

Feita a experiência inicial de leitura prévia de textos jornalísticos, da seleção desses textos, da troca de informações com o grupo, da organização temática para a exposição e da produção escrita da primeira versão da reportagem no grupo de que participou, reflita sobre o que você conseguiu perceber e aprender com o trabalho realizado. Depois, registre essas impressões em seu diário de bordo.

Práticas de leitura: reportagem

Nesta seção, vamos estudar o gênero reportagem. Antes da leitura do texto, responda à questão a seguir.

1. Leia o título do texto que você lerá na próxima página.

Adolescentes que engravidam sofrem maior risco de problemas físicos, psicológicos e sociais

De acordo com esse título, qual é o tema principal da reportagem?

Para auxiliá-lo no seu processo de gestão da própria aprendizagem, ao longo das seções há sempre uma recomendação para que as produções de texto sejam guardadas, de rascunhos a versões finais. Essas recomendações são marcadas com um ícone, como este ao lado do item **III**.

Para facilitar esse trabalho, recomendamos que você tenha uma pasta – virtual e/ou física – chamada **portfólio**, em que essas produções serão guardadas. Assim, sempre que for necessário reescrever ou refazer um texto, ao longo de um processo de produção de textos, você terá facilidade de encontrar as versões anteriores da mesma produção.

Ao longo das unidades deste material, sempre que um conjunto de atividades for concluído, você será convidado a fazer em seu diário de bordo o registro da experiência vivenciada. Você pode fazer esses registros em qualquer suporte que considere interessante: um blogue, uma agenda em papel ou virtual, um bloco de anotações. O que importa é definir um suporte e usá-lo sempre. Será importante, também, que você siga alguns procedimentos próprios de um diário: insira a data de cada registro e indique a atividade a que ele está relacionado.

Saiba +

Sexta-feira ou a vida selvagem, de Michel Tournier. Bertrand Brasil, 2001.

O romance é inspirado na obra *Robinson Crusoé*, do inglês Daniel Defoe, publicada em 1719. No romance de Michel Tournier, o escritor francês narra sua versão da história do náufrago inglês Robinson Crusoé, perdido em uma ilha desabitada.

Sozinho na ilha, Crusoé põe-se a reinterpretar suas experiências, o mundo e os lugares em que viveu, até que conhece Sexta-Feira, um jovem originário de um povo de uma das ilhas do Pacífico que também chega a essa ilha. A convivência entre ambos fará Robinson ressignificar a própria existência e compreender a importância da natureza.

A seguir, leia o texto integralmente e, no caderno, anote as informações que ele apresenta sobre o assunto. Essas anotações poderão ser úteis na sequência do trabalho de leitura.

Adolescentes que engravidam sofrem maior risco de problemas físicos, psicológicos e sociais

Juliana Conte

Pikul Noorod/Shutterstock

Adolescente com bebê no colo.

Publicado em: 26 de março de 2019

Revisado em: 10 de dezembro de 2019

Taxa de filhos de mães adolescentes no Brasil é maior que a média mundial. Adolescentes que engravidam têm alto risco de uma série de danos, e as mulheres mais pobres são as mais atingidas.

Os índices de gravidez na adolescência no Brasil servem para nos lembrar de que ainda temos muitas dificuldades a enfrentar nessa área. Dados do Sistema de Informações sobre Nascidos Vivos (Sinasc) mostram que dos quase 3 milhões de nascidos em 2016, 480 mil eram filhos de mães entre 15 e 19 anos, compondo uma taxa de 16% de todos os nascimentos. Apesar de ter havido uma queda de aproximadamente 20% nesse número em dez anos, ainda temos 68 bebês de mães adolescentes para cada mil meninas entre 15 e 19 anos, enquanto a taxa mundial é estimada em 46 para cada mil meninas dessa faixa etária.

Explicar o motivo que levam a esse cenário não é tão simples, mas os especialistas consultados para esta reportagem foram unânimes em duas hipóteses: independentemente da classe social, os adolescentes estão transando cada vez mais cedo. Ao mesmo tempo, falta educação sexual.

A preocupação com o uso de método contraceptivo sempre recai sobre a mulher, e geralmente elas têm conhecimento sobre a importância de se prevenir. "A grande maioria das gestantes adolescentes tem noção da necessidade de usar métodos contraceptivos. Sabe que existe camisinha, pílula ou DIU. Mas entre saber e usar, há um abismo", afirma a dra. Fernanda Surita, ginecologista do Hospital da Mulher de Campinas-SP. Os profissionais apontam, ainda, para um fenômeno chamado "pensamento mágico". O casal dificilmente acredita que a gravidez vá de fato acontecer com eles. Muitos pensam que "é só uma vez, então não vai acontecer nada".

A ginecologista dra. Beatriz Barbosa trabalha no Hospital Maternidade Vila Nova Cachoerinha, na zona norte de São Paulo, desde 2003. Às quartas-feiras ela atende no ambulatório somente gestantes, muitas delas adolescentes. A médica expressa seu desânimo com a situação, dizendo que muitas vezes se sente como se "enxugasse gelo". Apesar do esforço que toda equipe faz para aconselhar as pacientes, principalmente no pós-parto, ela conta que o risco de atender uma grávida reincidente é alto. Ela se recorda de um episódio de uma menina que engravidou 10 meses após o primeiro parto. Conta que levou um susto quando viu a ficha dela em cima da mesa e achou que era um erro. "Mas não era. Foi muito rápido. Mal tinha dado tempo de ela se recuperar e já ia enfrentar tudo de novo."

No breve tempo em que fiquei aguardando para entrevistar a médica, encontrei duas garotas que não deviam ter mais que 15 anos. Tentei conversar com uma delas, que estava acompanhada da mãe, mas sem sucesso. "Aqui é assim praticamente toda semana. Atendo uma média de 20 pacientes, a grande maioria adolescentes. Já cheguei a atender uma de 12 anos. Apesar dos índices do Ministério apontarem para uma queda nos índices de gravidez precoce, na prática clínica não é isso que notamos", comenta Beatriz. Muitos ginecologistas acreditam que é preciso reforçar a orientação sobre a necessidade de usar métodos contraceptivos, principalmente os de longa duração. Isso ajudaria bastante nos casos em que a jovem se esquece de tomar a pílula. "O SUS oferece o DIU de cobre, mas a adesão é muito baixa e o produto chega até a vencer nas unidades de saúde", comenta César Eduardo Fernandes, presidente da Federação Brasileira das Associações de Ginecologia e Obstetrícia (Febrasgo).

Adolescentes grávidas sofrem com falta de estrutura

Ser mãe adolescente, sem nenhum tipo de planejamento nem apoio familiar, ocasiona diversos problemas na vida da gestante e perpetua um ciclo de pobreza e exclusão social difícil de ser quebrado. Adolescentes pobres têm cinco vezes mais risco de engravidar que as mais ricas. Com filhos, dificilmente elas conseguirão conciliar os estudos, entrar no mercado de trabalho e ter independência financeira.

Muitas atrasam o pré-natal (momento extremamente importante para garantir a integridade física do bebê) porque não se sentem preparadas para contar para a família que estão grávidas. Dessa maneira, a janela para identificar e resolver algum problema de saúde potencialmente grave, como sífilis, fica limitada, o que aumenta ainda mais o risco de instabilidade dali em diante. Ao mesmo tempo, elas ainda são muito jovens, então elas demonstram preocupações quase infantis. "Elas chegam assustadas e com algumas dúvidas que não condizem com a situação. Perguntam 'mas como esse bebê vai sair daqui?'", afirma Beatriz Barbosa.

Tanto o Hospital Cachoeirinha, em São Paulo, como o Hospital da Mulher, em Campinas, promovem atendimento especializado multidisciplinar para dar suporte a essas gestantes. As áreas de nutrição (a maioria chega abaixo do peso e desnutrida), de assistência social e de psicologia são as mais acionadas. Apesar de cada uma abordar uma vertente, todas procuram identificar se a garota não foi vítima de violência sexual. "Estabelecemos um acolhimento para entender, primeiramente, a dinâmica familiar em que a jovem está inserida. Depois disso, tentamos inseri-la em políticas públicas como bolsa família, cesta básica emergencial, cursos para gestante etc) ", explica Dalva Rossi, assistente social do Hospital da Mulher de Campinas.

Gravidez na adolescência e pouco diálogo em casa

Nem todos os adolescentes que têm filhos muito cedo apresentam histórico de desestruturação familiar, mas é muito comum serem prole de gerações que também tiveram filhos antes dos 20 anos. A falta de conversa sobre sexo em casa também costuma ser tradição nessas famílias.

Eles não conversam sobre o assunto em casa e, provavelmente, nem na escola. Na verdade, o ensino sobre os temas sexualidade e prevenção da gravidez sofreu grande retrocesso no país em meados de 2011, quando se instaurou uma polêmica envolvendo o material educativo Escola sem Homofobia (que ficou tachado de kit gay). Na época, todo o suporte didático que era distribuído desde 2003 para crianças a partir dos 12 anos foi recolhido sob a justificativa de que "incentivavam o homossexualismo (sic) e a promiscuidade". "Falta espaço para discutir sexualidade porque ainda a encaramos como tabu. Os pais acham que se falarem com os filhos sobre o assunto vão estimular a relação sexual precoce, o que é um mito", afirma Rossi.

Riscos de uma gravidez na adolescência

Além do aspecto social, a gravidez na adolescência está associada a uma série de riscos à saúde da mulher e do bebê. Elevação da pressão arterial (eclâmpsia e pré-eclâmpsia) com risco de crises convulsivas são alguns dos problemas que podem acometer a grávida muito jovem com maior frequência que em outras faixas etárias.

Entre os agravos mais comuns no bebê, estão a prematuridade e o baixo peso ao nascer. "O índice de mortalidade entre filhos de mães adolescentes é muito alto. Cerca de 20% da mortalidade infantil no Brasil decorrem do óbito precoce de bebês nascidos de mães entre os 15 e 19 anos", destaca a dra. Evelyn Eisenstein, membro do Departamento Científico de Adolescência da Sociedade Brasileira de Pediatria (SBP).

Outro problema muito comum é a deficiência nutricional, com riscos de anemia. Por isso, muitas vezes, é necessário haver suplementação de cálcio e ferro para as gestantes.

Qualquer pessoa consegue imaginar a desorganização que ter filhos de forma não planejada pode provocar na vida. No caso específico de mulheres jovens, cada uma dessas condições é um agravante com alto impacto no futuro de famílias que provavelmente já se encontram em situação vulnerável. Como acontece na maioria das vezes quando tratamos questões envolvendo pessoas socialmente mais vulneráveis, o mais eficaz é concentrar os esforços em políticas públicas na prevenção.

CONTE, Juliana. Adolescentes que engravidam sofrem maior risco de problemas físicos, psicológicos e sociais. Drauzio Varella. *UOL Viva Bem*, 26 mar. 2019. Disponível em: https://drauziovarella.uol.com.br/mulher-2/adolescentes-que-engravidam-sofrem-maior-risco-de-problemas-fisicos-psicologicos-e-sociais/. Acesso em: 17 ago. 2021.

Saiba +

Juliana Conte é jornalista e se dedica a escrever matérias jornalísticas na área da saúde. Entre os assuntos de seu interesse, estão questões relacionadas a manejo de dores, alimentação saudável e atividade física.

Reprodução/Arquivo pessoal

2. Após a leitura da reportagem, discuta com os colegas e o professor: Você conhece alguém que já tenha passado pela situação reportada no texto? Se sim, essa pessoa vivenciou os problemas apontados na reportagem? Redija suas respostas no caderno.

3. Reúna-se com um colega para analisar o texto em seus termos mais globais. Depois, registrem suas respostas no caderno.

a) Acessem o *site* em que está o texto. Qual é o objetivo desse portal? O texto lido está alinhado com esse objetivo? Por quê?

b) Quem pode se interessar por textos dessa natureza?

c) O texto foi organizado com subdivisões. Com que propósito isso foi feito?

d) Considerando o que você já sabe dos gêneros do campo jornalístico, por que o texto é exemplo de uma reportagem?

4. A reportagem apresenta diversos dados retirados do Sinasc, um sistema de informações do governo federal.

a) No primeiro parágrafo, qual é a importância do uso desse tipo de informação em uma reportagem?

b) Considerando o segundo parágrafo, de acordo com especialistas, para que fatos esses dados apontam?

c) No terceiro parágrafo, um desses dados se mostra mais complexo do que se pode pensar. Qual é ele? Justifique sua resposta.

5. De acordo com o texto, os hospitais Cachoeirinha (São Paulo-SP) e da Mulher (Campinas-SP) oferecem à população atendimento especializado multidisciplinar. E na região onde você mora, como é o atendimento às mulheres nos hospitais públicos e/ou em unidades básicas de saúde? Se não souber, faça uma rápida pesquisa e responda no caderno.
6. No quarto parágrafo, a médica entrevistada aponta que, diante da situação, ela se sente como se "enxugasse gelo". Qual é o sentido dessa expressão? Qual fato a leva a se sentir assim?
7. De acordo com o texto, as adolescentes pobres têm cinco vezes mais risco de engravidar do que as mais ricas. Qual é a justificativa apresentada para essa afirmativa?

Diário de bordo

Registre em seu diário de bordo suas considerações a respeito das atividades realizadas sobre a leitura da reportagem. Explique quais atividades propiciaram a você a compreensão do texto e tente explicar por quê.

Pesquisa: impactos da gravidez na adolescência

Na reportagem que você leu, a jornalista Juliana Conte apresenta várias informações sobre os impactos da gravidez na adolescência. Para compreender melhor o assunto, forme com os colegas um grupo de seis a oito integrantes. Juntos, busquem informações sobre um dos tópicos a seguir.

- Acesso à informação sobre os métodos contraceptivos.
- Mitos e verdades sobre a gravidez.
- Mitos sobre os métodos contraceptivos.
- Educação sexual na família e na escola.
- Afastamento dos homens no planejamento familiar e no controle da fertilidade.
- Impactos da gestação precoce para a vida social da adolescente.
- Impactos da gestação precoce para a vida profissional da adolescente.
- Problemas físicos provocados pela gestação na adolescência.
- Políticas públicas existentes para o controle da gravidez precoce.

Essas informações poderão ser obtidas por meio de uma pesquisa.

Tipos de pesquisa

Entre os diversos tipos de pesquisa, vocês podem fazer revisão bibliográfica e levantamento de dados em diferentes meios (impressos ou digitais), como livros, jornais, revistas, *podcasts*, *sites* de instituições governamentais e não governamentais, entre outros, ou, ainda, entrevistar especialistas da área da saúde, com o uso de um roteiro previamente elaborado por vocês. Se necessário, peçam a ajuda do professor de Ciências da Natureza.

Apresentação

Escolham uma maneira de organizar as informações obtidas e, em um dia combinado antecipadamente com o professor, apresentem-nas aos demais grupos. Lembrem-se de indicar as fontes de pesquisa; elas são importantes para os colegas compreenderem a veracidade das informações e dos dados. Se considerarem necessário, utilizem ferramentas de apoio para a apresentação, como *slides*, cartazes, gráficos, tabelas, reprodução impressa ou digital de imagens e exibição de vídeos.

Vocês podem ainda entrevistar um(a) médico(a) obstetra sobre mitos e verdades relacionados à gravidez, fazendo uma relação de quatro informações verdadeiras e quatro informações inverídicas sobre determinado tema. Por exemplo: é falso que o formato da barriga da mulher grávida indica o sexo da criança.

Circulação das informações

Como os assuntos pesquisados por vocês são de relevância social, aproveitem as informações e as façam circular em outros ambientes que não apenas o escolar. Vocês podem, por exemplo, elaborar textos e compartilhá-los em redes sociais ou em grupos de aplicativos de mensagens instantâneas, produzir *podcasts* e disponibilizar o *link* para outras pessoas ou promover uma campanha na comunidade com a distribuição de folhetos instrucionais e cartazes; etc.

Práticas de análise linguística na reportagem

Nesta seção de análise linguística, estudaremos recursos de discurso relatado e de modalização, além da importância da confiabilidade das fontes e dos dados em textos de caráter jornalístico. Estudaremos também a influência do portador na estrutura e na recepção de textos jornalístico-midiáticos.

1. Uma das características dos textos jornalístico-midiáticos é o uso de dados estatísticos extraídos de fontes confiáveis e verificadas para apresentar ao leitor a veracidade dos fatos. Registre no caderno alguns exemplos dessa estratégia empregados na reportagem de Juliana Conte.

2. Outra estratégia empregada na construção da reportagem, com o objetivo de apresentar dados reais, é convocar as vozes de especialistas no tema tratado e, inclusive, citá-las diretamente. No caderno, faça o que se pede a seguir.

a) Indique quais foram os especialistas citados e a qual instituição eles estão ligados.

b) Por que, para tratar do tema gravidez na adolescência, a jornalista consultou especialistas dessas áreas/profissões e não outros profissionais?

c) Com base na leitura que você fez da reportagem, justifique a importância da consulta a esses especialistas para a composição do texto jornalístico.

O discurso relatado é o recurso linguístico por meio do qual a estratégia de citação de especialistas é mobilizada, conforme os trechos a seguir.

I.

> "A grande maioria das gestantes adolescentes tem noção da necessidade de usar métodos contraceptivos. Sabe que existe camisinha, pílula ou DIU. Mas entre saber e usar, há um abismo", afirma a dra. Fernanda Surita, ginecologista do Hospital da Mulher de Campinas-SP.

II.

> A médica expressa seu desânimo com a situação, dizendo que muitas vezes se sente como se "enxugasse gelo".

III.

> "O SUS oferece o DIU de cobre, mas a adesão é muito baixa e o produto chega até a vencer nas unidades de saúde", comenta César Eduardo Fernandes, presidente da Federação Brasileira das Associações de Ginecologia e Obstetrícia (Febrasgo).

IV.

> "O índice de mortalidade entre filhos de mães adolescentes é muito alto. Cerca de 20% da mortalidade infantil no Brasil decorrem do óbito precoce de bebês nascidos de mães entre os 15 e 19 anos", destaca a dra. Evelyn Eisenstein [...].

3. Depois de feita a leitura dos trechos citados, converse com os colegas e o professor sobre as questões a seguir. Ao final da conversa, registre suas respostas no caderno.

a) Analise o modo de citação presente nos trechos anteriores, indicando que tipo de discurso relatado foi empregado. Se você souber o nome dele, mencione-o; se não souber, procure explicar com suas palavras (no momento da socialização das respostas, com a ajuda dos colegas e do professor, você certamente conseguirá formular a resposta). Além disso, explique por que, na reportagem, predomina esse tipo de discurso.

b) Nas formas de citação empregadas na reportagem, é possível verificar o uso dos verbos de elocução *afirma*, *expressa*, *dizendo*, *comenta* e *destaca*. Pode-se afirmar que a escolha desses verbos pela jornalista não é casual, isto é, ela não os escolhe por acaso: cada um deles é cuidadosamente pensado para fazer o leitor ter determinada interpretação do que é dito pelos especialistas. Releia o texto, localize nele outros verbos de elocução e procure explicar o emprego deles pela jornalista.

c) Os verbos de elocução podem funcionar como modalizadores: eles ajudam o enunciador a expressar sua posição de adesão ou de não adesão ao que é dito por outras pessoas. No caso da reportagem, os verbos de elocução empregados expressam qual tipo de modalização: a de adesão ou a de não adesão ao que é dito? Justifique sua resposta.

Os modalizadores são recursos linguísticos ou lexicais que servem para o enunciador explicitar em um texto sua posição em relação ao conteúdo de um enunciado. Essa marcação pode servir para mostrar não apenas a adesão total ao que é enunciado, como também sua refutação ou a colocação em distância.

Semanticamente, há três tipos de modalizadores:

- **epistêmicos**: expressam uma avaliação do valor de verdade do que é enunciado. A forma verbal *afirma*, presente em "'[...] Mas entre saber e usar, há um abismo', afirma a dra. Fernanda Surita", é um modalizador epistêmico;
- **deônticos**: expressam permissão ou obrigação, como a forma verbal *deviam* no trecho da reportagem "que não deviam ter mais que 15 anos";
- **apreciativos**: expressam reações emotivas, fora do caráter epistêmico ou deôntico, como em *expressa seu desânimo*, no trecho II: "A médica expressa seu desânimo com a situação [...]".

4. Na reportagem, existe um trecho em que é possível identificar uma marca explícita do enunciador do texto, pelo emprego da 1ª pessoa do singular. Localize-o e, em seguida, explique por que a 1ª pessoa é empregada.

VectorMine/Shutterstock

5. Pode-se afirmar que essa marca explícita do enunciador é um recurso de linguagem que mostra claramente o modo como o texto da reportagem foi escrito. Nesta atividade de **interação**, forme um grupo de seis a oito colegas.

- Juntos, cheguem a uma conclusão para explicar a afirmação anterior.
- Em seguida, compartilhem-na com os outros grupos e o professor e verifiquem se as conclusões foram semelhantes ou diferentes.
- Por fim, registre a resposta do grupo no caderno.

Para recordar

Com o objetivo de recordar seus conhecimentos sobre tipos de discurso, observe os exemplos de frase a seguir e leia as explicações sobre **discurso indireto**, **discurso indireto livre** e **discurso direto**.

- Perguntou o que fazer com aquelas roupas velhas.
  Na frase acima, temos um exemplo de discurso indireto, pois o narrador fala pela personagem, em vez de deixá-la falar por si mesma.
- Amanhecia. As últimas gotas de orvalho começavam a brilhar sob a luz da alvorada. O André, esse companheiro fiel de aventuras de final de semana... Ele já estaria acordado em sua barraca? Possivelmente não. O Sol apenas despontava no céu anunciando uma nova manhã de pescaria.
  Na frase acima, temos um exemplo de discurso indireto livre, pois o narrador toma o lugar da personagem para dizer suas falas por ela e, também, comentar a respeito de seus sentimentos e pensamentos.
- – Foi ela quem pegou o livro, não eu.
  Na frase acima, temos um exemplo de discurso direto, pois há a reprodução literal da fala das personagens.

Helen Pazyuk/Shutterstock

Com o avanço da tecnologia, a leitura de muitos gêneros textuais deixou de ser feita apenas em suportes impressos e passou a ser também digital. Suporte, ou portador, é o nome que se dá, em estudos de linguagem, ao local em que os gêneros de texto se "materializam", como um jornal impresso (portador físico) ou um *site* (portador virtual). Os estudos de linguagem analisam a influência dos portadores de textos nos modos pelos quais ocorrem certas práticas de linguagem ligadas aos gêneros textuais.

6. Acesse a reportagem em seu portador original. Para isso, utilize este *link*, que é o mesmo da referência do texto: //drauziovarella.uol.com.br/reportagens/adoles centes-que-engravidam-sofrem-maior-risco-de-problemas-fisicos-psicologicos-e-so ciais/, acesso em: 14 abr. 2022.

Depois, troque ideias com os colegas sobre as questões a seguir e, então, registre as considerações.

a) Compare a estrutura original da reportagem, no portador digital, com a reprodução dela na seção *Práticas de leitura*. Que adaptações necessárias foram feitas no texto da reportagem original ao realizar a transposição do portador digital original para o portador digital secundário, no caso, este seu livro didático digital?

b) De que maneira o portador influencia as características do próprio gênero textual? Explique.

Como você já observou, a reportagem foi extraída de um portal da internet. Em razão disso, ela tem características composicionais que remetem diretamente a esse portador. Um exemplo são os *hiperlinks* (também chamados de hiperligações), que, no portador original, aparecem destacados em azul.

Os destaques de cada *hiperlink* não foram reproduzidos no texto de Juliana Conte que lemos em *Práticas de leitura* para que pudéssemos estudar suas características apenas neste momento de nossa sequência didática.

Assim, releia a seguir quais são os trechos que apareciam com palavras destacadas no texto de leitura e que, no portador original, remetem a *hiperlinks*:

Muitos ginecologistas acreditam que é preciso reforçar a orientação sobre a necessidade de usar **métodos contraceptivos**, principalmente de longa duração.

Ser mãe adolescente, sem nenhum tipo de **planejamento nem apoio familiar**, ocasiona diversos problemas na vida de gestante [...].

Dessa maneira, a janela para identificar e resolver algum problema de saúde potencialmente grave, como **sífilis**, fica limitada [...].

Elevação da pressão arterial (**eclampsia** e **pré-eclâmpsia**) com risco de **crises convulsivas** são alguns dos problemas que podem acometer a grávida muito jovem com maior frequência que em outras faixas etárias.

Outro problema muito comum é a deficiência nutricional, com risco de **anemia**.

Leia este trecho de um texto citado para, depois, responder às questões sobre ele.

Eclâmpsia é uma doença caracterizada pela liberação, por parte do feto, de proteínas na circulação materna que provocam uma resposta imunológica da gestante, agredindo as paredes dos vasos sanguíneos e causando vasoconstrição.

[...]

FUJITA JR., Luiz (org.). Eclâmpsia e pré-eclâmpsia. Drauzio Varella. *UOL Viva Bem*. Disponível em: https://drauziovarella.uol.com.br/doencas-e-sintomas/eclampsia-e-pre-eclampsia/. Acesso em: 30 jun. 2022.

7. Agora, responda ao que se pede.

a) Esse texto foi obtido pelo acesso de um *hiperlink* no portador original da reportagem de Juliana Conte. Volte à reportagem que você leu na seção *Práticas de leitura* e responda: A que *hiperlink* esse trecho corresponde?

b) Em sua opinião, esse trecho complementa ou expande o sentido do assunto tratado no texto original, ou seja, na reportagem?

8. Você faz parte do grupo social etário de que trata o texto: a adolescência. A reportagem tem como destinatário um público amplo, e os adolescentes também podem ser incluídos como destinatários, caso estejam em busca de informações sobre o tema abordado no texto. Tendo em vista a importância dessa temática para esse grupo etário, troque ideias com os colegas sobre as seguintes questões. Depois, registre suas respostas no caderno.

a) Que tipo de informação vocês têm recebido sobre educação sexual que, na opinião de vocês, poderia contribuir para o debate dessa temática na escola?

b) Por meio de quais fontes chegam essas informações? Essas fontes têm como leitor-alvo o público adolescente ou outros públicos?

9. A reportagem de Juliana Conte foi extraída de um portal de temática específica. Pode-se afirmar que o tema "gravidez na adolescência" tem algo de "específico", e não costuma aparecer em páginas de jornais e revistas de interesse geral.

Na mesma formação do grupo para a atividade 5, discuta com os colegas sobre as perguntas abaixo e, na sequência, registre as considerações no caderno. Depois, socializem as respostas com os demais grupos e o professor.

a) Vocês concordam com a afirmação feita no enunciado desta atividade? Justifiquem a resposta.

b) Em que situações uma reportagem sobre gravidez na adolescência poderia ser publicada em um jornal ou uma revista (impressos ou digitais) de circulação nacional, e não em uma publicação segmentada (que se dedica a temas específicos, como o portal que originalmente publicou a reportagem que vocês leram)?

Produção da reportagem: segunda versão

Depois de todas as discussões feitas até agora sobre a reportagem, volte à mesma formação de grupo com quem escreveu a primeira versão da reportagem, na seção *Situação inicial*. Façam o que se pede a seguir nesta atividade de **produção**.

I. Retomem a primeira versão da reportagem, feita na seção *Situação inicial* e guardada no **portfólio**. Juntos:

- verifiquem quais aspectos podem ser melhorados no texto (baseiem-se na rede de comentários feitos pelos grupos uns aos outros e pelo professor após a elaboração da primeira versão);
- definam quais pesquisas devem ser complementadas. Para isso, procurem especialistas na temática definida pelo grupo e os entrevistem para esclarecer todas as dúvidas que tiverem sobre o tema.

II. Independentemente da entrevista (se foi oral ou por escrito), não deixem de registrar as respostas do entrevistado.

- Os trechos da entrevista com esses especialistas poderão ser integrados à reportagem por meio do discurso relatado.
- Será interessante, por uma questão de respeito às fontes, mostrar aos entrevistados como ficou o texto da entrevista organizado por vocês, para que eles avaliem se concordam com a forma como foi escrito o discurso relatado.
- Para evitar muitas trocas de arquivos, vocês podem escolher se deverão enviar a eles esta segunda versão do texto ou a versão final, a ser feita em *Práticas de produção escrita*.

III. Caso utilizem fotografia ou vídeo das pessoas entrevistadas, lembrem-se, também, de providenciar um documento de autorização do uso de direitos de imagem e pedir aos entrevistados que o assinem, demonstrando estar cientes da divulgação de suas imagens acompanhando a entrevista e que concordam com essa divulgação.

IV. Depois disso tudo feito, reescrevam a segunda versão da reportagem e guardem-na no portfólio.

V. Por fim, divulguem a entrevista no mural da turma (ou em uma rede social previamente definida), para que outros grupos e colegas possam comentar, como foi feito com a primeira versão. Esses comentários serão valiosos para a redação final da reportagem, que será feita mais adiante.

Inspiring/Shutterstock

Diário de bordo

Registre em seu diário de bordo suas considerações sobre o que você pôde perceber acerca da importância de recursos, como modalização e discurso relatado, em um gênero textual como a reportagem. Registre, também, as impressões que teve ao ler, depois de um tempo, a primeira versão da reportagem produzida pelo grupo de trabalho. Ao final, elabore um registro sobre o que você e os colegas consideraram importante ter modificado na segunda versão e por quê.

Cultura digital agenda *setting* e espiral do silêncio

Imagine a seguinte situação: ao compartilhar um *link* sobre "maus-tratos aos animais", você começa a receber recomendações para acessar *sites* de ONGs dedicadas à defesa de animais. Isso dura alguns dias, até você buscar "como dizer atrapalhado em inglês" e suas redes sociais passarem, muito provavelmente, a receber publicidades de escolas de idiomas.

As atividades a seguir vão ajudar você a pensar e analisar esse fenômeno.

1. Forme um trio com dois colegas. Escolham um *site* que apenas um de vocês costuma acessar com frequência. Então, os três acessam esse *site* ao mesmo tempo por meio de diferentes equipamentos (*smartphones*, *tablets* ou *notebooks* pessoais, por exemplo). Observem se as sugestões de conteúdo, de *feeds* e de publicidades exibidas em janelas *pop-up* ou mesmo no *site* são as mesmas para os três.

- Repitam essa experiência acessando outros *sites*, desde que sejam os mesmos para os três e vistos ao mesmo tempo em cada equipamento de mídia.
- Façam *prints* de tela ou descrevam os resultados obtidos em cada caso. Criem um relatório e enviem ao professor com o nome dos participantes.
- Lembrem-se de guardar uma cópia desse material no **portfólio** de cada participante.

2. Em um dia previamente definido pelo professor, compartilhem seus achados com a turma e comparem com o que eles produziram.

- Organizem uma roda de conversa e discutam sobre o que cada grupo observou.
- Ao final, respondam: Esses resultados surpreenderam vocês ou já eram esperados? Por quê? Registrem as conclusões individualmente.

3. Nesta atividade, trabalhe individualmente. No período de uma semana, observe em seus acessos à internet se há algum tema, assunto ou outro tipo de recomendação muito recorrente. Depois, em um dia previamente combinado com o professor e a turma, compare sua experiência com a dos colegas e, juntos, discutam sobre ela com a ajuda do professor. Em seguida, registre suas conclusões.

O poder do algoritmo

Essa experiência sugerida nas atividades 1, 2 e 3 vai ajudá-los a compreender um mecanismo da internet: o sistema de recomendação algorítmica de conteúdos. Para saber mais sobre isso, leia as explicações a seguir.

Sobre curadoria automática, agenda *setting* e espiral do silêncio

Sempre que você acessa um *site*, esse mecanismo seleciona automaticamente recomendações, publicidades, *sites* supostamente associados com seus interesses, fazendo uma **curadoria automática** para sugerir a você, com base em suas buscas, o que parece lhe interessar em certo momento.

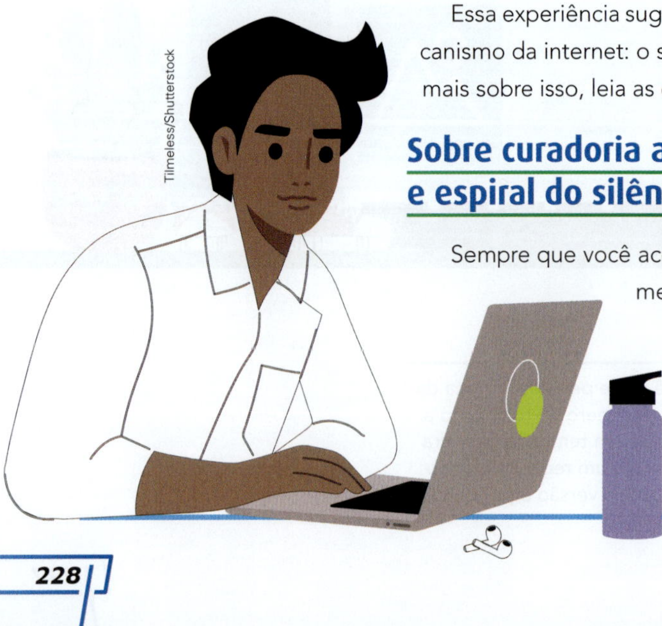

Tilmeless/Shutterstock

Como o mecanismo é baseado nas interações prévias feitas pelo internauta, as recomendações variam de pessoa para pessoa. Isso faz parte das rotinas automáticas dos domínios da internet. Ao saber como funciona esse mecanismo, você pode compreender por que certos conteúdos aparecem com frequência e outros não e terá melhor noção de como são selecionadas as sugestões que chegam até você.

Esse fenômeno é a evolução, nos meios digitais, de mecanismos como o **agenda *setting*** e a **espiral do silêncio**.

O **agenda *setting*** é a hipótese de que o tema que vai dominar as discussões públicas de determinado período será exatamente aquele para o qual os meios de comunicação de massa darão maior destaque. Isso também pode ocorrer com opiniões: uma tendência opinativa pode receber mais destaque do que outras. E o movimento segue em retroalimentação: quanto mais se fala do tema (ou se reforça uma opinião), mais isso ganha interesse público e mais se passa a publicar sobre tal questão, até seu esgotamento ou até que outro tema (ou tendência opinativa) ganhe espaço. Nos meios digitais, em razão dos mecanismos automáticos de recomendação, isso ganha proporções mais dramáticas, levando, por exemplo, a efeitos como "a bolha de informações" e a manipulação dos utilizadores da internet.

Tilmeless/Shutterstock

Os temas deixados fora desse circuito de divulgação vão "caindo no esquecimento do público" e deixando de ser discutidos, mesmo que sejam socialmente relevantes. Quando isso ocorre, diz-se que entraram em uma **espiral do silêncio**.

Esses mecanismos são usados por certos grupos ou indivíduos para disseminar *fake news*: ao publicar uma notícia falsa em redes sociais, em aplicativos de compartilhamento de notícias e até em fóruns de debates de portais na internet, tem-se por objetivo torná-la "visível". Membros desses grupos que a lançaram ajudam a disseminá-la, até fazê-la entrar na agenda pública. Como os algoritmos de recomendação determinam a seleção do que será divulgado por meio das interações prévias dos usuários da internet, é possível que um conteúdo falso ganhe espaço da agenda pública, silenciando conteúdos verdadeiros.

Neatlynatly/Shutterstock

Estilos de época

Nesta seção, vamos estudar o Romantismo, movimento artístico, político e filosófico surgido na Alemanha e na Inglaterra, no final do século XVIII, que predominou em Portugal e no Brasil na primeira metade do século XIX.

Observe as linhas do tempo abaixo. Elas apresentam a cronologia dos estilos de época em Portugal e no Brasil. Depois, leia o texto que trata do Romantismo.

Portugal

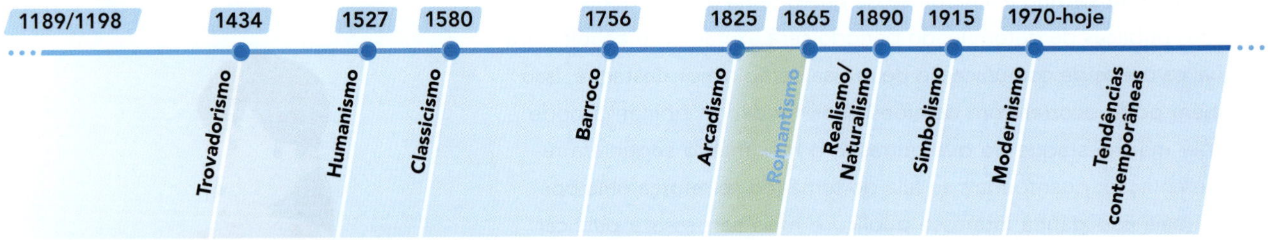

Brasil

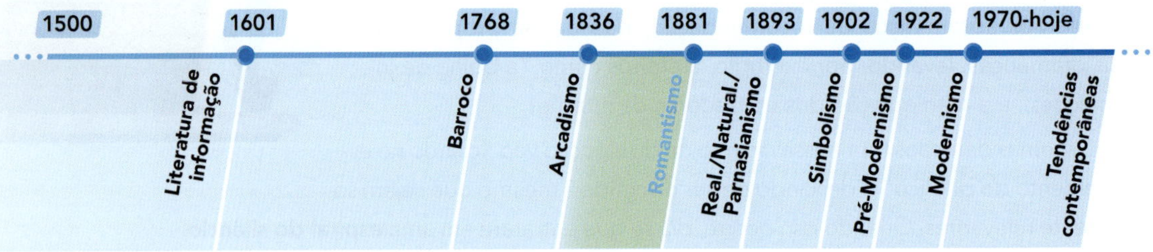

O romance

Quando se fala no estilo de época Romantismo, é importante considerar que a palavra *romance* tem várias acepções. Ela pode designar, por exemplo, uma forma literária narrativa em prosa que surgiu antes do estilo de época denominado Romantismo.

O Romantismo relaciona-se com a ascensão econômica da burguesia no século XIX, que tinha preferências artísticas e expectativas diferentes da aristocracia: não conhecia a mitologia, a história da Antiguidade e as tradições dos gêneros literários. O romance como gênero literário em prosa surge no século XVIII para atender às exigências desse novo público-leitor que tinha pouco interesse nas narrativas e poemas épicos, optando por enredos mais próximos à sua realidade – como é o caso de *Tom Jones*, de Henry Fielding (1707-1754), considerado por muitos estudiosos o primeiro romance moderno.

Saiba +

O livro *Tom Jones*, escrito por Henry Fielding, foi publicado em Londres, Inglaterra, em 1749, e é um marco da literatura ocidental. A história se passa em meados do século XVIII e narra, com traços de jocosidade e ironia, as peripécias de Tom Jones, jovem bastardo que é encontrado por Sr. Allworthy, um viúvo rico e bondoso, em sua propriedade no campo. Após ser adotado e acolhido, passa a ser tratado como filho e viver sob os cuidados e a proteção de Allworthy até ser expulso da casa em que vivia por se apaixonar pela jovem Sofia, filha de um proprietário de terras vizinho de Allworthy. O enredo segue com as aventuras do protagonista pelas estradas inglesas.

O Romantismo e o romantismo

O termo *romantismo*, que aparece duas vezes no título acima, tem mais de um significado, a depender do contexto em que é empregado.

No título, o primeiro termo, escrito com a inicial maiúscula, dá nome a um movimento artístico característico de uma época: o século XIX.

O segundo termo, escrito com a inicial minúscula, designa uma maneira de se comportar, de agir, de interpretar a realidade. Esse romantismo sempre existiu, caracterizando-se por uma atitude emotiva e rebelde diante do mundo, pelo sentimento de melancolia. É com esse sentido que são utilizadas no dia a dia expressões como "música romântica", "filme romântico", "telenovela romântica", "atitude romântica". Esse comportamento existiu e poderá existir em qualquer momento da história humana.

Assim, Romantismo é o nome que se dá ao estilo de época do qual estamos tratando nesta seção. Esse estilo de época está profundamente relacionado à Revolução Francesa e à Revolução Industrial.

Revolução Francesa é o nome dado ao processo revolucionário que aconteceu na França entre os anos de 1789 e de 1799 e que marcou o fim do absolutismo no país, um sistema político que concentrava todo o poder na figura do rei e foi bastante comum em diversas partes da Europa entre os séculos XVI e XIX. A população francesa que participou desse movimento lutava por melhores condições de vida e por uma sociedade mais igualitária, em que os direitos individuais fossem respeitados.

Em 1789, a *Declaração dos Direitos do Homem e do Cidadão* foi elaborada e assinada pela Assembleia Nacional Constituinte da França.

Saiba + +++

A *Declaração dos Direitos do Homem e do Cidadão* de 1789 foi um documento assinado na França após a queda do regime absolutista e que definiu direitos como a liberdade, a propriedade, a segurança e a resistência à opressão. Ele inaugura o início de uma nova era para o povo francês, que se via encurralado pela opressão do antigo regime absolutista.

Com a queda do antigo regime, os ideais absolutistas foram substituídos pelo liberalismo, conjunto de ideias que defendia a liberdade individual como princípio básico.

A Revolução Industrial, iniciada na Inglaterra, foi um período de grandes avanços tecnológicos que levou à divisão do trabalho, ao início da especialização da mão de obra e trouxe inovações importantes na tecnologia impressa, o que permitiu a impressão de jornais e romances em maiores quantidades.

Nesse cenário, o Romantismo surge baseado em ideais como a liberdade de criação e expressão, a supervalorização do indivíduo, das emoções e dos sentidos, a rebeldia e o idealismo. Suas marcas mais gerais são o liberalismo e o individualismo.

A liberdade guiando o povo, de Eugène Delacroix, 1830 (óleo sobre tela, 260 cm × 325 cm). Museu do Louvre, Paris, França. A pintura foi inspirada na série de levantes ocorridos em 1830, na França, contra o rei Carlos X e tornou-se um símbolo na representação da luta pela liberdade.

Principais características do Romantismo

A literatura (prosa e poesia) produzida no período romântico apresenta como características fundamentais:

- Liberdade de criação: rejeição de modelos prontos, em oposição ao estilo clássico que obedece a uma série de padrões estabelecidos, e o repúdio à imitação. O autor romântico quer ser sempre único, original.
- Sentimentalismo: o sentimento é o filtro para esse autor analisar o mundo e seu objetivo é atingir a emoção do leitor, ficando a razão em segundo plano.
- Supervalorização do amor: para os personagens românticos, o amor está no centro da existência do indivíduo, e sua perda pode levar à loucura, à doença ou à morte.
- Idealização da mulher: objeto do amor romântico, a mulher era vista como um ser puro e angelical.
- Mal do século: é o sentimento de desajuste ao seu tempo, especialmente à sociedade burguesa. Desemboca no pessimismo e na busca do isolamento, da solidão. Essa característica aparece com bastante frequência nas obras da segunda geração romântica.
- A evasão no tempo e no espaço é uma saída para o mal do século. A evasão no tempo é uma volta ao passado histórico ou individual daquele autor ou personagem. A evasão no espaço tem como direcionamento paisagens novas, estranhas e primitivas, como o Oriente.
- Heróis românticos: o romântico interessa-se por heróis grandiosos e que vivenciam dramas humanos. Muitas vezes, por causa do individualismo, os heróis românticos são anti-heróis, em oposição ao herói clássico.

Essas características, além da melancolia, são observáveis na produção romântica, tanto em poesia quanto em prosa.

Romantismo no Brasil

O Romantismo brasileiro é inaugurado com a obra *Suspiros poéticos e saudades*, de Gonçalves de Magalhães, em 1836. Em Portugal, o marco inicial é a publicação, em 1825, do poema "Camões", escrito por Almeida Garrett.

Após 1822, com a proclamação da Independência, cresce no Brasil o sentimento nacionalista e a necessidade de afirmar uma identidade, que seria traduzida na figura do indígena como herói nacional, um representante do passado heroico idealizado pelos românticos, considerado em suas produções como alguém puro, inocente e que vivia em harmonia com a natureza. Os escritores brasileiros buscavam autonomia em relação ao que era produzido em Portugal e, para isso, valiam-se das tradições e dos valores da cultura popular e do folclore.

Com a chegada da família real portuguesa em 1808 e a instalação da Corte no Rio de Janeiro, a cidade se modernizou e surgiu uma sociedade consumidora. O jornalismo vive seu primeiro grande impulso e os folhetins se tornam extremamente populares. A literatura deixa de ser consumida apenas pela aristocracia, atingindo também o leitor comum, que quer se ver representado nas obras do período.

O romance urbano surge para responder às exigências desse novo público leitor. Algumas obras obtiveram sucesso de público: José de Alencar, nosso mais importante prosador do Romantismo, dedicou-se ao romance indianista e ao urbano, além do romance histórico.

O romance urbano mais conhecido de Alencar é *Senhora*. Narra o relacionamento amoroso entre Aurélia e Fernando. Repleto de peripécias relacionadas a desníveis sociais, dinheiro e casamento por interesse, o final revela que o amor acaba vencendo todos os obstáculos.

Senhora

José de Alencar

[...] Fernando Seixas obedecendo automaticamente a Aurélia, sentara-se, e fitava na moça um olhar estupefato. A moça arrastou uma cadeira e colocou-se em face do marido, cujas faces **crestava** o seu hálito abrasado.

crestar: queimar, tostar.

– Não careço dizer-lhe que amor foi o meu, e que adoração lhe votou minha alma desde o primeiro momento em que o encontrei. Sabe o senhor, e se o ignora, sua presença aqui nesta ocasião já lhe revelou. Para que uma mulher sacrifique assim todo seu futuro, como eu fiz, é preciso que a existência se tornasse para ela um deserto, onde não resta senão o cadáver do homem que a assolou para sempre.

Aurélia calcou a mão sobre o seio para comprimir a emoção que a ia dominando.

– O senhor não retribuiu meu amor e nem o compreendeu. Supôs que eu lhe dava apenas a preferência entre outros namorados, e o escolhia para herói dos meus romances, até aparecer algum casamento, que o senhor, moço honesto, estimaria para colher à sombra o fruto de suas flores poéticas. Bem vê que eu o distingo dos outros, que ofereciam brutalmente, mas com franqueza e sem rebuço, a perdição e a vergonha.

Seixas abaixou a cabeça.

– Conheci que não amava-me, como eu desejava e merecia ser amada. Mas não era sua a culpa e só minha que não soube inspirar-lhe a paixão, que eu sentia. Mais tarde, o senhor retirou-me essa mesma afeição com que me consolava e transportou-a para outra, em quem não podia encontrar o que eu lhe dera, um coração virgem e cheio de paixão com que o adorava. Entretanto, ainda tive forças para perdoar-lhe e amá-lo.

A moça agitou então a fronte com uma vibração altiva:

– Mas o senhor não me abandonou pelo amor de Adelaide e sim por seu dote, um mesquinho dote de trinta contos! Eis o que não tinha o direito de fazer, e que jamais lhe podia perdoar! Desprezasse-me embora, mas não descesse da altura em que o havia colocado dentro de minha alma. Eu tinha um ídolo; o senhor abateu-o de seu pedestal, e atirou-o no pó. Essa degradação do homem a quem eu adorava, eis o seu crime; a sociedade não tem leis para puni-lo, mas há um remorso para ele. Não se assassina assim um coração que Deus criou para amar, incutindo-lhe a descrença e o ódio.

Seixas, que tinha curvado a fronte, ergueu-a de novo, e fitou os olhos na moça. Conservava ainda as feições contraídas, e gotas de suor borbulhavam na raiz de seus belos cabelos negros.

– A riqueza que Deus me concedeu chegou tarde; nem ao menos permitiu-me o prazer da ilusão, que têm as mulheres enganadas. Quando a recebi, já conhecia o mundo e suas misérias; já sabia que a moça rica é um arranjo e não uma esposa; pois bem, disse eu, essa riqueza servirá para dar-me a única satisfação que ainda posso ter neste mundo. Mostrar a esse homem que não me soube compreender, que mulher o amava, e que alma perdeu. Entretanto ainda eu afagava uma esperança. Se ele recusa nobremente a proposta aviltante, eu irei lançar-me a seus pés. Suplicar-lhe-ei que aceite a minha riqueza, que a dissipe se quiser; consinta-me que eu o ame. Essa última consolação, o senhor a arrebatou. Que me restava? Outrora atava-se o cadáver ao homicida, para expiação da culpa; o senhor matou-me o coração, era justo que o prendesse ao despojo de sua vítima. Mas não desespere, o suplício não pode ser longo: este constante martírio a que estamos condenados acabará por extinguir-me o último alento; o senhor ficará livre e rico.

Proferidas as últimas palavras com um acento de indefinível irrisão, a moça tirou o papel que trazia passado à cinta, e abriu-o diante dos olhos de Seixas. Era um cheque de oitenta contos sobre o Banco do Brasil.

– É tempo de concluir o mercado. Dos cem contos de réis, em que o senhor avaliou-se já recebeu vinte; aqui tem os oitenta que faltavam. Estamos quites, e posso chamá-lo meu; meu marido, pois é este o nome de convenção.

A moça estendeu o papel que sua mão crispada amarrotava convulsamente. Seixas permaneceu imóvel como uma estátua; apenas duas **plicas** profundas sulcaram-lhe as faces desde o canto dos olhos até à comissura dos lábios.

plica: dobra da pele, prega.

Afinal o papel escapou-se dos dedos trêmulos da moça e caiu sobre o tapete aos pés de Fernando.

Seguiu-se um momento de silêncio ou antes de estupor. Aurélia irritava-se contra a invencível mudez de Seixas, e talvez a atribuía a uma cínica insensibilidade moral. Pensava exacerbar os nobres estímulos de um homem ainda capaz de reabilitar-se da fragilidade a que fora arrastado, e achava um indivíduo tão embotado já em seu pudor que não se revoltava contra a maior das humilhações.

Aurélia soltou dos lábios um estrídulo, antes do que um sorriso.

— Agora podemos continuar nossa comédia, para divertir-nos. É melhor do que estarmos aqui mudos em face um do outro. Tome a sua posição, meu marido; ajoelhe-se aqui a meus pés, e venha dar-me seu primeiro beijo de amor... [...]

ALENCAR, José de. *Senhora*. Disponível em: http://www.dominiopublico.gov.br/download/texto/bn000011.pdf. Acesso em: 3 maio 2022.

Saiba +

José Martiniano de Alencar (1829-1877) nasceu em Fortaleza, Ceará. Foi escritor e político. Autor de obras muito conhecidas de nossa literatura, José de Alencar abordou temas variados em sua produção: a formação cultural brasileira, a vida urbana do século XIX, aspectos da vida no campo e de diferentes regiões do país. O indianismo de Alencar é um dos pontos altos de nosso Romantismo. É conhecido, também, como o escritor que perseguiu o objetivo de fortalecer o nacionalismo na literatura brasileira. Além de *Senhora*, publicou *O Guarani* (1857), *Iracema* (1865), *As minas de prata* (1865-1866), *O tronco do Ipê* (1871), entre outras obras.

Alberto Henschel/Acervo da Academia Brasileira de Letras, Rio de Janeiro, RJ.

No trecho que você acabou de ler, Aurélia decide se vingar de Fernando Seixas, que a havia abandonado para se casar com uma jovem rica. Nesse momento da história, a protagonista já havia recebido a herança de seu avô e então, através de um procurador, faz um pedido de casamento a Fernando, em troca de um dote (em resumo, ela "compra um marido"). O homem aceita sem ao menos saber de quem se trata, por dinheiro. Alencar retrata a burguesia carioca de sua época, movida pelas aparências e pela importância dada ao dinheiro.

Também são importantes na prosa romântica brasileira escritores como Joaquim Manuel de Macedo (autor de *A Moreninha*, que você também estudará nesta Unidade), Bernardo Guimarães (autor de *A escrava Isaura*, romance que deu origem à telenovela mais exportada da televisão brasileira) e Manuel Antônio de Almeida, autor de *Memórias de um sargento de milícias*, considerado um romance de transição entre o Romantismo e o Realismo.

Leia a seguir um trecho dessa obra:

Memórias de um sargento de milícias

Manuel Antônio de Almeida

algibebe: vendedor de roupas, em geral, usadas.

saloio: rústico, grosseiro; camponês que vivia próximo a Lisboa.

maganão: brincalhão; malandro, não confiável.

Sua história tem pouca coisa de notável. Fora Leonardo **algibebe** em Lisboa, sua pátria; aborrecera-se porém do negócio, e viera ao Brasil. Aqui chegando, não se sabe por proteção de quem, alcançou o emprego de que o vemos empossado, e que exercia, como dissemos, desde tempos remotos. Mas viera com ele no mesmo navio, não sei fazer o quê, uma certa Maria da hortaliça, quitandeira das praças de Lisboa, **saloia** rechonchuda e bonitota. O Leonardo, fazendo-se-lhe justiça, não era nesse tempo de sua mocidade mal apessoado, e sobretudo era **maganão**. Ao sair do Tejo, estando a Maria encostada à borda do navio, o Leonardo fingiu que passava distraído por junto dela, e com o ferrado sapatão assentou-lhe uma valente pisadela no pé direito. A Maria, como se já esperasse por aquilo, sorriu-se como envergonhada do gracejo, e deu-lhe também em ar de disfarce um tremendo beliscão nas costas da mão esquerda. Era isto uma declaração em forma, segundo os usos da terra: levaram o resto do dia de namoro cerrado; ao anoitecer passou-se a mesma cena de pisadela e beliscão, com a diferença de serem desta vez um pouco mais fortes; e no dia seguinte estavam os dois amantes tão extremosos e familiares, que pareciam sê-lo de muitos anos.

Quando saltaram em terra começou a Maria a sentir certos enojos: foram os dois morar juntos: e daí a um mês manifestaram-se claramente os efeitos da pisadela e do beliscão; sete meses depois teve a Maria um filho, formidável menino de quase três palmos de comprido, gordo e vermelho, cabeludo, esperneador e chorão; o qual, logo depois que nasceu, mamou duas horas seguidas sem largar o peito. E este nascimento é certamente de tudo o que temos dito o que mais nos interessa, porque o menino de quem falamos é o herói desta história.

[...]

Disponível em: http://www.dominiopublico.gov.br/download/texto/ua000235.pdf

O romance de Almeida narra as peripécias de um sargento no período em que D. João VI e sua corte estiveram no Brasil e difere dos romances urbanos publicados até então, que retratavam a classe média alta.

No trecho lido, conta-se a história de Leonardo Pataca, futuro pai do protagonista desse romance, que chegou ao Brasil vindo de Portugal e conseguiu no país um emprego como meirinho. Antes disso, porém, conhece Maria da hortaliça e os dois decidem morar juntos, sem se casarem. Desse relacionamento nasce um menino, também chamado Leonardo, que se envolve em muitas confusões ao longo da história e que, mais tarde, se tornará sargento, como adianta o título do romance. A linguagem empregada na obra tende ao registro mais informal, com tons cômicos. O protagonista, diferentemente do herói romântico grandioso, vive dramas cotidianos e é um anti-herói.

Saiba + +++

Manuel Antônio de Almeida (1831-1861) nasceu no Rio de Janeiro. Foi jornalista, romancista, cronista e crítico literário. Entre 1852 e 1854 publicou os folhetins que compõem as *Memórias de um sargento de milícias*, obra inovadora do Romantismo brasileiro, com personagens "retirados" das camadas baixas e médias da sociedade fluminense do século XIX.

Reprodução/Coleção Particular

Na poesia romântica, que registra várias tendências, destacam-se no Brasil: Gonçalves Dias (autor do famoso poema "Canção do exílio"), Casimiro de Abreu (autor de "A valsa" e "Meus oito anos"), Álvares de Azevedo (o poeta do mal do século, autor da consagrada obra *Lira dos vinte anos*) e Castro Alves (conhecido como o "poeta dos escravos", por conta de suas obras que denunciavam a escravidão, entre elas o conhecido poema "Navio negreiro").

Práticas de leitura e análise literária: o gênero literário romance (I)

Romances e circulação da literatura no século XIX

Sugerimos que as três atividades a seguir sejam respondidas primeiro oralmente, em uma roda de conversa em sala de aula. É importante que sejam feitas anotações durante essa conversa, para que você possa consultar posteriormente e se lembrar das respostas dadas. Ao final da conversa, as respostas deverão ser registradas no caderno.

1. Converse com os colegas e o professor sobre algumas experiências de leitura literária que você já teve. Para orientar a discussão, procure responder às questões a seguir.

a) Quais tipos de textos literários você se lembra de já ter lido?

b) Trata-se de obras mais recentes ou mais antigas?

c) Você saberia caracterizar um pouco esses textos? Por exemplo: se são escritos em prosa ou em verso; se são extensos ou curtos; se contam histórias ou não; se trazem reflexões sobre a vida, o mundo ou alguma pessoa em especial; de que temas tratam; etc.)

2. É possível que, entre as obras literárias que você já leu, algumas delas sejam romances. Compartilhe com os colegas e o professor as suas respostas para as perguntas a seguir.

a) Você sabe o que é um romance?

b) Se você acha que já leu algum, lembra-se do título e do autor? O que ele tinha de especial para ser lembrado?

c) Por que você fez esse tipo de leitura?

3. Pensando na circulação dos textos literários, como o romance, reflita com os colegas e o professor sobre as próximas questões.

a) Em sua opinião, que elementos são necessários para que haja circulação de textos literários em uma sociedade? E qual é a importância deles?

b) Onde se encontram os textos literários que você lê atualmente e em quais suportes eles são publicados?

No Brasil do século XIX, a circulação de obras literárias intensificou-se: foi nesse período que se criaram, no país, condições para que isso acontecesse amplamente, como o desenvolvimento das cidades e o aumento de pessoas alfabetizadas. Um dos gêneros literários mais divulgados nesse período foi o romance.

O romance é um gênero que foi sendo concebido ao longo de séculos. Na literatura ocidental, sua origem está relacionada a outros gêneros que circularam intensamente desde a Idade Média e que precederam o romance, como as canções de gesta (longos poemas narrativos feitos para serem cantados) e as novelas de cavalaria (relatos narrativos ficcionais escritos em prosa e baseados nas aventuras legendárias, principalmente de cavaleiros cruzados do período medieval). A estrutura do romance, como a conhecemos hoje – uma narrativa ficcional em prosa, com enredo e intriga complexos envolvendo várias personagens –, começou a se fixar entre os séculos XVI e XVII. No século XVIII, já havia atingido uma forma bastante próxima à dos romances atuais.

Foi no século XIX, porém, que ocorreu a grande expansão desse gênero, com a popularização da imprensa escrita (os jornais) e dos folhetins (romances em capítulos, publicados nos jornais de grande circulação da época). Os romances produzidos no século XIX permanecem como exemplos representativos do gênero, tendo intensa divulgação até hoje, como é o caso das obras *Os miseráveis*, de Victor Hugo, e *Orgulho e preconceito*, de Jane Austen. Na literatura brasileira desse século, destacam-se as obras de José de Alencar, Machado de Assis e Aluísio Azevedo.

Conforme você e os colegas devem ter discutido, quanto mais leitores, tanto mais as obras circulam e mais elas são publicadas. Esse circuito de leitores e obras contou com uma "novidade" que, importada da França, logo virou moda nas grandes cidades brasileiras da época: o folhetim, que pode ser definido como uma narrativa em prosa ou um romance publicado parcialmente, por capítulos, de forma sequenciada. O folhetim surgiu no início do século XIX, graças à expansão dos jornais, e logo se espalhou para outras partes do mundo, incluindo o Brasil, fazendo grande sucesso entre os leitores de jornais e revistas do Rio de Janeiro e de outras cidades brasileiras em meados do século XIX. Muitos romances, próprios de nossa literatura daquele século, foram originalmente publicados em forma de folhetins. Por isso, podemos considerar que diversos jornais e revistas da época foram importantes portadores de textos literários.

Muitos romances, próprios de nossa literatura daquele período, tiveram sua estreia originalmente em folhetins de jornais de grandes cidades antes de terem sido publicados em livros. É o caso de *Memórias póstumas de Brás Cubas*, de Machado de Assis, do qual você lerá um trecho na Unidade 2 desta parte.

O folhetim foi muito popular até o início do século XX. Nessa época, com o surgimento de outras mídias, como o rádio e a televisão, esse portador perdeu espaço entre as publicações impressas, até desaparecer. As telenovelas de hoje – amplamente divulgadas por várias emissoras de televisão – e, mais recentemente, as séries de **canais de *streaming*** pela internet podem ser consideradas herdeiras dessa tradição de contar histórias seriadas por capítulos.

Muito comum também desde o século XX é a transposição do enredo de romances para a grande tela do cinema, o que acontece especialmente, mas não exclusivamente, com os chamados *best-sellers* – livros que vendem grande quantidade de exemplares.

Saiba +

Surgido na França em 1836, o folhetim era um espaço jornalístico designado à publicação literária para o entretenimento dos leitores. Assim como no país europeu, em que autores como Victor Hugo e Alexandre Dumas tiveram suas obras publicadas e popularizadas por meio desse formato, no Brasil diferentes autores iniciaram sua carreira literária publicando em folhetins, dentre os quais destacam-se José de Alencar e Machado de Assis.

canais de *streaming*: empresas de serviços que utilizam tecnologia de transmissão digital para difusão de conteúdo multimídia por meio da internet. Disponibilizam assinaturas pagas para o acesso dos clientes.

4. Responda às perguntas a seguir e, depois, socialize-as em um momento de conversa com os colegas e o professor.

a) Atualmente, ao ler um jornal impresso ou digital, que gêneros de textos de caráter literário costumam ser encontrados nessas publicações?

b) Não é comum, hoje, a publicação de romances inteiros na imprensa cotidiana. Em que tipo de portador os romances circulam na atualidade?

c) Com base na explicação dada sobre folhetim, comente com os colegas qual teria sido a função social desse portador quando ainda não havia televisão, rádio, cinema, internet e tantas outras mídias como atualmente.

d) Você costuma assistir a novelas? Ou prefere outras formas de entretenimento? Comente com os colegas.

Reprodução/Editora Intrínseca

Capa do romance *Extraordinário*, de Raquel Jaramillo, sob o pseudônimo R. J. Palacio, publicado pela editora Intrínseca, 2013.

Reprodução/Paris Filmes

Cartaz do filme *Extraordinário*, inspirado no romance homônimo de R. J. Palacio (pseudônimo de Raquel Jaramillo). Dirigido por Stephen Chbosky, o filme foi lançado em 2017.

O leitor médio do século XIX encontrou no folhetim seu alimento literário, e esse fator fez o gênero romance se solidificar e sobressair, como ocorreria posteriormente com a novela de rádio e a telenovela. Foi nesse clima que, em 1844, Joaquim Manuel de Macedo obteve grande sucesso com o lançamento de seu livro, *A Moreninha*, considerado o primeiro romance brasileiro da época do Romantismo.

A obra conta uma história de amor que se passa no Rio de Janeiro, na época do Império, envolvendo três estudantes, uma bela jovem e uma aposta. Os estudantes são Fabrício, Augusto e Leopoldo. Carolina é irmã de Filipe e personagem que dá título ao romance – a Moreninha. A aposta é feita por Augusto, um jovem inconstante no amor, que se compromete com os amigos a escrever um romance caso permaneça apaixonado pela mesma mulher por mais de quinze dias. A obra coloca em cena a alta sociedade brasileira de meados do século XIX.

Arquivo/Rede Globo

Cena da segunda adaptação de *A Moreninha* para telenovela, exibida em 1965. A obra havia sido adaptada pela primeira vez em 1956 e ainda contou com uma terceira versão, em 1975.

Leia, a seguir, o trecho que trata dessa paixão e, depois, responda no caderno às questões propostas.

A Moreninha

Joaquim Manuel de Macedo

– [...] mas venha cá sr. Augusto, então como é isto?... estás realmente apaixonado?!

– Quem te disse semelhante asneira?...

– Há três dias que não falas senão na irmã de Filipe e...

– Ora, viva! quero divertir-me... digo-te que a acho feia, não é lá essas coisas; parece ter mau gênio. Realmente notei-lhe muitos defeitos... sim... mas, às vezes... Olha, Leopoldo, quando ela fala ou mesmo quando está calada, ainda melhor; quando ela dança, ou mesmo quando está sentada... ah! ela rindo-se... e até mesmo séria... quando ela canta ou toca ou brinca ou corre, com os cabelos à ***négligé***, ou divididos em belas tranças; quando... Para que dizer mais? Sempre, Leopoldo, sempre ela é bela, formosa, encantadora, angélica!

négligé: cabelos soltos, sem um penteado formal, como era costume no século XIX.

– Então, que história é essa? Acabas divinizando a mesma pessoa que, principiando, chamaste feia?...

– Pois eu disse que ela era feia? É verdade que eu... no princípio... Mas depois... Ora, estou com dores de cabeça; este maldito Velpeau!... Que lição temos amanhã?

– Tratar-se-á das representações de...

– Temos maçada! Quem te perguntou por isso agora? Falemos de d. Carolina, do baile, do...

– Eis aí outra! Não acabaste de perguntar-me qual era a lição de amanhã?

– Eu? Pode ser... Esta minha cabeça!...

– Não é a tua cabeça, Augusto, é o teu coração.

Houve um momento de silêncio. Augusto abriu um livro e fechou-o logo; depois tomou rapé, passeou pelo quarto duas ou três vezes e, finalmente, veio de novo sentar junto de Leopoldo.

– É verdade, disse; não é a minha cabeça: a causa está no coração. Leopoldo, tenho tido pejo de te confessar, porém não posso mais esconder estes sentimentos que eu penso que são segredos e que todo o mundo mos lê nos olhos! Leopoldo, aquela menina que aborreci no primeiro instante, que julguei insuportável e logo depois espirituosa, que daí a algumas horas comecei a achar bonita, no curto trato de um dia, ou melhor ainda, em alguns minutos de uma cena de amor e piedade, em que a vi de joelhos banhando os pés de sua ama, plantou no meu coração um domínio forte, um sentimento filho da admiração, talvez, mas, sentimento que é novo para mim, que não sei como o chame, porque o amor é um nome muito frio para que o pudesse exprimir!... Eu já não me conheço... não sei onde irá isto parar... Eu amo! ardo! morro!

– Modera-te, Augusto; acalma-te; não é graça; olha que estás vermelho como um pimentão. [...]

MACEDO, Joaquim Manuel de. *A Moreninha*. 23. ed. São Paulo: Ática, 2012. p. 108-109.

Saiba +

Alfred Velpeau (1795-1867) foi um importante cirurgião francês. Provavelmente, no diálogo, os estudantes referem-se a alguma lição de anatomia lida em livro de Velpeau.

Saiba +

Joaquim Manuel de Macedo (1820-1882) nasceu em Itaboraí, no Rio de Janeiro. Foi médico, político, jornalista, escritor e professor. Produziu poemas, peças teatrais, crônicas, mas se tornou conhecido por ser o primeiro romancista no Brasil com a publicação da obra *A Moreninha*, lançada em 1844.

5. O diálogo entre os personagens permite a Leopoldo identificar contradições na fala de Augusto. Quais são elas? Explique.

6. Releia o quarto parágrafo do texto para responder às questões a seguir.

a) Que relação a conjunção *ou* estabelece entre as orações?

b) O que explicaria tantas ocorrências dessa conjunção na fala de Augusto?

7. No diálogo de Leopoldo e Augusto, quais traços de linguagem indicam proximidade e intimidade fraternal entre esses personagens?

8. No texto, há mais de vinte ocorrências de reticências e mais de dez pontos de exclamação. Explique o efeito de sentido que o autor poderia estar buscando ao utilizar essa pontuação.

Estudiosos da obra de Joaquim Manuel de Macedo apontam, em *A Moreninha*, um fator que pode ter contribuído para o sucesso do autor junto ao público: o uso de uma linguagem ágil, bastante próxima do coloquial, com a narrativa marcada por muitos diálogos, para dar a impressão de a ação estar acontecendo no momento em que se lê, quase como se fosse uma cena teatral. Mas para você, jovem leitor do século XXI, certas expressões e a forma da linguagem podem parecer nada próximas da linguagem coloquial que utilizamos hoje.

9. Com base em seus conhecimentos e considerando o público-leitor suposto de *A Moreninha*, discuta com os colegas e o professor as questões a seguir.

   a) Por que, para um leitor da atualidade, muitas expressões e modos de dizer presentes no diálogo do romance parecem artificiais e com pouca probabilidade de ocorrer em uma conversa informal entre amigos? Justifique sua resposta.

   b) O que essa linguagem permite afirmar sobre o público-leitor suposto da época em que a obra foi publicada? Formule hipóteses sobre isso.

Diálogo encenado

O diálogo entre os dois jovens sobre dona Carolina, a moça que despertava o interesse amoroso de Augusto, bem poderia acontecer entre amigas ou amigos seus, hoje em dia, quando conversam sobre os próprios interesses amorosos.

Nesta proposta de diálogo encenado, forme dupla com um colega da turma e, juntos, adaptem o diálogo presente no trecho do romance para espelhar uma situação de interesse amoroso já imaginada por vocês.

Utilizem uma linguagem ágil, coloquial, que vocês utilizariam em uma conversa informal com um amigo. Ensaiem esse diálogo e, por fim, apresentem-no para a turma e o professor.

Saiba +

O ***Audiocult*** é uma plataforma de *podcasts* literários que busca disponibilizar "informação e literatura" para "todos aqueles que queiram aprender com as narrativas". Para conhecer, acesse o *link* disponível em http://www.audiocult.com.br/podcasts.html e escute um *podcast* literário com a narração de um trecho da obra *A Moreninha*. Nesse *podcast*, o trecho foi adaptado para uma linguagem um pouco mais informal. Acesso em: 21 nov. 2021.

Clube de leitura

Mesmo tendo sido escrito no século XIX, o enredo do romance *A Moreninha* permanece muito atual: que jovens não se apaixonam e sofrem influência dos amigos para fazer coisas em decorrência dessas paixões? Muda a linguagem, mudam o tempo e os costumes típicos da época, mas os sentimentos e as dúvidas desses jovens ainda permanecem muito semelhantes aos de hoje em dia...

E que tal ler o livro em sua integralidade? Será interessante descobrir, por exemplo, que as dificuldades de Augusto em torno do interesse amoroso por Carolina não devem ser muito diferentes das que você ou seus colegas experimentam nas próprias relações. E será que algum de vocês não teria também amigos muito parecidos com Fabrício ou Leopoldo?

1. **Sugestão de organização da leitura**

- A turma pode fazer a leitura do livro aos poucos, em capítulos: se conseguirem ler três ou quatro capítulos por semana, em pouco mais de um mês e meio terão conseguido concluir os 23 capítulos do livro, mais o epílogo.

2. **Engajamento da leitura por meio das redes**

Durante esse tempo, a turma toda pode se engajar nas redes sociais para:

- comentar os capítulos e discutir as temáticas propostas pelo livro;
- ampliar a compreensão da linguagem (que, aos olhos dos leitores da atualidade, pode parecer um tanto complexa);
- conectar-se com outros leitores desse livro e assistir pela internet às adaptações da obra para outros formatos.

3. **Livro disponível em domínio público**

O romance está disponível para acesso livre e gratuito na internet, no portal *Domínio público*, disponível em: http://www.dominiopublico.gov.br/. Acesso em: 30 jun. 2022.

Outro romancista brasileiro do século XIX de grande sucesso foi o cearense José de Alencar. Dentre suas inúmeras obras, algumas delas se destacam pela presença constante da natureza brasileira, que ganha atenção especial por meio de longas passagens descritivas. Uma dessas obras é *Iracema*, romance publicado em 1865, que narra a história de amor entre a indígena Iracema, que dá nome ao título do romance, e Martim. Iracema é filha de Araquém, chefe dos Tabajara, e uma sacerdotisa de Tupã; como tal, deve se manter virgem. Quando conhece Martim, porém, apaixona-se por ele.

J. DE ALENCAR.

IRACEMA

LENDA DO CEARÁ

RIO DE JANEIRO

TYP. DE VIANNA & FILHOS, RUA D'AJUDA N. 79

1865

Reprodução/Biblioteca Brasiliana Guita e José Mindlin, São Paulo, SP.

Folha de rosto da primeira edição da obra *Iracema*, publicada em 1865 pela Tipografia Viana & Filhos.

O personagem Martim é um jovem português, caracterizado como guerreiro branco, e é inspirado em uma personalidade real, o português Martim Soares Moreno, considerado o fundador do estado do Ceará. Com esse romance, o escritor José de Alencar procura valorizar as origens do que se considerava, na época, o povo brasileiro: a miscigenação dos portugueses com os indígenas.

Leia, a seguir, um trecho do segundo capítulo do romance, seguramente um dos mais conhecidos da obra. Nele, narra-se o primeiro encontro, de início nada amistoso, entre Iracema e Martim.

Iracema

José de Alencar

Além, muito além daquela serra, que ainda azula no horizonte, nasceu Iracema.

Iracema, a virgem dos lábios de mel, que tinha os cabelos mais negros que a asa da graúna, e mais longos que seu talhe de palmeira.

O favo da **jati** não era doce como seu sorriso; nem a baunilha recendia no bosque como seu hálito perfumado.

jati: árvore da família das leguminosas.

esparzir: espalhar ou derramar um líquido.

aljôfar: gota de água com aspecto de pérola, o orvalho da manhã.

rorejar: deitar gota a gota.

guará: ave encontrada no extremo norte da América do Sul, de exuberante coloração.

ará: arara.

uru: ave galiforme.

crautá: planta da família das bromeliáceas.

ignoto: desconhecido.

lesto: ágil.

Mais rápida que a ema selvagem, a morena virgem corria o sertão e as matas do Ipu, onde campeava sua guerreira tribo, da grande nação tabajara. O pé grácil e nu, mal roçando, alisava apenas a verde pelúcia que vestia a terra com as primeiras águas.

Um dia, ao pino do sol, ela repousava em um claro da floresta. Banhava-lhe o corpo a sombra da oiticica, mais fresca do que o orvalho da noite. Os ramos da acácia silvestre **esparziam** flores sobre os úmidos cabelos. Escondidos na folhagem os pássaros ameigavam o canto.

Iracema saiu do banho: o **aljôfar** d'água ainda a **roreja**, como à doce mangaba que corou em manhã de chuva. Enquanto repousa, empluma das penas do **guará** as flechas de seu arco, e concerta com o sabiá-da-mata, pousado no galho próximo, o canto agreste.

A graciosa **ará**, sua companheira e amiga, brinca junto dela. Às vezes sobe aos ramos da árvore e de lá chama a virgem pelo nome: outras remexe o **uru** de palha matizada, onde traz a selvagem seus perfumes, os alvos fios do **crautá**, as agulhas da juçara com que tece a renda, e as tintas de que matiza o algodão.

Rumor suspeito quebra a doce harmonia da sesta. Ergue a virgem os olhos, que o sol não deslumbra; sua vista perturba-se.

Diante dela e todo a contemplá-la está um guerreiro estranho, se é guerreiro e não algum mau espírito da floresta. Tem nas faces o branco das areias que bordam o mar; nos olhos o azul triste das águas profundas. Ignotas armas e tecidos **ignotos** cobrem-lhe o corpo.

Foi rápido, como o olhar, o gesto de Iracema. A flecha embebida no arco partiu. Gotas de sangue borbulham na face do desconhecido.

De primeiro ímpeto, a mão **lesta** caiu sobre a cruz da espada; mas logo sorriu. O moço guerreiro aprendeu na religião de sua mãe, onde a mulher é símbolo de ternura e amor. Sofreu mais d'alma que da ferida.

O sentimento que ele pôs nos olhos e no rosto, não o sei eu. Porém a virgem lançou de si o arco e a uiraçaba, e correu para o guerreiro, sentida da mágoa que causara.

A mão que rápida ferira, estancou mais rápida e compassiva o sangue que gotejava. Depois Iracema quebrou a flecha homicida; deu a haste ao desconhecido, guardando consigo a ponta farpada.

O guerreiro falou:

– Quebras comigo a flecha da paz?

– Quem te ensinou, guerreiro branco, a linguagem de meus irmãos? Donde vieste a estas matas, que nunca viram outro guerreiro como tu?

– Venho de bem longe, filha das florestas. Venho das terras que teus irmãos já possuíram, e hoje têm os meus.

– Bem-vindo seja o estrangeiro aos campos dos tabajaras, senhores das aldeias, e à cabana de Araquém, pai de Iracema.

ALENCAR, José de. *Iracema*. São Paulo: Penguin Classics & Companhia das Letras, 2016.

10. Sobre o trecho lido, faça o que se pede a seguir.

a) Que recursos linguísticos são mais usados na descrição de Iracema?

b) Em que momento do trecho é possível perceber a relação de Iracema com a natureza? Que elementos do texto lhe permitiram chegar a essa conclusão?

c) Que fato rompeu a harmonia entre a indígena e o meio físico em que se encontrava? Esse momento da cena lhe permite compará-lo a algum evento histórico ocorrido no Brasil? Justifique sua resposta.

11. Releia o trecho que comenta o sentimento de Martim após ser ferido.

> O sentimento que ele pôs nos olhos e no rosto, não o sei eu. Porém a virgem lançou de si o arco e a uiraçaba, e correu para o guerreiro, sentida da mágoa que causara.

Por que o narrador, apesar de onisciente, diz "não o sei eu"?

12. As armas usadas pelos personagens, a espada e a flecha, podem ser consideradas metonímias que representam duas culturas diferentes. Quais são elas?

O Romantismo e a configuração do feminino

No século XIX, no período do Romantismo, havia um modelo idealizado da mulher.

No Romantismo, a pintura *A alma da rosa*, de John William Waterhouse (1849-1917), ou a personagem Carolina, de *A Moreninha*, encarnam um modelo de mulher graciosa, delicada e bela.

A alma da rosa, de John William Waterhouse, 1908 (óleo sobre tela, 88,3 cm × 59,1 cm).

A mulher ideal era aquela pura, de bom coração, mãe, esposa e dona do lar. Além disso, a figura feminina era representada com características europeias, com a pele e os cabelos claros, assim como suas vestimentas eram de modelagem europeia. Outro aspecto está relacionado ao campo do sagrado: a mulher deveria se manifestar como o ideal de pureza, a representação católica da esposa – a Virgem Maria.

A pintura de José Maria de Medeiros (1849-1925) é calcada na Iracema de Alencar; mulher que simboliza o ideal da beleza feminina tropical.

Iracema, de José Maria de Medeiros, 1884 (óleo sobre tela, 168,3 cm × 255 cm).

Iracema marca o início da idealização feminina na literatura brasileira. No romance, apresenta-se uma mulher pura e casta, de caráter majestoso, símbolo da beleza feminina.

Alencar enfatiza a beleza e a sensualidade naturais da índia "virgem dos lábios de mel", criando indiretamente um contraste físico entre a beleza quase mítica de Iracema e a da mulher europeia.

Essas leituras e discussões não se encerram aqui: na próxima unidade, você lerá trechos de obras de outros escritores do século XIX e continuará a discutir sobre a circulação das obras literárias.

Diário de bordo

Após todas as discussões realizadas nesta seção, registre em seu diário de bordo as conclusões sobre a leitura e a circulação das obras literárias. Registre, também, suas impressões sobre a linguagem do livro *A Moreninha* e a "recriação" do diálogo. Para você, como foi a experiência de adaptar a linguagem de um romance do século XIX para a do século XXI? Por fim, registre suas conclusões sobre a leitura do trecho de *Iracema*.

Práticas de produção oral: entrevista oral (I)

A entrevista oral é um gênero que pode ter diferentes funcionamentos e modos de circulação. Como gênero jornalístico, circula de forma semelhante à notícia e à reportagem, em emissões de rádio, de televisão e portadores midiáticos na internet. Nesse caso, além do entrevistador e do entrevistado, conta com um terceiro participante: o espectador, ou ouvinte.

Pode ser empregada como forma de coleta de informações e dados sobre uma temática qualquer: nesse modo de funcionamento, podemos compreendê-la como estratégia de pesquisa para esclarecer um assunto. Nesse caso, o entrevistador faz perguntas sobre o assunto em questão a um entrevistado e grava as respostas (para depois, eventualmente, registrá-las por escrito).

Nesta unidade, vamos trabalhar com esse gênero oral. Converse com os colegas e o professor para, juntos, levantarem as características das entrevistas orais.

Cena da apresentadora Márcia Dutra e do convidado, o cardiologista e professor Heno Lopes, no programa *Repórter São Paulo*, exibido em 2017 pela TV Brasil. Durante a entrevista, o entrevistado fala sobre cuidados com a saúde do coração.

Planejamento

Forme um grupo de seis a oito integrantes para fazer a atividade a seguir. Juntos, orientem-se pelo roteiro, a fim de compreender melhor o que é e como se organiza uma entrevista.

- Selecionem uma entrevista oral que circulou no rádio, na televisão ou na internet e, conforme possível, armazenem essa entrevista para poder analisá-la.
- Escolham um trecho da entrevista que lhes pareça particularmente interessante e façam a transcrição do texto oral.
- Busquem informações sobre o assunto tratado no trecho transcrito.

- Compartilhem com os outros grupos a fonte da entrevista analisada, para que todos possam conhecê-la.

Exposição oral

Elaborem uma exposição oral aos demais grupos para apresentar o resultado desse trabalho, destacando o seguinte:

- o assunto do trecho da entrevista que foi transcrito;
- as perguntas do entrevistador que mais chamaram sua atenção;
- a opinião do grupo sobre essas perguntas (por exemplo, se foram pertinentes e adequadas ao tema da entrevista);
- o que o grupo perguntaria ao entrevistado se fosse o entrevistador.

Após as exposições orais, discutam coletivamente, com a mediação do professor, os aspectos observados nas entrevistas analisadas.

1. De maneira geral, as entrevistas contam com duas partes ou momentos decisivos para seu sucesso: o início e o encerramento. Na mesma formação de grupos proposta no início da seção, ouçam a gravação da entrevista que vocês selecionaram e, em seguida, discutam entre si as questões.

Registrem suas observações por escrito e compartilhem as observações do grupo com a turma.

a) Com que palavras ou expressões o entrevistador inicia a entrevista?

b) O que faz o entrevistado nesse momento inicial da entrevista?

c) No encerramento da entrevista, o que diz o entrevistador quando já não tem mais perguntas a fazer? O que lhe responde o entrevistado?

Análise de entrevista oral

Entre as várias características da linguagem oral, podemos destacar o fato de que, mesmo em situações formais, o texto oral é "publicado" no mesmo momento em que é "produzido", ou seja, quando os interlocutores interagem. Mesmo quando há planejamento prévio, como em gêneros orais formais, essa simultaneidade é constitutiva do oral. Como consequência, pode haver marcas de hesitação. Outro componente do texto oral decorrente da interação verbal são os marcadores de conversação. Por exemplo: "pois bem", "então", "sabe", "olha", etc. (ao começar a falar); "certo?", "ok?", "tá bem?", "quer dizer", etc. (para manter a vez de falar ou solicitar atenção do ouvinte); "diga", "vai", "pode falar", etc. (para dar a vez ao outro interlocutor); "sério?", "nossa!", "oi?" (quando o interlocutor duvida de uma asserção ou pede confirmação), entre outros.

Nesta proposta de atividade, trabalhe com todos os colegas. A turma deve escolher uma das entrevistas selecionadas na proposta do início da unidade e, com a ajuda do professor, analisá-la com base no **roteiro** a seguir.

I. Façam um levantamento das questões da entrevista e registrem-nas por escrito. Classifiquem as perguntas em três categorias:

- Perguntas feitas sem base em resposta anterior do entrevistado.
- Perguntas feitas com base em resposta anterior do entrevistado.
- Perguntas que procuram esclarecer um aspecto já comentado.
- Feita a análise, procurem concluir: Que tipo de pergunta é mais frequente?

II. Observem se há marcas típicas da oralidade, como hesitação, reiterações, expressões usadas para chamar a atenção dos ouvintes e marcadores de conversação, na fala do entrevistador e/ou do entrevistado.

III. Analisem o nível de linguagem empregado.

- Que marcas de polidez são frequentes? Por exemplo, que pronome de tratamento é usado? São empregadas expressões como "por favor" ou "obrigado"?
- A linguagem é formal ou informal? É possível estabelecer uma relação entre o nível de linguagem e o assunto da entrevista?
- Vocês consideram que o nível de linguagem é adequado à situação de comunicação? Por quê?

IV. Observem e anotem se o entrevistador interrompe muito o entrevistado, ou seja, se impede frequentemente o turno de fala dele.

Diário de bordo

O estudo da entrevista oral vai continuar na Unidade 2. Por ora, registre em seu diário de bordo o que você pôde perceber até o momento sobre esse gênero oral ao realizar as atividades propostas nesta seção.

Práticas de produção escrita: reportagem

A reportagem é um gênero jornalístico. Ao lado da notícia, compõe a maior parte das produções textuais de caráter jornalístico-midiático. Como você viu, ela resulta de um trabalho de pesquisa e de coleta de informações e tem extensão variada. É comum o uso de ilustrações, infográficos, fotografias, etc., para ajudar a compor o texto. No texto em portador virtual, há mais possibilidades ainda, como os *hiperlinks* presentes na reportagem de Juliana Conte.

Quando a reportagem é longa, além do título e da linha fina – texto usado logo abaixo do título –, pode haver subtítulos. E o texto é assinado: o jornalista pode se projetar como um "eu", fazendo comentários, analisando fatos, contrapondo visões a respeito do tema, convocando a palavra de especialistas.

Planejamento e reescrita

Organize-se novamente com o grupo com o qual trabalhou em *Situação inicial*. Tendo em vista essas características e tudo o que vocês já conseguiram aprender sobre o gênero, retomem os comentários e as observações que os outros grupos e o professor fizeram acerca da primeira versão da reportagem, observem o que já foi reformulado na segunda versão e definam o que seria preciso alterar na terceira e última versão do texto. Reescrevam o texto, acrescentando ainda alguma informação ou ampliando o texto conforme todas as discussões feitas até aqui. Durante a reescrita, verifiquem se os seguintes aspectos estão considerados.

- O título desperta a curiosidade do leitor para a leitura do texto? Há um parágrafo inicial que introduz o assunto?
- O desenvolvimento do texto detalha as informações mais importantes sobre o tema pesquisado?
- As informações lhes parecem relevantes? Estão justificadas com base na fala dos especialistas consultados?

- Vocês empregaram o discurso relatado sempre que necessário?
- Ocorrem modalizações?
- Há problemas de linguagem que podem ser eliminados, como mecanismos de concordância nominal ou verbal?

Elementos paratextuais na reportagem

Na reportagem de Juliana Conte, você observou uma foto que acompanha o texto. Além de imagens, algumas reportagens contêm outros elementos icônicos ou icônico-verbais, como gráficos, infográficos, ilustrações, etc., os quais acompanham o texto verbal. Esses elementos, chamados de *paratextuais*, ajudam a ilustrar aspectos do que foi reportado e trazem informações adicionais.

Ainda em grupo, verifiquem se, durante o processo de pesquisa e elaboração da reportagem, vocês produziram fotografias (por exemplo, dos especialistas consultados) ou infográficos. Em caso positivo, integrem esses elementos à reportagem, considerando as indicações a seguir:

- caso vocês não sejam os autores das fotos ou dos infográficos, indiquem, na reportagem, a autoria desses elementos;
- lembrem-se de elaborar legendas explicativas em cada um dos elementos icônicos ou icônico-verbais.

1. Divulguem a versão final da reportagem em um suporte impresso ou digital, de acordo com o objetivo do grupo e com o público-leitor do texto, e guardem-na no **portfólio**. Enviem uma cópia do arquivo para o professor.

ivector/Shutterstock

Diário de bordo

Registre em seu diário de bordo como foi, para você, o processo de escrita e reescrita da reportagem. Compare a versão inicial com a última versão e anote as transformações realizadas no texto.

Por fim, registre um comentário sobre a conclusão desse processo de escrita da reportagem.

#EnemVestibular

Responda às questões a seguir para fazer uma retomada dos seus conhecimentos e rever alguns assuntos que estudou nesta unidade.

1. (UFU-MG – 2018)

Por que Raduan Nassar parou de escrever? Essa pergunta com ares novelescos continua um enigma inexplicado. Depois de se preparar por 20 anos, a consagração veio junto com a estreia no lançamento do romance "Lavoura Arcaica" (1975), seguido de outro êxito atordoante, a novela "Um Copo de Cólera" (1978). No auge de uma carreira recém-começada, as traduções de vento em popa, quando seus leitores antecipam proezas ainda maiores que estavam por vir, de repente o escritor paulista anunciou que passava a arar outras terras, trocava a literatura pela agricultura [...].

FRIAS FILHO, O. O silêncio de Raduan. *Folha de S.Paulo*, 10 out. 1996. Disponível em: https://goo.gl/8Q8oyN. Acesso em: 30 mar. 2018.

Na coluna publicada no jornal *Folha de São Paulo* em outubro de 1996, a informação sobre o abandono da literatura pelo escritor Raduan Nassar

a) foi transcrita sob a forma de discurso indireto introduzido por um verbo de dizer que pode ser considerado sinônimo de declarar.

b) foi relatada sem marcas linguísticas que permitam distinguir as palavras do escritor das palavras do autor do texto.

c) foi transcrita diretamente, embora não seja possível identificar as marcas formais comumente usadas nessa forma de discurso relatado.

d) foi relatada indiretamente, sem que as regras gramaticais para esse fim fossem seguidas adequadamente pelo autor do texto.

2. (UFMS-RS – 2018)

Texto 1

Um lugar Bonito pela própria natureza

"Se o interesse é água, a cidade localizada na borda do Pantanal dá um banho. Seja em rios, lagos ou cachoeiras, o que não falta aos ecoturistas é aventura, emoção e muita adrenalina. No encontro com as águas cristalinas e calcárias dos rios de Bonito (MS), o importante é se deixar levar pela leve correnteza entre piraputangas avermelhadas e dourados gulosos, alguns dos peixes da região."

(Fragmento de reportagem produzida pelo jornalista Antônio Paulo Pavone, em 21-2-2003. Disponível em: http://www.estadao.com.br/turismo/brasil/bonito/tu1.htm).

Texto 2

"Gigante pela própria natureza,
És belo, és forte, impávido colosso,
E o teu futuro espelha essa grandeza.
Terra adorada,
Entre outras mil,
és tu, Brasil,
Ó, Pátria amada! [...]"

(Fragmento da letra do Hino Nacional Brasileiro, escrita por Osório Duque Estrada [1909])

Texto 3

"Moro num país tropical,
abençoado por Deus
E bonito por natureza (mas que beleza)
Em fevereiro (em fevereiro)
Tem carnaval (tem carnaval)
[...]"

(Fragmento da letra da canção "País tropical", escrita por Jorge Ben Jor [1969])

Sobre as sequências tipológicas em que se estruturam os textos 1, 2 e 3, é correto afirmar que:

a) No texto 2, predominam sequências dialogais e instrucionais.
b) No texto 1, predominam sequências descritivas e informativas.
c) No texto 3, predominam sequências narrativas e informativas.
d) Nos textos 2 e 3, predominam sequências dialogais e narrativas.
e) Nos textos 1 e 3, predominam sequências injuntivas e descritivas.

3. (Enem – 2014)

Você se preocupa com sua família, com seu trabalho e com sua casa.

E com você?

A mulher conquistou um espaço de destaque no ambiente profissional, além de cuidar da casa e do bem-estar da família. Acompanhada por essa mudança, também veio uma nova vida, com antigos hábitos tipicamente masculinos, como o estresse, a falta de tempo para se cuidar, o tabagismo e a maior incidência de obesidade e depressão. Isso aumentou muito os casos de infarto e doenças cardiovasculares. Elas já respondem por 30% do número total dos casos, que matam seis vezes mais do que o câncer de mama. Cuide-se. Preocupe-se com sua saúde. Visite e incentive quem você gosta a visitar um cardiologista.

Claudia, ano 52, n. 2, fev. 2013. (Adaptado)

Esse texto, publicado em uma revista, inicialmente aponta modificações ocorridas na sociedade e, em seguida,

a) descreve as diferentes atividades das mulheres hoje em dia.
b) estimula as leitoras a buscar sua realização na vida profissional.
c) alerta as mulheres para a possibilidade de problemas cardíacos.
d) informa as leitoras sobre mortes por câncer de mama e por infarto.
e) valoriza as mulheres preocupadas com o bem-estar da família.

4. (Enem – 2018)

Talvez julguem que isto são voos de imaginação: é possível. Como não dar largas à imaginação, quando a realidade vai tomando proporções quase fantásticas, quando a civilização faz prodígios, quando no nosso próprio país a inteligência, o talento, as artes, o comércio, as grandes ideias, tudo pulula, tudo cresce e se desenvolve?

Na ordem dos melhoramentos materiais, sobretudo, cada dia fazemos um passo, e em cada passo realizamos uma coisa útil para o engrandecimento do país.

ALENCAR, J. Ao correr da pena. Disponível em: www.dominiopublico.gov.br.

No fragmento da crônica de José de Alencar, publicada em 1854, a temática nacionalista constrói-se pelo elogio ao(à)

a) passado glorioso.
b) progresso nacional.
c) inteligência brasileira.
d) imponência civilizatória.
e) imaginação exacerbada.

5. (ESA/CFS – 2022)

D. Carolina é o prazer em ebulição; se é inquieta e buliçosa, está em sê-lo a sua maior graça; aquele rosto moreno, vivo e delicado, aquele corpinho, ligeiro como a abelha, perderia metade do que vale, se não estivesse em contínua agitação. O beija-flor nunca se mostra tão belo como quando se pendura na mais tênue flor e voeja nos ares. D. Carolina é um beija-flor completo.

(MACEDO, J.M.de. A moreninha. Rio de Janeiro: Tecnoprint, s/d. p.77.)

A moreninha, de Joaquim Manuel de Macedo, é o primeiro romance do Romantismo brasileiro. Nessa passagem, evidenciam-se as seguintes características desse movimento:

a) Sentimentalismo exacerbado e linguagem próxima ao coloquial.
b) Aproximação da leitora e ambientação no contexto burguês.
c) Narrador em primeira pessoa e predomínio do sonho.
d) Idealização feminina e metaforização da natureza.
e) Eu lírico introspectivo e representações vagas.

6. (EsPCEx-SP – 2021)

Qual alternativa apresenta uma associação correta?

a) Barroco / Iluminismo.
b) Arcadismo / Contrarreforma.
c) Romantismo / Revolução Industrial.
d) Barroco / *Belle Époque*.
e) Arcadismo / Positivismo.

7. (Unesp-SP – 2022)

Tão variadas são as manifestações desse movimento que é impossível formular-lhe uma definição única; mesmo assim, pode-se dizer que sua tônica foi uma crença no valor supremo da experiência individual, configurando nesse sentido uma reação contra o racionalismo iluminista e a ordem do estilo neoclássico. Seus autores exploravam os valores da intuição e do instinto, trocando o discurso público do neoclassicismo, cujas formas compunham um repertório mais comum e inteligível, por um tipo de expressão mais particular.

(Ian Chilvers (org.). *Dicionário Oxford de arte*, 2007. Adaptado.)

O movimento a que o texto se refere é o

a) Naturalismo.
b) Romantismo.
c) Barroco.
d) Arcadismo.
e) Realismo.

8. (UFU-MG – 2021)

Abaixo estão o poema "Canção do Exílio" (publicado em 1846), de Gonçalves Dias; o poema "Nova Canção do Exílio", do livro *A rosa do povo*, de Carlos Drummond e um trecho da letra *Hino Nacional Brasileiro* (composta por Joaquim Osório Duque Estrada e oficializada em 1922).

Canção do Exílio

Minha terra tem palmeiras,
Onde canta o sabiá;
As aves, que aqui gorjeiam,
Não gorjeiam como lá.

Nosso céu tem mais estrelas,
Nossas várzeas têm mais flores,
Nossos bosques têm mais vida,
Nossa vida mais amores.

Em cismar, sozinho, à noite,
Mais prazer encontro eu lá;
Minha terra tem palmeiras,
Onde canta o sabiá.

Minha terra tem primores,
Que tais não encontro eu cá;
Em cismar – sozinho, à noite –
Mais prazer encontro eu lá;
Minha terra tem palmeiras,
Onde canta o Sabiá.

Não permita Deus que eu morra,
Sem que eu volte para lá;
Sem que desfrute os primores
Que não encontro por cá;
Sem que 'inda aviste as palmeiras,
Onde canta o Sabiá.

DIAS, Gonçalves. *Primeiros cantos*. p. 2. Disponível em http://www.dominiopublico.gov.br/download/texto/bv000115.pdf

Nova Canção do Exílio

Um sabiá
na palmeira, longe.
Estas aves cantam
um outro canto.

O céu cintila
sobre flores úmidas.
Vozes na mata,
e o maior amor.

Só, na noite,
seria feliz:
um sabiá,
na palmeira, longe.

Onde é tudo belo
e fantástico,
só, na noite,
seria feliz.
(Um sabiá,
na palmeira, longe.)

Ainda um grito de vida
e voltar
para onde é tudo belo
e fantástico:
a palmeira, o sabiá,
o longe.

ANDRADE, Carlos Drummond de. *A rosa do povo*. São Paulo: Companhia das Letras, 2012, p.5.

Hino Nacional Brasileiro (Excerto)

Do que a terra mais garrida,
Teus risonhos, lindos campos têm mais flores;
"Nossos bosques têm mais vida,"
"Nossa vida" no teu seio "mais amores".

Disponível em: http://www.planalto.gov.br/ccivil_03/constituicao/hino.htm. Acesso em: 02 jun. 2021.

a) Os versos de Gonçalves Dias "Nossos bosques têm mais vida,/ Nossa vida mais amores" foram replicados na letra do *Hino Nacional Brasileiro*. Esses versos apresentam uma figura de linguagem para caracterizar a terra natal.
Identifique qual é a figura empregada e explicite que efeito de sentido ela promove tanto na "Canção do Exílio quanto no *Hino Nacional*, levando-se em conta que o primeiro é um poema do Romantismo e o segundo é um texto cívico oficial.

b) Em "Nova Canção do Exílio", os versos "Nossos bosques têm mais vida,/ Nossa vida mais amores" passam por uma intensa reelaboração, que resulta na segunda estrofe do poema de Drummond.

Aponte, pelo menos, mais um exemplo de como Drummond se apropria do poema de Gonçalves Dias, alterando sua forma e sentido. Em seguida, analise como o processo de reelaboração em "Nova canção do Exílio" altera a concepção romântica da pátria, marcante no poema de Gonçalves Dias.

9. (UEM-PR – 2019)
Sobre o poema "Meu anjo", de Álvares de Azevedo, e sobre a obra em que se insere, assinale o que for correto.

Meu anjo tem o encanto, a maravilha
Da espontânea canção dos passarinhos;
Tem os seios tão alvos, tão macios
Como o pelo sedoso dos **arminhos**.

Triste de noite na janela a vejo
E de seus lábios o gemido escuto.
É leve a criatura vaporosa
Como a **froixa** fumaça de um charuto.

Parece até que sobre a fronte angélica
um anjo lhe depôs coroa e **nimbo**...
Formosa a vejo assim entre meus sonhos
Mais bela no vapor do meu cachimbo.

Como o vinho espanhol, um beijo dela
Entorna ao sangue a luz do paraíso.
Dá morte num desdém, num beijo a vida,
E celestes desmaios num sorriso!

Não quis a minha sina que seu peito
Não batesse por mim nem um minuto,
E que ela fosse leviana e bela
Como a leve fumaça de um charuto!

AZEVEDO, A de. *Melhores poemas*, São Paulo: Global, 2003.

arminhos: coisa macia, fofa e delicada.

froixa: frouxa.

nimbo: auréola, nuvem de chuva, nuvem que envolve os deuses, auréola de santo.

entornar: virar, fazer cair, emborcar despejando seu conteúdo.

01) Considerado um poeta ultrarromântico, Álvares de Azevedo trabalha, nesse poema, a temática da evasão para a fantasia e para o sonho, negligenciando temas caros ao Romantismo, como a questão do índio.

02) No poema transcrito, o eu lírico aborda a questão do amor e do encantamento pela mulher, oscilando entre a idealização ("anjo") e a sensualidade ("Tem os seios tão alvos, tão macios").

04) O encantamento do eu lírico é por uma prostituta, que ele chama de "anjo", utilizando de um eufemismo para tratar as cortesãs do século XIX. O tema do poema, portanto, é o da redenção romântica pelo arrependimento e pelo isolamento da mulher amada.

08) O poema acima se enquadra nas temáticas azevedianas do amor idealizado, irreal, das virgens ingênuas, das mulheres misteriosas, apresentadas comumente por meio do sonho e da evasão, cujo exemplo, nesse poema, pode ser observado nas nuvens da fumaça dos charutos.

16) A poesia de Álvares de Azevedo caracteriza-se pela irregularidade e pela liberdade formal, como recusa à tendência monótona do verso cantante. Essa liberdade pode ser observada, nesse poema, por meio do uso da métrica regular (versos decassílabos), do ritmo constante (com predomínio de versos heroicos, com acentuação na sexta e na décima sílabas métricas) e por meio da própria disposição gráfica do poema, desenhado por meio de cinco quartetos.

A proposta aqui é organizar um encontro de gerações: vocês, seus familiares e seus amigos, os funcionários da escola e outros convidados da comunidade, com o objetivo de estabelecer um diálogo amistoso entre gerações, compartilhar com a comunidade as produções desenvolvidas ao longo desta unidade, mostrar um pouco como a geração de vocês considera "o lugar onde vivem" e ouvir como outras gerações percebem essa mesma temática. Além disso, será possível dialogar, identificar pontos em comum entre as gerações e divergências, que, por meio do diálogo, podem ser mais bem compreendidas e, assim, respeitadas.

Encontro de gerações

As tarefas para esse evento, então, se estruturam em duas etapas maiores, que, para serem cumpridas, precisarão ser desmembradas em outras duas: a organização do evento na escola e a produção de um dossiê temático com as reportagens de vocês.

Como organizar a turma para dar conta de cada uma dessas etapas? Há vários caminhos, por isso propomos que vocês discutam com o professor para encontrar a melhor solução, considerando a realidade de vocês e as propostas que têm para o encontro.

Produção do evento

Para a produção do evento, a sugestão é discutir com a turma as etapas a seguir, avaliando se outras devem ser acrescentadas e se alguma deve ser suprimida. Também será preciso estipular os grupos que ficarão responsáveis por elas.

I. **Discussão sobre como será o evento.** Nesse momento, é importante que toda a turma participe da conversa para planejar o evento. O professor e um representante da gestão escolar poderão ajudá-los a pensar como resolver algumas questões, por isso podem ser convidados para essa conversa inicial. A seguir, há alguns procedimentos essenciais a serem observados para o planejamento do evento.

- Considerar o número de participantes.
- Escolher um local na escola para o encontro e planejar sua organização para o evento, considerando o objetivo, o número de pessoas, os objetos e os aparelhos necessários para acolher os convidados e possibilitar que todos conheçam as produções da turma e participem de outros momentos, como as entrevistas, o diálogo, etc.
- Produzir e enviar um convite aos convidados, explicando o objetivo do evento, o que acontecerá no encontro e indicando o local, a data e o horário.
- Planejar como vão expor suas relações entre natureza e vida: haverá o dossiê com as reportagens, mas vocês poderão acrescentar outros elementos que expressem o ponto de vista do grupo, como textos literários, canções e apresentações.
- Planejar como se dará o momento do diálogo entre as gerações. Por exemplo, quem vai abrir o diálogo e, depois, convidar outras pessoas para falar? Que critérios serão estabelecidos para os que quiserem se expressar?
- Planejar a organização de entrevista de alguns dos convidados idosos, para que falem sobre a saúde e a vida na terceira idade e sobre o processo de envelhecimento.

- Considerar se pretendem, por exemplo, convidar um especialista da área da saúde (geriatra, gerontólogo, psicólogo, entre outros) para falar sobre o envelhecimento e a adolescência.

II. Distribuição das tarefas de organização do evento. As equipes podem se organizar de acordo com tarefas específicas, conforme as sugestões a seguir:

- Uma equipe fica responsável por reservar o local da escola para o evento e providenciar sua organização, considerando todas as etapas aprovadas no planejamento.
- Outra fica responsável pela produção e pelo envio dos convites.
- Outra equipe se concentra em providenciar os detalhes de organização de cada acontecimento: o diálogo entre gerações, as entrevistas, a palestra do especialista, entre outros momentos do evento que precisarão de planejamento especial. Por exemplo, as entrevistas precisarão ser apoiadas por um roteiro prévio de questões elaboradas de acordo com o objetivo de cada uma delas.

Mary Long/Shutterstock

Organizar previamente entrevistas com idosos pode ajudar a tornar o evento mais íntimo e interessante para quem participar. É muito importante ter bastante cuidado e respeito pelo outro na organização da entrevista, inclusive providenciando um local tranquilo e com mobiliário adequado para deixar a pessoa entrevistada mais confortável.

Produção de dossiê temático

Para apresentar as produções de vocês no encontro de gerações, será preciso organizar a publicação das reportagens sobre o tema "O lugar onde vivo" por meio de um dossiê temático. Esse dossiê deve ser publicado em um espaço no *site* da escola ou da turma. As imagens a seguir, da capa de duas revistas quem contêm dossiês, podem inspirá-los a criar a capa do dossiê da turma.

Reprodução/Kairós

Capa de edição especial da revista *Kairós Gerontologia*. São Paulo: Programa de Estudos Pós-Graduados em Gerontologia e NEPE, da PUC-SP, volume 22, 2019. Reúne matérias sobre envelhecimento e aparência.

Reprodução/Istoé/Editora Três

Capa de edição especial da revista *IstoÉ*. São Paulo: Três, set. 2015. Apresenta um *ranking* com os municípios brasileiros que mais se destacaram em 2015.

Planejamento

Agora sigam o passo a passo:

I. Se vocês usarem um portador virtual (o *site* da escola, por exemplo):

- Para facilitar, organizem primeiro os textos das reportagens escolhidas para fazer parte do dossiê. Para isso, pensem se vão organizar por tema, por tamanho de texto (as reportagens mais curtas no início e, depois, as mais longas) ou por ordem alfabética dos títulos.
- Em seguida, preparem-se para publicar as reportagens. Caso tenham feito uma pesquisa específica para inserir *hiperlinks* no texto, este é o momento de fazer isso. Utilizem o recurso de inserção de *hiperlink* do aplicativo de publicação escolhido para a escrita da reportagem. Assim, vocês conseguirão ligar corretamente o *hiperlink* da reportagem ao endereço onde estará hospedado o texto correspondente a ele e pesquisado por vocês.
- Escrevam uma notícia breve para divulgar a publicação do dossiê temático e publiquem-na no *site* da escola. Guardem as produções no **portfólio**.

II. Caso decidam utilizar um **portador impresso**:

- No papel, a construção de *hiperlinks* é mais complexa: em seu lugar, vocês podem transformar esses textos em quadros e diagramá-los próximo aos lugares onde os *hiperlinks* apareceriam. Nesse portador, talvez seja necessário adaptar os textos pesquisados por vocês, porque o quadro pode não ter espaço suficiente para comportar tudo o que vocês escolheram para cada *hiperlink*.
- Também na versão impressa, vocês devem pensar em como organizar o texto. Agrupem as reportagens de acordo com algum critério preestabelecido. Além daqueles já citados, vocês podem pensar em outros critérios, como: dos te-

mas mais abrangentes para os menos abrangentes, questões naturais e questões ligadas ao modo de vida das pessoas, problemas nacionais e problemas locais, entre outros.

- Coletivamente, elaborem uma "Apresentação" do dossiê para orientar os leitores. Ela será incluída no início. Organizem o sumário, listando os títulos e os autores dos textos.
- Deem um título ao dossiê. Imprimam cópias para distribuí-lo na escola e na comunidade. Guardem no **portfólio** a versão digital, ou seja, o arquivo final escolhido para a impressão do dossiê.

Avaliação

Com os colegas e o professor, avalie o processo desenvolvido para executar as ações de organização do evento e do dossiê. Sugestões de perguntas para essa conversa:

- Como foi sua participação nas atividades? Justifique.
- O que você aprendeu durante o processo?
- Os resultados pretendidos foram alcançados? Justifique.

BRO.vector/Shutterstock

Meu portfólio

Nesta unidade, você e os colegas estudaram o gênero reportagem e puderam desenvolver variadas capacidades de linguagem e aprendizagens, todas elas ligadas às habilidades de língua portuguesa. O estudo da entrevista oral provavelmente possibilitou que vocês estabelecessem pontos de contato importantes entre si e sinergia no desenvolvimento dessas habilidades, razão pela qual esse gênero foi estudado.

O portfólio com as produções

Conforme lembrado ao longo da unidade, em seu portfólio, você colecionou as produções de texto desenvolvidas. É importante rever todas as versões de uma mesma produção, para que você possa, ao final do trabalho, perceber seu aprimoramento.

Ao indicar a data de cada produção, conforme orientado, você terá condições de verificar, agora, sua história de aprendizagem dos gêneros trabalhados e perceber quais aspectos da produção de textos desenvolveu e aperfeiçoou.

UNIDADE

2 Texto de divulgação científica

Motortion Films/Shutterstock

#TáNoFeed

Nesta unidade, vamos estudar o gênero texto de divulgação científica e entender a sua importância para que o público em geral tenha acesso a informações corretas sobre estudos e pesquisas de caráter científico.

Na imagem ao lado, observe o ambiente retratado e, depois, leia a legenda para saber que assunto está representado na imagem e qual será o tema desta seção.

1. O professor vai apresentar para vocês o *link* de um vídeo que trata de clonagem de seres vivos. Depois de assistir ao vídeo, atente às instruções a seguir.

a) Reveja o vídeo e faça as anotações que achar necessárias.

b) Sugerimos alguns tópicos que podem servir de roteiro para as anotações, como: a importância do tema tratado no vídeo, o modo como o tema foi exposto, a duração do vídeo, o que você já sabia sobre clonagem antes de assistir ao vídeo, entre outros. Depois de revisar suas observações, copie-as em um arquivo digital de texto ou em uma folha avulsa e compartilhe essas anotações com o professor.

2. Você já sabia algo a respeito do assunto tratado no vídeo? Nesse caso, você adquiriu esse conhecimento na escola ou fora dela? Converse com os colegas sobre isso e, depois, registre sua resposta.

O assunto desse vídeo é algo que tem provocado até hoje discussões acaloradas e polarização de pontos de vista. Leia, por exemplo, as opiniões a seguir.

> Deveríamos ter uma proibição da clonagem reprodutiva. Não há nenhuma prerrogativa para a capacidade de reprodução, e os cientistas falam dela como se fosse um direito fundamental. [...]

CAPLAN, Arthur. Veja opiniões de especialistas sobre a clonagem humana. *Folha de S.Paulo*, 23 out. 2001. Disponível em: https://www1.folha.uol.com.br/folha/ciencia/ult306u4909.shtml?origin=folha. Acesso em: 27 out. 2021.

> Não há nada filosoficamente errado em usar a clonagem para ajudar casais que têm problemas para ter filhos, mas é cedo demais para fazer isso. [...]

BAILEY, Ronald. Veja opiniões de especialistas sobre a clonagem humana. *Folha de S.Paulo*, 23 out. 2001. Disponível em: https://www1.folha.uol.com.br/folha/ciencia/ult306u4909.shtml?origin=folha. Acesso em: 27 out. 2021.

Saiba +

Para ler a matéria jornalística completa, publicada em 2001, acesse o *link* disponível em: https://www1.folha.uol.com.br/folha/ciencia/ult306u4909.shtml?origin=folha (acesso em: 4 jul. 2022). Nesse texto, entenda como pensavam, no início do século XXI, alguns cientistas e especialistas em ética, como Arthur Caplan e Ronald Bailey, citados no trecho, que se manifestaram a respeito da possibilidade de ser feita a clonagem humana. Depois, converse com os colegas acerca das opiniões que vocês leram na reportagem.

Cientista pingando amostra em vidro de laboratório para pesquisar processo de clonagem. Imagem ilustrativa.

Você certamente já sabe que o processo de clonagem é uma ferramenta eminentemente científica, que surgiu com base em estudos aprofundados e experimentos diversos realizados em laboratório. Por isso, não deixa de ser surpreendente descobrir que a utilização desse processo também é uma realidade no mundo da arte. Você já imaginou isso?

Veja a seguir a imagem de uma obra artística construída com cartilagem humana e que resulta de um processo de clonagem.

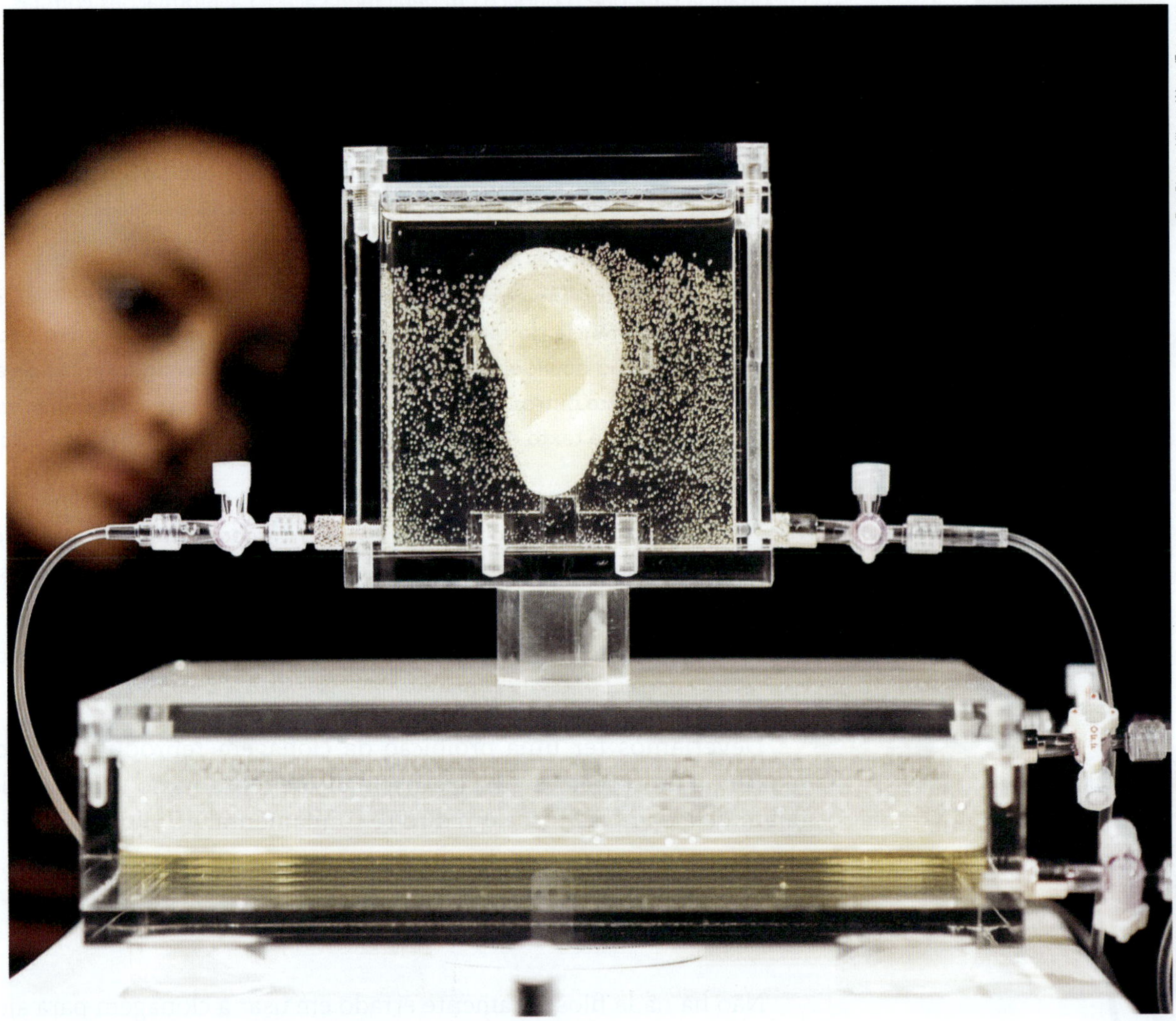

Dpa Picture Alliance/Alamy/Fotoarena

Sugababe, de Diemut Strebe, 2014. Em destaque, vemos a obra *Sugababe* em uma exposição realizada no Centro de Arte e Mídia de Karlsruhe, Alemanha. Registro em fotografia feito por Uli Deck. Foto de 2014.

A obra de arte que pode ser observada na fotografia é a reprodução de uma orelha humana cultivada em laboratório, por meio de clonagem, com base no material genético de um descendente da família do pintor Vincent van Gogh.

Saiba +

Diemut Strebe é uma artista muito representativa de um conceito artístico chamado Bioarte, por meio do qual são abordadas questões éticas e filosóficas ligadas à ciência, à tecnologia e, especificamente, à biologia na própria concepção dos objetos de arte. A obra mais conhecida dessa artista é a recriação genética de uma orelha do pintor Vincent van Gogh.

Para entender melhor essa história e os motivos da escolha de justamente essa parte do corpo para a realização da clonagem, é necessário conhecer antes a obra *Autorretrato com a orelha enfaixada*, do pintor holandês, e um pouco da história por trás dela.

Autorretrato com a orelha enfaixada, de Vincent van Gogh, 1888 (óleo sobre tela, 60 cm × 49 cm).

Saiba +

Vincent van Gogh (1853-1890) foi um pintor holandês e é o representante mais famoso do estilo que ficou conhecido nas artes plásticas como Pós-Impressionismo. É considerado uma figura emblemática na história da arte e se tornou um dos principais focos de influência de artistas atuais. O reconhecimento de sua importância no cenário artístico mundial ocorreu apenas muito tempo depois de sua morte.

Conta-se que, durante uma crise depressiva, o pintor decepou a própria orelha esquerda com uma navalha. A automutilação teria ocorrido após uma discussão com o pintor Paul Gauguin (1848-1903), seu melhor amigo à época.

Pois foi essa orelha decepada de Van Gogh que a escultora buscou representar na clonagem realizada em 2014, em um trabalho que envolveu vários cientistas. A orelha clonada seria idêntica, em formato, àquela que aparece na única foto existente que documenta a orelha do pintor.

Para realizar a clonagem da orelha, a artista utilizou o DNA das células de Lieuwe van Gogh, um tataraneto do irmão de Vincent van Gogh.

Uma curiosidade sobre a exposição da obra criada por Diemut Strebe: o público pode falar junto a essa orelha. O som da fala ativa um *software* de computador que o converte em sinais que simulam impulsos nervosos em tempo real. Obviamente, não se obtém resposta.

Depois de conhecer um pouco mais a história dessa obra, você e os colegas estão prontos para opinar?

3. Segundo o dicionário, escultura é uma obra de arte tridimensional em madeira, pedra, metal, entre outros materiais. Para você, a obra *Sugababe*, de Diemut Strebe, é ou não uma escultura? Justifique sua opinião.

4. Organizem a sala em dois grupos: os que responderam *sim* e os que responderam *não* à pergunta anterior. Os participantes de cada grupo trocam ideias entre si a fim de redigir um documento único que possa fundamentar de modo objetivo a opinião do grupo. Esse documento deverá ter, no máximo, o tamanho de uma página impressa e deve ser adicionado ao **portfólio** de cada participante. Ele será retomado em outra atividade desta unidade, na seção *#Multiplicar*.

Saiba +

A relação de amor entre arte e ciência. Postagem do blogue EBSCOpost. Acesso em: 27 out. 2021.

A interação entre arte e ciência não é nova. Desenhos científicos de Leonardo da Vinci (1452-1519) demonstram o grande talento científico do pintor de *Mona Lisa*, como pode ser observado no texto de leitura disponível em: https://www.ebsco.com/e/pt-br/blog/a-relacaeo-de-amor-entre-arte-e-ciencia. Acesso em: 8 abr. 2022.

5. Você conhece outros casos em que os recursos das Ciências Exatas e da Matemática se relacionam fortemente com obras de arte? Dê exemplos. Caso considere necessário, faça uma pesquisa para dar mais embasamento às suas respostas.

Conheça a unidade

Objetivos

- Desenvolver estratégias leitoras para a abordagem do gênero texto de divulgação científica.
- Analisar a composição do texto de divulgação científica estudando sua estrutura textual, o funcionamento de seus elementos composicionais e as possibilidades de circulação.
- Incentivar a percepção de diferenças entre estilos de romances do século XIX e discutir modos de circulação dos textos literários na atualidade.
- Aprofundar a percepção da organização composicional e do funcionamento da entrevista oral.
- Produzir textos de divulgação científica considerando sua relação com gêneros do campo jornalístico-midiático, como a reportagem.

Justificativa

Ao combinar a produção de reportagem com a produção de textos de divulgação científica, você poderá, além de experimentar o processo investigativo de um repórter, vivenciar o processo de elaboração de um texto de divulgação científica. A continuidade do estudo da entrevista oral procura garantir o desenvolvimento das capacidades de linguagem associadas a esse gênero. Na seção de literatura, o estudo de um romance do século XIX convida você a comparar esse estilo de romance ao estilo dos romances lidos na unidade anterior.

A BNCC nesta unidade

Nesta unidade são desenvolvidas as competências e habilidades da BNCC indicadas a seguir.

Competências Gerais da Educação Básica: 1, 2, 3, 4, 8, 9, 10.

Competências e habilidades específicas de Linguagens e suas Tecnologias para o Ensino Médio

Competências: 1, 2, 3, 6, 7. **Habilidades**: EM13LGG101, EM13LGG104, EM13LGG204, EM13LGG301, EM13LGG302, EM13LGG601, EM13LGG602, EM13LGG703, EM13LGG704

Competências específicas de Linguagens e habilidades específicas de Língua Portuguesa para o Ensino Médio

Competências: 1, 2, 3, 4, 6, 7. **Habilidades por campo de atuação**. Todos os campos de atuação social: EM13LP01, EM13LP02, EM13LP04, EM13LP06, EM13LP07, EM13LP08, EM13LP09, EM13LP11, EM13LP12, EM13LP15, EM13LP16, EM13LP17, EM13LP18. Campo de atuação na vida pública: EM13LP27. Campo das práticas de estudo e pesquisa: EM13LP28, EM13LP29, EM13LP30, EM13LP31, EM13LP32, EM13LP34. Campo artístico-literário: EM13LP46, EM13LP48, EM13LP49 EM13LP50, EM13LP52.

Situação inicial

Na Unidade 1, ao produzirem uma reportagem com a temática "O lugar onde vivo", você e os colegas tiveram a oportunidade de mobilizar conhecimentos diversos ligados às áreas das Ciências da Natureza, das Ciências Humanas e/ou da Matemática e suas Tecnologias (estatística). Possivelmente, durante a execução dessa atividade, vocês se depararam com termos que até então desconheciam, mas que são muito usados pelos profissionais da área. As atividades de produção a seguir dizem respeito a termos dessa natureza.

Matteo Bracali/Shutterstock

Desequilíbrio, de Mario Cevoli, 1987. Vista de escultura criada pelo artista italiano Mario Cevoli e que representa uma parte da antiga obra *Homem vitruviano*, cujo desenho original foi feito pelo famoso renascentista Leonardo da Vinci, que, com sua imagem, buscava interpretar determinadas teorias a respeito das proporções do corpo humano. Da Vinci, além de artista, sempre foi um entusiasta das ciências, interessado em compreender e interpretar o mundo ao seu redor. Essa escultura encontra-se em Vinci, na região da Toscana, Itália. Foto de 2019.

Produção inicial: etapa de grupos e listagem

Agora, vocês vão produzir textos para explicar alguns termos específicos das áreas de Ciências da Natureza, Ciências Humanas e da Matemática. Ao redigir, levem em conta que leitores não familiarizados com esses termos podem se interessar pela reportagem.

I. Retomem os grupos que escreveram a reportagem.
II. Releiam o texto e estabeleçam uma relação dos termos ligados ao mundo das ciências empregados na matéria. Façam todas as anotações necessárias.
III. Para ajudá-los a compreender que termos devem ser listados, tenham como modelo a reportagem lida na Unidade 1: nela, certos termos ou expressões, como **métodos contraceptivos**, deram origem aos *hiperlinks* do texto original (os quais, em seu livro na versão impressa, deram origem a caixas de texto). Isso provavelmente aconteceu porque a jornalista considerou que seria preciso esclarecer o leitor da reportagem sobre esses métodos. De fato, ao ler o texto em seu portador original (um *site* na internet) e acionar o *hiperlink*, o leitor é remetido para um texto que esclarece diferenças entre métodos contraceptivos: "Diferenças entre DIU e SIU".

IV. Entre os termos das ciências da lista produzida no caderno, identifiquem aqueles que, na opinião do grupo, podem ser mais difíceis de ser compreendidos por leitores da reportagem que, diferentemente de vocês, produtores do texto, não pesquisaram previamente o assunto.

Produção inicial: etapa individual

O trabalho agora vai prosseguir de maneira individual: cada um dos integrantes do grupo escolhe pelo menos três dos termos selecionados no item IV e faz o que se solicita a seguir.

- Retome a pesquisa feita na fase de elaboração da reportagem. Busque informações que não puderam ser inseridas na reportagem, mas ajudariam a esclarecer os termos que você escolheu. Se necessário, faça pesquisas adicionais e complementares a respeito. Para isso, use fontes confiáveis (*sites* especializados em conhecimento científico e enciclopédias, por exemplo) e consulte e/ou entreviste professores que ministram aulas do componente curricular ligado aos estudos científicos relativos a esse termo. Procure obter o máximo de informações que esclareçam e detalhem o conceito. Em seguida, anote-as, pois elas serão necessárias posteriormente.
- Feitas as pesquisas, compare as informações, buscando semelhanças, complementaridades e diferenças, verificando se há imprecisões, e descartando as que apresentarem esse tipo de problema ou erros conceituais.
- Escreva um esboço do conceito, tendo em mente um leitor que não conhece o campo científico a que o termo pertence nem o contexto em que essa expressão é usada na reportagem. Nesse momento inicial, não se preocupe muito com a estrutura do texto; formule explicações de maneira simples e objetiva, explicitando os dados selecionados da pesquisa. O esquema a seguir sugere uma organização para o texto.

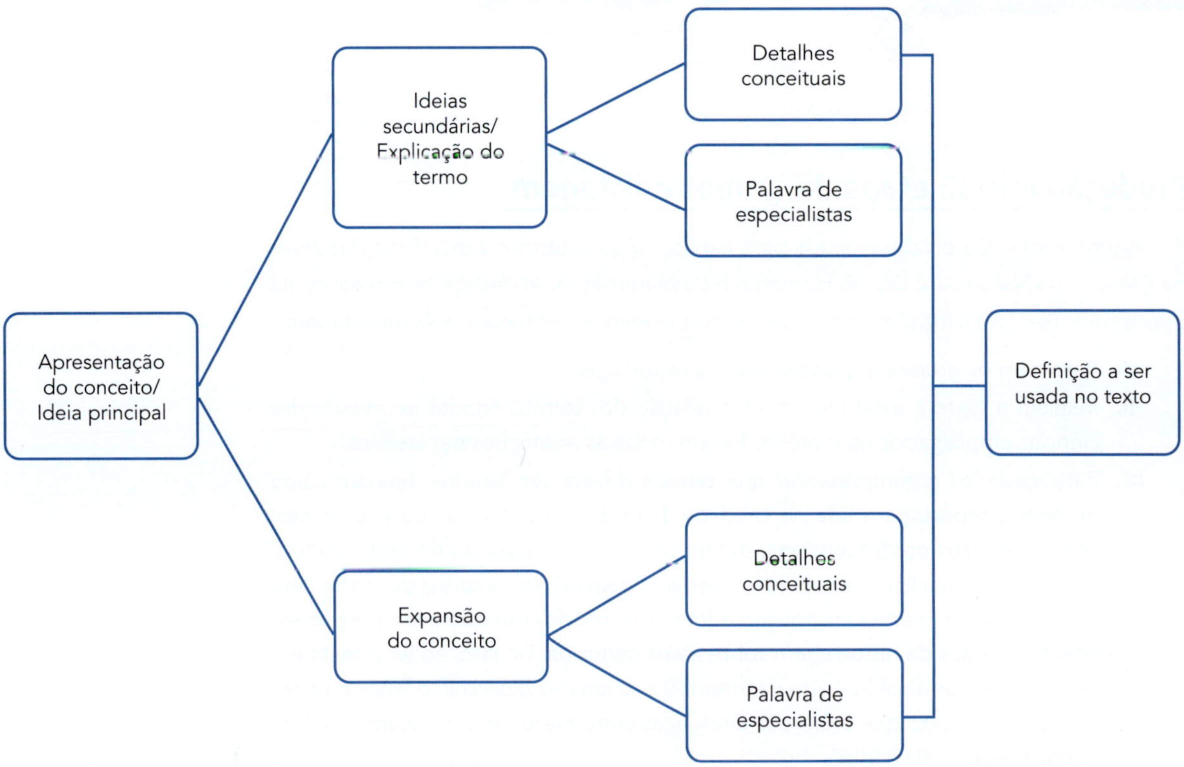

Banco de imagens/Arquivo da editora

Compartilhe com os colegas o esboço produzido, assim todos poderão ler, comentar e fazer ajustes. Guarde o esboço em seu **portfólio**.

Depois de desenvolvidos, esses esboços se transformarão nos *hiperlinks* para as reportagens cujo texto principal vocês escreveram. Ao longo desta unidade, vocês vão rever e finalizar o texto dos *hiperlinks*.

Diário de bordo

Registre no seu diário de bordo suas considerações sobre o trabalho de releitura da reportagem com o objetivo de buscar expressões que você tenha considerado complexas durante a produção do texto e que também podem ser desconhecidas para o leitor da reportagem finalizada. Além disso, comente como foi a escrita do esboço dos *hiperlinks* ou das caixas de texto que farão parte da reportagem.

Práticas de leitura: texto de divulgação científica

1. Nesta seção, você vai ler um artigo publicado no blogue de um portal de notícias. Antes de iniciar a leitura propriamente, faça o que se pede a seguir.

- Na próxima página, observe a imagem que acompanha o texto e leia as informações disponíveis sobre onde ele foi publicado e quem o escreveu.
- Em seguida, leia o título do artigo e procure identificar sinais que antecipem ao leitor o conteúdo do texto.
- Considerando o que foi observado e analisado até este ponto, o que você identificou sobre o tema a ser abordado? Converse com os colegas e, depois, registre sua resposta.

Leitura individual

Proceda agora à leitura do texto individualmente, tomando nota sobre:

- palavras, expressões ou trechos que considere difíceis de entender;
- sua compreensão geral do texto, formulando uma síntese que articule o tema do texto e o que motivou a jornalista a escrever sobre ele, além de informações que possam resumir as descobertas da autora sobre o assunto pesquisado.

Você poderá recorrer às suas anotações após a leitura individual, quando se reunir com os colegas para compartilhar a leitura e estudar melhor o texto.

Fui procurar o endereço da saudade e o encontrei bem no meio do cérebro

Lúcia Helena

16/01/2020 04h00

A notícia derreteu o meu mundo, aquele que eu conhecia até o último domingo, onde soava a risada solta de minha tia Consuelo. Primeiro, senti uma fisgada. E, se tivesse um médico perguntando "como ficou essa dor?", diria que agora mesmo ela lateja. "E lateja onde?", perguntaria o doutor. Não saberia dizer. Mas descobri, tentando esquadrinhar o sofrer, que existe um pedaço específico do cérebro o qual registra as nossas dores.

Saiba +

Pode-se dizer que a palavra *saudade* tem o sentido de "um sentimento melancólico ocasionado pela falta de alguém, de um lugar ou de alguma coisa". É um costume entre os falantes da língua portuguesa dizer que apenas nosso idioma tem uma única palavra para definir esse sentimento, mas não é necessariamente correta essa afirmação. O adjetivo *natsukashii*, do japonês, por exemplo, significa "um anseio nostálgico pelo passado, com felicidade pela lembrança, mas tristeza por não ser mais".

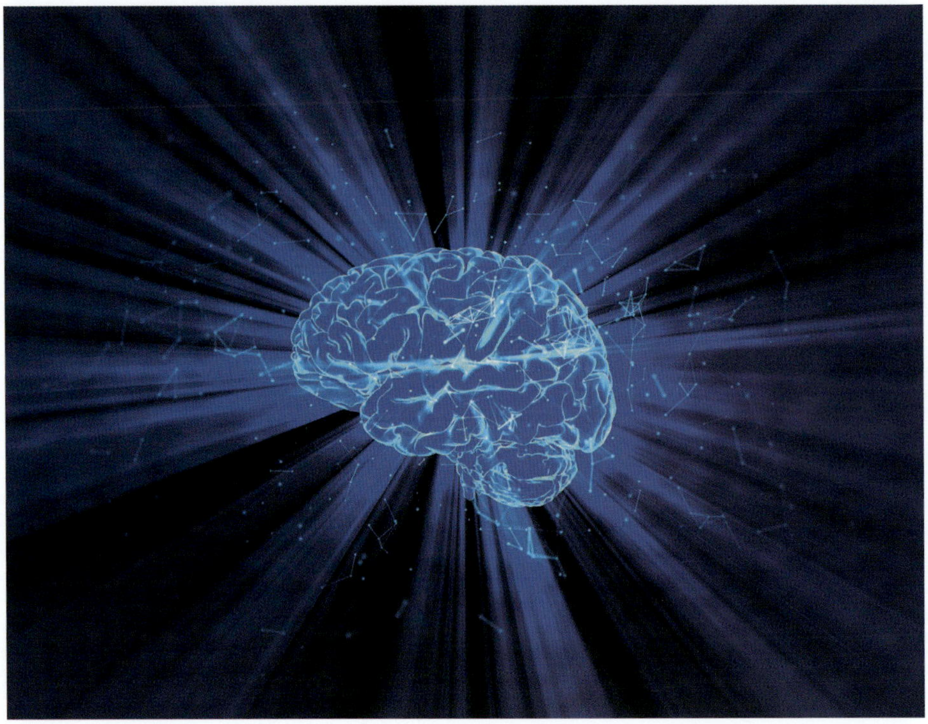

naddi/iStockphoto/Getty Images

Saiba +

O córtex cingulado anterior é a parte frontal (anterior) do córtex cingulado (que faz a ligação entre as emoções e a razão no cérebro).

Ao olhar a sua imagem, parece até um pequeno anzol no meio da massa cinzenta, apontando para a testa. Tem um nome esquisito: **córtex cingulado anterior**. E não faz distinção entre sofrimentos do corpo e da alma. Para ele, dor é dor e ponto. Foi ainda em 2003 que surgiu um primeiro experimento provando isso. Ele usou exames de imagem para flagrar o cérebro de pessoas vítimas de rejeição social e não deu em outra: nessa gente sofrida, a região ativada era o mesmo córtex cingulado anterior que se acendia quando alguém sentia cólica na barriga ou enxaqueca, se contraía para dar à luz ou para expelir uma pedra nos rins.

Um chute na perna? O córtex cingulado anterior registra. Daí outras estruturas cerebrais que guardam uma espécie de mapa do corpo apontam: foi ali o golpe, bem na panturrilha! E você fica sabendo exatamente onde está o seu padecer. Por isso, não vai levar as mãos ao rosto, como se tivesse recebido um soco no nariz.

Elas irão descer abaixo dos joelhos. Mas a dor da saudade, percebida no mesmo lugar na massa cinzenta, ah, ela não está neste mapa. Daí ser tão sentida e, ao mesmo tempo, difícil de descrever. Apesar de saudade, a palavra, só existir em bom português, ela é universal. No entanto, curiosamente, você pode fuçar o **PubMed** [...], folhear livros de neurociências e quase não encontrará estudo científico a seu respeito. Em tempo, embora minha dor seja a do luto, sobre o qual há excelentes referências na psicologia, queria entender a saudade mesmo – até as mais doces, como as das brincadeiras da infância – do ponto de vista das neurociências. Portanto, liguei para o Ricardo Monezi, doutor em **psicobiologia**, professor da PUC de São Paulo.

PubMed: base de dados estadunidense que reúne inúmeras informações ligadas à medicina, como resumos e trabalhos científicos.

psicobiologia: área de pesquisa que alia conhecimentos da Psicologia e da Biologia. Como a Psicologia não consegue respostas para questões do comportamento que podem ter relação com questões biológicas, e vice-versa, aqui as duas áreas trabalham juntas. A Psicobiologia estuda, por exemplo, como se dá a aprendizagem, como funcionam os medicamentos, como surgem as doenças mentais, etc.

"A saudade é um dos sentimentos mais fortes que o ser humano traz dentro de si", me disse, logo no início da conversa. "Isso porque pode abarcar diversas emoções." Vale explicar: embora a gente use e abuse dos termos sentimento e emoção como sinônimos, para a ciência da mente eles são diferentes. A emoção surge no corpo amigdaloide, uma estrutura que lembra uma amêndoa e que fica bem no miolo dos nossos miolos.

Pequenina, ela é o berçário de medos, tristezas, raivas, amores e alegrias. Na maioria das vezes, nem nos damos conta das emoções que brotam ali, porque elas permanecem submersas no inconsciente. Mas estão o tempo inteiro mexendo com a gente. "Sim, mexendo. A própria palavra emoção vem do que seria 'pôr em movimento', em latim. E, de fato, as emoções agitam o sistema nervoso, liberam neurotransmissores e hormônios que, por sua vez, irão promover uma série de ações e reações no corpo, como acelerar o coração ou contrair os músculos", exemplificou Monezi.

Já o sentimento, por definição dos neurocientistas, é quando uma emoção é notada conscientemente. A saudade, portanto, é um sentimento. Ora, a gente sabe bem quando ela bate – "a presença dos ausentes", escreveu o poeta Olavo Bilac. Mas pode ter por trás da alegria a tristeza, tudo misturado e junto. A alegria de reviver na imaginação algo agradável e a tristeza de cair na real – terminou.

Por ser emoção na origem, a saudade surge na amígdala, certo? Só que então aprendo que ela tem, no mínimo, endereço duplo, localizado no meio, bem no meio mesmo, do nosso cérebro – no chamado sistema límbico. "O corpo amigdaloide também fica ali, mas não podemos nos esquecer de outra região cerebral nessa vizinhança, que é o **hipocampo**", falou Monezi. "Mais do que guardar memórias, ele discrimina o que é importante para você. Ao rever o rosto de alguém que é apenas um conhecido, o seu hipocampo pode jogá-lo para escanteio. Mas, ao ver uma fotografia da sua tia, essa região do seu cérebro avisa que você a ama e a informação se torna prioritária", me ensinou.

Detalhe: esse amor vem daquela outra parte, a amígdala, certo? "Sim, e vou dizer mais", continuou o professor. "É como se o arquivo de uma lembrança ocupasse mais e mais espaço no hipocampo, quanto mais intensas foram as emoções ou quanto mais vezes as experiências com determinada pessoa se repetiram." Claro, o mesmo vale para situações ou lugares – lembranças de casa quando estamos distantes, memórias da adolescência quando estamos crescidos e por aí vai.

Talvez você pense: alguns sujeitos e episódios na vida são bem ruins. Verdade. A amígdala impregnará a memória deles com emoções negativas. E não sentiremos um pingo de saudade. Ora, o seu cérebro, inteligentíssimo, não quer repetir más experiências. Quer ser inundado da **dopamina** do prazer, das **endorfinas** do relaxamento, da **serotonina** do bem-estar e de todas as substâncias prazerosas que o *replay* de uma memória feliz é capaz de liberar. Portanto, devemos até agradecer pela saudade, já que vem de algo que pareceu muito bom.

"O problema é que o **córtex pré-frontal**, na altura da testa, pode avisar se aquela pessoa nunca mais estará presente, por exemplo. Isso não só corta o barato e causa sofrimento, como surge uma cilada", conta Monezi. "O cérebro, egoísta, não se conforma em perder algo que, para ele, foi registrado como importante. Reage de maneira semelhante ao que faz com pessoas que sofreram uma amputação, quando continuam sentindo dor e coceira na parte do corpo que não está mais ali."

No caso, vai insistir em lembranças, acionando o seu sistema de recompensa como se fosse um vício. É a tal história da pessoa que vive de saudade. Há um quê de química cerebral nisso, oscilando entre o bem-estar da boa recordação e o mal-estar doído da ausência.

Saiba +

Olavo Bilac foi um poeta brasileiro bastante conhecido por seus poemas parnasianos. Você vai conhecer um pouco mais esse autor na seção *Estilos de época* desta unidade.

hipocampo: parte do sistema límbico. Ele é uma estrutura do cérebro que regula as emoções e as motivações e é responsável pelo aprendizado e pela memória.

dopamina: neurotransmissor que se encontra em diversas regiões do nosso cérebro. É a dopamina que controla o nosso sistema motor, além de influenciar as emoções, o humor, a capacidade de atenção e o aprendizado.

endorfina: substância natural do nosso corpo produzida pela glândula hipófise e que se encontra no cérebro. Ela contribui para as sensações de felicidade e relaxamento, ao mesmo tempo que inibe a irritação e o *stress*.

serotonina: neurotransmissor do nosso cérebro. É ela que estabelece a comunicação entre as células nervosas (por isso, também pode ser encontrada no sistema digestório). Ela também atua no humor e até mesmo no apetite das pessoas.

córtex pré-frontal: parte anterior do lobo frontal responsável pelo nosso comportamento, pelas nossas emoções e pelas escolhas que fazemos. Como o nome indica, é a parte anterior do cérebro.

Mas a saudade também pode se transformar em algo positivo. Afinal, as mesmas partes do cérebro que armazenam os registros do passado se encarregam de projetar nosso futuro. Isso implica, é fato, ansiedade – como explica Monezi, "o cérebro quer que você se mexa correndo para reencontrar quem ou o que é importante". Assim, ficamos ansiosos para fazer a viagem em família porque temos saudades das férias. Ficamos loucos para voltar para casa porque nos lembramos dos abraços dos filhos. É claro, eu sei, essa ansiedade nunca vai se resolver se perdemos uma pessoa querida. No entanto, aprendendo com o cérebro, onde passado e futuro se fundem, posso projetar meus passos a partir dos exemplos saudosos que guardo e dar também aqueles risos soltos que sempre irão soar no ponto mais central da minha cabeça.

OLIVEIRA, Lúcia Helena de. Fui procurar o endereço da saudade e o encontrei no meio do cérebro. UOL, *VivaBem*, 16 jan. 2020. Disponível em: https://luciahelena.blogosfera.uol.com.br/2020/01/16/fui-procurar-o-endereco-da-saudade-e-o-encontrei-bem-no-meio-do-cerebro/. Acesso em: 13 jul. 2021.

Saiba +

Lúcia Helena de Oliveira é jornalista brasileira com especialização na produção de conteúdos da área da saúde. Dirigiu uma revista voltada para assuntos dessa área por vários anos e editou livros de autores médicos para o público leigo. Ela escreve regularmente em uma seção que aborda questões de saúde e bem-estar de um portal de notícias.

Reprodução/Arquivo pessoal

O **corpo amigdaloide** (ou amígdala) é a parte mais importante do sistema límbico, que é o responsável pelas emoções, sejam positivas, sejam negativas, como a ansiedade e o estresse.

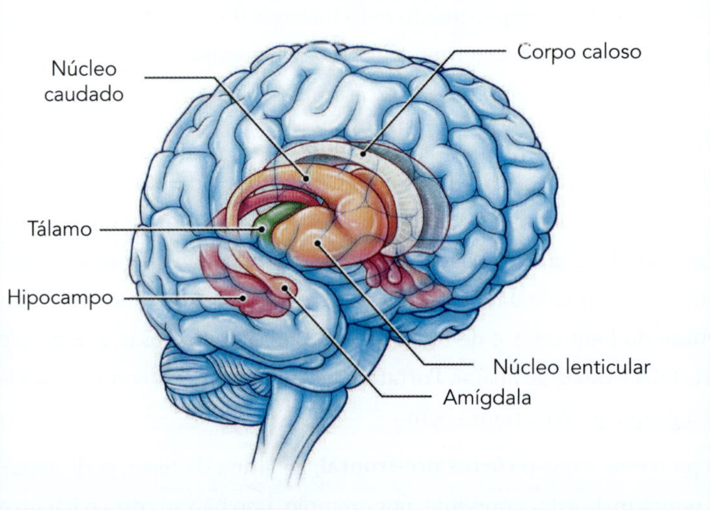

Evan Oto/Science Source/Fotoarena

Imagem ilustrativa representando a localização da amígdala no cérebro humano.

2. Nesta atividade de **interação**, junte-se a um ou dois colegas e compartilhem as anotações feitas no momento da leitura individual. Conversem sobre os trechos do texto que foram mais difíceis de entender, procurando construir consensos sobre os sentidos deles.

Escrevam uma síntese do texto para explicitar o assunto tratado nele e o que motivou a jornalista a escrever sobre isso, além das informações que resumem as descobertas dela sobre o assunto pesquisado.

3. Em quais fontes a jornalista se apoiou para buscar informações e explicar o assunto do texto? De que maneira essas fontes de pesquisa se relacionam com a temática tratada no texto?

4. Leia sobre a ferramenta de busca PubMed mencionada pela jornalista.

> PubMed: serviço da Biblioteca Nacional de Medicina dos Estados Unidos que dá livre acesso à base de dados MEDLINE (sistema *on-line* de busca e análise de literatura médica), que traz referências a artigos de jornais e revistas científicas, abrangendo as áreas de Ciências da Saúde e Ciências Biológicas. Conta com mais de 24 milhões de citações e resumos em inglês.

Levando em conta o trecho em que essa ferramenta é citada, é possível afirmar que ela pode ter sido uma fonte de pesquisa para a jornalista? Explique.

5. Há outra fonte citada pela jornalista que pode ser considerada confiável na busca de informação? Explique.

6. Por que podemos afirmar que a experiência profissional da jornalista a qualifica para escrever sobre o assunto tratado no texto?

7. Em certa passagem do texto, a autora afirma: "Ao olhar a sua imagem, parece até um pequeno anzol no meio da massa cinzenta, apontando para a testa. Tem um nome esquisito: córtex cingulado anterior. E não faz distinção entre os sofrimentos do corpo e da alma. Para ele, dor é dor e ponto". Agora responda.

a) Considerando o contexto e seus conhecimentos, o que a jornalista chama de massa cinzenta? Como você chegou a essa resposta?

b) No texto, a autora sinaliza com **negrito** o nome de uma estrutura cerebral. Explique o que você entende pelo emprego desse recurso tipográfico.

c) Além do destaque visual no texto escrito, a autora personifica o córtex cingulado anterior. Explique como ela constrói essa figura de linguagem no trecho.

d) Você deve ter se apoiado em conhecimentos prévios de uma área da ciência para responder aos itens anteriores. Que área é essa?

e) Em sua opinião, qual seria o leitor suposto capaz de entender as informações do texto? Por quê?

Para recordar

Personificação (ou **prosopopeia**) é a figura de linguagem por meio da qual se atribuem características e comportamentos humanos a um ser que não é humano.

Esse recurso é geralmente utilizado com a intenção de intensificar a expressividade do texto ou para chamar a atenção sobre determinado tema tratado nele.

Exemplo: "Ostra feliz não faz pérola".

Nessa frase, que é também o título de uma coletânea de crônicas do consagrado escritor Rubem Alves (1933-2014), atribui-se uma característica humana (*estar feliz*), por meio da expressão "ostra feliz", a um molusco (*a ostra*), um tipo de ser vivo que, a princípio, não tem esse tipo de sentimento. Assim, a palavra *feliz*, nesse caso, não estaria caracterizando a ostra realmente, mas sim sendo usada para chamar a atenção do leitor para um mecanismo de defesa desse animal marinho: ao ter um grão de areia em seu organismo, a ostra reage àquele objeto estranho envolvendo-o em uma massa branca e lisa que dará origem à pérola.

Assim, sem a "infelicidade" de ter um grão de areia em seu interior, uma ostra não será capaz de produzir uma pérola. O recurso da personificação "ostra feliz" neste caso tanto intensifica a expressividade quanto chama a atenção para esse interessante mecanismo de defesa das ostras.

8. Observe atentamente esta figura.

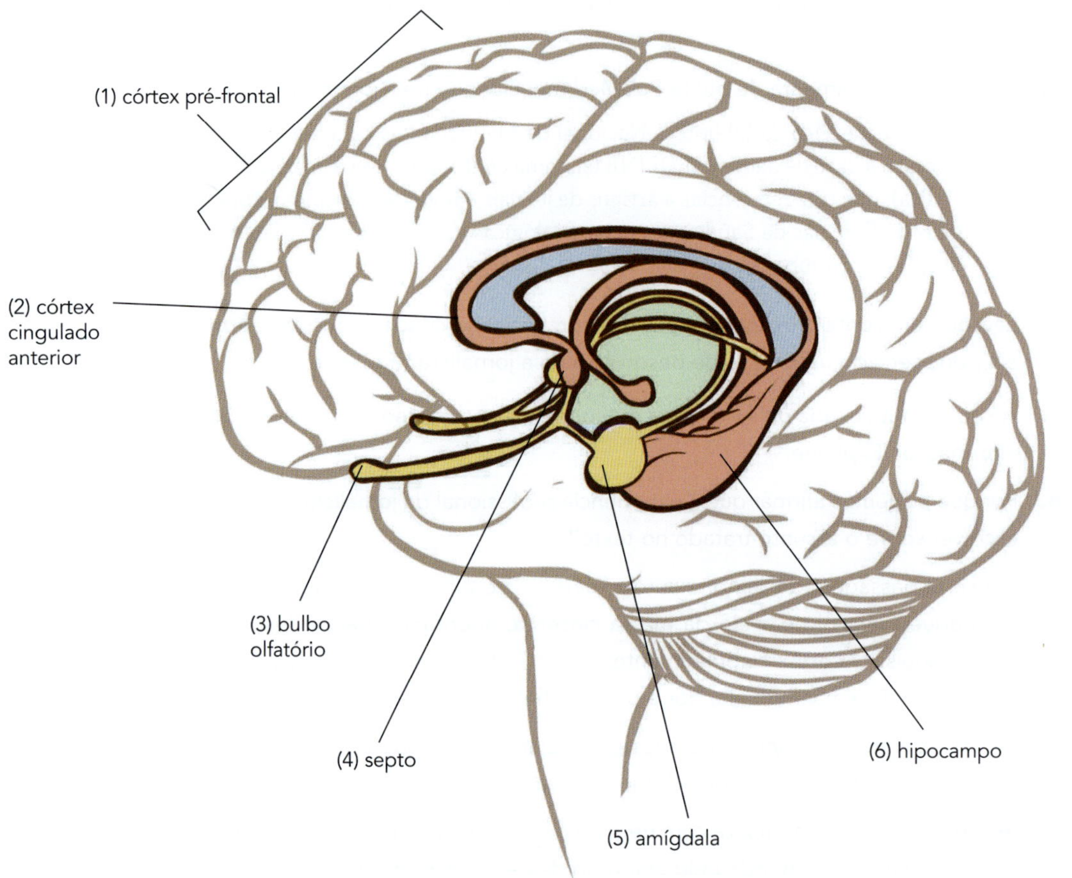

Representação esquemática das estruturas do sistema límbico, parte do cérebro responsável pelas emoções e pelos comportamentos sociais.

a) Analise a representação esquemática do cérebro com as estruturas do sistema límbico. Compare-a com as informações do texto de Lúcia Helena. Escreva no caderno os números que identificam as estruturas cerebrais mencionadas no texto.

b) Indique a função das estruturas cerebrais com base em informações do próprio texto.

c) Imagens como essa e a da foto que acompanha o texto transcrito são importantes em textos dessa natureza? Por quê?

9. As neurociências distinguem emoção de sentimento. Com base nas explicações fornecidas pelo texto e em seus conhecimentos de mundo, discuta as questões a seguir com os colegas.

a) Por que, na linguagem do dia a dia, nem sempre é necessário fazermos distinção entre emoção e sentimento?

b) Segundo o texto, para as neurociências, essa distinção é importante? Por quê?

Saiba +

Saudade. Direção de Paulo Caldas. Brasil, Angola e Portugal, 2017 (77 min).

Como um contraponto à explicação da neurociência para saudade, palavra considerada intraduzível para outras línguas, você pode assistir ao documentário *Saudade*, dirigido pelo paraibano Paulo Caldas. O filme traz os olhares de artistas lusófonos contemporâneos sobre o sentimento, possibilitando ao espectador um retrato plástico e sensorial da saudade. Esse documentário foi produzido em Angola, Brasil e Portugal.

Discussão sobre a animação *Divertida mente*

As emoções são as personagens principais da animação *Divertida mente*, uma produção estadunidense de Pixar Animation Studios, dirigida por Pete Docter, em 2015.

Talvez vocês até já tenham visto esse filme, mas, se possível, vale a pena programar uma sessão de cinema na escola para (re)vê-lo, principalmente depois de ler o texto sobre o local das emoções no cérebro. Além de se divertir com ele, será possível observar como alguns temas importantes estudados pelas neurociências são tratados. Para isso, propomos que observem:

- o papel das emoções na formação das memórias;
- o papel das memórias na formação de nossa personalidade;
- a importância dos sentimentos, incluindo aqueles não tão agradáveis, como o medo, o nojo, a raiva e a tristeza;
- a crítica feita pelo filme à sociedade contemporânea, que parece levar as pessoas a uma busca incessante pela felicidade e desencadear ansiedade e estados depressivos.

Após o filme, discutam essas questões. Sob a orientação do professor, se possível, convidem o professor de Biologia ou outro profissional especializado no funcionamento do cérebro, como um médico psiquiatra ou um psicólogo, para a discussão se tornar ainda mais rica.

WALT DISNEY PICTURES/Album/Fotoarena

Cena do filme de animação *Divertida mente*, dirigido por Pete Docter e produzido pela Pixar Animation Studios, em 2015.

10. O tema central do texto não é o luto, mas ele é mencionado pela jornalista, que comenta a perda de sua tia Consuelo.

a) Podemos dizer que o luto é algo que faz parte da vida. Em sua opinião, por que essa experiência pode ser tão traumática a ponto de ser sentida como dor?

b) Você já passou pela experiência do luto? Em caso afirmativo, se quiser compartilhar, que sentimentos experimentou mais intensamente nessa situação?

c) Em sua opinião, por que a jornalista menciona o luto e um exemplo pessoal relacionado a ele no início do texto?

11. Levando em conta o que foi discutido sobre o texto até aqui, você o compartilharia em uma rede social? Por quê? Como você faria isso?

Pesquisa: neurociência, o cérebro e as emoções

Para explicar a dor da saudade, a jornalista, em seu artigo, recorre à neurociência, que é um campo da ciência que estuda o sistema nervoso. Embora tradicionalmente vista como um ramo da Biologia (Neurobiologia), hoje é considerada uma ciência interdisciplinar, integrando outros campos de conhecimento, como a Psicologia, a Linguística, a Neurologia, a Química, entre outros.

Para conhecer um pouco a história da neurociência e saber mais sobre o cérebro e as emoções, entre outras questões relacionadas ao tema, você pode se reunir com alguns colegas e ler o artigo "Neurociência, uma forma de entender o comportamento da mente", disponível em: https://amenteemaravilhosa.com.br/neurociencia-comportamento-mente/. Acesso em: 19 abr. 2022.

A turma pode então produzir uma pesquisa bibliográfica, ainda em grupos, para aprofundar o conhecimento sobre a neurociência: cada equipe se responsabiliza por um dos tópicos a seguir, buscando diferentes fontes confiáveis de informação.

- História da Neurociência
- Neurocientistas brasileiros e suas pesquisas
- O cérebro e as emoções
- A memória
- Linguagem e fala

Cada grupo faz sua pesquisa conforme combinado com o professor. Será importante comparar, dentro do próprio grupo, as informações de várias fontes, observar coincidências e diferenças de dados e de sua interpretação e, com base nisso, fazer escolhas a respeito de que informações divulgar. Com os resultados obtidos, cada equipe vai organizar uma exposição oral para apresentar as informações à turma.

Durante a pesquisa, será importante:

- verificar se as fontes consultadas são confiáveis, além de anotar as fontes usadas na pesquisa;
- selecionar o material que servirá de base para a apresentação (textos verbais, imagens, infográficos, entre outros);
- analisar os dados colhidos, grifar ou anotar os pontos principais;
- identificar a ideia geral do tema obtida com a pesquisa;
- organizar a apresentação valendo-se, se possível, de *slides*.

insta_photos/Shutterstock

Jovens em volta de uma mesa montando uma apresentação.

Envelhecimento populacional e bem-estar

Em nosso país, graças a diferentes fatores, as pessoas estão cada vez mais vivendo por mais tempo. É possível notar, em especial, que hoje em dia as pessoas cuidam mais da saúde, informações a respeito de possíveis problemas de saúde na terceira idade circulam de forma mais ampla e há a intensificação do desenvolvimento tecnológico. Como consequência, a população idosa já representa quase 15% da população brasileira, segundo dados do Instituto Brasileiro de Geografia e Estatística (IBGE).

Prostock-studio/Shutterstock

O uso da tecnologia e o interesse crescente pelos cuidados com a saúde estão se tornando atitudes cada vez mais comuns entre os idosos atualmente.

Observe atentamente o gráfico a seguir, que, em estudos estatísticos populacionais, é chamado de *pirâmide etária*.

População residente, segundo o sexo e os grupos de idade (%)

WYM Design/Arquivo da editora

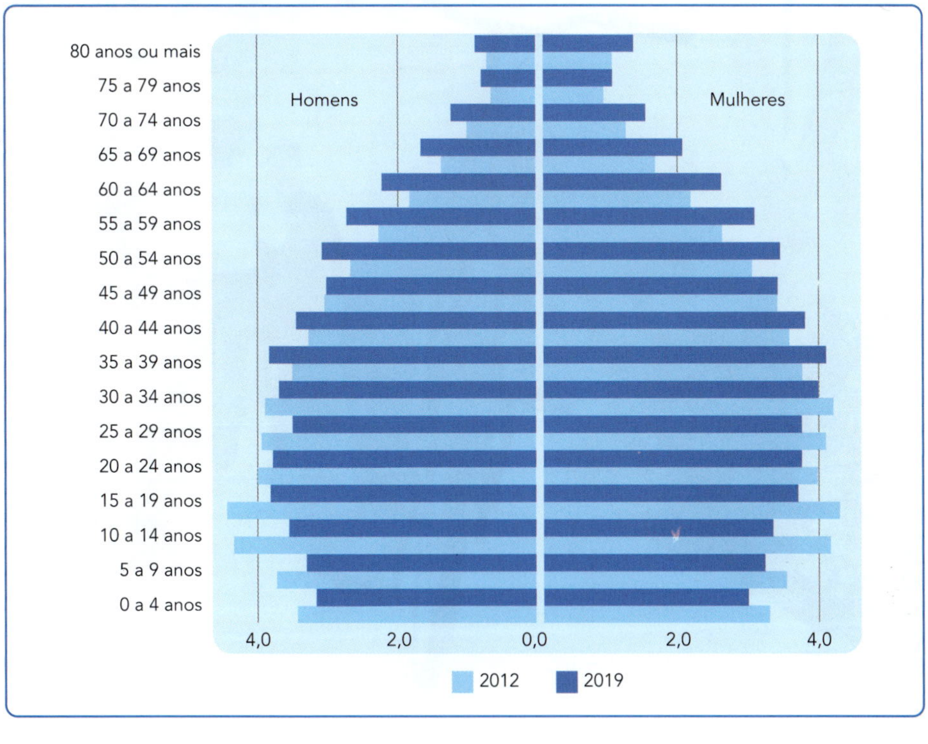

Fonte: IBGE. Diretoria de Pesquisas, Coordenação de Trabalho e Rendimento. Pesquisa Nacional por Amostra de Domicílios Contínua 2012/2019. Disponível em: http://educa.ibge.gov.br/jovens/conheca-o-brasil/populacao/18318-piramide-etaria.html. Acesso em: 31 jan. 2022.

12. Analise comparativamente os dados dos dois momentos apresentados no gráfico, 2012 e 2019. Observe que as barras dispostas horizontalmente na pirâmide representam a porcentagem populacional de cada uma das faixas etárias indicadas no eixo vertical do gráfico. Os períodos, 2012 e 2019, estão diferenciados por cores, conforme a legenda. Converse com os colegas e, depois, responda às questões propostas a seguir.

a) Compare a população de 2012 com a de 2019 por faixa etária. A partir de qual faixa etária se registrou aumento em 2019?

b) Considerando a diferença no gráfico entre os sexos, em qual grupo há mais idosos? Explique.

13. Converse com os colegas e com o professor sobre a questão a seguir. Depois, registre sua resposta. Levando em consideração suas leituras em geral e seus estudos escolares a respeito das condições de vida da população brasileira, como você explica a diferença populacional entre homens e mulheres no grupo dos idosos?

14. Diante da tendência de envelhecimento populacional apresentada pelo gráfico, por que é importante nos preocuparmos com saúde, bem-estar e qualidade de vida desde a juventude?

IndianFaces/Shutterstock

Fazer atividades físicas é importante em todas as fases da vida.

Práticas de análise linguística no texto de divulgação científica

Estratégias linguísticas e discursivas

Depois de ler e interpretar um texto de divulgação científica, é hora de estudarmos as estratégias que os autores utilizam na construção de textos desse gênero. Como vimos, são textos em que é comum o uso de analogias, termos técnicos, entre outros recursos. Afinal, o leitor (que não é especializado) precisa entender todas as ideias e conceitos apresentados.

Releia o texto e responda às questões.

1. De acordo com as informações do texto, qual é a função do córtex cingulado anterior?

2. Para explicar o processo mental pelo qual esse córtex é responsável, a jornalista faz uso de várias estratégias e recursos de linguagem, alguns dos quais estão relacionados a seguir. Identifique, no texto, os trechos representativos dessas estratégias e recursos e explique como são desenvolvidos pela autora.

a) Exemplos cotidianos.
b) Entrevistas e citações de especialista.
c) Comparações.
d) Metáforas.
e) Dados/resultados de pesquisas.

3. Em um texto desse gênero, qual é a função do uso de exemplos cotidianos e de comparações e metáforas?

Formalidade e informalidade

4. Identifique e indique passagens do texto marcadas pelo uso de um registro mais informal da língua.

Importância do léxico em texto de divulgação científica

5. A jornalista emprega diversos termos do léxico da Biologia e da Neurociência. Identifique e explique o que predomina no texto: linguagem metafórica ou termos científicos?

6. Considerando as respostas para as questões 1 a 5, levante hipóteses sobre a finalidade das escolhas linguísticas feitas pela jornalista.

7. Releia: "Tem um nome esquisito: **córtex cingulado anterior**". O uso do adjetivo *esquisito*, nesse contexto, reforça sua resposta à atividade 6? Explique.

8. Observe o emprego de pronomes e outros recursos linguísticos que trazem o leitor-enunciatário para dentro do texto. Por exemplo: "Um chute na perna?"; "E você fica sabendo exatamente onde está o seu padecer"; "Talvez você pense: alguns sujeitos e episódios na vida são bem ruins". Indique alguns desses recursos e explique com que finalidade são empregados no texto.

Saiba + +++

Cérebro, de Michael O'Shea. Tradução de Iuri Abreu. L&PM, 2010.

Uma dica para conhecer o estudo das neurociências é o livro *Cérebro*, de Michael O'Shea, professor de Neurociência da Universidade de Sussex, no Reino Unido. Ele também trabalha no desenvolvimento de inteligência artificial. Em seu livro, pontuado por muitos exemplos e linguagem agradável, comenta as pesquisas sobre o funcionamento cerebral feitas nas últimas décadas.

Modalização

Na Unidade 1, você pôde compreender os modalizadores do ponto de vista semântico. Aqui, estudaremos seu funcionamento enunciativo. Considerando essa característica, eles podem ser:

- **elocutivos**: quando projetam explicitamente o enunciador no enunciado, mostrando sua adesão ao que é dito, exemplo "[...] diria que agora mesmo ela lateja";
- **alocutivos**: quando projetam o enunciatário no enunciado, mostrando que o enunciador tenta engajá-lo e conquistar sua adesão ao que é dito, exemplo "[...] você pode fuçar o PubMed";
- **delocutivos**: quando apagam tanto a expressão do enunciador quanto a do enunciatário, empregados como estratégia de objetivação ou para criar a impressão de neutralidade ou de não adesão ao que é dito, exemplo "Já o sentimento, por definição dos neurocientistas [...]".

Assim, se você combinar o aspecto semântico com o enunciativo, sua compreensão desse fenômeno de linguagem poderá ficar completa e você perceberá mais facilmente seus diferentes empregos nos textos.

9. Um importante recurso que pode auxiliar no estabelecimento das relações lógicas de sentido no texto é o emprego de articuladores lógico-relacionais.

a) Retorne ao texto e localize outras ocorrências de palavras ou expressões que, na sua opinião, funcionam como articuladores lógico-relacionais.

b) Discuta com os colegas e o professor para tentar chegar a um acordo sobre o tipo de relação lógica e de sentido que os articuladores lógico-relacionais estabelecem. Registrem as conclusões.

Pesquisa: articuladores lógico-relacionais

Os **articuladores lógico-relacionais** são palavras ou expressões responsáveis pela coesão sequencial nos textos, isto é, eles estabelecem relações de sentido entre as partes, ao mesmo tempo que conectam umas às outras.

As classes de palavras que, em geral, funcionam como articuladores lógico-relacionais são as conjunções e alguns tipos de advérbio, preposição e pronome, mas há outras classes de palavras que podem ter essa função, dependendo da situação de uso.

Leia alguns exemplos do texto:

- "**Daí** [consequência] outras estruturas cerebrais que guardam uma espécie de mapa do corpo apontam: foi ali o golpe, bem na panturrilha! **E** [conclusão] você fica sabendo exatamente onde está o seu padecer. **Por isso**, [consequência] não vai levar as mãos ao rosto, **como se** [causa hipotética] tivesse recebido um soco no nariz".
- "**Apesar de** [concessão] saudade, a palavra, só existir em bom português, ela é universal".

Proposta: seleção e análise de trechos

Em grupos de quatro a cinco colegas, pesquisem textos de divulgação científica diversos, independentemente do assunto. Vocês podem utilizar, por exemplo, os textos pesquisados na atividade *Pesquisa: neurociência, o cérebro e as emoções* da seção *Práticas de leitura*.

Observem os textos pesquisados e busquem identificar e analisar neles o modo como os articuladores lógico-relacionais são utilizados para dar sentido ao que está redigido e conferir coesão entre as informações do texto.

Seguindo o modelo dos exemplos apresentados acima em tópicos, transcrevam trechos dos textos lidos e destaquem neles os articuladores lógico-relacionais, identificando o modo como esses articuladores estabelecem relação com o que é dito nos trechos selecionados.

Os textos de divulgação científica pesquisados e a análise dos trechos poderão ser escritos em um arquivo de texto ou em uma folha avulsa e deverão ser entregues ao professor em uma data a ser combinada com ele.

Texto de divulgação científica

Textos como o do blogue da Lúcia Helena são chamados textos de divulgação científica (ou textos de vulgarização científica ou, ainda, textos de popularização de ciências). Eles são elaborados para explicar conceitos, noções e teorias científicas a um leitor leigo, ou seja, não familiarizado com teorias específicas e jargões próprios de certa ciência. Podem assumir variadas formas, ser publicados em diferentes publicações e portadores, ser orais ou escritos. Circulam tanto na esfera jornalística (como no caso do texto de Lúcia Helena) quanto em outras esferas e têm muitas relações com textos didáticos, como verbetes de enciclopédias.

Algumas de suas características são: a presença mínima de termos científicos (só são mencionados quando fazem parte dos conceitos e das noções que precisam realmente ser explicados); o amplo uso de linguagem figurada (metáforas, comparações, personificações, etc.) e a aproximação da linguagem do leitor suposto (às vezes, como vimos, com amplo uso de registros informais); o apoio em extensa exemplificação e a natureza explicativo-argumentativa (os autores desses textos, ao mesmo tempo que explicam a ciência para leigos, procuram convencê-los da validade das teorias expostas).

Por essa razão, são comuns nesses textos a projeção explícita do enunciador e do enunciatário (você pôde notar que, no texto de Lúcia Helena, isso se manifesta pelas modalizações elocutivas e alocutivas) e um modo de organização argumentativo (apresentação de uma hipótese ou um problema, argumentação-exposição e formulação de conclusões).

O uso de formas de citação, por exemplo, o discurso relatado, é comum quando esses textos circulam na esfera jornalística, como no caso do texto lido, porque a palavra dos especialistas é convocada do mesmo modo que é feito nas reportagens em geral, como argumentos de autoridade, cuja função é tornar o conteúdo do texto confiável.

Por tudo o que foi estudado até este ponto da unidade, você já deve ter percebido que o esboço de explicações de alguns termos que escreveu em *Situação inicial* é um estudo para a produção de um texto de divulgação científica.

fizkes/Shutterstock

Jovens observando informações de um texto disponível no computador e conversando sobre o trecho que estão analisando.

10. Agora, com base nas características desse gênero estudadas até aqui, retome o esboço escrito em *Situação inicial*, no início da unidade, e faça o que se pede a seguir.

- Reformule-o, tentando estruturá-lo segundo as características do gênero texto de divulgação científica. Tenha em vista também os comentários feitos pelos colegas e pelo professor sobre a produção inicial.
- Faça acréscimos, traga a palavra do(s) especialista(s) consultado(s) (o professor da disciplina relacionada ao tema do texto ou outro especialista que você tenha conseguido contatar) e procure explicar os conceitos científicos de maneira que um público não especializado seja capaz de compreender.
- Esta versão do texto, assim como a primeira, também deve circular entre os colegas e o professor para que todos possam conhecer os textos uns dos outros. Na seção *Práticas de produção escrita* propomos uma última revisão do texto para que você e seu grupo possam divulgar suas produções como parte da reportagem sobre o tema "A vida e a natureza do lugar onde vivo". Guarde o texto em seu **portfólio** e entregue uma cópia para o professor.

Diário de bordo

Registre em seu diário de bordo o que você acredita ter compreendido sobre as questões discutidas, suas impressões ao reler o texto produzido no início da unidade e o que foi necessário revisar ao elaborar a segunda versão dele.

Pesquisa: canais midiáticos de divulgação científica

Considerando sua experiência com textos de divulgação científica, você diria que o trabalho com a linguagem identificado no texto de Lúcia Helena está presente em outros textos dessa natureza? Para refletir a esse respeito, pense não apenas em textos escritos, mas também em textos em outras linguagens e mídias, como vídeos e *podcasts*.

Com alguns colegas e sob a orientação do professor, façam pesquisas em revistas e jornais impressos e digitais, blogues, *vlogs* e canais de *podcasts* voltados à divulgação científica.

Procurem observar o uso da linguagem e quanto esse uso ajuda a entender melhor o conteúdo veiculado:

- O autor fez uso de metáforas, comparações e exemplos do cotidiano?
- O tipo de linguagem que predomina é formal ou informal?
- Você percebeu alguma diferença entre a linguagem usada em textos escritos, em *podcasts* ou em vídeos?

Tome nota do que foi observado, cuidando para registrar ou comentar alguns trechos do material analisado que possam ser apresentados à turma como exemplos do tipo de linguagem que foi usado.

Saiba +

Canais midiáticos de divulgação científica

Seguem algumas dicas de blogues, *vlogs* e canais de *podcasts* do gênero divulgação científica para serem pesquisados e explorados: *Nerdologia*; *Canal do Pirula*; *Olá, ciência!*; revista *Ciência Hoje*; conteúdos de Marcelo Gleiser; *Leitura ObrigaHISTÓRIA*; *Xadrez Verbal*; *Minutos Psíquicos*; *Naruhodo!*; *37 Graus*; *ScienceBlogsBrasil*; *Peixe Babel*; *Colecionadores de Ossos*.

Estilos de época

Observe as linhas do tempo abaixo. Elas apresentam a cronologia dos estilos de época em Portugal e no Brasil. Depois, leia o texto que trata do Realismo, Naturalismo e Parnasianismo a seguir.

Portugal

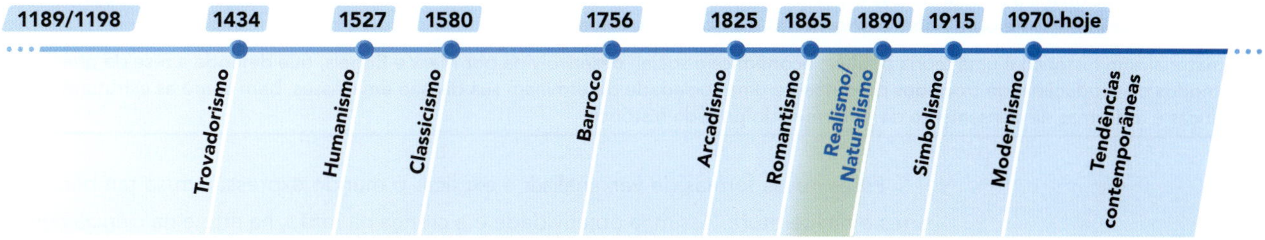

Brasil

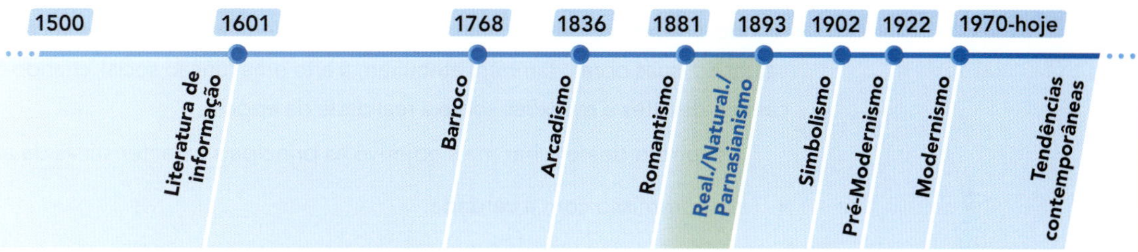

Realismo, Naturalismo e Parnasianismo

Assim como distinguimos a palavra *romantismo* (sentimento, estado de espírito) do termo *Romantismo* (estilo de época), é necessário diferenciar também *realismo* de *Realismo*.

O realismo nas artes, de modo geral, ocorre toda vez que o autor procura expressar o mundo de maneira objetiva, deixando a subjetividade em segundo plano.

Essa atitude ocorreu e pode ocorrer em qualquer momento da história da arte e da literatura.

Já *Realismo* nomeia um estilo de época que predominou na segunda metade do século XIX. A arte desse tempo, marcada pela objetividade e pelo racionalismo, procurou desprender-se do sonho, da fantasia, da subjetividade.

O Realismo/Naturalismo, como movimento literário, surgiu em reação ao que novos artistas da época consideravam "excessos subjetivos" dos autores românticos.

O contexto social em que esse estilo se consolidou foi o da segunda fase da Revolução Industrial, com a ascensão da pequena burguesia e o grande desenvolvimento da ciência. Nesse período, destacam-se também correntes filosóficas fundamentadas no cientificismo e no materialismo, como o positivismo de Augusto Comte (1798-1857), o evolucionismo de Charles Darwin (1809-1882) e o materialismo histórico de Karl Marx (1818-1883) e Friedrich Engels (1820-1895).

Edward Gooch Collection/Getty Images

Nessa foto de 1878, uma locomotiva vitoriana projetada pelo inglês Matthew Kirtley. A locomotiva a vapor foi uma das invenções mais importantes da Revolução Industrial, permitindo o transporte das matérias-primas para as fábricas e levando os produtos fabricados a regiões distantes.

Saiba + +++

O positivismo é uma corrente filosófica que defende a ideia de que o conhecimento científico é a única forma verdadeira de conhecimento. Para os positivistas, uma teoria só pode ser considerada válida se puder ser comprovada cientificamente por meio da observação do mundo físico.

A teoria do evolucionismo, desenvolvida principalmente por Charles Darwin, explica que a evolução dos seres vivos ao longo do tempo está relacionada à adaptação das espécies ao meio ambiente. Esse processo foi denominado por Darwin como seleção natural em sua importante obra *Sobre a origem das espécies*, publicada em 1859.

O materialismo histórico é uma teoria política, econômica e social, desenvolvida por Marx e Engels, que defende a tese de que os modos de produção e de troca dos produtos de uma sociedade determinam sua divisão em classes, bem como as estruturas políticas e as formas de pensamento de determinado período histórico.

Essas novas formas de ver, analisar e explicar o mundo expressaram-se também nas artes e na literatura. Assim, a objetividade e a crença na razão, na arte e na ciência como transformadores sociais são alguns princípios do Realismo/Naturalismo.

Os artistas realistas/naturalistas buscavam proceder a uma análise rigorosa e precisa do mundo, valendo-se de uma atitude objetiva, até científica, diante dos fatos que desejavam focalizar em suas obras. Também atribuíram à arte uma função social, criando obras que provocassem debates e reflexões sobre a realidade da época.

Decorrem desse olhar mais objetivo as principais características da arte do período:

- compromisso com a verdade;
- contemporaneidade – interessava o momento histórico em que o artista vivia;
- semelhanças dos personagens com as pessoas comuns;
- personagens condicionados pelos meios físico e social;
- linguagem mais simples que a dos românticos.

Observe a obra de arte a seguir, do pintor realista Gustave Courbet (1819-1877). Nela é possível perceber algumas características do Realismo/Naturalismo, como a representação de uma cena do cotidiano retratada de forma precisa e objetiva.

Bom dia, senhor Courbet, de Gustave Courbet, 1854 (óleo sobre tela, 132 cm × 150,5 cm).

Em Portugal, o principal representante da prosa realista foi Eça de Queirós (1845-1900), autor de *Os Maias*, *Primo Basílio* e *O crime do padre Amaro*. Tendo sido um dos escritores portugueses mais lidos no Brasil, Eça exerceu considerável influência sobre os autores brasileiros.

Na poesia realista portuguesa, destacam-se os escritores Antero de Quental (1842-1891) e Cesário Verde (1855-1886), que adotaram em suas obras atitudes que se opunham ao lirismo português ultrarromântico, privilegiando o racionalismo e o rigor formal. Muitos de seus poemas, porém, ainda apresentavam traços românticos, como a melancolia e o misticismo, na poesia de Quental, e certo sentimentalismo diante de alguns temas (pobreza, doença, etc.), na poesia de Cesário.

No Brasil, dentre os principais representantes do Realismo/Naturalismo, destacam-se Aluísio Azevedo (autor de *O cortiço*, entre outros romances) e Machado de Assis (autor de obras fundamentais de nossa literatura, como *Memórias Póstumas de Brás Cubas* e *Dom Casmurro*). Machado é considerado o grande escritor brasileiro de todos os tempos.

Diferenças entre Realismo e Naturalismo

O Realismo e o Naturalismo apresentam os mesmos princípios gerais, mas o Naturalismo pode ser considerado uma tendência que surgiu dentro do Realismo. Uma das principais diferenças das obras naturalistas está relacionada à presença mais marcante de ideias **deterministas**. Nos romances naturalistas, a ação social importa mais que a vida interior das personagens; por sua vez, os realistas preocupam-se com a análise psicológica das personagens e predominam em seus textos críticas às classes dominantes. Os escritores naturalistas dão preferência a temas relacionados a patologias sociais, com ênfase nos aspectos mais grotescos da vida.

determinismo: corrente teórica que defendia que os seres humanos são determinados por forças biológicas hereditárias e pelos meios físico ou social.

A influência do determinismo na literatura desse período pode ser notada na construção de personagens que são condicionadas pelo meio em que vivem, como ocorre na obra *O Cortiço*, de Aluísio Azevedo, que retrata o dia a dia dos habitantes de um cortiço do Rio de Janeiro. Incapazes de resistir aos impulsos e às influências negativas do ambiente, as características e as ações das personagens dessa obra revelam forte influência do meio em que estão inseridas. Um exemplo é o personagem Jerônimo, um português que vem morar no Brasil com sua esposa e sua filha para trabalhar como administrador de uma pedreira. Ao chegar de Portugal, Jerônimo é representado como um homem trabalhador e fiel aos hábitos que trouxe de sua terra. No entanto, após se envolver com a personagem Rita Baiana, o português vai pouco a pouco se deixando influenciar pelos hábitos locais em um processo que o autor descreve como uma espécie de degradação moral.

Leia, a seguir, dois trechos da obra *O cortiço* que descrevem a transformação do personagem Jerônimo e evidenciam a perspectiva naturalista de que o meio pode condicionar o caráter e as atitudes do ser humano.

O cortiço

Aluísio Azevedo

Jerônimo acordava todos os dias às quatro horas da manhã, fazia antes dos outros a sua lavagem à bica do pátio, socava-se depois com uma boa palangana de caldo de unto, acompanhada de um pão de quatro; e, em mangas de camisa de riscado, a cabeça ao vento, os grossos pés sem meias metidos em um formidável par de chinelos de couro cru, seguia para a pedreira.

Antes da transformação

Antes da transformação

A sua picareta era para os companheiros o toque de reunir. Aquela ferramenta movida por um pulso de Hércules valia bem os clarins de um regimento tocando alvorada. Ao seu retinir vibrante surgiam do caos opalino das neblinas vultos cor de cinza, que lá iam, como sombras, galgando a montanha, para cavar na pedra o pão nosso de cada dia. E, quando o sol desfechava sobre o píncaro da rocha os seus primeiros raios, já encontrava de pé, a bater-se contra o gigante de granito, aquele mísero grupo de obscuros batalhadores.

Jerônimo só voltava a casa ao descair da tarde, morto de fome e de fadiga. A mulher preparava-lhe sempre para o jantar alguma das comidas da terra deles. E ali, naquela estreita salinha, sossegada e humilde, gozavam os dois, ao lado um do outro, a paz feliz dos simples, o voluptuoso prazer do descanso após um dia inteiro de canseiras ao sol. E, defronte do candeeiro de querosene, conversavam sobre a sua vida e sobre a sua Marianita, a filhinha que estava no colégio e que só os visitava aos domingos e dias santos. Depois, até às horas de dormir, que nunca passavam das nove, ele tomava a sua guitarra e ia para defronte da porta, junto com a mulher, dedilhar os fados da sua terra. Era nesses momentos que dava plena expansão às saudades da pátria, com aquelas cantigas melancólicas em que a sua alma de desterrado voava das zonas abrasadas da América para as aldeias tristes da sua infância.

[...]

Depois da transformação

Passaram-se semanas. Jerônimo tomava agora, todas as manhãs, uma xícara de café bem grosso, à moda da Ritinha, e tragava dois dedos de parati "pra cortar a friagem".

Uma transformação, lenta e profunda, operava-se nele, dia a dia, hora a hora, reviscerando-lhe o corpo e alando-lhe os sentidos, num trabalho misterioso e surdo de crisálida. A sua energia afrouxava lentamente: fazia-se contemplativo e amoroso. A vida americana e a natureza do Brasil patenteavam-lhe agora aspectos imprevistos e sedutores que o comoviam; esquecia-se dos seus primitivos sonhos de ambição; para idealizar felicidades novas, picantes e violentas; tornava-se liberal, imprevidente e franco, mais amigo de gastar que de guardar; adquiria desejos, tomava gosto aos prazeres, e volvia-se preguiçoso resignando-se, vencido, às imposições do sol e do calor, muralha de fogo com que o espírito eternamente revoltado do último tamoio entrincheirou a pátria contra os conquistadores aventureiros.

[...]

O português abrasileirou-se para sempre; fez-se preguiçoso, amigo das extravagâncias e dos abusos, luxurioso e ciumento; fora-se-lhe de vez o espírito da economia e da ordem; perdeu a esperança de enriquecer, e deu-se todo, todo inteiro, à felicidade de possuir a mulata e ser possuído só por ela, só ela, e mais ninguém.

AZEVEDO, Aluísio. *O cortiço*. Disponível em: http://www.dominiopublico.gov.br/pesquisa/DetalheObraForm.do?select_action&co_obra=1723. Acesso em: 30 jun. 2022.

Saiba +

Aluísio Azevedo (1857-1913) nasceu em São Luís, capital do Maranhão. Sua habilidade como caricaturista deu origem a um método original de trabalho: segundo depoimento de amigos, o escritor primeiro desenhava suas personagens, pintava-as e recortava-as sobre papelão, para depois escrever as cenas dos romances. Nada mais condizente com a atuação de um escritor naturalista. Suas obras mais importantes, além de *O cortiço*, são: *O mulato* (1881), *Casa de pensão* (1884) e *O homem* (1887).

Parnasianismo

No Brasil, pode-se dizer que não houve, a rigor, uma produção poética realista/naturalista. Na poesia brasileira do período, o estilo literário que se destacou foi o Parnasianismo, que tinha como princípio a "arte pela arte", ou seja, a concepção de que a arte deve atingir sobretudo a perfeição formal.

Os poetas do Parnaso, de Paul Chabas, 1895 (óleo sobre tela, 285 cm × 338 cm). Encomendada pelo editor francês Alphonse Lemerre em 1893, essa pintura apresenta alguns dos mais importantes poetas representantes do Parnasianismo na França, como José-Maria de Heredia (1842-1905), Leconte de Lisle (1818-1894) e Sully Prudhomme (1839-1907).

Os parnasianos elegeram a Antiguidade clássica (cultura greco-romana) como ponto de referência para suas obras.

Daí decorreram algumas características fundamentais da poesia parnasiana:

- objetividade;
- gosto por coisas ou fatos exóticos;
- visão mais material que espiritual do amor;
- predomínio da ordem indireta;
- rejeição do vocabulário cotidiano: escolha de termos incomuns, raros.

Nosso mais reconhecido poeta parnasiano foi Olavo Bilac, autor de importantes obras poéticas da literatura nacional, como *Poesias* e *Via-Láctea*, ambas publicadas em 1888.

Leia a seguir um poema de Olavo Bilac cujo tema é o próprio ato de compor poemas. Trata-se, portanto, de um poema metalinguístico.

A um poeta

Olavo Bilac

Longe do estéril turbilhão da rua,
Beneditino, escreve! No aconchego
Do claustro, no silêncio e no sossego,
Trabalha, e teima, e lima, e sofre, e sua!

Mas que na forma se disfarce o emprego
Do esforço; e a trama viva se construa
De tal modo, que a imagem fique nua,
Rica, mas sóbria, como um templo grego.

Não se mostre na fábrica o suplício
Do mestre. E, natural, o efeito agrade,
Sem lembrar os andaimes do edifício:

Porque a Beleza, gêmea da Verdade,
Arte pura, inimiga do artifício,
É a força e a graça na simplicidade.

BILAC, Olavo. A um poeta. *In: Antologia*: poesias. São Paulo: Martin Claret, 2002. Disponível em: http://www.dominiopublico.gov.br/download/texto/bv000288.pdf. Acesso em: 30 jun. 2022.

Saiba +

Olavo Bilac (1865-1918) nasceu no Rio de Janeiro. Além de poeta, foi jornalista, letrista e dedicou-se à publicidade. Participou de campanhas cívicas, como a defesa ao serviço militar obrigatório. É dele a letra do Hino à Bandeira. Entre suas obras de poesia, podem ser citadas *Panóplias, Via Láctea, Sarças de fogo, Sagres* e *Tarde*. Em prosa, escreveu crônicas, novelas, críticas e um tratado de versificação.

Reprodução/Academia Brasileira de Letras

No poema, o eu lírico compara a situação do poeta com a de um monge beneditino, que se isola do mundo e busca o silêncio e a solidão para trabalhar arduamente, no caso com a escrita. A imagem predominante é a de que o poema é fruto do esforço e da dedicação do poeta, não da inspiração subjetiva, como valorizavam os autores românticos. A comparação da criação poética à construção de um "templo grego" revela também a reverência à Antiguidade clássica e a busca pela perfeição formal, que são características da poesia parnasiana.

Reprodução/Coleção Particular

Ilustração de Félix Bracquemond para a 3ª edição de *O parnaso contemporâneo*. Na imagem, compara-se o trabalho do poeta, que utiliza a linguagem para criar versos, com o labor diário do agricultor, que usa sua ferramenta para lavrar a terra. A frase *fac et spera*, escrita em latim, pode ser traduzida como "fazer e esperar". Novamente, compara-se a ação do agricultor de cuidar da terra, semear e esperar o resultado desse trabalho com a ação do poeta de, por exemplo, criar e lançar seus versos no papel, esperando então o resultado desse trabalho por meio da recepção dos leitores.

Práticas de leitura e análise literária: o gênero literário romance (II)

O gênero romance ganhou destaque no Brasil a partir da vinda da família real, em 1808. As condições de impressão que passaram a existir viabilizaram a publicação de várias obras, sobretudo os primeiros romances românticos. Alguns deles você já conheceu na Unidade 1. A partir de agora, veremos obras do momento seguinte: o Realismo.

Romances e circulação da literatura no século XIX

Na unidade anterior, você leu trechos de um romance de Joaquim Manuel de Macedo e de um romance de José de Alencar, escritos no século XIX. Outro conhecido escritor brasileiro desse século é Machado de Assis. Sua produção circulou por meio de folhetins e livros, mas há algumas diferenças entre parte de sua produção e a dos outros dois autores, o que você poderá perceber nesta seção.

Reproduzimos a seguir o trecho de um de seus romances de maior sucesso entre o público e a crítica: *Memórias póstumas de Brás Cubas*. Trata-se de um romance de memórias, visto que o narrador é o próprio Brás Cubas do título, que, após a morte, narra suas lembranças. Assim, a perspectiva assumida é a de alguém que já morreu, e as "memórias" trazem considerações sobre a vida com análises filosóficas a respeito do comportamento humano. Leia o capítulo VII do livro, em que o narrador relata o delírio que teve antes de morrer.

Memórias póstumas de Brás Cubas

Capítulo VII – O delírio

Machado de Assis

Que me conste, ainda ninguém relatou o seu próprio **delírio**; faço-o eu, e a ciência mo agradecerá. Se o leitor não é dado à contemplação destes fenômenos mentais, pode saltar o capítulo; vá direito à narração. Mas, por menos curioso que seja, sempre lhe digo que é interessante saber o que se passou na minha cabeça durante uns vinte a trinta minutos.

[...]

Ultimamente, restituído à forma humana, vi chegar um hipopótamo, que me arrebatou. Deixei-me ir, calado, não sei se por medo ou confiança; mas, dentro em pouco, a carreira de tal modo se tornou vertiginosa, que me atrevi a interrogá-lo, e com alguma arte lhe disse que a viagem me parecia sem destino.

– Engana-se, replicou o animal, nós vamos à origem dos séculos.

Insinuei que deveria ser muitíssimo longe; mas o hipopótamo não me entendeu ou não me ouviu, se é que não fingiu uma dessas coisas; e, perguntando-lhe, visto que ele falava, se era descendente do **cavalo de Aquiles** [...], retorquiu-me com um gesto peculiar a estes dois quadrúpedes: abanou as orelhas. Pela minha parte fechei os olhos e deixei-me ir à **ventura**. Já agora não se me dá de confessar que sentia umas tais ou quais cócegas de curiosidade, por saber onde ficava a origem dos séculos, se era tão misteriosa como a origem do Nilo, e sobretudo se valia alguma coisa mais ou menos do que a consumação dos mesmos séculos: reflexões de cérebro enfermo. Como ia de olhos fechados, não via o caminho; lembra-me só que a sensação de frio aumentava com a jornada, e que chegou uma ocasião em que me pareceu entrar na região dos gelos eternos. Com efeito, abri os olhos e vi que o meu animal galopava numa planície branca de neve, e vários animais grandes e de neve. Tudo neve; chegava a gelar-nos um sol de neve. [...]

delírio: delírio é uma alucinação; nesse caso, a palavra está relacionada especificamente às alucinações de Brás Cubas antes de morrer. O personagem passa a narrar nesse trecho o delírio que teve ao longo do tempo em que ficou doente e acamado antes da morte.

cavalo de Aquiles: trata-se do Cavalo de Troia, enorme e feito de madeira, que, segundo a lenda, teria posto fim à Guerra de Troia, na Grécia antiga, ao ser dado de presente à cidade inimiga contendo secretamente guerreiros em seu interior; depois de introduzido o presente na cidade, os guerreiros teriam saído do cavalo e lutado até vencer a batalha. Aquiles é um herói da mitologia grega, protagonista também de *Ilíada*, obra atribuída a Homero, que narra essa guerra.

ventura: o mesmo que destino ou fortuna.

[...] A jornada entrou a parecer-me enfadonha e extravagante, o frio incômodo, a condução violenta, e o resultado impalpável. E depois – cogitações do enfermo – dado que chegássemos ao fim indicado, não era impossível que os séculos, irritados com lhes devassarem a origem, me esmagassem entre as unhas, que deviam ser tão seculares como eles. Enquanto assim pensava, íamos devorando caminho, e a planície voava debaixo dos nossos pés, até que o animal estacou, e pude olhar mais tranquilamente em torno de mim. Olhar somente; nada vi, além da imensa brancura da neve, que desta vez invadira o próprio céu, até ali azul. Talvez, a espaços, me parecia uma ou outra planta, enorme, **brutesca**, meneando ao vento as suas largas folhas. O silêncio daquela região era igual ao do sepulcro: dissera-se que a vida das coisas ficara estúpida diante do homem.

Caiu do ar? destacou-se da terra? não sei; sei que um vulto imenso, uma figura de mulher me apareceu então, fitando-me uns olhos **rutilantes** como o sol. Tudo nessa figura tinha a vastidão das formas selváticas, e tudo escapava à compreensão do olhar humano, porque os contornos perdiam-se no ambiente, e o que parecia espesso era muita vez **diáfano**. Estupefato, não disse nada, não cheguei sequer a soltar um grito; mas, ao cabo de algum tempo, que foi breve, perguntei quem era e como se chamava: curiosidade de delírio.

Chama-me Natureza ou Pandora; sou tua mãe e tua inimiga.

Ao ouvir esta última palavra, recuei um pouco, tomado de susto. A figura soltou uma gargalhada, que produziu em torno de nós o efeito de um tufão; as plantas torceram-se e um longo gemido quebrou a mudez das coisas externas.

Não te assustes, disse ela, minha inimizade não mata; é sobretudo pela vida que se afirma. Vives; não quero outro **flagelo**.

Vivo? perguntei eu, enterrando as unhas nas mãos, como para certificar-me da existência.

Sim, **verme**, tu vives. Não receies perder esse **andrajo** que é teu orgulho; provarás ainda, por algumas horas, o pão da dor e o vinho da miséria. Vives: agora mesmo que **ensandeceste**, vives; e se a tua consciência **reouver** um instante de **sagacidade**, tu dirás que queres viver.

Dizendo isto, a visão estendeu o braço, segurou-me pelos cabelos e levantou-me ao ar, como se fora uma pluma. Só então pude ver-lhe de perto o rosto, que era enorme. Nada mais quieto; nenhuma contorção violenta, nenhuma expressão de ódio ou ferocidade; a feição única, geral, completa, era a da impassibilidade egoísta, a da eterna surdez, a da vontade imóvel. Raivas, se as tinha, ficavam encerradas no coração. Ao mesmo tempo, nesse rosto de expressão glacial, havia um ar de juventude, mescla de força e viço, diante do qual me sentia eu o mais débil e decrépito dos seres.

Entendeste-me? disse ela, no fim de algum tempo de mútua contemplação.

Não, respondi; nem quero entender-te; tu és absurda, tu és uma fábula. Estou sonhando, decerto, ou, se é verdade, que enlouqueci, tu não passas de uma concepção de alienado, isto é, uma coisa vã, que a razão ausente não pode reger nem palpar. Natureza, tu? a Natureza que eu conheço é só mãe e não inimiga; não faz da vida um flagelo, nem, como tu, traz esse rosto indiferente, como o sepulcro. E por que Pandora?

brutesco: o mesmo que tosco, grotesco, grosseiro.

rutilante: aquilo que brilha, que pode chegar a ofuscar a visão.

diáfano: delicado, vago, sem substância.

flagelo: tortura, castigo, uma punição.

verme: neste contexto, tem o sentido de pessoa insignificante.

andrajo: pano ou roupa que pode ser velha, suja ou rasgada.

ensandecer: ficar louco, fora de si; perder a razão.

reaver: recuperar, readquirir.

sagacidade: esperteza, capacidade de compreender.

Saiba +

O mito de Pandora

Pandora, na mitologia grega, é a primeira mulher criada pelos deuses. Recebeu de cada um deles um dom, como a beleza, a inteligência, a graça. Foi enviada a Epimeteu para se casar com ele. Levou uma caixa, presente dos deuses a ele, que, desconfiado desse presente, fez Pandora prometer-lhe que jamais abriria a caixa. Mas Pandora a abriu, deixando escapar seu conteúdo: todos os males que passariam a atormentar a humanidade. Ao perceber o que fizera, Pandora fechou rapidamente a caixa, a tempo de reter apenas um dos males, aquele que destruiria a esperança.

Porque levo na minha bolsa os bens e os males, e o maior de todos, a esperança, consolação dos homens. Tremes?

Sim; o teu olhar fascina-me.

Creio; eu não sou somente a vida; sou também a morte, e tu estás prestes a devolver-me o que te emprestei. Grande **lascivo**, espera-te a **voluptuosidade** do nada.

Quando esta palavra ecoou, como um trovão, naquele imenso vale, afigurou-se-me que era o último som que chegava a meus ouvidos; pareceu-me sentir a decomposição súbita de mim mesmo. Então, encarei-a com olhos súplices, e pedi mais alguns anos.

Viver somente, não te peço mais nada. Quem me pôs no coração este amor da vida, senão tu? e, se eu amo a vida, por que te hás de golpear a ti mesma, matando-me?

Porque já não preciso de ti. Não importa ao tempo o minuto que passa, mas o minuto que vem. O minuto que vem é forte, **jucundo**, supõe trazer em si a eternidade, e traz a morte, e perece como o outro, mas o tempo subsiste. Egoísmo, dizes tu? Sim, egoísmo, não tenho outra lei. Egoísmo, conservação. A onça mata o novilho porque o raciocínio da onça é que ela deve viver, e se o novilho é tenro tanto melhor: eis o estatuto universal. Sobe e olha.

Isto dizendo, arrebatou-me ao alto de uma montanha. Inclinei os olhos a uma das vertentes, e contemplei, durante um tempo largo, ao longe, através de um nevoeiro, uma coisa única. Imagina tu, leitor, uma redução dos séculos, e um desfilar de todos eles, as raças todas, todas as paixões, o tumulto dos Impérios, a guerra dos apetites e dos ódios, a destruição recíproca dos seres e das coisas. Tal era o espetáculo, **acerbo** e curioso espetáculo. A história do homem e da Terra tinha assim uma intensidade que lhe não podiam dar nem a imaginação nem a ciência, porque a ciência é mais lenta e a imaginação mais vaga, enquanto que o que eu ali via era a condensação viva de todos os tempos. Para descrevê-la seria preciso fixar o relâmpago. Os séculos desfilavam num turbilhão [...].

[...] Meu olhar, enfarado e distraído, viu enfim chegar o século presente, e atrás deles os futuros. Aquele vinha ágil, destro, vibrante, cheio de si, um pouco difuso, audaz, sabedor, mas ao cabo tão miserável como os primeiros, e assim passou e assim passaram os outros, com a mesma rapidez e igual monotonia. Redobrei de atenção; fitei a vista; ia enfim ver o último, – o último!; mas então já a rapidez da marcha era tal, que escapava a toda a compreensão; ao pé dela o relâmpago seria um século. Talvez por isso entraram os objetos a trocarem-se; uns cresceram, outros minguaram, outros perderam-se no ambiente;

Bettmann Archive/Getty Images/ Biblioteca de Artes Decorativas, Paris, França

Pandora abrindo uma caixa, de Walter Crane, 1910 (litografia colorida, sem dimensões).

lascivo: que está relacionado aos prazeres, à sensualidade.

voluptuosidade: qualidade do indivíduo que procura prazer por meio dos sentidos.

jucundo: aquilo que traz alegria, felicidade, vivacidade.

acerbo: de sabor azedo; amargo; que causa angústia; cruel; terrível.

um nevoeiro cobriu tudo, – menos o hipopótamo que ali me trouxera, e que aliás começou a diminuir, a diminuir, a diminuir, até ficar do tamanho de um gato. Era efetivamente um gato. Encarei-o bem; era o meu gato Sultão, que brincava à porta da alcova, com uma bola de papel...

MACHADO DE ASSIS, Joaquim M. *Memórias póstumas de Brás Cubas*. Disponível em: http://machado.mec.gov.br/obra-completa-lista/itemlist/category/23-romance. Acesso em: 14 jul. 2021.

Saiba +

Machado de Assis (1839-1908) nasceu no Rio de Janeiro. Foi tipógrafo, revisor, redator e colaborador de diversos jornais. Fundou, com outros escritores, a Academia Brasileira de Letras, da qual logo seria eleito presidente. Considerado um dos maiores prosadores de nossa literatura, escreveu crônicas, contos, romances, além de peças teatrais e poemas. Costuma-se dividir seus romances em duas fases: a romântica (*Ressurreição*, *A mão e a luva*, *Helena*, *Iaiá Garcia*) e a realista (*Memórias póstumas de Brás Cubas*, *Quincas Borba*, *Dom Casmurro*, *Esaú e Jacó*, *Memorial de Aires*).

1. Discuta o texto com os colegas considerando as questões propostas abaixo. Depois, registre suas respostas.

   a) Como você compreende a afirmação "Sou tua mãe e tua inimiga", no contexto de "O delírio"?

   b) Diante da força da Natureza ("[...] levantou-me ao ar, como se fora uma pluma"), o homem se sente impotente e amedrontado, embora reconheça jovialidade nela. De que maneira podemos compreender essa ambiguidade no contexto do trecho transcrito?

2. Podemos dizer que o capítulo "O delírio" traz uma possibilidade interpretativa para o romance *Memórias póstumas de Brás Cubas*: trata-se das memórias de um homem que reconhece a inutilidade da própria vida. No capítulo, isso é marcado, por exemplo, pela descrição da passagem dos séculos, diante da qual uma vida humana não representa senão uma ínfima fração de tempo. Considerando sua leitura do trecho do romance proposta nesta seção e a leitura feita de *Iracema*, na unidade anterior, explique: Por que cada um desses romances compreende a realidade e a natureza de modos diferentes um do outro?

Saiba +

Memórias póstumas de Brás Cubas. Direção de André Klotzel. Brasil e Portugal, 2001 (101 min).

Neste filme, baseado no romance de Machado de Assis, temos a história de Brás Cubas, o defunto autor que resolve contar sua vida depois de morto. O filme traz os aspectos mais marcantes do romance, além de representar na tela a linguagem irônica e um tanto sarcástica de Brás Cubas.

Cartaz do filme *Memórias póstumas de Brás Cubas*, direção de André Klotzel, lançado em 2001. Na imagem, o ator Reginaldo Faria representa o personagem Brás Cubas.

Românticos e realistas

Conhecer os procedimentos estéticos e composicionais das obras nos ajuda a compreendê-las melhor. Você já sabe, por exemplo, que em *A Moreninha* a presença de diálogos ajuda a tornar a narrativa mais ágil e dá ao leitor a impressão de algo acontecendo "no momento em que se lê". Essa característica é um elemento composicional dessa obra.

Quando estudiosos da literatura analisam um conjunto de obras produzidas em certo período histórico e social, notam que alguns procedimentos estéticos e composicionais não são exclusivos de uma única obra, mas se repetem em um conjunto de obras de diferentes autores desse período. A esses procedimentos dá-se o nome de estilos de época.

Iracema e *A Moreninha*, cujos trechos você leu na unidade anterior, são obras que apresentam características do estilo de época conhecido como Romantismo. Você pode ter percebido intuitivamente algumas delas ao ler os trechos desses livros. Por exemplo, no trecho de *Iracema*, algumas características românticas são bastante evidentes: a valorização dos sentimentos individuais (Iracema se aproxima de Martim depois de tê-lo ferido, mesmo sem o conhecer); a idealização das relações sociais (a indígena Iracema conversa amigavelmente – em português! – com um homem europeu depois de feri-lo a flecha); a idealização do amor (se você pensou que a cena do encontro de Iracema com Martim parece "amor à primeira vista", não está de todo enganado). Analisando apenas um trecho pequeno da obra, tudo isso se evidencia. A leitura integral do romance possibilita também perceber que ele é marcado por uma construção completamente idealizada dos povos indígenas, retratados como símbolos de bravura e inocência, sensíveis aos avanços "civilizatórios" do colonizador.

Em "O delírio", trecho de *Memórias póstumas de Brás Cubas*, mesmo se tratando de uma passagem marcada pela fantasia, nada é permeado pela idealização ao estilo romântico: nem a relação entre os personagens do delírio (a Natureza e o narrador: "[...] sou tua mãe e tua inimiga") nem a passagem do tempo, notada pelo narrador, e a constatação de ter desperdiçado a própria vida ("Sim, verme, tu vives. Não receies perder esse andrajo que é teu orgulho; provarás ainda, por algumas horas, o pão da dor e o vinho da miséria [...]"), tanto menos o desfecho irônico da situação, que escancara a banalidade cotidiana em que o narrador está mergulhado. Isso porque *Memórias póstumas de Brás Cubas* tem características de outro estilo de época, o Realismo.

O século XIX foi um período de intensa atividade literária no Brasil. Outros gêneros, como o poema, o conto e os textos dramáticos, além do romance, encontraram acolhida junto a um público formado principalmente em razão do desenvolvimento de centros urbanos importantes. Ainda que boa parte da população fosse analfabeta e estivesse de certo modo apartada dos circuitos da leitura literária, isso não impediu que o gosto pela leitura literária fosse cultivado.

Saiba + +++

Dona Guidinha do Poço, de Manuel de Oliveira Paiva (1861-1892).

Falamos muito das personagens femininas do nosso Romantismo, associando-as a uma visão mais ingênua, a mulheres que se submetem a um mundo dominado por homens. Mas há uma personagem que foge de todos esses estereótipos: Dona Guidinha.

O romance *Dona Guidinha do Poço*, "descoberto" somente nos anos 1950, até então era um romance praticamente desconhecido.

Nele, Dona Guidinha é uma fazendeira que se envolve com um sobrinho. Além de Guidinha mandar na sua fazenda e ter influência na sua cidade, ela manda no marido, que é completamente submisso.

Esse romance, ainda que se encontre entre os períodos romântico e realista, traz uma mulher que foge dos estereótipos das moças do Romantismo no Brasil.

Pesquisa: a literatura do século XIX

Para conhecer melhor a literatura do século XIX, façam uma pesquisa de textos literários escritos nesse século considerando diversos gêneros, como contos, poemas, romances, peças de teatro, assim como variados estilos de época (Romantismo, Realismo, Naturalismo, Parnasianismo, Simbolismo).

Sob a orientação do professor, organizem-se em três grupos principais, que podem conter equipes internas menores. Cada grupo principal ficará responsável pela seleção de textos desses estilos considerando esta divisão: grupo 1, literatura brasileira; grupo 2, literatura portuguesa; grupo 3, literatura de outras culturas.

O critério da seleção deve ser a fruição, o prazer estético provocado pela leitura. A finalidade é coletar textos para organizar um sarau literário.

Para planejar o trabalho, sigam estes passos:

- Cada equipe ficará responsável por um gênero textual (conto, poema, romance, texto dramático, entre outros) e um estilo de época do século XIX. Não é necessário fazer uma divisão exata entre vocês; o importante é que, ao final, todos possam conhecer o que o século XIX representou no panorama geral da literatura, em especial a brasileira.
- Pesquisem os estilos de época desse século e suas características e relacionem os principais autores e gêneros textuais de cada estilo.
- Sintetizem os achados organizando coletivamente um grande quadro que pode ter a forma sugerida a seguir. Ele pode ser produzido coletivamente e compartilhado. O modelo abaixo é uma sugestão, considerando o Romantismo e alguns de seus autores, que vocês podem adaptar para cada estilo de época em pesquisa.

Estilo de época	Autores	Gênero	Exemplo de obra pesquisada
Romantismo (listar principais características)	Joaquim Manuel de Macedo (colocar informações biográficas)	Romance (relacionar títulos de romances)	(colocar trechos de uma das obras pesquisadas)
\\\\\\\\\\\\\\\\\\\\\\\\\\\\\\\\\\\\ \\\\\\\\\\\\\\\\\\\\\\\\\\\\\\\\\\\\	Álvares de Azevedo (colocar informações biográficas)	Poema (relacionar títulos de obras)	(colocar trechos de uma das obras pesquisadas)
\\\\\\\\\\\\\\\\\\\\\\\\\\\\\\\\\\\\ \\\\\\\\\\\\\\\\\\\\\\\\\\\\\\\\\\\\	\\\\\\\\\\\\\\\\\\\\\\\\\\\\\\\\\\\\ \\\\\\\\\\\\\\\\\\\\\\\\\\\\\\\\\\\\	Conto (relacionar títulos de obras)	(colocar trechos de uma das obras pesquisadas)

Reprodução/Coleção particular

O escritor Álvares de Azevedo (1831-1852).

Reprodução/Coleção particular

O escritor Joaquim Manuel de Macedo (1820-1882).

Com base na pesquisa, os grupos podem publicar os resultados em um catálogo coletivo da literatura do século XIX. Ele pode ser organizado, em ordem "decrescente", do mais abrangente para o menos abrangente: do estilo de época, passando pelo gênero textual e pelos autores e terminando nas obras. Utilizem algum *software* de produção coletiva de documentos, a fim de que todos possam editar o texto. Na internet, há plataformas gratuitas para esse tipo de produção coletiva.

3. Pronto o quadro, anotem: quantos homens e quantas mulheres há na lista de escritores? Caso a lista não seja proporcional, considerando o contexto histórico de produção das obras, discutam essa diferença com a ajuda do professor e formulem hipóteses para explicá-la. Depois da discussão, registrem a resposta em um arquivo de texto. Enviem para o professor o arquivo com o quadro finalizado e a resposta à questão.

Escritoras no Brasil do século XIX

Parte desse público leitor era certamente formado por mulheres. Não há dados muito confiáveis sobre a porcentagem de mulheres alfabetizadas nesse período, mas, pela forma como a própria literatura do século XIX as representa, é possível dizer que havia leitoras. Ainda assim, poucas mulheres são lembradas como escritoras na literatura brasileira do século XIX. Suas obras foram sendo esquecidas, talvez silenciadas, ao longo do tempo. Hoje, graças a movimentos que procuram estudar e resgatar o papel das mulheres na sociedade brasileira do século XIX, algumas dessas vozes femininas vêm ressurgindo, redescobertas pelos estudiosos de literatura.

Uma delas é a escritora maranhense Maria Firmina dos Reis, de cujo romance *Úrsula* transcrevemos um trecho a seguir. Em sua primeira publicação, a autora utilizou um pseudônimo, pois preferiu se manter no anonimato. Leia um trecho a seguir.

Úrsula

Maria Firmina dos Reis

"Vou contar-te o meu cativeiro.

"Tinha chegado o tempo da colheita, e o milho e o inhame e o amendoim eram em abundância nas nossas roças. Era um destes dias em que a natureza parece entregar-se toda a brandos folgares, era uma manhã risonha, e bela, como o rosto de um **infante**, entretanto eu tinha um peso enorme no coração. Sim, eu estava triste, e não sabia a que atribuir minha tristeza. Era a primeira vez que me afligia tão incompreensível pesar. Minha filha sorria-se para mim, era ela gentilzinha, e em sua inocência semelhava um anjo. Desgraçada de mim! Deixei-a nos braços de minha mãe, e fui-me à roça colher milho. Ah! Nunca mais devia eu vê-la...

"Ainda não tinha vencido cem braças do caminho, quando um assobio, que repercutiu nas matas, me veio orientar acerca do perigo iminente, que aí me aguardava. E logo dois homens apareceram, e amarraram-me com cordas. Era uma prisioneira – era uma escrava! Foi **embalde** que supliquei em nome de minha filha, que me restituíssem a liberdade: os bárbaros sorriam-se das minhas lágrimas, e olhavam-me sem compaixão. Julguei enlouquecer, julguei morrer, mas não me foi possível... a sorte me reservava ainda longos combates. Quando me arrancaram daqueles lugares, onde tudo me ficava – pátria, esposo, mãe e filha, e liberdade! Meu Deus! O que se passou no fundo da minha alma, só vós o pudestes avaliar!...

infante: uma criança, um ser infantil.

embalde: inutilmente, em vão.

infortúnio: acontecimento infeliz, infelicidade, situação adversa.

potentados: indivíduos poderosos, soberanos, reis.

insofridos: aqueles que ainda não sofreram (neste contexto, refere-se àqueles escravizados que sofreram menos e que, por isso, ainda tinham força para gritar).

breu: nesse contexto, tipo de resina que pode ser inflamável.

"Meteram-me a mim e a mais trezentos companheiros de **infortúnio** e de cativeiro no estreito e infecto porão de um navio. Trinta dias de cruéis tormentos, e de falta absoluta de tudo quanto é mais necessário à vida passamos nessa sepultura até que abordamos às praias brasileiras. Para caber a mercadoria humana no porão fomos amarrados em pé e para que não houvesse de revolta, acorrentados como os animais ferozes das nossas matas, que se levam para recreio dos **potentados** da Europa. Davam-nos a água imunda, podre e dada com mesquinhez, a comida má e ainda mais porca: vimos morrer ao nosso lado muitos companheiros à falta de ar, de alimento e de água. É horrível lembrar que criaturas humanas tratem a seus semelhantes assim e que não lhes doa a consciência de levá-los à sepultura asfixiados e famintos.

"Muitos não deixavam chegar esse último extremo – davam-se à morte.

"Nos dois últimos dias não houve mais alimento. Os mais **insofridos** entraram a vozear. Grande Deus! Da escotilha lançaram sobre nós água e **breu** fervendo, que nos escaldou e veio dar a morte aos cabeças do motim.

"A dor da perda da pátria, dos entes caros, da liberdade foi sufocada nessa viagem pelo horror constante de tamanhas atrocidades.

"Não sei ainda como resisti – é que Deus quis poupar-me para provar a paciência de sua serva com novos tormentos que aqui me aguardavam. [...]"

REIS, Maria Firmina dos. *Úrsula*. São Paulo: Companhia das Letras, [s. d.]. *E-book*.

Saiba + +++

Maria Firmina dos Reis (1822-1917), filha de uma negra escravizada e de um homem branco, é considerada a primeira romancista brasileira negra. Professora do Primário (equivalente aos Anos Iniciais do Ensino Fundamental), foi uma das primeiras a incentivar o ensino misto (meninos e meninas juntos) no Brasil. Na imagem, busto de Maria Firmina dos Reis, inaugurado em 1975, em São Luís, Maranhão. Foto de 2015.

Marcio Melo/Fotoarena/São Luís, MA

4. O trecho transcrito faz parte do capítulo IX, intitulado "A preta Susana", em que essa personagem narra a história de sua captura para ser trazida ao Brasil e escravizada. Converse com os colegas sobre o trecho lido e, com base nos elementos do texto, formulem uma hipótese para explicar esta questão: Por que a crítica literária de hoje considera que o romance de Maria Firmina dos Reis inaugura a literatura afro-brasileira ao dar voz a personagens escravizadas?

O livro *Úrsula*, de 1859, publicado originalmente sob o pseudônimo "*Uma maranhense*", é considerado o primeiro romance brasileiro escrito por uma mulher e a primeira manifestação literária de uma voz feminina afrodescendente.

Wikipedia/Wikimedia Commons

Folha de rosto da primeira edição, de 1859, do romance *Úrsula*, de Maria Firmina dos Reis, lançado em São Luís (MA) pela Tipografia do Progresso.

Atualmente essa obra faz parte do catálogo de importantes editoras brasileiras. No *site* de uma delas, há esta sinopse do livro:

> Tancredo e Úrsula são jovens, puros e altruístas. Com a vida marcada por perdas e decepções familiares, eles se apaixonam tão logo o destino os aproxima, mas se deparam com um empecilho para concretizar seu amor. Combinando esse enredo ultrarromântico com uma abordagem crítica à escravidão, Maria Firmina dos Reis compõe *Úrsula*, um dos primeiros romances brasileiros de autoria feminina, em 1859. Por dar voz e agência a personagens escravizados, é vista como a obra inaugural da literatura afro-brasileira. Retrata homens autoritários e cruéis, mostrando atos inimagináveis de mando patriarcal e senhorial em um sistema que não lhes impõe limites. [...]

BLOG DA COMPANHIA. Maria Firmina dos Reis é homenageada da FLUP 2018, 5 nov. 2018. Disponível em: https://www.blogdacompanhia.com.br/conteudos/visualizar/Maria-Firmina-dos-Reis-e-homenageada-na-FLUP-2018. Acesso em: 29 abr. 2022.

Dean Drobot/Shutterstock

A autoria de romances atualmente tem se tornado cada vez mais uma atividade não restrita a escritores homens, como no passado. Cada vez mais, mulheres escritoras se destacam no cenário literário e são lidas pelos mais diversos públicos.

Clube de leitura

As produções literárias hoje em dia circulam em formato impresso e em formato eletrônico. Muitos jovens leitores têm sido responsáveis pela divulgação dessas criações e por fazer circular as obras literárias de nosso tempo. Talvez você seja um deles.

As tecnologias atuais ampliaram as possibilidades de comunicação e de circulação de textos e de opiniões sobre eles. Para constatar isso, basta observar a quantidade de blogues, canais de vídeo, comunidades de redes sociais e *sites* em que é possível conhecer não só novas obras, mas também manter contato com outros leitores e jovens escritores. Há também intensa publicação de resenhas, sinopses, recomendações de leitura, análises críticas, impressões de leitores, fóruns de debates sobre livros...

A escritora baiana Maria Ferreira.

Talvez você até já participe desses circuitos da leitura que emergiram com a internet. Se não, pode começar visitando alguns blogues, como o *Impressões de Maria*, organizado e mantido pela jovem escritora baiana Maria Ferreira, leitora contumaz de obras de diversos gêneros, principalmente as de escritoras e escritores negros. O blogue está disponível em: www.impressoesdemaria.com.br. Acesso em: 19 abr. 2022.

Você também pode visitar um blogue que agrega um canal de vídeos, o *Um Bookaholic*, mantido por outro jovem leitor, Alexsander Costa, especializado em romances de suspense e aventura. O blogue está disponível em: www.umbookaholic.com. Acesso em: 19 abr. 2022.

O blogue *Um Bookaholic*, de Alexsander Costa.

Além de conhecer esses e outros espaços dedicados à literatura e à leitura, a proposta é que vocês se inspirem no exemplo desses jovens leitores e participem ativamente dos circuitos literários atuais. Para isso, uma possibilidade é criar um clube de leitura da turma, compartilhando os livros que têm, emprestando uns aos outros, procurando outras obras em plataformas *on-line*, acessando bibliotecas públicas de sua região. Criem uma rede de compartilhamento de impressões sobre as leituras que fizerem. Troquem comentários e avaliações dos livros lidos e produzam resenhas para ajudar outros possíveis leitores a se interessar pelas obras lidas por vocês.

Se a proposta evoluir, considerem a possibilidade de criar um blogue próprio para essa finalidade. Se lerem as histórias dos blogues citados anteriormente, verão que todos começaram aos poucos, pelo desejo de seus criadores de ler e conversar sobre livros e literatura.

Fanfics e circulação de textos literários

A circulação dos escritos literários é dinâmica, podendo mudar com o tempo conforme ocorrem tanto novas possibilidades quanto novos interesses daqueles que trafegam por ela. Às vezes, o desejo dos leitores extrapola a "simples" atividade de ler as obras, conversar sobre elas, negociar seus sentidos. É preciso também criar. Uma das formas pelas quais os leitores se tornam escritores é por meio das chamadas *fanfics*. Leia o texto a seguir sobre elas.

O que são *fanfics*? Saiba onde encontrá-las *on-line*

Por Ariane Velasco | 27 de outubro de 2019 às 20h30

As *fanfics* (abreviação de *fan fictions*) são histórias criadas por fãs de determinados livros, séries ou sagas, utilizando os mesmos personagens, porém com alterações no enredo. Elas foram criadas na década de 1960, através da fan magazine intitulada *Spockanalia* e vêm, desde então, fazendo muito sucesso, principalmente entre o público *teen*. [...]

A internet colaborou muito para a ascensão das *fanfics* no imaginário comum, uma vez que democratizou e ampliou o acesso a esses textos. Hoje em dia, é possível contar com sites para *fanfics*, que podem ser utilizados tanto por quem deseja ler os textos quanto postar as suas criações. [...]

Como criar uma *fanfic*?

Uma característica muito interessante dos textos criados por fãs é que eles não seguem, exatamente, uma regra. Para criar a sua *fanfic*, basta que você escolha uma saga ou livro do qual é fã e se inspire em seus personagens para criar um enredo. A maioria das *fanfics* conta histórias de amor entre dois personagens (que geralmente são inimigos na saga original) e constrói um enredo de fortes emoções, inimizades, conflitos, aventuras, entre outras características típicas de livros de fantasia. [...]

Uma vez que, geralmente, as *fanfics* são lidas por outros fãs que já têm conhecimento da história original, não é necessário se preocupar em dar grandes explicações dentro do seu texto. Você pode, também, usar e abusar de sua criatividade ao inserir novos personagens ou fazer aquelas alterações que você sempre quis no enredo original da série ou saga. [...]

Existem diversos sites de *fanfics* na internet onde não é necessário pagar para ler ou postar as suas *fanfics*. [...]

VELASCO, Ariane. O que são *fanfics*? Saiba onde encontrá-las *on-line*. *Canaltech*. Disponível em: https://canaltech.com.br/entretenimento/o-que-sao-fanfics-saiba-onde-encontra-las-online/. Acesso em: 14 jul. 2021.

Saiba +

Spockanalia era um fanzine (revista feita por fãs) criado com base nas histórias da série de TV *Star Trek* (*Jornada nas estrelas*). Essa série foi ao ar na TV estadunidense em 1966. Em 1967 os fãs criaram a revista *Spockanalia*, que tem como referência o nome de um dos personagens mais famosos da série: Spock, interpretado pelo ator Leonard Nimoy.

5. Você já leu ou escreveu *fanfic*? Em caso afirmativo, o que o levou a se interessar por esse gênero? Compartilhe a experiência com os colegas e o professor. Se não tiver tido nenhuma experiência com esse tipo de publicação, há um personagem ou uma série que o levaria a ler ou escrever uma *fanfic*? Por quê?

6. Para escrever uma *fanfic*, você escolhe uma obra da qual seja fã para, usando-a como inspiração, produzir seu texto. O importante é ter uma boa ideia de como são os personagens da obra, como agem e como são os episódios, para estabelecer um ponto de partida para a escrita. Você pode, por exemplo, escolher um trecho dessa obra para o qual imaginaria outros desenvolvimentos e iniciar dali. Outra possibilidade é desenvolver um final alternativo para uma obra de que você é fã. Se quiser experimentar, você pode desenvolver o texto em um *site* apropriado ou mesmo no caderno ou em outro suporte de anotações que você costume utilizar.

Diário de bordo

Registre em seu diário de bordo uma síntese do que você aprendeu sobre a importância dos modos de circulação dos textos literários, como os folhetins, no caso da literatura do século XIX; e os blogues, as *fanfics* e outros meios digitais, no caso da literatura do século XXI. Comente por que o romance pode ter tido tanta aceitação no século XIX, tornando-se um dos gêneros literários que até hoje movimenta os leitores. Registre suas impressões sobre a leitura de trechos das obras *Memórias póstumas de Brás Cubas* e de *Úrsula*.

vectorstudi/Shutterstock

Práticas de produção oral: entrevista oral (II)

Na Unidade 1, você e os colegas analisaram entrevistas produzidas por veículos de comunicação. Nessas situações, destacam-se três atores: o ouvinte/espectador, o entrevistador e o entrevistado. Cada um deles cumpre um papel específico na entrevista. Assim, ao considerar sua participação em uma entrevista, é preciso ter em mente qual desses papéis você deve assumir ou analisar, pois, a cada um deles corresponde um tipo específico de atuação.

LightField Studios/Shutterstock

Exemplo de gravação de uma entrevista para a televisão.

1. Reúna-se com os colegas que têm trabalhado com você nas atividades desta seção.

a) Ouçam e/ou assistam a entrevistas orais: em programas de rádio ou televisão, *podcast*, canais de vídeos na internet, entre outros. Considerando a confiabilidade do que encontrarem durante a busca, selecionem algumas dessas entrevistas e as comparem com as que lhes serviram de base de análise para as atividades desenvolvidas na Unidade 1. Que semelhanças e diferenças vocês notam entre essas entrevistas?

b) Reparem nas atitudes e no comportamento do(s) entrevistador(es) e do(s) entrevistado(s), observando:

- a situação de comunicação na qual se desenrola a entrevista (Onde e quando ela acontece? Quanto tempo dura? Como se desenvolve?);
- as marcas de polidez utilizadas;
- a adequação da linguagem empregada à situação;
- a maneira de encadear as perguntas feitas pelo entrevistador;
- os tipos de pergunta e a ordem em que elas são formuladas.

Discutam a organização das entrevistas com base nessa análise e registrem as respostas acima em um arquivo de texto ou em uma folha avulsa. Ao final, escrevam o nome de todos os integrantes do grupo e entreguem para o professor.

Com a ajuda do professor, escolham uma entrevista transmitida pela televisão para analisar.

2. Para entender como os participantes da entrevista se comportam, reúna-se com alguns colegas e, ao assistirem à entrevista, analisem a situação considerando as questões a seguir.

- De que maneira acontece a abertura da entrevista? O entrevistador ressalta quais informações sobre o entrevistado?
- O(s) entrevistador(es) e o entrevistado estavam em pé ou sentados? Em sua opinião, essa postura contribui ou atrapalha a entrevista?
- São usados recursos como gestos e mímicas no momento da fala? Esses recursos parecem adequados à situação de comunicação?
- O(s) entrevistador(es) soube(ram) respeitar a vez de falar do entrevistado?
- Há muitos assaltos de turno? (Um assalto de turno ocorre quando um dos interlocutores "toma" a palavra do outro, sem que este tenha concluído sua fala.) Os assaltos existentes parecem se justificar pelo andamento da entrevista ou parecem desnecessários e/ou incômodos?
- O(s) entrevistador(es) demonstram compreender o que o entrevistado fala?
- O entrevistado parece entender as perguntas do(s) entrevistador(es) e sabe respondê-las?
- Ao final, entregue as respostas para o professor.

Conversa e reflexão

Depois dessa atividade de análise, reúnam-se em uma roda de conversa e reflitam com os colegas e o professor sobre o trabalho realizado, considerando as questões a seguir.

- As perguntas que guiaram a análise ajudaram a perceber como o comportamento dos participantes da interação (entrevistador, entrevistado, espectador) influencia o andamento da entrevista? Explique.
- Na sua opinião, foi possível compreender melhor a entrevista ao fazer a análise? Por quê?

Diário de bordo

Registre em seu diário de bordo o que você compreendeu da estrutura da entrevista e do comportamento de seus participantes com base na observação e na análise feitas.

KittyVector/Shutterstock

Práticas de produção escrita: texto de divulgação científica

Os textos de divulgação científica costumam ter a estrutura hierárquica de componentes indicada no esquema a seguir.

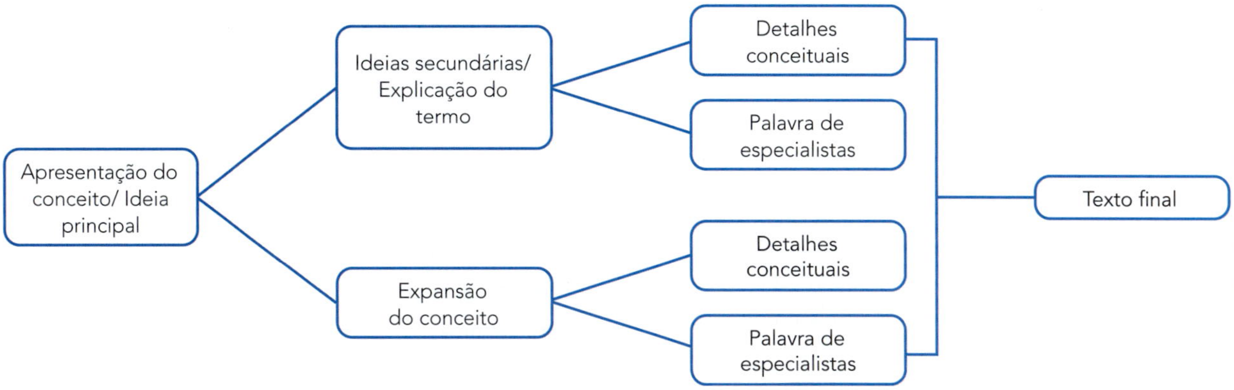

Banco de imagens/Arquivo da editora

1. Com base no esquema observado, retome o texto de Lúcia Helena e analise-o, indicando como essa estrutura está presente no texto. Faça um esquema em um arquivo digital com exemplos do texto. Depois de terminado o seu esquema, entregue-o para o professor.

Avaliação e reescrita da segunda versão

Retome a segunda versão do texto. Considerando o indicado a seguir, avalie-o e produza uma nova versão dele.

- Retome as características do gênero. Considere o esquema apresentado aqui e reorganize seu texto.
- Observe as informações e os argumentos mencionados ao longo do texto para poder avaliar se eles formam um todo coerente. Verifique se as fontes das informações são indicadas corretamente.
- Considere se uma imagem poderia ajudar a entender o conceito do termo. Se for esse o caso, providencie a imagem necessária lembrando-se de verificar se ela é confiável e tem as informações corretas. Redija uma legenda e indique a fonte de onde a imagem foi extraída.
- Esse texto será reunido aos dos colegas do seu grupo para formar as hiperligações da reportagem produzida na Unidade 1.

Avaliação e reescrita da terceira versão

Faça os ajustes necessários, releia a terceira versão e verifique os pontos a seguir.

- Há uma ideia principal claramente formulada?
- Os detalhes e as expansões ajudam na compreensão da ideia principal? As fontes foram informadas no texto?
- Como é inserida a palavra dos especialistas consultados? Por discurso indireto?
- Há exemplos que validam as informações dadas?
- A imagem escolhida realmente vai ajudar na compreensão do termo?
- Você empregou figuras de linguagem, como a comparação e a metáfora?
- Há problemas de linguagem (concordância, regência, pontuação, entre outros) que escaparam e mereçam uma última revisão?

2. Considerando essa avaliação final, faça a última revisão do texto, guarde-o no seu **portfólio** e entregue uma cópia para o professor.

Diário de bordo

Registre em seu diário de bordo o que melhorou de uma versão para outra de seu texto.

Responda às questões a seguir para fazer uma retomada dos seus conhecimentos e rever alguns assuntos que estudou nesta unidade.

1. (FMJ-SP – 2021)

Leia o trecho do artigo "Flertando com o desconhecido", de Marcelo Gleiser:

Muita gente acha que a ciência é uma atividade sem emoções, destituída de drama, fria e racional. Na verdade, é justamente o oposto. A premissa da ciência é a nossa ignorância, nossa vulnerabilidade em relação ao desconhecido, ao que não sabemos. Muitas vezes, quando experimentos revelam novos aspectos da Natureza que sequer haviam sido conjecturados, a sensação de tatearmos no escuro pode levar ao desespero. E agora? Se nossas teorias não podem explicar o que estamos observando, como ir adiante? Nenhum exemplo na história da ciência ilustra melhor esse drama do que o nascimento da física quântica, que descreve o comportamento dos átomos e das partículas subatômicas, e que está por trás de toda a revolução digital que rege a sociedade moderna.

Ao final do século XIX, a física estava com muito prestígio. A mecânica de Newton, a teoria eletromagnética de Faraday e Maxwell, a compreensão dos fenômenos térmicos, tudo levava a crer que a ciência estava perto de chegar ao seu objetivo final, a compreensão de toda a Natureza. Para a surpresa de muitos, experimentos revelaram fenômenos que não podiam ser explicados pelas teorias da chamada era clássica. Não se sabia, por exemplo, se átomos eram ou não entidades reais, já que a física clássica previa que seriam instáveis. Gradualmente, ficou claro que uma nova física era necessária para lidar com o mundo do muito pequeno. Mas que física seria essa? Ninguém queria mudanças muito radicais. Ou quase ninguém.

A primeira ideia da nova era veio de Max Planck. Eis como Planck relatou em 1900 seu estado emocional ao propor a ideia do quantum (o menor valor que certas grandezas físicas podem apresentar): "Resumidamente, posso descrever minha atitude como um ato de desespero, já que por natureza sou uma pessoa pacífica e contrária a aventuras irresponsáveis." O uso da palavra "desespero" é revelador. Planck viu-se forçado a propor algo novo, que ia contra tudo o que havia aprendido até então e que acreditava ser correto sobre a Natureza. Abandonar o velho e propor o novo requer muita coragem intelectual. E muita humildade, algo que faltava aos que achavam que a física estava quase completa. Planck sabia que a física tem como missão explicar o mundo natural, mesmo que a explicação contrarie nossas ideias preconcebidas. Nunca devemos arrogar que nossas ideias tenham precedência sobre o que a Natureza nos diz.

(O caldeirão azul, 2019. Adaptado.)

Por se tratar de um artigo de divulgação científica, predomina no texto uma linguagem

a) hermética.
b) rebuscada.
c) técnica.
d) acessível.
e) informal.

2. (Enem – 2020)

Mulher tem coração clinicamente partido após morte de cachorro

Como explica o The New England Journal of Medicine, a paciente, chamada Joanie Simpson, tinha sinais de infarto, como dores no peito e pressão alta, e apresentava problemas nas artérias coronárias. Ao fazerem um ecocardiograma, os médicos encontraram o problema: cardiomiopatia de Takotsubo, conhecida como síndrome do coração partido.

Essa condição médica tipicamente acontece com mulheres em fase pós-menstrual e pode ser precedida por um evento muito estressante ou emotivo. Nesses casos, o coração apresenta um movimento discinético transitório da parede anterior do ventrículo esquerdo, com acentuação da cinética da base ventricular, de acordo com um artigo médico brasileiro que relata um caso semelhante. Simpson foi encaminhada para casa após dois dias e passou a tomar medicamentos regulares.

Ao Washington Post, ela contou que estava quase inconsolável após a perda do seu animal de estimação, um cão da raça yorkshire terrier. Recuperada após cerca de um ano, ela diz que não abrirá mão de ter um animal de estimação porque aprecia a companhia e o amor que os cachorros dão aos humanos. O caso aconteceu em Houston, nos Estados Unidos.

Disponível em: https://exame.abril.com.br.
Acesso em: 1 dez. 2017

Pelas características do texto lido, que trata das consequências da perda de um animal de estimação, considera-se que ele se enquadra no gênero

a) conto, pois exibe a história de vida de Joanie Simpson.

b) depoimento, pois expõe o sofrimento da dona do animal.

c) reportagem, pois discute cientificamente a cardiomiopatia.

d) relato, pois narra um fato estressante vivido pela paciente.

e) notícia, pois divulga fatos sobre a síndrome do coração partido.

3. (Enem – 2001)

No trecho abaixo, o narrador, ao descrever a personagem, critica sutilmente um outro estilo de época: o romantismo.

"Naquele tempo contava apenas uns quinze ou dezesseis anos; era talvez a mais atrevida criatura da nossa raça, e, com certeza, a mais voluntariosa. Não digo que já lhe coubesse a primazia da beleza, entre as mocinhas do tempo, porque isto não é romance, em que o autor sobredoura a realidade e fecha os olhos às sardas e espinhas; mas também não digo que lhe maculasse o rosto nenhuma sarda ou espinha, não. Era bonita, fresca, saía das mãos da natureza, cheia daquele feitiço, precário e eterno, que o indivíduo passa a outro indivíduo, para os fins secretos da criação."

ASSIS, Machado de. *Memórias Póstumas de Brás Cubas*. Rio de Janeiro: Jackson,1957.

A frase do texto em que se percebe a crítica do narrador ao romantismo está transcrita na alternativa:

a) ... o autor sobredoura a realidade e fecha os olhos às sardas e espinhas ...

b) ... era talvez a mais atrevida criatura da nossa raça ...

c) Era bonita, fresca, saía das mãos da natureza, cheia daquele feitiço, precário e eterno, ...

d) Naquele tempo contava apenas uns quinze ou dezesseis anos ...

e) ... o indivíduo passa a outro indivíduo, para os fins secretos da criação.

4. (Enem – 2014)

Talvez pareça excessivo o escrúpulo do Cotrim, a quem não souber que ele possuía um caráter ferozmente honrado. Eu mesmo fui injusto com ele durante os anos que se seguiram ao inventário de meu pai. Reconheço que era um modelo. Arguiam-no de avareza, e cuido que tinham razão; mas a avareza é apenas a exageração de uma virtude, e as virtudes devem ser como os orçamentos: melhor é o saldo que o déficit. Como era muito seco de maneiras, tinha inimigos que chegavam a acusá-lo de bárbaro. O único fato alegado neste particular era o de mandar com frequência escravos ao calabouço, donde eles desciam a escorrer sangue; mas, além de que ele só mandava os perversos e os fujões, ocorre que, tendo longamente contrabandeado em escravos, habituara-se de certo modo ao trato um pouco mais duro que esse gênero de negócio requeria, e não se pode honestamente atribuir à índole original de um homem o que é puro efeito de relações sociais. A prova de que o Cotrim tinha sentimentos pios encontrava-se no seu amor aos filhos, e na dor que padeceu quando morreu Sara, dali a alguns meses; prova irrefutável, acho eu, e não única. Era tesoureiro de uma confraria, e irmão de várias irmandades, e até irmão remido de uma destas, o que não se coaduna muito com a reputação da avareza; verdade é que o benefício não caíra no chão: a irmandade (de que ele fora juiz) mandara-lhe tirar o retrato a óleo.

ASSIS, M. *Memórias póstumas de Brás Cubas*. Rio de Janeiro: Nova Aguilar, 1992.

Obra que inaugura o Realismo na literatura brasileira, *Memórias póstumas de Brás Cubas* condensa uma expressividade que caracterizaria o estilo machadiano: a ironia. Descrevendo a moral de seu cunhado, Cotrim, o narrador-personagem Brás Cubas refina a percepção irônica ao

a) acusar o cunhado de ser avarento para confessar-se injustiçado na divisão da herança paterna.

b) atribuir a "efeito de relações sociais" a naturalidade, com que Cotrim prendia e torturava os escravos.

c) considerar os "sentimentos pios" demonstrados pelo personagem quando da perda da filha Sara.

d) menosprezar Cotrim por ser tesoureiro de uma confraria e membro remido de várias irmandades.

e) insinuar que o cunhado era um homem vaidoso e egocêntrico, contemplado com um retrato a óleo.

5. (Comvest/Unicamp-SP – 2019)

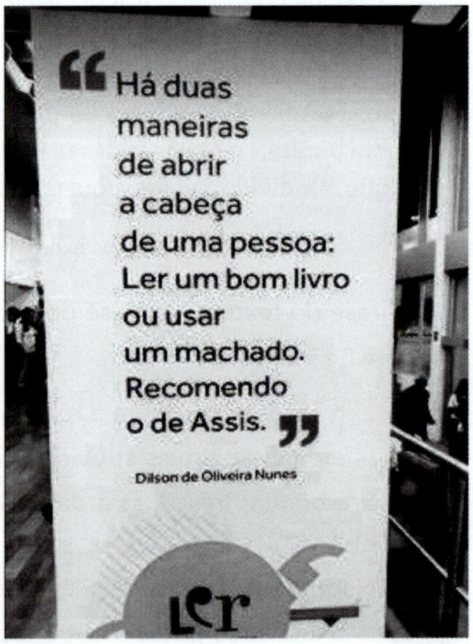

Comvest/Vestibular Unicamp, 2019.

"Acho que só devemos ler a espécie de livros que nos ferem e trespassam. Um livro tem que ser como um machado para quebrar o mar de gelo do bom senso e do senso comum."

(Adaptado de "Franz Kafka, carta a Oscar Pollak, 1904." Disponível em https://laboratoriodesensibilidades.wordpress.com. Acessado em 28/05/2018.)

Assinale o excerto que confirma os dois textos anteriores.

a) A leitura é, fundamentalmente, processo político. Aqueles que formam leitores – professores, bibliotecários – desempenham um papel político. (Marisa Lajolo)

b) Pelo que sabemos, quando há um esforço real de igualitarização, há aumento sensível do hábito de leitura, e portanto difusão crescente das obras. (Antonio Candido)

c) Ler é abrir janelas, construir pontes que ligam o que somos com o que tantos outros imaginaram, pensaram, escreveram; ler é fazer-nos expandidos. (Gilberto Gil)

d) A leitura é uma forma servil de sonhar. Se tenho de sonhar, por que não sonhar os meus próprios sonhos? (Fernando Pessoa).

Excertos adaptados de:
Marisa Lajolo, *A formação do leitor no Brasil*. São Paulo: Ática, 1996, p. 28.
Antonio Candido, *Vários escritos*. São Paulo: Duas cidades, 2004, p. 187.
Gilberto Gil, Discurso no lançamento do Ano Ibero-Americano da Leitura, 2004.
Fernando Pessoa, Páginas íntimas e de Auto-Interpretação. São Paulo: Ática, 1966, p. 23.

6. (EsPCEx-SP – 2021)

> "Eu bem sei que, para titilar-lhe os nervos da fantasia, devia padecer um grande desespero, derramar algumas lágrimas, e não almoçar (...). A realidade é que eu almocei, como os demais dias."

Nesse trecho de Memórias Póstumas de Brás Cubas, Machado de Assis dirige-se ao leitor e informa como a história deveria ser contada, mas prefere dizer a verdade. Com isso, o autor faz uma crítica ao seguinte estilo de época da literatura:

a) Realismo, por imprimir uma realidade distorcida apenas para agradar o leitor.

b) Simbolismo, por recorrer à "fantasia" e apresentar um conflito falso entre matéria e espírito.

c) Barroco, por apresentar uma linguagem rebuscada e usar figura de linguagem em "titilar-lhe os nervos da fantasia".

d) Naturalismo, por apresentar a necessidade animalesca do homem diante de uma fome irônica.

e) Romantismo, por insinuar que os românticos simulariam padecimentos em vez de contar a verdade.

7. (Enem – 2019)

Disponível em: www.tecmundo.com.br. Acesso em: 10 dez. 2018 (adaptado).

O texto tem o formato de uma carta de jogo e apresenta dados a respeito de Marcelo Gleiser, premiado pesquisador brasileiro da atualidade. Essa apresentação subverte um gênero textual ao

a) vincular áreas distintas do conhecimento.

b) evidenciar a formação acadêmica do pesquisador.

c) relacionar o universo lúdico a informações biográficas.

d) especificar as contribuições mais conhecidas do pesquisador.

e) destacar o nome do pesquisador e sua imagem no início do texto.

8. (FCMSC-SP – 2022)

O ______________ era a apoteose do sentimento; o ______________ é a anatomia do caráter. É a crítica do homem. É a arte que nos pinta a nossos próprios olhos — para nos conhecermos, para que saibamos se somos verdadeiros ou falsos, para condenar o que houve de mau na nossa sociedade.

(Eça de Queirós apud Domício Proença Filho. Estilos de época na literatura, 1978. Adaptado.)

As lacunas no texto devem ser preenchidas, respectivamente, por

a) Romantismo e Realismo.
b) Arcadismo e Romantismo.
c) Naturalismo e Realismo
d) Arcadismo e Simbolismo.
e) Romantismo e Parnasianismo.

9. (UEG-GO – 2020)

Leia o fragmento e observe a imagem a seguir para responder à questão.

Daí a pouco, em volta das bicas era um zum-zum crescente; uma aglomeração tumultuosa de machos e fêmeas. Uns, após outros, lavavam a cara, incomodamente, debaixo do fio d'água que escorria da altura e uns cinco palmos. O chão inundava-se. As mulheres precisavam já prender as saias entre as coxas para não as molhar; via-se-lhes a tostada nudez dos braços e do pescoço, que elas despiam, suspendendo o cabelo todo para o alto do casco; os homens, esses não se preocupavam em não molhar o pelo, ao contrário metiam a cabeça bem debaixo da água e esfregavam com força as ventas e as barbas, fossando e fungando contra as palmas da mão.

AZEVEDO, Aluísio de. *O cortiço*. São Paulo: FTD, 1993. p. 41.

JÚNIOR, Almeida. Saudade. Óleo sobre tela 1899. Disponível em: https://arteeartistas.com.br/saudade-almeida-junior/. Acesso em: 16 out. 2019.

Tanto na pintura quanto no fragmento apresentados verificam-se características do

a) Modernismo
b) Simbolismo
c) Arcadismo
d) Realismo
e) Barroco

TEXTOS PARA AS QUESTÕES 10 e 11.

I.

Cinquenta anos! Não era preciso confessá-lo. Já se vai sentindo que o meu estilo não é tão lesto* como nos primeiros dias. Naquela ocasião, cessado o diálogo com o oficial da marinha, que enfiou a capa e saiu, confesso que fiquei um pouco triste. Voltei à sala, lembrou-me dançar uma polca, embriagar-me das luzes, das flores, dos cristais, dos olhos bonitos, e do burburinho surdo e ligeiro das conversas particulares. E não me arrependo; remocei. Mas, meia hora depois, quando me retirei do baile, às quatro da manhã, o que é que fui achar no fundo do carro? Os meus cinquenta anos.

*ágil

II.

Meu caro crítico,

Algumas páginas atrás, dizendo eu que tinha cinquenta anos, acrescentei: "Já se vai sentindo que o meu estilo não é tão lesto como nos primeiros dias". Talvez aches esta frase incompreensível, sabendo-se o meu atual estado; mas eu chamo a tua atenção para a sutileza daquele pensamento. O que eu quero dizer não é que esteja agora mais velho do que quando comecei o livro. A morte não envelhece. Quero dizer, sim, que em cada fase da narração da minha vida experimento a sensação correspondente. Valha-me Deus! É preciso explicar tudo.

Machado de Assis, *Memórias Póstumas de Brás Cubas.*

10. (Fuvest – 2019)

Entre os dois trechos do romance, nota-se o movimento que vai da memória de vivências à revisão que o defunto autor faz de um mesmo episódio. A citação, pertencente a outro capítulo do mesmo livro, que melhor sintetiza essa duplicidade narrativa, é:

a) "A conclusão, portanto, é que há duas forças capitais: o amor, que multiplica a espécie, e o nariz, que a subordina ao indivíduo".

b) "Obra de finado. Escrevi-a com a pena da galhofa e a tinta da melancolia, e não é difícil perceber o que poderá sair desse conúbio".

c) "Mas o livro é enfadonho, cheira a sepulcro, traz certa contração cadavérica; vício grave, e aliás ínfimo, porque o maior defeito do livro és tu, leitor".

d) "Viver não é a mesma cousa que morrer; assim o afirmam todos os joalheiros desse mundo, gente muito vista na gramática".

e) "Não havia ali a atmosfera somente da águia e do beija-flor; havia também a da lesma e do sapo".

11. (Fuvest – 2019)

A passagem final do texto II – "Valha-me Deus! é preciso explicar tudo." – denota um elemento presente no estilo do romance, ou seja,

a) o realismo, visto no rigor explicativo dos fatos.

b) a religiosidade, que se socorre do auxílio divino.

c) o humor, capaz de relativizar as ideias.

d) a metalinguagem, que imprime linearidade à narração.

e) a ironia, própria do discurso positivo.

12. (Comvest/Unicamp-SP – 2017)

O romance Memórias póstumas de Brás Cubas é considerado um divisor de águas tanto na obra de Machado de Assis quanto na literatura brasileira do século XIX. Indique a alternativa em que todas as características mencionadas podem ser adequadamente atribuídas ao romance em questão.

a) Rejeição dos valores românticos, narrativa linear e fluente de um defunto autor, visão pessimista em relação aos problemas sociais.

b) Distanciamento do determinismo científico, cultivo do humor e digressões sobre banalidades, visão reformadora das mazelas sociais.

c) Abandono das idealizações românticas, uso de técnicas pouco usuais de narrativa, sugestão implícita de contradições sociais.

d) Crítica do realismo literário, narração iniciada com a morte do narrador-personagem, tematização de conflitos sociais.

13. (UPE – 2017)

Texto 1

Tinha dezessete anos; pungia-me um buçozinho que eu forcejava por trazer a bigode. Os olhos, vivos e resolutos, eram a minha feição verdadeiramente máscula. Como ostentasse certa arrogância, não se distinguia bem se era uma criança, com fumos de homem, se um homem com ares de menino. Ao cabo, era um lindo garção, lindo e audaz, que entrava na vida de botas e esporas, chicote na mão e sangue nas veias, cavalgando um corcel nervoso, rijo, veloz, como o corcel das antigas baladas, que o romantismo foi buscar ao castelo medieval, para dar com ele nas ruas do nosso século. O pior é que o estafaram a tal ponto, que foi preciso deitá-lo à margem, onde o realismo o veio achar, comido de lazeira e vermes, e, por compaixão, o transportou para os seus livros.

Sim, eu era esse garção bonito, airoso, abastado; e facilmente se imagina que mais de uma dama inclinou diante de mim a fronte pensativa, ou levantou para mim os olhos cobiçosos. De todas porém a que me cativou logo foi uma... uma... não sei se diga; este livro é casto, ao menos na intenção; na intenção é castíssimo. Mas vá lá; ou se há de dizer tudo ou nada. A que me cativou foi uma dama espanhola, Marcela, a "linda Marcela", como lhe chamavam os rapazes do tempo. E tinham razão os rapazes. Era filha de um hortelão das Astúrias; disse-mo ela mesma, num dia de sinceridade, porque a opinião aceita é que nascera de um letrado de Madri, vítima da invasão francesa, ferido, encarcerado, espingardeado, quando ela tinha apenas doze anos.

(*Memórias Póstumas de Brás Cubas*, de Machado de Assis)

Texto 2

Durante dois anos, o cortiço prosperou de dia para dia, ganhando forças, socando-se de gente. E ao lado o Miranda assustava-se, inquieto com aquela exuberância brutal de vida, aterrado defronte daquela floresta implacável que lhe crescia junto da casa, por debaixo das janelas, e cujas raízes, piores e mais grossas do que serpentes, minavam por toda a parte, ameaçando rebentar o chão em torno dela, rachando o solo e abalando tudo. Posto que lá na Rua do Hospício os seus negócios não corressem mal, custava-lhe a sofrer a escandalosa fortuna do vendeiro aquele tipo! um miserável, um sujo, que não pusera nunca um paletó, e que vivia de cama e mesa com uma negra!

À noite e aos domingos, ainda mais recrudescia o seu azedume, quando ele, recolhendo-se fatigado do serviço, deixava-se ficar estendido numa preguiçosa, junto à mesa da sala de jantar, e ouvia, a contragosto, o grosseiro rumor que vinha da estalagem numa exalação forte de animais cansados. Não podia chegar à janela sem receber no rosto aquele bafo, quente e sensual, que o embebedava com o seu fartum de bestas no coito.

E depois, fechado no quarto de dormir, indiferente e habituado às torpezas carnais da mulher, isento já dos primitivos sobressaltos que lhe faziam, a ele, ferver o sangue e perder a tramontana, era ainda a prosperidade do vizinho o que lhe obsedava o espírito, enegrecendo-lhe a alma com um feio ressentimento de despeito.

Tinha inveja do outro, daquele outro português que fizera fortuna, sem precisar roer nenhum chifre; daquele outro que, para ser mais rico três vezes do que ele, não teve de casar com a filha do patrão ou com a bastarda de algum fazendeiro freguês da casa!

Mas então, ele Miranda, que se supunha a última expressão da ladinagem e da esperteza; ele, que, logo depois do seu casamento, respondendo para Portugal a um ex-colega que o felicitava, dissera que o Brasil era uma cavalgadura carregada de dinheiro, cujas rédeas um homem fino empolgava facilmente; ele, que se tinha na conta de invencível matreiro, não passava afinal de um pedaço de asno comparado com o seu vizinho! Pensara fazer-se senhor do Brasil e fizera-se escravo de uma brasileira mal-educada e sem escrúpulos de virtude! Imaginara-se talhado para grandes conquistas, e não passava de uma vítima ridícula e sofredora!... Sim! no fim de contas qual fora a sua África?... Enriquecera um pouco, é verdade, mas como? a que preço? hipotecando-se a um diabo, que lhe trouxera oitenta contos de réis, mas incalculáveis milhões de desgostos e vergonhas! Arranjara a vida, sim, mas teve de aturar eternamente uma mulher que ele odiava! E do que afinal lhe aproveitar tudo isso? Qual era afinal a sua grande existência? Do inferno da casa para o purgatório do trabalho e vice-versa! Invejável sorte, não havia dúvida!

(*O Cortiço*, de Aluízio de Azevedo)

Considerando as características temáticas e estilísticas dos textos 1 e 2, analise as proposições a seguir.

I. O Texto 1 é um trecho de um importante romance de Machado de Assis, o qual destaca episódios da vida do próprio autor.
II. No Texto 1, é possível perceber costumes do cotidiano burguês numa cidade do século XIX, levando o leitor a constatar, pela postura individual do protagonista, um segmento social dosado de humor nas suas próprias experiências.
III. No Texto 2, é apresentado o comportamento decadente da sociedade burguesa da segunda metade do século XIX, em que prevalece o interesse individual.
IV. As personagens de Aluísio Azevedo, em *O Cortiço*, são alicerçadas nas ideias de Taine, presas ao ambiente e à hereditariedade, limitadas pelas questões sociais e pelo meio onde vivem suas experiências.

Estão CORRETAS:

a) I, II, III e IV.

b) I, III e IV, apenas.

c) II e III, apenas.

d) II, III e IV, apenas.

e) II e IV, apenas.

#Multiplicar

Chegamos ao final da Unidade 2. A proposta, agora, é retomar o que foi visto na seção *#TáNoFeed* e refletir sobre o que você estudou ao longo das seções, até aqui, para aplicar esses conhecimentos na organização de um evento virtual de exposição de arte.

Exposição virtual

Para isso, você e os colegas vão formar quatro grupos. Em sorteio, ou por meio de outro acordo, cada grupo se responsabilizará pela montagem de uma exposição virtual em vídeo de algumas das obras de um destes artistas:

- Diemut Strebe
- M. C. Escher
- John Edmark
- Abraham Palatnik

Saiba +

Leia mais sobre alguns desses artistas no artigo disponível em: https://veja.abril.com.br/ciencia/as-oito-melhores-esculturas-que-reunem-arte-e-ciencia/. Acesso em: 11 maio 2022.

Se achar interessante, faça também uma pesquisa sobre cada um deles antes de definir de qual grupo você pretende participar.

Giuliano Del Moretto/Shutterstock

Montagem digital inspirada na obra *Desenhando mãos*, de M. C. Escher.

Organização do evento

Montar uma exposição virtual implica várias providências. Veja quais são as principais no passo a passo a seguir.

Montando exposição virtual

Neste caso, a primeira providência é analisar o fato de que arte e ciência geralmente são tratadas como campos muito diferentes da atividade humana, porém, a realidade é que uma sempre gera impacto sobre a outra. Para retomar essa discussão, consulte no seu **portfólio** o documento resultante da atividade 4 de *#TáNoFeed.*

Contexto cultural

Será importante, também, conhecer a biografia do artista e o contexto cultural em que ele viveu e produziu sua obra para montar um texto sobre ele. Pelo menos uma foto do artista escolhido deve acompanhar a biografia a ser escrita pelo seu grupo. Essas informações podem aparecer logo no início da exposição ou em um momento que o grupo considerar estratégico.

Curadoria

A seleção das obras deve ser feita de acordo com estudos que o grupo realizar sobre o autor. Ao fazer a seleção e definir esses critérios, vocês estarão exercendo o papel de **curadores** desse artista. Ou seja, vocês se tornam responsáveis pelas decisões do que deve ou não deve fazer parte da exposição e sobre quais foram os critérios que fundamentaram essas decisões.

Apresentação e edição

A apresentação das obras, assim como os comentários e as narrativas sobre elas, devem seguir o critério que o grupo decidir. Lembrem-se de que a apresentação por ordem cronológica não é a única forma de organizar uma exposição. Definam também como será a gravação e a posterior edição das apresentações a serem realizadas. Considerem itens como: narração das informações, transição de imagens, fundo sonoro, tempo de leitura quando houver textos escritos na tela, tempo de fruição (ou seja, contemplação) das imagens escolhidas, entre outros.

Cada obra a ser exposta deve merecer pelo menos um comentário por parte dos curadores. Esse comentário poderá ser narrado apenas oralmente ou poderá ser mostrado também por meio de legenda na tela.

Entrevistas

Entrevistar especialistas em arte e professores da área de Arte, de Ciências Humanas, de Ciências da Natureza e de Matemática certamente enriquecerá o trabalho. Se a entrevista for gravada ou acompanhada de fotos do entrevistado, não se esqueçam de criar um documento de autorização do uso de direitos de imagem e pedir a essa pessoa que o assine, demonstrando estar ciente e em concordância com a gravação do vídeo e/ou com a divulgação de sua fotografia acompanhando a entrevista.

Final: publicação e circulação

Nos intervalos entre os comentários, pode-se utilizar uma trilha sonora adequada ao contexto, caso se considere interessante.

O trabalho deverá ser apresentado em um espaço virtual a ser definido previamente, que pode ser o *site* da escola ou o blogue da sala, por exemplo. Definir também quando será feita a publicação da exposição nesse espaço e por quanto tempo ela estará disponível para visita virtual.

Avaliação

Com os colegas e o professor, depois de terminados, apresentados e assistidos os trabalhos da exposição virtual, organize uma roda de conversa para avaliar o processo. Sugestões de perguntas para essa conversa:

- Qual foi o critério (ou quais foram os critérios) para a seleção das obras do artista escolhido pelo seu grupo?
- Como foi exercer o papel de curadores da exposição, definindo quais obras entrariam, quais ficariam de fora e por quais motivos?
- Como foi sua participação nas atividades? Justifique.
- O que aprendeu durante o processo?
- Os resultados pretendidos foram alcançados? Justifique.

GoodStudio/Shutterstock

Meu portfólio

Nesta unidade, você e os colegas estudaram o texto de divulgação científica e desenvolveram variadas capacidades de linguagem e aprendizagens, todas elas ligadas às habilidades de língua portuguesa, mas com bastante intertextualidade e interdisciplinaridade em razão dos temas estudados. O estudo da entrevista oral provavelmente possibilitou que vocês estabelecessem pontos de contato importantes entre si e sinergia no desenvolvimento dessas habilidades, razão pela qual esse gênero foi estudado.

O portfólio com as produções

Conforme lembrado ao longo da unidade, em seu portfólio você colecionou as produções de texto desenvolvidas. É importante rever todas as versões de uma mesma produção, para que você possa, ao final do trabalho, perceber seu aprimoramento.

Ao indicar a data de cada produção, conforme orientado, você terá condições de verificar, agora, sua história de aprendizagem dos gêneros trabalhados e perceber quais aspectos da produção de textos desenvolveu e aperfeiçoou.

Respostas #EnemVestibular

Unidade 1

1. (UFU-MG – 2018)

Resposta correta: alternativa **a**. No final do texto (linha 7), o autor estabelece para o leitor que o escritor "anunciou" sua renúncia à literatura. Assim, ao fazer uso do verbo de dizer destacado, ele emprega o discurso indireto.

2. (UFMS-RS – 2018)

Resposta correta: alternativa **b**. No texto 1, as sequências descritivas e informativas são predominantes, pois se trata de uma reportagem.

3. (Enem – 2014)

Resposta correta: alternativa **c**. De acordo com o texto: "Cuide-se. Preocupe-se com sua saúde. Visite e incentive quem você gosta a visitar um cardiologista.". Portanto, sugere que as mulheres se cuidem para evitar problemas cardíacos.

4. (Enem – 2018)

Resposta correta: alternativa **b**. Uma das questões caras ao Romantismo brasileiro é a ideia de que tudo que se manifesta de forma positiva no país resulta em progresso e desenvolvimento da nação. A crônica de Alencar caminha na mesma linha e enumera as qualidades nacionais como elementos que compõem a noção de progresso nacional. É preciso considerar que a noção de progresso estava muito enraizada nos valores do século XIX.

5. (ESA/CFS – 2022)

Resposta correta: alternativa **d**. A idealização da figura feminina aparece quando o narrador apresenta D. Carolina como uma mulher que: representa o "prazer em ebulição", é "inquieta e buliçosa", tem rosto "vivo e delicado" e, por fim, "é um beija-flor completo". Já o uso de metáfora da natureza nessa passagem está expressa na própria figura do beija-flor que "se pendura na mais tênue flor e voeja nos ares".

6. (EsPCEx-SP – 2021)

Resposta correta: alternativa **c**. O Romantismo está profundamente relacionado às mudanças da sociedade ocorridas em razão da Revolução Industrial. Algumas marcas desse período literário, como o liberalismo e o individualismo, relacionam-se diretamente com a ascensão da pequena burguesia como consequência da intensa industrialização ocorrida nessa época.

7. (Unesp-SP – 2022)

Resposta correta: alternativa **b**. O Romantismo, como estilo de época cuja característica é o individualismo, valorizava a "experiência individual" e "um tipo de expressão mais particular".

8. (UFU-MG – 2021)

a) Inseridos no contexto do Romantismo no Brasil, os versos "Nossos bosques têm mais vida, / Nossa vida mais amores", do poema "Canção do Exílio", de Gonçalves Dias, apresentam diversas figuras de linguagem, como o paralelismo sintático e a hipérbole. Considerando o projeto ufanista do Romantismo brasileiro, é importante observar que o trecho selecionado lança mão de hipérboles com a finalidade de caracterizar o território nacional (*minha terra, nosso céu, nossos bosques*) como reiteradamente superior (*tem mais*). De acordo com o projeto romântico de exaltação das características locais, o poema diminui a importância das terras europeias, onde o eu lírico está no momento (o "aqui" em "As aves que aqui gorjeiam"), enquanto o Brasil é elevado a paraíso terrestre, com mais flores, estrelas, vida. Todo esse processo é construído por meio de hipérboles. O Hino Nacional replica o célebre poema de Gonçalves Dias e busca realizar o projeto de louvar as virtudes do território nacional.

b) Em "Nova canção do Exílio", Drummond parodia o famoso poema romântico com a finalidade de projetar uma nova perspectiva a respeito dos símbolos ali presentes. Assim, termos como "sabiá", "palmeira" e "longe" podem ser lidos no poema drummondiano como representações de um passado idealizado, "onde é tudo belo/e fantástico", diferente do presente a partir do qual o eu lírico do poema modernista fala, um eu lírico mais crítico e desencantado com a realidade que o cerca. O "aqui" (não expresso, mas subentendido) de Drummond é a própria terra, o Brasil de sua época; e o "longe", em seu poema, é um termo que se relaciona mais com uma noção de tempo passado do que de distância física. No passado longínquo, poderia ser possível "um grito de vida"; no passado distante, "onde tudo é belo", "só, na noite/seria feliz".

9. (UEM-PR – 2019)

Respostas corretas: alternativas **(01)**, **(02)** e **(08)**. A alternativa (04) é incorreta porque o poema não trata da redenção da mulher amada pelo arrependimento e pelo isolamento, mas sim da idealização de uma figura feminina vaporosa, bela e leviana (frívola), que não corresponde à devoção do eu lírico. Já a alternativa (16) é incorreta porque a métrica regular (versos decassílabos) e o ritmo constante (de versos heroicos e acentuação na sexta e na décima sílabas métricas) são justamente sinais de regularidade formal, de rigidez (em vez de liberdade) estilística e da aceitação de um verso mais musical.

Unidade 2

1. (FMJ-SP – 2021)

Resposta correta: alternativa **d**. Como a ideia do texto de divulgação científica é aproximar o leitor de conteúdos científicos e do meio acadêmico, podemos perceber que o texto de Gleiser é acessível a um leitor não especializado.

2. (Enem – 2020)

Resposta correta: alternativa **e**. Temos neste texto uma notícia que divulga a informação da morte do cachorro de uma mulher que teve uma doença denominada síndrome do coração partido e explica o que seria essa doença. Ainda que o texto apresente algumas semelhanças com um texto de divulgação científica, como é construído com base em informações a respeito das causas e das condições da paciente que teve a doença com o intuito de informar o leitor, trata-se, como aponta a alternativa **e**, de uma notícia.

3. (Enem – 2001)

Resposta: alternativa **a**. O narrador alude à ideia de idealização da personagem, uma característica do Romantismo, estilo que ele rejeita ao fazer a seguinte afirmação: "isto não é romance, em que o autor sobredoura a realidade e fecha os olhos às sardas e espinhas". Por meio dessa advertência ao leitor, o narrador deixa claro que usará descrições em que aspectos negativos das personagens também estarão presentes.

4. (Enem – 2014)

Resposta correta: alternativa **b**. A ironia está na sutileza do narrador ao afirmar – com naturalidade – que o cunhado maltrata e tortura escravos, ainda que seja socialmente um homem polido. O narrador traz uma atitude condenável de forma natural, o que configura sua ironia.

5. (Comvest/Unicamp-SP – 2019)

Resposta correta: alternativa **c**. Pode-se dizer que "abrir janelas" e "construir pontes" são metáforas que desenvolvem a mesma ideia do primeiro texto, que coloca a leitura de um livro como uma forma de "abrir a cabeça", assim como o trecho "ler é fazer-nos expandidos" condiz com o que é apresentado no segundo texto. Essas metáforas remetem à ideia de adquirir conhecimento e formação crítica por meio da leitura.

6. (EsPCEx-SP – 2021)

Resposta correta: alternativa **e**. Essa alternativa é a correta porque no Romantismo, movimento anterior ao Realismo, em que a visão de mundo predominante era o idealismo, havia uma tendência a representar o mundo de forma exagerada, no caso, o padecimento demasiado, o que vai ao encontro da imagem de reação emotiva exagerada de que trata Machado em seu texto. Além disso, o próprio livro *Memórias póstumas de Brás Cubas* não apenas introduz o Realismo no Brasil como também é um divisor na carreira literária machadiana, dividida a partir de então em duas fases: a primeira, de produção romântica, e a segunda, realista.

7. (Enem – 2019)

Resposta correta: alternativa **c**. Houve sobreposição de gêneros, já que a bibliografia foi representada pela estrutura de uma carta de jogo. Esse processo confere um tom lúdico a um gênero que não tem tipicamente esse tom. Como a ideia do texto de divulgação científica é aproximar o leitor de conteúdos científicos e do meio acadêmico, podemos perceber que o texto de Gleiser é acessível a um leitor não especializado.

8. (FCMSC-SP – 2022)

Resposta correta: alternativa **a**. Podemos notar que a expressão "apoteose do sentimento" citada no texto é uma referência ao exagero emocional característico de muitas obras do Romantismo. Por outro lado, por meio da expressão "anatomia do caráter", Queirós busca apontar para a análise mais crítica e imparcial que o Realismo propõe fazer da sociedade.

9. (UEG-GO – 2020)

Resposta correta: alternativa **d**. No trecho selecionado da obra *O cortiço*, de Aluísio Azevedo, é possível notar em passagens como "aglomeração tumultuosa de machos e fêmeas" e "mulheres precisavam já prender as saias entre as coxas para não as molhar" uma descrição não idealizada de cenas corriqueiras da vida da população pobre, moradora de cortiços, como aquele citado no título do romance. Da mesma forma, o quadro *Saudade*, de Almeida Júnior, apresenta a retrato de uma mulher de aparência simples, com vestimentas sem luxo, mostrando a preocupação em pintar pessoas reais, sem idealização, como propunha o pintor francês realista Gustave Coubert. Também o rigor formal e academicista, que busca retratar o ambiente e a pessoa em destaque com o máximo possível de fidelidade ao mundo real, é uma característica do Realismo na pintura.

10. (Fuvest-SP – 2019)

Resposta correta: alternativa **b**. Nesses dois trechos nota-se exatamente o caráter revisionista do defunto autor, que nos apresenta o processo de sua escrita e a revisão dos episódios que faz ao longo da construção desse trabalho "póstumo". No primeiro fragmento, vemos marcada "a tinta da melancolia" na narração, caracterizada pela reminiscência do episódio do baile em que o narrador se sentia remoçado, mas que depois lhe pesaria em razão da idade de cinquenta anos que contava na época do acontecido. No segundo, ao comentar uma possível leitura crítica de seu próprio texto, vemos com clareza "a pena da galhofa" em ação, ou seja, o estilo irônico e zombeteiro do defunto autor, claramente fazendo troça consigo mesmo e com o interlocutor, sabendo-se livre de quaisquer regras de cordialidade e de convivência social e, por isso, não poupando o seu possível leitor da mínima possibilidade de confusão diante do texto: "Valha-me Deus! É preciso explicar tudo".

11. (Fuvest-SP – 2019)

Resposta correta: alternativa **c**. Uma característica central do romance *Memórias póstumas de Brás Cubas* é o humor que permeia sua narração. Em específico, na passagem em que exclama "Valha-me Deus! É preciso explicar tudo", ao estabelecer de modo tão íntimo e livre de formalidades uma interação com o leitor, o narrador relativiza temas sérios, como sua própria morte, criando certo laço de proximidade por meio desse mesmo humor.

12. (Comvest/Unicamp-SP – 2017)

Resposta correta: alternativa **c**. Diferentemente do que se anuncia na alternativa anterior, sobre uma "visão reformadora das mazelas sociais", o que encontramos em *Memórias póstumas de Brás Cubas* não é uma proposição ativa de mudança, de reforma da sociedade, mas sim a análise pontual de como esta se apresenta. Assim, por meio de conjecturas ou de descrição de situações específicas, é possível perceber a construção de um texto que deixa transparecer as contradições presentes no meio social em que viveu o personagem defunto. O abandono de idealizações românticas pode ser notado pelo próprio fato de que, com este romance, Machado deixa para trás sua fase romântica e inaugura o Realismo no país. Por fim, a apresentação de um narrador defunto e os constantes diálogos diretamente estabelecidos com o leitor do livro confirmam a utilização de técnicas narrativas incomuns e, principalmente, não usuais no Romantismo e mesmo entre outros autores do Realismo brasileiro.

13. (UPE – 2017)

Resposta correta: alternativa **d**. O romance é a autobiografia do personagem Brás Cubas, narrador protagonista que se apresenta, no primeiro capítulo, como um "defunto autor". O contexto narrativo criado é, portanto, fora do normal: um morto, cansado da vida eterna, resolve escrever suas memórias "póstumas". As demais afirmações, presentes nos itens II, III e IV, estão corretas.

Lista de siglas das atividades extraídas de provas oficiais

Comvest/Unicamp-SP: Comissão Permanente para os vestibulares da Unicamp/Universidade Estadual de Campinas (São Paulo)
Enem: Exame Nacional do Ensino Médio
ESA/CFS: Escola de Sargentos das Armas/Curso de Formação de Sargentos
EsPCEx-SP: Escola Preparatória de Cadetes do Exército (São Paulo)
FCMSC-SP: Faculdade de Ciências Médicas da Santa Casa (São Paulo)
FMJ-SP: Faculdade de Medicina de Jundiaí (São Paulo)
Fuvest-SP: Fundação universitária para o vestibular (São Paulo)
UEG-GO: Universidade Estadual de Goiás
UEM-PR: Universidade Estadual de Maringá (Paraná)
UFMS-RS: Universidade Federal de Santa Maria (Rio Grande do Sul)
UFU-MG: Universidade Federal de Uberlândia (Minas Gerais)
Unesp-SP: Universidade Estadual Paulista (São Paulo)
UPE: Universidade de Pernambuco

PROJETO MÚLTIPLO

LÍNGUA PORTUGUESA

Carlos Emílio Faraco
Bacharel e licenciado em Letras pela Universidade de São Paulo (USP)
Ex-professor do Ensino Fundamental e do Ensino Médio

Francisco Marto de Moura
Licenciado em Letras pela Universidade de São Paulo (USP)
Ex-professor do Ensino Fundamental, do Ensino Médio e do Ensino Superior

José Hamilton Maruxo Júnior
Bacharel, licenciado e doutor em Letras pela Universidade de São Paulo (USP)
Professor do curso de Letras da Universidade Federal de São Paulo (Unifesp)

ENSINO MÉDIO

VOLUME ÚNICO | PARTE D

Olhares sobre o futuro

editora ática

Sumário

Unidade 2: Artigo científico e relatório de pesquisa 370

UNIDADE

1 Ensaio jornalístico

Mary Evans/Glow Images/Coleção particular

Nas escolas, o professor usaria máquinas para transmitir os conteúdos aos estudantes.

Mary Evans/Glow Images/Coleção particular

Os banheiros seriam equipados com diferentes maquinários.

Mary Evans/Glow Images/Coleção particular

Helicópteros seriam usados para fazer a vigilância das cidades.

Mary Evans/Glow Images/Coleção particular

Pontos de táxis voadores.

#TáNoFeed

Para a Exposição Universal de Paris, ocorrida em 1900, foi produzida uma série de 87 ilustrações feitas por artistas franceses, entre os quais Jean Marc Côté, com projeções a respeito de como seria a vida no ano 2000, ou seja, cem anos mais tarde.

Denominadas *No ano 2000* (tradução livre dos autores para o título *En l'an 2000*), essas imagens caíram no esquecimento até que Isaac Asimov (1920-1992), um escritor estadunidense de ficção científica, as redescobriu e publicou em seu livro *Dias do futuro: uma visão do século 19 sobre o ano 2000* (tradução livre dos autores para o título *Future days: a nineteenth century vision of the year 2000*).

Você viu, na página ao lado, quatro exemplos dessas ilustrações.

Discuta com os colegas que tipo de "olhar" sobre o futuro essas imagens nos revelam. As questões a seguir são sugestões para inspirar essa conversa.

1. Alguma(s) dessas imagens ao menos se aproxima(m) de nossa realidade hoje? Explique.

2. Pense nos aspectos da sociedade atual e considere fatos e predisposições de nossa realidade que possibilitam levantar hipóteses sobre o futuro. Quais são suas projeções? Troque impressões com os colegas.

Exposição virtual de trabalhos da turma

Escolha um formato de expressão visual de sua preferência (desenho, colagem, vídeo, pintura, etc.) e crie uma obra que represente como você imagina esse aspecto da realidade discutido nas questões 1 e 2. Dê um título ao seu trabalho e compartilhe-o com os colegas.

Depois disso, participe de um evento coletivo com a turma. Para isso, vocês deverão seguir o passo a passo:

- Reúnam as obras produzidas, observem o que foi representado e tentem definir um critério de agrupamento das produções de vocês. Pode ser por tipo de obra (artes audiovisuais ou artes plásticas, por exemplo), por tema, por ordem alfabética dos títulos, por formato (originalmente manuais ou virtuais), etc. Ao definirem esse critério, vocês estarão realizando um trabalho de curadoria em relação às obras.

DisobeyArt/Shutterstock

aerogondo2/Shutterstock

Anton Vierietin/Shutterstock

Pintura e colagem são exemplos de trabalhos manuais.

- Se algumas obras tiverem sido feitas à mão, de modo não virtual (desenho, colagem, pintura), será necessário digitalizá-las. Isso pode ser feito por meio de fotografia com celular ou câmera digital, mas também pode ser usada uma impressora com *scanner*, caso tenham disponibilidade de uso desse tipo de equipamento.
- Com as obras digitais organizadas, montem uma **exposição virtual** em uma rede social de que todos participem ou no blogue da escola, se houver. Será interessante escrever um texto de apresentação, explicando quais foram as inspirações e os motivos dessa exposição dos trabalhos da turma.
- Guardem os textos e as obras digitalizadas no **portfólio** de cada um de vocês.

Para auxiliá-lo no seu processo de gestão da própria aprendizagem, ao longo das seções há sempre uma recomendação para que as produções de texto sejam guardadas, de rascunhos a versões finais. Essas recomendações são marcadas com um ícone, como este ao lado.

Para facilitar esse trabalho, recomendamos que você tenha uma pasta – virtual e/ou física – chamada **portfólio**, em que essas produções serão guardadas. Assim, sempre que for necessário reescrever ou refazer um texto, ao longo de um processo de produção de textos, você terá facilidade de encontrar as versões anteriores da mesma produção.

Conheça a unidade

Objetivos

- Analisar a constituição argumentativa e composicional do ensaio jornalístico.
- Compreender os processos argumentativos implicados na construção da confiabilidade dos textos e das informações divulgadas por eles.
- Analisar as características do fenômeno pós-verdade e sua relação com a expressão de opiniões.
- Entender o Simbolismo como importante estilo de época do final do século XIX.
- Identificar a organização de um debate regrado e usá-la em sua produção.

Justificativa

O estudo dos gêneros argumentativos é central para o desenvolvimento de capacidades de linguagem implicadas em diversas práticas sociais. Compreender como se organizam gêneros argumentativos pode contribuir para ampliar essas capacidades. Além disso, a argumentação e todos os componentes envolvidos nas práticas de linguagem ligadas a ela podem auxiliar na compreensão de fenômenos linguageiros e sociais emergentes nas mídias, como a pós-verdade, e até contribuir para o desenvolvimento de estratégias discursivas relacionadas à sua identificação.

A BNCC nesta unidade

Nesta unidade são desenvolvidas as competências e as habilidades da BNCC indicadas a seguir.

Competências gerais da Educação Básica: 1, 2, 3, 4, 5, 7, 9, 10.

Competências e habilidades específicas de Linguagens e suas Tecnologias para o Ensino Médio

Competências: 1, 3, 6. **Habilidades:** EM13LGG102, EM13LGG104, EM13LGG301, EM13LGG302, EM13LGG303, EM13LGG304, EM13LGG305, EM13LGG603.

Competências específicas de Linguagens e habilidades específicas de Língua Portuguesa para o Ensino Médio

Competências: 1, 2, 3, 4, 6, 7. **Habilidades por campo de atuação.** Todos os campos de atuação social: EM13LP01, EM13LP02, EM13LP05, EM13LP06, EM13LP07, EM13LP12, EM13LP13, EM13LP15, EM13LP16. Campo de atuação na vida pública: EM13LP27. Campo das práticas de estudo e pesquisa: EM13LP28, EM13LP29, EM13LP30, EM13LP31, EM13LP32, EM13LP33, EM13LP34. Campo jornalístico-midiático: EM13LP36, EM13LP37, EM13LP38, EM13LP39, EM13LP40, EM13LP41, EM13LP44. Campo artístico-literário: EM13LP46.

Situação inicial

O texto a seguir é um cartaz publicitário. Leia-o com atenção.

Governo Federal/Ministério Público Federal

AMAZÔNIA PROTEGE. Campanha. 2017. Disponível em: http://www.amazoniaprotege.mpf.mp.br/campanha. Acesso em: 28 abr. 2022.

1. A publicidade institucional da qual esse cartaz faz parte foi desenvolvida pelo Ministério Público Federal (MPF).

   a) Você conhece a função desse órgão público? Se não conhece, pesquise na internet e faça um resumo das responsabilidades desse ministério.
   b) Qual é o objetivo dessa campanha e a quem ela se destina?
   c) Explique qual é a importância desse tipo de publicidade realizada por um órgão público considerando o contexto atual da sociedade brasileira.

2. Que elementos imagéticos se conectam com o texto verbal para construir o sentido geral do cartaz publicitário? Explique essas relações.
3. É possível dizer que há uso de ironia na construção da imagem do cartaz. Explique como esse recurso foi empregado considerando os possíveis significados que essas imagens conseguem produzir.

Lista de temas

Estudos apontam que florestas são responsáveis pela regulação de importantes mecanismos biológicos atuantes em escala global. Preservar a Amazônia é decisivo para a sobrevivência de inúmeros ecossistemas, que envolvem os seres humanos direta ou indiretamente. Esse é um exemplo de tema relacionado à ideia de "olhares sobre o futuro".

- Discuta com a turma para levantar outros temas pertinentes ligados à temática principal: *Olhares sobre o futuro*. Organizem juntos uma lista de temas.
- Em seguida, forme um grupo com alguns colegas e escolham um dos temas levantados. Depois, anotem o que já sabem sobre ele.

Andre Dib/Pulsar Imagens

Jan Stria/Shutterstock

Sapo leiteiro amazônico.

Vista de drone do rio Juruá e da Floresta Amazônica. Carauari (AM). Foto de 2011.

- Essas ideias iniciais devem orientar o grupo a pesquisar o tema escolhido: consultem fontes jornalísticas, científicas e de divulgação científica confiáveis.
- Comparem os dados levantados e observem semelhanças e complementos ao selecionarem as informações. No caso de perceberem erros e incoerências, descartem tais fontes. Sintetizem os dados encontrados, por meio de resumos e tomada de notas. Guardem as informações pesquisadas, os resumos e as notas no **portfólio** de cada participante do grupo.
- Mais adiante, vocês vão retomar essas informações, para, ao final, elaborar um ensaio e participar de um debate.

Práticas de leitura: ensaio jornalístico

Observe a imagem a seguir e leia a legenda que a acompanha. Depois, discuta com os colegas considerando os itens que aparecem na atividade 1.

Chico Ferreira/Pulsar Imagens

Lixo na Praia de Tubiacanga, na Ilha do Governador (RJ). Foto de 2020.

1. Leias as questões a seguir e converse sobre elas com os colegas. Depois da discussão, registre suas respostas.

a) Quais impactos das ações humanas podem ser observados na imagem?

b) Para você, hoje temos conhecimentos científicos e tecnológicos suficientes para avaliar os impactos da ação humana sobre o meio ambiente como positivos ou negativos? Explique com exemplos que fundamentem a sua resposta.

c) As ações humanas que degradam o meio ambiente podem afetar os seres humanos de diferentes formas. Considere que algumas populações dependem dos recursos naturais apresentados na imagem para sua sobrevivência. Avalie hipoteticamente de que modo algumas ações humanas podem gerar consequências no futuro dessas populações.

Você vai ler a seguir um ensaio jornalístico de Ricardo Abramovay, publicado em um jornal de grande circulação. Observe que, logo após o título do ensaio, é apresentado um resumo, que antecipa a ideia defendida pelo ensaísta.

Leia o texto e tome notas, tecendo considerações que serão usadas ao longo do estudo. Registre, também:

- fatos, dados, conceitos e citações usados como argumentos para sustentar o ponto de vista do ensaísta;
- problematizações apresentadas no ensaio, baseadas em pontos de vista diferentes do assumido pelo ensaísta;
- o modo como o ensaísta se faz presente na construção do discurso. Anote palavras que você entende que evidenciam essa presença (pronomes pessoais, formas verbais que demonstrem a voz do cientista ambiental e o seu posicionamento, adjetivos, advérbios, etc.).

Preservar Amazônia é mais lucrativo que desmatar, diz economista

Segundo Ricardo Abramovay, economia baseada no conhecimento da floresta favorece inovação e riqueza

1º set. 2019 às 2h00

Ricardo Abramovay

[RESUMO] *Autor argumenta que manancial da Amazônia precisa de políticas favoráveis à emergência de uma economia do conhecimento (e não da destruição) da natureza. A devastação não produz riqueza ou inovação – favorece o extrativismo primitivo e sufoca a produção mais lucrativa de itens nativos da floresta.*

O Brasil é o sexto maior emissor global de gases de efeito estufa. Há, porém, uma diferença fundamental entre a natureza de nossas emissões e as dos países que nos acompanham neste lamentável desempenho.

Na China, nos Estados Unidos, na Índia ou no Japão, as emissões derivam do uso em larga escala de combustíveis fósseis na geração de energia, nos transportes e na indústria.

Reduzir essas emissões num prazo compatível com a urgência da crise climática exige mudanças na maneira como se produz cimento, aço e plásticos, na forma como se organiza o transporte de passageiros e de carga, na aviação – em suma, naquilo que o recente relatório da **Energy Transitions Commission**, do Reino Unido, chama de setores de mais difícil redução ("*harder to abate*").

Transformar os modelos econômicos em que se apoiam esses setores exige muita ciência e inovações tecnológicas destrutivas. Plantas industriais terão que ser inteiramente substituídas. Por causa dos automóveis elétricos, por exemplo, postos de gasolina e oficinas mecânicas vão desaparecer. Mesmo que os investimentos nessas mudanças tenham retorno econômico, os custos são imensos.

Os avanços globais nesta direção são significativos, embora largamente insuficientes: em 2009, na **Conferência Climática de Copenhague** (COP 15), a China e a Índia se opuseram a qualquer acordo de redução das emissões sob o argumento de que não tinham alternativas ao uso do carvão, caso quisessem ampliar o acesso de sua população à energia e acelerar sua industrialização.

Energy Transitions Commission (ETC): criada em 2015, a Comissão de Transições Energéticas, sediada em Londres, é um instituto de políticas internacionais que produz pesquisas e trabalha a favor de questões voltadas para o crescimento econômico e a redução do seu impacto no clima.

Conferência Climática de Copenhague (Conference of the Parties 15 – COP 15): trata-se da Conferência das Nações Unidas sobre Mudanças Climáticas, que acontece anualmente.

Seis anos depois, esse quadro mudou de forma impressionante. Os dois países se converteram em protagonistas no **Acordo de Paris**, de 2015 (COP 21), com base no ritmo acelerado de redução do preço das fontes renováveis de energia, nas perspectivas oferecidas pelo automóvel elétrico e em diversas técnicas voltadas a uma indústria menos emissora.

O dilema entre crescimento econômico e redução de emissões está sendo enfrentado (embora não resolvido, longe disso) por meio de ciência e tecnologia.

E nós neste contexto? Temos a matriz energética menos emissora do mundo, quando o Brasil é comparado com países de importância territorial, demográfica e econômica equivalente. Nossos transportes contam com uma fonte não emissora, o etanol, usado muito menos do que deveria, graças aos subsídios concedidos aos fósseis. Onde se concentram, então, nossas emissões?

Resposta: na destruição florestal.

O Brasil e a Indonésia são os únicos países do mundo em que mais da metade das emissões vem do desmatamento. E é importante não confundir devastação florestal com agricultura, embora com muita frequência a floresta destruída (não só na Amazônia) dê lugar a atividades agropecuárias. A agropecuária responde por 22% de nossas emissões graças a dois fatores: por um lado, à fermentação entérica dos ruminantes, da qual resulta um dos mais potentes gases de efeito estufa, o metano.

Como o Brasil possui o maior rebanho bovino comercial e é o mais importante exportador de carne do mundo, reduzir essas emissões é um imenso desafio, que exige (da mesma forma que na indústria, na mobilidade e na energia) muita ciência e inovação tecnológica. O mesmo pode ser dito das emissões derivadas do uso de fertilizantes nitrogenados na agricultura.

Todavia, contrariamente ao que ocorre com a agropecuária, com a indústria ou com os transportes, zerar o desmatamento (e, portanto, reduzir a contribuição do Brasil à crise climática) não é algo que depende de ciência e de tecnologia ou que exija investimentos vultosos. Cabe, então, perguntar: quais os custos de interromper a devastação? Será que desmatar a Amazônia não é o equivalente à recusa da China e da Índia em subscrever um acordo climático ambicioso em 2009?

Seria válido o argumento de que, da mesma forma que indianos e chineses não tinham alternativa ao uso do carvão há dez anos, a sobrevivência e o desenvolvimento dos 25 milhões de brasileiros que vivem na Amazônia dependem de sua possibilidade de colocar a floresta abaixo, implantando ali atividades agropecuárias convencionais? Não estará a Amazônia presa a um dilema insuperável entre gerar renda para os que nela vivem ou preservar a floresta?

É fundamental enfrentar essas perguntas, pois elas estão na base da tentativa de imprimir algum fundamento racional àquilo que o Brasil e o mundo assistem hoje com tanto temor e indignação na Amazônia.

O principal erro dos que toleram, compactuam ou promovem o desmatamento é não se dar conta de que desmatar a Amazônia não produz nem riqueza nem bem-estar.

Na verdade, o desmatamento é o mais importante vetor da perenização do atraso e das precárias condições de vida na região. Ele exprime uma forma primitiva de extrativismo que se materializa, por exemplo, no tráfico de madeira clandestina, que funciona como obstáculo à exploração madeireira sustentável, para a qual existem tecnologias e até sistemas de certificação baseados no uso de *blockchain*, como mostram os trabalhos da **BVRio**.

Acordo de Paris (Conference of the Parties 21 – COP 21): nessa conferência de 2015, ocorrida na França, foi aprovado por unanimidade o Acordo de Paris, que definiu medidas para a redução dos efeitos das mudanças climáticas.

BVRio: sigla que representa a Bolsa de Valores Ambientais, que opera mercados de ativos ambientais e facilita a regularização ambiental no Brasil.

Saiba +

Você sabe o que é ***blockchain***? Trata-se de é uma base de dados distribuída que armazena registros de transações; sendo permanente e à prova de violação. Atualmente esse tipo de base de dados é importante para as empresas porque os dados com que elas trabalham precisam ser acessados cada vez mais rapidamente, o que esse tipo de tecnologia viabiliza, e precisam ter um forte esquema de segurança de acesso, para impedir que informações restritas sejam compartilhadas fora da rede de confiança da empresa.

NicoElNino/Shutterstock

Além disso, como é na sua esmagadora maioria ilegal, o desmatamento na Amazônia funciona com base na formação de quadrilhas que se especializam em invadir terras públicas e territórios pertencentes a comunidades indígenas e ribeirinhas.

A construção de pistas de pouso clandestinas e a contratação de motoqueiros que colocam fogo no capim seco dos acostamentos nos distritos à beira da **BR-163** e no município de Altamira – por parte dos membros do grupo de [aplicativo de mensagens] que organizou, no dia 10 de agosto, o **"Dia do Fogo"**, conforme reportagem da revista Globo Rural – são apenas alguns de vários indícios dos efeitos da legitimação da destruição florestal sobre o tecido cívico da região.

Tão importante quanto a criminalidade ligada à esmagadora maioria do desmatamento na Amazônia é a avaliação que se pode fazer hoje de seus resultados.

Um gráfico elaborado pelo professor Raoni Rajão, da UFMG, compara a área e a produção de soja e de açaí no Pará entre 1996 e 2015. Lá se vê que o açaí tem rendimento por hectare muito maior que a soja.

Segundo o estudo, o valor por hectare da soja em 2015 era de RS$ 2.765,79.

O do açaí chegava a R$ 26.844. Embora seja um produto consumido fundamentalmente na Amazônia, existe hoje uma cadeia global de açaí na casa de centenas de milhões de dólares. Quem poderia prever, 15 anos atrás, que um alimento "de índio" iria se converter em ingrediente global de dieta de esportistas?

Os trabalhos recentes de Carlos Nobre e Ismael Nobre listam um vasto conjunto de produtos do extrativismo com imenso potencial econômico. Uma das bases para a exploração sustentável é a unidade entre trabalho científico e a cultura material dos povos da floresta.

Um dos mais emblemáticos exemplos desta junção é a **Rede de Sementes do Xingu**, organizada pelo Instituto Socioambiental (ISA). Populações indígenas e ribeirinhas coletam sementes que são selecionadas por técnicos da **Embrapa** e do ISA e vendidas a fazendeiros para que possam cumprir seus compromissos de reflorestamento.

Mel, óleo de pequi, copaíba, borracha, castanha – são inúmeros os produtos de uso alimentar, farmacêutico e cosmético que a ciência, aliada aos povos da floresta, pode revelar e ajudar a explorar de maneira sustentável.

O selo Origens Brasil, que certifica estes produtos e já está em grandes cidades brasileiras, acaba de receber um importante reconhecimento internacional por parte da Organização das Nações Unidas para a Agricultura e a Alimentação (FAO/ONU).

É um exemplo das oportunidades do uso sustentável com produtos capazes de exprimir nos mercados os valores contidos na preservação da floresta e no respeito aos povos que nela vivem.

A manutenção da floresta em pé não corresponde, portanto, a uma redoma de contemplação, economicamente paralisada. Ao contrário, ela é um manancial de riquezas que se exprimem tanto em seus serviços ecossistêmicos e na cultura dos que lá habitam como no valor de seus produtos. A equipe coordenada pelo professor Britaldo Soares Filho, da UFMG, e pelo economista norueguês Jon Strand, do Banco Mundial, estimou o valor de alguns destes serviços. Em artigo publicado na

BR-163: inaugurada em 1976, a BR-163 é uma rodovia federal que integra o Sul ao Centro-Oeste e Norte do Brasil, ligando os estados do Rio Grande do Sul, Santa Catarina, Paraná, Mato Grosso do Sul, Mato Grosso e Pará.

Dia do Fogo: expressão usada para denominar possível ação criminosa (sob investigação policial), ocorrida em 10 de agosto de 2019, cuja autoria foi atribuída a determinados grupos que teriam dado início a um movimento para incendiarem algumas áreas da Floresta Amazônica. Notícias sobre esse movimento se disseminaram mundialmente, com repercussão negativa na imprensa internacional.

Rede de Sementes do Xingu: nome dado a uma rede de trocas e encomendas de sementes de diversas plantas nativas das regiões das bacias dos rios Xingu, Araguaia e Teles Pires.

Embrapa: a Empresa Brasileira de Pesquisa Agropecuária (Embrapa) é uma empresa de inovação tecnológica vinculada ao Ministério da Agricultura, Pecuária e Abastecimento que tem como foco a "geração de conhecimento e tecnologia para a agropecuária brasileira".

Saiba +

Instituto Socioambiental (ISA). Disponível em: https://www.socioambiental.org/pt-br/o-isa. Acesso em: 12 maio 2022.

Para conhecer mais o trabalho realizado pelo ISA, acesse o *site* do instituto e leia sobre as ações realizadas por quem faz parte dele.

prestigiosa revista Nature Sustainability, revelou que o desmatamento de um hectare gera perdas anuais de até US$ 40 (cerca de R$ 160) para a produção de castanha do Pará e de US$ 200 (cerca de R$ 800) para a produção madeireira sustentável.

1/18 – Cruzeiro pelos rios Negro, Jaú e Carabinani, no Amazonas

O rio Negro e o barco que deixa ecoturistas mais próximos das atrações da selva, no Amazonas.

Além disso, como o avanço do desmatamento compromete a produção de água por parte da floresta, seus impactos sobre a agricultura e a produção de energia nas hidrelétricas são altamente ameaçadores.

Em suma, mais que apagar os incêndios que hoje a destroem, a Amazônia precisa de políticas que estimulem a emergência de uma economia do conhecimento (e não da destruição) da natureza, que represente aquilo que temos de melhor: a capacidade de fazer da ciência a base para produzir riqueza e bem-estar, valorizando os ensinamentos e a sabedoria dos povos da floresta.

ABRAMOVAY, Ricardo. Preservar Amazônia é mais lucrativo que desmatar, diz economista. *Folha de S.Paulo*. São Paulo, 1º set. 2019. Ilustríssima. Disponível em: https://www1.folha.uol.com.br/ilustrissima/2019/09/preservar-amazonia-e-mais-lucrativo-que-desmatar-diz-economista.shtml. Acesso em: 16 nov. 2021.

Saiba +

Ricardo Abramovay (1953-) é um cientista político brasileiro graduado em Filosofia pela Universidade de Paris Nanterre, na França. É mestre em Ciência Política pela Universidade de São Paulo (USP) e doutor em Ciência Econômica pela Universidade Estadual de Campinas (Unicamp). É professor sênior do Instituto de Energia e Ambiente da USP e autor de *Muito além da economia verde*, livro publicado pela editora Planeta Sustentável.

Danilo Verpa/Folhapress

Saiba +

Dragões de garagem #34 – Legislação ambiental. Disponível em: http://dragoesdegaragem.com/podcast/dragoes-de-garagem-34-legislacao-ambiental. Acesso em: 28 abr. 2022.

Nesse *podcast*, o convidado Luiz Araújo – biólogo, engenheiro ambiental e advogado de direito ambiental – e a equipe do *Dragões de garagem* falam de meio ambiente e discutem os motivos estéticos, funcionais, econômicos e éticos de preservá-lo e a importância de aderirmos à prática de avaliar os impactos positivos e negativos das ações humanas sobre o ambiente e, consequentemente, sobre nós. Para ouvir o episódio, localize-o em uma plataforma agregadora de *podcasts* ou acesse a página do programa.

elenabsl/Shutterstock

Para responder às questões a seguir, junte-se a dois colegas com o objetivo de compartilhar a compreensão que tiveram do ensaio e analisá-lo com mais profundidade. As anotações que cada um do trio fez durante a leitura individual serão solicitadas em determinados momentos das discussões propostas. Depois da discussão, recorram às anotações para registrar suas respostas.

2. O cientista político Ricardo Abramovay inicia seu texto com um dado: "O Brasil é o sexto maior emissor global de gases de efeito estufa". Na sequência, afirma que há diferença entre a natureza de nossas emissões de gases e a de outros países poluidores. Qual é essa diferença e de que modo ela se relaciona diretamente com o tema do ensaio?

3. Ao falar sobre as ações necessárias para a redução de emissão de gases no mundo, Abramovay aponta para os graus de complexidade das soluções, dependendo das fontes emissoras.

a) Explique de modo resumido: Que considerações ele faz sobre os diferentes graus de complexidade das soluções?

b) De que modo o grau elevado de complexidade apontado contribui para a defesa do ponto de vista principal do ensaio?

4. No momento em que apresenta as implicações para a redução de emissão de gases advindas do uso de combustíveis fósseis, Abramovay comenta avanços globais na questão, feitos desde 2009, resgatando o histórico da posição de dois países altamente poluentes.

a) Elabore com os colegas do trio uma síntese desse histórico.

b) O cientista político se posiciona em relação a esses avanços? Explique recorrendo à observação das escolhas linguísticas feitas por ele.

c) Consultem suas anotações feitas durante a leitura individual e compartilhem com os colegas outras escolhas linguísticas do ensaísta que evidenciam o modo de ele modalizar seu discurso: suas apreciações subjetivas, seus julgamentos e posicionamentos em relação ao que diz.

5. Ao citar as principais fontes de emissão de gases do Brasil, o cientista destaca uma fonte que envolve soluções complexas e outra que, em sua percepção, é mais fácil de solucionar. Quais são elas?

6. No parágrafo 15, o ensaísta lança uma questão que representa o momento de problematizar e se posicionar. De que modo ele apresenta essa questão ao leitor e que posição assume em relação a ela?

OSORIOartist/Shutterstock

Ilustração que propõe uma representação artística de incêndios na Amazônia vistos do espaço.

Bruno Kelly/Reuters/Fotoarena

Focos de queimadas na Amazônia. Foto de 2017.

7. Na publicação original, versão *on-line* do Caderno, o ensaio é acompanhado de fotografias apresentadas no modo *slide show*, ou seja, há várias fotos que você pode visualizar ao clicar na imagem em evidência. Aqui, reproduzimos apenas uma delas. Retorne ao texto e observe a foto, a legenda e o parágrafo do ensaio logo abaixo dela. Que tipo de relação de sentido a foto, a legenda e o texto mantêm entre si?

8. Agora, você e os colegas poderão consultar as anotações individuais e aproveitá-las para analisar os argumentos que o cientista utiliza na defesa de sua posição e a argumentação que predominou.

a) Que argumentos são utilizados para sustentar o ponto de vista assumido pelo ensaísta em relação ao desmatamento da Amazônia?

b) Os dados e fatos citados são informações confiáveis? Justifique sua resposta.

c) Avalie e indique a seguir a(s) alternativa(s) que explica(m) de que modo o ensaísta construiu seu discurso argumentativo.

I. O discurso argumentativo foi construído com o objetivo de sustentar e reforçar o ponto de vista assumido, sem explicitar outros pontos de vista. (sustentação)

II. O discurso argumentativo foi construído por meio da contestação de pontos de vista contrários aos do ensaísta. Ou seja, o texto foi construído de contra-argumentos. (refutação)

III. O discurso argumentativo sinaliza para uma aceitação parcial de outros pontos de vista, mas ainda assim fez uso de contra-argumentos para refutar algum aspecto da argumentação do outro. (negociação)

9. Releia o último parágrafo do ensaio. A locução adverbial *em suma* costuma ser usada para introduzir uma ideia de síntese. É essa a função dela nesse texto? Explique.

10. Retorne ao texto e observe o emprego do ponto de interrogação. Em certas passagens do texto, o enunciador formula perguntas, como se ele se dirigisse ao leitor-enunciatário, mas, na verdade, o objetivo dessas questões não é que o leitor as responda. Reveja o emprego desse recurso nos parágrafos 8, 12, 13 e 21.

a) Por que podemos afirmar que o enunciador do texto não poderia mesmo esperar uma resposta do leitor-enunciatário a essas interrogações?

b) Se a finalidade discursivo-textual dessas interrogações não era buscar uma resposta do leitor-enunciatário, com que objetivo se faz uso delas no texto?

11. Depois do trabalho de análise e interpretação do texto feito aqui, retome o título. Por que, em um texto que trata da necessidade de preservação ambiental, foi selecionada para o título exatamente a ideia de "lucro", que frequentemente é associada à noção de destruição do meio ambiente?

Diário de bordo

Registre em seu diário de bordo se o ensaio levou você a concordar com algumas das posições defendidas pelo cientista político a respeito do problema do desmatamento da Amazônia. Lembre-se de que o ensaio é um texto de natureza argumentativa, ou seja, ele se constrói com base na argumentação, com o objetivo de convencer o leitor a respeito do que é apresentado.

Ao longo das unidades deste material, sempre que um conjunto de atividades for concluído, você será convidado a registrar a experiência vivenciada em seu diário de bordo. Você pode fazer esses registros em qualquer suporte que considere interessante: um blogue, uma agenda em papel ou virtual, um bloco de anotações. O que importa é definir um suporte e usá-lo sempre. Será importante, também, que você siga alguns procedimentos próprios de um diário: insira a data de cada registro e indique a atividade a que ele está relacionado.

Práticas de análise linguística no ensaio jornalístico

Nesta seção de análise linguística, estudaremos as diferenças entre explicação e opinião, considerando a ideia de questão polêmica e de pontos de vista. Outro conteúdo importante que será desenvolvido é a modalização e seus usos no texto. Vamos recordar ainda as orações subordinadas substantivas. Por fim, estudaremos os mecanismos linguageiros que caracterizam a explicação e o argumento.

Seahorse Vector/Shutterstock

Análise do texto argumentativo

1. O texto de Abramovay foi publicado originalmente no suplemento cultural Ilustríssima, do jornal *Folha de S.Paulo*. Leia a seguir o que esse jornal descreve sobre o que o leitor deve esperar desse suplemento.

> ILUSTRÍSSIMA: Seção dedicada à cultura, à ciência e a reportagens de fôlego. Textos de ficção, poesia, dramaturgia, ensaios, cartum e quadrinhos também compõem o suplemento.
>
> FOLHA de S.Paulo. Disponível em: https://www1.folha.uol.com.br/institucional/cadernos_diarios.shtml?fill=3. Acesso em: 12 maio 2022.

a) O texto que você leu se enquadra em qual das áreas citadas?

b) Você considera que a linguagem utilizada no ensaio lido é clara e sem jargões? Explique.

c) Segundo o *Dicionário eletrônico Houaiss da Língua Portuguesa*, a linha editorial de um jornal pode ser definida como: "posicionamento prévio quanto à seleção dos assuntos e ao tratamento das informações em um veículo de comunicação ou no conjunto dos produtos editoriais de uma empresa" (INSTITUTO Antônio Houaiss. *Dicionário eletrônico Houaiss da Língua Portuguesa*. Rio de Janeiro: Objetiva, 2009).

Em sua opinião, a definição do caderno Ilustríssima dá ideia da linha editorial do jornal que a publica? Explique.

d) Qual poderia ser a razão de a linha editorial do jornal estar claramente indicada aos leitores desse suplemento?

e) Você, um leitor de textos jornalístico-midiáticos, procuraria espontaneamente ler um texto publicado nesse suplemento? Por quê?

Pesquisa: publicações jornalísticas regionais e linha editorial

Conhecer a linha editorial das publicações jornalísticas nos ajuda a selecionar o que ler e a compreender a abordagem de fatos e acontecimentos noticiados. Com a finalidade de entender melhor como isso funciona, você e seus colegas vão se organizar em grupos de cinco ou seis participantes para realizar uma atividade de pesquisa. Depois que os grupos estiverem definidos, sigam estas etapas:

I. Com os colegas do seu grupo, antes de iniciar a pesquisa, organizem um momento de discussão.

- Conversem para saber a opinião de cada participante sobre a seguinte questão: Qual é a importância, para os leitores, de ter esse tipo de conhecimento em relação à abordagem de fatos noticiados, ou seja, de que forma os leitores se beneficiam ao saber qual é a linha editorial do grupo de mídia responsável pela publicação jornalística lida e como isso ajuda a compreender essas publicações?
- Definam juntos alguns tópicos para explicar os possíveis benefícios desse conhecimento para os leitores.

II. Façam um levantamento das linhas editoriais de diferentes publicações jornalísticas que circulam em âmbito nacional ou na região de vocês. Comparem os achados com os dos colegas do grupo e elaborem um texto para descrever as informações pesquisadas.

III. Se precisarem, peçam ajuda do professor para elaborar e organizar o texto, trazendo as fontes de consulta e fazendo a citação correta de textos pesquisados, sempre que necessário.

IV. Depois de feita a pesquisa, tragam as informações para a sala de aula. Organizem uma roda de conversa e discutam também com os colegas dos demais grupos as seguintes questões:

- Por que conhecer a linha editorial dos diferentes grupos e veículos de mídia pode ajudar os leitores a selecionar o que ler e o motivo dessa leitura?
- Por que é importante haver diferentes linhas editoriais de veículos jornalísticos em uma sociedade democrática como a nossa?

VectorMine/Shutterstock

Enunciador e leitor suposto

2. Pode-se dizer que o autor do ensaio se identifica com o enunciador, isto é, com o "eu" que se projeta no texto.

a) Por quê?

b) Que recursos linguísticos (palavras e expressões, por exemplo) são empregados por Abramovay para ele se projetar explicitamente no texto como um enunciador?

Para recordar

Quando o enunciador (o "eu" que se projeta no texto) busca explicitar a sua posição em relação ao conteúdo de um enunciado, ele utiliza determinados recursos linguísticos ou lexicais que servem para isso, são os modalizadores. Essa marcação linguística pode servir para mostrar a adesão ao que é enunciado, a sua refutação ou a colocação em distância.

Semanticamente, há três tipos de modalizadores:

- *epistêmicos* – expressam uma avaliação do valor de verdade do que é enunciado; exemplos: evidentemente, sem dúvida, jamais, descobriu que, percebeu que, etc.
- *deônticos* – expressam permissão ou obrigação; exemplos: necessariamente, é proibido que, é obrigatório que, é necessário que, etc.
- *apreciativos* (ou avaliativos) – expressam reações emotivas, fora do caráter epistêmico ou deôntico; exemplos: felizmente, francamente, de modo lamentável, valoriza-se que, é apreciado que, etc.

3. Quem você diria que é o leitor suposto do texto? Tente explicar sua resposta com base em indícios que você obteve do estudo feito até agora.

4. Leia, a seguir, alguns trechos do texto de Abramovay.

I. "O Brasil é o sexto maior emissor global de gases de efeito estufa."

II. "Transformar os modelos econômicos em que se apoiam esses setores exige muita ciência e inovações tecnológicas destrutivas."

Por que você, leitor do texto, provavelmente terá dificuldade de discordar das afirmações anteriores?

5. Observe as construções reproduzidas a seguir.

I. "E é importante não confundir devastação florestal com agricultura [...]"

II. "É fundamental enfrentar essas perguntas [...]"

III. "[A equipe] revelou que o desmatamento de um hectare gera perdas anuais de até US$ 40 [...]"

IV. "Reduzir essas emissões num prazo compatível com a urgência da crise climática exige mudanças na maneira como se produz cimento, aço e plásticos [...]"

a) Identifique palavras ou expressões que, em sua opinião, sinalizam diferentes tipos de modalização.

b) Sintaticamente, em todas essas construções existem as chamadas orações subordinadas substantivas. Retome seus conhecimentos consolidados no Ensino Fundamental a respeito dessas estruturas sintáticas (leia o quadro *Para recordar* que está na próxima página, se necessário) e identifique-as nos trechos.

c) Comparando a análise feita nos itens **a** e **b**, explique o papel das orações subordinadas substantivas na expressão da modalização nesses trechos e, de modo geral, em português. Converse com o professor e os colegas sobre essa questão. Depois, registre sua resposta.

Para recordar

De acordo com as gramáticas normativas da língua, as orações subordinadas substantivas são aquelas que desempenham funções sintáticas próprias do substantivo. Por exemplo, em "é fundamental enfrentar essas perguntas", a oração subordinada "enfrentar essas perguntas" é chamada de oração subordinada substantiva subjetiva (reduzida de infinitivo), pois ela funciona como sujeito de "é fundamental".

Outros tipos de orações substantivas desempenham funções sintáticas de objeto direto, objeto indireto, complemento nominal, predicativo, aposto. E todas elas podem se prestar à expressão de diferentes tipos de modalização. Consulte uma gramática para rememorar as diferentes classificações das orações substantivas.

Considere também que outras estruturas da língua, como certos advérbios, adjetivos, palavras denotativas, também se prestam a expressar modalizações.

Os advérbios e as locuções adverbiais, por exemplo, podem ter várias funções em uma frase e é preciso avaliar se, ao serem utilizados, estão exprimindo circunstâncias (tempo, lugar, etc.), qualificando uma ação expressa por um verbo, indicando intensidade e/ou caracterizando modalização.

Leia esta frase:

"À tarde, eu costumava sair para dar umas voltas pelo bairro, ir à banca de jornais, encontrar os poucos amigos que talvez eu ainda tenha nesta cidade. Sempre me sentia extremamente solitário ao retornar dessas caminhadas."

Nesse exemplo, temos os seguintes advérbios e locuções adverbiais:

- *à tarde*, *ainda*, *sempre*: indicam circunstâncias de tempo;
- *extremamente*: qualifica o adjetivo *solitário* e caracteriza modalização, pois mostra o enunciador enfatizando o modo como se sentia;
- *talvez*: além de indicar circunstância de dúvida, esse advérbio indica modalização, pois mostra que o enunciador está duvidando de uma situação enunciada por ele mesmo.

GoodStudio/Shutterstock

Mais importante do que saber de cor todas as classificações é saber identificar como se dá a modalização nos textos que lê/escuta ou empregá-la nos textos que produz considerando as intenções de quem escreve/fala. Assim, ao identificar a modalização de um texto argumentativo, por exemplo, você poderá perceber mais facilmente a opinião expressa nele, diferenciando-a de fatos.

Explicação e opinião

Em uma explicação, o enunciador expõe seus conhecimentos a respeito de determinado assunto. O objetivo da explicação é, em geral, didático: o enunciador procura fazer o enunciatário (o leitor/ouvinte) ampliar sua compreensão do tema em discussão. Isso é o que ocorre no ensaio até o sétimo parágrafo. A partir daí, o enunciador se volta para o leitor: "E nós neste contexto?", convidando-o a "discutir", a "debater" o problema. É a partir desse ponto que o enunciador se vale das *interrogações*. Como vimos, nesse texto elas valem como expressão subjetiva do enunciador, porque são marcas de modalização. A modalização nos textos argumentativos ajuda a construir *opiniões*.

Bruno Kelly/Reuters/Fotoarena

Área da Floresta Amazônica coberta por fumaça durante incêndio próximo à cidade de Porto Velho (RO). Foto de 2019.

6. Que resposta você daria à questão: "Será que desmatar a Amazônia não é o equivalente à recusa da China e da Índia em subscrever um acordo climático ambicioso em 2009?"? Explique.

7. O enunciador do ensaio confronta duas visões antagônicas a respeito do desmatamento.

a) Identifique os parágrafos em que essa confrontação acontece.

b) Reformule com suas palavras essas visões antagônicas.

Lista de justificativas e análise coletiva

Com base nas formulações feitas nos itens **a** e **b** da atividade 7, liste ao menos três justificativas que você poderia dar para tentar comprovar ou justificar cada visão reformulada por você, ainda que não esteja de acordo com ela. Anote essa lista para não esquecer.

Em um momento previamente definido, compare sua lista de justificativas com as dos colegas. Com a ajuda do professor, procurem chegar a um consenso sobre as justificativas, unificando as listas individuais, por meio da eliminação de justificativas repetidas. O professor vai anotar na lousa o resultado, construindo uma tabela com duas colunas, uma ao lado da outra: visão **X** e visão **Y**.

Copie a tabela que o professor construiu com a ajuda da turma. Em seguida:

- releia-a e assinale com quais justificativas você tenderia a concordar e de quais tenderia a discordar;
- quando todos tiverem terminado esse exercício analítico, junte-se aos colegas e ao professor e façam a contagem das respostas da turma toda para vocês descobrirem a justificativa mais votada de cada categoria. Provavelmente, essa justificativa expressa os consensos da turma a respeito de cada visão.

A questão polêmica e os pontos de vista

Ao ler o texto de Abramovay, você deve ter percebido que o enunciador apresenta um questionamento ao leitor-enunciatário: "Será que desmatar a Amazônia não é o equivalente à recusa da China e da Índia em subscrever um acordo climático ambicioso em 2009?". Essa pergunta não tem uma resposta fácil: para responder a ela, Abramovay precisa apresentar um ponto de vista pessoal a respeito do assunto. A "resposta" à pergunta implica a mobilização de opiniões sobre o que é tratado e a ativação de consensos favoráveis a essas opiniões. Você viu, ao fazer a atividade de lista de justificativas e análise coletiva, que é possível construir e negociar consensos mesmo quando se confrontam visões antagônicas em relação a uma mesma proposição.

Eireen.zn/Shutterstock

Quando uma proposição admite modos divergentes de ser encaminhada, dizemos que ela constitui uma questão polêmica. Para tentar formular uma resposta possível, é necessário mobilizar opiniões, crenças e consensos já construídos.

Nos estudos sobre argumentação, são chamados de *lugares-comuns* as fontes de onde se extraem os argumentos, baseados em consensos presentes em uma cultura ou acolhidos por certos grupos sociais. Note que, na linguagem coloquial, muitas vezes usa-se a expressão *lugar-comum* como sinônimo de chavão, uma ideia desgastada pelo uso. Não é esse o significado dessa expressão nos estudos sobre argumentação.

Ao tomar partido por um ponto de vista que será adotado diante da polêmica, o sujeito que argumenta constitui a sua tese. A tese é a expressão textual do ponto de vista adotado.

Da explicação ao argumento

Se um texto é formulado como tentativa de responder a uma questão polêmica, a expressão opinativa do enunciador é obrigatória. As explicações e opiniões que, juntas, tentam dar uma resposta satisfatória a uma questão polêmica são chamadas de argumentos. O conjunto dos argumentos chama-se *argumentação*.

8. Releia o ensaio e identifique os principais argumentos empregados por Abramovay para fazer o que se pede a seguir.

a) Reescreva esses argumentos com suas palavras, sintetizando cada um deles em um único enunciado, na ordem em que foram empregados. Por exemplo: "Argumento 1: é um erro compreender o desmatamento como produtor de riqueza; Argumento 2: [...]". E assim por diante. Com a ajuda do professor, socialize suas respostas com os colegas.

b) Separe esses argumentos em três grupos: I. Argumentos baseados em dados, fatos observáveis e objetivos; II. Argumentos baseados em opiniões de Abramovay; III. Argumentos que buscam mobilizar as emoções e os sentimentos do leitor.

c) Qual dos três tipos predomina no ensaio? Procure formular uma hipótese para explicar esse predomínio.

Ensaio

O ensaio como gênero textual tem sua origem nos escritos literários e filosóficos do francês Michel de Montaigne (1533-1592). Caracteriza-se por apresentar reflexões e críticas do ensaísta sobre determinado tema (filosófico, científico, político, social, cultural, literário, etc.).

Usual no meio acadêmico e científico, é também publicado em suplementos culturais de revistas e jornais de ampla circulação, como o caderno Ilustríssima, do jornal *Folha de S.Paulo*. No contexto jornalístico, tem menor extensão e é mais didático, sendo chamado de *ensaio jornalístico*, como o texto de Ricardo Abramovay em estudo. É um gênero jornalístico-argumentativo. Sua forma composicional nos permite reconhecer quatro partes essenciais na estrutura do texto, conforme exposto a seguir.

Tero Vesalainen/Shutterstock

Os jornais digitais estão cada vez mais populares e presentes em múltiplas plataformas.

Apresentação do tema

No caso do texto de Abramovay, essa parte é extensa, vai do parágrafo 1 ao 11. Mas há ensaios nos quais essa parte é menor.

Problematização

É a parte em que o ensaísta apresenta seu ponto de vista sobre o tema, formulando uma proposição polêmica e tomando partido em relação a ela. Essa parte abrange os parágrafos 12 e 13 do texto.

Argumentação

É a parte em que o ensaísta defende o ponto de vista assumido na problematização. No ensaio de Abramovay, vai do parágrafo 14 ao 29.

Síntese final

Nessa parte, pode-se retomar e reafirmar o ponto de vista ou resumir argumentos, como fez Abramovay em seu ensaio.

Esboço, a primeira versão

Com base no texto que sintetiza as características do gênero ensaio, lançamos a você um desafio: esboçar um ensaio considerando os temas de *Olhares sobre o futuro* que os grupos definiram na atividade "Lista de temas" da seção *Situação inicial*.

Retomem os grupos de trabalho lá definidos e, com base na pesquisa que fizeram do tema escolhido, deem início à escrita do ensaio. Tenham em vista que ele será divulgado em um evento a ser compartilhado com a comunidade escolar, então os leitores serão colegas, professores, funcionários da escola, familiares e amigos de vocês.

Para produzir esse esboço, sigam as orientações abaixo.

- Identifiquem, como fez Abramovay, um aspecto polêmico do tema selecionado.
- Definam o ponto de vista que vão adotar em relação a esse aspecto.
- Retomem as fontes consultadas para selecionar os possíveis argumentos. Observem se, nos textos jornalísticos e de divulgação científica pesquisados, há indícios claros de confiabilidade, como a autoria, o reconhecimento da origem dos dados e do veículo que os publicou e divulgou e, ainda, se há citações de especialistas reconhecidos no assunto.
- Compartilhem essa produção entre os grupos.

Diário de bordo

Registre em seu diário de bordo o que chamou a sua atenção quanto à complexidade composicional de textos argumentativos ao longo dos estudos desta seção. Comente também os aspectos dos textos argumentativos que ainda não estão muito claros para você.

Rido/Shutterstock

Estudantes trabalhando em grupo.

Pesquisa: a realidade ambiental da sua região

No texto argumentativo que você leu, Ricardo Abramovay defende a necessidade de ações efetivas de preservação do meio ambiente – e em especial da Floresta Amazônica – sob o risco de serem destruídas alternativas de preservação economicamente vantajosas. A ideia central é: ganhamos mais se preservarmos.

Pensando nisso, reflita sobre como é tratado o meio ambiente em sua localidade ou região. Você sabe se a população sofre com problemas ambientais? Sabe se existe alguma organização governamental ou não governamental (ONG) que promova ações de preservação associadas ao desenvolvimento econômico?

A proposta é que você e os colegas planejem e executem uma pesquisa em duas frentes: uma para conhecer a realidade ambiental do lugar onde vivem e outra para levantar ações de preservação já concretizadas ou em andamento sob a responsabilidade de órgãos governamentais ou ONGs.

Para investigar a realidade ambiental da localidade, a turma pode se dividir em grupos, sob a orientação do professor, e planejar ações simultâneas envolvendo as questões a seguir.

Ilustrações: Visual Generation/Shutterstock

- **A realização de enquetes junto aos moradores de diferentes bairros para levantar as condições de preservação ambiental**. Para tanto, será necessário elaborar um conjunto de perguntas que possibilitem, por exemplo, saber sobre o funcionamento da coleta de lixo; o grau de poluição sonora e visual; as condições de abastecimento de água e tratamento de esgoto; etc. Depois, o grupo responsável pela enquete vai, com base nesse roteiro de perguntas, coletar informações dos moradores e, com esses dados, observar que fatos e ações representam, aos olhos da população, as condições de preservação ambiental do lugar.

Visual Generation/Shutterstock

- **O levantamento de ações de preservação ambiental junto aos órgãos governamentais locais**. Esse levantamento pode ser feito por meio de pesquisa nos *sites* desses órgãos, de enquetes ou entrevistas em áudio ou vídeo junto às secretarias para conhecer o que já foi feito e o que não pôde ou não pode ser feito por algum motivo técnico ou outro.

Visual Generation/Shutterstock

- **A pesquisa para averiguar a existência ou não de ONGs ou de outras associações que se dediquem a ações de preservação**. O grupo responsável por essa pesquisa deve considerar a proposta de cada ONG, conforme ela é divulgada no *site* dessa organização, ouvir a ONG sobre suas ações locais, assim como a população diretamente atingida por essas ações.

lustrações: Visual Generation/Shutterstock

Uma vez coletadas e sistematizadas as informações, vocês terão um panorama da situação ambiental da(s) localidade(s) investigada(s) e poderão discutir os modos como podem atuar individual e coletivamente para o bem comum, promovendo a divulgação dos resultados da pesquisa para a comunidade escolar, conforme proposto para o evento sugerido em *#Multiplicar*, ao fim desta Unidade 1.

a pós-verdade e as *fake news*

Pelas atividades finais da seção *Práticas de análise linguística*, sobretudo a atividade 8, você pôde perceber que há basicamente três tipos de argumentos, conforme sintetizado a seguir.

I. Argumentos baseados em dados

- Os que se baseiam em dados, fatos, elementos observáveis da realidade. São os **argumentos lógicos**.

II. Argumentos baseados em opiniões do autor

- Os que se ligam às opiniões do autor e, por essa razão, ajudam-no a construir uma imagem de si próprio no texto. No caso de Abramovay, ao expressar opiniões em favor da manutenção da Floresta Amazônica, ele se apresenta como alguém preocupado com o destino da Amazônia e com a sustentabilidade de seus habitantes. Essa é a imagem de si que ele projeta no texto. Denominam-se **argumentos éticos** os empregados com essa função.

III. Argumentos que buscam mobilizar emoções

- Os que buscam sensibilizar o leitor, em geral com a finalidade de seduzi-lo, envolvendo-o por meio de seus sistemas de crenças e daquilo em que ele quer acreditar. Trata-se dos **argumentos patéticos**. Nesse caso, é importante salientar que a palavra *patético* deriva do termo grego *páthos*, que traz a ideia de "paixão, afeto, sofrimento, emotividade".

Uma argumentação confiável deve conter ao menos dois tipos de argumentos, os lógicos e os éticos. Os argumentos patéticos devem ser introduzidos para reforçar opiniões ou para ressaltar a adesão do leitor à tese, mas não devem nunca predominar em uma argumentação consistente. Quando se trata de argumentação da esfera jornalística e informativa, ao se notar que ela é exclusivamente patética, o leitor deve entender essa característica como indício da não confiabilidade do texto.

A pós-verdade e as *fake news*

Se a opinião pública é influenciada por fontes noticiosas em que os dados objetivos e a expressão dos fatos têm menos importância do que argumentos emocionais e crenças, ocorre um fenômeno da comunicação de massas que os especialistas chamam de *pós-verdade*. Assim, se uma notícia falsa ou outros textos jornalísticos (como artigos e ensaios argumentativos puramente patéticos) veiculam não o que é fato, o que é verdade, mas aquilo que alguns querem acreditar que seja verdade, esse movimento cresce e toma conta da agenda pública de discussões, influenciando a opinião pública sobre o tema.

A pós-verdade ganhou destaque nos últimos anos e se tornou um fenômeno importante da comunicação de massas, em razão, principalmente, das redes sociais, que possibilitam o compartilhamento de informações para muitas pessoas e agentes sociais sem que esses dados passem pelos filtros de veículos de notícias sérios e confiáveis. Isso significa que não há verificação dessas fontes, e é mais difícil investigar a origem de uma informação que já foi compartilhada nas redes sociais.

ivector/Shutterstock

Fake news é um termo em inglês e significa literalmente "notícias falsas". O termo se refere ao fenômeno da divulgação de informações falsas como se fossem fatos verdadeiros que acontece, principalmente, na internet. Com a facilidade de criação e acesso a *sites*, quaisquer conteúdos não verificados e não confiáveis podem ser publicados e disseminados pela *web* com a "aparência" de verdade. Atualmente, agências de verificação ou checagem de notícias têm surgido para combater esse fenômeno.

Exemplos da influência da pós-verdade ocorrem com cada vez mais frequência. Em épocas de eleições, por exemplo, grupos favoráveis a certos candidatos podem espalhar artigos baseados exclusivamente em argumentos patéticos e notícias com informações sem comprovação – as chamadas *fake news*. Outro exemplo: disseminam-se informações sobre curas milagrosas para doenças, sem nenhuma comprovação científica de sua eficácia. As pessoas, então, passam a acreditar, porque a pós-verdade atinge em cheio o lado emocional dos seres humanos e porque é exatamente o que se gostaria que fosse verdade.

Discussão em grupo: *fake news* no dia a dia

A seguir, sob a orientação do professor e considerando as perguntas sugeridas, formem grupos e conversem sobre a disseminação de *fake news*.

I. Vocês conhecem casos em que alguém foi prejudicado pelo fato de ter sido divulgada *fake news* sobre a pessoa? Se possível, compartilhem a história com a turma.

II. Quando recebem uma notícia/uma informação que parece *fake news*, que atitude vocês tomam?

III. E quando vão compartilhar informações? Antes de compartilhar, vocês verificam a legitimidade do que vão divulgar e pensam nas consequências desse gesto? Por quê?

IV. De que modo costumam identificar *fake news*?

V. Leiam alguns critérios para examinar notícias e outras informações compartilhadas – ou a serem compartilhadas – e verificar se se trata ou não de *fake news*.

- Considere a fonte da informação: tente entender sua missão e propósito olhando para outras publicações do site;
- Leia além do título: títulos chamam atenção, mas não contam a história completa;
- Cheque os autores: verifique se eles realmente existem e são confiáveis;
- Procure fontes de apoio: ache outras fontes que confirmem as notícias;
- Cheque a data da publicação: veja se a história ainda é relevante e está atualizada;
- Questione se é uma piada: o texto pode ser uma sátira;
- Revise seus preconceitos: seus ideais podem estar afetando seu julgamento;
- Consulte especialistas: procure confirmação de pessoas independentes, com conhecimento.

MORAES, Isabela; CARLA, Carla. Notícias falsas e pós-verdade: o mundo das *fake news* e da (des)informação. *Politize!*, 1º out. 2017. Disponível em: https://www.politize.com.br/noticias-falsas-pos-verdade/. Acesso em: 2 jun. 2022.

VI. Alguns desses critérios já eram adotados por vocês? Quais critérios são novos para vocês?

pixxelstudio91/Shutterstock

Checagem de notícias e curadoria da informação

Além da verificação da confiabilidade ou não de informações que cada usuário das redes sociais pode e deve fazer com o objetivo de agir de modo responsável e para se proteger, há agências de checagem de fatos por meio das quais é possível verificar o grau de veracidade de conteúdos publicados no universo virtual.

- Com a ajuda do professor, a turma toda deve reunir os critérios de curadoria levantados pelos grupos e organizar uma lista da turma para analisar textos noticiosos em geral quanto à confiabilidade das informações.
- Voltando à configuração dos grupos, pesquisem um fato muito comentado nos dias atuais. Considerando a lista de critérios organizada por vocês, façam a curadoria das informações pesquisadas. Se possível, verifiquem também em *sites* de agências checadoras de fatos como essas informações são divulgadas. Compartilhem tanto as informações pesquisadas quanto as descobertas relacionadas às práticas de curadoria utilizadas.

Saiba +

O jornal. Direção de Ron Howard. 1994 (112 min).

A comédia se passa em um único dia e acompanha o jornalista Henry Hackett, editor de um tabloide sensacionalista de Nova York. Nesse passeio pelo dia de Hackett, ficamos sabendo muito sobre como a imprensa age.

Visual Generation/Shutterstock

Estilos de época

Nesta seção você vai estudar o Simbolismo, estilo de época que surge no final do século XIX como uma forma de oposição ao pensamento objetivo e racionalista dos movimentos literários anteriores, o Realismo/Naturalismo e o Parnasianismo.

Observe as linhas do tempo abaixo. Elas apresentam a cronologia dos estilos de época em Portugal e no Brasil. Depois, leia o texto que trata do Simbolismo no Brasil.

Portugal

Brasil

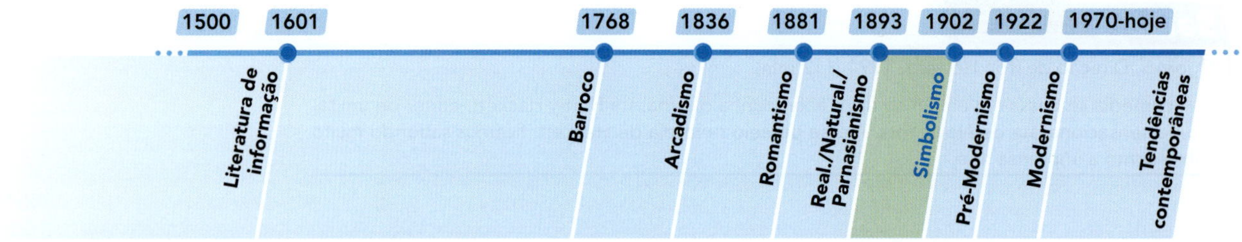

Simbolismo

O Simbolismo, cujas características você vai estudar mais a fundo na seção *Práticas de leitura e análise literária* desta unidade, foi um movimento literário que, no Brasil, se caracterizou como uma reação ao estilo que predominou na época anterior, o Parnasianismo, que propunha uma poesia objetiva, em que não cabiam sentimentalismo e fantasia.

Enquanto as literaturas realista/naturalista e parnasiana buscavam representar a realidade de forma objetiva, o Simbolismo reage a esse pensamento racionalista, propondo a valorização da subjetividade, a busca pelo transcendente e a reaproximação do ser humano com o divino, o espiritual e o inexplicável.

A principal expressão do Simbolismo na literatura brasileira se dá na poesia, que é marcada pela utilização de uma linguagem simbólica – daí a origem do nome desse movimento. Dessa forma, por meio dessa linguagem, é possível sugerir uma imagem pelo uso de um símbolo (por exemplo, a cruz como sugestão de sofrimento, a espuma branca como símbolo de pureza ou um urubu como sinal de má sorte). Se na poesia parnasiana as descrições eram detalhadas e racionais, na poesia simbolista as imagens poéticas são apresentadas de forma indireta e subjetiva.

A oposição ao movimento parnasiano também se desenvolve nos aspectos formais do poema, com a recusa ao rigor métrico e o uso de metrificações irregulares e versos livres.

Assim, a partir de uma perspectiva subjetiva e da busca pela transcendência surgem as principais características do Simbolismo:

- temáticas que abordam a interioridade humana e os estados emocionais subjetivos;
- poesia como forma de transcendência e conciliação entre o espírito e a matéria;
- sinestesia: descrições que misturam a percepção dos diferentes órgãos dos sentidos, como sons, aromas e cores;
- descrições que exploram a relação de luz e sombra, ambientes sombrios, imagens melancólicas;
- uso de versos livres e de metrificação irregular;
- presença de musicalidade por meio da repetição de sons ou palavras.

Os poetas simbolistas buscavam conciliar o mundo material com a dimensão imaterial e intuitiva. Por isso a transcendência é um tema tão importante nesse movimento, como uma tentativa de ultrapassar a limitação da matéria em busca da verdade e de uma união absoluta com o cosmos. Leia a seguir um poema de Cruz e Sousa, o principal poeta simbolista brasileiro.

Carnal e místico

Cruz e Sousa

Pelas regiões tenuíssimas da bruma
vagam as Virgens e as Estrelas raras...
Como que o leve aroma das searas
todo o horizonte em derredor perfuma.

Numa evaporação de branca espuma
vão diluindo as perspectivas claras...
Com brilhos crus e fúlgidos de tiaras
as Estrelas apagam-se uma a uma.

E então, na treva, em místicas dormências,
desfila, com sidéreas latescências,
das Virgens o sonâmbulo cortejo...

Ó Formas vagas, nebulosidades!
Essência das eternas virgindades!
Ó intensas quimeras do Desejo...

CRUZ E SOUSA. *Broquéis*, 1893. Disponível em: http://www.dominiopublico.gov.br/download/texto/bn000057.pdf. Acesso em: 8 jul. 2022.

Saiba +

João da Cruz e Sousa (1861-1898) nasceu em Florianópolis (SC). Exerceu o cargo de professor e jornalista no Rio de Janeiro (RJ), onde ingressou no grupo simbolista, tornando-se logo respeitado como mentor do grupo. Suas obras mais famosas são *Missal* (1893), *Broquéis* (1893), *Faróis* (1900) e *Evocações* (1898). Na imagem, Cruz e Sousa em gravura de Maurício Jobim, de cerca de 1898.

Reprodução/Coleção particular

Nesse poema estão presentes diversas características do Simbolismo, como a musicalidade, a exploração dos aspectos sensoriais, a utilização de uma linguagem simbólica e a aproximação da materialidade carnal com o mundo místico imaterial. Ao longo dos versos, o ambiente material vai se dissolvendo em imagens vagas e nebulosas, misturando a realidade e o sonho por meio de símbolos que apenas sugerem sem revelar completamente aquilo que representam ("Numa evaporação de branca espuma/ vão diluindo as perspectivas claras..."). Essa atmosfera de mistério e nebulosidade também constitui aspecto marcante desse movimento literário.

Augusto dos Anjos: parnasiano ou simbolista? Ou algo mais?

Augusto dos Anjos é um dos nomes importantes da poesia brasileira na passagem do século XIX para o século XX. O poeta recebeu influências tanto do Parnasianismo como do Simbolismo. Por isso, sua obra não pode ser enquadrada com exatidão em nenhum desses movimentos, mas ela nos ajuda a compreender as tensões filosóficas e artísticas de seu tempo. Se, por um lado, seus poemas apresentam termos cientificistas, descrições animalescas do ser humano e sua realidade material, como faziam os autores parnasianos e naturalistas, por outro, sua obra enfatiza a subjetividade e a experiência individual, que são características marcantes do Simbolismo. Costuma-se classificar cronologicamente o poeta como pré-modernista.

Leia a seguir um poema de Augusto de Anjos, em que é possível perceber a mistura dessas tendências.

A lágrima

Augusto dos Anjos

– Faça-me o obséquio de trazer reunidos
Clorureto de sódio, água e albumina...
Ah! Basta isto, porque isto é que origina
A lágrima de todos os vencidos!

– A farmacologia e a medicina
Com a relatividade dos sentidos
Desconhecem os mil desconhecidos
Segredos dessa secreção divina.

– O farmacêutico me obtemperou. –
Vem-me então à lembrança o pai ioiô
Na ânsia psíquica da última eficácia!

E logo a lágrima em meus olhos cai.
Ah! Vale mais lembrar-me eu de meu Pai
Do que todas as drogas da farmácia!

ANJOS, Augusto dos. *Eu e outras poesias*. 42. ed. Rio de Janeiro: Civilização Brasileira, 1998. Disponível em: http://www.dominiopublico.gov.br/download/texto/bv.00054a.pdf. Acesso em: 8 jul. 2022.

O poema "A lágrima" apresenta o conflito entre o pensamento científico e o discurso metafísico por meio do diálogo entre o eu lírico e um farmacêutico. Estão presentes no poema termos científicos que contrastam com a imagem poética das lágrimas. Apesar do conhecimento técnico sobre os elementos químicos presentes na formação da lágrima, o farmacêutico afirma que os segredos por trás dessa "secreção divina" permanecem desconhecidos, transmitindo a ideia de que há mistérios que nem a ciência consegue explicar. Na estrofe seguinte, o poema contrasta a linguagem técnica e científica com a memória afetiva e pessoal: ao lembrar-se do pai, o eu lírico começa a derramar lágrimas dos olhos, mostrando que a produção das lágrimas vem do sentimento e da emoção interior. É essa mistura entre o objetivismo científico e o sentimento subjetivo que marca a poesia de Augusto dos Anjos.

Além de apresentar características parnasianas e simbolistas, Augusto dos Anjos introduz em sua poesia elementos modernos que farão parte de um novo estilo que se inaugura em nossa literatura a partir de 1902, o Pré-Modernismo.

Saiba +

Augusto dos Anjos (1884-1914) nasceu em Engenho do Pau d'Arco (PB) , onde viveu até os 24 anos. Formou-se em Direito no Recife (PE), mas nunca exerceu a profissão. Trabalhou como professor de literatura e diretor escolar. Sua obra poética está concentrada em um único livro intitulado *Eu e outras poesias*. Inicialmente, sua obra recebeu muitas críticas, principalmente dos poetas parnasianos, que julgavam a sua linguagem vulgar e os temas de seus poemas excessivamente mórbidos, mas atualmente é um poeta bastante lido no Brasil, com várias reedições de sua obra. Sua produção literária em prosa foi divulgada apenas em jornais.

Reprodução/Coleção particular

Alguns temas simbolistas

Para os simbolistas, a música era um elemento importantíssimo. Os poemas deveriam ter uma musicalidade agradável que poderia ser alcançada por meio de repetições de palavras ou sílabas. Também nos poemas de Augusto dos Anjos essa preocupação com a musicalidade está presente, enquanto os termos científicos aparecem para compor a aspereza dos versos e ilustrar o sofrimento subjetivo e psicológico vivido pelo eu lírico. A religiosidade e os temas místicos, característicos do Simbolismo, são temas que frequentemente aparecem na obra desse poeta singular.

Reprodução/Memorial Augusto dos Anjos, Sapé, PB.

Augusto dos Anjos, de Flávio Tavares, 2006.

Leia a seguir um poema de Augusto dos Anjos em que é possível perceber esses elementos.

Budismo moderno

Augusto dos Anjos

Tome, Dr., esta tesoura, e... corte
Minha singularíssima pessoa.
Que importa a mim que a bicharia roa
Todo o meu coração, depois da morte?!

Ah! Um urubu pousou na minha sorte!
Também, das diatomáceas da lagoa
A criptógama cápsula se esbroa
Ao contacto de bronca dextra forte!

Dissolva-se, portanto, minha vida
Igualmente a uma célula caída
Na aberração de um óvulo infecundo;

Mas o agregado abstrato das saudades
Fique batendo nas perpétuas grades
Do último verso que eu fizer no mundo!

David Fadul/Shutterstock

Por se alimentarem de frutos podres e da carne de animais mortos, os urubus são associados popularmente a má sorte. Na natureza, é uma ave que apresenta papel muito importante, atuando como uma espécie de agente sanitário, já que retira do ambiente o material orgânico em decomposição que está na superfície do solo e que poderia espalhar doenças por meio da proliferação de bactérias.

ANJOS, Augusto dos. *Eu e outras poesias*. 42. ed. Rio de Janeiro: Civilização Brasileira, 1998. Disponível em: http://www.dominiopublico.gov.br/download/texto/bv.00054a.pdf. Acesso em: 8 jul. 2022.

Práticas de leitura e análise literária: o Simbolismo na literatura

Refletir sobre a temática *Olhares sobre o futuro* nos estudos de literatura pode nos remeter ao estilo de época conhecido como Simbolismo. Esse estilo se formou em um dos períodos de grandes avanços tecnológicos, que provocaram mudanças sociais marcantes nos países do Ocidente: as duas décadas finais do século XIX e o início do século XX até a eclosão da Primeira Guerra Mundial, em 1914. Nesse período, foram desenvolvidas tecnologias como o telefone e o avião; houve a expansão do uso da eletricidade como fonte energética; as cidades passaram por intenso processo de crescimento e urbanização; entre muitas outras conquistas que nos influenciam até hoje. Não é à toa que, conforme você viu na abertura desta unidade, muitos projetavam o futuro com base em inovações promovidas pela tecnologia.

Reagindo a esse cientificismo, a arte propõe sobretudo a apreensão de estados emocionais subjetivos, misteriosos, ilógicos, ou seja, aquilo que só admite expressão simbólica. A razão e a lógica cedem lugar, na literatura, por exemplo, à intuição e à subjetividade.

Observe as obras a seguir. O clima de misticismo, sonho e mistério é evidenciado na pintura da época.

Noite, de Edward Burne-Jones, 1870 (óleo sobre tela, 79 cm × 56 cm).

O sonho, de Pierre Puvis de Chavannes, 1883 (óleo sobre tela, 82 cm × 102 cm).

Movimentos como o Simbolismo (na literatura) e o Impressionismo (nas artes visuais) propuseram novas formas pelas quais a arte passou a compreender e representar a realidade, abrindo caminho para as bases do que seria chamado no século XX de Modernismo. Por todas essas razões, é importante estudar o Simbolismo na literatura.

O Impressionismo foi um movimento artístico surgido na França e que coincide com a *Belle Époque*.

Os impressionistas buscavam captar em suas pinturas as impressões de luminosidade, cor e sombra do recorte da realidade que tinham escolhido como assunto.

Alguns deles pintavam o mesmo objeto em diferentes horários, para captar diferenças de luz e sombra que transformavam a percepção do objeto.

O nome do movimento deriva da obra *Impressão: nascer do sol*, de autoria do pintor francês Claude Monet (1840-1926).

Impressão: nascer do sol, de Claude Monet, 1872 (óleo sobre tela, 48 cm × 63 cm).

Saiba +

Impressionismo. Disponível em: http://www.historiadasartes.com/nomundo/arte-seculo-19/impressionismo/. Acesso em: 29 abr. 2022.

Mulher com guarda-sol, de Claude Monet, 1873 (têmpera sobre tela, 131 cm × 88 cm). O pintor Claude Monet é um dos nomes mais importantes do movimento impressionista.

Quaresmas, de Eliseu Visconti, 1942 (óleo sobre tela, 168 cm × 117 cm). No Brasil, o pintor Eliseu Visconti teve destaque com seus quadros de influência impressionista.

Marc Ferrez/Coleção particular

O Teatro Municipal do Rio de Janeiro, em foto de 1910, foi uma das novidades da reforma da cidade do Rio de Janeiro, promovida pelo então prefeito Pereira Passos, que pretendia modernizar a imagem do Brasil. O prefeito, que era engenheiro e viveu em Paris no ano de 1880, inspirou-se na capital francesa para conduzir as reformas urbanísticas no Rio.

Considerando a reação do Simbolismo ao cientificismo de sua época, você vai notar que o texto a seguir é construído com uma linguagem bastante diferente da do ensaio jornalístico lido nesta unidade. Trata-se de um poema que procura caracterizar a voz de uma pessoa de forma vaga, imprecisa, de acordo com a subjetividade do eu lírico.

Cristais

Cruz e Sousa

Mais claro e fino do que as finas pratas
O som da tua voz deliciava...
Na **dolência velada** das **sonatas**
Como um perfume a tudo perfumava.

Era um som feito luz, eram **volatas**
Em lânguida espiral que iluminava,
Brancas sonoridades de cascatas...

Tanta harmonia melancolizava.
Filtros sutis de melodias, de ondas
De cantos **volutuosos** como rondas
De **silfos** leves, sensuais, **lascivos**...

Como que anseios invisíveis, mudos,
Da brancura das sedas e veludos,
Das virgindades, dos pudores vivos.

CRUZ E SOUSA. Cristais. *In:* CRUZ E SOUSA. *Obra completa*. Rio de Janeiro: Nova Aguilar, 1995. p. 86.

dolência: mágoa, dor; sofrimento, aflição.

velado: coberto com véu; oculto; disfarçado.

sonata: peça musical.

volata: série de sons executados com rapidez.

voluptuoso: sensual; em que há prazer ou volúpia.

silfo: na mitologia céltica, é o "gênio do ar".

lascivo: sensual, libidinoso, desregrado.

1. Observe que o eu lírico descreve uma voz e, para caracterizá-la, ele a compara a finas pratas. Com base nisso, responda às questões.

   a) Que elemento comum ele percebe entre a voz e as finas pratas?

   b) Comparar um som à prata (um metal) é uma comparação convencional? Por quê?

2. A sonata é uma composição musical feita para ser executada por um ou mais instrumentos, diferentemente de uma composição vocal. Com base nessa definição, interprete os dois últimos versos da primeira estrofe.

3. Além de deliciar, a voz perfumava. Sabe-se que a voz é percebida pela audição. O perfume, pelo olfato. Ao fundir essas duas sensações, o eu lírico constrói uma *sinestesia*, que é a associação de palavras ou expressões que transmitem a ideia de sensações diferentes em uma só impressão (voz que perfumava). A sinestesia relaciona planos sensórios diferentes. Localize outras duas sinestesias no poema e explique os efeitos de sentido que elas provocam.

4. Na terceira estrofe, a voz da pessoa a quem o poema se dirige é comparada com "rondas / de silfos leves, sensuais, lascivos...". Explique a comparação.

5. No poema prevalece a expressão de sensações visuais, auditivas ou olfativas? Comente sua resposta relacionando-a ao assunto do soneto.

6. Além das rimas, que outros elementos contribuem para a sonoridade do poema?

7. Como você interpreta o título do poema?

Saiba + +++

Site do Museu d'Orsay, Paris, França. Disponível em: https://www.musee-orsay.fr/fr/collections. Acesso em: 28 fev. 2022.

O Museu d'Orsay reúne um dos maiores acervos impressionistas do mundo, além de inúmeras outras tendências artísticas da segunda metade do século XIX. Em seu *site*, é possível visualizar obras comentadas (em francês), organizadas em pintura, escultura, artes decorativas, fotografia, entre outras.

Reprodução/Museu de Belas Artes, Boston, EUA.

A catedral de Rouen: efeito da manhã, de Claude Monet, 1893 (óleo sobre tela, 106,5 cm × 73,2 cm). Essa obra, que pode ser encontrada no Museu d'Orsay, faz parte de uma série de mais de trinta pinturas com as quais Monet pretendia capturar o efeito da luz na fachada da catedral francesa em diferentes momentos do dia e das estações do ano.

Busca da musicalidade

Música, eis uma das palavras-chave para os simbolistas, que tinham como lema esta frase do poeta francês Paul Verlaine: "A música antes de tudo". O simbolista buscava alcançar a musicalidade em seus poemas, conforme vimos em "Cristais".

Para entender melhor o estilo, observe alguns significados do termo *símbolo*:

símbolo

[Do gr. *symbolon*, pelo lat. *symbolu*.]

1. Aquilo que, por um princípio de analogia, representa ou substitui outra coisa. [...]

2. Aquilo que, por sua forma ou sua natureza evoca, representa ou substitui, num determinado contexto, algo abstrato ou ausente: O Sol é o *símbolo* da vida; A água é o *símbolo* da purificação.

3. Aquilo que tem valor evocativo, mágico ou místico: A cruz é o *símbolo* do cristianismo. [...]

7. Sinal que substitui o nome de uma coisa ou de uma ação. [...]

12. Psicol. Ideia consciente que representa e encerra a significação de outra inconsciente.

FERREIRA, Aurélio Buarque de Holanda. *Novo dicionário eletrônico Aurélio*. Curitiba: Positivo, 2004.

Os traços mais importantes do estilo simbolista aí estão: representar, evocar; magia, misticismo; inconsciente.

Os simbolistas propunham uma poesia baseada na expressão de estados emocionais subjetivos, misteriosos, ilógicos, ou seja, aquilo que só admite expressão simbólica. A razão e a lógica, instrumentos de análise da realidade, cedem sua vez à intuição, à subjetividade. Por isso, mais importante que nomear é sugerir.

Na composição dos poemas, nota-se grande preocupação em obter efeitos de musicalidade no texto. Por isso, no Simbolismo predomina a produção em versos. Mesmo a pouca prosa simbolista que se escreveu deve ser classificada como prosa poética.

Como se distanciaram das preocupações sociais, os simbolistas eram chamados de *nefelibatas*, ou seja, aqueles que *vivem nas nuvens*.

Musicalidade, misticismo, espiritualismo, assim como expressão da realidade de maneira vaga e imprecisa, ênfase no imaginário e na fantasia, emprego abundante de sinestesias, são características marcantes do texto simbolista. Por isso, ao ler um poema simbolista, devemos nos deixar envolver pelas sugestões e impressões que ele evoca.

O Simbolismo em literatura é simultâneo ao Impressionismo na pintura. Observe esta tela impressionista do pintor ítalo-brasileiro Eliseu d'Angelo Visconti (1866-1944).

Reprodução/Museus Castro Maia – Museu da Chácara do Céu – Rio de Janeiro, RJ.

Carrinho de criança, de Eliseu d'Angelo Visconti, c. 1916 (óleo sobre tela, 66,0 cm × 81,0 cm). Observe na obra, que segue influências impressionistas, as pinceladas grossas, que procuram produzir uma "impressão" da cena, sem contornos marcados. Note ainda a preferência pelas cenas cotidianas, em ambientes abertos nos quais se pode notar bem a luz local.

Na Europa, o início do Simbolismo foi marcado com a publicação da obra *As flores do mal*, em 1857, do poeta francês Charles Baudelaire (1821-1867). No Brasil, o Simbolismo encontrou sua voz mais forte no poeta catarinense Cruz e Sousa, autor do poema "Cristais", lido anteriormente.

A fusão de poesia e prosa, característica que marcou a literatura produzida no século XX, foi antecipada pelos simbolistas. Tanto na Europa quanto no Brasil, a poesia simbolista não foi muito bem aceita no início – a publicação de *As flores do mal* gerou controvérsia na França, e Baudelaire chegou a ser julgado e multado por causa do livro. Só mais tarde a produção simbolista foi reavaliada pelos estudiosos. Hoje é considerada fundamental para a formação da literatura do século XX.

O beijo, de Gustav Klint, 1907-1908 (óleo sobre tela, 180 cm × 180 cm). A obra simbolista do pintor austríaco representa um casal apaixonado se beijando.

Saiba + +++

Flores das Flores do mal *de Baudelaire*, de Guilherme de Almeida. Editora 34, 2010.

Nesse livro, o poeta e tradutor brasileiro Guilherme de Almeida apresenta a tradução poética comentada de uma seleção de poemas de *As flores do mal* (1857), de Baudelaire, obra que é considerada o marco inicial do Simbolismo e uma das mais influentes obras poéticas do século XIX.

Capa do livro *Flores das* Flores do mal *de Baudelaire*, de Guilherme de Almeida.

Veja nas páginas a seguir uma linha do tempo mostrando alguns dos principais fatos sobre Cruz e Sousa, importante nome do Simbolismo no Brasil.

1861

Nasce João da Cruz e Sousa na antiga vila de Nossa Senhora do Desterro, hoje Florianópolis, Santa Catarina. Como poeta, seria conhecido como **Cruz e Sousa**.

Reprodução/Museu Victor Meirelles

Uma visão de Nossa Senhora do Desterro, de Victor Meirelles, c. 1847 (óleo sobre tela, 71,7 cm x 119,2 cm).

Sede do museu histórico Palácio Cruz e Sousa, Florianópolis (SC). Foto de 2005.

pepsilina/Flickr/Creative Commons 2.0

1979

O palácio sede do Museu Histórico de Santa Catarina, Florianópolis, passa a ser denominado Palácio Cruz e Sousa, em homenagem ao poeta.

Reprodução/Coleção Particular

Ilustração representando o poeta Cruz e Sousa com seu livro *Missal*.

1893

O poeta publica os livros *Missal* e *Broquéis*, obras que inauguram o Simbolismo no Brasil.

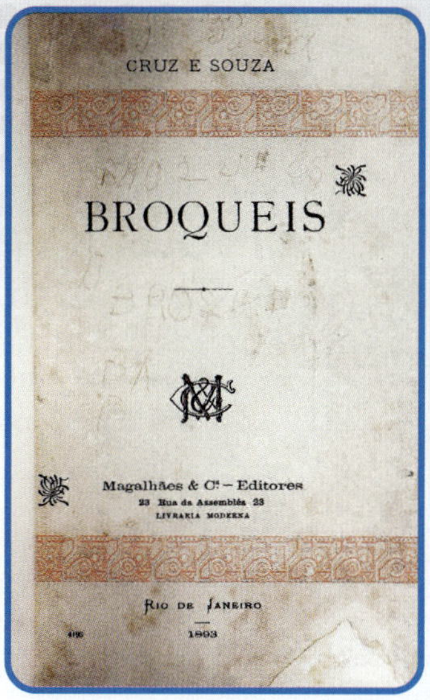

Reprodução/Magalhães & Cia Editores

Capa do livro *Broquéis*, de 1893.

Freepik/WYM Design/Arquivo da editora

1898

Morre o poeta Cruz e Sousa, de tuberculose, na localidade de Curral Novo, atual município de Antônio Carlos, Minas Gerais.

1998

O cineasta catarinense Sylvio Back lança o filme *Cruz e Sousa, o poeta do desterro*, protagonizado por Kadu Karneiro na figura do poeta.

Reprodução/SESCTV

Cartaz do filme *Cruz e Sousa, o poeta do desterro* (1998).

Além de Cruz e Sousa, destacou-se no Simbolismo brasileiro o poeta Alphonsus de Guimaraens. Leia a seguir um de seus poemas mais conhecidos: "Ismália". Depois, faça a sua interpretação do poema e a comente com os colegas.

Ismália

Alphonsus de Guimaraens

Quando Ismália enlouqueceu,
Pôs-se na torre a sonhar...
Viu uma lua no céu,
Viu outra lua no mar.

No sonho em que se perdeu,
Banhou-se toda em luar...
Queria subir ao céu,
Queria descer ao mar...

E, no desvario seu,
Na torre pôs-se a cantar...
Estava perto do céu,
Estava longe do mar...

E como um anjo pendeu
As asas para voar...
Queria a lua do céu,
Queria a lua do mar...

As asas que Deus lhe deu
Ruflaram de par em par...
Sua alma subiu ao céu,
Seu corpo desceu ao mar...

GUIMARAENS, Alphonsus de. *Poesia*. Rio de Janeiro: Agir, 1976. p. 70-71.

Saiba + +++

Alphonsus de Guimaraens (1870-1921) nasceu em Ouro Preto (MG). Foi poeta e um dos principais representantes do movimento simbolista no Brasil. Marcado pela morte de sua prima e amada Constança, sua poesia é quase toda caracterizada pelo tema da morte da mulher amada. Todos os outros temas por ele explorados, como religião, natureza e arte, de alguma forma se relacionam com o mesmo tema da morte.

Saiba + +++

Clipe de "Ismália", canção de Emicida. Disponível em: https://www.youtube.com/watch?v=EtN1jBk0ZQg. Acesso em: 29 abr. 2022.

O *rapper* Emicida faz referência ao poema "Ismália" em sua canção de mesmo nome. No canal oficial do artista, é possível ouvir a canção em uma versão ao vivo, tocada no *show* de lançamento do álbum *AmarElo*.

Houve manifestações simbolistas também em prosa. No entanto, não se trata de uma prosa com enredo e personagens. Por isso, os textos são chamados de poemas em prosa, como o texto a seguir.

Ocaso no mar

Cruz e Sousa

Num fulgor d'ouro velho o sol tranquilamente desce para o ocaso, no limite extremo do mar, d'águas calmas, serenas, dum espesso verde pesado, **glauco**, num tom de bronze.

glauco: de tom verde-azulado.

No céu, de um desmaiado azul, ainda claro, há uma doce suavidade astral e religiosa. Às derradeiras cintilações doiradas do nobre Astro do dia, os navios, com o maravilhoso aspecto das mastreações, na quietação das ondas, parecem estar em êxtase na tarde.

Num esmalte de gravura, os mastros, com as **vergas** altas lembrando, na distância, esguios caracteres de música, pautam o fundo do horizonte límpido. Os navios, assim armados, com a **mastreação**, as vergas dispostas por essa forma, estão como a fazer-se de vela, prontos a arrancar do porto.

Um ritmo indefinível, como a errante **etereal** expressão das forças originais e virgens, **inefavelmente** desce, na tarde que finda, por entre a nitidez já indecisa dos mastros...

Em pouco as sombras densas envolvem gradativamente o horizonte em torno, a vastidão das vagas.

Começa, então, no alto e profundo firmamento silencioso, o brilho frio e fino, aristocrático das estrelas.

Surgindo através de tufos escuros de folhagem, além, nos cimos montanhosos, uma lua amarela, de face chara de **chim**, verte um óleo luminoso e dormente em toda a amplidão da paisagem.

CRUZ E SOUSA. Ocaso no mar. *In:* CRUZ E SOUSA. *Missal*, *op. cit.* p. 461-462.

verga: peça de madeira ou de metal disposta transversalmente em um mastro, da qual pende a vela.

mastreação: conjunto de mastros de uma embarcação.

etereal: etéreo, pertencente ao sublime, vago.

inefavelmente: de maneira tão bela que é indescritível.

chim: relativo a chinês.

8. Depois de ler o texto de Cruz e Sousa, comente com os colegas: De que maneira a paisagem marítima é descrita nele?

Diário de bordo

Registre em seu diário de bordo que impressões e sentimentos você teve ao ler textos de dois escritores brasileiros simbolistas, Cruz e Sousa e Alphonsus de Guimaraens.

RossHelen/Shutterstock

Jovem pintando um quadro. A pintura é uma forma de expressão visual que nas mais diferentes épocas da humanidade ajudou diversos artistas não só a expressar seus sentimentos, mas a buscar captar instantes e produzir cenas que ficaram eternizadas por meio de suas obras. E ainda hoje essa modalidade tão tradicional das artes plásticas continua a ter relevância para o público e a comunidade artística em todo o mundo.

Práticas de produção oral: debate regrado (I)

Na seção *Práticas de análise linguística*, você pôde ter ideia do que é uma questão polêmica. Esse tipo de questão pode surgir, entre outras ocasiões, quando duas pessoas têm opiniões divergentes sobre um mesmo tema, o que faz cada uma delas argumentar em favor do próprio ponto de vista.

Na mídia e no mundo acadêmico, o debate é um gênero amplamente difundido. Estudá-lo é uma forma de aprender a argumentar eficazmente na linguagem oral, o que poderá ajudá-lo sempre que precisar defender seu ponto de vista sobre uma questão ou polêmica qualquer.

Com base em um dos temas levantados nas discussões da *Situação inicial* desta unidade, você e os colegas vão organizar um debate. Para isso, sigam os passos propostos a seguir para esta atividade de **produção**, **mediação** e **interação**.

AnnaStills/Shutterstock

Estudante iniciando sua fala em debate na escola.

Planejamento e preparação

Distribuam-se em dois grupos:

- **Grupo 1**: Estudantes que defendem uma posição **favorável** ao ponto de vista exposto no tema.
- **Grupo 2**: Estudantes que defendem uma posição **contrária** ao ponto de vista exposto no tema.

Cada grupo deve reunir a maior diversidade de argumentos que sustentem a posição defendida em relação ao tema. Procurem analisar diversos ângulos do posicionamento de vocês e anotem esses argumentos esquematicamente em um arquivo de texto avulso. Utilizem as fontes de consulta que vocês já pesquisaram até aqui sobre o tema.

Escolham um representante de cada grupo. Esses representantes debaterão o tema. O professor, ou um colega sorteado, será o mediador do debate e controlará o tempo de fala de cada um dos debatedores. O restante da turma (dividido nos dois grupos) constituirá o conjunto de ouvintes do debate.

Regras para o debate

No dia combinado com o professor, façam o debate de acordo com as regras indicadas a seguir.

- O mediador inicia o debate apresentando o tema e dando a palavra a um dos debatedores. O outro debatedor toma a palavra sempre que achar necessário, mas respeitando o controle do mediador.
- Cada grupo poderá ajudar seu representante sempre que considerar preciso, para, por exemplo, relembrar algum aspecto do tema e da polêmica que julgue importante. Para isso, esse aspecto deve ser anotado em um papel e entregue ao debatedor (em princípio, os ouvintes não devem participar diretamente do debate).
- Se possível, esse primeiro debate deve ser gravado, para que se possa assistir a ele e, posteriormente, observar suas características.
- O mediador vai estipular um tempo de duração do debate e deverá controlá-lo. Será também preciso controlar o tempo de fala de cada debatedor, para que todos tenham as mesmas oportunidades de expor seu ponto de vista diante do tema em discussão.

Análise e avaliação do debate

Terminado o debate, organizem-se em grupos para analisá-lo. Se tiver sido possível gravar a atividade, este é um bom momento para assistir à gravação. Ao fazerem isso, atentem para as considerações a seguir.

I. O papel do mediador

- Ele soube controlar o tempo de fala?
- Conseguiu dar início ao debate, apresentando claramente a questão polêmica ou o tema que seria debatido?
- Houve momentos em que o mediador precisou interromper a fala de um dos debatedores? Se isso tiver acontecido, como ele o fez?
- Como foi feito o encerramento do debate?

II. O papel dos ouvintes

- Os ouvintes prestaram atenção à fala dos debatedores?
- Algum ouvinte interveio diretamente no debate, ou seja, falou diretamente, dirigindo-se aos debatedores? Se isso tiver acontecido, por que esse ouvinte agiu assim?
- Na situação descrita no item anterior, como o mediador reagiu? O que ele fez? E o que fizeram os demais ouvintes?
- Em algum momento o mediador convocou os ouvintes a também participar do debate? Se isso tiver acontecido, por que ele o fez?

III. O conteúdo do debate

- As posições defendidas e as opiniões dos debatedores ficaram claras para quem ouvia? Se isso não tiver ocorrido, o que, na opinião de vocês, prejudicou a clareza?
- O mediador fez perguntas aos debatedores? Essas perguntas foram pertinentes ao tema ou fugiam dele?
- Os debatedores procuraram ater-se ao tema ou fugiram da questão polêmica em discussão? Houve debatedor que mudou de opinião durante o debate? Se isso tiver acontecido, por que ele agiu assim?

Jacob Lund/Shutterstock

Estudantes reunidos preparando debate.

IV. O comportamento dos participantes

- Em certos momentos, o mediador olha diretamente para a plateia ou ele olha apenas para os debatedores? Em que momentos o olhar dele se movimenta?
- Há movimentos dos participantes – mediador e debatedores – durante o debate? Por exemplo: ficam de pé, caminham pelo espaço ou se mantêm em suas posições? Em caso afirmativo, tentem formular uma hipótese ou explicações para justificá-los.
- Os elementos sonoros empregados (volume e timbre da voz, ritmo da fala, pausas, etc.) são compatíveis com o que é discutido? De que forma contribuem para a construção dos sentidos no debate?
- Os participantes gesticulam? Os gestos e todos os componentes mimogestuais (expressões faciais, movimento dos braços e das mãos, direcionamento do olhar) desempenham algum papel na comunicação?

Reúnam-se em pequenos grupos para discutir algumas questões gerais do debate.

- Qual foi o debatedor mais convincente e mais persuasivo? Por quê?
- Durante a execução do debate, foi importante ouvir atentamente os debatedores? Por quê?
- Discutam os argumentos levantados pelo debatedor menos convincente, procurando melhorá-los. Em seguida, abram uma discussão com toda a turma, apresentando as soluções de cada grupo.

mentatdgt/Shutterstock

Jovem estudante em debate.

Diário de bordo

Na próxima unidade, daremos continuidade ao estudo do debate. Registre em seu diário de bordo as conclusões a que chegou por meio da análise da experiência feita nos grupos. Registre também de que modo você percebeu sua atuação na atividade (caso tenha sido um dos debatedores) ou como percebeu a dos colegas (caso tenha ficado na mediação ou na audiência).

Práticas de produção escrita: ensaio

Retorne ao grupo que deu início ao esboço do ensaio em *Esboço, a primeira versão*, na seção *Práticas de análise linguística*.

No grupo, releiam o esboço que vocês produziram e arquivaram no **portfólio**. Agora, vocês vão produzir uma nova versão desse ensaio.

Planejamento

Antes de iniciarem a reescrita, considerem as propostas a seguir:

- Revejam as pesquisas sobre o tema do ensaio realizadas pelo grupo, assim como a questão polêmica e a tese elaborada.
- Analisem os argumentos esboçados e verifiquem quais são lógicos, quais são éticos e quais são patéticos.
- Vocês já sabem que uma argumentação confiável não pode conter apenas argumentos patéticos; então, a análise dos argumentos deve ajudar o grupo a definir quais serão os argumentos mais convincentes e que terão potencial para produzir a argumentação mais confiável.
- Com base nos argumentos definidos no esboço e tendo em vista a estrutura composicional do ensaio argumentativo, troquem opiniões sobre o texto considerando a leitura de outros colegas.

Análise e reescrita

- Antes de produzir a redação final, cada grupo deve ler seu esboço para os colegas, destacando os argumentos já levantados e analisados. A turma toda deve comentar os esboços produzidos uns pelos outros.

VectorMine/Shutterstock

- No grupo, anotem as observações dos demais colegas e verifiquem se são pertinentes ao desenvolvimento do texto, ou seja, se ajudam a melhorar a argumentação em favor da tese definida.

Feito esse exercício coletivo, cada grupo vai redigir seu ensaio, considerando as questões a seguir.

- A questão polêmica foi claramente formulada?
- A tese ficou explicitada claramente na problematização?
- Os argumentos são suficientes para dar sustentação à tese?
- Há os três tipos de argumentos, com predomínio de argumentos lógicos?
- Foram utilizadas as formas de modalização que contribuem para explicitar as posições enunciativas no texto?
- A linguagem é formal e respeita a norma-padrão? (Lembre-se de que, em um ensaio, a formalidade na linguagem é uma das características que contribuem para a confiabilidade do texto.)
- Os possíveis leitores conseguirão compreender as ideias formuladas?

Circulação do texto

Em data combinada com o professor, esses textos, já em formato mais definitivo, devem ser compartilhados e comentados. Utilizem o mural da sala de aula ou as redes sociais para fazer circular os comentários.

Chonlawut/Shutterstock

Estudantes fazendo anotações.

Diário de bordo

Registre em seu diário de bordo suas impressões sobre todo o processo de construção do ensaio argumentativo e aponte as dificuldades e facilidades que você encontrou durante o processo. Comente também os ensaios dos outros grupos e explique como a atividade de comparar as produções e compartilhá-las entre os grupos pôde contribuir para você observar aspectos a serem melhorados no ensaio produzido pelo seu grupo.

#EnemVestibular

Responda às questões a seguir para fazer uma retomada dos seus conhecimentos e rever alguns assuntos que estudou nesta unidade.

1. (Comvest/Unicamp-SP – 2022)

As Ondas

Entre as trêmulas mornas ardentias,
A noite no alto-mar anima as ondas.
Sobem das fundas úmidas Golcondas,
Pérolas vivas, as nereidas frias:

Entrelaçam-se, correm fugidias,
Voltam, cruzando-se; e, em lascivas rondas,
Vestem as formas alvas e redondas
De algas roxas e glaucas pedrarias.

Coxas de vago ônix, ventres polidos
De alabastro, quadris de argêntea espuma,
Seios de dúbia opala ardem na treva;

E bocas verdes, cheias de gemidos,
Que o fósforo incendeia e o âmbar perfuma,
Soluçam beijos vãos que o vento leva...

(Olavo Bilac, *Tarde*. Rio de Janeiro: Francisco Alves, 1919, p.48)

Ardentia: s. f. fosforescência sobre as ondas do mar, à noite.
Golconda: s. f. (fig.) mina de riquezas.
Nereida: s. f. cada uma das ninfas do mar, filhas de Nereu.

(Disponíveis em www.aulete.com.br/ Acessado em 30/07/2021.)

Em relação ao soneto de Olavo Bilac (no contexto de sua época), é correto afirmar que a seleção lexical favorece a

a) descrição objetiva que o eu lírico faz da fantasia amorosa recorrendo à riqueza mineral do oceanos.
b) representação estética que o eu lírico faz do desejo amoroso associado a fenômenos naturais.
c) descrição científica que o eu lírico faz do corpo feminino recorrendo a fenômenos da natureza.
d) representação natural que o eu lírico faz do jogo de sensualidade associado à mitologia grega.

2. (Unesp-SP – 2020)

Tal movimento distingue-se pela atenuação do sentimentalismo e da melancolia, a ausência quase completa de interesse político no contexto da obra (embora não na conduta) e (como os modelos franceses) pelo cuidado da escrita, aspirando a uma expressão de tipo plástico. O mito da pureza da língua, do casticismo vernacular abonado pela autoridade dos autores clássicos, empolgou toda essa fase da cultura brasileira e foi um critério de excelência. É possível mesmo perguntar se a visão luxuosa dos autores desse movimento não representava para as classes dominantes uma espécie de correlativo da prosperidade material e, para o comum dos leitores, uma miragem compensadora que dava conforto.

(Antonio Candido. *Iniciação à literatura brasileira*, 2010. Adaptado.)

O texto refere-se ao movimento denominado

a) Romantismo.
b) Barroco.
c) Parnasianismo.
d) Arcadismo.
e) Realismo.

3. (UEM-PR – 2020)

O modo de fazer arte não é o mesmo em cada época ou em cada cultura. A comédia e a tragédia, por exemplo, deram origem a muitos gêneros e concepções teatrais. Com relação ao teatro, assinale o que for correto.

01. O teatro simbolista no Brasil rejeitou a abordagem da vida real, e a produção de peças teatrais foi pequena. Como exemplo podemos citar a *Comédia do coração*, de Paulo Magalhães.

#EnemVestibular

No vestibular da UEM-PR não há itens **a**, **b**, **c**, etc. Assim, deve-se somar os números das alternativas consideradas corretas e indicar o resultado dessa soma no gabarito do exame em questão. Para entender melhor, leia estas instruções que constam no início do documento de avaliação da instituição: "No caso de questão com mais de uma alternativa correta, a resposta a ser lançada corresponde à soma dessas alternativas corretas. No caso de todas as alternativas serem incorretas, a resposta por definição será 00 (zero zero)".

02. Na Grécia Antiga o teatro foi um espaço de educação do cidadão. Os dois gêneros mais importantes surgiram em Atenas nas formas de tragédia e comédia.

04. Na Idade Média, embora o teatro fosse utilizado pela Igreja como um instrumento para a manutenção dos costumes, também houve encenações teatrais burlescas, que promoveram o riso e criticaram os costumes.

08. Em suas quatro fases, a linguagem adotada pelo Teatro de Arena no Brasil esteve distante do realismo nacional, marcado por tensões políticas e sociais.

16. A obra de João Cabral de Melo Neto, *Morte e vida Severina*, tem como tema a trajetória do migrante nordestino em busca de melhores condições de vida.

4. (UPF-RS – 2019)

Sobre o Simbolismo e os poetas surgidos nesse momento no Brasil, apenas é correto afirmar que

a) na literatura europeia, o simbolismo não exerceu a função relevante que o distinguiu no Brasil.

b) os poetas simbolistas brasileiros não investem na sonoridade como forma de provocar sensações.

c) a imagem, recurso empregado com frequência na poesia brasileira de outros períodos, está ausente nos versos dos simbolistas.

d) a originalidade de Augusto dos Anjos não dificulta sua inserção no Simbolismo, uma vez que o poeta em nada se aproxima de outras tendências e estilos de época.

e) destacam-se, entre os simbolistas brasileiros, Cruz e Souza e Alphonsus de Guimaraens.

5. (Enem – 2014)

Vida obscura

Ninguém sentiu o teu espasmo obscuro,
ó ser humilde entre os humildes seres,
embriagado, tonto de prazeres,
o mundo para ti foi negro e duro.

Atravessaste no silêncio escuro
a vida presa a trágicos deveres
e chegaste ao saber de altos saberes
tornando-te mais simples e mais puro.

Ninguém te viu o sentimento inquieto,
magoado, oculto e aterrador, secreto,
que o coração te apunhalou no mundo,

Mas eu que sempre te segui os passos
sei que cruz infernal prendeu-te os braços
e o teu suspiro como foi profundo!

SOUSA, C. *Obra completa*. Rio de Janeiro: Nova Aguilar, 1961.

Com uma obra densa e expressiva no Simbolismo brasileiro, Cruz e Sousa transpôs para seu lirismo uma sensibilidade em conflito com a realidade vivenciada. No soneto, essa percepção traduz-se em

a) sofrimento tácito diante dos limites impostos pela discriminação.

b) tendência latente ao vício como resposta ao isolamento social.

c) extenuação condicionada a uma rotina de tarefas degradantes.

d) frustração amorosa canalizada para as atividades intelectuais.

e) vocação religiosa manifesta na aproximação com a fé cristã.

6. (Enem – 2017)

TEXTO I

Fundamentam-se as regras da Gramática Normativa nas obras dos grandes escritores, em cuja linguagem as classes ilustradas põem o seu ideal de perfeição, porque nela é que se espelha o que o uso idiomático estabilizou e consagrou.

TEXTO II

Gosto de dizer. Direi melhor: gosto de palavrar. As palavras são para mim corpos tocáveis, sereias visíveis, sensualidades incorporadas. Talvez porque a sensualidade real não tem para mim interesse de nenhuma espécie — nem sequer mental ou de sonho —, transmudou-se-me o desejo para aquilo que em mim cria ritmos verbais, ou os escuta de outros. Estremeço se dizem bem. Tal página de Fialho, tal página de Chateaubriand, fazem formigar toda a minha vida em todas as veias, fazem-me raivar tremulamente quieto de um prazer inatingível que estou tendo. Tal página, até, de Vieira, na sua fria perfeição de engenharia sintáctica, me faz tremer como um ramo ao vento, num delírio passivo de coisa movida.

PESSOA, F. *O livro do desassossego*. São Paulo: Brasiliense, 1986.

A linguagem cumpre diferentes funções no processo de comunicação. A função que predomina nos textos I e II

a) destaca o "como" se elabora a mensagem, considerando-se a seleção, combinação e sonoridade do texto.

b) coloca o foco no "com o quê" se constrói a mensagem, sendo o código utilizado o seu próprio objeto.

c) focaliza o "quem" produz a mensagem, mostrando seu posicionamento e suas impressões pessoais.

d) orienta-se no "para quem" se dirige a mensagem, estimulando a mudança de seu comportamento.

e) enfatiza sobre "o quê" versa a mensagem, apresentada com palavras precisas e objetivas.

7. (Uerj – 2009)

http://sizenando.blogspot.com

A metáfora é uma figura de linguagem que se caracteriza por conter uma comparação implícita. O cartum de Sizenando constrói uma metáfora, que pode ser observada na comparação entre:

a) o sentimento de desilusão e a floresta.

b) a propaganda dos bancos e os artistas.

c) a ironia do cartunista e a fala do personagem.

d) o artista desiludido e o personagem cabisbaixo.

8. (Unesp-SP – 2012)

A literatura em perigo

A análise das obras feita na escola não deveria mais ter por objetivo ilustrar os conceitos recém-introduzidos por este ou aquele linguista, este ou aquele teórico da literatura, quando, então, os textos são apresentados como uma aplicação da língua e do discurso; sua tarefa deveria ser a de nos fazer ter acesso ao sentido dessas obras – pois postulamos que esse sentido, por sua vez, nos conduz a um conhecimento do humano, o qual importa a todos. Como já o disse, essa ideia não é estranha a uma boa parte do próprio mundo do ensino; mas é necessário passar das ideias à ação. Num relatório estabelecido pela Associação dos Professores de Letras, podemos ler: "O estudo de Letras implica o estudo do homem, sua relação consigo mesmo e com o mundo, e sua relação com os outros." Mais exatamente, o estudo da obra remete a círculos concêntricos cada vez mais amplos: o dos outros escritos do mesmo autor, o da literatura nacional, o da literatura mundial; mas seu contexto final, o mais importante de todos, nos é efetivamente dado pela própria existência humana. Todas as grandes obras, qualquer que seja sua origem, demandam uma reflexão dessa dimensão.

O que devemos fazer para desdobrar o sentido de uma obra e revelar o pensamento do artista? Todos os "métodos" são bons, desde que continuem a ser meios, em vez de se tornarem fins em si mesmos. (...)

(...)

(...) Sendo o objeto da literatura a própria condição humana, aquele que a lê e a compreende se tornará não um especialista em análise literária, mas um conhecedor do ser humano. Que melhor introdução à compreensão das paixões e dos comportamentos humanos do que uma imersão na obra dos grandes escritores que se dedicam a essa tarefa há milênios? E, de imediato: que melhor preparação pode haver para todas as profissões baseadas nas relações humanas? Se entendermos assim a literatura e orientarmos dessa maneira o seu ensino, que ajuda mais preciosa poderia encontrar o futuro estudante de direito ou de ciências políticas, o futuro assistente social ou psicoterapeuta, o historiador ou o sociólogo? Ter como professores Shakespeare e Sófocles, Dostoievski e Proust não é tirar proveito de um ensino excepcional? E não se vê que mesmo um futuro médico, para exercer o seu ofício, teria mais a aprender com esses mesmos professores do que com os manuais preparatórios para concurso que hoje determinam o seu destino? Assim, os estudos literários encontrariam o seu lugar no coração das humanidades, ao lado da história dos eventos e das ideias, todas essas disciplinas fazendo progredir o pensamento e se alimentando tanto de obras quanto de doutrinas, tanto de ações políticas quanto de mutações sociais, tanto da vida dos povos quanto da de seus indivíduos.

Se aceitarmos essa finalidade para o ensino literário, o qual não serviria mais unicamente à reprodução dos professores de Letras, podemos facilmente chegar a um acordo sobre o espírito que o deve conduzir: é necessário incluir as obras no grande diálogo entre os homens, iniciado desde a noite dos tempos e do qual cada um de nós, por mais ínfimo que seja, ainda participa. "É nessa comunicação inesgotável, vitoriosa do espaço e do tempo, que se afirma o alcance universal da literatura", escrevia Paul Bénichou. A nós, adultos, nos cabe transmitir às novas gerações essa herança frágil, essas palavras que ajudam a viver melhor.

(Tzvetan Todorov. *A literatura em perigo*. 2 ed. Trad. Caio Meira. Rio de Janeiro: DIFEL, 2009, p. 89-94.)

Observe as seguintes opiniões referentes ao ensino de literatura.

I. O estudo de obras literárias na escola tem como objetivo fundamental ensinar os fundamentos da Linguística.

II. A análise das obras feita na escola deve levar o estudante a ter acesso ao sentido dessas obras.

III. O objetivo do ensino da literatura na escola não é formar teóricos da literatura.

IV. De nada adianta a leitura das obras literárias sem a prévia fundamentação das teorias literárias.

Das quatro opiniões, as que se enquadram na argumentação manifestada por Todorov em seu texto estão contidas apenas em:

a) I e II.
b) I e III.
c) II e III.
d) I, II e III.
e) II, III e IV.

9. (Unifesp – 2021)

Examine o cartum de Quino.

(*Cada um no seu lugar*, 2005)

Contribui para o efeito de humor do cartum o recurso

a) à antítese.
b) ao eufemismo.
c) à personificação.
d) à hipérbole.
e) ao paradoxo.

10. (UPE – 2022)

Os **Textos 1** e **2** servem de base à **Questão 10**.

Texto 1

Alma solitária

Ó alma doce e triste e palpitante!
Que cítaras soluçam solitárias
Pelas Regiões longínquas, visionárias
Do teu Sonho secreto e fascinante!

Quantas zonas de luz purificante,
Quantos silêncios, quantas sombras várias
De esferas imortais imaginárias
Falam contigo, ó Alma cativante!

Que chama acende os teus faróis noturnos
E veste os teus mistérios taciturnos
Dos esplendores do arco de aliança?

Por que és assim, melancolicamente,
Como um arcanjo infante, adolescente,
Esquecido nos vales da Esperança?!

SOUZA, João da Cruz e. **Últimos Sonetos**. Rio de Janeiro: Editora da UFSC / Fundação Casa de Rui Barbosa / FCC, 1984. Disponível em: http://www.dominiopublico.gov.br/download/texto/bv000077.pdf. Acesso em: 15 jul. 2021.

Texto 2

Profissão de fé

[...]
Invejo o ourives quando escrevo:
Imito o amor
Com que ele, em ouro, o alto relevo
Faz de uma flor.

Imito-o. E, pois, nem de Carrara
A pedra firo:
O alvo cristal, a pedra rara,
O ônix prefiro.

Por isso, corre, por servir-me,
Sobre o papel
A pena, como em prata firme
Corre o cinzel.

Corre; desenha, enfeita a imagem,
A ideia veste:
Cinge-lhe ao corpo a ampla roupagem
Azul-celeste.

Torce, aprimora, alteia, lima
A frase; e, enfim,
No verso de ouro engasta a rima,
Como um rubim.

Quero que a estrofe cristalina,
Dobrada ao jeito
Do ourives, saia da oficina
Sem um defeito:
[...]

BILAC, Olavo. **Profissão de fé**. Excertos. Disponível em: http://www.dominiopublico.gov.br/download/texto/bi000179.pdf. Acesso em: 16 jul. 2021.

Com base na leitura dos **Textos 1** e **2**, e considerando as características do Simbolismo e do Parnasianismo no Brasil, assinale a alternativa **CORRETA**.

a) A metalinguagem é um recurso utilizado pelos poetas parnasianos, como se nota no **Texto 2**, no qual o eu lírico apresenta a construção do poema como tarefa simples, fruto de inspiração e impulsão lírica na escrita poética comprometida com o Simbolismo e as imagens sensoriais.

b) O poema *"Alma Solitária"* (**Texto 1**) ilustra traços característicos da estética literária simbolista, com referência ao transcendental e à utilização de símbolos na representação realista e objetiva do mundo material.

c) O trabalho cuidadoso com a linguagem é um dos traços característicos prioritários do Simbolismo no Brasil. O **Texto 1** explora musicalidade, sinestesia e metáforas na construção do soneto metalinguístico que revela o conflito do eu lírico entre a dimensão onírica e o mundo material.

d) O **Texto 1** é típico do Simbolismo, com sua irreverência na construção de imagens poéticas pautadas em reflexões filosóficas e na crítica social, enquanto o **Texto 2** é característico do Parnasianismo, devido à ênfase na "arte pela arte".

e) Os padrões estéticos da poesia parnasiana quanto à busca da perfeição formal são evidentes no poema *"Profissão de fé"* (**Texto 2**), no qual o eu lírico revela que a poesia deve ser trabalhada como o ourives trabalha uma joia, considerando o culto à forma perfeita.

11. (EsPCEx-SP – 2022)

Leia o poema de Charles Baudelaire a seguir.

Correspondências

A Natureza é um templo onde vivos pilares
Deixam sair às vezes palavras confusas
Por florestas de símbolos, lá o homem cruza
Observado por olhos ali familiares.

Tal longos ecos longe onde lá se confundem,
Dentro da tenebrosa e profunda unidade,
Imenso como a noite e como a claridade.

Perfumes de frescor tal a carne de infantes,
Doces como o oboé, verdes igual ao prado
– Mais outros, corrompidos, ricos, triunfantes,

Possuindo a expansão de um algo inacabado,
Tal como o âmbar, almíscar, benjoim e incenso,
Que cantam o enlevar dos sentidos e o senso.

Das características do Simbolismo descritas abaixo, assinale a que mais está presente

a) A expressão de campos sensoriais por meio da sinestesia.

b) O conflito constante entre matéria e espírito.

c) A transcendência espiritual por meio da morte.

d) A expressão verbal carregada de aliterações.

e) A angústia e a sublimação sexual que visa ao sagrado.

12. (UPF-RS – 2021)

Sobre o Simbolismo no Brasil, apenas é **incorreto** afirmar que:

a) O processo da sublimação e a obsessão pela cor branca são traços recorrentes na obra de Cruz e Sousa.

b) São características do Simbolismo a poesia permeada pelo subjetivismo e a temática da transcendência, também presentes no Parnasianismo.

c) No Brasil, a estética simbolista tem como marco a publicação de Missal e Broquéis, de Cruz e Sousa.

d) A aliteração, a assonância e a metáfora são figuras de linguagem bastante utilizadas nos textos simbolistas.

e) Alphonsus de Guimaraens e Cruz e Sousa foram os autores simbolistas mais representativos do movimento no Brasil.

13. (Unesp-SP – 2018)

Esse movimento descobriu algo que ainda não havia sido conhecido ou enfatizado antes: a "poesia pura", a poesia que surge do espírito irracional, não conceitual da linguagem, oposto a toda interpretação lógica. Assim, a poesia nada mais é do que a expressão daquelas relações e correspondências, que a linguagem, abandonada a si mesma, cria entre o concreto e o abstrato, o material e o ideal, e entre as diferentes esferas dos sentidos. Sendo a vida misteriosa e inexplicável, como pensavam os adeptos desse movimento, era natural que fosse representada de maneira imprecisa, vaga, nebulosa, ilógica e ininteligível.

(Afrânio Coutinho. Introdução à literatura no Brasil, 1976. Adaptado.)

O comentário do crítico Afrânio Coutinho refere-se ao movimento literário denominado

a) Parnasianismo.

b) Romantismo.

c) Realismo.

d) Simbolismo.

e) Arcadismo.

#Multiplicar

Visual Generation/Shutterstock

No início desta unidade, em *#TáNoFeed*, vocês fizeram uma exposição virtual sobre o tema *Olhares sobre o futuro*. Agora vocês vão rever essa exposição e selecionar os trabalhos que dizem respeito ao meio ambiente. Esses trabalhos poderão servir de inspiração para a proposta desta seção final.

Para aprofundar um pouco mais o estudo das questões ambientais no mundo, vocês vão fazer uma pesquisa sobre a **COP26** – 26ª Conferência das Nações Unidas – sobre as mudanças climáticas. Essa conferência, que reuniu delegações de duzentos países, aconteceu em Glasgow, na Escócia, de 1º a 12 de novembro de 2021. As informações que coletarem servirão para a criação de um *podcast* sobre meio ambiente.

Planejamento: organização de grupos e pesquisa

Em pequenos grupos de quatro ou cinco estudantes, pesquisem essa conferência e anotem tudo o que acharem importante. Vocês podem se guiar por questões como:

- Quais eram, em princípio, os objetivos dessa conferência mundial?
- Em que medida esses objetivos foram alcançados?
- Quais foram as principais lacunas?
- De acordo com especialistas, houve avanços em relação à conferência anterior, de 2019, realizada em Madri, na Espanha? Em caso positivo, quais?
- Como foi a participação do Brasil na Conferência?

Discussão sobre declarações de participantes

Discutam nos grupos algumas declarações de pessoas que participaram do evento:

a) Greta Thunberg, militante ambientalista sueca, escreveu em uma rede social que a #COP26 foi "blá-blá-blá".

b) António Guterres, secretário-geral da ONU, disse que: "A catástrofe climática continua batendo em nossas portas".

c) Sobre a visão mais crítica em relação aos combustíveis fósseis observada na COP26, Chris Littlecott, especialista em transição energética, afirmou que é algo que acontece "muito tarde, mas realmente é bem-vindo".

Per Grunditz/Shutterstock

A ativista ambiental Greta Thunberg. Foto de março de 2019.

Roteiro do *podcast* e exposição dos trabalhos

Os itens indicados nas etapas de *Planejamento: organização de grupos e pesquisa* e de *Discussão sobre declarações de participantes* são apenas sugestões de caminhos a seguir. Vocês podem encontrar outras informações que considerem relevantes para compor o roteiro do *podcast*, que deve ter a duração máxima de 10 minutos.

É fundamental que o grupo produza um texto escrito – o roteiro –, que ajudará na organização das informações e poderá ser lido em voz alta na hora da gravação. Ou, ainda, poderá ser decorado e servir de guia para uma fala mais solta do locutor do *podcast*, caso seja essa a preferência do grupo.

Em um dia predeterminado, todos os grupos deverão expor o trabalho em sala. Depois, se houver possibilidade, as gravações podem ser disponibilizadas em um **agregador de *podcasts*** a ser escolhido pelo grupo, como Anchor, Podcast Addict e Soundcloud, para serem ouvidas por quem tiver interesse no assunto. As plataformas citadas estão disponíveis, respectivamente, em: https://anchor.fm/; https://podcastaddict.com/app e https://soundcloud.com/. Acesso em: 2 maio 2022.

agregador de *podcast*: trata-se de um tipo de plataforma – um aplicativo ou um *site* da internet – que permite aos usuários fazer o armazenamento e/ou a transmissão de diferentes arquivos de áudio.

GoodStudio/Shutterstock

Atualmente, tornou-se comum ouvir *podcasts* em canais específicos sobre diferentes assuntos. Você já ouviu algum *podcast*?

Avaliação

Com os colegas e o professor, depois de terminada a exposição dos trabalhos, organizem uma roda de conversa para avaliar o processo. Sugestões de perguntas para essa conversa:

- Como foi sua participação nas atividades? Justifique.
- O que aprendeu durante o processo?
- Os resultados pretendidos foram alcançados? Justifique.

Meu portfólio

Nesta unidade, você e os colegas estudaram o ensaio jornalístico, gênero textual do tipo argumentativo, e puderam perceber quanto argumentar é importante em várias situações. Organizaram debates e com eles tiveram a oportunidade de considerar os elementos que fazem parte dessa produção argumentativa da oralidade. Além disso, leram produções literárias simbolistas que, reagindo à visão de mundo racionalista e científica da época, propunha a apreensão de uma visão mais subjetiva e misteriosa da realidade.

O portfólio com as produções

Conforme lembrado ao longo da unidade, em seu portfólio, você colecionou as produções de texto desenvolvidas. É importante rever todas as versões de uma mesma produção, para que você possa, ao final do trabalho, perceber seu aprimoramento.

Ao indicar a data de cada produção, conforme orientado, você terá condições de verificar, agora, sua história de aprendizagem dos gêneros trabalhados e perceber quais aspectos da produção de textos desenvolveu e aperfeiçoou.

UNIDADE

2 Artigo científico e relatório de pesquisa

MONTICELLO/SHUTTERSTOCK

Frutas, legumes, verduras e grãos diversos.

#TáNoFeed

Observe com os colegas a imagem que abre esta unidade e conversem sobre ela considerando as questões a seguir. Façam anotações que possam ajudar na análise de detalhes. Depois da conversa, registrem suas respostas no caderno.

1. Quais dos alimentos que aparecem na foto fazem parte de sua rotina alimentar? Se não fazem parte de sua alimentação, que alimentos, em geral, você consome?

2. Qual poderia ter sido a intenção de quem escolheu esses alimentos para compor a foto? Podemos afirmar que houve uma preocupação exclusivamente estética? Explique.

3. De que tipo de alimentos você mais gosta? Você os considera saudáveis ou não?

4. Em que você se baseia para compor seus hábitos alimentares? Por exemplo, você acata os hábitos alimentares da sua família ou diverge deles? Explique.

Agora, que tal testar seus conhecimentos em um jogo rápido de análise de imagens? A questão 5 a seguir não será avaliada pelo professor, ela tem a função somente de auxiliar você a fazer uma autoavaliação sobre o que já conhece a respeito desse assunto.

Para começar, você sabe o que são alimentos *in natura*? Leia:

> Alimentos *in natura* são aqueles obtidos diretamente de plantas ou de animais [...] e adquiridos para consumo sem que tenham sofrido qualquer alteração após deixarem a natureza.
>
> BRASIL. Ministério da Saúde. Secretaria de Atenção à Saúde. Departamento de Atenção Básica. *Guia alimentar para a população brasileira*. 2. ed. Brasília: Ministério da Saúde, 2014. p. 25.

5. Observe com atenção as imagens nesta e na próxima página. Depois, anote no caderno o número daquelas em que há pelo menos algum alimento *in natura*.

Foto 1

beats1/Shutterstock

Foto 2

Sudipta Mandal/Shutterstock

Foto 3

Timolina/Shutterstock

Foto 4

Tatiana Bralnina/Shutterstock

Foto 5

ShutterOK/Shutterstock

Foto 6

monticello/Shutterstock

Conheça a unidade

Objetivos

- Compreender os modos de organização do artigo científico.
- Analisar a coesão textual e compreender seu funcionamento em textos argumentativos.
- Conhecer as vanguardas europeias e sua relação com a arte e a literatura produzidas no século XX.
- Analisar elementos típicos da oralidade e compreender o funcionamento do debate regrado.
- Perceber que os relatórios de experiência, como gênero, guardam semelhanças com os artigos científicos.

Justificativa

No Ensino Médio, o estudo de um gênero como o artigo científico ajuda você a entrar em contato com gêneros que circulam no mundo acadêmico e científico e pode auxiliar em seu desenvolvimento das capacidades de linguagem ligadas ao registro de experiências e ampliar as possibilidades de compreensão das práticas argumentativas de nossa sociedade. Além disso, a capacidade de interagir em debates públicos e de compreender como eles se organizam pode ampliar o alcance de sua participação em práticas sociais relevantes em uma sociedade democrática.

A BNCC nesta unidade

Nesta unidade são desenvolvidas as competências e habilidades da BNCC indicadas a seguir.

Competências gerais da Educação Básica: 1, 2, 3, 4, 7, 8, 9, 10.

Competências e habilidades específicas de Linguagens e suas Tecnologias para o Ensino Médio

Competências: 3, 7. **Habilidades:** EM13LGG301, EM13LGG303, EM13LGG701.

Competências específicas de Linguagens e habilidades específicas de Língua Portuguesa para o Ensino Médio

Competências: 1, 2, 3, 4, 6, 7. **Habilidades por campo de atuação.** Todos os campos de atuação social: EM13LP01, EM13LP02, EM13LP04, EM13LP06, EM13LP08, EM13LP09, EM13LP12, EM13LP13, EM13LP16, EM13LP18. Campo de atuação na vida pessoal: EM13LP20. Campo das práticas de estudo e pesquisa: EM13LP28, EM13LP30, EM13LP32, EM13LP33, EM13LP34. Campo jornalístico-midiático: EM13LP43. Campo artístico-literário: EM13LP46.

Situação inicial

A proposta agora é que você se detenha mais um pouco na análise da própria alimentação. Para isso, em um diário, digital ou físico, você vai registrar e compartilhar suas experiências alimentares em certo dia da semana, considerando as orientações a seguir.

Experiência: meu diário de alimentação

Faça esta experiência em um dia típico da sua rotina alimentar.

robuart/Shutterstock

Momento 1

Cada vez que você for consumir um alimento, fotografe-o, poste a imagem em uma rede social ou em um blogue pessoal e faça um comentário sobre ele: por que você o escolheu, do que mais gostou ao consumi-lo e alguma outra observação que achar pertinente. Anote o momento em que comeu o alimento, por exemplo, no almoço, entre as refeições principais, etc.

Chugunova Anastasia/Shutterstock

Se não puder postar, anote as informações em um diário físico e desenhe ou cole fotos representando os alimentos.

Registre, em um arquivo digital que possa acessar em sala de aula ou em uma folha à parte, as informações compartilhadas sobre sua alimentação para que possa retomar todas elas na atividade seguinte.

Nesse registro, indique o dia em que foi feita a experiência e o horário de cada compartilhamento ou anotação. Se você registrou as informações em um arquivo digital, faça *prints* das suas postagens. O importante é que os registros estejam claros e legíveis.

Momento 2

Combine um dia com os colegas e o professor para trazer à sala de aula os registros da experiência. Forme um grupo com dois ou três colegas. Conversem sobre esses registros e comparem o que cada integrante do grupo consumiu, identificando semelhanças e diferenças nas refeições.

Momento 3

Nesta atividade de **produção** e **mediação** com os colegas do grupo, você deverá produzir uma tabela listando os alimentos que cada integrante consumiu.

Na tabela, o grupo vai computar as categorias de alimentos mais consumidos pelos integrantes.

Veja a seguir um modelo para a organização dessa tabela.

Experiências alimentares dos integrantes do grupo		
Integrante do grupo	**Momento do consumo**	**Categoria de alimentos**
[Nome]	[horário]	[exemplo: verdura]

Momento 4

Escrevam um relato das atividades anteriores, a fim de compartilhar com os demais grupos o processo vivenciado e as descobertas sobre alimentação.

Publiquem o relato na mesma rede social ou no blogue em que postaram suas fotos do diário de alimentação, ou escrevam o relato em uma folha avulsa e, depois, troquem os textos entre os participantes dos grupos.

Chugunova Anastasia/Shutterstock

Ao ler o relato dos colegas, observe as semelhanças e diferenças de hábitos alimentares da turma e o modo de cada grupo estruturar seu relato de experiência.

Ao final desta atividade, cada participante deverá fazer uma cópia das anotações feitas nos momentos 1 e 2, da tabela criada no momento 3 e uma do relato produzido no momento 4 e guardá-las em seu **portfólio**, para que esse material seja consultado na seção *Práticas de produção escrita* desta unidade.

Qvasimodo art/Shutterstock

Práticas de leitura: artigo científico e relatório de pesquisa

O texto a seguir é parte de um artigo científico publicado na *Revista de Saúde Pública*, da Faculdade de Saúde Pública da Universidade de São Paulo (USP).

Africa Studio/Shutterstock

A exposição às telas e o consumo de petiscos estão relacionados.

Leia o texto para, depois, responder às questões sobre as quais ele trata.

ERICA: estudo dos riscos cardiovasculares em adolescentes.

ERICA: uso de telas e consumo de refeições e petiscos por adolescentes brasileiros

Resumo

OBJETIVO: Descrever o tempo de exposição às telas e a prevalência de consumo de refeições e petiscos em frente a telas em adolescentes brasileiros.

MÉTODOS: Foram avaliados 74.589 adolescentes de 12 a 17 anos de 1.247 escolas em 124 municípios brasileiros. Foi utilizado questionário autopreenchível, cujo bloco sobre alimentação continha perguntas sobre o uso de TV, computador e *videogames*, realização de refeições assistindo TV e consumo de petiscos em frente a telas. O consumo de refeições e petiscos em frente a telas foi analisado segundo as variáveis: região geográfica, sexo, faixa etária, tipo de escola (pública ou particular) e turno de estudo. Foram estimadas prevalências e respectivos intervalos de confiança de 95%, considerando-se o desenho de amostra complexa.

RESULTADOS: Grande parte dos adolescentes (51,8% IC95% 50,7-53,0) referiu passar duas ou mais horas por dia em frente às telas. Esse hábito foi mais frequente entre os adolescentes do sexo masculino, de escola particular, do turno da manhã e da região Sul do país. Mais da metade dos adolescentes (56,6%, IC95% 55,4-57,8) relatou realizar as refeições quase sempre ou sempre em frente à TV, e 39,6% (IC95% 38,8-40,5) consumiam petiscos em frente às telas com essa mesma frequência. Ambas as situações foram mais prevalentes entre as meninas, que estudavam na rede pública de ensino e da região Centro-Oeste.

CONCLUSÕES: O tempo de exposição às telas e o consumo de refeições e petiscos quase sempre ou sempre em frente a telas é elevado entre os adolescentes brasileiros. Faz-se necessário desenvolver estratégias que visem à redução do tempo de uso de telas, considerando a realidade midiática que crianças e adolescentes têm vivenciado de forma cada vez mais precoce, devendo-se, portanto, trabalhar esse contexto de forma indissociável.

DESCRITORES: Adolescente. Consumo de Alimentos. Atitude Frente aos Computadores. Televisão. Telefones Celulares. Computadores de Mão. Computadores. Estudo Transversal.

Introdução

Hábitos e preferências alimentares são originados na primeira infância. Ao longo das três últimas décadas, a globalização estabeleceu novos paradigmas e profundas alterações nas escolhas alimentares. Esse cenário associado ao aumento no uso da televisão e outras telas, como *videogames* e computadores, por crianças e adolescentes compromete a adoção de um estilo de vida saudável.

A Academia Americana de Pediatria preconiza que o tempo despendido em frente à TV pelos jovens não deva ultrapassar 1h a 2h por dia; no entanto, observa-se aumento crescente desta exposição em nível mundial.

Nos Estados Unidos, em 10 anos, o tempo médio gasto em frente à televisão por crianças e adolescentes de oito a 18 anos de idade aumentou de 3h45min para 4h30min por dia, e, somado às horas despendidas com *videogame*, computador, e outras mídias, o tempo em frente a telas aumentou de 7h30min para quase 11h diárias.

A Pesquisa *Health Behaviour in School-aged Children* (HBSC), realizada com adolescentes europeus e da América do Norte, observou que 61,0% a 68,0% dos jovens entre 11 e 15 anos assistiam 2h ou mais de TV por dia. No Brasil, a Pesquisa Nacional de Saúde Escolar (PeNSE) mostrou que 79,5% dos escolares do nono ano no ensino fundamental assistiam TV por duas ou mais horas diárias. Já a Pesquisa Brasileira de Mídia 2015 observou que os indivíduos entre 16 e 25 anos assistem cerca de 4h19min de TV por dia. Dentre os motivos pelos quais as telas, incluindo TV, *videogames* e computadores, vêm sendo utilizadas com frequência estão as poucas opções de lazer nos grandes centros urbanos e a preocupação dos pais com a segurança de seus filhos, devido à crescente violência nas cidades. Essa prática substituiu as atividades externas como fonte de lazer e entretenimento de crianças e adolescentes.

O número de horas diante da TV está diretamente relacionado ao consumo de alimentos não saudáveis ao longo do dia. Como consequência, o tempo excessivo em frente às telas é fator de risco para o desenvolvimento de excesso de peso em fases precoces da vida.

Dentre os mecanismos pelos quais o hábito de assistir TV pode afetar o peso estão a inatividade física e o maior consumo de **alimentos obesogênicos** durante o tempo gasto diante da televisão. Adicionalmente, a distração provocada pelas telas interfere nos sinais fisiológicos de fome e saciedade, levando a escolhas alimentares inadequadas com consumo exacerbado de produtos de elevado teor calórico e baixo teor de nutrientes.

alimento obesogênico: produto químico encontrado em embalagens de alimentos – em geral, ultraprocessados – e que contribui para o ganho de peso.

bebida carbonatada: trata-se de um tipo de bebida gaseificada, como a água com gás ou os refrigerantes.

alimento ultraprocessado: trata-se de um conjunto de alimentos que passaram por altos graus de industrialização, normalmente com a adição de muitos aditivos químicos.

Outro fator contribuinte é a forte influência da mídia no comportamento alimentar. As indústrias investem fortemente em propagandas de *fast-food*, alimentos ricos em calorias, **bebidas carbonatadas**, cereais matinais açucarados e outros **produtos ultraprocessados**, o que pode impactar na formação de hábitos alimentares de risco para o desenvolvimento de doenças crônicas em crianças e adolescentes.

Nesse contexto, o objetivo deste estudo foi descrever o tempo de exposição às telas e a prevalência de consumo de refeições e petiscos em frente às telas em adolescentes brasileiros. [...]

Resultados

Foram avaliados 74.589 adolescentes, que correspondem a 72,9% dos estudantes elegíveis matriculados nas escolas e turmas selecionadas no processo de amostragem. A cobertura por sexo foi de 74,5% nas meninas e 65,9% nos meninos e, por região, a menor foi no Centro-Oeste (68,3%) e a maior, no Sul (81,0%).

A Tabela 1 apresenta as características sociodemográficas, distribuição pela rede de ensino e turno de estudo dos adolescentes avaliados. A maior parte era do sexo feminino, com média de idade de 14,7 anos (desvio padrão de 1,59), estudava em escolas públicas e no turno da manhã. Na distribuição por região geográfica, observou-se maior e menor predomínio de adolescentes do Nordeste e Sul, respectivamente. No que diz respeito ao tempo de tela, a grande parte dos adolescentes referiu passar duas ou mais horas do dia fazendo uso de TV, computador e *videogame*, sendo esse comportamento mais prevalente entre os meninos, de escolas particulares, do turno da manhã e que residiam na região Sul do país. Destaca-se que essa prática foi similar entre adolescentes de 12 a 14 e 15 a 17 anos de idade (Tabela 2).

Tabela 1. Características sociodemográficas da população de estudo. ERICA, Brasil, 2013-2014.

Variável	n	%
Sexo		
Feminino	41.225	55,3
Masculino	33.364	44,7
Idade (anos)		
12-14	34.151	45,8
15-17	40.448	54,2
Tipos de escola		
Pública	58.707	78,7
Particular	15.882	21,3
Turno de estudo		
Manhã	53.353	71,5
Tarde	21.236	28,5
Região geográfica		
Norte	15.073	20,2
Nordeste	23.167	31,1
Centro-Oeste	9.727	13,0
Sudeste	17.080	22,9
Sul	9.542	12,8

Tabela 2. Prevalências (%) e IC95% de tempo de telas maior que 2h/dia em adolescentes segundo características sociodemográficas e da escola. ERICA, Brasil, 2013-2014.

Variável	Exposição em frente a telas (> 2 horas)	
	%	IC95%
Sexo		
Feminino	72,3	70,8-73,7
Masculino	74,7	73,0-76,4
Idade (anos)		
12-14	73,2	71,6-74,8
15-17	73,8	72,0-75,6
Tipos de escola		
Pública	72,4	71,1-73,6
Particular	78,7	68,2-71,9
Turno de estudo		
Manhã	75,0	73,3-76,6
Tarde	70,6	68,2-71,9
Região geográfica		
Norte	60,2	58,4-61,9
Nordeste	69,2	66,6-71,6
Centro-Oeste	73,4	71,8-74,9
Sudeste	76,5	74,4-78,6
Sul	77,9	76,5-79,4
Total	73,5	72,3-74,7

Na Tabela 3, verifica-se que mais da metade dos adolescentes relatou realizar as refeições quase sempre ou sempre em frente à TV, essa prática é mais prevalente entre os adolescentes do sexo feminino, que estudavam na rede pública, no turno da manhã e pertencentes à região Centro-Oeste.

A maior parte dos adolescentes referiu consumir petiscos em frente a telas às vezes, e aproximadamente 40,0% quase sempre ou sempre adotam tal prática. Este hábito foi mais prevalente entre as meninas, com idade entre 12 e 14 anos, estudantes de escolas públicas e residentes na região Centro-Oeste do país (Tabela 4).

Tabela 3. Prevalência (%) de realização de refeições em frente à televisão por adolescentes segundo características sociodemográficas e da escola. ERICA, Brasil, 2013-2014.

Variável	Consumo de petiscos em frente às telas					
	Nunca		Às vezes		Quase sempre ou sempre	
	%	IC95%	%	IC95%	%	IC95%
Sexo						
Feminino	11,8	11,1-12,6	31,0	29,9-32,2	57,1	55,6-58,6
Masculino	13,8	12,2-15,4	30,2	28,8-31,7	56,0	54,5-57,6
Idade (anos)						
12-14	12,3	10,9-13,8	30,7	29,7-31,8	57,0	55,3-58,6
15-17	13,4	12,4-14,4	30,5	29,4-31,6	56,1	54,5-57,7
Tipos de escola						
Pública	11,3	10,5-12,1	30,5	29,6-31,5	58,2	56,7-59,4
Particular	20,0	17,6-22,6	31,0	29,3-32,8	49,0	46,7-51,2
Turno de estudo						
Manhã	13,2	11,9-14,5	29,8	28,9-30,8	57,0	55,5-58,5
Tarde	12,0	11,2-13,0	32,4	30,9-33,9	55,6	53,7-57,4
Região geográfica						
Norte	15,5	14,5-16,6	36,5	35,5-37,5	48,0	46,7-49,3
Nordeste	11,5	10,1-12,9	34,9	33,3-36,6	53,6	51,3-55,9
Centro-Oeste	11,3	10,3-12,5	26,7	25,2-28,3	61,9	60,3-63,5
Sudeste	12,0	10,3-13,9	28,4	27,2-29,6	59,7	57,6-61,7
Sul	17,8	116,3-19,3	30,9	28,5-33,4	51,3	48,3-54,4
Total	12,8	11,8-13,8	30,6	29,8-31,4	56,6	55,4-57,8

Tabela 4. Consumo de petiscos em frente a telas por adolescentes, segundo características sociodemográficas e da escola. ERICA, Brasil, 2013-2014.

Variável	Consumo de petiscos em frente as telas					
	Nunca		Às vezes		Quase sempre ou sempre	
	%	IC95%	%	IC95%	%	IC95%
Sexo						
Feminino	8,6	8,0-9,4	49,7	48,8-50,6	41,7	40,7-42,6
Masculino	11,0	10,2-12,0	51,4	50,0-52,7	37,6	36,2-39,0
Idade (anos)						
12-14	9,2	8,6-9,8	49,5	48,3-50,8	41,3	40,0-42,6
15-17	10,6	9,7-11,6	51,6	50,7-52,6	37,8	36,6-38,9
Tipos de escola						
Pública	9,7	9,1-10,4	49,4	48,7-50,2	40,8	40,0-41,7
Particular	10,4	9,2-11,6	55,7	54,0-57,4	33,9	32,4-35,4
Turno de estudo						
Manhã	10,1	9,4-10,9	50,9	50,5-51,8	39,0	38,0-40,0
Tarde	9,2	8,5-10,1	49,7	48,4-51,2	41,0	39,5-42,6
Região geográfica						
Norte	15,5	14,5-16,5	53,6	52,2-55,0	30,9	29,6-32,3
Nordeste	9,6	8,8-10,5	51,1	48,9-53,3	39,3	37,5-41,1
Centro-Oeste	8,8	8,1-9,6	47,2	45,3-49,0	44,0	42,1-45,9
Sudeste	9,4	8,4-10,5	49,7	48,6-50,8	40,1	39,6-42,3
Sul	8,7	7,7-9,8	53,2	51,7-54,6	38,1	36,4-39,9
Total	9,8	9,3-10,4	50,5	49,8-51,3	39,6	38,8-40,5

Discussão

Observou-se elevada exposição às telas e o costume marcante da realização de refeições e consumo de petiscos em frente às mesmas por adolescentes brasileiros. [...]

A análise dos comportamentos em relação à rede de ensino indicou elevada exposição às telas entre escolares de escolas particulares. Isso pode ser consequência de os estudantes de escolas privadas terem mais acesso aos avanços tecnológicos, como os elétricos e eletrônicos e, assim, ficarem mais tempo em uso desses equipamentos. [...]

Entretanto, quando observada a exposição às telas durante o consumo de refeições e petiscos, esse hábito foi maior em adolescentes de escolas públicas. Isso pode estar relacionado ao nível de instrução e à rotina de trabalho dos pais, uma vez que, para a realização das refeições à mesa e para o incentivo à prática de atividade física, o apoio familiar é importante, tanto quanto a conscientização dos próprios adolescentes. [...]

OLIVEIRA, Juliana Souza *et al.* ERICA: uso de telas e consumo de refeições e petiscos por adolescentes brasileiros. *Revista de Saúde Pública*. São Paulo: Faculdade de Saúde Pública da Universidade de São Paulo, 2016. Disponível em: https://www.scielo.br/pdf/rsp/v50s1/pt_0034-8910-rsp-S01518-87872016050006680.pdf. Acesso em: 30 nov. 2021.

Saiba +

Juliana Souza Oliveira é pesquisadora da Universidade Federal de Pernambuco (UFPE).

1. Responda às questões propostas a seguir.

a) Você leu trechos de um artigo científico. Considerando sua leitura do texto e a fonte original de publicação, qual é a função desse gênero textual?

b) Quem é o leitor suposto dessa publicação? Justifique sua hipótese.

c) No texto é usado o registro formal ou informal? Você considera esse tipo de registro adequado ao gênero artigo científico? Por quê?

d) Em sua opinião, qual é a importância desse gênero textual?

Saiba + +++

O dilema do onívoro, de Michael Pollan. Intrínseca, 2007.

Nesse livro, o jornalista Michael Pollan discute o que denomina de "O dilema do onívoro", ou seja, de quem pode comer de tudo, como é o caso dos seres humanos. O livro traz a trajetória da comida através dos tempos e problematiza o que costumamos comer, mais por conveniência, sem considerar se se trata de uma alimentação saudável.

2. Você considera as informações desse artigo confiáveis? Por quê?

3. Provavelmente você já leu algum texto publicado em jornais de circulação nacional, blogues e outros suportes que abordam assuntos do universo científico para leitores leigos, ou seja, que não são, necessariamente, cientistas. Você acha que o texto lido nesta unidade também foi escrito para leigos? Explique.

4. A pesquisa presente no artigo ocorreu em uma das fases do projeto Estudo dos riscos cardiovasculares em adolescentes (Erica), citado no título. Sobre isso, responda às questões a seguir. Se precisar, pesquise em *sites* confiáveis para responder às perguntas mais técnicas.

a) O que são doenças cardiovasculares? Quais são as mais comuns?

b) Quais são as principais causas dessas doenças?

c) De que forma o artigo científico lido está relacionado ao projeto Erica?

Saiba + +++

ALIMENTACAST: o *podcast* de nutrição. Disponível em: http://alimentacast.conteinersaude.com.br. Acesso em: 30 nov. 2021.

Estudantes do curso de nutrição da Universidade Federal de Pernambuco criaram esse *podcast* para compartilhar informações sobre alimentação. Ouça o episódio "Doenças cardiovasculares: como a alimentação e a nutrição podem ajudar?", que está relacionado ao tema do artigo científico lido nesta seção.

5. Responda às questões a seguir sobre o resumo presente na abertura do artigo científico.

a) Qual é a função do resumo para o artigo?

b) Por que o artigo é dividido em seções?

6. Os métodos da pesquisa estão sucintamente descritos no resumo.

a) Que função essa seção tem no artigo?

b) A existência dessa seção no artigo científico sinaliza que esse gênero precisa destacar o que para seu leitor suposto?

7. Os resultados da pesquisa são apresentados em quatro diferentes tabelas, nas quais os dados estão compilados.

a) Na Tabela 1 há as "características sociodemográficas da população de estudo". Qual é a relevância dessas características para a pesquisa?

b) Na Tabela 2 há os dados das variáveis considerando a exposição excessiva a telas. Com esse cruzamento de informações, notou-se que o grupo de meninos que estudam em escolas particulares no período da manhã e que residem na região Sul são os que afirmaram passar duas ou mais horas por dia na frente das telas. Que hipóteses podemos levantar com base nessa informação?

c) A Tabela 3 apresenta dados sobre o consumo de refeições em frente à televisão. O que chama a atenção nos dados relatados por se apresentar como uma prática constante?

d) A Tabela 4 mostra os dados sobre o consumo de petiscos em frente a telas pelos adolescentes participantes da pesquisa. Os resultados são diferentes dos que estão organizados na Tabela 3. O que leva a essa diferença?

Saiba + +++

Muito além do peso. Documentário (84 min). 2012. Disponível em: https://muitoalemdopeso.com.br. Acesso em: 30 nov. 2021.

Esse documentário retrata os problemas e impactos relacionados com a alimentação de crianças e adolescentes, sobretudo quanto ao consumo de alimentos ultraprocessados.

8. No artigo, a presença das tabelas com dados da pesquisa sinaliza que o público-alvo do texto são estudantes ou profissionais da área científica. Que informação recorrente nas tabelas justifica essa afirmação?

9. O texto foi publicado em 2015. Naquele momento, a maior parte dos jovens que participou da pesquisa fazia suas refeições e seus lanches em frente à televisão.

a) Que outras telas podem distrair as pessoas durante a alimentação?

b) Que consequências esses hábitos trazem para a saúde?

10. Em duplas, acessem o artigo completo no *site* da revista (a fonte completa se encontra na página 380) e respondam às questões a seguir.

a) Em um arquivo digital, façam um quadro e indiquem quais são as seções do artigo. Nesse quadro, observem o que cada uma delas aborda de forma geral. Ao final, entreguem uma cópia da análise para o professor.

b) O que se pode perceber quanto à composição do gênero artigo científico considerando a observação das partes do artigo?

11. As conclusões apresentadas no artigo reforçam as hipóteses levantadas no início do texto? Explique.

Diário de bordo

Registre em seu diário de bordo de que modo você relacionou os resultados da pesquisa lidos com seus hábitos alimentares.

Como foi a experiência de ler um texto que representa um gênero que circula só em algumas comunidades? Considerando as atividades feitas, você acredita que, se tiver que ler outros textos dessa natureza, por exemplo, ao fazer estudos universitários, estará mais bem preparado para compreender esses textos?

Erik Lernestål/Wikipedia Commons

Vertumnus, de Giuseppe Arcimboldo, 1591. Trata-se de um retrato alegórico do monarca Rodolfo II, apresentado aqui como o deus romano das metamorfoses (Vertumnus), em uma alusão à perfeição da natureza. A obra do pintor italiano Giuseppe Arcimboldo (1527-1593) – pintor oficial na corte dos Habsburgos (Áustria) – ilustra um estilo de época denominado *maneirismo* que, *grosso modo*, incorpora pontos de vista inusitados e valoriza efeitos bizarros. Há muitas divergências na análise desse estilo; no entanto, os estudiosos apontam a sofisticação e a originalidade como traços frequentes da arte maneirista.

Pesquisa: hábitos alimentares dos adolescentes da nossa escola

Será que uma pesquisa parecida com essa relatada no artigo teria resultados semelhantes se fosse feita em sua escola? Esse é seu momento de experimentar o papel de cientista e entender as implicações de uma pesquisa com esse tipo de objetivo. Para isso, siga as orientações abaixo.

- A turma toda deve ter muito claro qual é o *problema a ser investigado*. Para isso, com o professor, cheguem a um acordo do recorte do tema principal: os hábitos alimentares dos adolescentes da escola em que vocês estudam. Considerando esse tema amplo, o que vocês querem descobrir sobre o público em questão: se comem em frente à televisão? Ou em frente a telas diversas, como a dos computadores, tabletes, celulares? É preciso definir bem o que querem investigar para poder formular as perguntas de modo produtivo.
- Será preciso ainda definir a *metodologia*, ou seja, como vão fazer essa pesquisa? Uma vez que está definido que o foco do estudo são os adolescentes da escola, um método eficiente é produzir um questionário e encontrar um modo de solicitar a todos que respondam a ele.

Prostock-studio/Shutterstock

Grupo de amigos distraídos com celular durante refeição.

Saiba +

Metodologias de pesquisa

Existem vários tipos de metodologia de pesquisa adequados à pesquisa proposta. Algumas possibilidades:

- A pesquisa pode ser feita a partir de formulários a serem preenchidos manualmente, ou por meio digital.
- Os resultados podem ser indicados de várias formas (separar as respostas dos meninos das respostas das meninas; listar todos juntos, sem essa distinção; separar por turmas ou por séries; etc.). Tudo vai depender de como se deseja fazer a organização da atividade e de como os resultados deverão ser analisados.

Organização dos grupos

- Dividam-se em grupos de, no máximo, cinco pessoas. Cada grupo ficará responsável por produzir três perguntas que nortearão a pesquisa, como dados pessoais (gênero, idade, bairro onde mora), até questões mais específicas, por exemplo, quanto tempo por dia a pessoa passa em frente a uma tela ou se ela se alimenta em frente a uma tela.
- Compartilhem as questões entre os grupos para que se eliminem as repetidas e se produzam outras que devam ser importantes.

Aplicação do questionário

- Após o levantamento das questões, será necessário aplicar o questionário. Para facilitar esse momento, a turma pode criar um formulário *on-line*. Depois, é só disponibilizar o *link* ou um ***QR Code*** conforme combinado com o professor. Assim, toda a comunidade escolar poderá responder ao questionário pelo celular de forma fácil.

> ***QR Code:*** significa, na sigla em inglês, *Quick Response Code*, ou seja, "código de resposta rápida". É uma espécie de código de barras, porém, mais complexo. Quando é lido pela câmera do celular, esse código é convertido em texto, ou seja, em endereço na internet. Em sua origem, o recurso era utilizado para catalogar peças utilizadas na fabricação de carros.

Análise dos dados e discussão do resultado

- Se possível, com o auxílio do professor de Matemática, criem gráficos e tabelas usando uma ferramenta de edição adequada para facilitar a leitura das informações. Cada grupo será responsável por fazer a análise de um ponto levantado. Após as análises, a turma vai unificar o texto, procurando organizá-lo de forma objetiva. Para esse momento, vocês podem usar ferramentas de compartilhamento *on-line*, que permitem aos usuários editar o mesmo arquivo de forma coletiva e com marcas de revisão, para saber quem alterou e o que alterou no texto.
- Depois de feitas as análises, façam a revisão do texto. Para isso, vocês podem criar uma equipe de revisores que vai fazer a leitura de todas as mudanças realizadas pelos participantes do grupo e "aceitar" ou "não aceitar" essas alterações, deixando o arquivo "limpo". Por fim, publiquem o artigo de vocês no blogue, *site* ou nas redes sociais da escola, se houver.
- Após a publicação do texto, é hora do debate! Vamos pensar em ações que podem ajudar a comunidade escolar a ter uma alimentação mais saudável e balanceada? Vocês podem escolher organizar o debate agora ou deixar para marcá-lo no final da unidade, em *#Multiplicar*, junto às outras atividades do evento que será proposto naquela seção.

Viktoria Kurpas/Shutterstock

Convidem o professor de Matemática para integrar essa pesquisa, auxiliando na criação de gráficos e tabelas. Essa é a melhor forma de organizar e analisar os dados coletados.

Práticas de análise linguística nos artigos científicos

Vamos agora analisar como os autores de artigos científicos organizam os recursos estilísticos na construção de seus textos.

1. Desde o início do texto, cada afirmação é justificada por uma forma de citação. Observe alguns exemplos.

I. A Academia Americana de Pediatria preconiza que o tempo despendido em frente à TV pelos jovens não deva ultrapassar 1h a 2h por dia.

II. A Pesquisa *Health Behaviour in School-aged Children* (HBSC), realizada com adolescentes europeus e da América do Norte, observou que 61,0% a 68,0% dos jovens entre 11 e 15 anos assistiam 2h ou mais de TV por dia.

III. [...] a Pesquisa Nacional de Saúde Escolar (PeNSE) mostrou que 79,5% dos escolares do nono ano no ensino fundamental assistiam TV por duas ou mais horas diárias.

a) Que recurso linguístico é usado, nesses exemplos, para introduzir as citações?

b) Pelo que foi analisado nas atividades de *Práticas de leitura*, explique qual é a importância de justificar, por meio de citações, as afirmações feitas em um artigo científico.

Anton27/Shutterstock

2. Algumas palavras e expressões ajudam a estabelecer ligações entre as partes do texto. Localize os trechos indicados a seguir e releia-os em seu contexto. Em seguida, responda às questões propostas abaixo.

I. *Esse cenário* [...] compromete a adoção de um estilo de vida saudável.

II. *Essa prática* substituiu as atividades externas como fonte de lazer e entretenimento de crianças e adolescentes.

III. *A maior parte* era do sexo feminino, com média de idade de 14,7 anos [...]

a) A que a expressão "esse cenário" se refere? Que palavras e expressões anteriormente apresentadas no texto poderiam ser consideradas referências para a expressão "esse cenário"?

b) A quais termos citados anteriormente no texto as expressões "essa prática" e "a maior parte" se referem?

c) De que forma essas expressões ajudam a vincular as partes do texto?

3. Essas palavras (e expressões) que retomam informações empregadas anteriormente no texto são chamadas de palavras (ou expressões) *anafóricas*.

- Dividam-se em pequenos grupos para analisar outros textos desta coleção de Língua Portuguesa ou então textos previamente selecionados, retirados de outras fontes, conforme combinado com o professor.
- Escolham um texto por grupo. É importante que o texto escolhido seja em prosa, pois textos escritos em versos podem ser construídos de maneira muito incomum e dificultar a análise.
- Leiam o texto selecionado e localizem nele palavras e expressões anafóricas.
- Em seguida, com a ajuda do professor, respondam às questões a seguir.

a) O emprego dessas palavras ou expressões é frequente no texto selecionado?

b) Seria possível suprimir essas palavras dos textos sem comprometer os sentidos veiculados por eles? Justifiquem sua resposta.

c) Com base nas respostas que você e os colegas deram aos itens **a** e **b**, registrem suas conclusões a respeito da importância das palavras anafóricas na constituição dos textos.

Mix Tape/Shutterstock

Jovens praticando esporte. A prática de esportes, de modo regular e de acordo com orientações de um profissional da saúde, pode fazer parte de um estilo de vida mais saudável.

4. As chamadas *conjunções coordenativas* também contribuem para o estabelecimento de relações entre partes do texto. Consulte uma gramática para recordar como são descritas as conjunções e quais são suas classificações e funções.

Em seguida, releia a introdução do artigo científico e localize as conjunções coordenativas empregadas. Depois, responda às questões a seguir.

a) Quais conjunções coordenativas foram empregadas e que tipo de relações de sentido elas estabelecem entre as partes que cada uma conecta?

b) Seria possível eliminar essas conjunções sem alterar o sentido do texto?

c) Alguma delas contribuiu para a argumentação no texto?

5. Releia o parágrafo a seguir, do ensaio de Ricardo Abramovay, reproduzido na Unidade 1 desta parte. No trecho, foram destacadas as palavras que as gramáticas normativas classificam como conjunções. Em seguida, responda à questão.

> **Todavia**, contrariamente ao que ocorre com a agropecuária, com a indústria ou com os transportes, zerar o desmatamento (e, portanto, reduzir a contribuição do Brasil à crise climática) não é algo que depende de ciência e de tecnologia **ou** que exija investimentos vultosos. Cabe, **então**, perguntar: quais os custos de interromper a devastação? Será que desmatar a Amazônia não é o equivalente à recusa da China e da Índia em subscrever um acordo climático ambicioso em 2009?

As gramáticas normativas da língua atribuem às conjunções sobretudo o papel de conectar orações e termos sintáticos presentes nelas. No entanto, algumas conjunções podem exercer outras funções. Identifique-as no texto transcrito.

Saiba +

Cowspiracy: o segredo da sustentabilidade. Direção de Kip Andersen e Keegan Kuhn, 2014 (90 min).

O documentário discute os impactos da produção de alimentos sobre o meio ambiente e uma das questões mais importantes do nosso tempo: a exploração sustentável dos recursos naturais.

Um pouco mais sobre conjunções coordenativas

Pelo fato de estabelecerem relações de sentido entre duas ou mais ideias, as conjunções coordenativas têm papel fundamental na argumentação. Elas são responsáveis pelas micro e macroestruturação dos argumentos. No artigo científico lido, um bom exemplo desse uso argumentativo das conjunções coordenativas ocorre no trecho:

"**Entretanto**, quando observada a exposição às telas [...]".

Para explicitar a relação de contraposição entre duas situações descritas pelo estudo, no início do parágrafo é empregada a conjunção *entretanto*, que sinaliza essa contraposição. Assim, além de servir como articulador textual e elemento de coesão, no trecho ela desempenha papel argumentativo.

6. Retome as conjunções destacadas na atividade anterior e reflita: elas contribuem para a argumentação no texto? Explique.

Pesquisa: educação alimentar e nutricional, o que é importante saber?

Diário de bordo

A análise dos elementos coesivos provavelmente levou você a perceber a importância deles nos gêneros textuais argumentativos, como o ensaio e o artigo científico, em estudo em *Olhares sobre o futuro*. Registre em seu diário de bordo como a análise proposta nesta seção, *Práticas de análise linguística*, ajudou você na compreensão de como ocorre a coesão textual.

Yulia Davidovich/Shutterstock

Uma alimentação equilibrada ajuda a garantir a ingestão dos nutrientes de que o corpo precisa para se manter saudável.

O *Guia alimentar para a população brasileira* é um documento oficial que reúne informações sobre alimentação com a finalidade de promover a saúde da população. Leia um trecho desse guia.

Alimentação é mais que ingestão de nutrientes

Alimentação diz respeito à ingestão de nutrientes, mas também aos alimentos que contêm e fornecem os nutrientes, a como alimentos são combinados entre si e preparados, a características do modo de comer e às dimensões culturais e sociais das práticas alimentares. Todos esses aspectos influenciam a saúde e o bem-estar.

A ingestão de nutrientes, propiciada pela alimentação, é essencial para a boa saúde. Igualmente importantes para a saúde são os alimentos específicos que fornecem os nutrientes, as inúmeras possíveis combinações entre eles e suas formas de preparo, as características do modo de comer e as dimensões sociais e culturais das práticas alimentares.

A ciência da nutrição surge com a identificação e o isolamento de nutrientes presentes nos alimentos e com os estudos do efeito de nutrientes individuais sobre a incidência de determinadas doenças. Esses estudos foram fundamentais para a formulação de políticas e ações destinadas a prevenir carências nutricionais específicas (como a de proteínas, vitaminas e minerais) e doenças cardiovasculares associadas ao consumo excessivo de sódio ou de gorduras de origem animal. [...]

Outros estudos revelam que os efeitos positivos sobre a saúde de padrões tradicionais de alimentação, como a chamada "dieta mediterrânea", devem ser atribuídos menos a alimentos individuais e mais ao conjunto de alimentos que integram aqueles padrões e à forma como são preparados e consumidos. Há igualmente evidências de que circunstâncias que envolvem o consumo de alimentos – por exemplo, comer sozinho, sentado no sofá e diante da televisão ou compartilhar uma refeição, sentado à mesa com familiares ou amigos – são importantes para determinar quais serão consumidos e, mais importante, em que quantidades.

Finalmente, alimentos específicos, preparações culinárias que resultam da combinação e preparo desses alimentos e modos de comer particulares constituem parte importante da cultura de uma sociedade e, como tal, estão fortemente relacionados com a identidade e o sentimento de pertencimento social das pessoas, com a sensação de autonomia, com o prazer propiciado pela alimentação e, consequentemente, com o seu estado de bem-estar. [...]

BRASIL. Ministério da Saúde. Secretaria de Atenção à Saúde. Departamento de Atenção Básica. *Guia alimentar para a população brasileira*. 2. ed. Brasília: Ministério da Saúde, 2014. p. 15-16. Disponível em: https://bvsms.saude.gov.br/bvs/publicacoes/guia_alimentar_populacao_brasileira_2ed.pdf. Acesso em: 30 nov. 2021.

Se possível, antes de discutir o texto acima, assista ao vídeo *Alimentação, cultura e identidade*, produzido pela TV UFRGS, disponível em: https://www.youtube.com/watch?v=6pVgTNcQ9G8, acesso em: 3 maio 2022. O vídeo relaciona os três conceitos presentes em seu título.

Depois de assistir ao vídeo, converse sobre alimentação com a turma considerando as questões a seguir.

- Observamos tanto no vídeo quanto no texto que falar de alimentação é falar também de cultura. No vídeo, há um tratamento especial dado à questão das diversas culturas que formam a sociedade brasileira e como elas influenciam nossos hábitos alimentares. Você já havia pensado nisso? Qual é a comida típica do seu estado ou cidade preferida? Você sabe a sua origem, ou seja, de onde ela veio? O que você sabe sobre comidas de outras regiões do país?

- Pesquise, com alguns colegas, as histórias que envolvem as comidas típicas da sua região a fim de entender qual é a origem delas e se passaram ou não por transformações ao longo do tempo. A turma pode levantar quais são essas comidas e cada grupo pesquisa as receitas e a história de algumas delas. Será importante consultar os professores de História e Geografia sobre esse assunto. Organizem os resultados da pesquisa em uma exposição oral, por exemplo, a ser apresentada no evento organizado em *#Multiplicar*.
- Converse com seus familiares. Confira as receitas especiais de sua família, aquelas que foram passando de geração em geração. Por que começaram a ser feitas? Quem iniciou a tradição de fazê-las na família? Anote as histórias, os ingredientes e o modo de preparo da receita.
- Coletadas as receitas, passem-nas para um arquivo digital de texto compartilhado. Alguém da turma pode ficar responsável pela arte da capa, que pode ser desenhada à mão ou ser feita de forma digital. Lembrem-se de inserir um sumário para auxiliar os leitores. Em *#Multiplicar* será possível compartilhar com a comunidade escolar as receitas que estão nas famílias há anos e ainda figuram como protagonistas nas mesas de vocês.

Mix Tape/Shutterstock

Cozinhando em família.

Estilos de época

Nesta seção vamos estudar o Modernismo em Portugal e no Brasil e a influência das vanguardas europeias para o surgimento desse movimento artístico no início do século XX, caracterizado por seu aspecto inovador, antiacadêmico e nacionalista.

Observe as linhas do tempo abaixo. Elas apresentam a cronologia dos estilos de época em Portugal e no Brasil. Depois, leia o texto que trata das Vanguardas europeias e do Modernismo em Portugal e no Brasil.

Portugal

1189/1198	1434	1527	1580	1756	1825	1865	1890	1915	1970-hoje
Trovadorismo	Humanismo	Classicismo	Barroco	Arcadismo	Romantismo	Realismo/ Naturalismo	Simbolismo	Modernismo	Tendências contemporâneas

Brasil

1500	1601	1768	1836	1881	1893	1902	1922	1970-hoje
Literatura de informação	Barroco	Arcadismo	Romantismo	Real./Natural./ Parnasianismo	Simbolismo	Pré-Modernismo	Modernismo	Tendências contemporâneas

Vanguardas europeias

Vanguarda é o nome que se dá a uma tendência ou conjunto de tendências que, em determinado momento histórico, se opõe ao estilo vigente, especialmente no campo das artes. O termo associa-se a *ruptura, choque*.

> [...] a vanguarda representa a mudança de crenças experimentadas no pensamento e na arte do mundo ocidental, desde o início do século XX. Toda vanguarda sempre se caracteriza pela sua agressividade [...].
>
> A palavra *vanguarda* em literatura chegou ao Brasil como o Modernismo e suas projeções se estendem aos nossos dias [...].

TELES, Gilberto Mendonça. *Vanguarda europeia e Modernismo brasileiro*: apresentação crítica dos principais manifestos vanguardistas. São Paulo: Vozes, 2009.

A ruptura radical com as maneiras tradicionais de fazer arte é obra de movimentos que, em seu conjunto, formam as vanguardas europeias. Entre esses movimentos, há o Futurismo, o Cubismo, o Dadaísmo e o Surrealismo, sobre os quais você poderá ler a seguir e que têm como característica fundamental a exaltação do mundo da máquina, da velocidade, da ação. Esse aspecto está bastante presente nas produções artísticas do início do século XX na Europa e no Brasil.

Reprodução/Palácio Venier dei Leoni, Veneza, Itália.

Dinamismo de um ciclista, de Umberto Boccioni, 1913 (óleo sobre tela, 70 cm × 95 cm).

Modernismo em Portugal

A primeira fase do Modernismo em Portugal (1915-1927), também chamada Orfismo, foi inaugurada com a publicação do primeiro número da revista *Orpheu* em 1915. Fundada por nomes como Fernando Pessoa e Mário de Sá-Carneiro, a revista contribuiu para divulgar os ideais modernistas, rompendo com o passadismo da literatura tradicional portuguesa e abrindo as portas para uma nova estética, regida pela velocidade, pela técnica, pelas máquinas e por infinitas possibilidades de visão do mundo.

Reprodução/Coleção Particular

Capa nº 1 da revista *Orpheu*, fundada em 1915, Portugal.

Fernando Pessoa

O poeta Fernando Pessoa (1888-1935) é o maior representante da produção poética modernista em Portugal e um dos mais importantes escritores da língua portuguesa. Sua obra apresenta algumas características especiais e inovadoras para a época, como a *heteronímia*. Assim, além dos poemas assinados por Fernando Pessoa, há também os que são de autoria dos heterônimos, diferentes eu líricos criados pelo autor para dar voz a seus poemas, como Alberto Caeiro, Ricardo Reis e Álvaro de Campos.

A obra de Fernando Pessoa "ele mesmo" está publicada nos livros *Mensagem e Cancioneiro*. No primeiro, foi publicado o poema que você lerá a seguir.

Nevoeiro

Fernando Pessoa

Nem rei nem lei, nem paz nem guerra,
Define com perfil e ser
Este fulgor baço da terra
Que é Portugal a entristecer —
Brilho sem luz e sem arder
Como o que o fogo-fátuo encerra.

Ninguém sabe que coisa quer.
Ninguém conhece que alma tem,
Nem o que é mal nem o que é bem.
(Que ânsia distante perto chora?)
Tudo é incerto e derradeiro.
Tudo é disperso, nada é inteiro.
Ó Portugal, hoje és nevoeiro...

É a hora!

Valete, Fratres.

PESSOA, Fernando. Nevoeiro. Disponível em: http://arquivopessoa.net/textos/2293. Acesso em: 5 ago. 2022.

Saiba +

Reprodução/Companhia das Letras

Fernando Pessoa (1888-1935) nasceu e morreu em Lisboa, Portugal. Durante grande parte da infância viveu em Durban, colônia britânica situada na África do Sul, onde seu padrasto era cônsul português. É considerado um dos mais importantes poetas da língua portuguesa.

O Modernismo brasileiro da primeira fase

O marco que inaugura o Modernismo no Brasil é a Semana de Arte Moderna, considerada um divisor de águas na história da cultura brasileira. No evento que ocorreu em São Paulo no ano de 1922, diversos artistas brasileiros como escritores, músicos e pintores, apresentaram obras elaboradas em uma linguagem nova, afinada com as correntes das vanguardas europeias. Esses artistas tinham como intenção declarar o rompimento com as estruturas clássicas e acadêmicas, especialmente aquelas relacionadas ao Parnasianismo e ao Simbolismo.

No Brasil, o público utilizava sobretudo o termo *futurista* para enquadrar esses artistas da primeira fase da Semana de Arte Moderna (1922-1930). Entretanto, é preciso notar que, no ano de realização da Semana em São Paulo, a Europa já assistia ao seu derradeiro movimento de vanguarda, o Surrealismo.

Webysther/Wikipedia/Wikimedia Commons 4.0

Imagem aérea do Theatro Municipal de São Paulo, foto de 2019. A Semana de Arte Moderna aconteceu no saguão do Theatro Municipal em 1922.

Os representantes modernistas da literatura do período, chamado de *fase heroica*, estavam interessados em romper com as velhas tradições e com qualquer forma de cultura que não fosse construída em bases nacionais.

Muitos desses artistas viajavam para a Europa, onde entravam em contato com aquelas vanguardas (Cubismo, Futurismo, Surrealismo, etc.). Desse grupo, pode-se destacar Oswald de Andrade, um escritor fundamental no Modernismo brasileiro, não só por sua obra como por seu posicionamento teórico.

> A Semana de Arte Moderna foi um duplo vértice histórico; convergências de ideias estéticas do passado, apuradas e substituídas pelas novas teorias europeias (Futurismo, Expressionismo, Cubismo, Dadaísmo e Espiritonovismo); e também ponto de partida para as conquistas expressionais da literatura brasileira no século XX.
>
> TELES, Gilberto Mendonça. *Vanguarda europeia e Modernismo brasileiro*: apresentação crítica dos principais manifestos vanguardistas. São Paulo: Vozes, 2009.

Os manifestos

Para divulgar suas ideias, muitas vezes os autores ou grupos de artistas recorrem a manifestos, textos argumentativos que declaram um ponto de vista, denunciam um problema ou convocam uma comunidade para uma ação. No caso da arte, os manifestos apresentam ao leitor os princípios e intenções de determinados artistas ou grupos de artistas. Por isso, os manifestos são documentos fundamentais para compreendermos o que pretendem ou pretendiam os artistas de um movimento.

No caso das vanguardas europeias, são muitos os manifestos que circularam no período, conforme se estuda nesta unidade do livro.

A divulgação das ideias da Semana se fez por meio de manifestos, revistas e grupos de adeptos que se reuniam para discutir as novas propostas. *O Manifesto Pau-Brasil*, de Oswald de Andrade, foi publicado em 1924 no jornal *Correio da Manhã* e defende a criação de uma poesia "ingênua", que não estivesse contaminada com padrões e regras preestabelecidos e que fosse possível exportá-la, assim como foi feito com a madeira da árvore que tem o mesmo nome do manifesto. Leia a seguir um trecho.

Manifesto da Poesia Pau-Brasil

Oswald de Andrade

A poesia existe nos fatos. Os casebres de açafrão e de ocre nos verdes da Favela, sob o azul cabralino, são fatos estéticos.

O Carnaval no Rio é o acontecimento religioso da raça. Pau-Brasil. Wagner submerge ante os cordões de Botafogo. Bárbaro e nosso. A formação étnica rica. Riqueza vegetal. O minério. A cozinha. O vatapá, o ouro e a dança.

Toda a história bandeirante e a história comercial do Brasil. O lado doutor, o lado citações, o lado autores conhecidos. Comovente. Rui Barbosa: uma cartola na Senegâmbia. Tudo revertendo em riqueza. A riqueza dos bailes e das frases feitas. Negras de jockey. Odaliscas no Catumbi. Falar difícil.

[...]

Ágil o teatro, filho do saltimbanco. Ágil e ilógico. Ágil o romance, nascido da invenção. Ágil a poesia.

A poesia Pau-Brasil, ágil e cândida. Como uma criança.

Uma sugestão de Blaise Cendrars: - Tendes as locomotivas cheias, ides partir. Um negro gira a manivela do desvio rotativo em que estais. O menor descuido vos fará partir na direção oposta ao vosso destino.

Contra o gabinetismo, a prática culta da vida. Engenheiros em vez de jurisconsultos, perdidos como chineses na genealogia das ideias.

A língua sem arcaísmos, sem erudição. Natural e neológica. A contribuição milionária de todos os erros. Como falamos. Como somos.

Não há luta na terra de vocações acadêmicas. Há só fardas. Os futuristas e os outros.

Uma única luta - a luta pelo caminho. Dividamos: poesia de importação. E a Poesia Pau-Brasil, de exportação.

[...]

ANDRADE, Oswald de. *Correio da Manhã*, 18 de março de 1924. Disponível em: https://www.ufrgs.br/cdrom/oandrade/oandrade.pdf. Acesso em: 12 jul. 2022.

Saiba +

Oswald de Andrade (1890--1954) foi poeta, romancista, dramaturgo e jornalista. Nasceu em São Paulo e se formou em Direito, mas atuava como jornalista para diversos jornais paulistanos, como *O Estado de S. Paulo* e *Correio da Manhã*. Foi um dos organizadores da Semana de Arte Moderna, evento que inaugurou o Modernismo no Brasil, e foi o idealizador dos principais manifestos modernistas, entre eles o *Manifesto Pau-Brasil*.

Reprodução/Coleção Particular

Práticas de leitura e análise literária: as artes no início do século XX

No final da segunda década do século XX, as formas e os gêneros da narrativa tradicional sofreram modificações radicais. Os escritores passaram a buscar novas formas de narrar histórias. Essa busca levou a literatura a transformações que marcariam a produção literária de todo o século.

Conforme vimos na unidade anterior, o Simbolismo (na literatura) e o Impressionismo (na pintura) abriram terreno para experimentações artísticas entre o final do século XIX e o início do século seguinte, que foi marcado por desdobramentos dessas experimentações, as chamadas *vanguardas europeias*, ou seja, tendências artísticas que, nesse momento, se opuseram aos estilos vigentes.

As vanguardas europeias

O acelerado progresso tecnológico desse tempo, que levou as pessoas a exaltarem as máquinas, a velocidade, a ação, impregnou a arte então produzida na Europa e no Brasil. Nas primeiras décadas do século XX, o avanço tecnológico possibilitou que o corpo e a mente humana se deslumbrassem com duas variáveis: ação e velocidade.

A ruptura radical com as formas tradicionais de fazer arte é obra de movimentos que, em seu conjunto, formam as vanguardas europeias. Entre esses movimentos, há o futurismo, o cubismo, o dadaísmo e o surrealismo, sobre os quais você vai ler a seguir.

O avanço científico e tecnológico do início do século XX foi paralelo à crise do capitalismo, que conduziria à Primeira Guerra Mundial (1914-1918), provocando a descrença nos sistemas políticos, sociais e filosóficos. O mundo nem havia se recuperado desse conflito quando, em 1929, uma gigantesca crise financeira colaboraria para o desencadeamento da Segunda Guerra Mundial (1939-1945).

A insatisfação, as contradições e a inquietação da época impunham formas de expressão que se relacionassem com esse estado de espírito. Daí resultaram os movimentos artísticos que integraram a vanguarda europeia e que exerceram considerável influência sobre a literatura brasileira do século XX.

Fonte, de Marcel Duchamp, 1917. Trata-se de uma das mais notórias obras do dadaísmo, movimento vanguardista que representava a total ausência de perspectiva diante da guerra.

Futurismo

O futurismo rejeitava o passado. As obras futuristas tinham por princípio valorizar a velocidade e o desenvolvimento tecnológico do final do século XIX.

Nas artes plásticas, os futuristas tentavam apreender não os objetos em si, mas o movimento desses objetos no espaço. Observe na obra de Giacomo Balla como esse artista procura registrar o movimento do cão.

Dinamismo de um cão na coleira, de Giacomo Balla, 1912 (óleo sobre tela, 89,9 cm × 109,9 cm).

Manifesto do Futurismo

Leia a seguir o trecho inicial do manifesto futurista escrito por Filippo Marinetti (1876-1944), em 1909:

> 1. Nós queremos cantar o amor ao perigo, o hábito da energia e da temeridade.
>
> 2. A coragem, a audácia, a rebelião serão elementos essenciais de nossa poesia.
>
> 3. A literatura exaltou até hoje a imobilidade pensativa, o êxtase, o sono. Nós queremos exaltar o movimento agressivo, a insônia febril, o passo de corrida, o salto mortal, o bofetão e o soco.
>
> 4. Nós afirmamos que a magnificência do mundo enriqueceu-se de uma beleza nova: a beleza da velocidade. Um automóvel de corrida com seu cofre enfeitado com tubos grossos, semelhantes a serpentes de hálito explosivo... um automóvel rugidor, que correr sobre a metralha, é mais bonito que a Vitória de Samotrácia.
>
> 5. Nós queremos entoar hinos ao homem que segura o volante, cuja haste ideal atravessa a Terra, lançada também numa corrida sobre o circuito da sua órbita.
>
> 6. É preciso que o poeta prodigalize com ardor, fausto e munificiência, para aumentar o entusiástico fervor dos elementos primordiais.
>
> 7. Não há mais beleza, a não ser na luta. Nenhuma obra que não tenha um caráter agressivo pode ser uma obra-prima. A poesia deve ser concebida como um violento assalto contra as forças desconhecidas, para obrigá-las a prostrar-se diante do homem.
>
> 8. Nós estamos sentados no promontório extremo dos séculos!... Para que olhar para trás, no momento em que é preciso arrombar as misteriosas portas do Impossível? O Tempo e o Espaço morreram ontem. Nós vivemos já no absoluto, já que nós criamos a eterna velocidade onipresente.

MARINETTI, Filippo T. Manifesto do Futurismo. *In:* TELES, Gilberto M. *Vanguarda europeia e modernismo brasileiro*: apresentação dos principais poemas, manifestos, prefácios e conferências vanguardistas, de 1857 a 1972. Rio de Janeiro: Vozes, 1997. p. 91-92.

Saiba +

Filippo Tommaso Marinetti (1876-1944) foi um italiano nascido na cidade egípcia de Alexandria. Escritor, pintor e fundador do movimento futurista com Umberto Boccioni, Luigi Russolo e Carlo Carrà, outros três artistas italianos, foi o autor do manifesto futurista, publicado pela primeira vez no jornal francês *Le Figaro*, em 1909.

Cubismo

Pensado e experimentado de início por artistas plásticos, o Cubismo propõe que o artista trabalhe as partes do elemento da realidade que está interessado em representar e, em seguida, recrie-o por meio de planos geométricos superpostos. Graças a essa remontagem, o objeto poderia ser representado de diferentes ângulos ao mesmo tempo. Assim, deixava-se de lado a perspectiva tradicional, de acordo com a qual se escolhia um único plano para representar o objeto. Veja a **natureza-morta**, pintada por Juan Gris, a seguir.

natureza-morta: tipo de pintura em que são representados como tema central objetos ou seres inanimados, como garrafas, copos, jarros, flores, frutas, etc.

Natureza morta com garrafa de água e taça de frutas, de Juan Gris, 1915 (óleo sobre tela, 486 cm × 600 cm). Observe como o artista cubista espanhol Juan Gris geometriza as formas presentes em sua pintura para transmitir a ideia de multiplicidade de pontos de vista.

Na literatura, uma das características do cubismo é a preocupação com a disposição gráfica do poema: o espaço todo da folha, não apenas o texto, passa a fazer parte da obra, assim como os tipos – a letra impressa, resultante de composição tipográfica ou de fotocomposição –, empregados na composição do texto.

O texto de Guillaume Apollinaire (1880-1918), a seguir, é um exemplo de como as ideias cubistas influenciaram a produção literária da época. Note que esse poema aproxima a poesia da pintura ao reproduzir visualmente a queda da chuva. Rompe-se, assim, a noção de estrofe e de verso. Leia-o e, depois, observe a imagem em que ele aparece em francês e no formato com o qual foi concebido por Apollinaire.

I. Tradução literal do poema "*Il pleut*" (Chove):

Chovem as vozes das mulheres como se elas estivessem mortas mesmo na lembrança
É você também que chove gotículas de maravilhosos encontros de minha vida
E essas nuvens turbulentas se põem a relinchar todo um universo de cidades sonoras
Escute se chove enquanto o remorso e o desprezo choram por uma antiga música
Escute caírem os laços que te prendem no alto e embaixo

Tradução dos autores.

Saiba +

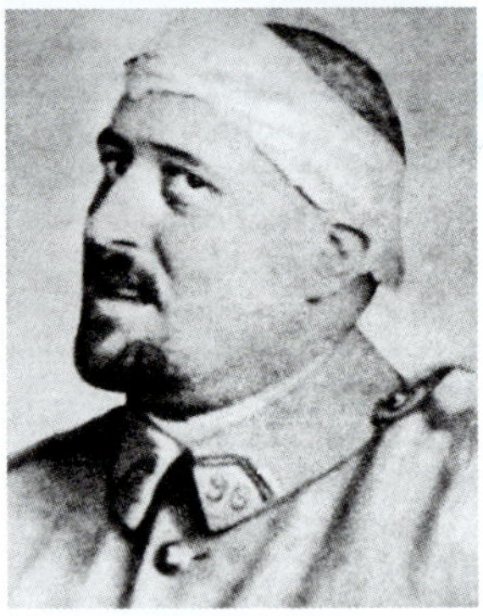

Reprodução/Coleção Particular

Guillaume Apollinaire (1880-1918) escritor e poeta francês. Um dos nomes mais conhecidos entre os artistas das vanguardas europeias, Apollinaire ajudou na elaboração do manifesto cubista e foi o criador do termo *surrealismo*.

II. O poema "*Il pleut*" (Chove) em seu formato original:

IL PLEUT

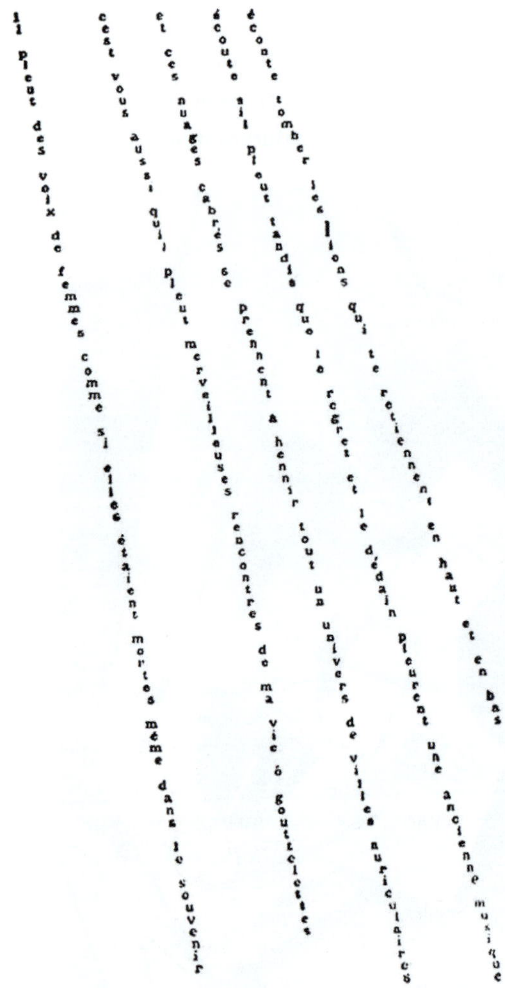

Il pleut des voix de femmes comme si elles étaient mortes même dans le souvenir
c'est vous aussi qu'il pleut merveilleuses rencontres de ma vie ô gouttelettes
et ces nuages cabrés se prennent à hennir tout un univers de villes auriculaires
écoute s'il pleut tandis que le regret et le dédain pleurent une ancienne musique
écoute tomber les liens qui te retiennent en haut et en bas

Reprodução/Arquivo da editora

Il pleut, de Guillaume Apollinaire, 1918.

Dadaísmo

O dadaísmo foi o mais radical dos movimentos de vanguarda. Tem como princípio a negação da lógica, da coerência e da cultura, em uma espécie de protesto contra o absurdo da guerra.

Tristan Tzara (1896-1963), romeno que viveu na França, foi o líder do movimento dadaísta. Afirmava ele que *dadá*, palavra que encontrou casualmente num dicionário, pode significar: rabo de vaca santa, mãe; certamente; ama de leite. Mas o próprio Tzara acabou afirmando, no manifesto dadaísta: "dadá não significa nada".

Archive Photos/Getty Images

O poeta Tristan Tzara. Foto de 1936.

Surrealismo

O francês Louis Aragon é um dos mais conhecidos poetas surrealistas europeus. É dele o poema a seguir. Leia-o.

As realidades

(fábula)

Louis Aragon

Era uma vez uma realidade
com suas ovelhas de lã real
a filha do rei passou por ali
E as ovelhas baliam que linda que está
a re a re a realidade.
Na noite era uma vez
uma realidade que sofria de insônia
Então chegava a madrinha fada
e realmente levava-a pela mão
a re a re a realidade.
No trono havia uma vez
um velho rei que se aborrecia
e pela noite perdia o seu manto
e por rainha puseram-lhe ao lado
a re a re a realidade.
CAUDA: dade dade a reali
dade dade a realidade
A real a real
idade idade dá a reali
ali
a re a realidade
era uma vez a REALIDADE.

ARAGON, Louis. As realidades. *In*: FORTINI, Franco. *O movimento surrealista*. 2. ed. Lisboa: Presença, 1980. p. 191-192.

Saiba + +++

Roger Viollet/Getty Images

Louis Aragon (1897--1982), escritor e poeta francês. Reconhecido como poeta surrealista, travou amizade com outros artistas importantes do movimento, como André Breton.

O surrealismo foi, cronologicamente, o último movimento da vanguarda europeia do início do século XX. Note como André Breton (1896-1966), autor do primeiro manifesto surrealista, definiu o movimento:

> *Surrealismo*. s.m. Automatismo psíquico pelo qual alguém se propõe a exprimir, seja verbalmente, seja por escrito, seja por qualquer outra maneira, o funcionamento real do pensamento.

Apud TELES, Gilberto M. *Vanguarda europeia e Modernismo brasileiro*. Rio de Janeiro: José Olympio, 2012.

Os estudos psicanalíticos de Sigmund Freud (1856-1939) influenciaram na formação do surrealismo. Além de valorizarem o sonho, os surrealistas propunham a "escrita automática": o artista deve deixar-se levar pelo impulso, registrando tudo o que lhe vier à mente, sem se preocupar com a lógica ou com a ordem.

Esse era o clima das artes na Europa no início do século XX. Mais cedo ou mais tarde essas tendências manifestaram-se em boa parte dos países europeus. Na pintura, Salvador Dalí (1904-1989) e René Magritte (1898-1967) se destacam com suas obras insólitas e desafiadoras.

Saiba + +++

A persistência da memória, de Salvador Dalí: análise do quadro. Disponível em: https://www.culturagenial.com/a-persistencia-da-memoria-de-salvador-dali/. Acesso em: 3 maio 2022.

Nessa página do *site Cultura genial* é possível ler a análise que a arte-educadora Laura Aidar faz do famoso quadro do pintor surrealista.

Roda de bicicleta, de Marcel Duchamp. Réplica do original de 1913 (dimensões: 128 cm × 64 cm × 33 cm). O trabalho de Duchamp consiste, sobretudo, em gerar questionamento: Uma roda de bicicleta é um objeto de arte? Por quê? Qual é o trabalho do artista nesse caso, uma vez que a roda é um produto fabricado em série? Se isso for arte, o que não é arte?

Cultura *remix*

Na obra de Marcel Duchamp e na de Juan Gris, representantes das vanguardas europeias, foi possível observar a ressignificação de objetos existentes, assim como o uso de técnicas como a montagem e a colagem para criar as novas obras. Hoje, no âmbito da cultura digital, qualquer pessoa com acesso à internet pode criar novas obras misturando, combinando outras já existentes.

Essa técnica de coletar, modificar e recombinar material artístico já existente, visando criar um produto novo, ganhou corpo e importância na música, especialmente com o trabalho dos DJs e com o movimento *hip-hop*, que incorpora às suas criações material musical já produzido, por meio de técnicas como a remixagem. É desse termo que surge a palavra *remix*.

O desafio que acompanha o *remix* está relacionado aos direitos de imagem e das criações assinadas. Criar uma obra tendo por base, por exemplo, uma canção assinada ou a imagem de uma pessoa pode ser um problema se não forem pedidos e concedidos os direitos necessários. Portanto, ao remixar, é preciso avaliar o que é usado como base e que implicações legais quanto a direitos autorais podem ser acarretadas.

A seguir, veja um exemplo de *remix*.

Capa do livro *Dom Casmurro e os discos voadores*, de Lucio Manfredi e Machado de Assis, publicada pela editora Leya, em 2010.

O romance criado por Lucio Manfredi, *Dom Casmurro e os discos voadores*, é um *remix* que tem como base um dos clássicos da nossa literatura: o romance *Dom Casmurro*, de Machado de Assis, publicado em 1899. Assim, transformando segmentos da obra original, recombinando-os, Manfredi publicou, em 2010, esse livro montado "em parceria" com o nosso escritor realista. Observe também que ele não precisou pedir autorização a Machado de Assis ou a seus familiares para isso, pois o autor de *Dom Casmurro* faleceu há muito mais de 70 anos, ou seja, suas obras estão em domínio público.

No mundo contemporâneo, a internet facilita o acesso a obras intelectuais, que os usuários das redes conseguem editar e compartilhar com relativa facilidade. Essas novas práticas demandam responsabilidade, pois é preciso respeitar os direitos das pessoas.

De acordo com a Lei n. 9 610/1998, que regulamenta a legislação autoral brasileira, em geral as obras caem em domínio público 70 anos após a morte do autor. Esse tempo começa a ser contado em 1º de janeiro do ano subsequente ao falecimento do autor, obedecida a ordem sucessória da Lei Civil. É possível conhecer os detalhes da lei acessando o *site* do Planalto Federal, no endereço disponível em: http://www.planalto.gov.br/ccivil_03/leis/l9610.htm (acesso em: 3 maio 2022).

Quando uma obra cai em domínio público significa que não há mais alguém que detenha os direitos à sua propriedade, não há mais restrição de uso. Entretanto, continuam valendo os direitos morais do autor, que não morrem. Assim, ao fazer uso de uma obra, é preciso nomear seu autor.

1. Na capa do livro de Manfredi fica evidente a remixagem. Em sua opinião, por que ele fez isso?

Produzindo e compartilhando um *remix*

Caso você já tenha produzido um *remix*, que tal compartilhar a experiência com os colegas e o professor? Apresente sua obra e verifique se os colegas identificam o que foi remixado. Será divertido descobrir esse lado artístico dos colegas.

Se nunca produziu nada assim, este pode ser o momento para se aventurar na criação. Para isso:

- Escolha uma obra de base (narrativas, música, artes visuais, etc.), planeje como pretende modificá-la e criar o *remix*.
- Com a ajuda do professor, avalie as possibilidades de usar a obra já pronta de modo responsável.
- Verifique a plataforma e/ou os *softwares* adequados para a criação.
- No dia combinado, a turma poderá montar uma pequena exposição com as criações *remix* e conversar sobre elas.

Diário de bordo

Registre em seu diário de bordo sua percepção das vanguardas europeias e levante hipóteses sobre de que modo o Simbolismo, em estudo na Unidade 1, antecipou algumas propostas concretizadas pelas vanguardas. Registre também suas impressões sobre a prática de *remix*.

Práticas de produção oral: debate regrado (II)

No estudo da oralidade proposto na Unidade 1, você pôde experimentar fazer e analisar um debate em torno de uma questão polêmica considerando a estrutura do gênero, organizado em torno de alguns papéis: o mediador, os debatedores, os ouvintes (ou audiência).

Nesta unidade, o estudo do gênero será retomado. O texto que você vai trabalhar nesta seção é a transcrição de um trecho das falas do vídeo *Amazônia: o futuro depois das queimadas – Debate*, do Canal Futura, apresentado pelo jornalista Bernardo Menezes. Nessa edição do programa, o enfoque recai sobre as queimadas na Floresta Amazônica. O tema foi amplamente debatido pela mídia em decorrência, principalmente, da intensificação do desmatamento e da destruição da floresta ocorrida a partir de 2019. O caso foi notícia em todo o mundo.

Reprodução/Canal Futura

Participantes do debate *Amazônia: o futuro depois das queimadas*, do Canal Futura. Da esquerda para a direita, na foto, estão Bernardo Menezes (jornalista e apresentador do programa *Debate*, do Canal Futura), Regina Oliveira (bióloga e pesquisadora do Museu Paraense Emílio Goeldi) e Márcio Sette Fortes (professor de Relações Internacionais do Ibmec, Rio de Janeiro).

Organização dos grupos e troca de impressões

Retomem os pequenos grupos de trabalho formados para a atividade da entrevista, proposta na unidade anterior de *Olhares sobre o futuro*.

- Assistam, se possível na íntegra, ao programa *Amazônia: o futuro depois das queimadas – Debate*. Disponível em: https://www.youtube.com/watch?v=8syG4UzcFd4. Acesso em: 2 mar. 2022.
- Com base na visualização do vídeo e nas anotações feitas, vocês vão discutir sobre a temática tratada. Tentem explicar por que ela é pertinente a um programa desse gênero. Troquem impressões sobre o que assistiram.
- Ao longo do debate, são feitas inserções jornalísticas cuja finalidade é contribuir para o debate. Observem especialmente o trecho que se inicia em 3 min 27 s.
- Recorram ao vídeo toda vez que for necessário.

Círculos de discussão

Com base nessa segunda visualização, em grupos, vocês vão discutir algumas questões, organizadas em três círculos, que podem ser multiplicados pelo professor conforme o número de grupos da turma, de modo que cada equipe percorra os círculos 1, 2 e 3 para discuti-las.

Em cada círculo é preciso haver folhas avulsas para que todos possam, ao fim da discussão, anotar as respostas, que poderão ser observadas pelos colegas dos demais grupos. O tempo em cada círculo deve ser combinado com o professor.

Círculo 1. O papel do mediador

- Ao iniciar o debate, o mediador deixa claro o tema em discussão?
- Há momentos em que ele precisa interromper a fala de um dos debatedores? Por quais razões?

Rawpixel.com/Shutterstock

O mediador tem papel importante em um debate, ele deve ajudar os grupos a seguir as regras do debate e conciliar os turnos de fala.

Círculo 2. O conteúdo do debate

- As posições defendidas e as opiniões dos debatedores são claras? Se isso não acontece, o que, em sua opinião, prejudica o debate?
- O mediador faz perguntas aos debatedores? Essas perguntas parecem pertinentes ao tema ou fogem dele?
- Os debatedores procuram se ater ao tema proposto ou fogem da questão discutida?

Círculo 3. O comportamento dos participantes

- Em certos momentos, o apresentador olha diretamente para a câmera e em outros interage com os debatedores. Por que isso ocorre?
- Há movimentos dos participantes durante o debate? Em caso afirmativo, tentem formular uma hipótese ou explicações para justificá-los.
- Os elementos sonoros empregados (volume e timbre da voz, o ritmo da fala, as pausas, etc.) são compatíveis com o que é discutido? De que forma contribuem para a construção dos sentidos no debate?
- Os participantes – mediador e debatedores – gesticulam, apesar de estarem sentados a maior parte do tempo. Os gestos e todos os componentes mimogestuais (expressões faciais, movimento dos braços e das mãos, direcionamento do olhar) desempenham qual papel em relação à comunicação oral no debate?

1. Você e os colegas de grupo devem observar as anotações de todos os grupos em cada círculo. Agora, comparem essas observações com as que fizeram na atividade da entrevista da Unidade 1 desta Parte D.

Conversem entre si e respondam: considerando que os debatedores e o mediador do debate transcrito são experientes, que diferenças há entre a forma como o debate no vídeo foi conduzido e a maneira de vocês conduzirem o debate na Unidade 1? Depois da conversa, registre sua resposta.

Rawpixel.com/Shutterstock

Grupo de adolescentes trabalhando em grupo e compartilhando informações.

Transcrição do debate

A proposta aqui é vocês lerem um trecho de transcrição do debate ocorrido no programa *Amazônia: o futuro depois das queimadas.* Antes de ler o texto da transcrição, leiam e observem com atenção o quadro a seguir, que mostra as sinalizações que orientaram a transcrição das falas.

Saiba +

Chave da transcrição

Para não confundir o texto oral com o texto escrito, são adotadas convenções próprias para a transcrição de extratos de oralidade. Sinais próprios da língua escrita são evitados (pontuação, alínea e parágrafos, letras maiúsculas, entre outros). Os significados dos símbolos convencionados são apresentados a seguir.

- O uso de barra simples (/) indica pausa breve.
- O uso de barra dupla (//) indica pausa longa.
- O uso do símbolo (**?**) indica interrogação.
- O uso de **negrito** indica insistência sobre uma sílaba.
- O uso de sublinhado indica marcador conversacional.
- O uso de *itálico* indica marca de hesitação.
- O uso de barra vertical (|) indica fim do turno de fala ou interrupção.
- O uso de colchetes [ ] indica que os comentários ali apresentados se referem a incidentes mimogestuais e cinésicos.

Saiba +

Assista na íntegra ao debate *Amazônia: o futuro depois das queimadas*. Ele está disponível em: https://www.youtube.com/watch?v=8syG4UzcFd4. Acesso em: 3 mar. 2022.

A seguir, transcrevemos um trecho do debate. Leiam esse fragmento e acompanhem-no, se possível, com a visualização do vídeo ou, ao menos, com a escuta do trecho selecionado.

Trecho transcrito: de 3'27" a 6'43" (Tempo total da transcrição: três minutos e dezesseis segundos)

Bernardo Menezes (Apresentador/mediador do debate) – [enquanto fala, o apresentador olha a câmera, em seguida se desloca em direção aos debatedores e se senta em frente a eles para iniciar o debate. Passa a olhar para os debatedores, faz um gesto com uma das mãos em direção a eles e não olha mais para a câmera, e sim para os debatedores]

É/ a situação é grave/ deixa eu trazer aqui pro estúdio/ pra conversar com os nossos convidados// muito obrigado pela participação no debate// a bióloga Regina Oliveira/ ela é pesquisadora do museu paraense Emílio Goeldi//

[câmera se desloca para focalizar Regina Oliveira, fechando a imagem nela] tem um conhecimento bastante amplo da região Amazônica//

[câmera volta a focalizar o apresentador]

A destruição d**a** região não começou agora/ evidentemente a gente sabe que/ mas o que que é novo/ nessa crise que a gente tá vivendo? |

[câmera focaliza Regina]

Regina – <u>Bom</u>/ *a*/ *a* região Amazônica/ segundo vários estudos/ <u>né</u>/ e <u>aí</u> a gente cita a geógrafa Berta Becker/ <u>né</u>/ que sempre levantou as questões relacionadas ao **u**so da floresta/ **u**so da região/ desde a década de sessenta/setenta/ com a implantação de grandes projetos então// a gente começa a ver/ *a*/ *a* floresta sendo redu**zi**da/ dimi**nuí**da/ com a implantação de grandes projetos// *antigamen* | *âh*/ há um tempo atrás/ nem os estudos de impacto aconteciam// mas <u>né</u>/ avançaram com isso// hoje/ além das mudanças climáticas/ <u>né</u>/ os fenômenos do El-Niño/La Niña/ que *podem*/ que acontecem// *há*/ *há*/ *há* <u>uma</u>/ podemos dizer assim/ há *uma*/ *um* frene**<u>si</u>** de queimar a floresta /<u>né</u> /ocupações irregulares/ <u>né</u>/ na região/ com incentivos *âh*/ sem punições/ <u>né</u>/ *âh*/ face ao/ à fiscalização ser reduzida/ não é?/ os espaços/ em que/ as comunidades tradicionais isoladas/ os povos originários isolados/ então/ sem os acessos à fiscalização/ sem a possibilidade de serem/ *eh*/ protegidos/ <u>então</u> a invasão clandestina/ a invasão **i**legal/ se acentuou/ <u>né</u>/ nesses últimos meses/ *nesses últimos*/ nesse último ano |

[câmera volta a focalizar o apresentador]

Apresentador – <u>quer dizer</u>/ é uma região que sempre despertou <u>aí</u>/ essas preocupações no país inteiro/ e sempre despertou os mais variados interesses/ a gente sabe disso também// eu vou apresentar agora o nosso outro convidado/ é o Márcio Sette Fortes/ ele é professor de Relações Internacionais do Ibmec do Rio de Janeiro/ diretor técnico da área internacional da Sociedade Nacional de Agricultura/ *eh*/

[câmera se desloca entre o apresentador e o convidado durante a fala do apresentador]

[apresentador se dirige ao convidado rapidamente e volta a olhar a câmera]

Márcio/ o que a gente viu/ nesse resultado/ *eh/ de/* de políticas frágeis na região/ parece que/ *eh/* mobilizou ainda mais a sociedade/ né?// De fato/ tá faltando uma atenção mais especial/ *mais eh/* elaborada por parte do Estado Brasileiro/ ali na região da Amazônia? | [câmera focaliza o apresentador]

Márcio – olha/ há *uma/ âh/* uma percepção/ *âh/* de que a Amazônia é terra de ninguém/ porque parece que não há ninguém ocupando a terra// quando na realidade/ há sim uma ocupação/ e há também leis específicas/ para aquela terra// o que acontece é que/ *âh/* ao longo dos últimos anos/ a ocupação ilegal/ ela/ *eh/* criou problemas ali/ naquela região especificamente/ *âh/* para as quais não houve uma atenção devida// e isso não é de hoje/ isso é uma coisa que vem se alastrando/ já há algumas décadas/ *âh/* você não tem aquele contingente populacional todo ali/ que se instalou aqui em seis meses// aquilo é uma coisa que já vem de longa data// e o *que que acontece/ âh/* o que acontece é exatamente o uso inadequado/ *âh/* do solo// [...]

AMAZÔNIA: o futuro depois das queimadas – Debate. Rio de Janeiro. 1 vídeo (58 min.). Publicado pelo Canal Futura. Disponível em: https://www.youtube.com/watch?v=8syG4UzcFd4. Acesso em: 30 nov. 2021. (Transcrição feita pelos autores.)

2. Discuta as características dessas falas com os colegas considerando as questões propostas a seguir.

a) Que características da oralidade ficam evidenciadas quando você analisa essa transcrição?

b) De que modo vocês caracterizariam o nível de linguagem empregado?

c) Vocês percebem marcas de variação linguística evidentes? Expliquem.

fizkes/Shutterstock

Adolescente acompanhando o áudio de uma transcrição de texto.

Organizando um debate

Com base nas aprendizagens adquiridas sobre o gênero debate, a turma vai se organizar para debater alguma questão polêmica ligada à ideia de *Olhares sobre o futuro*. Uma sugestão seria relacionar alimentação e meio ambiente, uma forma de concatenar temas estudados nesta unidade e na anterior.

- Organizem uma votação na turma para definir o tema a ser debatido considerando os temas discutidos nos textos lidos e nas pesquisas elaboradas pelos grupos ao longo das Unidades 1 e 2. Identifiquem a questão polêmica em torno da qual vai se desenvolver o debate de vocês.
- Façam pesquisas prévias para prepararem a argumentação para o debate.
- Adotem a mesma metodologia ("passo a passo") sugerida para o debate da Unidade 1.
- Gravem esse debate, escutem e analisem-no com base no roteiro dado na questão para elaboração da entrevista da produção oral da Unidade 1.

Diário de bordo

Depois de todo o trabalho de debate e as análises indicadas nesta seção, não deixe de registrar em seu diário de bordo o que você pôde concluir sobre esse gênero argumentativo da oralidade. Comente essas conclusões com os colegas para compararem as aprendizagens conquistadas.

Práticas de produção escrita: relatório de pesquisa

Vimos que o artigo científico é um gênero que permite aos pesquisadores e cientistas divulgar informações e conhecimentos em veículos especializados, como as revistas científicas.

Conforme você pôde observar na leitura e na análise do modelo em estudo nesta unidade, os textos desse gênero são compostos de algumas partes fundamentais: resumo (com palavras-chave); introdução; métodos; resultados; discussão e referências bibliográficas. Essa estrutura permite ao cientista apresentar os resultados de um experimento ou de uma pesquisa de forma organizada, facilitando a compreensão do leitor. Trata-se de uma organização que pode ser adotada para a produção de relatórios em geral. Tanto na escola, no mundo acadêmico, como no ambiente profissional, ao ter que relatar fatos ou experiências, é possível usar essa organização do artigo científico para compor relatórios.

Saiba +

Metodologia do trabalho científico, de Antônio Joaquim Severino. Cortez, 2018.

Esse livro apresenta informações e metodologia para a organização do trabalho científico. Indica os elementos conceituais que definem e explicam a natureza do conhecimento científico, assim como sinaliza as diretrizes para o entendimento e a aplicação de questões lógicas e técnicas relacionadas com a prática científica.

Relatório de pesquisa

O que demanda a escrita de um artigo científico ou de um relatório é a necessidade de organizar e compartilhar os resultados de uma pesquisa ou de uma experiência fundamentada nos princípios da investigação científica com pessoas interessadas nessa prática ou no tema da pesquisa de modo geral.

Assim como no artigo científico, o nível de linguagem empregado no relatório deve ser formal e adequado ao leitor visado (outro estudante ou um pesquisador). As expressões empregadas, o grau e o tipo de modalização (formas de expressão da opinião e do julgamento que tornam o texto mais objetivo do que subjetivo), o vocabulário técnico utilizado, as formas de citação e os recursos para construir os argumentos, entre outros aspectos, precisam ser compreensíveis ao leitor suposto do relatório.

Para produzir um artigo científico, seu autor consulta pesquisas e textos de outros especialistas, promovendo um diálogo entre os resultados das diversas pesquisas em torno de um tema e suas conclusões. Por sua vez, ao produzir um relatório, é fundamental referenciar o que se afirma nele considerando pesquisas atualizadas e de fontes confiáveis e, no caso de a experiência que fundamenta o relatório ser feita com acompanhamento de registros fotográficos, selecionar os registros mais significativos para apoiar o texto verbal do relatório. Será, então, um relatório icônico-verbal.

Retomada do relato

Tendo em vista as características textuais comentadas, retomem o texto do relato que você e os colegas fizeram em grupos, na *Situação inicial*, nesta unidade, que consistiu na compilação dos alimentos mais consumidos pelos integrantes do grupo. A proposta é que vocês o transformem em um relatório de pesquisa a ser compartilhado com a comunidade em *#Multiplicar*. Para isso, organizem o relatório produzido naquela seção separando as informações em cinco partes, conforme indicado a seguir.

Introdução

Vocês apresentam brevemente a experiência e contam o que a motivou.

Métodos

Vocês contam o passo a passo seguido para realizar a experiência.

Resultados

Vocês apresentam os dados coletados. Podem recorrer também a fotos obtidas e à tabela produzida pelo grupo. Se acharem pertinente, revejam a organização da tabela. Com os números registrados, vocês podem construir gráficos para expressar visualmente os resultados coletados. Peçam a ajuda do professor de Matemática nessa tarefa.

Discussão

Aqui vocês registram o que puderam aprender ou concluir com a experiência. Certamente terão descoberto algumas informações importantes sobre seu consumo de alimentos.

Referências bibliográficas

Vocês podem citar as fontes dos dados. No caso, vocês coletaram os dados a partir das postagens em sua rede social. Podem também valer-se de tudo o que puderam aprender sobre alimentação com as atividades realizadas ao longo da unidade e mobilizar conhecimentos construídos em outros componentes curriculares. Citem nas referências as fontes que vocês tiverem mobilizado na discussão.

Revisão do texto

Releiam o texto final e façam a revisão observando se ele está adequado à estrutura em cinco partes, se está claro para o leitor e se está de acordo com as regras gramaticais e ortográficas.

Com a ajuda do professor, compartilhem os relatórios entre os grupos. Observem a estrutura do relatório dos colegas e as conclusões a que chegaram. Se considerarem importante, ajustem o relatório do grupo de vocês antes de guardá-lo no **portfólio**.

ESB Professional/Shutterstock

Jovens fazendo a revisão do texto em sala de aula.

#EnemVestibular

Responda às questões a seguir para fazer uma retomada dos seus conhecimentos e rever alguns assuntos que estudou nesta unidade.

1. (Enem Digital – 2020)

Nos dias atuais, para as crianças e os adolescentes, a alimentação adequada e balanceada está associada, na maioria das vezes, à busca da forma ideal, segundo padrões ditados pela mídia. Se antes essa preocupação era predominantemente feminina, hoje existem adolescentes tentando emagrecer a qualquer custo: entram e saem de dietas e regimes feitos por conta própria, automedicam-se ou praticam exercícios físicos sem orientação.

MATTOS, L. O. N. Educação física e educação para a saúde. MultiRio, 2016 (adaptado).

Adolescentes associam que a conquista da "forma ideal" do corpo está relacionada à

a) adoção de hábitos inadequados à saúde no cotidiano.
b) busca de auxílio médico para o tratamento com fármacos.
c) adesão a programas oferecidos por academias de ginástica.
d) atuação da mídia na estética presente no imaginário feminino.
e) procura de um nutricionista para a realização de dieta e regime.

2. (Enem Digital – 2020)

O que dizer de um corpo flácido, gordo, considerado deselegante nos dias de hoje, mas que era, há não muito tempo, considerado sensual e inspirador por pintores clássicos? Como entender o conceito de saúde, associado antigamente a um corpo robusto, até mesmo gordo, e atualmente relacionado a um corpo magro? E o corpo já não tão jovem, sobre o qual é imposta uma série de "consertos" e "reparos" para parecer mais jovem? O que se pode dizer é que o corpo é uma síntese da cultura, pois, através do seu corpo, o ser humano vai assimilando e se apropriando dos valores, normas e costumes sociais, em um processo de incorporação.

DAOLIO, J. Os significados do corpo na cultura e as implicações para a educação física. Movimento, n. 2, 1995 (adaptado).

As mudanças das representações sobre o corpo ao longo da história são provenientes da

a) busca permanente pela saúde relacionada a um padrão corporal específico.
b) interferência da História da Arte sobre padrões corporais valorizados no cotidiano.
c) pesquisa por novos procedimentos estéticos voltados aos cuidados com a aparência corporal.
d) diferença aparente entre a capacidade motora de um corpo jovem e aquele marcado pelo tempo.
e) influência da sociedade na construção dos sentidos e significados sociais relacionados ao corpo.

3. (Unifesp – 2017)

Leia um trecho do "Manifesto do Futurismo" publicado por Filippo Tommaso Marinetti (1876-1944) no ano de 1909.

Nós cantaremos as grandes multidões movimentadas pelo trabalho, pelo prazer ou pela revolta; as marés multicoloridas e polifônicas das revoluções nas capitais modernas; a vibração noturna dos arsenais e dos estaleiros sob suas luas elétricas; as estações glutonas comedoras de serpentes que fumam; as usinas suspensas nas nuvens pelos barbantes de suas fumaças; os navios aventureiros farejando o horizonte; as locomotivas de grande peito, que escoucinham os trilhos, como enormes cavalos de aço freados por longos tubos, e o voo deslizante dos aeroplanos, cuja hélice tem os estalos da bandeira e os aplausos da multidão entusiasta.

(Apud Gilberto Mendonça Teles. *Vanguarda europeia e modernismo brasileiro*, 1992. Adaptado.)

Em consonância com este preceito do Futurismo estão os seguintes versos, extraídos da produção poética de Fernando Pessoa (1888-1935):

a) Nas cidades a vida é mais pequena
Que aqui na minha casa no cimo deste outeiro.
Na cidade as grandes casas fecham a vista à chave,

Escondem o horizonte, empurram o nosso olhar para
[longe de todo o céu,
Tornam-nos pequenos porque nos tiram o que os nossos
[olhos nos podem dar,
E tornam-nos pobres porque a nossa única riqueza é ver.

b) Ontem à tarde um homem das cidades
Falava à porta da estalagem.
Falava comigo também.
Falava da justiça e da luta para haver justiça
E dos operários que sofrem,
E do trabalho constante, e dos que têm fome,
E dos ricos, que só têm costas para isso.
E, olhando para mim, viu-me lágrimas nos olhos
E sorriu com agrado, julgando que eu sentia
O ódio que ele sentia, e a compaixão
Que ele dizia que sentia.

c) Amemo-nos tranquilamente, pensando que podíamos,
Se quiséssemos, trocar beijos e abraços e carícias,
Mas que mais vale estarmos sentados ao pé um
[do outro
Ouvindo correr o rio e vendo-o.
Colhamos flores, pega tu nelas e deixa-as
No colo, e que o seu perfume suavize o momento –
Este momento em que sossegadamente não cremos em nada,
Pagãos inocentes da decadência.

d. Levando a bordo El-Rei dom Sebastião,
E erguendo, como um nome, alto o pendão
Do Império,
Foi-se a última nau, ao sol aziago
Erma, e entre choros de ânsia e de pressago
Mistério.
Não voltou mais. A que ilha indescoberta
Aportou? Voltará da sorte incerta
Que teve?

e) Amo-vos a todos, a tudo, como uma fera.
Amo-vos carnivoramente,
Pervertidamente e enroscando a minha vista
Em vós, ó coisas grandes, banais, úteis, inúteis,
Ó coisas todas modernas,
Ó minhas contemporâneas, forma atual e próxima
Do sistema imediato do Universo!
Nova Revelação metálica e dinâmica de Deus!

4. (UEL-PR – 2006)

Em 1924, os surrealistas lançaram um manifesto no qual anunciaram a força do inconsciente na criação de novas percepções. Valorizavam a ausência de lógica das experiências psíquicas e oníricas, propondo novas experiências estéticas. Sobre o Surrealismo, é correto afirmar:

a) Acredita que a liberação do psiquismo humano se dá por meio da sacralização da natureza.

b) Baseia-se na razão, negando as oscilações do temperamento humano.

c) Destaca que o fundamental, na arte, é o objeto visível em detrimento do emocionalismo subjetivo do artista.

d) Concede mais valor ao livre jogo da imaginação individual do que à codificação dos ideais da sociedade ou da história.

e) Busca limitar o psiquismo humano e suas manifestações, transfigurando-os em geometria a favor de uma nova ordem.

5. (ESPM-SP – 2017)

> Centrando-se, assim, no moderno, [...] faziam apologia da velocidade, da máquina, do automóvel ("um automóvel é mais belo que a Vitória de Samotrácia", dizia Marinetti no seu primeiro manifesto), da agressividade, do esporte, da guerra, do patriotismo, do militarismo, das fábricas, das estações ferroviárias, das multidões, das locomotivas, dos aviões, enfim, de tudo quanto exprimisse o moderno nas suas formas avançadas e imprevistas.
>
> Massaud Moisés, *Dicionário de Termos Literários*, Cultrix, p. 234.

O texto acima define um dos primeiros "ismos" das vanguardas artísticas europeias que sacudiram o século XX. Trata-se do:

a) Cubismo
b) Futurismo
c) Surrealismo
d) Dadaísmo
e) Impressionismo

6. (Enem – 2015)

Reprodução/Enem, 2015.

MAFRITTE, R. *A reprodução proibida*. Óleo sobre tela, 81,3 x 65 cm. Museum Boijmans Van Buningen, Holanda, 1937.

O Surrealismo configurou-se como uma das vanguardas artísticas europeias do início do século XX. René Magritte, pintor belga, apresenta elementos dessa vanguarda em suas produções. Um traço do Surrealismo presente nessa pintura é o(a)

a) justaposição de elementos díspares, observada na imagem do homem no espelho.
b) crítica ao passadismo, exposta na dupla imagem do homem olhando sempre para frente.
c) construção de perspectiva, apresentada na sobreposição de planos visuais.
d) processo de automatismo, indicado na repetição da imagem do homem.
e) procedimento de colagem, identificado no reflexo do livro no espelho.

7. (UPE – 2015)

As Vanguardas europeias são movimentos artísticos e culturais, com repercussão em muitas escolas literárias brasileiras. Pode-se, inclusive, afirmar que elementos constitutivos das Vanguardas estão presentes em autores e obras da estética literária modernista. Sendo assim, diante dessa afirmativa, assinale a alternativa CORRETA.

a) As chamadas Vanguardas europeias foram importantes para os movimentos culturais do início do século XX. No entanto, no Brasil, há um consenso entre os estudiosos da literatura que essas Vanguardas em nada nos influenciaram.

b) O Dadaísmo, uma das chamadas Vanguardas europeias, defendia que somente a associação entre todas as tendências vanguardistas poderia resultar em avanços importantes para as artes e para a cultura de um modo geral.

c) Temáticas oriundas dos estudos freudianos como fantasia, sonho, ilusão, loucura estão presentes em obras surrealistas. Nas artes plásticas, Salvador Dali (1904/1989) é um dos principais representantes dessa Vanguarda.

d) Mário de Andrade e Oswald de Andrade, participantes da Semana de Arte Moderna, em muitas ocasiões, negaram a relação existente entre as Vanguardas europeias e os valores e as motivações das obras modernistas brasileiras.

e) Há uma relação intensa entre Futurismo e Cubismo. Tanto uma quanto a outra têm os mesmos interesses e objetivos e em nada se diferenciam, exceto quando se relacionam com a arte literária.

8. (Enem Digital – 2020)

AMARAL, T. *O mamoeiro*, 1925, óleo sobre tela.

As vanguardas europeias trouxeram novas perspectivas para as artes plásticas brasileiras. Na obra *O mamoeiro*, a pintora Tarsila do Amaral valoriza

a) a representação de trabalhadores do campo.

b) as retas em detrimento dos círculos.

c) os padrões tradicionais nacionalistas.

d) a representação por formas geométricas.

e) os padrões e objetos mecânicos.

9. (UEM-PR – 2021)

Sobre o Cubismo, assinale o que for correto.

01. O movimento artístico teve como enfoque a bidimensionalidade das figuras, quebrando as regras tradicionais da perspectiva.

02. Na superfície de suas pinturas, os artistas procuravam retratar elementos que poderiam ser vistos como se estivessem inteiros para o observador.

04. Pablo Picasso foi um artista importante desse movimento. Em uma de suas obras, *Les demoiselles d'Avignon*, há clara referência a máscaras e a esculturas da arte negra africana.

08. A estética cubista baseava-se na destruição da harmonia clássica das figuras, rompendo com a pintura acadêmica.

16. O movimento encerrou-se nos anos 1910, por isso não se encontram referências cubistas no trabalho dos artistas modernos brasileiros.

No vestibular da UEM-PR não há itens **a**, **b**, **c**, etc. Assim, deve-se somar os números das alternativas consideradas corretas e indicar o resultado dessa soma no gabarito do exame em questão. Para entender melhor, leia estas instruções que constam no início do documento de avaliação da instituição: "No caso de questão com mais de uma alternativa correta, a resposta a ser lançada corresponde à soma dessas alternativas corretas. No caso de todas as alternativas serem incorretas, a resposta por definição será 00 (zero zero)".

10. (UEL-PR – 2021)

A obra "Roda de Bicicleta", de Marcel Duchamp, de 1913, inaugurou a proposta de *readymade*, utilizando objetos prontos, não construídos pelo artista, na produção da obra de arte.

Com base na imagem da obra de Duchamp e nos conhecimentos sobre Arte Moderna, assinale a alternativa que apresenta, corretamente, o movimento artístico do qual a obra faz parte.

suapesquisa.com

a) Fauvismo
b) Dadaísmo
c) *Pop Art*
d) Futurismo
e) *Op Art*

11. (UEL-PR – 2020)

Algumas vanguardas artísticas europeias criadas na primeira metade do século XX foram manifestações artístico-literárias que criticavam uma concepção tradicional de museu, introduzindo uma estética marcada pela experimentação e pela subjetividade, que influenciaria fortemente diversas manifestações culturais em todo o mundo.

Sobre as principais correntes vanguardistas e suas respectivas características, assinale a alternativa correta.

a) O Surrealismo apresentava a exaltação da tecnologia, das máquinas, da velocidade e do progresso.

b) O Expressionismo evidenciava a decomposição e a fragmentação das formas geométricas, afirmando que um mesmo objeto poderia ser visto de vários ângulos.

c) O Cubismo valorizava a subjetividade e buscava transmitir ao mundo a situação do homem, com seus vícios e horrores.

d) O Futurismo defendia a criação por meio das experiências nascidas no imaginário e na atmosfera onírica, sem interferências da razão.

e) O Dadaísmo surgiu como oposição à guerra e ressaltava a espontaneidade da arte pautada na liberdade de expressão, no absurdo e na irracionalidade.

#Multiplicar

Levando em conta as discussões feitas ao longo das Unidades 1 e 2, os textos produzidos por toda a turma e as pesquisas empreendidas durante o processo de produção desses textos, você e os colegas poderão encerrar os trabalhos organizando um debate em torno do tema *Alimentação e meio ambiente: questões para o futuro*.

A ideia é convidar a comunidade escolar para debater o tema, conhecer os relatórios sobre pesquisa alimentar, assistir à exposição oral sobre hábitos alimentares das pessoas da sua região e conhecer o livro de receitas de família produzido por vocês em *Pesquisa: educação alimentar e nutricional, o que é importante saber?*.

Saiba +

Daily Bread ("pão de cada dia", em tradução livre), de Gregg Segal.

Gregg Segal é um fotógrafo estadunidense que criou um conjunto de imagens com fotos de crianças de diferentes partes do mundo e de sua alimentação diária. É possível conhecer uma parte desse trabalho publicada em uma matéria do *site* Ecycle. Disponível em: https://www.ecycle.com.br/gregg-segal-daily-bread-fotos-alimentacao-de-criancas. Acesso em: 3 maio 2022.

Se quiser conhecer o *site* oficial do fotógrafo, em inglês, você pode acessar este *link*: https://www.greggsegal.com/P-Projects/Daily-Bread/1/caption. Acesso em: 3 maio 2022.

O menino Ademilson Francisco dos Santos, morador de Vão das Almas (GO), fotografado por Gregg Segal em 2018, em Brasília (DF).

Organizando o evento

A atividade da turma nesta seção apresenta o desafio de organizar na escola um evento que associe as discussões feitas ao longo das Unidades 1 e 2 sobre alimentação, futuro e meio ambiente. Nesse evento, vocês deverão compartilhar com a comunidade as produções da turma feitas nesta Unidade 2: exposição oral sobre hábitos alimentares, livro de receitas e relatórios de pesquisa sobre alimentação dos colegas da turma.

A seguir, apresentamos algumas sugestões para iniciar a conversa sobre o planejamento das atividades. O importante é criar um evento acolhedor, que possibilite uma conversa proveitosa a respeito de como discutir hoje o futuro que desejam para si e para todos e que providências podem ser tomadas para aproximar esse sonho da realidade.

Distribuição das tarefas

Sob a orientação do professor, a proposta é a turma se organizar em cinco grandes grupos:

- o **grupo 1** cuidará da produção de um dossiê, por exemplo, reunindo os resultados das pesquisas feitas na unidade e os relatórios;
- o **grupo 2** ficará responsável por organizar a exposição oral sobre hábitos alimentares no lugar onde vivem e apresentar o livro de receitas que produziram;
- o **grupo 3** se encarregará de montar e apresentar uma pesquisa sobre relações entre corpo, idealização, construção de significados e saúde (temas como autoimagem, corpo "ideal", distúrbios alimentares e gordofobia podem ser selecionados aqui);
- o **grupo 4** se encarregará da organização do debate sobre meio ambiente e alimentação;
- o **grupo 5** vai se responsabilizar pela organização do local do evento e pelo registro dele, que pode ser por meio de vídeo ou de outra forma conforme combinado.

Antonov Maxim/Shutterstock

Antes dessa divisão, será necessário haver uma conversa geral a respeito de como pretendem organizar o evento como um todo, considerando a realidade da escola e do lugar onde vivem. Também será preciso, com o apoio da gestão escolar, decidir o local, a data e o tempo de duração do evento. Nesse momento, também poderão prever de que modo serão feitos e distribuídos os convites.

Combinado o plano e feitos os acordos necessários, será preciso distribuir as ações para realizá-lo entre os grupos de trabalho. A seguir é apresentada uma sugestão de distribuição de ações, mas ela deve ser adaptada de acordo com as possibilidades e os interesses de vocês. Assim, sob a orientação do professor, você e os colegas vão adaptar a tabela de acordo com a proposta que o grupo escolheu desenvolver.

Oksana Shufrych/Shutterstock

Homem escolhendo frutas em feira livre.

Responsável	Ações	O que fazer
Grupo 1	Produção de dossiê com as pesquisas e os relatórios produzidos.	• Organizar as pesquisas e os relatórios produzidos. • Produzir a capa, o título, o sumário e uma apresentação explicando por que foram feitos esses textos e como foram feitas as pesquisas para isso.
Grupo 2	Organização da exposição oral com a história da alimentação local considerando também a apresentação do livro digital com as receitas.	• Organizar o material já selecionado estabelecendo uma ordem para apresentá-lo. • Definir os responsáveis pelos tópicos da exposição. • Verificar os equipamentos necessários para a exposição no dia do evento considerando que o livro digital com as receitas deve ficar à disposição da comunidade.
Grupo 3	Organização de pesquisa sobre relações entre corpo, idealização e saúde.	• Organizar pesquisa complementar aos temas já trabalhados na unidade para poder desenvolver um folheto explicativo a ser compartilhado no dia do evento. • Definir os responsáveis pela pesquisa e pela produção do folheto. • Produzir o folheto, digital ou impresso, sobre o tema pesquisado e definir como será sua distribuição no evento.

Responsável	Ações	O que fazer
Grupo 4	Organização do debate sobre alimentação e meio ambiente.	• Convidar ao menos dois membros da comunidade ligados a organizações que trabalham na preservação do meio ambiente ou que estudem o assunto para participar do debate. Também seria interessante convidar pessoas que façam algum estudo relacionado ao tema da alimentação. • Informar aos convidados a temática (a relação entre meio ambiente e alimentação) a ser debatida para que possam se preparar. • Preparar-se para o debate revendo o que foi estudado sobre o gênero nas Unidades 1 e 2. • Selecionar temas para lançar aos debatedores durante o evento, organizando previamente uma lista de tópicos e de questões sobre o tema. • Definir dois ou três colegas que poderão se revezar no papel de mediador. Considerar se outros colegas poderão ou não estar presentes na mesa de debate com os convidados.
Grupo 5	Organização do local e gravação/registro do evento.	• Providenciar, em alinhamento com a gestão escolar, o espaço da escola apropriado para o evento. • Elaborar o convite aos membros da comunidade. • Registrar o evento por meio de vídeo, se possível a ser disponibilizado em plataforma *on-line*.

Avaliação

Com os colegas e o professor, depois de terminado o evento, organizem uma roda de conversa para avaliar o processo. Sugestões de perguntas para essa conversa:

- Como foi sua participação nas atividades? Justifique.
- O que aprendeu durante o processo?
- Os resultados pretendidos foram alcançados? Justifique.

Meu portfólio

Nesta unidade, você e os colegas leram um artigo científico e produziram um relatório de pesquisa com base no que estudaram sobre metodologia científica, além de relacionar os temas da alimentação e da saúde presente no texto de leitura. Organizaram novos debates e com eles tiveram a oportunidade de considerar os elementos que fazem parte dessa produção argumentativa da oralidade: verbais, gestuais, imagéticos, entre outros. Além disso, aprenderam sobre correntes artísticas que movimentaram o início do século XX, marcado por diferentes experimentações e tendências artísticas, as chamadas vanguardas europeias. E leram alguns exemplos de produções literárias relacionadas a essas tendências.

O portfólio com as produções

Conforme lembrado ao longo da unidade, em seu portfólio, você colecionou as produções de texto desenvolvidas. É importante rever todas as versões de uma mesma produção, para que você possa, ao final do trabalho, perceber seu aprimoramento.

Ao indicar a data de cada produção, conforme orientado, você terá condições de verificar, agora, sua história de aprendizagem dos gêneros trabalhados e perceber quais aspectos da produção de textos desenvolveu e aperfeiçoou.

Respostas #EnemVestibular

Unidade 1

1. (Comvest/Unicamp-SP – 2022)

Resposta correta: alternativa **b**. Pode-se observar no poema que o eu lírico demonstra suas emoções por meio de metáforas, ou seja, associa elementos da natureza, como o mar, as ondas, as pérolas e o vento, aos seus desejos amorosos.

2. (Unesp-SP – 2020)

Resposta correta: alternativa **c**. Antonio Candido se refere ao Parnasianismo, movimento literário em que há uma atenuação da perspectiva sentimental e subjetiva e uma sobrevalorização da forma poética.

3. (UEM-PR – 2020)

Respostas corretas: 02 + 04 + 16 = 22. A afirmativa 01 está errada porque a sociedade da época foi retratada pelo teatro simbolista no Brasil. A afirmativa 08 também está errada porque, por meio da linguagem, o Teatro Arena retratou a sociedade brasileira e as situações sociais e políticas da época.

4. (UPF-RS – 2019)

Resposta correta: alternativa **e**. Cruz e Sousa e Alphonsus Guimaraes são dois importantes autores do Simbolismo no Brasil.

5. (Enem – 2014)

Resposta correta: alternativa **a**. Entre os muitos exemplos existentes, o poema lido traz um dos modos como o poeta catarinense desenha a figura da população negra de seu tempo em sua produção: vê-se sempre emparedado por uma sociedade preconceituosa, como se pode perceber em "a vida presa a trágicos deveres" e "sei que cruz infernal prendeu-te os braços".

6. (Enem – 2017)

Resposta correta: alternativa **b**. Nos textos lidos, o que se observa é a chamada função metalinguística, que se caracteriza por utilizar o código para explicar o próprio código.

7. (Uerj – 2009)

Resposta correta: alternativa **a**. A metáfora presente na charge se pauta na associação entre o sentimento de desilusão e a floresta: o sentimento é vasto, grande como a floresta.

8. (Unesp-SP – 2012)

Resposta correta: alternativa **c**. De acordo com o texto, o estudo das obras literárias tem como fundamento "levar o estudante a ter acesso ao sentido dessas obras", do mesmo modo que não pretende formar teóricos da literatura.

9. (Unifesp – 2021)

Resposta correta: alternativa **c**. O uso do paradoxo, figura de linguagem que tem como característica o uso de expressões com sentidos contrários, que tornam o discurso absurdo. Nesse caso, faz com que uma ação anule a outra, como é o caso do aviso "feche a porta antes de entrar".

10. (UPE – 2022)

Resposta: alternativa **e**. O Parnasianismo e o Simbolismo foram movimentos muito diferentes. Enquanto, no Parnasianismo, havia um culto pela forma, com pouca preocupação com a subjetividade, no Simbolismo havia grande preocupação com imagens poéticas, além de se valorizarem as sensações e a subjetividade do eu lírico. Assim, o Parnasianismo produziu poemas mais "objetivos", ao passo que o Simbolismo contava com temas transcendentais e subjetivos, como é o caso do poema de Cruz e Sousa. No texto 2, vemos a preocupação formal expressa por meio da comparação do fazer poesia com esculpir uma joia: ambos são trabalhos de culto à perfeição.

11. (EsPCEx-SP – 2022)

Resposta: alternativa **a**. No poema, pode-se notar de forma acentuada a presença de sinestesia, pois são expressas noções do campo sensorial, sobretudo na segunda estrofe, na qual ocorre a menção a perfumes, cores e sons Essas palavras remetem a diferentes sentidos, os quais continuam sendo explorados nos demais versos do poema, em especial os perfumes, ligados também à natureza.

12. (UPF-RS – 2021)

Resposta: alternativa **b**. Essa alternativa é a incorreta, como pede o enunciado. A razão disso é que, embora seja verdade que o subjetivismo e a temática da transcendência são características da poesia simbolista, é incorreto afirmar que são também características do Parnasianismo, já que este foi caracterizado por objetividade e maior preocupação com a estética e a forma do poema.

13. (Unesp-SP – 2018)

Resposta: alternativa **d**. O comentário de Afrânio Coutinho refere-se ao Simbolismo, estética literária que privilegiava o vago e o indefinido por meio do uso de vocabulário raro, erudito ou hermético, que resultava em sobreposição de sensações na composição de sinestesias, trazendo intensa musicalidade ao verso e trabalhando com jogos vocálicos e consonantais, assonâncias e aliterações, entre outras figuras sonoras.

Unidade 2

1. (Enem Digital – 2020)

Resposta correta: alternativa **a**. O texto afirma que muitos jovens recorrem a dietas e exercícios físicos sem a devida orientação, na busca de um corpo considerado ideal.

2. (Enem Digital – 2020)

Resposta correta: alternativa **e**. No final do texto, temos a seguinte afirmação: "O que se pode dizer é que o corpo é uma síntese da cultura, pois, através do seu corpo, o ser humano vai assimilando e se apropriando dos valores, normas e costumes sociais, em um processo de incorporação".

3. (Unifesp – 2017)

Resposta correta: alternativa **e**. Os futuristas queriam glorificar as multidões, a vida urbana, as fábricas, as máquinas. No poema do heterônimo Álvaro de Campos, o eu lírico declara seu intenso amor às coisas modernas, vendo nelas uma espécie de revelação de Deus.

4. (UEL-PR – 2006)

Resposta correta: alternativa **d**. Os artistas surrealistas valorizam o jogo da imaginação individual, inclusive como forma de contraponto aos ideais da sociedade racionalista de sua época.

5. (ESPM-SP – 2017)

Resposta correta: alternativa **b**. A apologia à velocidade e à máquina, expressões primordiais do mundo moderno, era característica do Futurismo. O manifesto escrito por Marinetti é o *Manifesto do Futurismo*, publicado em 1909.

6. (Enem – 2015)

Resposta correta: alternativa **a**. A imagem do homem no espelho apresenta uma situação fora da realidade evidenciada pela justaposição dos elementos contraditórios, uma das características da arte surrealista.

7. (UPE – 2015)

Resposta correta: alternativa **c**. Os estudos psicanalíticos de Sigmund Freud influenciaram o Surrealismo. Além de valorizarem o sonho, os surrealistas propunham a "escrita automática". Salvador Dalí é, de fato, um dos principais representantes desse movimento.

8. (Enem Digital – 2020)

Resposta correta: alternativa **d**. Espera-se que os estudantes percebam a influência cubista na obra *O mamoeiro*, pois possui a presença marcante de formas geométricas.

9. (UEM-PR – 2021)

Resposta: 01 + 02 + 04 + 08 = 15. Somente a afirmativa 16 está incorreta, pois as artistas citadas usaram o Cubismo em suas obras.

10. (UEL-PR – 2021)

Resposta correta: alternativa **b**. Pode-se observar características do Dadaísmo na obra, como o rompimento com os modelos tradicionais e clássicos de forma irônica, espontânea, improvisada e irreverente na utilização de objetos.

11. (UEL-PR – 2020)

Resposta correta: alternativa **e**. As alternativas **a**, **b**, **c** e **d** são incorretas, pois o Surrealismo não apresentava exaltação de máquinas e tecnologia, mas defendia a criatividade por meio de experiencias oriundas da imaginação e dos sonhos; o Expressionismo é a arte que prezava pela subjetividade e objetivava transmitir a todos os vícios e os horrores do homem; o Cubismo caracterizava-se por retratar a natureza através da utilização de formas geométricas; e o Futurismo exaltava a tecnologia e a era industrial.

Lista de siglas das atividades extraídas de provas oficiais

Comvest/Unicamp-SP: Comissão permanente para os vestibulares da Unicamp/ Universidade de Campinas (São Paulo)

Enem Digital: Exame Nacional do Ensino Médio Digital

Enem: Exame Nacional do Ensino Médio

EsPCEx-SP: Escola Preparatória de Cadetes do Exército (São Paulo)

ESPM-SP: Escola Superior de Propaganda e Marketing (São Paulo)

UEL-PR: Universidade Estadual de Londrina (Paraná)

UEM-PR: Universidade Estadual de Maringá (Paraná)

Uerj: Universidade Estadual do Rio de Janeiro

Unesp-SP: Universidade Estadual Paulista "Júlio de Mesquita Filho" (São Paulo)

Unifesp: Universidade Federal de São Paulo

UPE: Universidade de Pernambuco

UPF-RS: Universidade de Passo Fundo (Rio Grande do Sul)

PROJETO
MÚLTIPLO

LÍNGUA PORTUGUESA

Carlos Emílio Faraco
Bacharel e licenciado em Letras pela Universidade de São Paulo (USP)
Ex-professor do Ensino Fundamental e do Ensino Médio

Francisco Marto de Moura
Licenciado em Letras pela Universidade de São Paulo (USP)
Ex-professor do Ensino Fundamental, do Ensino Médio e do Ensino Superior

José Hamilton Maruxo Júnior
Bacharel, licenciado e doutor em Letras pela Universidade de São Paulo (USP)
Professor do curso de Letras da Universidade Federal de São Paulo (Unifesp)

ENSINO MÉDIO

VOLUME ÚNICO | PARTE **E**

Universo profissional

editora ática

Sumário

UNIDADE

1 Relato de vida e currículo

Jovens montando robôs em *stand* da Campus Party Brasil, de 2018, São Paulo (SP). A Campus Party é um dos maiores eventos do mundo ligado a tecnologia, empreendedorismo e inovação.

#TáNoFeed

Sabemos que o mundo se transforma o tempo todo. Os avanços tecnológicos são muitas vezes usados como indicadores das mudanças mais profundas por que passam as sociedades. O início do século XXI é visto por alguns como um período marcado pela chamada Quarta Revolução Industrial, impulsionada por um conjunto de tecnologias como inteligência artificial, realidade aumentada, *big data* (análise de volumes massivos de dados), nanotecnologia, biologia sintética e internet das coisas, que possibilita cada vez mais que os dispositivos e outros equipamentos sejam conectados uns aos outros por meio da internet.

Leia o texto a seguir, que trata de um dos principais impactos de toda essa evolução tecnológica que vivenciamos nas últimas décadas: as relações entre trabalho, profissões e futuro.

edusma7256/Shutterstock

Quais são as profissões do futuro?

A Quarta Revolução Industrial impacta com força no mercado de trabalho. Algumas profissões vão desaparecer e já começam a surgir outras que exigem capacidades e habilidades inovadoras. Vamos conhecê-las!

Uma especialista em Inteligência Artificial (IA), um novo mestre em *Machine Learning* (ML) e um engenheiro de robótica conversam amigavelmente depois de sua jornada de trabalho em alguma fábrica inteligente – ou *smart factory* – nos arredores da cidade. Pouco a pouco outros jovens engenheiros especialistas em nanotecnologia, impressão 3D e genética se juntam a eles. Provavelmente na conversa há alusões frequentes a potentes algoritmos, desenho de *software*, serviços na nuvem, DNA, protótipos, *big data* ou a Internet das Coisas (IoT).

Estamos perante os profissionais da Quarta Revolução Industrial, nativos com competências digitais que protagonizam as transformações nos sistemas de produção e nos modelos de negócios. **Seus trabalhos evoluem de forma coordenada em um ambiente de fusão entre a indústria e a Internet** em setores-chave, como o energético, a **domótica**, o automobilismo, a aeronáutica ou o farmacêutico. **Essa coordenação multidisciplinar amplifica, e muito, os efeitos sobre a eficiência, a flexibilidade e a produtividade**.

domótica: *domus* significa *casa*; assim, o conceito de domótica explora a ideia de uma casa em que há integração de mecanismos eletrônicos automáticos (câmeras, alarmes, TV, internet, luz, etc.).

Mas não devem ser só competentes tecnicamente. As habilidades e competências mais buscadas e solicitadas no século XXI incluem dons tão caracteristicamente humanos como a capacidade de resolver problemas complexos, o pensamento crítico ou a inteligência emocional, entre outros. Nesse sentido, destacam-se os *knowmads*, trabalhadores apreciados por sua flexibilidade, criatividade e espírito de colaboração.

[...]

Os fatores-chave da empregabilidade

O Fórum Econômico Mundial de Davos concluiu em seu relatório *The Future of Jobs* (2016) que "65% das crianças que entram hoje na escola primária acabarão trabalhando em empregos totalmente novos, que ainda não existem".

Isto pressupõe que o novo mercado de trabalho envolve a perda de postos de trabalho rotineiros e mecânicos. Da mesma forma, **favorece a demanda de postos em tecnologias da informação, meios de comunicação e entretenimento ou serviços profissionais**. Os fatores-chave do emprego em um futuro próximo não radicam no aparecimento de novos postos de trabalho, mas sim na evolução de uma grande parte dos já existentes.

IBERDROLA. *Quais são as profissões do futuro?*. Disponível em: https://www.iberdrola.com/talentos/profissoes-do-futuro. Acesso em: 20 jan. 2022.

1. Converse com os colegas e o professor sobre as questões a seguir. Depois, registre suas respostas no caderno.

a) Você já tinha ouvido falar de profissões como as que foram mencionadas no texto? Considerou alguma interessante? Por quê?

b) Você se identifica com algumas dessas profissões ou com o ambiente profissional em que se supõe que elas sejam desenvolvidas? Quais? Explique.

c) Pela sua experiência de vida, que profissões você acredita que estarão em alta nos próximos dez anos? Por quê?

d) Você acha que é importante, ao escolher uma profissão, considerar quais delas estarão em destaque no futuro? Há profissões que sempre terão espaço? Por quê?

A seguir, leia o infográfico que acompanha a mesma matéria jornalística que você leu anteriormente. Ele apresenta uma relação de habilidades que se espera que o profissional do século XXI tenha, independentemente da profissão que escolher.

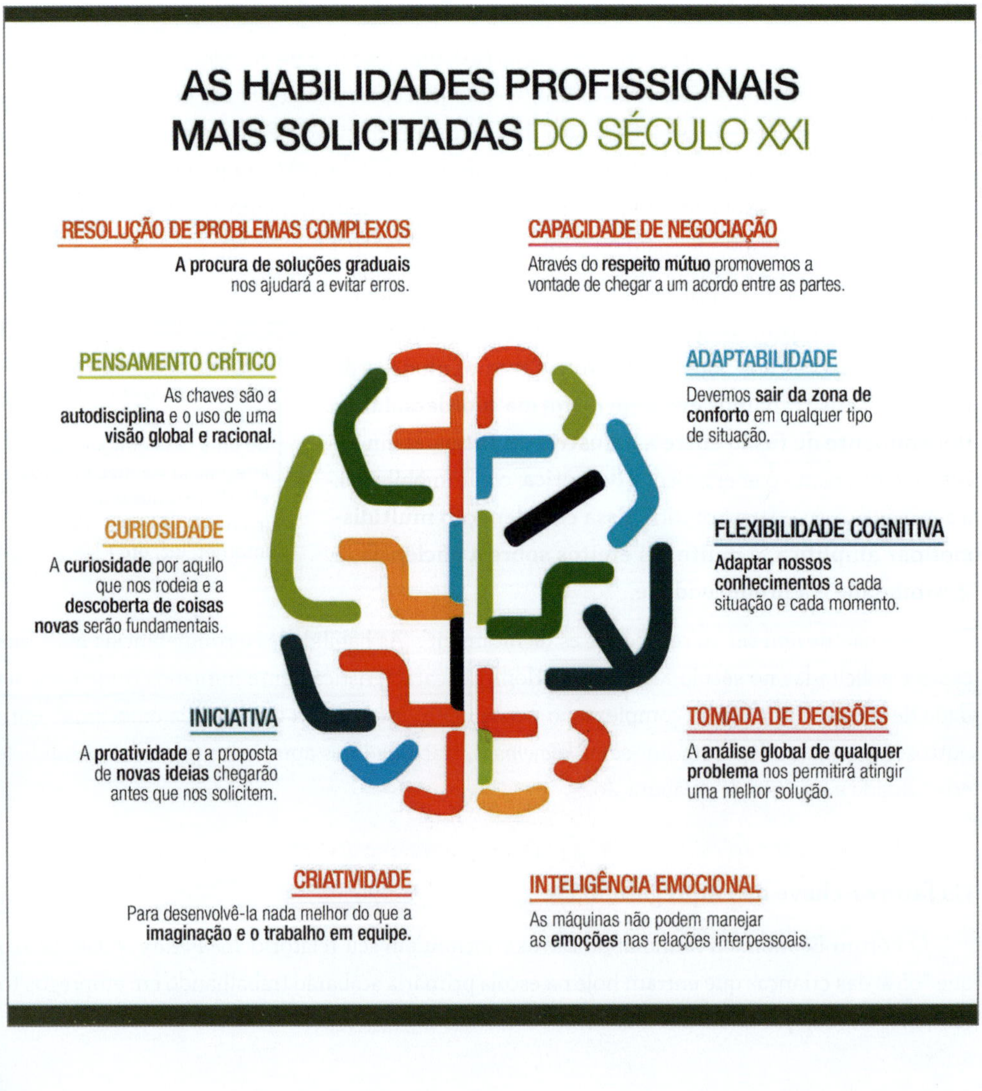

IBERDROLA. *Quais são as profissões do futuro?* Disponível em: https://www.iberdrola.com/talentos/profissoes-do-futuro. Acesso em: 25 maio 2022.

2. Agora, converse sobre as questões a seguir. Faça anotações durante as falas dos colegas e as suas, para não se esquecer dos apontamentos feitos. Por fim, registre suas respostas.

a) Além dessas habilidades, quais outras você considera importantes?

b) Em sua opinião, de que maneira é possível adquirir as habilidades profissionais indicadas no infográfico?

c) Ao escolher uma profissão, você acredita ser necessário levar em conta o talento e as aptidões pessoais? Por quê?

Pesquisa: profissões e empreendedorismo do futuro

Organização dos grupos

Depois das discussões iniciais da seção *#TáNoFeed*, forme um grupo de quatro a seis integrantes com os colegas. Juntos, vocês farão uma pesquisa sobre profissões e empreendedorismo do futuro.

Na seção *Práticas de leitura*, vocês vão retomar os grupos e começar a pesquisa. Por fim, na seção *#Multiplicar*, você e seus colegas deverão organizar uma Feira de profissões do futuro. Nesse evento, vocês farão uma exposição oral e apresentarão uma *wiki* com os dados da pesquisa. *Wiki* é um *site* ou uma página na internet cujo conteúdo pode ser criado e, posteriormente, modificado por um grupo de pessoas de forma colaborativa ao longo do tempo.

Conheça a unidade

Objetivos

- Analisar o relato de vida para perceber as características desse gênero e sua importância no campo da vida pessoal.
- Ler textos poéticos associados ao gênero lírico e reconhecer a importância da fruição da leitura.
- Identificar as características do diálogo e das formas de interação dialogais.
- Identificar as características do currículo, na recepção e na produção do gênero, considerando suas finalidades.

Justificativa

O estudo de gêneros do campo da vida pessoal, como os relatos de vida, além de possibilitar discussões em torno da temática das profissões, procura colaborar para uma reflexão a respeito do projeto de vida dos estudantes, assim como para uma produção de gêneros que circulam no mundo profissional, como o currículo, buscando ajudá-los a perceber as relações entre vida e trabalho, entendendo-as como facetas inseparáveis da constituição social do indivíduo.

O estudo dos diálogos proposto nesta unidade volta-se para o mundo do trabalho, uma vez que nesse espaço, em diversos níveis, é preciso exercitar a cooperação e a negociação, aspectos indissociáveis do diálogo.

A BNCC nesta unidade

Nesta unidade são desenvolvidas as competências e as habilidades da BNCC indicadas a seguir.

Competências gerais da Educação Básica: 3, 5, 6, 9, 10.

Competências e habilidades específicas de Linguagens e suas Tecnologias para o Ensino Médio

Competências: 1, 3. **Habilidades:** EM13LGG104, EM13LGG301, EM13LGG305.

Competências específicas de Linguagens e habilidades específicas de Língua Portuguesa para o Ensino Médio

Competências: 1, 2, 3, 4, 6, 7. **Habilidades por campo de atuação:** Todos os campos de atuação social: EM13LP01, EM13LP02, EM13LP03, EM13LP06, EM13LP07, EM13LP08, EM13LP10, EM13LP11, EM13LP15, EM13LP16, EM13LP18. Campo de atuação na vida pessoal: EM13LP20, EM13LP22. Campo de atuação na vida pública: EM13LP24. Campo das práticas de estudo e pesquisa: EM13LP29, EM13LP30, EM13LP32, EM13LP35. Campo artístico-literário: EM13LP46, EM13LP48, EM13LP49, EM13LP50, EM13LP52.

Situação inicial

É possível que você esteja se perguntando o que vai fazer quando concluir o Ensino Médio e, para tomar alguma decisão, pense em pessoas que admira. Por exemplo, para escolher uma profissão, há quem busque inspiração para planejar o próprio projeto de vida. Esses exemplos podem ser pessoas do convívio familiar e social, como parentes, amigos e conhecidos, ou alguma personalidade, entre eles artistas, atletas, políticos. Pensando nisso, para saber mais sobre a vida de quem não faz parte de nossas relações interpessoais, podemos recorrer às biografias e aos relatos de vida.

Pesquisa: informações sobre pessoa inspiradora

Quem é, para você, fonte de inspiração? Faça uma pesquisa bibliográfica, em suportes impressos e/ou digitais, sobre a vida de uma personalidade, uma figura pública que você admira: pode ser alguém associado ao mundo das artes, da literatura, dos esportes; algum profissional cuja trajetória lhe pareça especial por algum motivo; etc. Você também pode escolher alguém mais próximo que seja fonte de inspiração e, assim, utilizar a entrevista como um tipo de pesquisa para se inteirar da vida dessa pessoa. Para isso, siga as orientações dadas na sequência.

- Se a pessoa escolhida for uma personalidade, faça anotações sobre essa figura e, se possível, consiga uma fotografia dela.
- Se for alguém de seu convívio, elabore previamente um roteiro de perguntas antes da entrevista. Lembre-se de registrar por escrito as respostas ou utilize um gravador para armazená-las e transcrevê-las depois. Se possível, e se você tiver o equipamento necessário, peça permissão para fazer uma foto e para divulgar a entrevista.
- Após a pesquisa, releia suas anotações e se prepare para fazer uma exposição oral sobre as considerações acerca dessa pessoa ou personalidade.
- Guarde em seu **portfólio** uma cópia dos relatos de vida que você pesquisou, pois eles serão usados mais adiante, nesta mesma unidade.

Para auxiliá-lo no seu processo de gestão da própria aprendizagem, ao longo das seções há sempre uma recomendação para que as produções de texto sejam guardadas, de rascunhos a versões finais. Essas recomendações são marcadas com um ícone, como esse acima.

Para facilitar esse trabalho, recomendamos que você tenha uma pasta – virtual e/ou física – chamada **portfólio**, em que essas produções serão guardadas. Assim, sempre que for necessário reescrever ou refazer um texto, ao longo de um processo de produção de textos, você terá facilidade de encontrar as versões anteriores da mesma produção.

Monkey Business Images/Shutterstock

Em um dia combinado com o professor e a turma, prepare uma apresentação oral da personalidade ou da pessoa do seu convívio. Por fim, explique-lhes o que motivou sua escolha.

Adolescente anotando respostas do entrevistado. Em uma entrevista, é muito importante reproduzir fielmente as respostas da pessoa entrevistada. Por esse motivo, deve-se compartilhar com ela o texto das respostas para confirmar se concorda com o que está sendo reproduzido. As gravações de áudio transcritas seguem os mesmos princípios. Essa é uma forma de garantir a transparência e a confiabilidade da entrevista.

Produção: relato de vida, primeira versão do texto

Agora, inspirado na pesquisa e na exposição oral que você fez sobre determinada pessoa que admira, escreva um relato de sua vida, contando momentos marcantes e destacando algumas experiências que gostaria de compartilhar com os colegas. Para isso, utilize os conhecimentos que você tem a respeito desse gênero textual. Depois de pronta essa primeira versão do texto, guarde-a no seu **portfólio**.

Na sequência, em sala de aula, leia para os colegas o seu relato de vida e, depois, preste atenção nos relatos deles.

Por fim, reúna-se em um pequeno grupo e, juntos, discutam os aspectos que considerarem relevantes nos relatos de vida uns dos outros. Será uma oportunidade para que se conheçam melhor. Aproveitem essa conversa e compartilhem também suas visões sobre perspectivas de futuro, formação profissional e a entrada no mundo do trabalho. Gravem essa conversa entre os integrantes do grupo, pois ela poderá ser retomada como exemplo de interação dialogal, quando vocês desenvolverem as atividades na seção *Práticas de produção oral*. Guardem a gravação no **portfólio**.

Textos como os dos relatos de vida costumam circular em redes sociais. Então, se você se sentir à vontade, aproveite esse modo de circulação e publique em sua rede social o texto que escreveu. Aproveite também para divulgá-lo entre os colegas da sua turma e entre outras turmas da escola: você pode, por exemplo, afixar uma cópia do texto no mural da sala de aula ou publicá-lo no blogue da turma. Dessa forma, os colegas poderão ter acesso mais direto ao seu relato de vida.

Ao longo das unidades deste material, sempre que um conjunto de atividades for concluído, você será convidado a fazer em seu diário de bordo o registro da experiência vivenciada. Você pode fazer esses registros em qualquer suporte que considere interessante: um blogue, uma agenda em papel ou virtual, um bloco de anotações. O que importa é definir um suporte e usá-lo sempre. Será importante, também, que você siga alguns procedimentos próprios de um diário: insira a data de cada registro e indique a atividade a que ele está relacionado.

Diário de bordo

Escrever sobre a própria vida é uma atividade que sempre nos leva a refletir sobre o que temos feito. Aproveite a oportunidade que você acabou de experimentar e relate em seu diário de bordo algum aspecto a respeito da própria vida sobre o qual você ainda não havia pensado. Registre também o que você acredita ter aprendido até agora sobre relatos de vida, com base na experiência da leitura e na produção escrita.

Jack_Aloya/Shutterstock

Práticas de leitura: relato de vida e currículo

Em 2018, foi divulgado o resultado de uma pesquisa que levantou as percepções, tendências e iniciativas de empreendedorismo entre jovens brasileiros, na faixa de 15 a 29 anos.

A seguir, leia qual é a percepção dos jovens sobre o que é e o que não é empreender.

EMPREENDER É...*

Total	Classe AB	Classe C	
61%	50%	65%	... ter um propósito.
55%	44%	58%	... conseguir colocar em prática seus sonhos.
54%	45%	57%	... liderar ideias criativas.
51%	42%	54%	... uma forma de ser protagonista na própria vida.
45%	37%	48%	... a "arte" de correr riscos.

EMPREENDER NÃO É...**

Total	Classe AB	Classe C	
54%	59%	51%	... uma questão de necessidade.
44%	53%	41%	... a melhor forma de ganhar dinheiro.
36%	41%	34%	... resolver problemas e viver financeiramente bem.
36%	41%	35%	... ter um trabalho com tempo flexível.
34%	38%	33%	... possível mesmo trabalhando com carteira assinada.

*Concordam totalmente (atribuíram notas 10 ou 9) com as afirmativas.
**Discordam (atribuíram notas 6 a 0) das afirmativas.

Reprodução/fundacaotelefonicavivo.org.br

JUVENTUDE conectada: edição especial empreendedorismo. São Paulo: Fundação Telefônica Vivo, 2018. p. 26. Disponível em: http://fundacaotelefonicavivo.org.br/wp-content/uploads/pdfs/Juventude-Conectada-Ed.Empreendedorismo-Fundacao-Telefonica-Vivo.pdf. Acesso em: 21 jan. 2022.

1. Responda às questões. Depois, de acordo com a ordem que o professor definir, socialize as respostas com os colegas.

a) De acordo com os dados apresentados, você diria que os jovens associam empreendedorismo apenas a uma atividade profissional com retorno financeiro?

b) Qual é seu ponto de vista sobre a resposta dada por 45% dos entrevistados: empreender é a "arte" de correr riscos?

c) Do total de jovens entrevistados, 54% deles consideram que empreender não é uma questão de necessidade. Comparando esse dado com aqueles que apontam o que os jovens pensam sobre o que é empreender, em sua opinião, pode haver entre eles certa contradição no modo de ver o que é empreender? Explique.

Inspiring/Shutterstock

Leia, a seguir, um texto publicado em uma revista digital que traz uma experiência de empreendedorismo. Ao longo da leitura, procure identificar qual é a percepção de Adriana Barbosa sobre o que é empreender. Depois, socialize sua resposta com os colegas e o professor.

NA REAL

Criadora da Feira Preta, Adriana Barbosa está entre os 51 negros mais influentes do mundo

A paulista conta a trajetória para valorizar sua cultura e realizar anualmente o maior evento de empreendedorismo negro da América Latina

Por depoimento à Fernanda Frozza.

Como pode ter demorado tanto para mais da metade da população ganhar voz? Quando era adolescente, andava pelo mercado e só encontrava xampu "para cabelos rebeldes", não se falava em representatividade e eram os homens brancos que contavam dinheiro no fim da noite em uma casa noturna de *black music*. Foi um longo processo, mas hoje finalmente vivemos em um País diferente, e me orgulho de ter contribuído para essa mudança de desenvolvimento e consumo. Meu nome é Adriana Barbosa, tenho 41 anos, e sou idealizadora da Feira Preta, plataforma responsável por criar projetos para valorizar nossa cultura e realizar anualmente o maior evento de empreendedorismo negro da América Latina.

Não imaginava que chegaria aqui. Até porque meus pais sempre trabalharam em produção de rádio e TV, então sem querer a vida me levou para o mesmo caminho. Aos 18, arrumei meu primeiro emprego como recepcionista em uma rádio, depois fui parar na área de promoção em uma produtora de TV e cheguei a fazer divulgação de artistas em uma gravadora. Segui na área de comunicação até 2002, quando fui demitida e tive que me reinventar. Nessa época, já frequentava as baladas da Vila Madalena, zona oeste de São Paulo, com uma amiga. E como as duas estavam desempregadas, tivemos a ideia de transformar nosso espaço de diversão em dinheiro. Ela começou a vender pastel nas feiras e decidi fazer um brechó em mercados alternativos com minhas roupas e acessórios. Sabe a ideia de ganhar hoje para comer amanhã? Era isso.

Um dia, rolou um arrastão e perdemos parte da nossa mercadoria. Voltamos para casa lamentando e decidimos que não dava para viver mais naquele esquema. Até que veio a ideia: por que a gente não cria uma feira com a nossa identidade e cultura?

Dona da própria história

Já existia uma **cena** negra muito forte na Vila Madalena, principalmente entre produtores e técnicos de som das festas. O problema é que as baladas eram feitas por negros, frequentadas por negros, mas estavam nas mãos de homens brancos. Não faz sentido, né? Tiramos o plano do papel. Como já tínhamos os contatos, fomos atrás de expositores nas feiras de São Paulo, desde a República até o Embu das Artes. A ideia era que empreendedores e artistas negros divulgassem seus trabalhos e pudessem viver a partir dele. Dito e feito: pela primeira vez, éramos proprietárias da nossa história!

cena: no texto significa *perspectiva, panorama*; o termo também pode ser entendido como ambiente de circulação de determinados públicos.

Saiba +

A Praça da República localiza-se no centro da cidade de São Paulo (SP). Nela, desde 1956, acontece aos domingos uma feira voltada principalmente para a exposição de artes em geral. Embu das Artes é um município da Região Metropolitana de São Paulo conhecido por suas atrações e roteiros culturais diversificados, com destaque para sua feira de artesanato.

No mesmo ano, demos vida à Feira Preta, na praça Benedito Calixto, em Pinheiros, SP. Conseguimos reunir 40 expositores e um público de 5 mil pessoas. Foi um sucesso! Os números mostravam a demanda reprimida, o que não queria dizer que o caminho seria fácil. Pelo contrário.

No começo, foi muito suado conversar sobre patrocínio e consumo negro no meio corporativo. Eu tinha 22 anos e fazia parte da população que não era vista com perspectiva econômica. Acredite, uma das coisas que eu mais ouvi é que não queriam associar a marca a um evento que chamava Feira Preta, alegando "conflito racial", mas o intuito do nome era mostrar que parte da população precisava ser percebida.

Coincidência ou não, nessa época, [uma empresa] estava lançando o primeiro sabonete para pele negra e, assim, conseguimos patrocínio. Por causa desse pontapé, nos anos seguintes tivemos grandes novas conquistas: atraímos outras marcas, a cantora Paula Lima virou nossa madrinha e começaram a rolar atividades culturais e de empreendedorismo. Ali, vi que tinha encontrado uma nova profissão. Definitivamente, a área de Comunicação era passado na minha vida.

Daniel Cymbalista/Pulsar Imagens

Barracas na feira da Praça da República, São Paulo (SP). Foto de 2019.

Profissão: empreendedora

Foi um processo até descobrir meu papel nesse ecossistema de empreendedorismo social, que tem que dar lucro, mas também tem que impactar a sociedade. Decidi me profissionalizar e fazer faculdade. Em 2008, aos 30 anos, me formei em Gestão de Eventos [...] e depois fiz pós-graduação em Gestão Cultural [...]. A Feira Preta deixou de ser só um evento para virar uma plataforma.

Durante todo o ano, passamos a tocar muitos projetos para valorizar nossa cultura. Dentre eles, o Afrohub, *workshop* de redes sociais para negócios, e o Afrolab, programa de formação de microempreendedores de várias partes do País [...], em que a gente discute e acompanha processos de criação, produção e chegada dos produtos ao consumidor, seja por *marketplace* ou pela feira. Tem gente que diz: "Ah, mas meu negócio é pequeno, só vendo tapioca". E o que a gente responde é: "Não, você vende 'a' tapioca. Você é empreendedora". E transforma o negócio.

Sou um exemplo disso, de quem foi do micro para o macro. A feira começou bem pequenininha e ganhou mais espaço do que imaginava, tanto que participei de um evento em que ninguém menos que Barack Obama também estava. Dá para acreditar? Foi em 2017, quando fui premiada em Nova York e entrei para a lista dos 51 negros com menos de 40 anos mais influentes do mundo, pelo *Most Influential People of African Descent*, o MIPAD. Além de mim, só outros dois brasileiros entraram para a lista: Lázaro Ramos e Taís Araújo – ela, inclusive, colaborou com uma "vaquinha" ao lado de outras 90 pessoas para me ajudar a viajar e receber o prêmio. Sou muito grata!

Ninguém segura

Olho para trás e vejo 17 anos de história em que a gente descentraliza o conteúdo de cultura negra pelo menos uma vez por ano em São Paulo e esporadicamente em outras cidades do Brasil. Nossa equipe fixa é formada por 25 pessoas, mas no dia do festival chega a 150, sempre com essa lógica de priorizar microempreendedores negros, desde a assessoria de imprensa ao técnico de som.

Na última edição, em novembro de 2018, batemos recorde de público, com 52 mil pessoas e mais de 120 empreendedores de diversos Estados. Ocupamos a capital e mostramos o nosso espaço. E apesar de ser idealizadora do projeto, faço parte de um time. Muita gente me ajudou a construir a visibilidade negra nessa trajetória, como o conteúdo da programação cultural, a Companhia de Teatro *Os Crespos*, a Companhia de Artes Capulanas, artistas como Mano Brown, Criolo e Karol Conká, além de todo mundo que faz a Feira Preta acontecer. Não fiz isso sozinha, rolou um movimento para que a gente chegasse onde está hoje. Isso me impulsionou.

A partir do momento em que a população se autodeclarou negra, desenvolveu autoestima e começou a reivindicar direitos, produtos e experiências de consumo, rolou uma transformação. É por isso que vivemos em um País completamente diferente. Trocamos o xampu "para cabelos rebeldes" por ativador de cachos, desenvolvemos produtos que atendem o consumidor negro e fizemos muita gente enxergar o que já sabíamos: mais da metade da categoria dos microempreendedores no Brasil é negra. Mais precisamente 51%, de acordo com o Sebrae.

Posso fazer uma lista de conquistas ao longo desses anos, mas também consigo enumerar uma série de projetos que ainda quero tirar do papel. Já percebeu que eu sonho alto, né? Tenho vontade de levar a feira para outros cantos do mundo, como Colômbia, Estados Unidos e países africanos de língua portuguesa. Sei que somos uma marca forte, mas temos potencial para chegar ainda mais longe e há uma longa luta pela frente.

Ainda lido com situações de discriminação no meu dia a dia de trabalho e o racismo é presente. Até por isso, o mais difícil durante esse tempo foi diferenciar a Adriana Barbosa da Feira Preta. Quando recebia a negativa de uma marca que não queria se associar a uma mulher negra, imediatamente pensava: "então você não quer se associar a mim". Trabalhei na terapia para que meus dilemas enquanto mulher negra não se envolvessem nas

Bruno Poletti/Folhapress

O casal de atores Taís Araújo e Lázaro Ramos. Foto de 2016.

Saiba +

Lázaro Ramos (1978-) e **Taís Araújo** (1975-) são atores de teatro, TV e cinema e personalidades atuantes na cena cultural brasileira. Casado com Taís, Lázaro é também escritor e tem diversos livros publicados, entre eles as obras infantojuvenis *Edith e a velha sentada* (2010), *Caderno de rimas do João* (2015), *Caderno sem rimas da Maria* (2018) e o livro de memórias e reflexões *Na minha pele* (2017).

Reprodução/Editora Objetiva

O livro *Na minha pele*, de Lázaro Ramos, publicado pela editora Objetiva.

minhas negociações profissionais. Foi preciso muita autoestima para fazer o que eu faço hoje. Mas se tem uma coisa que não me falta nesta vida, além de autoestima, é coragem. E ela segue comigo nessa caminhada que, sem dúvida, não para por aqui.

FROZZA, Fernanda. Criadora da Feira Preta, Adriana Barbosa está entre os 51 negros mais influentes do mundo. *Glamour*, 27 fev. 2019. Disponível em: https://glamour.globo.com/lifestyle/noticia/2019/02/criadora-da-feira-preta-adriana-barbosa-esta-entre-os-51-negros-mais-influentes-do-mundo.ghtml. Acesso em: 20 jan. 2022.

Saiba + +++

Adriana Barbosa (1978-), criadora e gestora do Instituto Feira Preta, formada em Gestão de Eventos com especialização em Gestão Cultural pelo Centro de Estudos Latino-Americanos sobre Cultura e Comunicação (Cellac) da Escola de Comunicações e Artes da Universidade de São Paulo (ECA-USP).

Cris Castello Branco/Sebrae-SP

2. O texto pode ser dividido em quatro partes: a *introdução* e as outras três partes do texto, organizadas nos tópicos *Dona da própria história*, *Profissão: empreendedora* e *Ninguém segura*.

a) Faça uma síntese de cada uma dessas quatro partes, para ter uma visão geral sobre o modo como o conteúdo do texto foi organizado.

b) Em sua opinião, a organização do conteúdo em tópicos colabora para a progressão das ideias no texto? Por quê?

3. O texto, publicado originalmente em uma revista digital, é de responsabilidade da jornalista Fernanda Frozza. Contudo, ao ler o texto, o enunciador que se projeta no relato está relacionado com a jornalista ou com a empreendedora Adriana Barbosa? Justifique sua resposta.

4. Releia o trecho inicial da matéria.

> Como pode ter demorado tanto para mais da metade da população ganhar voz? Quando era adolescente, andava pelo mercado e só encontrava xampu "para cabelos rebeldes", não se falava em representatividade e eram os homens brancos que contavam dinheiro no fim da noite em uma casa noturna de *black music*.

a) Considerando o enunciador que se projeta no texto e a experiência relatada, a quem se refere a expressão "mais da metade da população"?

b) O que o enunciador lamenta nesse trecho?

5. Releia a seguir um trecho do início do texto analisado nesta seção, em que a empreendedora Adriana Barbosa afirma:

> [...] Foi um longo processo, mas hoje finalmente vivemos em um País diferente, e me orgulho de ter contribuído para essa mudança de desenvolvimento e consumo.

Converse com os colegas e, depois, responda: A que mudança de desenvolvimento e consumo exatamente ela se refere? De que maneira você chegou a essa conclusão? Registre as respostas no caderno.

6. Releia o seguinte trecho:

> Já existia uma cena negra muito forte na Vila Madalena, principalmente entre produtores e técnicos de som das festas. [...]

a) No texto, que contradição a empreendedora Adriana Barbosa identifica em relação a essa "cena negra" na Vila Madalena, ou seja, a esse ambiente de circulação em que muitas pessoas negras já estavam presentes?

b) Em que medida os planos iniciais de Adriana e de sua amiga podem ser considerados uma tentativa de "dissolver" essa contradição?

Tales Azzi/Pulsar Imagens

A Vila Madalena é um bairro de São Paulo (SP) reconhecido por seus bares, espaços alternativos e diversas referências culturais, como a arte de rua. Na imagem, destacam-se os muros grafitados por variados artistas em uma travessa do bairro paulista que se tornou conhecida como "Beco do Batman". A arte de rua tem como característica a impermeabilidade, a mudança; essas imagens certamente já serão outras em pouco tempo. Foto de 2020.

7. De acordo com o texto sobre Adriana Barbosa, quais são os maiores desafios que ela enfrentou durante a trajetória profissional? A que ela atribui essas dificuldades?

8. Pelo que você conheceu da trajetória de Adriana Barbosa como empreendedora, que características destacaria como fundamentais para ser um empreendedor?

Diário de bordo

Depois de responder às atividades de análise de texto da seção *Práticas de leitura* desta Unidade 1, registre em seu diário de bordo quais foram as principais reflexões que você mobilizou ao fazer a leitura e o estudo dessa matéria jornalística, que nos apresenta o relato da trajetória de vida da empreendedora Adriana Barbosa.

Registre também suas percepções sobre o tema discutido no texto, sobre informações apresentadas nos boxes informativos, legendas de fotos, etc.

Pesquisa: empreendedorismo do futuro

Agora que você já conheceu uma experiência empreendedora, pesquise profissões do futuro e outras experiências de empreendedorismo que possam inspirá-lo a pensar em seu projeto de vida.

Sob a orientação do professor, retome com os colegas o grupo formado no início da unidade e, juntos, definam o tema que desejam investigar. A seguir, apresentamos algumas possibilidades que podem servir de orientação no momento da pesquisa.

- **Profissões que estão em alta e profissões do futuro:** em que consistem, que qualificações são necessárias, qual é o custo da formação, quais são as áreas de atuação, quais são os tipos de empresa, etc.
- **Empresas inovadoras no mercado ou experiências inovadoras de empreendedorismo entre jovens:** quais são, em que atuam, como atuam, quais são os impactos sociais, o que o público pensa sobre elas, etc.
- **Impacto das renovações tecnológicas no mercado de trabalho:** quais profissões estão sendo mais atingidas pela tecnologia, levando os profissionais a fazer novos cursos e a descobrir novos modos de desenvolver seu trabalho.

A pesquisa poderá ser feita por meio de revisão bibliográfica, para levantamentos de dados e informações. Vocês poderão acessar suportes digitais, como *sites* de organizações não governamentais (ONGs) e outras instituições apoiadoras de projetos sociais e atuantes no mundo do empreendedorismo. Outro tipo de pesquisa possível é a realização de entrevistas com pessoas da comunidade que trabalhem na área de atuação profissional escolhida por vocês. Nesse caso, é necessária a elaboração prévia de um roteiro de perguntas que propicie obter as informações necessárias.

Guardem todo o material pesquisado no **portfólio**, pois vocês vão utilizar esses dados para a organização da Feira de profissões do futuro na seção *#Multiplicar*.

GoodStudio/Shutterstock

GoodStudio/Shutterstock

Práticas de análise linguística no relato de vida

Nesta unidade, vamos estudar as projeções do enunciador no texto e a expressão de circunstâncias e orações subordinadas adverbiais. Assim, o trabalho iniciado em *Práticas de leitura* prossegue nesta seção por meio da análise de elementos enunciativos e dos efeitos de sentido provocados por usos expressivos da linguagem. Propõe-se ainda a análise do funcionamento da expressão das circunstâncias no relato.

1. O texto que você leu na seção *Práticas de leitura* é uma forma de relato de vida. Nele, o enunciador – o "eu" que se projeta no texto – pode ser identificado com Adriana Barbosa.

a) Explique essa afirmação.

b) A figura principal do relato é Adriana Barbosa. Por meio de que recursos linguísticos ou discursivos isso fica evidenciado no texto?

Relato de vida

O texto que você leu na seção *Práticas de leitura* é um exemplo de relato de vida: com base em informações sobre a vida de uma pessoa, relatam-se acontecimentos que a cercam, experiências vividas por ela e as circunstâncias em que ocorreram. Ao produzir um texto dessa natureza, pode-se focalizar determinado fato ou momento da vida – no relato em questão, Adriana Barbosa concentra-se no período da vida em que se tornou empreendedora e nas circunstâncias que a levaram a empreender.

Por se tratar de um relato em que o enunciador projetado no texto se identifica com a pessoa cuja vida é o objeto do relato, as marcas predominantes do enunciador são explícitas, a maior parte delas identificada pelo emprego da primeira pessoa do singular de formas verbais e pronominais. Quando isso ocorre, costuma-se chamar esse tipo de relato de vida de *autobiografia*. Como você viu ao responder à atividade 3 da página 430, em *Práticas de leitura*, não há dúvida de que o enunciador é identificado com Adriana Barbosa e não com a jornalista que organizou textualmente o relato. Há, porém, casos de relatos de vida em que o enunciador projetado no texto não se identifica com a pessoa cuja vida é objeto do relato. Nesse caso, o relato de vida é chamado genericamente de *biografia*.

Sensvector/Shutterstock

2. Leia, a seguir, alguns trechos extraídos do relato e observe os destaques. Depois, registre o que se pede.

I. "[...] depois **fui parar** na área de promoção em uma produtora de TV [...]."

II. "Sabe a ideia de **ganhar hoje para comer amanhã**? Era isso."

III. "Um dia, **rolou** um arrastão e perdemos parte da nossa mercadoria."

IV. "O problema é que as baladas eram feitas por negros, frequentadas por negros, mas estavam nas mãos de homens brancos. Não fazia sentido, **né**?"

V. "[...] tanto que participei de um evento em que ninguém menos que Barack Obama também estava. **Dá para acreditar**?"

a) Nos trechos **IV** e **V**, as expressões destacadas são exemplos de marcadores conversacionais. Como você explica a presença de uma estrutura linguística própria da oralidade em um texto escrito e publicado em uma plataforma jornalística *on-line*?

b) Nos trechos **I**, **II** e **III**, os destaques são construções que indicam que a linguagem empregada é próxima da linguagem coloquial. Explique essa afirmação.

c) Formule hipóteses para explicar esses usos linguísticos no texto e, na sequência, discuta-as com os colegas e o professor. Depois, registre suas conclusões.

3. Explique o emprego das aspas que delimitam a palavra *vaquinha* no relato.

4. Em "**Olho** para trás e vejo 17 anos de história em que **a gente descentraliza** o conteúdo de cultura negra pelo menos uma vez por ano em São Paulo e esporadicamente em outras cidades do Brasil.", os dois destaques são projeções explícitas da categoria gramatical da pessoa. Procure explicar por que cada uma dessas projeções tem referentes diversos, levando em conta o contexto dessas ocorrências.

5. A conjunção *enquanto* funciona, na maior parte das ocorrências, como articulador lógico-relacional ligado à expressão do tempo ou da proporção, como em "Enquanto era estudante, nunca dormia tarde". Mas, no trecho do relato "Trabalhei na terapia para que meus dilemas **enquanto** mulher negra não se envolvessem nas minhas negociações profissionais", o funcionamento é outro.

a) Procure explicar o que a conjunção, destacada nesse trecho, significa e que tipo de relação lógica ela estabelece.

b) Reformule o trecho, substituindo *enquanto* por outra conjunção que tenha um sentido equivalente.

6. Leia os trechos a seguir e observe outros empregos de articuladores lógico-relacionais que estão destacados. Eles são palavras e locuções que a gramática normativa enquadra na classe das conjunções ou das preposições.

I. "**Quando** era adolescente, andava pelo mercado e só encontrava xampu 'para cabelos rebeldes' [...]."

II. "E **como** as duas estavam desempregadas, tivemos a ideia de transformar nosso espaço de diversão em dinheiro."

III. "A Feira Preta deixou de ser só um evento **para** virar uma plataforma."

IV. "A feira começou bem pequenininha e ganhou mais espaço do que imaginava, **tanto que** participei de um evento em que ninguém menos que Barack Obama também estava."

V. "E **apesar de** ser idealizadora do projeto, faço parte de um time."

VI. "[...] rolou um movimento **para que** a gente chegasse onde está hoje."

a) Nesses exemplos, as relações de sentido expressas pelas palavras em destaque indicam as situações a seguir: finalidade, concessão, tempo, causa e consequência. Relacione os articuladores empregados nos trechos **I** a **VI** e indique, em cada caso, qual é a situação sinalizada por eles.

b) Causa, consequência, finalidade, tempo e concessão são exemplos de *circunstâncias*. Algumas das estruturas linguísticas implicadas na expressão de circunstâncias nos textos são as chamadas *orações subordinadas adverbiais*. Considerando seus conhecimentos sobre orações subordinadas e a consulta a uma gramática normativa da língua portuguesa, volte aos exemplos **I** a **VI**, releia-os e identifique as orações subordinadas sinalizadas pelos termos em destaque.

c) Com base no texto que você leu na seção anterior e em seus conhecimentos sobre o gênero textual relato de vida, por que estruturas como as dos exemplos anteriores são tão importantes em gêneros desse tipo?

7. Releia os relatos de vida que você pesquisou na seção *Situação inicial* e analise o funcionamento da expressão de circunstâncias por meio das orações subordinadas adverbiais. Para isso, siga os passos indicados na sequência.

- Localize as orações subordinadas adverbiais.
- Indique a circunstância que cada oração expressa.
- Explique por que a indicação de cada circunstância lhe parece necessária, tendo em vista o contexto de uso da oração adverbial que a expressa.
- Ao final, com a ajuda do professor, socialize as descobertas com os colegas.

Rogerio Cavalheiro/Futura Press

A Feira Preta costuma acontecer na cidade de São Paulo (SP) e se estende em parcerias com diferentes instituições e órgãos oficiais, como foi o caso da própria prefeitura paulista na 16ª edição da feira. Na imagem, movimentação na abertura do Festival Feira Preta, realizado na época na Praça das Artes, em São Paulo (SP). O grupo Ilú Obá Min se apresentou no evento. Foto de 2017.

Produção escrita de resumo: organização lógica e definições para produção

Na atividade 2 da página 434, em *Práticas de leitura*, você analisou o modo de organização do texto por meio de tópicos, indicados pelos subtítulos. Nos estudos textuais, essa organização que faz o texto progredir, pela retomada do que foi dito antes e pela introdução de novas informações, é o que chamamos de *progressão temática*. No relato de vida de Adriana Barbosa, você pôde perceber que a edição jornalística "ajudou" o leitor a identificar essa organização e hierarquização dos temas pelo emprego dos subtítulos.

Nesta atividade de **mediação** e de **produção**, a proposta é que você resolva este problema: Como fazer um resumo de um texto apelando para a noção de progressão temática? As sugestões a seguir procuram ajudar você a mobilizar o **raciocínio lógico** para resolver essa questão.

Para perceber essa característica da textualidade de modo geral, será preciso analisar ao menos outro relato. Ao fim da análise, você vai abstrair, ou seja, perceber qual é o padrão de progressão temática dos relatos e identificar como isso pode ser aplicado em situações semelhantes. Então poderá aplicá-lo na organização de um resumo. Para isso, cumpra as etapas da atividade de análise a seguir.

jossnat/Shutterstock

Análise: organização lógica do texto

Retome um dos relatos já pesquisados em *Situação inicial* e, trabalhando individualmente ou em um grupo pequeno, analise o movimento de progressão temática do texto escolhido. Para isso, siga as etapas descritas na sequência.

I. Separe o texto em parágrafos, ou seja, decomponha-o em partes menores para facilitar o trabalho. Dê a cada parágrafo um título que o resuma.

II. Considerando os estudos feitos e retomados, analise os títulos que você criou e verifique quais deles poderiam ser agrupados – é provável que seja possível fazer agrupamentos maiores que o parágrafo. Com isso, você vai abstrair o padrão de como organizar uma progressão temática. Em outras palavras, vai identificar, na estrutura dos textos, qual é o modo de estabelecer uma progressão temática para poder aplicá-la sempre que possível.

III. Feitos esses agrupamentos, sintetize cada grande parte constituída, escrevendo um enunciado capaz de agrupar a informação principal dessa parte. Se quiser, combine algumas palavras dos títulos que você deu aos parágrafos de cada parte para compô-lo. Ao elaborá-los, não empregue palavras ou expressões que traduzam um comentário: a ideia não é comentar o texto, e sim resumi-lo, para que outras pessoas possam compreender as ideias principais. Por essa razão, evite o emprego de expressões como "O texto informa que...", "O autor explica que...", entre outras expressões que traduzem modalização. Caso as tenha empregado, elimine-as ao organizá-las, como sugerido no item a seguir.

IV. Organize os enunciados construídos para cada parte de acordo com a ordem em que essas partes aparecem. Assim, você terá o seu resumo quase pronto.

V. Verifique o tipo de relação de sentido que se pode estabelecer entre cada enunciado e articule-os por meio de articuladores lógico-relacionais, quando considerar adequado.

VI. Releia o texto produzido e verifique se ele parece fazer sentido para você. Faça a contagem das palavras: como se trata de um resumo, o total de palavras empregadas deve ser, no máximo, um quarto do total de palavras do texto original. Não se trata de uma regra, mas de um indicativo para guiar você na construção do resumo. Se o total de palavras do seu texto for muito maior do que isso, reveja os enunciados que você construiu e tente reformulá-los para deixá-los mais curtos e sintéticos.

VII. Compare seu resumo com os dos colegas ou grupos. Com a ajuda do professor, verifiquem semelhanças e diferenças entre eles, considerando o padrão que você percebeu na sua análise. Não há problema se houver diferenças: elas representam o entendimento que você (ou o grupo) teve sobre o que é mais importante no texto lido. O essencial é que todas as partes do texto original tenham recebido o mesmo tratamento. Por fim, registre suas conclusões.

Ao final, observe os passos que desenvolveu para resolver a tarefa proposta, que consistiu em produzir resumos com base em progressão temática: decomposição do texto (o que precisava resumir), abstração de um padrão com base na releitura de análises de outros textos para refletir sobre a progressão temática deles. Agora, ciente desses passos, você pode estabelecer a própria sequência para resolver tarefas semelhantes.

Análise do relato autobiográfico

Para encerrar esta seção, retome no seu **portfólio** o relato autobiográfico que você produziu na seção *Situação inicial*. Releia-o e verifique se nele constam os itens seguintes.

- **Progressão temática**

Observe se a progressão temática é facilmente percebida pelos leitores. Essa progressão pode ser como a do texto de Adriana Barbosa, em que as informações foram hierarquizadas por meio de tópicos (mesmo que você não tenha optado por usar tópicos em seu relato); ser baseada na cronologia (em seu relato de vida, você pode ter privilegiado a sequência temporal dos eventos relatados); ser baseada no espaço (se você privilegiou destacar os lugares da sua vida no relato); etc.

- **Nível de linguagem compatível**

É importante verificar se o nível de linguagem é compatível com os destinatários visados pelos textos, isto é, com os colegas de turma com quem você compartilhou essa produção.

- **Recursos linguísticos de circunstância**

Devem ser identificados os recursos linguísticos que marcam as circunstâncias, como as orações subordinadas adverbiais, tão importantes nesse gênero textual.

Feita essa verificação, reescreva seu relato autobiográfico (ou de vida) para, em seguida, compartilhar outra vez com os colegas.

Não deixe de guardar essa segunda versão de seu relato de vida no **portfólio**. Ela poderá servir de subsídio para a elaboração do seu currículo, na seção *Práticas de produção escrita*.

Diário de bordo

Registre em seu diário de bordo suas considerações sobre a importância da análise de recursos de linguagem, como as orações subordinadas adverbiais, a progressão temática e a variação linguística para ler, compreender e produzir relatos autobiográficos e de vida.

GoodStudio/Shutterstock

Estilos de época

Observe as linhas do tempo abaixo. Elas apresentam a cronologia dos estilos de época em Portugal e no Brasil. Depois, leia o texto que trata do estilo denominado Trovadorismo, tendência literária que surgiu na Europa a partir dos séculos XI e XII. As produções literárias desse período são chamadas de cantigas, pois constituem uma mescla de linguagem poética e música.

Portugal

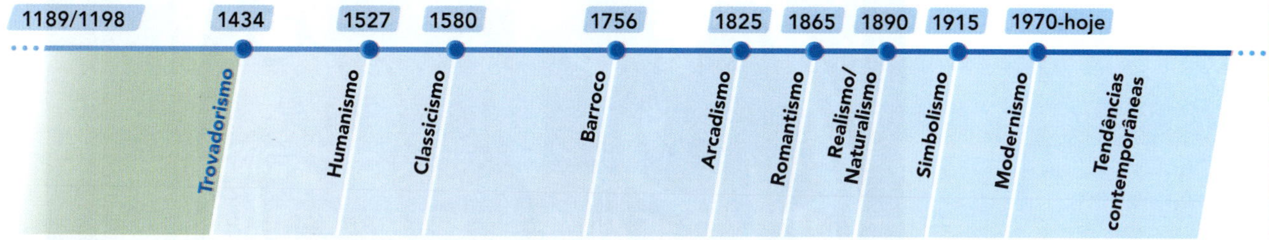

Brasil

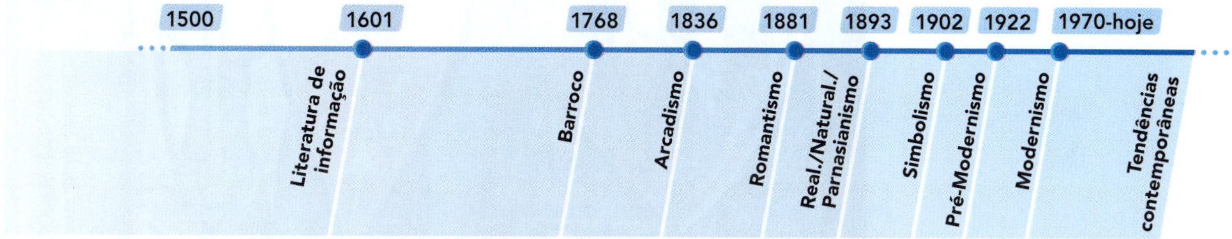

Quando o Brasil foi encontrado, na época das Grandes Navegações, Portugal vivia o final do período denominado Humanismo. Ainda que certamente existissem entre os povos indígenas diversas histórias de literatura oral que circulavam de geração em geração, a falta de um registro escrito impede que essa produção seja estudada e, portanto, interpretada como parte de um período específico da história literária do Brasil. Em comparação, sendo um estilo de época também marcado por extensa criação oral, o Trovadorismo português apresenta diversos textos manuscritos que chegaram até nossos dias, permitindo assim sua propagação e seu estudo.

Contexto histórico do Trovadorismo português

O Trovadorismo teve origem na Península Ibérica, tendo perdurado entre os séculos XI e XIV, período histórico conhecido como Idade Média.

Durante a época medieval, os países como os conhecemos ainda não haviam se formado e todo o sistema político e econômico era muito diferente do que temos hoje:

- a Europa era dividida em feudos (grandes propriedades rurais que pertenciam ao senhor feudal e nas quais trabalhavam camponeses, livres ou em regime de servidão);
- o modelo social vigente era o feudalismo;
- outro tipo de relação de poder importante nesse período era a *vassalagem* (em que um suserano e um vassalo realizavam trocas de favores);
- a principal força político-religiosa da época era a Igreja Católica.

Saiba +

O feudalismo foi uma organização econômica, política e social instituída na Europa Ocidental entre os séculos V e XV. A sociedade era estamental, ou seja, era dividida em camadas sociais entre as quais não havia mobilidade. No topo da pirâmide estava o clero; no meio, a nobreza e, na base, estavam os camponeses e os servos. Baseava-se na posse de terras, e as duas primeiras camadas (a nobreza e o clero) governavam os feudos e recebiam impostos dos servos. Uma das principais características do feudalismo era a relação chamada de *vassalagem*, que consistia na subordinação de um vassalo a um suserano. Diferente do regime de servidão (entre senhor feudal e camponeses), a vassalagem era uma relação que geralmente acontecia entre nobres, em que o suserano podia oferecer vantagens ao vassalo, por meio de uma troca de favores, para obter a sua fidelidade.

Ilustração representando as três camadas sociais do feudalismo: o clero (à esquerda), a nobreza (representada pelo cavaleiro ao centro) e a população camponesa (representada pelo trabalhador rural carregando seu instrumento de trabalho).

O início da literatura em língua portuguesa

As cantigas trovadorescas foram escritas em galego-português, língua ancestral do idioma lusitano, inaugurando a literatura portuguesa e tornando o Trovadorismo o primeiro movimento literário da língua portuguesa.

Desde que Portugal se tornou parte do Império Romano (por volta de 200 a.C.), a língua falada na região era o latim, que foi implantado pelos romanos nas regiões conquistadas. Entre o período em que a região era dominada pelos romanos (e denominada Lusitânia) e a formação de Portugal se passaram sete séculos.

Muitos fatos aconteceram nesse período: a decadência e a queda do Império Romano (cerca de 395 a 476 d.C.), as invasões dos povos germânicos à península (por volta de 400 d.C.), além de sua conquista pelos árabes (711 d.C.). Esses fatos provocaram grandes transformações sociais, e o latim falado na região foi se transformando também. Começaram, então, a surgir as línguas neolatinas, como o português, o espanhol, o francês, o italiano e o romeno.

No final do século XIII, Dom Dinis I, então rei de Portugal, estabelece a língua galego-portuguesa como oficial do reino. O monarca, também chamado de rei Trovador, queria que Portugal se constituísse como nação, incentivando a identidade cultural e, consequentemente, a produção trovadoresca.

A primeira poesia trovadoresca de que se tem conhecimento é a "Cantiga da Ribeirinha", que data de 1189 e foi composta por Paio Soares de Taveirós. Você lerá essa cantiga mais à frente, na seção *Práticas de leitura e análise literária*.

Características do Trovadorismo

As cantigas trovadorescas eram produzidas para serem cantadas, acompanhadas de instrumentos musicais como a flauta, a lira e a viola. O compositor era chamado *trovador* e geralmente fazia parte da nobreza ou do clero, e o músico era chamado *menestrel*. Era chamado de *jogral* o cantor de origem popular que interpretava as canções compostas por trovadores.

Classificam-se as cantigas de acordo com o eu lírico, o tema explorado, a estrutura e a linguagem utilizada. São divididas em *líricas* (cantigas de amor e de amigo) e *satíricas* (cantigas de escárnio e de maldizer). Os manuscritos dessas cantigas foram reunidos em livros chamados "cancioneiros".

Algumas temáticas eram bastante recorrentes nas trovas, como o culto ao catolicismo, o amor cortês e a vassalagem amorosa. Leia a seguir a cantiga "Ondas do mar de Vigo", de Martim Codax. Trata-se de uma cantiga de amigo transcrita em linguagem modernizada.

Ilustração que faz parte de um cancioneiro. À esquerda, um nobre; ao centro, um jogral com uma viola de arco e, à direita, uma mulher tocando pandeiro.

Ondas do mar de Vigo

Martim Codax

Ondas do mar de **Vigo**
Vistes o meu amigo?
Ai, Deus! Eu o verei logo?

Ondas do mar revolto
Vistes o meu amado?
Ai, Deus! Eu o verei logo?

Vistes o meu amigo?
Aquele por quem suspiro?
Ai, Deus! Eu o verei logo?

Vistes o meu amado?
Aquele por quem tanto sofro?
Ai, Deus! Eu o verei logo?

CODAX, Martim. *Site* do Audi Coelum, grupo dedicado à música sacra. Disponível em: http://www.audicoelum.mus.br/textos_e_traduções_6.htm. Acesso em: 20 jul. 2022.

Vigo: cidade do sul da Galícia, na Espanha.

Saiba +

Martim Codax (meados do século XIII – primeira metade do século XIV) foi um trovador medieval a quem se atribui a autoria de sete cantigas de amigo. É um dos dois poetas medievais cujas composições foram conservadas em seu manuscrito original, acompanhadas de partitura. Seu sobrenome leva a crer que se trata, provavelmente, de um jogral galego que viveu próximo a Vigo, local citado recorrentemente em suas composições.

Na cantiga que você acabou de ler, podemos identificar algumas características recorrentes nas cantigas de amigo, como a existência de um eu lírico feminino que está sofrendo pela ausência de seu amado, o "amigo" que provavelmente partiu para explorar novos territórios nas expedições marítimas conhecidas como Grandes Navegações. O tom confessional característico das cantigas de amigo também está presente, e o eu lírico se dirige às ondas do mar de Vigo em seu lamento. Note a presença do refrão "Ai, Deus! Eu o verei logo?", que se repete ao longo do poema.

Agora leia uma cantiga de amor de autoria de Bernardo de Bonaval. Note que a cantiga de amor apresenta características distintas da cantiga de amigo.

A dona que eu am'e tenho por senhor

Bernardo de Bonaval

A dona que eu am'e tenho por senhor
amostráde-mi-a Deus, se vos en prazer for,
se non, dáde-mi a morte.

A que tenh'eu por lume destes olhos meus
e por que choran sempr', amostráde-mi-a, Deus,
se non, dáde-mi a morte.

Essa que vós fezestes melhor parecer
de quantas sei, ai Deus!, fazéde-mi-a veer,
se non, dáde-mi a morte.

Ai Deus, que mi-a fezestes mais ca min amar,
mostráde-mi-a u possa con ela falar,
se non, dáde-mi a morte.

BONAVAL, Bernardo de. Disponível em: http://www.dominiopublico.gov.br/download/texto/wk000235.pdf. Acesso em: 25 maio 2022.

Saiba +

Bernardo (ou **Bernal**) **de Bonaval** foi um trovador que viveu na primeira metade do século XIII. Como jogral, frequentou o círculo trovadoresco do rei D. Afonso X, o Sábio (1221-1284), e foi autor de cantigas de amor e de amigo.

A poeta portuguesa Natália Correia propôs uma "tradução" dessa cantiga para o português atual:

A dona que eu sirvo e que muito adoro
mostrai-ma, ai Deus! Pois eu vos imploro,
se não, dai-me a morte.
Essa que é a luz destes olhos meus
por quem sempre choram, mostrai-ma, ai Deus!
se não, dai-me a morte.

Essa que entre todas fizestes formosa,
Mostrai-ma, ai Deus! Onde eu vê-la eu posso,
se não, dai-me a morte.

A que me fizestes mais que tudo amar,
mostrai-ma onde possa com ela falar,
se não, dai-me a morte.

CORREIA, Natália. *Cantares dos trovadores galego-portugueses*. 2 ed. Lisboa: Editorial Estampa, 1978. p. 85.

A primeira diferença entre as cantigas de Codax e de Bonaval é o eu lírico. Enquanto nas cantigas de amigo o eu lírico é uma mulher, nas cantigas de amor o eu lírico é masculino e se dirige à mulher amada como "dona" ou "mia senhor", como nas relações entre senhor e vassalo. O homem apaixonado é, nesse caso, um vassalo da mulher amada (vassalagem amorosa), em analogia às relações de senhorio e vassalagem medievais. O eu lírico expressa seus sentimentos em relação à impossibilidade de realização daquele amor, chamado de coita (ou *coyta*) amorosa. Na cantiga de Bernardo de Bonaval, o eu lírico pede a Deus que lhe permita ver a sua senhora ou então que lhe dê a morte.

As cantigas satíricas apresentam temática distinta das cantigas de amor e de amigo, com tom crítico e irônico, e são destinadas a ironizar ou difamar determinada pessoa. Podem ser cantigas de escárnio ou cantigas de maldizer.

As cantigas de escárnio trazem sátiras indiretas à pessoa satirizada. Já as cantigas de maldizer se dirigem diretamente ao alvo das críticas, utilizando vocabulário grosseiro.

De Agostini Picture Library/Album/Fotoarena

Gravura representando o rei Dom Diniz (1261-1325). Chamado de rei Poeta ou rei Trovador, compôs cerca de 140 cantigas dos gêneros lírico e satírico.

Práticas de leitura e análise literária: produção lírica portuguesa e brasileira

Passeio pelo gênero lírico (I)

Prostock-studio/Shutterstock

Jovem rapaz lendo um livro ao ar livre.

A fruição literária faz parte da construção pessoal de todos os indivíduos. Você já deve ter lido inúmeros textos literários que foram marcantes na sua vida.

Nesta unidade, em que os relatos biográficos estão no centro dos estudos, apresentamos uma seleção de textos literários, cada um deles acompanhado de dicas para nortear sua leitura, com o objetivo de ajudar você a desenvolver um jeito próprio de fruir tais produções.

Com essa proposta, que continua na Unidade 2, esperamos contribuir para que você encontre seus caminhos para perceber cada vez mais a literatura como uma possibilidade de satisfação estética e de reflexão sobre si mesmo e a vida. Para isso, escolhemos poemas escritos por autores da literatura portuguesa e brasileira. Nos poemas selecionados, você vai perceber que, além do aspecto formal, o enunciador – isto é, o "eu" que se projeta explicitamente no texto e que pode ser suposto por marcas linguísticas de subjetividade, como a modalização – expõe sentimentos e emoções, ainda que, à primeira vista, nem sempre isso fique evidente. A tradição dos estudos literários insere tais textos no chamado *gênero lírico.*

Antes da leitura dos poemas selecionados, responda às questões do *jogo rápido* de perguntas e respostas proposto no boxe *Para recordar*, a seguir. É importante destacar que as respostas não serão avaliadas pelo professor; elas apenas servirão para ajudar você a retomar conteúdos já estudados em outros momentos da sua trajetória escolar. Assim, na próxima página, veja o gabarito das respostas para verificar o que acertou e fazer você mesmo uma avaliação da sua aprendizagem em relação a esse tema.

Para recordar

Responda às questões a seguir para relembrar seus conhecimentos sobre o gênero lírico.

Gênero lírico: jogo rápido

1. No gênero lírico predomina:

a) a expressão de subjetividade.
b) a descrição de ambientes.
c) o desenvolvimento de enredo.
d) a argumentação lógica.

2. No gênero lírico predomina também:

a) o uso da 3ª pessoa do discurso.
b) o uso de termos denotativos.
c) o uso da 1ª pessoa do discurso.
d) a ausência de figuras de linguagem.

3. São características do gênero lírico:

a) linguagem denotativa e uso da argumentação lógica.
b) linguagem denotativa e uso do verso.
c) linguagem conotativa e texto escrito em prosa.
d) linguagem conotativa e uso do verso.

Gabarito de respostas sobre *Gênero lírico: jogo rápido*

- **Questão 1:** Alternativa correta: **a**. No gênero lírico, predomina a expressão de sentimentos e emoções do eu que fala no texto, também chamado de eu lírico.
- **Questão 2:** Alternativa correta: **c**. É muito comum a utilização da 1ª pessoa do discurso para o poeta construir a expressão de sentimentos, emoções e divagações do sujeito lírico (ou eu lírico), conferindo grande subjetividade ao texto.
- **Questão 3:** Alternativa correta: **d**. O gênero lírico é majoritariamente escrito em versos, recorrendo à função poética da linguagem, sendo frequente o uso do sentido conotativo e das figuras de linguagem, a fim de aumentar a expressividade da mensagem.

O gênero lírico: leituras

Acompanhe agora algumas dicas de leitura. É importante frisar que elas não devem esgotar as possibilidades interpretativas; ao contrário, vão ajudar você nesse percurso de fruição literária.

A "Cantiga da Ribeirinha"

Considerado por muitos estudiosos como o mais antigo da literatura portuguesa, esse texto data do século XII. Foi escrito pelo poeta Paio Soares de Taveirós e dedicado à amante de um nobre da época.

As cantigas medievais, como a que você vai ler a seguir, eram poemas escritos para serem cantados, como as canções de hoje. As partituras de quase todas essas cantigas se perderam no tempo e, por isso, com raras exceções, atualmente elas só podem ser lidas como poemas. Os poetas que as compunham eram os trovadores. O período literário é conhecido como Trovadorismo, que você estudou na seção *Estilos de época* desta unidade.

O texto que você vai ler a seguir é uma cantiga de amor. A "Cantiga da Ribeirinha", ou "Cantiga da Guarvaia", foi originalmente escrita na língua galaico-portuguesa, que é de origem latina. Dessa língua, também denominada "português arcaico" por alguns estudiosos, derivou o português moderno.

Para aproveitar ao máximo a leitura do poema, que será apresentado adiante em linguagem modernizada, uma dica é procurar perceber a maneira como o eu lírico descreve a mulher, "a minha senhora", e expressa seu sentimento em relação a ela. Ao comparar as duas versões do poema, fique atento à musicalidade: em qual versão ela é mais marcada?

Dm_Cherry/Shutterstock

Cítara (ou citola), instrumento de cordas antigo comumente utilizado por trovadores medievais.

Leia agora a cantiga em linguagem modernizada. Na página seguinte, há a versão original dos versos.

Cantiga da Ribeirinha (versão modernizada)

No mundo não conheço ninguém que se
compare a mim em infelicidade,
enquanto minha vida continuar como vai indo,
porque já morro de amor por vós – e ai!
minha senhora vestida de branco e de faces rosadas,

quereis que eu vos descreva
quando vos vi sem manto!
em infeliz dia me levantei,
pois vos vi bela, e não feia!

E, minha senhora, desde aquele dia, ai!
tudo correu muito mal para mim,
e vós, filha de Dom Paio
Moniz, parece-vos suficiente e satisfatório
que eu deva receber, por vosso intermédio, uma **guarvaia**;

(por pintar vosso retrato);
pois eu, minha senhora, na verdade, como prova de amor
nunca de vós recebi nem receberei
nem o simples **valor de uma correia**.

TORRES, Alexandre Pinheiro (org.). *Antologia da poesia trovadoresca galego-portuguesa*. Porto: Lello & Irmão, 1977. p. 502.

guarvaia: luxuoso vestido que se utilizava na corte.

valor de uma correia: coisa sem valor.

Radu Razvan/Shutterstock

Artista representando um trovador medieval durante um festival histórico realizado em Nogent-le-Rotrou, na França. Foto de 2010.

Leia agora a versão original, em galego-português.

Cantiga da Ribeirinha

Paio Soares de Taveirós

No mundo nom me sei parelha,
mentre me for como me vai;
ca já moiro por vós – e ai!
mia senhor branca e vermelha,
queredes que vos retraia
quando vos eu vi em saia!
Mau dia me levantei,
que vos entom nom vi fea!
E, mia senhor, des aquel dia', ai!
me foi a mi mui mal,
e vós, filha de don Paai
Moniz, e bem vos semelha
d'haver eu por vós guarvaia,
pois eu, mia senhor, d'alfaia
nunca de vós houve nem hei
valia dũa correa!

TAVEIRÓS, Paio Soares de. *Apud* SPINA, Segismundo. *Presença da literatura portuguesa*: Era Medieval. 4. ed. São Paulo: Difusão Europeia do Livro, 1971. v. 1. p. 38-39.

Saiba +

Paio Soares de Taveirós (1200?-?) foi um trovador que viveu na primeira metade do século XII, membro da nobreza galaico-portuguesa. São desconhecidas as datas exatas de seu nascimento e morte. A "Cantiga da Ribeirinha" é sua obra mais famosa entre as que chegaram aos dias de hoje.

Joaquin Corbalan P/Shutterstock

Detalhe de instrumento musical sendo tocado por um artista representando um trovador medieval, em um festival em Valência, na Espanha. Foto de 2017.

Saiba +

Se é cantiga então pode ser cantada, não? Ouça uma versão musicada da "Cantiga da Ribeirinha", disponível no canal de vídeos da cantora e intérprete brasileira Denise Emmer, neste endereço: https://www.youtube.com/watch?v=mZFGf5TsX-A. Acesso em: 25 maio 2022.

"Amor é fogo que arde sem se ver"

O soneto a seguir é parte da obra lírica do poeta português Luís Vaz de Camões. Soneto é o nome que se dá a um poema constituído de catorze versos, divididos em duas quadras e dois tercetos.

Camões é conhecido por ser o autor de *Os lusíadas*, epopeia considerada uma das obras-primas da literatura escrita em língua portuguesa. A obra desse poeta vem inspirando escritores até hoje. Algumas das estrofes do famoso soneto que você vai ler a seguir foram integradas à letra da canção "Monte Castelo", da banda brasileira Legião Urbana, gravada pela primeira vez no álbum *As quatro estações*, de 1989.

Cris Bierrenbach/Folhapress

O cantor e compositor Renato Russo (1960-1996), cujo nome verdadeiro era Renato Manfredini Júnior, era o vocalista da banda brasileira de *rock* Legião Urbana, que se projetou no final da década de 1980. Curiosamente, antes de formar a banda que lançaria músicas de sucesso como "Tempo perdido" e "Eduardo e Mônica", Renato Russo se apresentava sozinho em festivais, tocando apenas um violão, sob o pseudônimo de Trovador Solitário.

Saiba +

Ouça a canção "Monte Castelo", da banda Legião Urbana, em um canal de vídeos na internet. Disponível em: https://www.youtube.com/watch?v=7cxNeZ1gTwQ. Acesso em: 25 maio 2022.

Leia agora o soneto de Camões.

Amor é fogo que arde sem se ver;
É ferida que dói e não se sente;
É um contentamento descontente;
É dor que **desatina** sem doer;

É um não querer mais que bem querer;
É solitário andar por entre a gente;
É nunca contentar-se de contente;
É **cuidar** que se ganha em se perder;

É querer estar preso por vontade;
É servir a quem vence, o vencedor;
É ter com quem nos mata, lealdade.

Mas como causar pode seu favor
Nos corações humanos amizade,
se tão contrário a si é o mesmo Amor?

CAMÕES, Luís Vaz de. *Sonetos*. Sintra: Publicações Europa-América, 1975. p. 181.

desatina: enlouquece.
cuidar: julgar; supor.

Saiba +

Luís Vaz de Camões (1524-1580?), escritor português, produziu vasta obra poética e dramática. Considerado um dos maiores poetas da língua portuguesa, é autor da epopeia *Os lusíadas* (1572).

Reprodução/Fundação Biblioteca Nacional, Rio de Janeiro, RJ.

Saiba +

É possível ouvir a declamação do soneto feita pelo ator português João Villaret (1913-1961) no vídeo disponível em: https://youtu.be/U5gE-EAtLOM. Acesso em: 25 maio 2022.

Uma sugestão para compreender esse famoso soneto de Camões é procurar identificar qual é o conceito de amor expresso pelo eu lírico. Para isso, é importante perceber que efeito as figuras de linguagens mais empregadas nessa construção – as antíteses e os paradoxos – criam no soneto.

Às vezes, comparar obras literárias que têm pontos em comum possibilita a obtenção de uma percepção mais efetiva delas. Por exemplo, se você analisar detidamente o poema de Camões e o de Vinícius de Morais, a seguir, verá que eles têm mais do que as antíteses em comum: a forma poética também é semelhante. Ambos têm o mesmo esquema de rimas nas quadras – rimas interpoladas, com esquema ABBA. E, como muitos sonetos na língua portuguesa, os versos são decassílabos (na tradição poética da língua, essa métrica é comum em sonetos), e a *cesura*, isto é, a *pausa breve* que divide cada verso em dois grupos rítmicos, recai quase sempre sobre a sexta sílaba poética. Essa regularidade, pode-se dizer quase matemática, determina o ritmo constante dos dois sonetos.

O "Soneto de fidelidade"

Saiba +

Ouça a declamação do poema "Soneto de fidelidade" feita pelo próprio "poetinha", como era chamado o escritor Vinícius de Morais. Disponível em: https://www.youtube.com/watch?v=eHgU4ERc7Nc. Acesso em: 9 mar. 2022.

Um dos poetas brasileiros influenciados pela obra camoniana é Vinícius de Morais, autor do "Soneto de fidelidade", que você pode ler a seguir.

Durante a leitura, procure observar, por exemplo, a presença da antítese na construção poética, de forma semelhante à do soneto camoniano.

Observe também a ambivalência que o eu lírico atribui à noção de fidelidade: promete ser fiel ao seu amor, para sempre, e, em seguida, apresenta uma hipótese que contraria a proposta inicial, a de que o amor é fugaz e pode não durar para sempre.

Agora leia o poema.

Soneto de fidelidade

Vinícius de Morais

De tudo, ao meu amor serei atento
Antes, e com tal zelo, e sempre, e tanto
Que mesmo em face do maior encanto
Dele se encante mais meu pensamento.

Quero vivê-lo em cada vão momento
E em louvor hei de espalhar meu canto
E rir meu riso e derramar meu pranto
Ao seu pesar ou seu contentamento.

E assim, quando mais tarde me procure
Quem sabe a morte, angústia de quem vive
Quem sabe a solidão, fim de quem ama

Eu possa me dizer do amor (que tive):
Que não seja imortal, **posto que** é chama
Mas que seja infinito enquanto dure.

MORAIS, Vinícius de. Soneto de fidelidade. *Apud* CANDIDO, Antonio; CASTELLO, José Aderaldo. *Presença da literatura brasileira*: III. Modernismo. 7. ed. São Paulo; Rio de Janeiro: Difel, 1979. p. 346.

Saiba +

Acervo UH/Folhapress

Vinícius de Morais (1913-1980) nasceu na cidade do Rio de Janeiro e é um dos grandes nomes da poesia lírica e da música brasileira do século XX. Na música, estabeleceu parcerias com artistas como Tom Jobim, Baden Powell e Toquinho.

posto que: já que; uma vez que. Convém destacar que o primeiro significado que aparece no dicionário para a expressão *posto que* é "embora, ainda que, se bem que" [valor concessivo]. Ver *Dicionário Houaiss da Língua Portuguesa*. Rio de Janeiro: Objetiva, 2009. p. 1532. O sentido utilizado por Vinícius é, portanto, diferente do original e deve ser compreendido no contexto do poema.

O poema "Autopsicografia"

"Autopsicografia" é um poema muito conhecido de Fernando Pessoa que trata da poética, do próprio ato de criar poesia.

ivector/Shutterstock

Saiba +

Ouça a declamação do poema de Fernando Pessoa feita pelo ator português João Villaret (1913-1961). Disponível em: https://youtu.be/dnCY3OzxQvk. Acesso em: 25 maio 2022.

Durante a leitura do poema, procure observar os jogos de palavras construídos pela rima e pela semelhança sonora entre palavras com diferentes significados, a fim de perceber que sentidos são construídos por esse jogo com a linguagem.

Atente também para a oposição entre a "dor sentida" e a "dor fingida" pelo poeta.

Autopsicografia

Fernando Pessoa

O poeta é um fingidor
Finge tão completamente
Que chega a fingir que é dor
A dor que deveras sente.

E os que leem o que escreve,
Na dor lida sentem bem,
Não as duas que ele teve,
Mas só a que eles não têm.

E assim nas calhas de roda
Gira, a entreter a razão,
Esse comboio de corda
Que se chama coração.

PESSOA, Fernando. Autopsicografia. *In:* MOISÉS, Massaud. *A literatura portuguesa através dos textos*. São Paulo: Cultrix, 1980. 9. ed. p. 452.

Saiba +

Reprodução/Acervo particular

Fernando Pessoa (1888-1935) nasceu em Lisboa (Portugal), mas viveu parte de sua infância e juventude na África do Sul. Produziu enorme obra poética, na qual as emoções são trabalhadas de maneira erudita e sensível. É considerado um dos maiores poetas da língua portuguesa. Na imagem, retrato de Fernando Pessoa de 1914.

Saiba +

Ouça a declamação do poema de Gonçalves Dias feita pelo ator brasileiro Paulo Autran (1922-2007). Disponível em: https://www.youtube.com/watch?v=MVmpDg71w_A. Acesso em: 25 maio 2022.

A "Canção do exílio"

A dor do exílio deu origem a um dos poemas mais conhecidos da literatura brasileira: a "Canção do exílio", escrita no período em que o poeta brasileiro Gonçalves Dias morava em Coimbra, Portugal. A "Canção do exílio" é considerada um poema "romântico", ou seja, foi composta sob a influência do estilo de época conhecido como Romantismo. Uma das características da poesia romântica é o nacionalismo, isto é, a exaltação dos valores e das características essenciais de cada nação.

Durante a leitura do poema, fique atento ao modo como o poeta exalta os valores brasileiros. Por exemplo, que características do Brasil ele usa para criar uma comparação entre "cá", o lugar do exílio em que o eu lírico se encontra, e "lá", o Brasil, que ele chama de "minha terra"?

Observe a descrição da natureza feita pelo eu lírico: ela reflete as emoções do poeta. Que impressões isso provoca em você, leitor?

Canção do exílio

Gonçalves Dias

Minha terra tem palmeiras
Onde canta o Sabiá,
As aves, que aqui gorjeiam,
Não gorjeiam como lá.

Nosso céu tem mais estrelas,
Nossas várzeas têm mais flores,
Nossos bosques têm mais vida,
Nossa vida mais amores.

Em **cismar**, sozinho, à noite,
Mais prazer encontro eu lá;
Minha terra tem palmeiras,
Onde canta o Sabiá.

Minha terra tem **primores**,
Que tais não encontro eu cá;
Em cismar – sozinho, à noite –
Mais prazer encontro eu lá;
Minha terra tem palmeiras,
Onde canta o Sabiá.

Não permita Deus que eu morra,
Sem que eu volte para lá;
Sem que desfrute os primores
Que não encontro por cá;
Sem qu'inda aviste as palmeiras,
Onde canta o Sabiá.

GONÇALVES DIAS. Canção do exílio. *In:* FACIOLI, Valentim; OLIVIERI, Antonio Carlos (org.). *Poesia brasileira*: Romantismo. 11. ed. São Paulo: Ática, 2008. p. 26.

cismar: pensar insistentemente em alguma coisa.

primor: encanto; perfeição; excelência.

Saiba +

Reprodução/Coleção Particular

Gonçalves Dias (1823-1864) nasceu na cidade de Caxias, no Maranhão, e foi escritor, professor e jornalista. Em Coimbra, enquanto estudou Direito, conheceu escritores portugueses românticos. Sua produção mais conhecida são os poemas, mas também transitou pelo teatro e escreveu um dicionário da língua tupi.

Meraki online/Shutterstock

Audição de poemas

Ao longo desta seção, você encontrou, nos boxes *Saiba+*, *links* para ouvir uma interpretação de cada um dos poemas apresentados. É importante levar em conta que não há duas declamações idênticas do mesmo poema; elas variam muito, de acordo com cada intérprete.

Sugerimos que você e os colegas programem, acompanhados pelo professor, uma aula de audição das declamações de todos os poemas desta seção, em um único encontro. Após cada audição, os colegas da turma poderão opinar sobre as interpretações. Se alguém conhecer outra(s) interpretação(ões) do(s) mesmo(s) poema(s), pode indicá-la(s).

Para encerrar, pode ser reservado um tempo para quem quiser fazer *a própria* interpretação de alguns poemas da seção e apresentá-la para a turma.

Pesquisa: paráfrases e paródias

A "Canção do exílio" talvez seja um dos textos mais parafraseados e parodiados da literatura brasileira, justamente porque aborda um tema de grande relevância: a ligação das pessoas com sua terra natal, com suas origens.

A proposta é que você se reúna com alguns colegas para formar um grupo e, juntos, escolham um dos dois aspectos a seguir para fazer uma pesquisa.

- Quais são os textos que, por meio de paráfrase, paródia ou citação, retomam a "Canção do exílio"?
- Como é a situação atual de povos, grupos e indivíduos que vivem "em exílio".

Para obter dados e informações sobre o assunto, vocês podem utilizar diferentes técnicas de pesquisa, como revisão bibliográfica e entrevista.

Os materiais obtidos devem ser reunidos. Em seguida, escolham uma maneira de divulgar os resultados da pesquisa para os demais grupos. Planejem a apresentação e, em um dia previamente combinado com o professor, exponham-na para a turma.

ivector/Shutterstock

O "Monólogo do índio"

O poema a seguir, do poeta amazonense Thiago de Mello, retoma o tema do exílio, em uma perspectiva que coloca em evidência a situação dos povos indígenas diante da colonização e dos valores da sociedade branca (ocidental). Desse encontro-confronto cultural, surge a angústia de perder a própria identidade.

Ao ler o poema, atente para as imagens em que o eu lírico revela essa angústia. Observe também a oposição criada entre os elementos naturais – água, fogo, estrelas – e aquilo em que eles se convertem, se transformam, nesse processo de perda da própria identidade.

Ao final, reflita: Que relações é possível estabelecer entre o exílio que aparece na "Canção do exílio" e o exílio no "Monólogo do índio"?

Monólogo do índio

Thiago de Mello

Perdido de mim, não sei
ser mais o que fui e nunca
poderei deixar de ser.
De mim me perco e me esqueço
do que sou na precisão
que já tenho de imitar
os brancos no que eles são:
uma apenas tentativa
inútil que me dissolve
na dor que não me devolve
o poder de me encontrar

Já deslembrado da glória
radiosa de conviver,
já perdido o parentesco
com a água, o fogo e as estrelas,
já sem crença, já sem chão,
oco e opaco me converto
em depósito dos restos
impuros do ser alheio.
Resíduo de mim, a brasa
do que já fui me reclama,
como a luz que me conhece
de uma estrela agonizante
dentro do ser que perdi.

MELLO, Thiago de. Monólogo do índio. *In*: MELLO, Thiago de. *Amazonas*: pátria da água. São Paulo: Sver & Boccato, 1990. p. 102.

radioso: brilhante; que emite raios de luz.

Saiba +

Suamy Beydoun/Futura Press

Amadeu Thiago de Mello (1926-2022) nasceu no município de Barreirinha, no Amazonas, e foi um importante poeta brasileiro contemporâneo. Chegou a estudar Medicina, mas não concluiu os estudos. Durante o período do regime militar brasileiro, exilou-se no Chile, em Portugal, na França e na Alemanha. Retornou à sua cidade natal ao fim do regime.

Diário de bordo

Depois do "passeio" que você fez pela leitura de alguns poemas que fazem parte de nossa tradição lírica, registre em seu diário de bordo o que compreendeu a respeito da maneira como os poetas abordam alguns temas recorrentes nas literaturas brasileira e portuguesa: o amor, a saudade, a própria poesia, o exílio. Registre também suas considerações sobre as propostas de pesquisa que você fez em grupo em *Pesquisa: paráfrases e paródias*.

Práticas de produção oral: interação dialogal (I)

Em várias situações de comunicação oral, muitas delas essenciais à comunicação no mundo do trabalho, têm lugar o que chamamos interação dialogal. Nesta unidade, estudaremos esse tipo de interação oral.

Situações-problema: análise inicial

Nesta atividade e nas seguintes desta seção de produção oral, você vai estar diante de um desafio: Como é possível interpretar o tipo de interação oral existente? Considere cada uma das seguintes situações-problema.

fizkes/Shutterstock

Jovem falando ao celular e comemorando.

- **Situação 1:** Em uma aula expositiva, o professor de Ciências da Natureza explica aos estudantes o funcionamento de uma estrutura orgânica do corpo humano.
- **Situação 2:** Você assiste, pela televisão, a um telejornal.
- **Situação 3:** Você está ouvindo um canal de rádio ou de *podcasts* e chega o momento em que uma propaganda vai ser feita pelo locutor do canal e transmitida pela respectiva mídia.
- **Situação 4:** Você recebe o telefonema de uma escola de idiomas para lhe comunicar que ganhou a bolsa de estudos para a qual tinha se candidatado.

1. Para cada uma das situações propostas em *Situações-problema: análise inicial*, observe o modo de funcionamento da comunicação oral, considerando as problematizações a seguir.

a) Pode-se afirmar que há diálogo em quais situações?

b) Em quais situações a interação é face a face?

c) Em quais situações pode-se recorrer a expressões faciais e corporais para apoiar a comunicação que ocorre pela expressão linguística?

d) Em quais situações a entonação expressiva é um elemento desejável?

e) Em quais situações pode haver o "assalto do turno", ou seja, a tomada da vez de fala pelo outro interlocutor?

f) Em quais dessas situações a comunicação oral é baseada em um texto escrito previamente?

2. Tendo em mente suas respostas anteriores, como você definiria um diálogo? Converse com os colegas e o professor sobre essa questão. Em seguida, coletivamente, a turma, também amparada pelo professor, deve formular uma definição única para diálogo a ser registrada na sequência. Com isso, vocês terão definido o conceito que organiza o padrão identificado na análise anterior.

Agora, a turma tem uma definição de diálogo formulada com base nas reflexões coletivas feitas sob a supervisão do professor. Vamos "refinar" a definição, modelando-a. De maneira geral, podemos dizer que há **dois tipos** de diálogo.

- **Os diálogos que acontecem "em presença"**

Os interlocutores encontram-se face a face ou há um canal de comunicação que permite a eles que se vejam. Nesse tipo de interação dialogal, pode haver, além do recurso à fala, a expressão cinésica e mimogestual, isto é, gestos, movimentos do corpo, expressões faciais, direcionamento do olhar, etc.

GaudiLab/Shutterstock

Dois jovens conversando presencialmente.

- **Os diálogos que acontecem "em ausência"**

Os interlocutores interagem oralmente, mas não se veem. Nesse tipo de interação dialogal, não é possível haver expressão cinésica nem mimogestual, apenas a fala e seus recursos constitutivos – ritmo, pausa, entonação, hesitações, marcadores de oralidade, entre outros – podem ser mobilizados.

Dragon Images/Shutterstock

Jovem cientista analisa dados em um computador e usa o telefone para se comunicar com alguém.

3. Em quais das quatro situações analisadas inicialmente, na página 453, ocorre um diálogo em presença e em quais ocorre um diálogo em ausência? Explique. Com essa reflexão, você vai perceber como solucionar o desafio proposto anteriormente em *Situações-problema: análise inicial*.

Saiba +

Tempos modernos. Direção de Charles Chaplin. 1936 (87 min).

Esse filme apresenta questões sobre a industrialização e a relação dos trabalhadores com o mundo do trabalho cada vez mais dominado por máquinas.

Planejamento: análise de gravações de diálogos

Agora, tendo em vista algumas situações de comunicação oral, você vai trabalhar tanto os diálogos "em presença" como aqueles "em ausência", retomando e aplicando os padrões observados na análise anterior. Para isso, siga as próximas orientações.

I. Cite para a turma situações de comunicação oral que você imagina corresponderem a "diálogos". Se possível, classifique-os em diálogos "em presença" e "em ausência".

II. Com base nas respostas ao item anterior, você e os colegas vão formular duas listas de situações dialogais: **lista 1 – Em presença** e **lista 2 – Em ausência**.

III. Agora, a turma deverá se organizar em um número par de grupos. Cada grupo vai gravar e fazer a transcrição de um tipo de situação dialogal que consta nas listas formuladas no item anterior, de modo que haja uma quantidade igual de situações de diálogos "em presença" e "em ausência".

IV. Feitas as gravações e as transcrições das situações de diálogo, cada grupo deverá rever esses materiais e compará-los com os modelos de diálogo que foram definidos pela turma. Os itens a seguir poderão ajudá-los a rememorar características anteriormente levantadas.

- Há expressões mimogestuais e cinésicas? Há entonação expressiva?
- O diálogo analisado é produto de um roteiro previamente escrito ou ele se desenrola sem apoio na escrita?
- Há algum trecho do diálogo gravado que se caracteriza pela presença de leitura em voz alta?
- Há marcas de hesitação e marcadores conversacionais? Há pausas ou sobreposições de voz?
- O assalto do turno é frequente? Existe algum tipo de sinalização que indique a um dos interlocutores que chegou a vez de ele falar?
- A situação de comunicação é menos ou mais formal? O que é possível observar sobre o nível de linguagem utilizado pelos interlocutores?

V. Em um dia combinado com o professor, cada grupo apresenta aos demais colegas a gravação do diálogo acompanhada da transcrição e os resultados da análise que fizeram.

VI. Para finalizar a proposta desse trabalho, a turma, com a ajuda do professor, deve formular coletivamente conclusões a respeito das características dos diálogos "em presença" e dos diálogos "em ausência".

Saiba +

O diabo veste Prada. Direção de David Frankel. 2006 (109 min).

Inspirado no *best-seller* homônimo, essa comédia acompanha o início profissional de Andrea, uma jornalista recém-formada, e os desafios que ela enfrenta ao tentar equilibrar a vida pessoal e as atividades profissionais. Diversas situações vivenciadas pela personagem – com colegas e chefes – fazem parte do início profissional de muitos jovens que ingressam no mundo do trabalho. À medida que vai se conhecendo e se descobrindo profissionalmente, Andrea aprende a importância das escolhas que faz.

Diário de bordo

Registre em seu diário de bordo as conclusões a que a turma chegou até este momento sobre as características do gênero interação dialogal. Esse registro poderá ser revisitado na próxima unidade, na seção *Práticas de produção oral*.

Práticas de produção escrita: currículo

Uma das formas de organizar a exposição dos fatos da vida é o currículo (*curriculum vitae* ou CV). Trata-se de um texto que organiza e sintetiza as informações relevantes da formação e da vida profissional de alguém. Ele é produzido em situações bem específicas, como no caso de a pessoa pretender se candidatar a uma seleção para um estágio ou a uma vaga de emprego. Esses dados da formação e da vida profissional de um indivíduo são utilizados principalmente por empresas que buscam novos estagiários ou por agências de seleção e contratação de pessoas para o desempenho de atividades profissionais específicas.

No currículo, os dados biográficos são organizados da maneira esquemática, o mais simples e objetivamente possível, a fim de facilitar a leitura e a localização do que interessa a quem faz a seleção dos candidatos.

Observe, a seguir, um exemplo de currículo. Nele, você perceberá a forma como textos dessa natureza costumam ser organizados e notar quais são suas partes fundamentais.

1 **Bárbara ■ ■ ■ ■**

Rua B■ ■, ■ ■, ap.■ ■, São Paulo

Telefones: (11) 38■ ■ - ■ ■ ■ ■/ (11) 9■ ■ ■ ■ - ■ ■ ■ ■

Estado civil: Solteira Nacionalidade: Brasileira

Idade: ■ ■ anos E-mail: barbaraxxxxxx@xxx.com.br

2 **Resumo das qualificações**

- Cuidado aos portadores de lesões cutâneas.
- Desenvolvimento de pesquisas na área da saúde.
- Línguas: inglês e espanhol intermediários (leitura e escrita).
- Informática: usuária avançada de diversos pacotes de *softwares* de processadores de textos, planilhas, *slides* e de internet.

3 Formação acadêmica

- Graduada em Enfermagem. Universidade Federal do Triângulo Mineiro – Uberaba, MG (Concluído em junho de 2009).
- Mestre em Enfermagem. Universidade Federal de São Paulo – São Paulo, SP (Concluído em junho de 2014).

4 Experiência profissional

Centro de Graduação em Enfermagem da Universidade Federal do Triângulo Mineiro (Uberaba, MG)

- Função: Instrutora de professores da rede municipal de educação vinculada à Secretaria Municipal de Educação e Cultura de Uberaba (Uberaba, MG) – abril/2009 a julho/2009 – 120 horas.

Principais atividades:

- Capacitação de professores da rede municipal de educação com temática voltada à saúde do escolar;
- Elaboração de aulas.

Instituto Dante Pazzanese de Cardiologia (São Paulo, SP)

- Função: Residente de enfermagem em Unidade de Terapia Intensiva Coronariana – janeiro/2010 a dezembro/2011.

Principais atividades:

- Assistência de enfermagem a pacientes com distúrbios cardíacos.

Após o nome, é costume inserir dados pessoais, como telefone, endereço, *e-mail*, etc. Assim, é fácil localizar a pessoa para uma possível entrevista de emprego ou contratação.

Logo abaixo dos dados pessoais, costumam ser listadas as principais qualificações da pessoa: o que ela sabe fazer, suas habilidades, seu conhecimento de línguas estrangeiras, seu domínio de recursos de informática, etc.

Muito importante em um currículo é a formação: o nome da instituição de ensino, o local, o ano de término dos cursos realizados, os títulos ou as graduações obtidos, relacionados de modo objetivo e em ordem cronológica.

Por fim, listam-se, em ordem cronológica, os locais onde a pessoa já trabalhou e as funções desempenhadas. É aconselhável citar quanto tempo exerceu tal ou qual função, com datas precisas. No exemplo, Bárbara optou por listar as "funções" e as "principais atividades" desempenhadas em cada lugar onde trabalhou.

Preparação: produzindo seu currículo

É possível que você não tenha experiência profissional, por estar concluindo o Ensino Médio. Entretanto, é provável que logo tenha de organizar seu currículo para concorrer a uma vaga de emprego ou de estágio. Seguindo o modelo de Bárbara, organize os dados de sua vida estudantil e/ou profissional sob a forma de um currículo. Faça uma lista com os itens seguintes:

- Seus dados pessoais.
- Suas qualificações: o que você sabe fazer, suas habilidades, línguas estrangeiras que estuda e qual o domínio que já adquiriu delas, etc. Essa parte de seu currículo é a que deve ganhar destaque.
- No item "Formação", escreva o nome da escola em que você estuda, a data de início e a possível data de término do Ensino Médio, cursos profissionalizantes que você tenha feito (ou esteja fazendo). Para cada item, não se esqueça de mencionar as datas de início e de término (já acontecido ou previsto).
- Caso você já tenha alguma experiência profissional, liste-as no item "Experiência profissional". Se não tiver, não inclua esse item.

Revisão e compartilhamento do texto

Revise os conteúdos verificando a veracidade das informações e a adequação à norma-padrão da língua portuguesa.

Quando os currículos de toda a turma estiverem prontos, organize com os colegas um mural. Compare o seu currículo com o dos colegas, procurando observar semelhanças e diferenças entre eles, e verifique o que poderia melhorar no seu texto. Assim, quando for solicitado a organizar de verdade seu currículo, você saberá como e por que fazê-lo.

Edição e definição de *template*

Para encerrar as atividades desta seção, acesse um processador de edição de texto (*on-line* ou já instalado em um computador pessoal ou dispositivo móvel) e siga as orientações apresentadas.

- Procure, entre as funcionalidades dessa ferramenta, os chamados *templates* – modelos previamente definidos de organização visual de diferentes documentos que podem ser editados e criados em um processador de textos.

Jovem digitando um currículo no computador.

Rawpixel.com/Shutterstock

- Escolha um *template* de currículo: o que mais lhe agradar ou parecer adequado à organização do currículo que você acabou de produzir. Nos processadores de texto, costuma haver uma opção para acesso a *templates* quando você cria um novo documento ou arquivo.
- Usando as ferramentas de edição disponibilizadas e o *template* escolhido, edite seu currículo com o auxílio desse recurso.
- Compare sua edição com a de outros colegas e verifique quais modelos escolhidos favorecem a legibilidade e a fácil localização das informações essenciais do seu texto.

Hoje, empresas e agências de emprego têm plataformas para o envio de currículos pelos candidatos às vagas de emprego. Muitas vezes, o preenchimento dos dados é feito diretamente em formulários eletrônicos disponibilizados nessas plataformas. Ainda assim, ter o seu currículo previamente organizado poderá ajudar você a preencher esses formulários, organizando com antecedência as informações relevantes de sua trajetória de formação escolar e acadêmica e suas experiências.

ProStockStudio/Shutterstock

Saiba +

Atualmente, são comuns as plataformas que nos auxiliam a criar currículos profissionais mostrando diferentes opções de modelos de CV. Conheça alguns exemplos:

CV Maker. Disponível em: https://www.cvmaker.pt/. Acesso em: 25 maio 2022.

Canva. Disponível em: https://www.canva.com/pt_br/criador/editor-curriculo-v1/. Acesso em: 25 maio 2022.

OnlineCurrículo. Disponível em: https://www.onlinecurriculo.com/. Acesso em: 25 maio 2022.

Diário de bordo

Registre em seu diário de bordo suas conclusões sobre o gênero textual currículo, considerando sua utilidade no mundo do trabalho.

Comente de que maneira a elaboração de um texto desse tipo pode contribuir para a organização clara e concisa das informações biográficas relevantes de seu enunciador.

Responda às questões a seguir para fazer uma retomada dos seus conhecimentos e rever alguns assuntos que estudou nesta unidade.

1. (Enem – 2010)

CURRÍCULO

Identificação pessoal

[Nome Completo]

Brasileiro, [Estado Civil], [Idade] anos

[Endereço – Rua/Av. + Número + Complemento]

[Bairro] – [Cidade] – [Estado]

Telefone: [Telefone com DDD] / E-mail: [E-mail]

Objetivo

[Cargo pretendido]

Formação

Experiência profissional

[Período] – Empresa

Cargo:

Principais atividades:

Qualificação profissional

[Descrição] ([Local], conclusão em [Ano de Conclusão do Curso ou Atividade]).

Informações Adicionais

[Descrição Informação Adicional]

A busca por emprego faz parte da vida de jovens e adultos. Para tanto, é necessário estruturar o currículo adequadamente. Em que parte da estrutura do currículo deve ser inserido o fato de você ter sido premiado com o título de "Aluno Destaque do Ensino Médio – Menção Honrosa"?

a) Identificação pessoal.
b) Formação.
c) Experiência Profissional.
d) Informações Adicionais.
e) Qualificação profissional.

2. (Enem – 2005)
Leia os textos a seguir:

I. A situação de um trabalhador

Paulo Henrique de Jesus está há quatro meses desempregado. Com o Ensino Médio completo, ou seja, 11 anos de estudo, ele perdeu a vaga que preenchia há oito anos de encarregado numa transportadora de valores, ganhando R$ 800,00. Desde então, e com 50 currículos já distribuídos, só encontra oferta para ganhar R$ 300,00, um salário mínimo. Ele aceitou trabalhar por esse valor, sem carteira assinada, como garçom numa casa de festas para fazer frente às despesas.

(O Globo, 20/07/2005.)

II. Uma interpretação sobre o acesso ao mercado de trabalho

Atualmente, a baixa qualificação da mão de obra é um dos responsáveis pelo desemprego no Brasil.

A relação que se estabelece entre a situação (I) e a interpretação (II) e a razão para essa relação aparece em:

a) II explica I – Nos níveis de escolaridade mais baixos há dificuldade de acesso ao mercado de trabalho.

b) I reforça II – Os avanços tecnológicos da Terceira Revolução Industrial garantem somente o acesso ao trabalho para aqueles de formação em nível superior.

c) I desmente II – O mundo globalizado promoveu desemprego especialmente para pessoas entre 10 e 15 anos de estudo.

d) II justifica I – O desemprego estrutural leva à exclusão de trabalhadores com escolaridade de nível médio incompleto.

e) II complementa I – O longo período de baixo crescimento econômico acirrou a competição, e pessoas de maior escolaridade passam a aceitar funções que não correspondem a sua formação.

3. (UFJF-MG – 2020)

O texto a seguir é um relato biográfico sobre a escritora Júlia Lopes de Almeida, cuja morte completa, em 2019, 85 anos:

Júlia Lopes de Almeida

Júlia Valentina da Silveira Lopes de Almeida (Rio de Janeiro RJ 1862-idem 1934). Contista, romancista, cronista, teatróloga. Ainda na infância, transfere-se com a família para Campinas, São Paulo. Inicia seu trabalho na imprensa aos 19 anos, em *A Gazeta de Campinas*, numa época em que a participação da mulher na vida intelectual é rara e incomum. Três anos depois, em 1884, começa a escrever também para o jornal carioca *O País*, numa colaboração que dura mais de três décadas. Mas é em Lisboa, para onde se muda em 1886, que se lança como escritora. Com sua irmã Adelina, publica *Contos Infantis*, em 1887. No ano seguinte, casa-se com o poeta e jornalista português Filinto de Almeida (1857-1945) e publica os contos de *Traços* e *Iluminuras*. De volta ao Brasil, em 1888, logo publica seu primeiro romance, *Memórias de Marta*, que sai em folhetins em *O País*. Sua atividade em jornais e revistas – *Jornal do Commercio*, *A Semana*, *Ilustração Brasileira*, *Tribuna Liberal* – é incessante, escrevendo sobre temas candentes, apoiando a Abolição e a República. Uma das primeiras romancistas brasileiras, sua produção literária é prolífica e abrange vários gêneros: conto, peça teatral, crônica e literatura infanto-juvenil. Seu estilo é marcado pela influência do Realismo e do Naturalismo francês, especialmente pelos contos de Guy de Maupassant (1850-1893) e romances de Émile Zola (1840-1902). A cidade do Rio de Janeiro, capital federal, em período de turbulência política e econômica, é o cenário mais amplo de suas ficções assim como o ambiente privado das famílias burguesas serve às tramas e à construção de seus personagens, caso do romance *A Falência*, lançado em 1901 – para muitos a sua obra mais importante. Júlia ainda obtém destaque no Brasil e no exterior em conferências e palestras sobre temas nacionais e sobre a mulher brasileira; participa ativamente de sociedades femininas no Rio de Janeiro. Reconhecida em sua atividade literária por seus pares contemporâneos, escreve também obras mais esperadas por uma mulher de sua época, como *O Livro das Noivas* e *Maternidade*, que alcançam grande sucesso de público, tanto quanto seus romances. Está entre os intelectuais que participam do planejamento e da criação da Academia Brasileira de Letras (ABL), da qual seu marido é fundador e ocupante da cadeira número 3. No entanto, por ser mulher, é impedida de ingressar na instituição. Entre 1913 e 1918 volta a viver em Portugal, e publica suas primeiras peças teatrais e um livro infantil com seu filho Afonso Lopes de Almeida. Na década seguinte, muda-se para Paris, onde alguns de seus textos são traduzidos e publicados.

(Texto adaptado. Disponível em https://enciclopedia.itaucultural.org.br/pessoa443758/julia-lopes-de-almeida. Acesso em: 18/07/2019.)

a) Explique o uso do **presente histórico** empregado no texto.

b) O relato biográfico de Júlia Lopes de Almeida permite classificá-la como "uma mulher à frente de seu tempo". Desenvolva esta afirmativa.

4. (UFJF-MG – 2020)

Leia o texto abaixo para responder à questão:

SONETO 45 (53-57)

Mudam-se os tempos, mudam-se as vontades,
Muda-se o ser, muda-se a confiança;
Todo o Mundo é composto de mudança,
Tomando sempre novas qualidades.

Continuamente vemos novidades,
Diferentes em tudo da esperança;
Do mal ficam as mágoas na lembrança
E do bem (se algum houve...), as saudades,

O tempo cobre o chão de verde manto,
Que já coberto foi de neve fria,
E, em mi[m], converte em choro o doce canto,

E, afora este mudar-se cada dia,
Outra mudança faz mor espanto,
Que não se muda já como soía.

(CAMÕES, Luís de. **Obra completa**. Rio de Janeiro: Nova Aguillar, 1988.)

Na poesia lírica de Luís de Camões, um dos temas recorrentes é o da mudança que o tempo provoca nos seres e nas coisas. No poema acima, como o sujeito poético avalia o saldo das mudanças com as quais ele tem de lidar?

a) Positivamente – o passado desagradável foi substituído, ao longo do tempo, por um presente sem mágoas.

b) Indiferentemente – apesar das mudanças ocorridas no plano da natureza, nele próprio nada se alterou.

c) Impossível de avaliar – afinal, o tempo passa, as coisas mudam, mas ele continua a se reconhecer como o mesmo de sempre.

d) Negativamente – se houve alguma coisa de agradável no passado, dele restou apenas uma saudosa lembrança; e, no presente, o mal persiste como mágoa nos seus pensamentos.

e) Normalmente – uma vez que o bem e o mal estão envolvidos numa relação de perfeito equilíbrio.

5. (Unifesp – 2019)

Leia o poema "Sou um evadido", do escritor português Fernando Pessoa, para responder à questão a seguir.

Sou um evadido.
Logo que nasci
Fecharam-me em mim,
Ah, mas eu fugi.

Se a gente se cansa
Do mesmo lugar,
Do mesmo ser
Por que não se cansar?

Minha alma procura-me
Mas eu [1]ando a monte,
Oxalá que ela
Nunca me encontre.

Ser um é cadeia,
Ser eu é não ser.
Viverei fugindo
Mas vivo a valer.

(*Obra poética*, 1997.)

[1]"andar a monte": andar fugido das autoridades.

A fuga retratada no poema é uma fuga

a) do anonimato.
b) da identidade.
c) da multiplicidade.
d) da sociedade.
e) da aparência.

6. (Uema – 2021)

Mario Quintana, poeta gaúcho, foi um dos maiores expoentes da literatura brasileira. Com estilo eclético, estreou em 1940, desafiando os críticos literários por se ter tornado um poeta popular. Sua poesia é compreensível sem ser banal; sua originalidade é natural; suas metáforas são claras, mas, ao mesmo tempo, surpreendentes.

Leia o poema *Solau à moda antiga* para responder à questão.

Senhora, eu vos amo tanto
Que até por vosso marido
Me dá um certo quebranto...
Pois que tem que a gente inclua
No mesmo alastrante amor

Pessoa animal ou cousa
Ou seja lá o que for,
Só porque os banha o esplendor
Daquela a quem se ama tanto?
E sendo desta maneira,
Não me culpeis, por favor,
Da chama que ardente abrasa
O nome de vossa rua,
Vossa gente e vossa casa
E vossa linda macieira
Que ainda ontem deu flor...

Nesse poema, marcado pelo senso de humor, reconhece-se, fortemente, características da poesia medieval trovadoresca nos versos:

a) "Pois que tem que a gente inclua
No mesmo alastrante amor
Pessoa animal ou cousa"

b) "Não me culpeis, por favor,
Da chama que ardente abrasa
O nome de vossa rua,"

c) "Senhora, eu vos amo tanto
Que até por vosso marido
Me dá um certo quebranto..."

d) "Ou seja lá o que for,
Só porque os banha o esplendor
Daquela a quem se ama tanto?"

e) "E vossa linda macieira
Que ainda ontem deu flor..."

7. (Comvest/Unicamp-SP – 2022)

Na ribeira do Eufrates assentado,
Discorrendo me achei pela memória
Aquele breve bem, aquela glória,
Que em ti, doce Sião, tinha passado.

Da causa de meus males perguntado
Me foi: Como não cantas a história
De teu passado bem e da vitória
Que sempre de teu mal hás alcançado?

Não sabes, que a quem canta se lhe esquece
O mal, inda que grave e rigoroso?
Canta, pois, e não chores dessa sorte.

Respondi com suspiros: Quando cresce
A muita saudade, o piedoso
Remédio é não cantar senão a morte.

(Luís de Camões, 20 sonetos. Org. Sheila Hue.
Campinas: Editora da Unicamp, 2018, p.113.)

Considerando as características formais e o núcleo temático, é correto afirmar que o poema retoma o dito popular

a) "longe dos olhos, perto do coração".
b) "mais vale cantar mal que chorar bem".
c) "a cada canto seu Espírito Santo".
d) "quem canta seus males espanta".

8. (IFSP – 2016)

A poesia do Trovadorismo português tem íntima relação com a música, pois era composta para ser entoada ou cantada, sempre acompanhada de instrumental, como o alaúde, a viola, a flauta, ou mesmo com a presença do coro.

A respeito dessa escola literária, assinale a alternativa correta.

a) Os principais trovadores utilizavam a guitarra elétrica para acompanhar a exibição.
b) As composições dividem-se em dois grandes grupos: líricas e satíricas.
c) Os principais trovadores são: Padre Antônio Viera e Camões.
d) O Trovadorismo é uma escola literária contemporânea.
e) São exemplos de Cantigas Satíricas as Cantigas de Amor e de Amigo.

9. (IFSP – 2017)

Inspiradas na poesia provençal, as cantigas trovadorescas são consideradas as primeiras manifestações literárias portuguesas. O movimento literário em que elas surgiram ficou conhecido como Trovadorismo. Sobre o Trovadorismo, assinale a alternativa correta.

a) As cantigas trovadorescas foram transmitidas apenas em cópias e recolhidas somente em duas importantes antologias, denominadas Cancioneiros, únicos documentos que restam para o conhecimento do Trovadorismo: Cancioneiro da Ajuda e Cancioneiro da Biblioteca Nacional.
b) O Trovadorismo foi um movimento artístico literário que predominou no século XVII, na Europa. Esse estilo surgiu em Roma, na Itália, se expandiu por outros países da Europa, como Portugal, logo após seu surgimento, mas foi na Espanha que ele se tornou vigoroso.
c) Em Portugal, as cantigas trovadorescas são classificadas em cantigas líricas (cantigas de amor e cantigas de amigo) e cantigas satíricas (cantigas de escárnio e cantigas de maldizer).
d) No Trovadorismo, o pensamento religioso, espiritualista, predominante na época, numa visão teocentrista (em que Deus, do grego *Teos*, está no centro das preocupações humanas), dá lugar a uma visão antropocentrista (em que o homem, do grego *anthropos*, está no centro das realizações do universo humano).
e) As características formais e temáticas das cantigas de amigo eram: influência das cantigas provençais, originárias do sul da França; eu lírico masculino que evoca a mulher amada usando a forma de tratamento "Minha senhora" ("Mia senhor", "Mia dona"); exaltação das virtudes da beleza da amada inatingível; e predomínio do sentimento amoroso.

#Multiplicar

Você e os colegas já conheceram a experiência empreendedora de Adriana Barbosa na seção *Práticas de leitura*, pesquisaram profissões do futuro, leram textos sobre elas e montaram um modelo de currículo, com o qual puderam pensar na própria experiência diante do mundo do trabalho. Agora é hora de retomar o grupo formado e organizar a Feira de profissões do futuro na escola, evento em que vão apresentar os dados da pesquisa por meio de uma *wiki*.

Construção de uma *wiki* e exposição dos dados da pesquisa

- Com o material que foi pesquisado no final da seção *Práticas de leitura*, organizem-se para construir uma *wiki* e compartilhar os dados por meio dessa mídia.
- Para isso, acessem uma plataforma gratuita na internet que disponibilize o recurso de construção de *wikis*.

Saiba +

Plataformas gratuitas, como Fandom, Zoho e Google Docs, oferecem recursos para a construção de *wikis*. Das três sugestões apresentadas, o Google Docs não é uma plataforma originalmente pensada para ser uma *wiki*, mas conta com ferramentas de edição colaborativa que permitem esse uso.

Fandom. Disponível em: https://www.fandom.com/explore-pt-br?uselang=pt-br. Acesso em: 10 mar. 2022.

Zoho. Disponível em: https://www.zoho.com/pt-br/wiki/hosted-wiki.html. Acesso em: 10 mar. 2022.

Google Docs. Disponível em: https://docs.google.com. Acesso em: 10 mar. 2022.

Viktoria Kurpas/Shutterstock

- Sigam as orientações disponibilizadas pela plataforma escolhida e/ou pesquisem tutoriais para sua construção.
- Dividam a *wiki* em tópicos para organizar os acessos. Os tópicos podem ser: as diferentes profissões pesquisadas, as diferentes áreas de atuação dessas profissões, as principais competências dos profissionais do futuro, etc.
- Por fim, o *link* para acesso à *wiki* de vocês, depois de finalizada, poderá ser disponibilizado no blogue da turma e divulgado na escola.

Organização do evento: Feira de profissões do futuro

Neste momento, os grupos devem ficar responsáveis pelas várias tarefas necessárias para a organização da feira. Assim, deverão ser distribuídas diferentes tarefas de acordo com as várias etapas do evento, para que todos possam ajudar a dar forma a ele. Apresentamos a seguir uma sugestão de planejamento e distribuição de tarefas. Esse planejamento poderá ser modificado e adaptado conforme a realidade da escola de vocês.

Grupo 1 – Organização dos convites e divulgação do evento

- Definir se os convites para a feira serão impressos ou enviados por meio de mídias sociais.
- Fazer a divulgação do evento por meio de cartazes, impressos e/ou digitais, que poderão ser afixados no mural da sala de aula e/ou publicados em *posts* de redes sociais da turma e da escola.

Grupo 2 – Abertura do evento

- Explicar brevemente como foram o processo de pesquisa, a coleta e a organização dos dados.
- Organizar apresentação de *slides* mostrando como foi a construção da *wiki* de profissões do futuro.

Grupo 3 – Exposição oral das profissões pesquisadas

- Definir se todas as profissões pesquisadas serão exibidas no evento ou se serão escolhidas apenas algumas para a apresentação oral.

Viktoria Kurpas/Shutterstock

- Caso tenham sido feitas entrevistas com profissionais específicos durante a pesquisa, gravadas ou transcritas, este é um momento interessante para apresentá-las ao público.

Grupo 4 – Encerramento do evento

- Organizar as considerações finais para encerrar a exposição oral e fazer os agradecimentos gerais.

Avaliação

Com os colegas e o professor, depois de terminados e apresentados os trabalhos da exposição, organizem uma roda de conversa para avaliar o processo. Sugestões de perguntas para essa conversa:

- O que você achou do processo escolhido para compartilhar os resultados?
- Como foi sua participação nas atividades? Justifique.
- O que você aprendeu durante o processo?
- Os resultados pretendidos foram alcançados? Justifique.

Meu portfólio

Nesta unidade, você e os colegas estudaram os gêneros relato de vida e currículo e perceberam como esses textos são importantes em várias situações ligadas ao trabalho e às profissões. Nas produções de texto, compreenderam a estrutura das interações dialogais na produção oral e, na produção escrita, desenvolveram um modelo de CV (*curriculum vitae*). Também leram diversas produções literárias de natureza poética, ligadas ao gênero lírico. Na seção *#Multiplicar*, apresentaram os resultados da pesquisa sobre profissões e empreendedorismo do futuro por meio de exposição oral, além de montarem uma *wiki* com os dados pesquisados.

O portfólio com as produções

Conforme lembrado ao longo da unidade, em seu portfólio você colecionou as produções de texto desenvolvidas. É importante rever todas as versões de uma mesma produção, para que você possa, ao final do trabalho, perceber seu aprimoramento.

Ao indicar a data de cada produção, conforme orientado, você terá condições de verificar, agora, sua história de aprendizagem dos gêneros trabalhados e perceber quais aspectos da produção de textos desenvolveu e aperfeiçoou.

Profissões do futuro devem, cada vez mais, "garantir" a "existência" de um futuro por meio de práticas sustentáveis, como o investimento em energias limpas e a busca pela redução de resíduos e eliminação do desperdício.

UNIDADE 2

Texto legal e carta de motivação

Jovem empreendedora em sua confecção de roupas femininas.

IKO-studio/Shutterstock

Jovem empreendedor no balcão de atendimento de uma loja de ferramentas.

Jovem empreendedor fazendo anotações. Nas prateleiras à direita, há vários de seus produtos artesanais: bolsas e cestos de vime ou de palha.

Odua Images/Shutterstock

Jovem empreendedora na entrada de sua loja sustentável, onde são vendidos produtos em embalagens de vidro, evitando assim o consumo de embalagens plásticas.

Kleber Cordeiro/Shutterstock

Natalia Deriabina/Shutterstock

#TáNoFeed

O sonho de algumas pessoas é ter o próprio empreendimento para poder investir naquilo de que realmente gostam. Na seção *Práticas de leitura*, da Unidade 1, a leitura do relato de vida de uma empreendedora permitiu que você tivesse ideia de como ela construiu o próprio negócio.

Embora um empreendimento dependa bastante da vontade de seu criador e da possibilidade concreta de ele realizar esse sonho, o mundo dos negócios também depende de outros fatores. É necessário ele entender sobre o que quer empreender, planejar muito bem seu negócio e estar preparado para enfrentar o desafio de ser o próprio patrão.

Entre os desafios do empreendedor, estão conhecer as possibilidades de desenvolvimento do negócio no local onde deseja abri-lo e ter ideias de como lidar com a concorrência.

Saiba +

A vida e a história de Madam C. J. Walker. Minissérie com quatro episódios, 2020.

Ainda que de maneira romantizada e com diversas adaptações dramatúrgicas, a série conta a história real de Madam Walker (Octavia Spencer), uma mulher negra estadunidense, filha de escravizados, que nos anos 1900 conseguiu montar um negócio próprio e se tornar uma empresária de sucesso, mesmo enfrentando grandes dificuldades.

Pesquisa: como é ser um empreendedor?

Para conhecer um pouco como é o universo do empreendedorismo, a proposta é que você e alguns colegas pesquisem instituições, órgãos, etc. que auxiliam as pessoas a empreender. Depois, poderão entrevistar alguns empreendedores locais para saber de que modo eles começaram seu negócio e o que é necessário para mantê-lo funcionando.

Para isso, sigam as instruções a seguir.

I. Em grupos, pesquisem as instituições que possam fornecer esse tipo de orientação em sua cidade. Para isso, vocês podem usar ferramentas de busca na internet e descobrir que órgãos ou instituições regionais poderiam atendê-los. Vejam alguns exemplos:

- Serviço Brasileiro de Apoio às Micro e Pequenas Empresas (Sebrae);
- Organizações não governamentais (ONGs) que prestam serviços de auxílio a grupos de pessoas que desejam empreender;
- Cooperativas: quando trabalhadores de uma mesma atividade econômica se associam em um negócio próprio para prestar um serviço melhor e obter vantagens mais competitivas de mercado em relação a empresas maiores.
- Incubadoras de empresas: instituições de apoio a novos empreendimentos que trabalham de modo a oferecer suporte aos empreendedores que estão começando no mundo dos negócios.

ivector/Shutterstock

II. Ao acessar os *sites*, verifiquem como essas instituições atuam: de que forma auxiliam os interessados a começar um novo negócio e o que é necessário que eles apresentem para iniciar uma conversa sobre o novo empreendimento, por exemplo.

III. Reúnam as informações pesquisadas em um arquivo compartilhado ou produzam um mural que será afixado em um lugar de bastante movimento na escola, auxiliando as pessoas que têm interesse nesse assunto.

IV. Pensem em algum empreendedor local que vocês gostariam de entrevistar para saber se, ao montar seu negócio, ele seguiu orientações de instituições como essas para saber como é a realidade do empreendedorismo, entre outras questões.

ivector/Shutterstock

V. Sob a orientação do professor, convidem a pessoa para ser entrevistada.

VI. Preparem-se para a entrevista, elaborando um roteiro com as perguntas que desejam fazer. Para isso, levem em conta as informações que colheram durante a pesquisa. Também é importante ter ideia do tipo de negócio do entrevistado: quando se iniciou, como funciona, etc.

GoodStudio/Shutterstock

VII. Providenciem equipamento para registrar/gravar as respostas do entrevistado. Usem o roteiro de perguntas como guia, mas preparem-se para excluir as questões que ele responder previamente ou para incluir outras com a finalidade de pedir mais detalhes sobre algo que chamar a atenção de vocês ou que considerarem importante.

VIII. Peçam autorização por escrito para utilizar a imagem do entrevistado, caso façam fotos ou gravações de vídeo com ele.

IX. Na Unidade 1, vocês já fizeram uma entrevista com uma pessoa inspiradora. Lembrem-se de que, assim como naquela entrevista, agora também é importante reproduzir fielmente as respostas do entrevistado e compartilhar com ele essas respostas, para confirmar se ele concorda com o que foi reproduzido.

X. Façam um pequeno texto de apresentação do entrevistado para ser inserido antes do texto da entrevista. Guardem a apresentação e o texto da entrevista no **portfólio** de vocês, pois eles serão retomados ao final desta unidade, na seção *#Multiplicar*.

Na seção *#Multiplicar*, você e os colegas vão organizar um evento em que especialistas de várias profissões deverão ser reunidos e vocês poderão fazer entrevistas presenciais com eles por meio de uma mesa-redonda ou de uma roda de conversa.

Assim, essa primeira entrevista, além de ajudar vocês a planejar as demais entrevistas presenciais que vão realizar no evento, deverá ser retomada ao final da seção. Com a autorização prévia do entrevistado, ela poderá ser compartilhada de modo impresso, em um mural nos corredores da escola, ou, então, de modo digital, por meio de uma publicação no blogue da turma, a qual poderá servir de preparação e convite para o evento final da seção *#Multiplicar*.

GoodStudio/Shutterstock

Conheça a unidade

Objetivos

- Compreender a organização de textos legais, que permeiam as relações sociais.
- Ler textos associados ao gênero lírico e reconhecer a importância da leitura como fruição.
- Perceber a estrutura composicional da carta de motivação e a importância desse gênero.
- Produzir carta de motivação e videocurrículo.
- Dar continuidade ao estudo da interação dialogal, cujos protocolos linguageiros ajudam a regular seu funcionamento.

Justificativa

O estudo de textos legais, carta de motivação e videocurrículo complementa, na unidade, o trabalho com gêneros que permeiam as práticas de linguagem do universo profissional. A continuidade do estudo do diálogo procura auxiliar você na identificação dos funcionamentos próprios de cada situação de comunicação, respeitando certos protocolos. A continuidade da proposta da leitura de gêneros líricos convida você à fruição estética, que também pode ser considerada uma possibilidade em seu projeto de vida.

A BNCC nesta unidade

Nesta unidade são desenvolvidas as competências e habilidades da BNCC indicadas a seguir.

Competências gerais da Educação Básica: 3, 5, 6, 9, 10.

Competências e habilidades específicas de Linguagens e suas Tecnologias para o Ensino Médio

Competências: 3, 6, 7. **Habilidades:** EM13LGG305, EM13LGG602, EM13LGG703.

Competências específicas de Linguagens e habilidades específicas de Língua Portuguesa para o Ensino Médio

Competências: 1, 2, 3, 4, 6, 7. **Habilidades por campo de atuação.** Todos os campos de atuação social: EM13LP01, EM13LP02, EM13LP03, EM13LP06, EM13LP07, EM13LP08, EM13LP10, EM13LP11, EM13LP12, EM13LP13, EM13LP14, EM13LP15, EM13LP16, EM13LP17, EM13LP18. Campo de atuação na vida pessoal: EM13LP19, EM13LP20, EM13LP21, EM13LP22. Campo de atuação na vida pública: EM13LP24, EM13LP25, EM13LP26. Campo das práticas de estudo e pesquisa: EM13LP29, EM13LP30, EM13LP32, EM13LP33, EM13LP34, EM13LP35. Campo artístico-literário: EM13LP46, EM13LP47, EM13LP48, EM13LP49, EM13LP50, EM13LP51, EM13LP52.

Situação inicial

Pelo fato de você ser estudante do Ensino Médio, provavelmente há duas questões relacionadas ao mundo do trabalho que estão no seu horizonte: a continuidade dos estudos em nível universitário e a entrada no mercado de trabalho. Pode ser, também, que você já tenha algumas experiências profissionais.

Para começar esta unidade, propomos que você e alguns colegas, com a ajuda do professor, reflitam sobre de que modo veem esses desafios e listem as questões relacionadas a eles, de acordo com a realidade de vocês e suas expectativas sobre o futuro próximo. Guardem uma cópia dessa lista no **portfólio**.

Saiba +

À procura da felicidade. Direção de Gabriele Muccino. 2006 (118 min).

Com base em uma história real, o filme mostra Chris Gardner (Will Smith) em busca da carreira em que acredita ser bom. Ele, porém, enfrenta o pior momento de sua vida: está desempregado, morando em um abrigo público e tem de cuidar sozinho do filho pequeno. Chris precisa ser persistente para não desistir de tudo nem perder a confiança na própria capacidade.

Organizando grupos de discussão

Compartilhem essa lista com a turma toda e, em pequenos grupos, formulem estratégias que acreditem ser viáveis para encaminhar algumas das preocupações levantadas. Para isso, considerem, por exemplo, as questões a seguir:

- Que características e habilidades pessoais vocês já têm desenvolvidas e poderiam ser mobilizadas nos estudos ou na atuação profissional desejada?
- Pode ser que um colega não perceba a própria aptidão ou facilidade para fazer determinada coisa. Então, como a turma pode ajudá-lo a observar, se for o caso, essas características em si mesmo?

OPOLJA/Shutterstock

Jovens conversando e analisando informações em gráficos.

- Talvez alguns queiram seguir um caminho profissional, mas percebam que realmente não têm um talento natural para isso. Nesse caso, observem: de que forma é possível ajudar esses colegas a levantar informações sobre o que precisam fazer para desenvolver as habilidades necessárias para seguir o caminho profissional desejado?
- Nessa discussão, além dos interesses e sonhos, levem em consideração as necessidades e os desafios impostos pela realidade que são enfrentados por cada colega, como, por exemplo, as diferentes expectativas dos seus familiares e amigos quanto ao futuro. De que forma essas expectativas alheias influenciam a vida de cada um?

lenetstan/Shutterstock

As expectativas da família sobre o jovem são um ponto importante de reflexão: muitas vezes, a profissão dos pais é projetada nos filhos, ou seja, os pais querem que os filhos tenham a mesma profissão que eles ou então esperam que os filhos deem continuidade ao negócio da família. Como lidar com essas questões? Promover espaços para discussões saudáveis e trocas de experiências é sempre um bom caminho.

BearFotos/Shutterstock

Atividade individual

Agora, individualmente, elabore uma lista com suas expectativas em relação ao futuro, as características e as aptidões que podem ajudá-lo a realizá-las, assim como os passos principais que precisará dar para concretizar seus sonhos, como cursos a serem feitos. Se quiser, compartilhe sua lista com os colegas.

Dean Drobot/Shutterstock

Você está pensando no futuro? Expectativas, dúvidas e sonhos são alguns dos pensamentos que ocupam nossa mente em algum momento da vida.

Saiba +

No ritmo do coração. Direção de Siân Heder. 2021 (111 min).

O filme conta a história de uma família em que todos têm deficiência auditiva, menos a filha mais nova, Ruby (Emilia Jones). A jovem, de 17 anos, além de estudar e ajudar a mãe nas tarefas de casa, trabalha em um barco de pesca com o pai e o irmão mais velho. Ela, porém, esconde deles seu verdadeiro sonho: cantar.

Não bastassem as expectativas que os pais e irmão depositam sobre a garota de continuar ajudando nos negócios da família, há ainda toda a responsabilidade que Ruby sente por ser a única ouvinte em casa e, acredita ela, por ter a obrigação de auxiliar os familiares diante dos preconceitos e das dificuldades enfrentados por eles.

Diário de bordo

Depois de realizar as atividades de discussão e de refletir com os colegas, registre em seu diário de bordo de que modo conversar com eles, trocando impressões e informações sobre si mesmo, ajudou ou não você a perceber aptidões que não havia percebido e de que meios pode lançar mão para atingir seus objetivos.

Práticas de leitura: texto legal e carta de motivação

Nesta seção, você vai conhecer alguns gêneros relacionados à vida pública e compreender os modos de circulação desses gêneros, além de estudar algumas de suas características.

1. Você já participou de algum concurso, ou seja, de uma competição por meio de uma prova ou exame por escrito com o objetivo de obter uma premiação, um emprego ou um título? Em caso afirmativo, como foi essa experiência? Se não tiver participado, compartilhe com a turma o que sabe sobre experiências dessa natureza.

wavebreakmedia/Shutterstock

Estudantes escrevendo uma redação.

Leia a notícia reproduzida a seguir, que contém informações sobre um concurso promovido no estado de Tocantins.

Educação promove concurso de redação para levar estudante e seu orientador ao aniversário da capital Federal

Podem participar do concurso de redação os estudantes do ensino médio com seus orientadores

A Secretaria de Estado da Educação, Juventude e Esportes (Seduc), por meio da UTE – Programas e Projetos Especiais em Educação, promove o concurso "Brasília 60 anos de progresso", com o objetivo de reconhecer e premiar textos produzidos por estudantes do ensino médio regularmente matriculados na rede estadual de Educação.

A modalidade da redação para o concurso é do tipo artigo de opinião. Os estudantes serão orientados por um docente da unidade escolar que esteja em efetivo exercício na docência no ano em curso. [...]

O estudante, autor do texto selecionado, e o professor orientador terão uma viagem a Brasília, onde passarão um final de semana, por ocasião do aniversário da capital Federal. As despesas com passagens aéreas, os *vouchers* de traslados, bem como hospedagem e alimentação ficam a cargo da Secretaria de Estado de Turismo do Distrito Federal.

[...]

[...] Todas as informações constam no Edital número 01, de 20 de fevereiro de 2020, confere em anexo.

SOUSA, Abrão de. Educação promove concurso de redação para levar estudante e seu orientador ao aniversário da capital Federal. Secretaria da Educação, Juventude e Esportes. *Governo do Estado de Tocantins*. 2020. Disponível em: https://www.to.gov.br/seduc/noticias/educacao-promove-concurso-de-redacao-para-levar-estudante-e-seu-orientador-ao-aniversario-da-capital-federal/43ewkd79yd73. Acesso em: 17 fev. 2022.

2. Agora, responda às questões sobre o texto.

a) Que tipo de concurso está sendo promovido? Qual é a proposta dele?

b) Haverá algum tipo de premiação? Qual?

c) Você se interessaria em participar desse concurso? Por quê?

A seguir, leia atentamente o edital do concurso de que tratou a notícia.

SECRETARIA DA
EDUCAÇÃO, JUVENTUDE E ESPORTES

Secretaria da Educação, Juventude e Esportes/Governo do Estado do Tocantins

TOCANTINS
GOVERNO DO ESTADO
Secretaria da Educação, Juventude e Esportes

TOCANTINS

GOVERNO DO ESTADO

Praça dos Girassóis, Esplanada das Secretarias. S/N

Palmas – Tocantins – CEP 77.001.910

[...]

EDITAL Nº 01, de 20 de fevereiro de 2020.

CONCURSO DE REDAÇÃO "BRASÍLIA 60 ANOS DE PROGRESSO"

A Secretaria de Estado da Educação, Juventude e Esportes, em parceria com a Secretaria de Estado de Turismo do Distrito federal – SETUR, torna público Programa de Turismo Cívico-Pedagógico: Brasília Nossa Capital com o Concurso de Redação **"Brasília 60 anos de progresso"** que visa reconhecer e premiar textos produzidos por estudantes do Ensino Médio, regularmente matriculados na Rede Estadual de Ensino do Tocantins, conforme os termos estabelecidos neste Edital.

CAPÍTULO I
Do Objeto

Art. 1º O Concurso de Redação tem como objetivo principal conhecer e valorizar a História de Brasília, desde a sua fundação até os nossos dias, considerando a sua importância para o desenvolvimento do Brasil, especialmente a região central do País.

Art. 2º As produções serão para estudantes do Ensino Médio na categoria Artigo de Opinião. Os estudantes serão orientados por um professor de sua escola, em efetivo exercício em sala de aula em 2020.

Art. 3º São pré-requisitos:

I. elaboração do texto escrito em sala de aula sob a supervisão do professor-orientador responsável pelo estudante;

II. apresentação da redação:

a) em uma única folha com pauta;

b) manuscrita a caneta;

c) mínimo de 20 linhas e o máximo de 30 linhas incluindo o título;

d) gênero textual: Artigo de Opinião

e) os textos ilegíveis ou com rasuras serão automaticamente desclassificados.

Parágrafo único: As redações deverão ser inéditas, produzidas em consonância com a norma culta da Língua Portuguesa.

Palácio do Itamaraty, Brasília (DF). A capital do Brasil destaca-se pela arquitetura moderna. Foto de 2021.

Charles Sholl/Brazil Photo Press/Folhapress

CAPÍTULO II
Das Estratégias Pedagógicas de Produção

Art. 4º As Unidades Escolares participantes desenvolverão estratégias pedagógicas, conforme o disposto a seguir:

I. Incentivar pesquisas para conhecer a história de Brasília e sua contribuição para o desenvolvimento do Brasil;

II. Desenvolver atividades que despertem a consciência sobre a importância de Brasília como Capital Federal;

III. Promover momentos de produção e correção de textos (gênero: artigo de opinião).

CAPÍTULO III
Das Etapas do Concurso

Art. 5º O Concurso será realizado em três etapas:

I. Primeira etapa: Unidades Escolares

Nessa fase, a Unidade Escolar promoverá momentos para que o professor desenvolva estratégias pedagógicas para a produção textual em sala de aula.

É de responsabilidade da escola constituir uma Comissão Julgadora para selecionar as 3 (três) melhores redações, que serão encaminhadas, em arquivo digital, à Diretoria Regional de Educação.

II. Segunda etapa: Diretorias Regionais de Educação

Nessa fase, a Diretoria Regional de Educação receberá apenas 3 (três) textos de cada Unidade Escolar de sua jurisdição. Para a escolha das 3 (três) melhores redações, a DRE constituirá uma Comissão Julgadora Regional. Os textos selecionados serão encaminhados, em arquivo digital, à Secretaria de Educação, Juventude e Esportes no endereço uteppee@seduc.gov.br.

III. Terceira etapa: Secretaria da Educação, Juventude e Esportes

Nessa fase, a Secretaria da Educação, Juventude e Esportes receberá apenas 3 (três) textos de cada Diretoria Regional de Educação. A melhor redação do Estado do Tocantins será selecionada por meio de uma Comissão Estadual composta por técnicos desta Pasta.

CAPÍTULO IV
Das Comissões Julgadoras

Art. 6º Às comissões julgadoras compete desclassificar as redações que não estiverem em consonância com o previsto neste edital, especificamente quando:

I. houver a comprovação de plágio;

II. o gênero textual trabalhado não atender ao constante no pré-requisito;

III. utilizar palavras de natureza pornográfica, preconceituosa e ou racista, bem como de caráter político-partidário;

IV. fugir ao tema proposto neste edital.

CAPÍTULO V
Da Premiação

Art. 6º O estudante, autor do melhor texto, e o seu professor orientador serão premiados com uma viagem para passar um final de semana em Brasília, por ocasião do aniversário da Capital Federal.

Parágrafo Único: As passagens aéreas, os vouchers de traslados, bem como hospedagem e alimentação são de responsabilidade da Secretaria de Estado de Turismo do Distrito Federal – SETUR.

[...]

TOCANTINS (Estado). Secretaria da Educação, Juventude e Esportes. Edital n. 1, de 20 de fevereiro de 2020. Tocantins: Secretaria da Educação, Juventude e Esportes, 2020. Disponível em: https://central3.to.gov.br/arquivo/493991/. Acesso em: 17 fev. 2022.

3. Considerando a leitura do edital, que impressões você teve sobre sua forma de organização textual e suas possíveis finalidades comunicativas?

4. Para que seja válido, um edital deve ser publicado no *Diário Oficial da União* ou em outro jornal de grande circulação, por isso sua organização tem as características dos textos legais.

a) A estrutura do edital é composta de algumas divisões específicas, como capítulos, artigos e parágrafos. Considerando o texto lido, qual é a função dessas divisões? Caso você tenha dúvidas sobre a função dessas divisões, pesquise em *sites* confiáveis para responder à questão.

b) Como a organização do texto contribui para o entendimento do que ele propõe?

5. Cada capítulo trata de um ponto de regulação do concurso.

a) Faça um resumo do que apresenta cada capítulo. Para isso, procure identificar, no edital, a(s) palavra(s)-chave de cada um desses capítulos. Antes de entregar o resumo ao professor, verifique se essas palavras-chave ou outras que sejam semelhantes a elas, como uma derivação, foram usadas em seu texto.

b) Considerando suas observações do resumo feito no item anterior, levante uma hipótese para explicar a utilização de destaques como esse no edital, considerando a função de textos dessa natureza.

6. Pense na promoção do concurso.

a) Qual é a função das escolas na promoção desse concurso?

b) Por que a Secretaria de Estado da Educação, Juventude e Esportes, em parceria com a Secretaria de Estado de Turismo do Distrito Federal, promoveu um concurso de redação com as características sinalizadas no edital?

c) Na sua opinião, qual é a importância das comissões julgadoras do concurso?

7. A linguagem do edital é objetiva ou subjetiva? De que forma ela atua na compreensão do texto?

panitanphoto/Shutterstock

Jovem prestando exame.

Pesquisa: como funcionam as universidades

Você já pensou em fazer um curso superior? Em caso afirmativo, qual curso? Tão importante quanto escolher o que estudar, é escolher onde estudar. Alguns impedimentos econômicos podem ser contornados: muitas universidades particulares oferecem bolsas de estudo considerando algumas regras; e universidades públicas têm programas de auxílio estudantil. Vale a pena pesquisar se há essas opções para um curso de seu interesse e analisar o que é oferecido e em que condições.

Saiba +

Sisu. Disponível em: https://acessounico.mec.gov.br/sisu. Acesso em: 26 maio 2022.

O Sistema de Seleção Unificada (Sisu), criado em 2010, é um programa do governo federal e que funciona duas vezes ao ano, uma por semestre, visando promover a seleção de estudantes para o ingresso em universidades e instituições públicas de Ensino Superior. Essa seleção acontece por meio das notas do Exame Nacional do Ensino Médio (Enem).

A participação é exclusiva para aqueles que fizeram o exame da última edição do Enem no ano de inscrição e que não zeraram a nota na redação.

rafapress/Shutterstock

Nesta atividade, você e os colegas vão se organizar em grupos para pesquisar que instituições de Ensino Superior ficam próximas de onde vocês vivem. Para isso, sigam este passo a passo:

- Para iniciar essa pesquisa, vale usar as ferramentas de busca disponíveis na internet.
- Depois de fazer o mapeamento, verifiquem no *site* das instituições as políticas de bolsas e/ou de auxílio estudantil oferecidas por elas. Vejam quais são os documentos necessários para fazer a requisição desses benefícios, qual deve ser a condição de vida do candidato para pleiteá-los, se há provas específicas que devam ser realizadas para participar desse processo, se é necessário enviar carta de motivação às instituições, etc.
- Reúnam essas informações em uma planilha compartilhada para que todos os colegas do grupo possam acessá-las. Leiam as informações coletadas e as organizem de modo que seja fácil compreendê-las. Definam, por fim, um suporte para o texto final: um PDF compartilhado, um texto de blogue ou um cartaz impresso para ser colado em local adequado.

- Se quiserem divulgar para mais pessoas, também é possível organizar o texto para ser postado no *site* da escola.
- Vocês podem, ainda, criar um **QR Code** com o endereço de compartilhamento da planilha formulada por vocês, se decidirem manter essa base de dados como o suporte final. Há diversas plataformas que podem auxiliar nessa tarefa. Assim, será possível acessar a planilha pelo celular de modo bastante rápido.

QR Code: significa, na sigla em inglês, *quick response code*, ou seja, "código de resposta rápida". É uma espécie de código de barras, porém mais complexo que os códigos de barra habituais. Quando é lido pela câmera do celular, esse código é convertido em texto, ou seja, em um endereço na internet. Em sua origem, o recurso *QR Code* era utilizado para catalogar peças usadas na fabricação de carros.

Saiba +

Primeiro ano. Direção de Thomas Lilti. 2018 (92 min).

O filme conta a história da amizade entre dois estudantes universitários, ressaltando os apuros pelos quais eles passam em relação aos seus estudos. Um deles é Benjamin, que acaba de terminar o Lycée, que corresponde ao Ensino Médio, e está cursando o primeiro ano da faculdade de Medicina; o outro é Antoine, que também está no primeiro ano da faculdade, mas pela terceira vez.

Diário de bordo

Registre em seu diário de bordo o que compreendeu sobre a natureza de textos legais, como o edital, especialmente no que diz respeito à sua função social. Comente também de que modo você percebeu que deve ser feita a leitura desses textos, por exemplo, considerando a forma e a organização geral do texto e seus detalhes.

Dado Photos/Shutterstock

A Faculdade de Medicina da Bahia (Fameb), uma unidade da Universidade Federal da Bahia (UFBA), está localizada em Salvador (BA) e foi a primeira faculdade da área de Medicina inaugurada no Brasil, em 1808, ainda na época da dominação portuguesa. Foto de 2021.

Erich Sacco/Shutterstock

Localizada no município de Piracicaba (SP), a Escola Superior de Agricultura "Luiz de Queiroz" (Esalq), uma unidade da Universidade de São Paulo (USP), é voltada ao ensino, à pesquisa e à extensão nas áreas das Ciências Agrárias, Sociais Aplicadas, Biológicas e Ambientais. Foto de 2021.

Práticas de análise linguística em textos oficiais

Nesta seção, estudaremos a estrutura do texto legal, seu funcionamento como texto de predição e questões sobre o futuro do subjuntivo.

1. Releia atentamente o texto, tal como ele foi publicado e transcrito nesta obra. Observe que há dois artigos numerados como 6º. Veja:

> Art. 6º Às comissões julgadoras compete desclassificar as redações que não estiverem em consonância com o previsto neste edital, [...]
>
> [...]
>
> Art. 6º O estudante, autor do melhor texto, e o seu professor orientador serão premiados com uma viagem para passar um final de semana em Brasília [...]

   a) Podemos afirmar que se trata de uma incorreção na redação do texto. Por quê?

   b) Essa incorreção na estrutura textual poderia atrapalhar os possíveis candidatos ao concurso de redação? Explique.

2. Quando há falhas nos editais ou em outros documentos legais normativos, é praxe que a instituição que promove a ação apresente correções, publicando um edital retificador. Se você pesquisar outros editais, perceberá a ocorrência dessa prática. Com alguns colegas, formule uma hipótese que justifique esse procedimento por parte dos responsáveis pelos concursos.
3. Você pode ter notado que, ao contrário do relato autobiográfico de Adriana Barbosa, lido na Unidade 1, no edital não há projeção explícita de um "eu". Considerando sua compreensão até esse momento a respeito do edital, formule no caderno uma justificativa para essa característica enunciativa desse gênero.
4. O edital de concurso é um gênero que tem uma característica específica em relação às formas verbais nele presentes.

   a) Que tempo da conjugação verbal predomina no texto?

   b) Esse tempo verbal é usual na linguagem coloquial?

   c) Formule uma explicação que justifique a ocorrência tão evidente dessa forma verbal no texto do edital.

Nelson Antoine/Shutterstock

Estudantes concentrados durante a aplicação do vestibular da Fundação Universitária para o Vestibular (Fuvest), o exame que dá possibilidade de ingresso à Universidade de São Paulo (USP). Foto de 2015.

5. Releia agora o capítulo IV do edital na página 477. Com exceção de *compete* e *desclassificar*, as demais formas verbais empregadas nesse capítulo fazem parte do futuro simples do subjuntivo.

a) Nas quatro últimas ocorrências, esse tempo verbal é de emprego obrigatório. Explique por quê.

b) Os itens I, II, III e IV desse capítulo do edital foram construídos com base em orações subordinadas adverbiais. Retome a pesquisa feita na Unidade 1 – como a consulta que sugerimos que fosse feita a uma gramática normativa da língua portuguesa – e indique que circunstância(s) as orações empregadas nesses itens expressam.

c) Essa(s) circunstância(s) é(são) coerente(s) com o sentido geral que se pode observar em todo o edital. Explique por quê.

6. Os editais de convocação para concursos, como este que você leu, fazem parte dos chamados textos de predição. O substantivo *predição* está relacionado ao verbo *predizer*. Segundo o dicionário, *predizer* significa o seguinte:

> **predizer**
>
> *verbo. t.d.bit.* (*prep.: a*) dizer antecipadamente; prever, profetizar ‹ele se diz capaz de p. o futuro›; ‹a mulher predisse-lhe toda sorte de desgraças›.

INSTITUTO Antonio Houaiss. *Grande Dicionário Houaiss da língua portuguesa*. Disponível em: https://houaiss.uol.com.br/pub/apps/www/v5-4/html/index.php#1. Acesso em: 17 fev. 2022.

Com base nessa explicação, retome a resposta dada à atividade 5, item **c**. Releia a resposta, reformule-a, incorporando a ideia de predição, e escreva-a a seguir.

7. Há textos de predição com os quais você talvez tenha contato no cotidiano. O boletim meteorológico (previsão do tempo) e o horóscopo são dois exemplos.

- Em grupos, pesquisem exemplos desses gêneros em *sites* confiáveis ou em jornais impressos. Podem ser textos orais ou escritos.
- Analisem os exemplos encontrados e verifiquem em que esses textos se assemelham em termos de estrutura linguística e de organização.
- Respondam: Quais são as principais características comuns a todos eles?

8. Com base em suas expectativas e em seu projeto de vida, considerando a ideia de predizer o futuro, trace um conjunto de predições sobre como você supõe que será sua vida daqui a dois, a cinco e a dez anos.

- Nessas predições, procure considerar os seguintes campos: trabalho, relações pessoais e formação acadêmica. Você pode organizar suas hipóteses em uma tabela ou mesmo em uma linha do tempo.
- Em seguida, compartilhe-as com os colegas e o professor e tente perceber se há pontos de contato entre os projetos que você e os colegas têm para o futuro de vocês.
- Depois de terminado o trabalho, compartilhe-o com o professor.

Diário de bordo

Registre em seu diário de bordo de que modo você percebe a importância de conhecer as características de um edital e dos textos de predição em geral para a vida pessoal e para a vida pública.

Estilos de época

Nesta seção, você vai encontrar informações sobre autores da segunda e da terceira fase do Modernismo brasileiro. Também vai ler sobre alguns autores que fazem parte da produção literária mais recente (de 1970 até os dias atuais), que se destacam nas chamadas Tendências contemporâneas.

Antes disso, observe as linhas do tempo representadas abaixo. Elas apresentam a cronologia dos estilos de época em Portugal e no Brasil.

Portugal

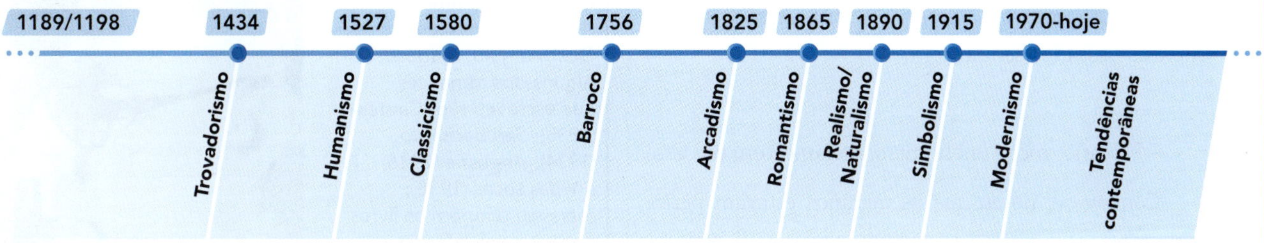

Brasil

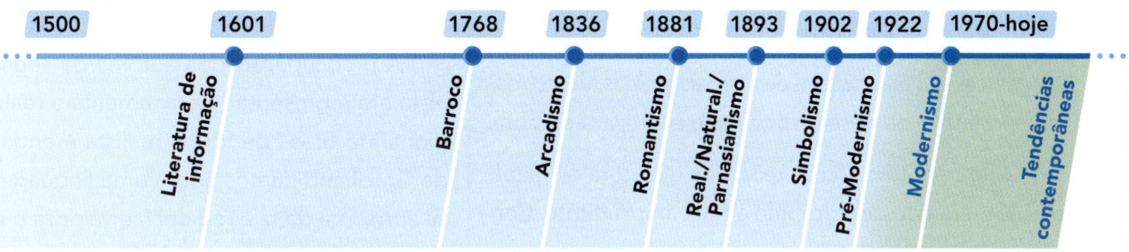

Modernismo (segunda fase)

Dos poemas que serão lidos nesta unidade na seção *Práticas de leitura e análise literária*, um deles se situa cronologicamente na segunda fase (1930-1945) do Modernismo no Brasil; trata-se de "José", de Carlos Drummond de Andrade.

A segunda fase do Modernismo é marcada por uma forte consciência e análise da realidade brasileira. Na prosa desse segmento modernista, surgiram romances regionalistas de grande sucesso. Nessa fase, destacam-se, dentre outros, escritores como Jorge Amado (1912-2001), Graciliano Ramos (1892-1953), Érico Veríssimo (1905-1975).

Na poesia, Carlos Drummond de Andrade (1902-1987), Vinícius de Morais (1913-1980) e Cecília Meireles (1901-1964) são os destaques.

Os autores desse período abordam não apenas o cotidiano, mas trazem à tona problemas sociais e históricos, numa poesia mais densa do que a poesia praticada na primeira fase modernista.

Também chamada de Geração de 30, essa segunda fase da literatura modernista se estende de 1930 a 1945, período histórico conturbado e cercado de incertezas. A década de 1930 se inicia após a quebra da bolsa de valores de Nova York (1929) e a depressão econômica que repercutiu em todo o mundo. No Brasil, a crise marcou o enfraquecimento das oligarquias do café e a ascensão de Getúlio Vargas ao poder, em 1930. Em 1939 tem início a Segunda Guerra Mundial, que terminaria em 1945 com o lançamento das bombas atômicas sobre Hiroshima e Nagasaki, no Japão. Foi diante desses acontecimentos extremos e ameaçadores que os autores da segunda geração escreveram suas obras.

A segunda geração modernista consolida alguns valores da primeira geração, mas também amplia o seu universo temático, trazendo para as obras a preocupação com os conflitos humanos. A realidade social, conforme já acentuamos, torna-se o grande foco da prosa de ficção com romances regionalistas, como *Vidas secas*, obra de Graciliano Ramos, que retrata a dura condição de uma família sertaneja diante das difíceis condições geográficas e sociais do sertão brasileiro.

Leia na página a seguir um trecho do segundo capítulo desse romance.

Vidas secas

Graciliano Ramos

Fabiano ia satisfeito. Sim senhor, arrumara-se. Chegara naquele estado, com a família morrendo de fome, comendo raízes. Caíra no fim do pátio, debaixo de um juazeiro, depois tomara conta da casa deserta. Ele, a mulher e os filhos tinham-se habituado à camarinha escura, pareciam ratos – e a lembrança dos sofrimentos passados esmorecera.

[...]

– Fabiano, você é um homem, exclamou em voz alta.

Conteve-se, notou que os meninos estavam perto, com certeza iam admirar-se ouvindo-o falar só. E, pensando bem, ele não era homem: era apenas um cabra ocupado em guardar coisas dos outros. Vermelho, queimado, tinha os olhos azuis, a barba e os cabelos ruivos; mas como vivia em terra alheia, cuidava de animais alheios, descobria-se, encolhia-se na presença dos brancos e julgava-se cabra.

Olhou em torno, com receio de que, fora os meninos, alguém tivesse percebido a frase imprudente. Corrigiu-a, murmurando:

– Você é um bicho, Fabiano.

Isto para ele era motivo de orgulho. Sim senhor, um bicho, capaz de vencer dificuldades.

Chegara naquela situação medonha – e ali estava, forte, até gordo, fumando o seu cigarro de palha.

– Um bicho, Fabiano.

Era. Apossara-se da casa porque não tinha onde cair morto, passara uns dias mastigando raiz de **imbu** e sementes de **mucunã**. Viera a trovoada.

E, com ela, o fazendeiro, que o expulsara. Fabiano fizera-se desentendido e oferecera os seus préstimos, resmungando, coçando os cotovelos, sorrindo aflito. O jeito que tinha era ficar. E o patrão aceitara-o, entregara-lhe as marcas de ferro.

Agora Fabiano era vaqueiro, e ninguém o tiraria dali. Aparecera como um bicho, entocara-se como um bicho, mas criara raízes, estava plantado. Olhou as quipás, os mandacarus e os xiquexiques. Era mais forte que tudo isso, era como as catingueiras e as baraúnas. Ele, Sinha Vitória, os dois filhos e a cachorra Baleia estavam agarrados à terra.

RAMOS, Graciliano. *Vidas secas*. 71 ed. Rio de Janeiro: Record, 1996. p. 17-18.

imbu: variação de *umbu*, espécie de fruto de cheiro doce e sabor levemente azedo; fruto do imbuzeiro, árvore típica no sertão nordestino.

mucunã: espécie de planta da família das leguminosas.

Saiba +

Graciliano Ramos (1892-1953) nasceu em Quebrangulo, Alagoas. Alguns dos romances que escreveu são: *Caetés* (1933), *São Bernardo* (1934), *Angústia* (1936) e *Vidas secas* (1938); escreveu também os livros de memórias *Infância* (1945) e *Viagem* (1954).

Reprodução/Arquivo Nacional, Rio de Janeiro, RJ.

A preocupação dos autores da segunda fase modernista era representar literariamente a realidade social e regional do Brasil de forma realista e engajada. O romance de Graciliano Ramos adota uma linguagem coloquial, que se aproxima da fala regional, e valoriza o espaço como forte influência na vida e no destino de suas personagens. Em *Vidas secas*, Fabiano e sua família vivem um conflito que reside em primeiro lugar na questão da terra: a qualquer momento podem ser expulsos do lugar onde estão, seja pela seca, seja pelo patrão.

Direito de reprodução gentilmente cedido por João Candido Portinari/Museu de Arte de São Paulo Assis Chateaubriand, São Paulo, SP.

Retirantes, de Candido Portinari, 1944-1945 (óleo sobre tela, 180 cm × 192 cm).

Modernismo (terceira fase)

Após 1945, período marcado pelo fim da Segunda Guerra Mundial e pelo início da Guerra Fria, inicia-se uma nova fase do Modernismo que ficou conhecida como terceira geração modernista ou Geração de 45. Os autores dessa fase, de modo geral, preocuparam-se em inovar a expressão literária e ficaram conhecidos pelo seu caráter experimentalista.

Na obra das autoras Clarice Lispector (1920-1977) e Lygia Fagundes Telles (1918-2022), por exemplo, surge uma prosa poética que experimenta os limites dos gêneros literários ao mesmo tempo que explora, com profundidade, os aspectos psicológicos do ser humano. Por isso, suas obras ficaram conhecidas como literatura de caráter psicológico ou literatura introspectiva.

Leia um trecho do livro *As meninas*, de Lygia Fagundes Telles, em que é possível perceber essas características na conversa entre as personagens Lia e Lorena. Note como os pensamentos e os modos vívidos e curiosos de Lorena aos poucos se misturam com a narração da história.

As meninas

Lygia Fagundes Telles

A voz vinha do jardim. Rapidamente ela arrepanhou a cabeleira, torceu-a na nuca e pôs-se nas pontas dos pés. Abriu os braços. Foi andando na listra em caracol do tapete, tensa como uma equilibrista num fio de arame.

– Lorena, bota a cabeça na janela, quero falar com você!

[...]

– Minha amada, seja bem-vinda. Veja que dia! É primavera, Lião, primavera. Vera, é verdade, prima, naturalmente primeira, a verdade primeira. Hum? Numa manhã assim tenho que me segurar senão saio voando, olha as margaridinhas, abriram todas! – apontou o canteiro embaixo da janela. – Coisa mais joia. Bom dia, minhas margaridinhas!

– Lorena, será que você podia me dar um pouco de atenção?

– Fala, Lia de Melo Schultz, fala.

Com um movimento brusco, Lia puxou as grossas meias brancas até os joelhos. A sacola de couro resvalou para o chão mas ela se concentrava nas meias, atenta como se esperasse vê-las escorregar em seguida. Apanhou a sacola.

– Será que amanhã sua mãe podia me emprestar o carro? Depois do jantar. Digamos às nove, entende?

Lorena debruçou-se na janela. Sorriu.

– Suas meias estão caindo.

– Ou enforcam os joelhos ou ficam desabando. Olha aí. No começo, este elástico apertava de deixar a perna roxa.

– Mas que ideia, querida, usar meia com este calor. E sapatões de alpinista, por que não calçou a sandália? Aquela marrom combina com a sacola.

– Hoje tenho que camelar o dia inteiro, putz. E sem meia, dá bolha no pé.

Provavelmente nas solas. Cafonérrimo. Pior do que bolhas só os tais joanetes de Irmã Bula. Joanete deve vir de Joana, houve uma antiga Joana com os primeiros pés deformados e os netos herdaram a deformação e viraram os joanetos. Ai meu Pai. Primavera, eu apaixonada e Lião falando em bolha no pé.

[...]

TELLES, Lygia Fagundes. *As meninas*. Rio de Janeiro: Nova Fronteira, 1985. p. 8-9.

Saiba +

Lygia Fagundes Telles (1918-2022) nasceu em São Paulo. Foi contista e romancista. Escreveu obras como: *Ciranda de pedra* (1954), *Verão no aquário* (1964), *As meninas* (1973) e *As horas nuas* (1938). Escreveu também livros de contos, alguns deles são: *Antes do baile verde* (1970), *A disciplina do amor* (1980) e *Oito contos de amor* (1996).

Fabio Guinalz/Fotoarena

Outra vertente da prosa desse período destacou-se pela excepcional inovação da linguagem, na obra *Grande sertão: veredas*, de João Guimarães Rosa. Publicado em 1956, é um dos romances mais importantes da literatura brasileira. Embora apresente certa continuidade em relação aos romances regionalistas da segunda fase modernista, a obra de Guimarães Rosa é extremamente inovadora. Tomando como ponto de partida o ambiente particular do sertão, o autor trata de questões humanas universais, utilizando uma linguagem radicalmente trabalhada, que incorpora a fala popular do sertanejo ao conhecimento erudito da língua, entre outros aspectos.

Leia a seguir um pequeno trecho desse romance.

> [...]
>
> O senhor... Mire veja: o mais importante e bonito, do mundo, é isto: que as pessoas não estão sempre iguais, ainda não foram terminadas – mas que elas vão sempre mudando. Afinam ou desafinam. Verdade maior. É o que a vida me ensinou. Isso que me alegra, montão. [...]

ROSA, João Guimarães. *Grande sertão: veredas*. Rio de Janeiro: Nova Fronteira, 2006, p. 23.

Na poesia da terceira fase modernista destacou-se João Cabral de Melo Neto (1920-1999). Nessa fase também se revelou a poesia de Thiago de Mello (1926-2022), poeta estudado na Unidade 1 desta parte do livro.

Tendências contemporâneas

A partir da década de 1970, as produções literárias já fazem parte da chamada Literatura contemporânea, que apresenta uma variedade de tendências e inovações. Na poesia, a grande novidade foi o Concretismo, em que se destacam Augusto de Campos (1931-), Haroldo de Campos (1929-2003) e Décio Pignatari (1927-2012).

Outro destaque do período é a chamada poesia marginal da década de 1970, cujos autores ficaram conhecidos como "geração mimeógrafo" pelo fato de utilizarem esse equipamento para reproduzir os poemas criados, posteriormente distribuídos de mão em mão em portas de teatros, cinemas, casas de espetáculo, etc.

Adélia Prado (1935-), mais uma poeta que você vai estudar nesta unidade, estreou na década de 1970 e também faz parte da literatura brasileira contemporânea, em que autores e obras de características e estilos bastante variados formam um acervo literário difícil de ordenar em "tendências". O que se nota é uma grande liberdade formal e temática, bem como a mesclagem dos gêneros (os limites entre poesia e prosa ficam difusos).

Como o português é a língua oficial de muitos países, inclusive Moçambique, trouxemos como representante das tendências contemporâneas dessa literatura em língua portuguesa o nome do escritor moçambicano José João Craveirinha (1922-2003), que viveu e escreveu no século XX e é considerado o maior poeta de seu país. Foi o primeiro escritor africano a receber o prêmio Camões (1991), o mais importante prêmio literário para escritores de língua portuguesa. Nesta unidade, você também vai ler um poema desse autor em nosso "passeio" pelo gênero lírico na língua portuguesa.

mauro dopereira/Shutterstock

Foto noturna da cidade de Maputo, capital de Moçambique, onde nasceu o escritor José Craveirinha. Foto de 2021.

Práticas de leitura e análise literária: a poesia do século XX

Passeio pelo gênero lírico (II)

asiandelight/Shutterstock

Nesta unidade, continuamos nosso "passeio" pelo gênero lírico na língua portuguesa, agora propondo a leitura de poemas escritos no século XX .

Você vai observar que os escritores que têm versos transcritos nesta unidade exploram outras temáticas, bem diversas das tratadas na seção de literatura da Unidade 1: aqui há desde a questão das memórias, como no poema "Janela", de Adélia Prado, até reflexões políticas, como as trabalhadas pelo escritor moçambicano José Craveirinha.

O poema "Janela"

A poeta mineira Adélia Prado, em sua obra lírica, retrata o cotidiano e sempre assume um lugar de fala feminino, em que se mesclam religiosidade, amor, encanto pela vida e memórias de diferentes épocas. "Janela" é um desses poemas, em que o amor e as memórias de infância se misturam de forma lúdica, como se fosse uma brincadeira.

Janela

Adélia Prado

Janela, palavra linda.
Janela é o bater das asas da borboleta amarela.
Abre pra fora as duas folhas de madeira à toa pintada,
janela jeca, de azul.
Eu pulo você pra dentro e pra fora,
monto a cavalo em você,
meu pé esbarra no chão.

Janela sobre o mundo aberta, por onde vi
o casamento da Anita esperando neném, a mãe
do Pedro Cisterna urinando na chuva, por onde vi
meu bem chegar de bicicleta e dizer a meu pai:
minhas intenções com sua filha são as melhores possíveis.

Ô janela com tramela, brincadeira de ladrão,
claraboia na minha alma,
olho no meu coração.

PRADO, Adélia. *Poesia reunida*. São Paulo: Siciliano, 1991. p. 103

Saiba +

Adélia Luzia Prado de Freitas (1935-) nasceu em Divinópolis, Minas Gerais. É poeta, romancista, contista e cronista. Cursou o Magistério (curso técnico atualmente denominado Formação de Docentes), foi professora e formou-se em Filosofia. É considerada um dos nomes mais importantes da poesia contemporânea. Suas principais obras poéticas são *Bagagem* e *O coração disparado*.

Christyam de Lima/Futura Press

claraboia: abertura na parte alta de um cômodo que tem como finalidade permitir a entrada de iluminação natural no ambiente interno e que proporciona a passagem do ar, melhorando a ventilação.

Claraboia aberta no telhado de uma casa.

Procure identificar, no poema de Adélia Prado, as imagens ligadas à infância (como as brincadeiras) e à juventude (as primeiras experiências amorosas) e como tudo isso é misturado pela memória lúdica que envolve esses momentos.

Atente à voz feminina do eu lírico e discuta com os colegas como essa presença do feminino é importante no poema. Observe como Adélia extrai significados poéticos de um objeto cotidiano como a janela, que é parte da casa, um lugar também profundamente marcado pelas memórias.

Compartilhe com os colegas de que maneira essas imagens do poema dialogam com as memórias que você tem de sua infância, observando especialmente os três últimos versos do poema, que lembram uma parlenda.

O poema "José"

Carlos Drummond de Andrade é o autor de "José", poema que você lerá mais à frente. De acordo com muitos críticos literários, a poética de Drummond é uma das mais complexas da poesia brasileira moderna e, por isso mesmo, faz com que qualquer tipo de esquematização didática acabe falhando ao buscar sintetizar as tantas faces de sua extensa obra. A melhor maneira de você conhecer esse poeta é lendo e fruindo sua obra. No poema transcrito a seguir, você poderá sentir a força da poesia de Drummond.

Saiba +

Antologia poética, de Carlos Drummond de Andrade. Companhia das Letras, 2012.

Um modo interessante de conhecer a poesia de Carlos Drummond de Andrade e de ter uma visão ao mesmo tempo panorâmica de parte de sua obra é ler o livro *Antologia poética*. Publicado originalmente em 1962, reúne diversos de seus poemas mais conhecidos, organizados pelo poeta por universos temáticos, revelando um interessante painel do grau de consciência que o escritor tinha sobre o próprio fazer poético.

Se quiser saber mais sobre *Antologia poética,* de Carlos Drummond de Andrade, leia a resenha dessa obra, disponível neste endereço: https://guiadoestudante.abril.com.br/estudo/antologia-poetica-analise-da-obra-de-carlos-drummond-de-andrade. Acesso em: 7 jul. 2022.

José

Carlos Drummond de Andrade

E agora, José?
A festa acabou,
a luz apagou,
o povo sumiu,
a noite esfriou,
e agora, José?
e agora, você?
você que é sem nome,
que zomba dos outros,
você que faz versos,

que ama, protesta?
e agora, José?

Está sem mulher,
está sem discurso,
está sem carinho,
já não pode beber,
já não pode fumar,
cuspir já não pode,
a noite esfriou,
o dia não veio,
o bonde não veio,
o riso não veio,
não veio a utopia
e tudo acabou
e tudo fugiu
e tudo mofou,
e agora, José?

E agora, José?
Sua doce palavra,
seu instante de febre,
sua gula e jejum,
sua biblioteca,
sua lavra de ouro,
seu terno de vidro,
sua incoerência,
seu ódio – e agora?

Com a chave na mão
quer abrir a porta,
não existe porta;
quer morrer no mar,
mas o mar secou;
quer ir para Minas,
Minas não há mais.
José, e agora?

Se você gritasse,
se você gemesse,
se você tocasse
a **valsa vienense**,
se você dormisse,
se você cansasse,
se você morresse...
Mas você não morre,
você é duro, José!

Sozinho no escuro
qual bicho do mato,
sem **teogonia**,
sem parede nua
para se encostar,
sem cavalo preto
que fuja a galope,
você marcha, José!
José, para onde?

ANDRADE, Carlos Drummond de. José. *In:* ANDRADE, Carlos Drummond de. *Obra completa*. Rio de Janeiro: Aguilar, 1967. p. 130. © *by* Graña Drummond/ <www.carlosdrummond.com.br>.

valsa vienense: gênero musical originário da cidade de Viena, na Áustria; música de salão própria para dançar; *valsa* é o termo utilizado para definir tanto as danças quanto as músicas que conduzem as danças nos salões.

teogonia: narrativa sobre a origem dos deuses da mitologia grega (*theos* = "deus") e da romana.

Flik47/Shutterstock

Saiba +

Carlos Drummond de Andrade (1902-1987) nasceu em Itabira, Minas Gerais. Formou-se em Farmácia, mas nunca exerceu a profissão de farmacêutico. Trabalhou como funcionário público e dedicou-se ao jornalismo e à literatura. Com vasta produção poética, Drummond também se tornou conhecido pelas suas crônicas, publicadas ao longo da vida. De acordo com alguns críticos literários, a poética de Drummond é uma das mais complexas da poesia brasileira moderna.

Reprodução/Arquivo Nacional, Rio de Janeiro, RJ.

Uma dica para contextualizar essa leitura é considerar que o poema foi escrito durante a Segunda Guerra Mundial (1939-1945). Então, de que modo o desencanto e a falta de perspectiva do homem comum, "José", diante da realidade absolutamente imprevisível, são marcados por esse período de guerra? Que imagens do poema expressam uma visão de algum modo pessimista em relação ao futuro? Converse com o professor e os colegas sobre as observações de cada um de vocês.

O poema "Quadrilha"

Também de Carlos Drummond de Andrade, "Quadrilha" é um poema que apresenta outra temática importante da poesia desse autor: a desilusão amorosa. Apesar do aspecto lúdico desse poema, sugerido pelo seu título – que retoma a dança popular em que os casais trocam de par uns com os outros –, o poema sugere que, no amor, poucos conseguem realização.

Para ler o poema, utilize o endereço de internet do primeiro *link* do boxe *Saiba+* a seguir. Depois, ouça a declamação da atriz Inês Peixoto e do ator Paulo André, disponível no canal oficial de vídeos do jornal *O tempo*, no segundo *link* do boxe.

Saiba +

"Quadrilha", de Carlos Drummond de Andrade. Disponível em: https://www.culturagenial.com/quadrilha-carlos-drummond-de-andrade. Acesso em: 26 maio 2022.

Declamação do poema "Quadrilha", de Carlos Drummond de Andrade. Disponível em: https://www.youtube.com/watch?v=mxibqsoEZwk. Acesso em: 26 maio 2022.

Enquanto lê o poema, esteja atento às trocas de pares que ocorrem à medida que a quadrilha evolui. Observe os nomes das pessoas citadas, o que elas fazem e que ligações têm umas com as outras. Verifique e tente explicar por que apenas uma dessas pessoas tem sobrenome, e o que isso pode significar nessa "quadrilha". Finalmente, tendo em vista as próprias experiências amorosas e as de amigos, parentes e outras pessoas próximas a você, comente com os colegas se essas experiências se assemelham às mostradas em "Quadrilha" e, em caso afirmativo, de que forma isso ocorre.

Fernando Bueno/Estadão Conteúdo

Carlos Drummond de Andrade e sua esposa, Dolores.

Saiba +

Poeta de sete faces. Direção de Paulo Thiago, produzido por Cláudia Camargos. Documentário (24 min).

A vida e a obra de Carlos Drummond de Andrade são contadas nesse documentário, do qual estudiosos, escritores e pessoas que conviveram com o poeta participam dando seus depoimentos. No documentário, há diversos trechos de uma entrevista com Drummond e importantes registros históricos, como áudios da leitura de vários poemas feitos pelo próprio autor. O vídeo está disponível neste endereço: https://www.youtube.com/watch?v=kMZHoLdfLVo&t=1460s. Acesso em: 26 maio 2022.

Pesquisa: *playlists* comentadas e a poesia nas canções

Falar de poesia nos remete sempre às canções, porque o gênero poético tem estreitas relações com elas.

Na Unidade 1, você viu, por exemplo, que algumas formas poéticas da poesia de língua portuguesa foram compostas, originalmente, como cantigas, para serem cantadas. Até hoje, muitas composições do cancioneiro de vários estilos musicais, brasileiros e estrangeiros, constituem-se de verdadeiras formas poéticas.

Radu Razvan/Shutterstock

Artistas representando músicos medievais durante um festival realizado em Nogent-le-Rotrou, na França. Foto de 2013.

A sugestão aqui é a turma organizar *playlists* comentadas para serem compartilhadas. Você e os colegas podem começar a seleção para a *playlist* escolhendo as canções mais significativas para vocês. Se possível, essa seleção deverá ser comentada: uma gravação em áudio de cada canção pode ser acompanhada de um comentário formulado por vocês.

SurfsUp/Shutterstock

Passo a passo da *playlist* comentada

Sob a coordenação do professor, organizem-se em grupos de três ou quatro integrantes e realizem os passos a seguir para fazer a atividade.

- Cada grupo vai elaborar uma lista de dez canções. As canções escolhidas precisarão respeitar o contexto em que serão reproduzidas, ou seja, deverão ser evitadas aquelas cujas letras não possam ser compartilhadas no ambiente escolar.
- Cada grupo deve eleger um representante, que vai se reunir com os representantes dos outros grupos. Nessa reunião, deve ser observado se há repetições de canções entre as listas e retirá-las, organizando uma *playlist* única da turma.
- A produção da *playlist* provavelmente vai expor não só os estilos musicais preferidos pelos colegas, mas também as culturas juvenis que convivem na turma e, talvez, na escola. Então, nessa seleção, será importante respeitar e valorizar todas. A escolha das canções deve ter como base uma argumentação bem fundamentada e o respeito pelo outro e pelos seus valores.
- Se os grupos quiserem, podem ser organizadas várias *playlists*, cada uma reunindo as canções de um mesmo estilo musical, por exemplo, todos os *raps* em uma *playlist*, todas as canções de música popular brasileira (MPB) em outra, etc.
- Ao final da atividade, os grupos podem organizar um momento para ouvir essas gravações juntos e, se quiserem, podem publicar a *playlist* no blogue da turma.

Adolescentes ouvindo música.

O poema "Grito negro"

Conforme você pôde notar em "José", de Carlos Drummond de Andrade, a literatura, ao buscar alcançar os sentimentos e as emoções do leitor, procura também mobilizar sua consciência, para que ele se engaje em causas de interesse de grupos sociais. Quando isso ocorre, entramos no terreno da literatura engajada, em que, de algum modo, o escritor procura expor aspectos problemáticos da realidade em que vive, de forma a suscitar no leitor a simpatia por essas questões e, assim, contribuir para que se produzam certas mudanças na sociedade da qual ambos fazem parte.

Escrito pelo poeta moçambicano José João Craveirinha, "Grito negro" é um poema que se enquadra nessa perspectiva. Isso não quer dizer que a expressão dos sentimentos e das emoções fique em segundo plano: ao contrário, é por meio dela que o poeta constrói o engajamento do leitor nas questões sociais que denuncia.

Grito negro

José Craveirinha

Eu sou carvão!
E tu arrancas-me brutalmente do chão
e fazes-me tua mina, patrão.
Eu sou carvão!
E tu acendes-me, patrão,
para te servir eternamente como força **motriz**
mas eternamente não, patrão.
Eu sou carvão
e tenho que arder, sim;
queimar tudo com a força da minha combustão.

Eu sou carvão;
tenho que arder na exploração
arder até às cinzas da maldição
arder vivo como alcatrão, meu irmão,
até não ser mais a tua mina, patrão.
Eu sou carvão.
Tenho que arder
queimar tudo com o fogo da minha combustão.
Sim!
Eu sou o teu carvão, patrão.

CRAVEIRINHA, José João. Grito negro. *Africopoética*, 2007. Disponível em: https://africopoetica.wordpress.com/2007/08/20/ /jose-craveirinha-grito-negro. Acesso em: 17 fev. 2022.

Saiba +

José João Craveirinha (1922-2003) é considerado um dos principais nomes da poesia contemporânea de Moçambique. Filho de pai português e mãe africana de origem banta, atuou durante muitos anos como jornalista. Participou da Frente de Libertação de Moçambique (Frelimo), movimento que colaborou para o processo de descolonização do país, que se tornou independente de Portugal em 1975.

Tass Photo/Easypix Brasil

motriz: algo ou força que causa movimento. A expressão *força motriz* tem o significado de "força que impulsiona".

Ao ler o poema, observe como o poeta retrata a tomada de consciência do negro como força de trabalho barata para o colonizador branco, por meio da insistência no verso "Eu sou carvão!". Como carvão, ao ser "queimado", o negro produz força de trabalho, mas se transforma em cinza e assim desaparece. Porém, o fato de ser carvão (negro) também traz, de forma latente, a possibilidade de ele destruir o sistema que o explora, "o patrão", o que fica subentendido nos cinco últimos versos do poema.

O poema "O ovo de galinha"

O poema "O ovo de galinha" é um exemplo da poesia singular de João Cabral de Melo Neto. A obra desse escritor pernambucano é constituída de uma poesia considerada "objetiva" e "racional", em que as imagens poéticas levam o leitor a refletir sobre conceitos da realidade. Além disso, essas formas são estruturadas pelo emprego de uma linguagem acurada, com estruturas que valorizam a regularidade por meio de esquemas de rima e de ritmo precisamente calculados. Transcrevemos a seguir as duas primeiras das cinco partes do poema "O ovo da galinha".

O ovo de galinha

João Cabral de Melo Neto

I

Ao olho mostra a integridade
de uma coisa num bloco, um ovo.
Numa só matéria, unitária,
maciçamente ovo, num todo.

Sem possuir um dentro e um fora,
tal como as pedras, sem miolo:
e só miolo: o dentro e o fora
integralmente no contorno.

No entanto, se ao olho se mostra
unânime em si mesmo, um ovo,
a mão que o **sopesa** descobre
que nele há algo suspeitoso:

que seu peso não é o das pedras,
inanimado, frio, goro;
que o seu é um peso morno, **túmido**,
um peso que é vivo e não morto.

II

O ovo revela o acabamento
a toda mão que o acaricia,
daquelas coisas torneadas
num trabalho de toda a vida.

E que se encontra também noutras
que entretanto mão não fabrica:
nos corais, nos seixos rolados
e em tantas coisas esculpidas

cujas formas simples são obra
de mil inacabáveis lixas
usadas por mãos escultoras
escondidas na água, na brisa.

No entretanto, o ovo, e apesar
da pura forma concluída,
não se situa no final:
está no ponto de partida. [...]

MELO NETO, João Cabral de. O ovo de galinha. *In:* MELO NETO, João Cabral de. *Obra completa*. Rio de Janeiro: Aguilar, 1994. p. 302-303. © *by* Herdeiros de João Cabral de Melo Neto.

Saiba +

João Cabral de Melo Neto (1920-1999) nasceu em Recife, Pernambuco. É considerado um dos grandes nomes da poesia brasileira do século XX. De vasta obra poética, aquela que talvez seja sua obra mais conhecida é o auto de Natal *Morte e vida severina* (1956), que recebeu inúmeras adaptações (como série de televisão, filme, espetáculo musical e até desenho animado).

Carlos Chicarino/Estadão Conteúdo

sopesar: calcular com a mão o peso de algo.

túmido: que inchou; cujo volume, tamanho ou grossura aumentou; dilatado, intumescido, engrossado.

Ao ler o poema, além de atentar para a linguagem precisa e a construção poética em formas fixas, observe como o objeto "ovo" é descrito e se torna uma imagem poética relacionada a conceitos opostos e até contraditórios, como interior/exterior, dentro/fora, completude/incompletude e objeto perfeito (no sentido de "acabado, concluído")/objeto imperfeito (no sentido de "inacabado/ponto de partida").

Saiba +

Morte e vida severina. Animação dirigida por Afonso Serpa, inspirada nos quadrinhos do cartunista Miguel Falcão, produzidos para recontar o poema *Morte e vida severina*, de João Cabral de Melo Neto. Produção TV Escola.

Para conhecer o auto de Natal *Morte e vida severina*, você pode assistir à sua versão animada e transformada em filme. Essa adaptação preserva o poema na íntegra, que é declamado ao longo da animação. Disponível em: https://www.youtube.com/watch?v=clKnAG2Ygyw. Acesso em: 5 abr. 2022.

O poema concreto "Vem navio"

Encerramos esse nosso passeio pelo gênero lírico apresentando uma proposta poética diversa de todas as outras já citadas: o poema "Vem navio", composto por Haroldo de Campos.

A forma poética de "Vem navio" faz parte do movimento poético brasileiro dos anos 1950-1960 conhecido como Concretismo. Nesse movimento, o poema passa a ser concebido como objeto de apreciação visual, como se fosse uma tela, um quadro. As palavras não constituem "versos", pelo menos não no sentido da poesia tradicional: são arranjadas no espaço em branco de modo que, ao serem observadas como um conjunto, formem uma imagem.

Saiba +

Luludi/Estadão Conteúdo

Haroldo Eurico Browne de Campos (1929-2003), nascido em São Paulo, foi poeta, ensaísta e tradutor. Formou-se em Direito e foi professor universitário. Com o irmão, Augusto de Campos, e o poeta Décio Pignatari, idealizou o movimento concretista e o grupo de poesia Noigandres. Além de ter relevante produção poética e ensaística, inovou como tradutor ao propor uma técnica de tradução que considerava os aspectos poéticos da linguagem.

Haroldo de Campos/Acervo do poeta

v e m   n a v i o
v a i   n a v i o
v i r   n a v i o
v e r   n a v i o
v e r   n ã o   v e r
v i r   n ã o   v i r
v i r   n ã o   v e r
v e r   n ã o   v i r
v e r   n a v i o s

CAMPOS, Haroldo de. Vem navio. *In:* CAMPOS, Haroldo de. *Xadrez de estrelas*. São Paulo: Perspectiva, 1970.

Saiba +

Cultura genial. Blogue de arte e literatura. Disponível em: https://www.culturagenial.com. Acesso em: 5 abr. 2022.

Esse blogue é um dos vários espaços da internet dedicados à poesia em língua portuguesa. Você pode compartilhar o *link* do *Cultura genial* para divulgar a obra de escritores extraordinários de várias épocas e lugares.

Saiba +

Trecho de entrevista com Augusto de Campos. Programa *Umas palavras*, Canal Futura, 2010 (27 min). Disponível em: https://www.youtube.com/watch?v=sCNHscKdg24&list=PLVYy45xyutV3Vpk9l7t5vbWGox2ndZ5fz. Acesso em: 5 abr. 2022.

Quando se trata de poesia concreta, três nomes são essenciais: Haroldo de Campos, Augusto de Campos e Décio Pignatari. Esses três poetas, além de serem os ícones do Concretismo, são os idealizadores e organizadores desse movimento literário. Nesta entrevista com o poeta Augusto de Campos, há informações importantes para compreender essa proposta poética.

Ao ler/ver o poema, explore as diferentes formas de leitura possíveis: de alto a baixo, da direita para a esquerda. Verifique também a disposição das palavras, a forma em relação ao espaço branco do fundo. Observe o desenho que as palavras formam: que relação parecem ter com a ideia do navio? Compartilhe com os colegas outros modos de ler e interpretar esse poema. Tenham também em vista a relação dessa forma poética com outras artes, como as gráficas e as visuais: como as que, hoje, são tão difundidas em produções artísticas virtuais, feitas para o ambiente da internet.

Diário de bordo

Registre em seu diário de bordo como você percebe o gênero lírico. Troque impressões com os colegas a respeito dos registros de vocês e comente com eles como sua percepção se aproxima ou se diferencia da que eles têm. Afinal, esta é a essência da poesia: sensibilizar e comunicar emoções e ideias aos mais variados públicos leitores.

Clube de leitura

O passeio pelo gênero lírico apenas começou. O espaço do livro didático é infinitamente pequeno para conter toda a poética da língua portuguesa. Então, a proposta é que você e os colegas selecionem outras obras, dos poetas aqui indicados e de outros, e organizem sessões de leituras poéticas na escola. Para isso, façam o seguinte:

- Formem um grupo com dois ou três colegas. Em livros e *sites* que trazem informações sobre a literatura dos países de língua portuguesa, o grupo vai pesquisar, à sua escolha, poetas representativos de determinado país e século.
- Selecionem alguns poemas de cada autor, tendo em vista as temáticas que eles costumam apresentar.
- Considerando essa seleção, organizem sessões de leituras poéticas (ou saraus), em que os poemas pesquisados possam ser lidos, declamados e comentados.
- Pode ser interessante convidar outras turmas para participar dessa conversa.
- E, por que não, vocês poderão ler as próprias produções poéticas. Certamente, há, entre os estudantes da escola, muitos que escrevem poesia, música e outras composições líricas.

SurfsUp/Shutterstock

Práticas de produção oral: interação dialogal (II)

Na Unidade 1, você viu que há dois tipos de diálogo: **em presença** (quando os interlocutores mantêm contato visual) e **em ausência**. Ambos têm pelo menos duas características marcantes:

- A existência de um meio material de comunicação.
- A existência de rituais implicados na tomada das palavras pelos interlocutores.

Esses "rituais", nos estudos de oralidade, são chamados de **protocolos de interação dialogal**. Eles ocorrem em qualquer interação verbal, mas são particularmente evidentes nos momentos de troca de turno, ou seja, quando um interlocutor cede a palavra ao outro, ou quando ele tem sua vez de fala "roubada", o que costumamos chamar, tecnicamente, de **assalto ao turno**.

No caso dos diálogos em ausência, os protocolos assumem uma importância muito grande, porque substituem a expressão *mimogestual* e *cinésica* presente nos diálogos em presença. Observe alguns exemplos:

Exemplo 1

Diálogo entre mãe e filha: a filha está no banheiro, de portas fechadas, colocando lentes de contato, e a mãe está do lado de fora. Nessa situação, a elevação do volume vocal é suficiente para que os interlocutores dialoguem, ao permitir que a filha ouça a voz da mãe, e vice-versa.

wavebreakmedia/Shutterstock

Exemplo 2

Uma conversa telefônica de um avô com o neto. Nessa situação, existe uma tecnologia de transmissão de dados de voz (o telefone) mediando a interação.

Rido/Shutterstock

Nessas mesmas situações, há protocolos linguageiros bem definidos:

- O diálogo entre mãe e filha só começa quando uma das duais sinaliza, por meio de um gesto sonoro, o início da conversa. Esse gesto pode variar: uma batida na porta; o uso de uma expressão vocativa; uma interjeição ou uma marca de modalização, como a interrogação; etc. Uma pequena pausa sonora após esse gesto sinalizará ao outro interlocutor que ele deve tomar a palavra e dizer algo. Então, o canal de diálogo se estabelece e a interação dialogal prossegue.
- A conversa telefônica do avô com o neto só se inicia quando aquele que atende o telefone diz alguma coisa. É comum, no Brasil, ao atender o telefone, a pessoa dizer "Alô", "Pronto" ou outra forma de identificação (como o próprio nome, o nome da instituição que se representa, etc.). Cada lugar tem a própria convenção em uma situação como essa. Em Portugal, por exemplo, ao atender ao telefone, não é usual dizer "Alô", mas sim dizer "Estou". Seja qual for a expressão utilizada para atender ao telefone, uma pequena pausa sonora após essa fala sinaliza ao interlocutor que ele deve tomar a palavra e dizer alguma coisa.

Esse ritual de início dos diálogos é chamado **protocolo linguageiro de diálogo**. Esses protocolos linguageiros são essenciais para garantir o sucesso da comunicação dialogal. Quanto mais formal for a interação dialogal (em presença ou em ausência), mais expressões protocolares ela exigirá.

Análise: retomada das situações da Unidade 1

Reveja uma das formas de interação dialogal analisadas na Unidade 1. Volte à formação em grupo sobre diálogos de presença e ausência, da Unidade 1. Então, retomem juntos os registros e as gravações, bem como a análise feita. Depois, anotem os pontos indicados a seguir.

- As perguntas feitas pelos interlocutores.
- As expressões utilizadas pelos interlocutores que, por algum motivo, chamem a atenção de vocês.
- As expressões ou os meios que sinalizaram ao interlocutor que era a vez dele de tomar a palavra.

Monkey Business Images/Shutterstock

Amigas conversando em uma lanchonete enquanto tomam café.

- As situações de assalto ao turno.
- As marcas típicas da oralidade presentes na fala dos interlocutores (hesitação, marcadores conversacionais, pausas, etc.).
- A maneira como se inicia e se encerra a conversa.

Na data combinada com o professor, seu grupo vai compartilhar as anotações com a turma toda para então formular, sob a orientação dele, o protocolo linguageiro da situação analisada.

GoodStudio/Shutterstock

Videoconferência: um gênero textual oral

No mundo do trabalho, esses protocolos costumam ser ainda mais ritualizados. Uma das situações dialogais cada vez mais comuns nessa esfera de circulação de discursos é a videoconferência. Agora, vocês vão organizar uma videoconferência. Para isso, sigam estes passos:

- Utilizando um aplicativo de videoconferência (muitos podem ser gratuitamente acessados pela internet), combinem uma reunião virtual do grupo de trabalho já estabelecido. O professor poderá ser convidado a participar da videoconferência. Anotem o dia e o horário da reunião.
- Na videoconferência, apresentem os resultados de uma pesquisa que tenha sido feita, por exemplo, na Unidade 1. Como forma de organização, indiquem esses resultados.
- Gravem a videoconferência e, utilizando o mesmo roteiro de análise das interações dialogais usado na questão anterior, analisem essa conversa com diversos interlocutores. Atentem especialmente aos protocolos empregados para organizar a conversa e verifiquem quais recursos tecnológicos do aplicativo empregado contribuíram para isso. Qual é a opinião de vocês sobre a conversa?

- Compartilhem as análises de seu grupo com as dos outros grupos e, com a ajuda do professor, registrem suas conclusões.

Diário de bordo

Registre em seu diário de bordo quais as principais características que, de acordo com o que você aprendeu, devem estar presentes em uma interação dialogal, especialmente naquelas mediadas por recursos tecnológicos.

insta_photos/Shutterstock

Homem participando de uma videoconferência.

Práticas de produção escrita: carta de motivação

A carta de motivação, também chamada de carta de apresentação, é um gênero habitual no mundo do trabalho. Ela faz parte dos documentos formais que um candidato a um posto de trabalho deve apresentar no processo de seleção. Trata-se de um gênero em que o candidato deve apresentar brevemente a si mesmo e explicar, ao possível empregador, quais foram as principais razões que o levaram a apresentar sua candidatura a determinado posto de trabalho.

A carta de motivação também é usada no mundo acadêmico quando candidatos a bolsas de estudo, a diferentes cursos de especialização, à participação em programas de intercâmbio, entre outras situações, devem se apresentar e justificar, para quem as está promovendo, as razões pelas quais eles supõem estar aptos a obter esse benefício ou a participar do curso ou programa.

PBXStudio/Shutterstock

Muitas vezes, a carta de motivação é o primeiro passo para a participação de um candidato em um programa acadêmico de intercâmbio, por exemplo.

Há variados modelos de cartas de motivação. Nesta seção, não vamos apresentar um modelo desse gênero, mas propor a você que, por meio de pesquisas em *sites* especializados em recrutamento e seleção de candidatos, encontre modelos de cartas de motivação e perceba quais são seus elementos composicionais, para saber como escreverá sua carta de motivação.

Produção inicial: reescrita do currículo

Na atividade de **produção** a seguir, vamos projetar uma situação imaginária, mas que pode ocorrer em um futuro próximo, no momento em que você procurar ingressar no mundo do trabalho.

Suponha que uma empresa de sua região esteja recrutando jovens talentos para um programa de estágio de férias remunerado ou para uma vaga do programa Jovem Aprendiz. Considere que, para a seleção dos candidatos, a empresa solicitou os seguintes documentos:

- cópia do currículo, com dados e informações atualizados;
- cópias de certificados de conclusão de cursos escolares e extraescolares realizados;
- carta de motivação ou de apresentação, escrita pelo próprio candidato, apresentando as razões pelas quais ele deseja participar do estágio ou aderir ao programa Jovem Aprendiz.

Escreva seu currículo seguindo as orientações da proposta de produção escrita da Unidade 1, considerando se há a necessidade de atualizá-lo inserindo, por exemplo, novos cursos realizados. Quanto aos documentos, verifique seu estado de conservação; se necessário, tire novas vias e, depois, providencie cópias.

Anna Ivanilova/Shutterstock

Produção de carta de apresentação

Para participar do processo de seleção da empresa, considere este desafio: como escrever a carta de apresentação? A proposta é você responder a essa pergunta fazendo uso de estratégias pautadas no raciocínio lógico.

Para isso, depois de selecionarem modelos da carta, você e os colegas vão adotar alguns procedimentos para decompor e analisar essas cartas de modo sistematizado. Dessa forma, poderão reconhecer os padrões de organização de textos desse gênero e abstraí-los, para poder aplicá-los neste desafio: escrever individualmente a carta de motivação. Com esses procedimentos, você estará apto a analisar todo o processo, de modo a elaborar um pensamento crítico sobre ele, e poderá adotá-lo em outras situações semelhantes.

Para selecionar modelos de carta de motivação, você deve buscar na internet exemplos de cartas de motivação/apresentação. Imprima esses exemplos para poder analisar esse material na escola com os colegas.

I. Forme um grupo com alguns colegas e, com esses modelos em mãos, leiam e analisem cada um deles. Não é necessário que vocês tenham um conjunto muito grande de modelos: se cada grupo conseguir reunir quatro ou cinco diferentes, terá sido suficiente para o exercício de análise e comparação. Para facilitar o trabalho, decomponham a análise dos textos em partes diferentes, conforme indicado a seguir: primeiro os elementos das cartas em geral; depois, os aspectos específicos da construção das cartas de solicitação. Observem as dicas do item **II**.

Saiba +

"O que é e como funciona o jovem aprendiz? Quanto ganha? Tem 13º e férias?", reportagem de Ricardo Marchesan.

O programa Jovem Aprendiz é uma forma de contratação de jovens para estimular o primeiro emprego e a profissionalização. Leia a reportagem para conhecer mais sobre essa iniciativa do governo federal. Disponível em: https://economia.uol.com.br/empregos-e-carreiras/noticias/redacao/2019/12/05/como-fuciona-programa-jovem-aprendiz.htm. Acesso em: 5 abr. 2022.

N.Savranska/Shutterstock

II. Na análise dos elementos das cartas em geral, é importante observar se:

- Há indicações de data e local? Como essas indicações são escritas e em que lugar da carta aparecem?
- Há um destinatário evidente? Como ele é sinalizado na carta, onde aparece essa sinalização e quais recursos de linguagem são empregados para que os remetentes se dirijam a ele?
- Há um fechamento na carta, como fecho de cortesia? Como ele é feito? Em que lugar ele aparece?
- Como o remetente sinaliza a autoria da carta? Onde essa marca de autoria é empregada? Há dados e informações pessoais de contato expressas em algum lugar da carta?
- O texto é impresso ou manuscrito?
- Considerando os exemplos encontrados, por que o portador escolhido é apropriado?
- Identifiquem características de formatação das cartas: alinhamentos (o que fica à direita, à esquerda e o que é centralizado), espaços interlineares, tipos de letra, tamanhos das margens, etc.

III. Ao analisar os elementos mais específicos das cartas de apresentação, é importante identificar os trechos em que os remetentes expressam suas motivações para se candidatarem ao posto em questão. Na análise desses trechos, é importante notar em cada carta:

- O nível de linguagem é formal, seguindo as regras prescritas pela norma-padrão e mantendo certo distanciamento em relação ao interlocutor? Ou o nível é informal, usando expressões mais próximas da fala e buscando estabelecer maior intimidade ao se dirigir ao interlocutor, como se estivesse em uma conversa entre amigos?
- Como se estrutura o corpo do texto?
- Que informações há no primeiro parágrafo? No entender de vocês, qual é o objetivo dessas informações?
- Nos parágrafos seguintes, que informações pessoais e profissionais do remetente são citadas? Como elas se organizam entre si?
- Há marcas de subjetividade (por exemplo, o emprego da 1ª pessoa do singular, projeções enunciativas explícitas e/ou marcas de modalização)?
- Que organização discursiva predomina: o narrativo, o descritivo, o expositivo-explicativo ou o argumentativo? Na opinião de vocês, o que justificaria esse predomínio?
- A carta é extensa? Tem quantas páginas?
- Há algum exemplo de carta que, no entender de vocês, é mais adequado? Por quê? Que elementos o tornariam mais apropriado?

IV. Compartilhem as análises feitas com os demais grupos e, com a ajuda do professor, identifiquem as principais características do gênero, ou seja, aquelas que foram notadas na maior parte dos exemplos pesquisados. Por meio dessas análises e da observação dos diversos textos pesquisados pelo grupo, você e os colegas poderão:

- perceber os padrões dos textos desse gênero;
- reconhecê-los em outros modelos;
- empregar padrões e estruturas textuais que julgarem adequados na produção dos próprios textos.

Escrita e revisão

Agora, você já está em condições de resolver o desafio proposto: escrever sua carta de motivação. Redija-a individualmente tendo em vista a situação apresentada na atividade anterior. Não se esqueça de formatá-la da maneira adequada ao gênero.

Compare sua carta com as dos colegas. Com a orientação do professor, releia sua carta e, considerando as questões a seguir, ajuste o que for preciso, reescrevendo-a.

- Pronomes de tratamento e fórmulas de polidez.
- Aspectos sintáticos da linguagem formal relacionados a concordância, regência e colocação pronominal.
- Formas de modalização que marquem sua posição pessoal em relação à oportunidade oferecida pela empresa.
- Uso dos conectores lógico-relacionais que expressem as diferentes circunstâncias tratadas na carta.
- Coerência dos argumentos apresentados: verifique se suas habilidades listadas na carta são condizentes com as informações de seu currículo.

Ao final, entregue o texto produzido para o professor e guarde uma cópia em seu **portfólio**. Quando precisar produzir uma carta dessa natureza, você poderá valer-se dos conhecimentos que adquiriu nesta atividade e mobilizar o exemplo que construiu.

Rido/Shutterstock

Grupo de estudantes trabalhando coletivamente.

Diário de bordo

Registre em seu diário de bordo as aprendizagens que conseguiu construir a respeito do gênero carta de motivação. Registre também as principais características que você reconheceu em si mesmo ao elaborar uma carta como essa.

Cultura digital videocurrículo

Atualmente, durante os processos de seleção de candidatos, muitas instituições – universidades e empresas – têm solicitado, além do currículo e da carta de motivação, um videocurrículo, que é um vídeo de curta duração – no máximo de dois minutos – em que o candidato se apresenta aos selecionadores. O objetivo do videocurrículo é verificar principalmente habilidades comunicativas orais do candidato, que não podem ser observadas por meio do currículo e da carta de motivação. Muitas vezes, ao solicitar o videocurrículo, a instituição fornece instruções ao candidato para produzi-lo, com perguntas a que ele deve responder. Esse documento audiovisual foi criado para agilizar o processo de seleção dos candidatos.

A proposta aqui é que você conheça videocurrículos e, com base nesses modelos, grave um para se apresentar. Para isso, leia as orientações a seguir.

I. Sob a orientação do professor, reúnam-se em pequenos grupos, pesquisem *sites* de repositórios de vídeos e, usando o mecanismo de busca desses *sites*, procurem exemplos de videocurrículos.

II. Selecionem alguns desses exemplos – três ou quatro são suficientes. Assistam a cada um deles, observando os aspectos a seguir.

A duração dos vídeos

- Em geral, quanto tempo duram?
- Em sua opinião, esses vídeos devem ser longos? Ou mais curtos?

Elementos ligados à imagem

- Como é o enquadramento do candidato: frontal? De baixo para cima? De cima para baixo? De lado? Que parte(s) da pessoa é(são) mostrada(s) no vídeo? Que elemento(s) é(são) focalizado(s)?
- Como é a qualidade da iluminação: sobre qual(is) elemento(s) da cena a luz incide mais? O que fica mais visível e o que aparece menos nitidamente na imagem?
- O que há como pano de fundo no vídeo, isto é, o que aparece atrás do candidato?
- A tomada é contínua ou há cortes e recursos de transição entre as tomadas? Esses recursos, se existirem, ajudam na compreensão do vídeo, são dispensáveis (não ajudam nem atrapalham) ou prejudicam o desenvolvimento e a compreensão?

Elementos ligados ao som

- A qualidade de captação sonora é boa? É possível ouvir bem o que é dito?
- Há outros elementos sonoros além da voz do candidato? Por exemplo, há uma música de fundo?
- Se sim, como esses elementos sonoros contribuem para a construção dos sentidos do vídeo?

Elementos próprios da linguagem oral

- A pessoa do vídeo se movimenta? Ela está em pé ou sentada?
- Há muitos recursos mimogestuais e cinésicos (movimentos de mão, da cabeça e do olhar, gesticulações e expressões faciais)? Esses recursos contribuem para a comunicação ou a prejudicam?

- Para quem, ou para o que a pessoa olha: ela lê um texto que tem em mãos? Lê um texto que está atrás da câmera? Olha para algum ponto fixo ou diretamente para a câmera? O olhar "dança" no vídeo?
- A voz da pessoa é nítida? As palavras e os enunciados são compreensíveis? Há muitas marcas de hesitação e marcadores conversacionais em sua fala?

Elementos da organização do texto falado

- Como a fala é iniciada pelo candidato?
- Que informações pessoais do currículo e da vida pessoal são apresentadas? Em que ordem? Por exemplo, informações pessoais e profissionais e depois habilidades específicas? (Recorde a organização do currículo vista na Unidade 1 para analisar esses elementos).
- Que aspecto do currículo é destacado? Por que foi feita essa escolha, na opinião de vocês?
- Como o candidato termina sua fala?
- Qual é o nível de linguagem empregado?

Organização e gravação do videocurrículo

Compartilhem entre os grupos essas análises e, sob a orientação do professor, formulem as conclusões gerais da turma a respeito das características de um videocurrículo.

Com base nessas conclusões, a tarefa agora é você organizar e gravar seu videocurrículo conforme indicado a seguir.

- Organize o roteiro da fala. Para isso, use o próprio currículo escrito na Unidade 1.
- Providencie o material para a gravação: o *smartphone* será seu grande aliado neste momento. Escolha um local onde você possa gravar tranquilamente o vídeo. Fique atento aos elementos ligados à iluminação e à captação do som.
- Grave uma primeira versão do vídeo. Combine com um colega e gravem o videocurrículo um do outro.
- Assista à gravação e verifique, usando o roteiro anterior de análise, se há algo que deva ser modificado. Se achar que está adequado, não precisa gravá-lo novamente. Caso contrário, identifique o(s) aspecto(s) que não tenha(m) ficado adequado(s) na primeira versão e modifique-o(s) na segunda gravação.
- Por fim, disponibilize o videocurrículo em uma rede social da turma, se vocês tiverem. Assim, ele poderá ser visto e comentado por todos os colegas. Procure utilizar um formato de vídeo que possa facilmente ser lido e reconhecido pelos aplicativos de vídeo mais comuns.

Chaay_Tee/Shutterstock

Exemplo de gravação de um vídeo caseiro que pode servir de modelo para a organização do "cenário". Nesse exemplo, o fundo da cena tem poucas informações, que não poluem a imagem.

Responda às questões a seguir para fazer uma retomada dos seus conhecimentos e rever alguns assuntos que estudou nesta unidade.

1. (Enem – 2015)

Posso mandar por e-mail?

Atualmente, é comum "disparar" currículos na internet com a expectativa de alcançar o maior número possível de selecionadores. Essa, no entanto, é uma ideia equivocada: é preciso saber quem vai receber seu currículo e se a vaga é realmente indicada para seu perfil, sob o risco de estar "queimando o filme" com um futuro empregador. Ao enviar o currículo por e-mail, tente saber quem vai recebê-lo e faça um texto sucinto de apresentação, com a sugestão a seguir:

Assunto: Currículo para a vaga de gerente de marketing

Mensagem: Boa tarde. Meu nome é José da Silva e gostaria de me candidatar à vaga de gerente de marketing. Meu currículo segue anexo.

Guia da língua 2010: modelos e técnicas. Língua Portuguesa, 2010 (adaptado).

O texto integra um guia de modelos e técnicas de elaboração de textos e cumpre a função social de

a) divulgar um padrão oficial de redação e envio de currículos.
b) indicar um modelo de currículo para pleitear uma vaga de emprego.
c) instruir o leitor sobre como ser eficiente no envio de currículo por e-mail.
d) responder a uma pergunta de um assinante da revista sobre o envio de currículo por e-mail.
e) orientar o leitor sobre como alcançar o maior número possível de selecionadores de currículos.

2. (Enem – 2009)

Confidência do Itabirano

Alguns anos vivi em Itabira.
Principalmente nasci em Itabira.
Por isso sou triste, orgulhoso: de ferro.
Noventa por cento de ferro nas calçadas.
Oitenta por cento de ferro nas almas.
E esse alheamento do que na vida é porosidade e
[comunicação.

A vontade de amar, que me paralisa o trabalho,
vem de Itabira, de suas noites brancas, sem mulheres e
[sem horizontes.
E o hábito de sofrer, que tanto me diverte,
é doce herança itabirana.

De Itabira trouxe prendas diversas que ora te ofereço:
esta pedra de ferro, futuro aço do Brasil,
este São Benedito do velho santeiro Alfredo Duval;
este couro de anta, estendido no sofá da sala de visitas;
este orgulho, esta cabeça baixa...

Tive ouro, tive gado, tive fazendas.
Hoje sou funcionário público.
Itabira é apenas uma fotografia na parede.
Mas como dói!

ANDRADE, C. D. Poesia completa. Rio de Janeiro: Nova Aguilar, 2003.

Carlos Drummond de Andrade é um dos expoentes do movimento modernista brasileiro. Com seus poemas, penetrou fundo na alma do Brasil e trabalhou poeticamente as inquietudes e os dilemas humanos. Sua poesia é feita de uma relação tensa entre o universal e o particular, como se percebe claramente na construção do poema Confidência do Itabirano. Tendo em vista os procedimentos de construção do texto literário e as concepções artísticas modernistas, conclui-se que o poema acima

a) representa a fase heroica do modernismo, devido ao tom contestatório e à utilização de expressões e usos linguísticos típicos da oralidade.

b) apresenta uma característica importante do gênero lírico, que é a apresentação objetiva de fatos e dados históricos.

c) evidencia uma tensão histórica entre o "eu" e a sua comunidade, por intermédio de imagens que representam a forma como a sociedade e o mundo colaboram para a constituição do indivíduo.

d) critica, por meio de um discurso irônico, a posição de inutilidade do poeta e da poesia em comparação com as prendas resgatadas de Itabira.

e) apresenta influências românticas, uma vez que trata da individualidade, da saudade da infância e do amor pela terra natal, por meio de recursos retóricos pomposos.

3. (Enem – 2016)

Antiode

Poesia, não será esse
o sentido em que
ainda te escrevo:

flor! (Te escrevo:
flor! Não uma
flor, nem aquela
flor-virtude – em
disfarçados urinóis).

Flor é a palavra
flor; verso inscrito
no verso, como as
manhãs no tempo.

Flor é o salto
da ave para o voo:
o salto fora do sono
quando seu tecido
se rompe; é uma explosão
posta a funcionar,
como uma máquina,
uma jarra de flores.

MELO NETO, J. C. Psicologia da composição. Rio de Janeiro: Nova Fronteira, 1997 (fragmento).

A poesia é marcada pela recriação do objeto por meio da linguagem, sem necessariamente explicá-lo. Nesse fragmento de João Cabral de Melo Neto, poeta da geração de 1945, o sujeito lírico propõe a recriação poética de

a) uma palavra, a partir de imagens com as quais ela pode ser comparada, a fim de assumir novos significados.

b) um urinol, em referência às artes visuais ligadas às vanguardas do início do século XX.

c) uma ave, que compõe, com seus movimentos, uma imagem historicamente ligada à palavra poética.

d) uma máquina, levando em consideração a relevância do discurso técnico-científico pós-Revolução Industrial.

e) um tecido, visto que sua composição depende de elementos intrínsecos ao eu lírico.

4. (Enem – 2016)

Casamento

Há mulheres que dizem:
Meu marido, se quiser pescar, pesque,
mas que limpe os peixes.
Eu não. A qualquer hora da noite me levanto,
ajudo a escamar, abrir, retalhar e salgar.
É tão bom, só a gente sozinhos na cozinha,
de vez em quando os cotovelos se esbarram,
ele fala coisas como "este foi difícil"
"prateou no ar dando rabanadas"
e faz o gesto com a mão.
O silêncio de quando nos vimos a primeira vez
atravessa a cozinha como um rio profundo.
Por fim, os peixes na travessa,
vamos dormir.
Coisas prateadas espocam:
somos noivo e noiva.

PRADO, A. Poesia reunida. São Paulo: Siciliano, 1991.

O poema de Adélia Prado, que segue a proposta moderna de tematização de fatos cotidianos, apresenta a prosaica ação de limpar peixes na qual a voz lírica reconhece uma

a) expectativa do marido em relação à esposa.

b) imposição dos afazeres conjugais.

c) disposição para realizar tarefas masculinas.

d) dissonância entre as vozes masculina e feminina.

e) forma de consagração da cumplicidade no casamento.

5. (Unesp-SP – 2015)

Aliadas ou concorrentes

Alguns números: nos Estados Unidos, 60% dos formados em universidades são mulheres. Metade das europeias que estão no mercado de trabalho passou por universidades. No Japão, as mulheres têm níveis semelhantes de educação, mas deixam o mercado assim que se casam e têm filhos. A tradição joga contra a economia. O governo credita parte da estagnação dos últimos anos à ausência de participação feminina no mercado de trabalho. As brasileiras avançam mais rápido na educação. Atualmente, 12% das mulheres têm diploma universitário – ante 10% dos homens. Metade das garotas de 15 entrevistadas numa pesquisa da OCDE[1] disse pretender fazer carreira em engenharia e ciências – áreas especialmente promissoras.

[...]

Agora, a condição de minoria vai caindo por terra e os padrões de comportamento começam a mudar. Cada vez menos mulheres estão dispostas a abdicar de sua natureza em nome da carreira. Não se trata de mudar a essência do trabalho e das obrigações que homens e mulheres têm de encarar. Não se trata de trabalhar menos ou ter menos ambição. É só uma questão de forma. É muito provável que legisladores e empresas tenham de ser mais flexíveis para abrigar mulheres de talento que não desistiram do papel de mãe. Porque, de fato, essa é a grande e única questão de gênero que importa.

Mais fortalecidas e mais preparadas, as mulheres terão um lugar ao sol nas empresas do jeito que são ou desistirão delas, porque serão capazes de ganhar dinheiro de outra forma. Há 8,3 milhões de empresas lideradas por mulheres nos Estados Unidos – é o tipo de empreendedorismo que mais cresce no país. De acordo com um estudo da EY[2], o Brasil tem 10,4 milhões de empreendedoras, o maior índice entre as 20 maiores economias. Um número crescente delas tem migrado das grandes empresas para o próprio negócio. Os fatos mostram: as empresas em todo o mundo terão, mais cedo ou mais tarde, de decidir se querem ter metade da população como aliada ou como concorrente.

Exame, outubro de 2013.

[1] OCDE: Organização para a Cooperação e Desenvolvimento Econômico.

[2] EY: Organização global com o objetivo de auxiliar seus clientes a fortalecerem seus negócios ao redor do mundo.

No último parágrafo, focalizando o mercado de trabalho mundial, a autora sugere que as grandes empresas atuais

a) correm o risco de privilegiar o mercado feminino, se começarem a ser lideradas por mulheres.

b) não admitem, em todo o mundo, a liderança de mulheres.

c) precisam muito da liderança de mulheres, pois estas são atualmente mais capacitadas que os homens.

d) não precisam se preocupar com as mulheres, pois o empreendedorismo destas é um fenômeno passageiro.

e) poderão ter de enfrentar no futuro a concorrência de empresas lideradas por mulheres.

6. (Fuvest-SP – 2021)

Psicanálise do açúcar

O açúcar cristal, ou açúcar de usina,
mostra a mais instável das brancuras:
quem do Recife sabe direito o quanto,
e o pouco desse quanto, que ela dura.
Sabe o mínimo do pouco que o cristal
se estabiliza cristal sobre o açúcar,
por cima do fundo antigo, de mascavo,
do mascavo barrento que se incuba;
e sabe que tudo pode romper o mínimo
em que o cristal é capaz de censura:
pois o tal fundo mascavo logo aflora
quer inverno ou verão mele o açúcar.

Só os banguês* que-ainda purgam ainda
o açúcar bruto com barro, de mistura;
a usina já não o purga: da infância,
não de depois de adulto, ela o educa;
em enfermarias, com vácuos e turbinas,
em mãos de metal de gente indústria,
a usina o leva a sublimar em cristal
o pardo do xarope: não o purga, cura.
Mas como a cana se cria ainda hoje,
em mãos de barro de gente agricultura,
o barrento da pré-infância logo aflora
quer inverno ou verão mele o açúcar.

João Cabral de Melo Neto, A Educação pela Pedra.

*banguê: engenho de açúcar primitivo movido a força animal.

Os últimos quatro versos do poema rompem com a série de contrapontos entre a usina e o banguê, pois

a) negam haver diferença química entre o açúcar cristal e o açúcar mascavo.
b) esclarecem que a aparência do açúcar varia com a espécie de cana cultivada.
c) revelam que na base de toda empresa açucareira está o trabalhador rural.
d) denunciam a exploração do trabalho infantil nos canaviais nordestinos.
e) explicam que a estação do ano define em qualquer processo o tipo de açúcar.

7. (Comvest/Unicamp-SP – 2018)
O poema abaixo é de autoria do poeta Augusto de Campos, integrante do movimento concretista.

ACASO
1963

```
socaa         soaca         scaoa         ocasa
oscaa         osaca         csaoa         coasa
scoaa         saoca         sacoa         oacsa
csoaa         asoca         ascoa         aocsa
ocsaa         oasca         casoa         caosa
cosaa         aosca         acsoa         acosa
       soaac         saaoc         scaao
       osaac         asaoc         csaao
       saoac         aasoc         sacao
       asoac         oaasc         ascao
       oasac         aoasc         casao
       aosac         aaosc         acsao
              saaco         ocaas
              asaco         coaas
              aasco         oacas
              caaso         aocas
              acaso         caoas
              aacso         acoas
                     oaacs
                     aoacs
                     aaocs
                     caaos
                     acaos
                     aacos
```

Comvest/Vestibular Unicamp.2018.

(Augusto de Campos, Viva Vaia. Poesia: 1949-1979. São Paulo: Ateliê Editorial, 2000, p. 116-117.)

Nesse poema, nota-se uma técnica de composição que consiste

a) na disposição arbitrária de anagramas, sem produzir uma relação de sentido com o título do poema.
b) na disposição exaustiva de anagramas, sem produzir uma relação de sentido com o título do poema.
c) na disposição arbitrária de anagramas, para produzir uma relação de sentido com o título do poema.
d) na disposição exaustiva de anagramas, para produzir uma relação de sentido com o título do poema.

8. (ITA-SP – 2011)

Considere o poema a seguir, de Ronaldo Azeredo:

Reprodução/ITA, 2011.

Esse texto

I. explora a organização visual das palavras sobre a página.
II. põe ênfase apenas na forma, e não no conteúdo da mensagem.
III. pode ser lido não apenas na sequência horizontal das linhas.
IV. não apresenta preocupação social.

Estão corretas

a) I e II.
b) I, II e III.
c) I e III.
d) II e IV.
e) todas.

9. (UPF-RS – 2015)

Na década de 1950, surge, no Brasil, o movimento da poesia concreta, liderado pelos irmãos Augusto e Haroldo de Campos e por Décio Pignatari. Algumas características marcantes da poesia concreta são:

a) a valorização da palavra solta, que se fragmenta e se recompõe na página, e o uso do espaço gráfico como elemento estrutural do poema.
b) a retomada das formas fixas, como o soneto e o epigrama, e a valorização dos temas universais.
c) o emprego da linguagem coloquial e o desenvolvimento de temas do cotidiano.
d) o uso estilizado de formas da literatura oral, como o cordel nordestino, e a pregação político-partidária.
e) o recurso à musicalidade do verso e a afirmação do corpo e do desejo.

10. (UPE – 2022)

Texto 2

O Bicho

Vi ontem um bicho
Na imundície do pátio
Catando comida entre os detritos.
Quando achava alguma coisa,
Não examinava nem cheirava:
Engolia com voracidade.

O bicho não era um cão,
Não era um gato,
Não era um rato.

O bicho, meu Deus, era um homem.

BANDEIRA, Manuel. O Bicho. In: ____. *Estrela da Vida Inteira*. 20. ed. Rio de Janeiro: Nova Fronteira: 1993. p. 201.

Texto 3

[....]
– Severino, retirante,
pois não sei o que lhe conte;
sempre que cruzo este rio
costumo tomar a ponte;

quanto ao vazio do estômago,
se cruza quando se come.
– Seu José, mestre carpina,
e quando ponte não há?
quando os vazios da fome
não se tem com que cruzar?
quando esses rios sem água
são grandes braços de mar?

– Severino, retirante,
o meu amigo é bem moço
sei que a miséria é mar largo,
não é como qualquer poço:
mas sei que para cruzá-la
vale bem qualquer esforço.

MELO NETO, João Cabral de. Morte e Vida Severina. In: ZILBERMAN, R. (Org.) *João Cabral de Melo Neto*: poemas para ler na escola. Rio de Janeiro: Objetiva, 2010. Excerto.

Texto 4

"Fabiano ia satisfeito. Sim senhor, arrumara-se. Chegara naquele estado, com a família morrendo de fome, comendo raízes. Caíra no fim do pátio, debaixo de um juazeiro, depois tomara conta da casa deserta. Ele, a mulher e os filhos tinham-se habituado à camarinha escura, pareciam ratos – e a lembrança dos sofrimentos passados esmorecera."

RAMOS, Graciliano. *Vidas Secas*. Rio de Janeiro: Record, 1980. Excerto.

Texto 5

"– Chegou a desolação da primeira fome. Vinha seca e trágica, surgindo no fundo sujo dos sacos vazios, na descarnada nudez das latas raspadas.

– Mãezinha, cadê a janta?

– Cala a boca, menino! Já vem!

– Vem lá o quê!...

Angustiado, Chico Bento apalpava os bolsos... nem um triste vintém azinhavrado..."

QUEIROZ, Rachel de. *O Quinze*. Rio de Janeiro: José Olímpio, 1980. Excerto.

Texto 6

Retirantes (1959), Candido Portinari. Disponível em: https://artsandculture.google.com/asset/retirantes/KgHRUfPT2-zYVg?hl=pt-BR Acesso em: 06/06/2021.

Em diálogo com a sociedade, as manifestações artísticas representam mimeticamente temas sociais. No Modernismo brasileiro, diversos poetas, ficcionistas e pintores representaram a temática social da fome, por meio de múltiplas perspectivas. Com base na leitura dos **Textos 2**, **3**, **4**, **5** e **6**, e reconhecendo as características das diversas fases do Modernismo brasileiro, assinale a alternativa **CORRETA**.

a) O poema *"O Bicho"* (**Texto 2**) retrata a miséria humana, por meio da zoomorfização do ser humano, em virtude das condições de pobreza, exclusão social e degradação na luta pela sobrevivência.

b) A obra *"Vidas Secas"* é considerada como pós-modernista naturalista, pois combina as características do Modernismo e do Naturalismo na comparação das personagens a animais, conforme se nota no **Texto 4**, em que Fabiano e sua família são comparados a "ratos".

c) A obra *"O Quinze"* apresenta características do romance experimental e narra a trajetória de Chico Bento e sua família que vivem a problemática da fome, em razão da seca. O **Texto 5** apresenta a visão do narrador personagem, ao mostrar o diálogo entre Chico Bento e seus filhos.

d) *"Morte e Vida Severina"* retrata, em prosa, a trajetória do retirante nordestino Severino e mostra a aridez do sertão, as injustiças sociais e a fome. O **Texto 3** apresenta a visão pessimista de Mestre Carpina, sem esperanças diante da miséria da vida humana e da incapacidade de superar os problemas da fome.

e) O **Texto 6** revela influências do Surrealismo na representação de personagens esquálidos e maltrapilhos, fugindo da fome e da seca. A temática representada na tela é recorrente nas obras da terceira fase do Modernismo brasileiro, como ocorre em *"Vidas Secas"* (**Texto 4**) e *"O Quinze"* (**Texto 5**).

Ao longo das duas unidades de *Universo profissional*, você e os colegas puderam iniciar uma reflexão sobre um tema essencial na vida dos jovens: o mundo do trabalho e a escolha das profissões considerando seu projeto de vida.

Universo profissional: diálogo com especialistas

Em nossa sociedade, o que diz respeito ao mundo do trabalho tem papel fundamental na vida dos cidadãos, pois possibilita uma maneira de participação social e de obtenção de independência financeira. Por essa razão, é quase certo que as pessoas que fazem parte de sua família ou as de sua comunidade desenvolvam ou já tenham desenvolvido alguma atividade relacionada ao mundo do trabalho.

Eduardo Zappia/Pulsar Imagens

Homem e mulher em colheita de plantação orgânica em comunidade Quilombola, em Garopaba (SC), 2020.

Gorodenkoff/Shutterstock

Líder de projeto de engenharia fazendo uma exposição a um grupo de cientistas.

Dmitry Kalinovsky/Shutterstock

Homens trabalhando em túnel de metrô.

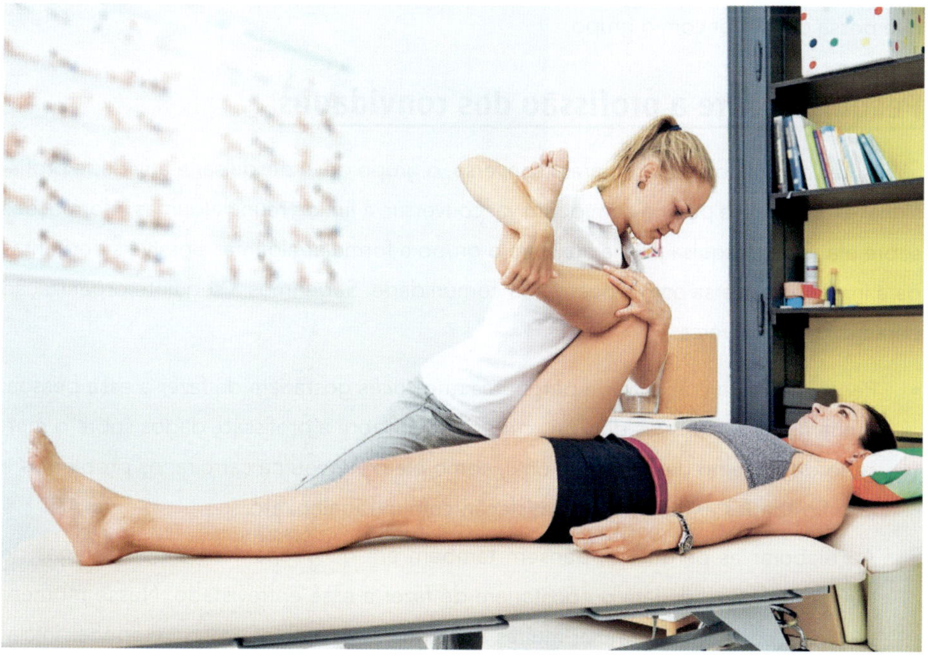

Lubo Ivanko/Shutterstock

Fisioterapeuta realizando atendimento.

Nesta unidade, o evento a ser preparado é o *Diálogo com especialistas*, que será realizado na escola em um dia específico a ser combinado com o professor, os colegas e a direção da escola. Definido esse dia, façam um convite à comunidade escolar para que outras turmas e professores possam assistir a essa série de conversas com diferentes profissionais.

O texto do convite poderá ser impresso e colocado em um mural da escola ou ser feito de modo digital e publicado no blogue da turma e no *site* da escola. Retomem a entrevista com o empreendedor que fizeram no início da unidade. A entrevista poderá ser publicada em um *post* do blogue, sendo apresentada como um exemplo do tipo de diálogo que poderá ocorrer no evento da escola.

Preparação para o evento

Com a ajuda do professor, você e os colegas vão conversar sobre as atividades profissionais desenvolvidas por pessoas da comunidade (pais ou responsáveis, parentes, vizinhos, etc.) e elaborar uma lista de profissões existentes e das pessoas da comunidade que as exercem.

Em seguida, reúna-se com os colegas em pequenos grupos. Elejam algumas das atividades profissionais listadas, por exemplo, aquelas que, por alguma razão, chamaram a atenção por não serem comuns ou porque quase ninguém suspeitasse da existência delas.

O grupo deve então escolher uma dessas atividades profissionais, entrar em contato com a pessoa da comunidade que exerce a atividade profissional escolhida e convidá-la a participar de uma conversa com o grupo, para falar sobre sua profissão. Caso ela aceite, é importante indicar a data para essa conversa de acordo com as possibilidades de todos os envolvidos. Caso ela não aceite, entrem em contato com outra pessoa da comunidade que possa conversar com o grupo.

Pesquisa sobre a profissão dos convidados

Antes do dia combinado para a conversa, o grupo deve pesquisar a atividade profissional exercida pela pessoa com quem vai conversar, a fim de reunir algumas informações sobre ela. Essa pesquisa prévia auxiliará o grupo a formular algumas possíveis perguntas para iniciar a conversa com a pessoa da comunidade. Sugerimos a seguinte organização para facilitar a conversa:

- Pensem em um conjunto de perguntas que vocês gostariam de fazer a essa pessoa: tenham em mente suas dúvidas, curiosidades sobre a profissão, dados sobre o mercado de trabalho desse profissional, como ele começou na carreira, os problemas e as dificuldades enfrentados, a satisfação com o trabalho, etc.
- Ao elaborar as perguntas, pensem também em questionamentos que colegas de outros grupos poderiam ou gostariam de fazer a esse entrevistado. Nesse momento, não é necessário formular muitas questões, pois o objetivo aqui é apenas iniciar a conversa.
- Depois que as perguntas tiverem sido formuladas, verifiquem se há questões redundantes e as excluam, se for o caso.
- Organizem o roteiro dispondo as perguntas em uma ordem que lhes pareça lógica. Por exemplo, antes de perguntar sobre as dificuldades da profissão, é necessário saber como é o cotidiano profissional do entrevistado.

Dia do evento

No dia combinado, vários convidados estarão presentes, pois lembrem-se de que cada grupo terá escolhido um convidado. Para começar, chamem os convidados um a um para participarem da mesa-redonda ou da roda de conversa. Disponham a mesa de modo que haja espaço para todos os convidados se sentarem diante dela ou as cadeiras de forma que fiquem um ao lado do outro na roda de conversa. Como eles serão o centro das atenções, é importante que fiquem em evidência: se o evento ocorrer, por exemplo, na sala de aula, esses convidados ficam à frente.

Em seguida, uma pessoa da turma deverá apresentar os convidados a todos os participantes do evento por meio de textos que foram previamente preparados por vocês. Nessa apresentação, além dos nomes dos convidados, o aluno deve mencionar quais são suas profissões. Por exemplo: "Eu gostaria de apresentar os convidados deste evento. Esta é Maria, que trabalha com preparação e animação de festas infantis. Ao lado dela, está João, que é bombeiro", e assim por diante.

Depois que os convidados tiverem sido apresentados, comecem a fazer as perguntas a cada convidado.

Permitam a cada convidado que fale livremente e usem as perguntas previamente formuladas para animar a conversa. Se possível, gravem o diálogo para tê-lo registrado.

Com base na gravação, os grupos poderão redigir um relato da vida profissional de cada convidado, à maneira de um relato de vida (como o de Adriana Barbosa, lido na Unidade 1).

Os textos resultantes desta atividade devem ser publicados em um espaço coletivo da escola ou de forma virtual (no *site* e/ou no blogue da classe ou da escola.). O vídeo com a gravação da conversa deve ser editado e poderá fazer parte dessa publicação.

Kit8.net/Shutterstock

Avaliação

Depois que os textos estiverem publicados, a turma deve fazer a leitura e a discussão coletiva dos relatos de vida profissional elaborados. Durante essa leitura, será possível levantarem questionamentos sobre as profissões, dúvidas e curiosidades, dados e informações sobre as atividades e a vida profissional das pessoas da comunidade que participaram das conversas, bem como questões sobre as obrigações profissionais, morais e éticas, etc.

Aproveitem esse momento para organizar uma roda de conversa para avaliar o processo. Sugestões de perguntas para essa conversa:

- O que você achou das entrevistas feitas com os convidados?
- Como foi sua participação nas atividades? Justifique.
- O que aprendeu durante o processo?
- Os resultados pretendidos foram alcançados? Justifique.

Com isso, vocês terão reunido algumas informações importantes sobre algumas profissões e sobre a vida das pessoas que as exercem, o que poderá ajudá-los a ampliar suas reflexões a respeito do mundo do trabalho. Além disso, terão praticado o que puderam aprender sobre as interações dialogais, entre outras questões.

mentalmind/Shutterstock

Meu portfólio

Nesta unidade, você e os colegas estudaram gêneros ligados à vida pública e pessoal e puderam perceber o quanto os textos desses gêneros são importantes em várias situações relacionadas ao trabalho e às profissões. Compreenderam a estrutura das interações dialogais e, com elas, puderam fazer o trabalho solicitado na seção *#Multiplicar*, que funcionou como um complemento ao que vocês já vinham estudando sobre as profissões. Também leram diferentes produções literárias produzidas no século XX, relacionadas ao gênero lírico.

O portfólio com as produções

Conforme lembrado ao longo da unidade, em seu portfólio, você colecionou as produções de texto desenvolvidas. É importante rever todas as versões de uma mesma produção, para que você possa, ao final do trabalho, perceber seu aprimoramento.

Ao indicar a data de cada produção, conforme orientado, você terá condições de verificar, agora, sua história de aprendizagem dos gêneros trabalhados e perceber quais aspectos da produção de textos desenvolveu e aperfeiçoou.

Respostas #EnemVestibular

Unidade 1

1. (Enem – 2010)

Resposta correta: alternativa **d**. A Menção Honrosa, apesar de significativa, não é uma informação obrigatória para o preenchimento do currículo, portanto deve ser inserida no campo "Informações adicionais".

2. (Enem – 2005)

Resposta correta: alternativa **e**. O texto I expõe a situação de um trabalhador que tem de aceitar um emprego com remuneração inferior à que ele tinha anteriormente para poder pagar suas despesas. Já o texto II complementa o texto I, explicando que a competição acirrada no mercado de trabalho tem feito as pessoas aceitarem empregos com remuneração abaixo da sua formação.

3. (UFJF-MG – 2020)

a) Sugestão: Trata-se de um relato de vida ou relato biográfico escrito em terceira pessoa, o que traz certa impessoalidade ao texto. No entanto, o autor faz uso do chamado presente histórico, que consiste na utilização desse tempo verbal – presente do indicativo – no lugar do pretérito perfeito. Assim, o que se observa no texto, com a substituição realizada é que, apesar da terceira pessoa, os acontecimentos da vida da escritora são apresentados de modo mais vivo e não tão impessoal.

b) Sugestão: Ao relatar o modo de ser da escritora, o texto põe em evidência o envolvimento de Júlia Lopes de Almeida em determinados tipos de atividade que – ao menos no Brasil – contariam com a participação efetiva das mulheres em momentos históricos muito posteriores, como: a contribuição à imprensa, a colaboração em debates polêmicos e a atuação no campo artístico e intelectual.

4. (UFJF-MG – 2020)

Resposta correta: alternativa **d**. Para o eu lírico camoniano, o mal persiste na forma de mágoa.

5. (Unifesp – 2019)

Resposta correta: alternativa **b**. O eu lírico do poema oscila, tem ambiguidades e não sabe (ou não quer saber) de fato, de si.

6. (Uema – 2021)

Resposta correta: alternativa **c**. O pronome de tratamento "senhora" indica relação de respeito e afastamento característico do amor cortês. Essa relação de servidão amorosa é uma marca do Trovadorismo.

7. (Comvest/Unicamp-SP – 2022)

Resposta correta: alternativa **d**. Camões retoma o provérbio popular "quem canta seus males espanta", o que se comprova nos versos "Como não cantas a história / De teu passado bem e da vitória / Que sempre de teu mal hás alcançado?" e "Não sabes, que a quem canta se lhe esquece / O mal, inda que grave e rigoroso? / Canta, pois, e não chores dessa sorte".

8. (IFSP – 2016)

Resposta correta: alternativa **b**. O Trovadorismo data da época medieval (por volta do século XII) e foi um estilo literário caracterizado por uma literatura oral acompanhada de alaúde e viola, flauta ou couro. Dessa forma, as alternativas **a** e **d** são descartadas. O padre Antônio Vieira pertenceu ao período Barroco, e Camões, ao Classicismo; portanto, também está incorreta a alternativa **c**. O trovador podia optar por 2 tipos de cantigas: as líricas (de amor e de amigo) e as satíricas (de maldizer e de escárnio). Isso confirma a alternativa **b** e invalida a alternativa **e**.

9. (IFSP – 2017)

Resposta correta: alternativa **c**. Trovadorismo foi um movimento literário da Idade Média, tendo sido o primeiro movimento literário da literatura portuguesa. Em Portugal ele foi expresso, sobretudo, na criação de cantigas líricas e satíricas. As primeiras eram divididas entre cantigas de amor e de amigo, já as segundas, entre cantigas de escárnio e de maldizer.

Unidade 2

1. (Enem – 2015)

Resposta correta: alternativa **c**. O texto cumpre a função de divulgar informações para que o leitor seja mais eficiente no envio de um currículo. Além de indicar um modo considerado "padrão" para o envio do currículo, o texto do guia propõe uma reflexão sobre a postura de candidatos a vagas de emprego que mandam *e-mails* genéricos.

2. (Enem – 2009)

Resposta correta: alternativa **c**. No poema, o eu lírico demonstra quanto a cidade natal, Itabira, influenciou sua forma de ser e estar no mundo. O poeta demonstra como é a sociedade itabirana e, com isso, associa à sua construção como indivíduo.

3. (Enem – 2016)

Resposta correta: alternativa **a**. O poema de João Cabral traz a ressignificação das palavras, no caso, "flor", atribuindo-lhe novos sentidos. Com isso, o termo *flor* é associado a várias imagens, com as quais pode ser comparada, fugindo do sentido denotativo da palavra e assumindo novos significados.

4. (Enem – 2016)

Resposta correta: alternativa **e**. No poema, é evidente a relação de cumplicidade no casamento, a partir de um gesto cotidiano como o de limpar peixes. O eu lírico chega a afirmar que outras mulheres se negam a realizar essa atividade, enquanto ela própria vê no ato de limpar os peixes uma forma de cumplicidade.

5. (Unesp-SP – 2015)

Resposta correta: alternativa **e**. O texto, no último parágrafo, afirma que "as empresas em todo o mundo terão, mais cedo ou mais tarde, de decidir se querem ter metade da população como aliada ou como concorrente", pois as mulheres não indicam que vão abandonar o mercado de trabalho, mas sim transformá-lo.

6. (Fuvest-SP – 2021)

Resposta correta: alternativa **c**. Observa-se que o eu lírico opõe a usina, produtora de açúcar cristal, ao banguê, fabricante do "açúcar bruto". Nos últimos quatro versos, apresenta a "gente agricultura" evidenciando que, por trás de toda "empresa açucareira" está o "trabalhador rural".

7. (Comvest/Unicamp-SP – 2018)

Resposta correta: alternativa **d**. No poema "Acaso", observamos o uso de técnicas concretistas na organização dos anagramas que compõem seu texto, esgotando o número de combinações possíveis de todos eles. Apesar do nome "Acaso", a utilização extenuante de anagramas prova que não há "acaso", pois todas as possíveis combinações das letras que compõem o poema foram utilizadas.

8. (ITA-SP – 2011)

Resposta correta: alternativa **c**. O poema "Velocidade", de Ronaldo Azeredo, é representativo do Concretismo, movimento surgido na década de 1950 e que propunha a valorização da forma gráfico-visual da poesia, rejeitando o lirismo discursivo (o "conteúdo") da poesia tradicional. O poema permite as leituras horizontal e vertical.

9. (UPF-RS – 2015)

Resposta correta: alternativa **a**. A poesia do Concretismo é vanguardista e experimentalista. Ela se constrói pela união entre a palavra escrita e os elementos visuais que, juntos, conferem significado ao poema.

10. (UPE – 2022)

Resposta correta: alternativa **a**. A alternativa faz uma correta análise sobre o poema de Manuel Bandeira. Nele, o ser humano é zoomorfizado, isto é, comparado a um animal, já que vive condições degradantes de fome, buscando comida entre detritos. Assim, o poema faz um retrato da miséria humana, denunciando a condição dos pobres e excluídos.

Lista de siglas das atividades extraídas de provas oficiais

Comvest/Unicamp-SP: Comissão Permanente para os vestibulares da Unicamp/Universidade Estadual de Campinas (São Paulo)
Enem: Exame Nacional do Ensino Médio
Fuvest-SP: Fundação Universitária para o Vestibular
ITA-SP: Instituto Tecnológico de Aeronáutica (São Paulo)
IFSP: Instituto Federal de Educação, Ciência e Tecnologia de São Paulo
Uema: Universidade Estadual do Maranhão
UFJF-MG: Universidade Federal de Juiz de Fora (Minas Gerais)
Unesp-SP: Universidade Estadual Paulista (São Paulo)
Unifesp: Universidade Federal de São Paulo
UPE: Universidade de Pernambuco
UPF-RS: Universidade de Passo Fundo (Rio Grande do Sul)

PROJETO MÚLTIPLO

LÍNGUA PORTUGUESA

Carlos Emílio Faraco
Bacharel e licenciado em Letras pela Universidade de São Paulo (USP)
Ex-professor do Ensino Fundamental e do Ensino Médio

Francisco Marto de Moura
Licenciado em Letras pela Universidade de São Paulo (USP)
Ex-professor do Ensino Fundamental, do Ensino Médio e do Ensino Superior

José Hamilton Maruxo Júnior
Bacharel, licenciado e doutor em Letras pela Universidade de São Paulo (USP)
Professor do curso de Letras da Universidade Federal de São Paulo (Unifesp)

ENSINO MÉDIO

VOLUME ÚNICO | PARTE F

Arte e vida

editora ática

Sumário

Unidade 2: Conto 572

UNIDADE

1 Histórias dos indígenas da Amazônia e resenha crítica

Ana Branco/Agência O Globo

O escritor Ailton Krenak. Foto de 2017.

Reprodução/Acervo particular

O escritor Daniel Munduruku.

Elisabete Alves/Ministério da Cultura

A escritora Eliane Potiguara. Foto de 2014.

Reprodução/Acervo particular

A escritora Graça Graúna.

#TáNoFeed

Nas últimas décadas, tem conquistado cada vez mais espaço nas letras brasileiras a chamada literatura indígena: aquela que é produzida por escritores brasileiros de origem indígena. Além de possibilitarem o registro e a circulação de textos da tradição oral de vários povos indígenas de nosso país, essas obras procuram apresentar – tanto em prosa como em verso – o modo de seus autores perceberem a realidade, abrindo caminho para reflexões significativas sobre o fazer literário, dando visibilidade às culturas indígenas e levando os leitores não apenas a se aproximarem dessas culturas e sentirem o prazer possibilitado por essas leituras como também a refletir sobre si mesmos.

Pesquisa: literatura indígena no Brasil

A proposta é que você e os colegas, organizados em grupos, conheçam alguns escritores indígenas e suas respectivas obras. Para isso, sigam algumas orientações.

- Façam uma pesquisa baseada na produção dos escritores citados a seguir, cuja obra é de publicação mais recente: Daniel Munduruku, Graça Graúna, Eliane Potiguara, Olívio Jekupé, Ailton Krenak, Kaká Werá, Davi Kopenawa e Yaguarê Yamã.
- Organizem o trabalho com os demais grupos, de modo que cada um pesquise os costumes do povo indígena a que pertence o escritor ou a escritora, a trajetória dele ou dela e quais são as suas obras publicadas.
- Combinem com o professor uma maneira de divulgar o material pesquisado. Vocês podem, por exemplo, relatar um pouco como é a cultura dos povos indígenas relacionados a essas obras; organizar em sala de aula uma exposição sobre a literatura desses escritores; selecionar trechos das obras literárias deles e fazer seções de leitura com os colegas.
- Ao final desse trabalho, guardem todo o material pesquisado no **portfólio**, pois ele será retomado no evento *Mundo literário* da seção *#Multiplicar.*

Para auxiliá-lo no seu processo de gestão da própria aprendizagem, ao longo das seções há sempre uma recomendação para que as produções de texto sejam guardadas, de rascunhos a versões finais. Essas recomendações são marcadas com um ícone, como este acima.

Para facilitar esse trabalho, recomendamos que você tenha uma pasta – virtual e/ou física – chamada **portfólio**, em que essas produções serão guardadas. Assim, sempre que for necessário reescrever ou refazer um texto, ao longo de um processo de produção de textos, você terá facilidade de encontrar as versões anteriores da mesma produção.

Conheça a unidade

Objetivos

- Ler, discutir e analisar uma história dos indígenas kaxinawás, bem como perceber os elementos dessa narrativa que a caracterizam como pertencente à cultura desse povo.
- Fruir a leitura de textos renomados das literaturas brasileira e latino-americana do século XX.
- Refletir sobre a tradição oral.
- Ler e produzir o gênero resenha crítica, considerando suas características composicionais.

Justificativa

A leitura de uma história indígena do povo kaxinawá, sugerida nesta unidade, está relacionada a um minucioso trabalho de pesquisa e resgate das histórias ancestrais desse povo. Esse trabalho dialoga com dois componentes desta unidade: o primeiro refere-se aos estudos de análise literária, em que você é convidado a ler um trecho da obra *Macunaíma*, de Mário de Andrade; o segundo é o trabalho sugerido sobre tradição oral. O estudo de resenha crítica procura estimular você a ler essa forma de orientação de consumo de objetos culturais e a produzir textos do gênero para que também se perceba como um divulgador de cultura.

A BNCC nesta unidade

Nesta unidade são desenvolvidas as competências e as habilidades da BNCC indicadas a seguir.

Competências gerais da Educação Básica: 3, 4, 5, 9, 10.

Competências e habilidades específicas de Linguagens e suas Tecnologias para o Ensino Médio

Competência: 6. **Habilidades:** EM13LGG601, EM13LGG602, EM13LGG603, EM13LGG604.

Competências específicas de Linguagens e habilidades específicas de Língua Portuguesa para o Ensino Médio

Competências: 1, 2, 3, 4, 6, 7. **Habilidades por campo de atuação.** Todos os campos de atuação social: EM13LP01, EM13LP02, EM13LP10, EM13LP11, EM13LP12. Campo de atuação da vida pessoal: EM13LP20. Campo das práticas de estudo e pesquisa: EM13LP28, EM13LP30, EM13LP33, EM13LP34. Campo artístico-literário: EM13LP47, EM13LP49, EM13LP50, EM13LP52, EM13LP53.

Situação inicial

Observe nesta e na próxima página alguns cartazes de filmes para responder a questões sobre essas imagens.

Reprodução/Diamond Films

Cartaz do filme *Sete minutos depois da meia-noite*, dirigido por Juan Antonio Bayona e lançado em 2016.

Cartaz do filme *Narradores de Javé*, dirigido por Eliane Caffé e lançado em 2003.

Cartaz do filme *Chuva é cantoria na aldeia dos mortos*, dirigido por João Salaviza e Renée Nader Messora, lançado em 2018.

Cartaz do filme *Medida provisória*, dirigido por Lázaro Ramos, lançado em 2022.

Responda às questões que estão na página a seguir. Depois, socialize com os colegas e o professor suas respostas.

1. Você já assistiu a algum desses filmes?
2. Em caso afirmativo, qual(is)? Que opinião você formulou a respeito dele(s)? Em caso negativo, por meio da leitura dos cartazes, a qual(is) filme(s) você sentiu vontade de assistir? Por quê?

Roda de conversa e registro das apresentações

Agora, organizem-se em uma roda de conversa. Cada estudante deve ter um tempo para falar sobre produções artísticas pelas quais se interessa e sobre como teve acesso a elas. Ouça com atenção a fala dos colegas. Quando chegar a sua vez, compartilhe com eles de que modo você escolhe as obras artísticas e de entretenimento (filmes, programas de televisão, séries, livros, etc.) para seu lazer e quais obras despertaram seu interesse recentemente.

Para realizar essa atividade de interação e de produção, siga algumas orientações:

- Escolha uma dessas obras citadas e comente como se interessou por ela: por meio de indicação de um amigo, pelos jornais, em alguma fonte na internet, em redes sociais. Não deixe de compartilhar com os colegas alguns detalhes da obra: explique um pouco sobre ela, o contexto de produção, apresente uma sinopse/resumo da história de que trata ou descreva os elementos que a compõem e apresente argumentos para justificar o porquê de ter gostado dela. Em seguida, verifique entre a turma se há coincidências nas escolhas das obras.
- A turma deve registrar as ideias expostas durante a conversa. Você pode, por exemplo, utilizar gravador de voz ou fazer uma gravação em vídeo com um *smartphone*.
- Por fim, registre, por escrito, uma síntese do que você apresentou aos colegas. Guarde esse texto no seu **portfólio**, pois ele será usado em *Práticas de produção escrita*.

Edge Creative/Shutterstock

Saiba +

Narradores de Javé. Direção de Eliane Caffé. 2003 (100 min).

Em *Narradores de Javé*, há uma situação dramática e, ao mesmo tempo, divertida, em que o registro escrito da história de um lugar, a pequena cidade de Javé, na Bahia, ganha importância central, tornando-se quase "personagem" do filme. Na história, os moradores dessa localidade se reúnem para tentar impedir que ela seja inundada por uma barragem, e o modo como intentam isso é produzir um documento que comprove a existência de um patrimônio histórico associado ao lugar.

Diário de bordo

Registre em seu diário de bordo suas considerações sobre como você e os colegas fazem escolhas culturais: São semelhantes ou diferentes? Comente se durante ou após a conversa com a turma você se sentiu atraído por conhecer as obras comentadas pelos colegas. Explique por quê.

Ao longo das unidades deste material, sempre que um conjunto de atividades for concluído, você vai ser convidado a fazer em seu diário de bordo o registro da experiência vivenciada. Você pode fazer esses registros em qualquer suporte que considere interessante: um blogue, uma agenda em papel ou virtual, um bloco de anotações. O que importa é definir um suporte e usá-lo sempre. É importante, também, que você siga alguns procedimentos próprios de um diário: insira a data de cada registro e indique a atividade a que ele está relacionado.

Práticas de leitura: história dos indígenas da Amazônia

Capa do livro *Shenipabu Miyui: história dos antigos*, organizado pelos professores indígenas do Acre, publicado pela editora da UFMG, 2000.

Nesta seção, você vai ler uma história escrita por estudantes indígenas do povo kaxinawá, baseada em mitos desse povo e publicada no livro *Shenipabu Miyui: história dos antigos*. Esse livro reúne doze histórias baseadas em mitos desse povo, perpetuados pela sua tradição oral, e foram escritas por um grupo de jovens professores kaxinawá, entre 1989 e 1995, a partir de um trabalho de campo realizado nos territórios onde vive esse povo.

As histórias reunidas no livro foram, primeiramente, escritas na língua *hatxãkuĩ* e em outras edições da mesma obra apresentaram-se versões em português, resultantes de um novo trabalho de coleta dessas histórias, e não da tradução direta para o português a partir do texto escrito na língua desse povo. Observe que o livro foi publicado em 2000, 500 anos depois da data fixada oficialmente como o momento em que os portugueses chegaram ao Brasil. Na apresentação do livro, mencionam-se os "500 anos que passamos mergulhados no fundo do tempo".

Representante kaxinawá da aldeia Novo Segredo, localizada na terra indígena do Alto Rio Jordão, no Acre. Foto de 2016.

Saiba +

Os Huni Kuin ou Kaxinawá. Povos Indígenas no Brasil (PIB). Portal do Instituto Socioambiental (ISA). Disponível em: https://pib.socioambiental.org/pt/Povo:Huni_Kuin_(Kaxinaw%C3%A1). Acesso em: 6 jun. 2022.

Os Huni Kuin, mais conhecidos como Kaxinawá, vivem majoritariamente em território brasileiro, no Acre, e uma parcela menor, no Peru. Em cinco das doze terras indígenas, fala-se o *hatxãkuĩ*, língua da família linguística Pano.

O *link* Povos Indígenas do Brasil, do portal do ISA, oferece informações detalhadas sobre os diversos povos indígenas do país. Para saber mais sobre a localização, a história e outras particularidades dos povos kaxinawás, acesse o portal.

Leia, a seguir, a apresentação escrita pelo professor indígena Joaquim Mana Kaxinawá para o livro *Shenipabu Miyui: história dos antigos.*

Os povos indígenas hoje estamos começando a sonhar do fundo dos 500 anos que passamos mergulhados no fundo do tempo.

Durante este longo túnel, foram exterminadas muitas culturas e as línguas indígenas que hoje são faladas em número de 180. Mas sabemos que existem muitas ainda pelas fronteiras dos rios.

O que quero dizer é que os 500 anos para nós começaram ontem. Só agora nos últimos anos é que estamos com os direitos de ter uma comunicação através da escrita na nossa língua própria.

Sendo um processo novo para os índios e para os assessores, encontramos várias interrogações no ar. Como se fôssemos andorinhas voando para pegar as moscas de sua alimentação numa tarde de temporal de chuva.

Mas o túnel do futuro mostra que somos capazes de realizar os sonhos que sempre tivemos como povos diferentes, valorizados dentro de nós mesmos e espiritualmente.

Professor Joaquim Mana Kaxinawá

Coordenador de Shenipabu Miyui

Organização dos Professores Indígenas do Acre, OPIAC

PROFESSORES Indígenas do Acre (org.). *Shenipabu Miyui*: história dos antigos. Belo Horizonte: Editora da UFMG, 2000. p. 7.

Cassandra Cury/Pulsar Imagens

Indígenas do povo Kaxinawá, Huni Kuin, na aldeia Lago Lindo, dançando durante a comemoração do Dia dos Povos Indígenas, em Jordão (AC). Foto de 2021.

1. Agora, converse com o professor e os colegas sobre as questões a seguir. Depois, registre suas respostas no caderno.

   a) De acordo com o texto, o que esse trabalho de coleta e registro das histórias representa para o povo kaxinawá?

   b) No texto, há indícios de que o trabalho desenvolvido foi considerado complexo. Em que trecho isso se evidencia e quais as possíveis razões dessa complexidade?

Saiba + +++

Huni Kuin. Disponível em: http://www.gamehunikuin.com.br/. Acesso em: 3 maio 2022.

O *site* apresenta informações, vídeos e imagens sobre o jogo eletrônico *Huni Kuin: os caminhos da jiboia*. Esse jogo, lançado em 2016, foi produzido ao longo de quatro anos em parceria entre os Kaxinawá e uma equipe de antropólogos, técnicos da ciência da computação, historiadores, artistas plásticos e digitais e *designers* de jogos eletrônicos. O enredo do *game* consiste na história de dois irmãos gêmeos, indígenas do povo Huni Kuin, que precisam passar por várias aventuras e desafios para se tornarem pajés. Nesse *site* também é possível fazer o *download* gratuito do jogo.

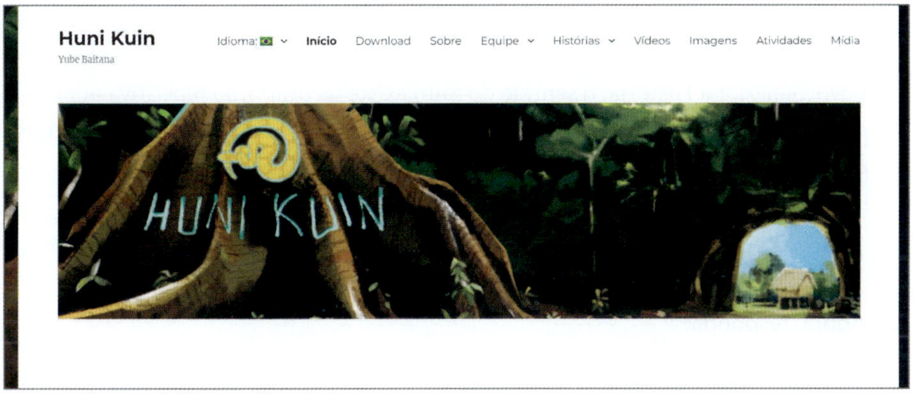

Os mitos fazem parte da cultura dos diferentes povos. Eles se manifestam como narrativas ou histórias sem autoria definida, transmitidas de geração em geração, e remetem a um passado longínquo, não localizável no tempo cronológico. Essas histórias estão presentes na tradição literária ocidental e também na dos povos ameríndios, asiáticos e dos povos africanos do sul do deserto do Saara.

Margens do rio Arauacá, um dos afluentes do rio Tarauacá, no município de Tarauacá (AC). De acordo com o *site* Povos Indígenas do Brasil, as aldeias dos Kaxinawá localizam-se na fronteira entre Brasil e Peru. Em nosso país, essas populações vivem perto das margens de diferentes rios do estado do Acre, como é o caso do rio Tarauacá. Foto de 2018.

Reprodução/Editora Autêntica

O livro *Na captura da voz: as edições da narrativa oral no Brasil*, da editora Autêntica.

intangível: que não se pode tocar, que não se percebe pelo tato (toque).

Leia, a seguir, o texto que apresenta como os povos indígenas entendem essas narrativas.

> [...] Para os índios, os mitos permeiam a vida cotidiana, não como criação alheia e alienadora, mas como base sobre a qual se desenvolvem as sabedorias, como se houvesse, desde tempos imemoriais, vozes mestras que, hoje, e em português, denominadas *Tradição*, ensinam, ou contam como as coisas devem ser. Mesmo que exista a compreensão de que tudo se transforma – e a transformação é a grande matéria dos mitos – os sábios das aldeias trabalham com suas memórias para que os novos elementos culturais que surgem incorporem os ensinamentos das vozes dos antepassados e dos espíritos anteriores ao homem.
>
> [...] existe certo consenso em torno do conceito de mito: nem lenda, nem conto, mas uma história verdadeira que explica, no plano religioso (mas nem por isso não lógico ou não racional), as origens do mundo ou de um dos seus sentidos constituintes. A função do mito, para os índios, seria a de explicação e de organização do mundo, o que seria sempre transmitido às novas gerações em forma de crenças, valores, leis – garantias da vida em comunidade. Contar o mito é batalhar pela sobrevivência do próprio povo. Superior à História, o sentido do mito existe na utilização repetitiva por grupos sociais que fundam sua unidade através de ritos que reencenam, de maneira **intangível**, o acontecimento da origem.

ALMEIDA, Maria Inês de; QUEIROZ, Sônia. *Na captura da voz*: as edições da narrativa oral no Brasil. Belo Horizonte: Autêntica, 2004. p. 235, 251.

2. Agora, responda:

a) Por que, de acordo com esse trecho, é possível afirmar que os mitos são parte da cultura de um povo e que eles contribuem para construir a identidade desse povo?

b) De que forma se justifica o registro escrito de narrativas baseadas em mitos, considerando o significado que elas têm para os povos indígenas?

Modvector/Shutterstock

Na tradição de estudos de narrativas baseadas em mitos, um dos aspectos refere-se ao modo como elas são estruturadas. Uma das possibilidades de organizá-las é definir uma trajetória do personagem principal, o qual chamaremos de herói: ele é levado a um afastamento do seu mundo, inicia uma jornada marcada por tarefas que ele tem de realizar – e, para isso, em geral conta com uma ajuda sobrenatural – e, no fim, acontece seu retorno ao mundo original. Essa estrutura pode se repetir por várias vezes em uma única narrativa.

Tendo em vista a afirmação anterior e as discussões que você e os colegas fizeram desde o início desta seção, leia o texto "O sapo encantado" e procure identificar quem é o herói, qual é a trajetória dele e que elementos sobrenaturais estão presentes nessa jornada. Anote essas observações para compartilhar com os colegas, durante o estudo do texto a seguir.

O sapo encantado

Tua Yuxibu é o sapo, o **canoeiro**, o que mais tem. Ele sempre canta no verão. Vai desovar na praia. E as pessoas comem este sapo.

A história começa assim: tinha um homem que ficou encantado de Tua Yuxibu. O nome desse homem era Ixã.

Ixã caçava no mato e nunca encontrava a caça. Não matava nada! Os filhos começavam a chorar muito. Queriam comer caça. Ixã via as pessoas pegando aquele sapo e foi pegar também para poder comer. Ele fez isso umas cinco vezes. Um dos sapos se encantou numa pessoa e foi falar com ele:

canoeiro: aquele que conduz uma canoa.

palheta: tipo de colher, feita de madeira.

quebra-jejum: café da manhã.

mutuca: tipo de mosca, com picada bastante dolorida, que se alimenta de sangue.

– Ixã, o que você vai fazer?

– Eu ando querendo pegar sapo para comer.

O sapo encantado de gente falou assim:

– Ah, você veio me pegar para comer? Eu vou dar uma arma para caçar outro animal, porque você está acabando conosco. Já somos pouquinhos e você ainda come a gente. Vou lhe dar uma arma para caçar.

Então o sapo pegou uma **palheta** daquelas que existiam antigamente, do próprio encantado. Uma palheta para fazer um tipo de mingau. Mandou botar água no fogo e também mexer a água com a palheta.

Ixã mesmo quem mexeu. Apareceu carne, peixe de todo tipo. Ele deu para os filhos comerem.

Foi indo, foi indo, foi indo... até que o Ixã desapareceu. Desapareceu num poço bem grande!

Ele tinha um filho, um rapaz já crescendo, que começava a botar roçado. Botou o roçadinho dele, trabalhando no sol. Era só ele mesmo quem botava roçado. A mãe dele começou a reclamar:

– Ah, meu filho, tinha seu pai e seu pai desapareceu lá no poço e justamente agora. Eu vou até lá no poço ver se encontro ele!

A mãe desceu lá no poço e gritou pelo Ixã, que era o marido dela:

– Ixã, vem trabalhar com seu filho, que ele está sofrendo sozinho!

– Eu vou amanhã. Vou com o pessoal. Pode aprontar de manhãzinha, fazer o **quebra-jejum**, que eu já vou chegar.

Quando no outro dia deu uma base de oito horas, a mulher de Ixã olhou no caminho. De lá vinha um monte de gente, toda qualidade de peixes encantados de gente. Ela mandou eles subirem. E quando chegaram numa sala bem grande, que era a casa de antigamente, a mulher perguntou:

– Quantas pessoas têm? Quem mais ainda vai aparecer?

Aquele monte de gente encantada que veio ajudar o filho dela no roçado desconfiou da mulher e saiu correndo. No que correram, a mulher agarrou o marido dela, que era encantado de sapo. Pedia para ele não ir junto.

Nessa hora, o marido virou uma **mutuca** bem azulzinha. Quando a mulher quis pegar o marido encantado, a mutuca escapuliu da mão dela. E assim é até hoje...

PROFESSORES Indígenas do Acre (org.). *Shenipabu Miyui*: história dos antigos. Belo Horizonte: Ed. da UFMG, 2000. p. 143-144.

Cassandra Cury/Shutterstock

Sapo verde ou rã-cambô, espécie típica da Floresta Amazônica, no estado do Acre. Foto de 2016.

3. Neste momento, como atividade de **mediação**, compartilhe com os colegas as anotações que você fez durante a leitura sobre a trajetória do herói Ixã. Depois, responda por escrito a seguinte questão: De onde o herói Ixã partiu e o que o levou a partir? Que tarefa ele teve que realizar, que tipo de auxílio recebeu e como foi o seu retorno?
4. O retorno de Ixã foi definitivo? Explique.
5. No texto, a palavra palheta designa um objeto mágico. Em outras narrativas da tradição oral de diversas sociedades, há objetos mágicos parecidos com esse. Por exemplo, nos contos de fadas, que objeto tem função semelhante à que esse objeto exerce na história? Que características esses objetos têm em comum?
6. De acordo com a antropóloga Sílvia Schmuziger de Carvalho, estudiosa da mitologia indígena brasileira, nas sociedades indígenas ainda hoje não há o conceito de propriedade sobre a natureza, como se registra nas sociedades brancas. O indígena se vê como ***mais um*** *entre os seres que existem na natureza*; ele se vê integrado à natureza e por isso coleta dela apenas o básico, sem destruir *a alma das coisas*.

   a) Que passagem da história "O sapo encantado" poderia exemplificar esse modo de se ver integrado à natureza e de não destruir a *alma das coisas*?

   b) O nome do sapo apresentado na história é Tua Yuxibu. *Yuxibu* é o termo utilizado pelos Kaxinawá para designar "Deuses do céu" e compõe o nome de muitos outros personagens das histórias desse povo. Que relação pode ser estabelecida entre essa forma de nomear o sapo e a visão integrada da natureza?

   c) Você deve ter percebido que o herói, Ixã, assume outras formas ao longo de sua trajetória. Em que ele se metamorfoseia e em que momentos da narrativa isso acontece?

   d) Há algum estranhamento por parte dos personagens nos momentos em que ocorrem as metamorfoses? Você acredita que isso também pode ter alguma relação com a visão de mundo integradora dos Kaxinawá? Explique.

Diário de bordo

Registre em seu diário de bordo suas impressões sobre a leitura e a análise do texto "O sapo encantado" e destaque especialmente aspectos da narrativa que considerou mais interessantes.

Liudmyla Matviiets/Shutterstock

Práticas de análise linguística no texto da história dos indígenas

Nesta seção, serão estudados os níveis de linguagem e o uso dos verbos existenciais *haver* e *ter* a partir da leitura do texto "O sapo encantado", dos autores indígenas kaxinawás, lido na unidade.

1. O texto "O sapo encantado" apresenta marcas de coloquialidade, do modo de contar a história quando estamos frente a frente com nosso ouvinte, como no trecho a seguir.

> Tua Yuxibu é o sapo, o canoeiro, o que mais tem. Ele sempre canta no verão. Vai desovar na praia. E as pessoas comem este sapo.
>
> A história começa assim: tinha um homem que ficou encantado de Tua Yuxibu.
>
> O nome desse homem era Ixã.

a) Converse com os colegas e explique como essa coloquialidade aparece nesse trecho inicial do texto. Depois, registre a resposta.

b) Que outras marcas da linguagem coloquial aparecem ao longo do texto?

2. Uma das marcas do processo de produção do livro do qual essa história faz parte é o fato de a autoria ser marcadamente coletiva. Qual é a relação de uma autoria coletiva com uma obra como essa?

3. Releia os trechos a seguir e, com base neles, faça o que se pede.

> I. Um dos sapos se encantou numa pessoa [...]
>
> II. O sapo encantado de gente falou assim [...]

a) O que significam nesses trechos as formas verbais do verbo *encantar*?

b) Explique como você chegou a essa conclusão, inferindo o sentido que o verbo tem no contexto.

Cassandra Cury/Pulsar Imagens

Indígenas kaxinawás banhando-se no rio Jordão, com canoa em primeiro plano. Aldeia Novo Segredo, município de Jordão (AC). Foto de 2016.

4. No texto, o emprego do verbo *ter*, como sinônimo de "existir", aparece em algumas ocorrências, como no trecho a seguir.

> – Quantas pessoas têm? Quem mais ainda vai aparecer?

Embora esse uso seja comum no português coloquial do Brasil, na norma-padrão da língua, recomenda-se empregar o verbo *haver*.

Reescreva o trecho acima substituindo *ter* por *haver*. Faça as adaptações necessárias e explique-as.

Pesquisa: os verbos *ter* e *haver*

Coletivamente, pesquisem em textos de gêneros variados – orais e escritos – ocorrências do verbo *ter* e do verbo *haver* como as indicadas na atividade anterior. Leiam esses textos e, em seguida, construam de maneira colaborativa uma tabela relacionando a ocorrência desses verbos com o gênero textual, a situação comunicativa implicada (mais formal ou mais informal) e a modalidade de língua (oral ou escrita).

Vejam a seguir um modelo de tabela.

Gênero	Situação comunicativa	Modalidade de língua	Exemplo
História dos indígenas da Amazônia	Mais informal	Escrito com marcas de oralidade	"Quantas pessoas têm?"

Insiram também exemplos diversos de ocorrência. Quando a tabela ficar pronta, analisem os resultados encontrados. Para isso, cada participante deverá responder às questões da atividade 5.

5. Agora, responda:

a) Em quais gêneros e situações pesquisados é mais frequente o uso de *ter* no lugar de *haver*?

b) Em quais gêneros e situações pesquisados é mais frequente o uso de *haver*?

c) Vocês observam uma tendência nesses dados, isto é, situações em que, de fato, um verbo (seja ter ou haver) prevalece sobre o outro e outras em que praticamente ocorre apenas um deles?

Diário de bordo

Registre em seu diário de bordo suas conclusões sobre as diferenças pesquisadas entre os usos e o que prevê a norma-padrão em relação às questões de linguagem examinadas, ressaltando a influência do oral sobre a escrita, no registro da história dos indígenas da Amazônia, e os fenômenos de variação linguística analisados.

GoodStudio/Shutterstock

Estilos de época

Nesta seção, vamos estudar alguns dos representantes de cada uma das três fases do Modernismo brasileiro, suas contribuições para a literatura e as características principais de cada fase.

Observe as linhas do tempo abaixo. Elas apresentam a cronologia dos estilos de época em Portugal e no Brasil. Depois, leia o texto, que trata das três fases do Modernismo no Brasil.

Portugal

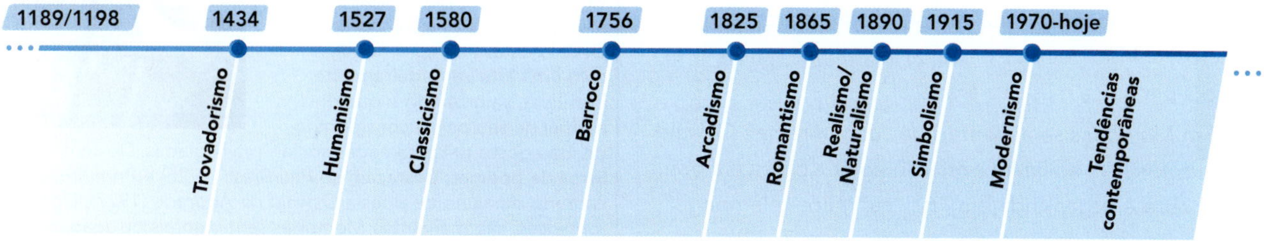

Brasil

Considera-se que o Modernismo brasileiro apresenta três fases:

- 1ª fase: de 1922 (com a semana de Arte Moderna) até 1930;
- 2ª fase: de 1930 até 1945;
- 3ª fase: de 1945 até 1970.

Vamos tratar resumidamente de cada uma delas e de alguns de seus principais representantes.

A primeira fase do Modernismo brasileiro e a obra de Oswald de Andrade

Ao longo das diferentes partes deste livro, há textos de escritores representativos de cada uma das fases do Modernismo. São contos, poemas, trecho de romance, como *Macunaíma*, de Mário de Andrade, e até manifesto, como o *Manifesto da Poesia Pau-Brasil*, escrito por Oswald de Andrade (1890-1954).

Na primeira fase do Modernismo brasileiro, são fundamentais as obras de Mário de Andrade (1893-1945), de Oswald de Andrade e de Manuel Bandeira (1886-1968).

Considerado o introdutor do verso livre na poesia modernista, Manuel Bandeira sempre se mostrou preocupado com a musicalidade e com a materialidade das palavras que compõem os versos, não apenas com o significado delas. A aproximação entre a fala e a escrita e a presença de elementos regionalistas também podem ser observadas em sua obra. Ainda que não tenha escrito manifestos, como Oswald de Andrade, Bandeira apresenta questões que preocupam a geração modernista da primeira fase e se coloca a favor de uma escrita livre da censura dos "puristas", das formas preestabelecidas e dos modelos tradicionais. Isso pode ser notado em "Poética", poema que faz parte de seu livro *Libertinagem*, publicado em 1930.

Oswald de Andrade, além de manifestos, escreveu poemas, romances e peças de teatro. Dentre os romances, destaca-se a narrativa memorialista *Memórias sentimentais de João Miramar* (1924), considerada uma obra revolucionária, se comparada aos romances tradicionais.

Saiba +

Leia textos de Manuel Bandeira no *site* Cultura Genial. Lá você pode encontrar poemas como "Poética", "Teresa" e "Consoada". Disponível em: https://www.culturagenial.com/poemas-memoraveis-manuel-bandeira/. Acesso em: 15 jul. 2022.

As inovações presentes nessa obra estão relacionadas à linguagem e à estrutura, que se aproximam da fala e das técnicas do gênero poético, e fazem parte dos ideais propostos pelos movimentos vanguardistas, estudados na Parte D deste livro. Os vanguardistas reivindicavam a liberdade em suas criações, deixando de lado as restrições impostas pelas antigas normas da tradição. Uma forma de operar essa inovação foi a quebra de fronteiras entre os gêneros, unindo poesia e prosa ou literatura e outras artes, como a pintura, a música e a dança.

Em *Memórias sentimentais de João Miramar*, Oswald de Andrade leva ao limite a relação entre a prosa e a poesia. A obra é organizada em 163 "capítulos-relâmpago", ou seja, capítulos bem curtos em que, com diversas referências autobiográficas, são contadas a infância do personagem João Miramar, sua adolescência e sua viagem à Europa. Toda essa história, porém, está em retalhos, de modo que cada fragmento capta um instante da vida do protagonista. Cada capítulo relata, de forma concisa, momentos isolados e não há encadeamento ou sucessão de acontecimentos. Leia a seguir dois capítulos do livro: "**Gare** do infinito" e "Natal".

gare: estação de trem.

Gare do infinito

Oswald de Andrade

Papai estava doente na cama e vinha um carro e um homem e o carro ficava esperando no jardim.

Levaram-me para uma casa velha que fazia doces e nos mudamos para a sala do quintal onde tinha uma figueira na janela.

No desabar do jantar noturno a voz toda preta de mamãe ia me buscar para a reza do Anjo que carregou meu pai.

ANDRADE, Oswald de. *Memórias sentimentais de João Miramar*. São Paulo: Globo, 1990. p. 45-46.

Natal

Oswald de Andrade

Minha sogra ficou avó.

ANDRADE, Oswald de. *Memórias sentimentais de João Miramar*. São Paulo: Globo, 1990. p. 70.

O livro *Memórias sentimentais de João Miramar*, de Oswald de Andrade, publicado pela editora Companhia das Letras.

Saiba +

Oswald de Andrade (1890-1954) nasceu em São Paulo. Filho de família rica, em 1912, aos 22 anos, faz sua primeira viagem à Europa, onde teve contato com os movimentos vanguardistas. Apesar de a influência das vanguardas europeias estar presente em toda a sua obra, Oswald estava comprometido com uma arte verdadeiramente brasileira, valorizando o que era natural de seu país e considerado de mau gosto pelas camadas sociais privilegiadas. De seus livros de poemas, destacam-se *Pau Brasil* (1925) e *Primeiro caderno do aluno de poesia Oswald de Andrade* (1927). Dos romances, são marcantes *Memórias sentimentais de João Miramar* (1924), *Serafim Ponte Grande* (1933) e *Marco Zero: a revolução melancólica* (1943). De suas peças, a que mais alcançou repercussão foi *O rei da vela* (1937).

Nos trechos lidos, podem-se observar algumas características do estilo de Oswald de Andrade, como a simultaneidade de sensações ao captar a realidade, expressa principalmente pela montagem de fragmentos justapostos da realidade (seguindo as ideias cubistas), com ênfase no elemento visual. Essa montagem de fragmentos assemelha-se à técnica da colagem, bastante utilizada pelos movimentos vanguardistas nas artes plásticas.

Segunda fase do Modernismo brasileiro (1930-1945): o romance regionalista de Jorge Amado

A segunda fase do Modernismo pode ser considerada a época em que o movimento amadureceu e se solidificou. Os artistas do período já não sentiam a necessidade de chocar ou provocar o público, como ocorreu na Semana de Arte Moderna. As obras produzidas tinham como intenção retomar a consciência a respeito da realidade brasileira e seus problemas. Dentre os escritores desse período, destacam-se Carlos Drummond de Andrade (1902-1987), Graciliano Ramos (1892-1953), Rachel de Queiroz (1910-2003), Murilo Mendes (1901-1975), Vinícius de Morais (1913-1980), Cecília Meireles (1901-1964), Jorge Amado (1912-2001) e Érico Veríssimo (1905-1975), muitos deles já estudados em outras partes deste livro.

Nesse momento, os ideais dos modernistas não circulavam apenas nas regiões urbanizadas do Sudeste, e escritores de outras regiões, especialmente do Nordeste, passam a escrever obras retratando os problemas sociais do povo brasileiro. Romances como *O quinze*, de Rachel de Queiroz, e *Vidas secas*, de Graciliano Ramos, são obras fundamentais desse período.

Jorge Amado, um dos escritores mais populares do Brasil, também integra o quadro dos escritores regionalistas da segunda fase do Modernismo. Em sua obra, Amado retratou a vida, os costumes e a identidade da sociedade baiana, especialmente de Ilhéus e Salvador. *Gabriela, cravo e canela*, um de seus romances mais conhecidos, é ambientado na região de Ilhéus e oferece aos leitores um perfil dos coronéis do cacau, homens poderosos e ricos, e de diferentes figuras da sociedade local, como os jagunços. Faz também uma crítica ao falso moralismo vigente. Leia o trecho do romance em que a personagem Gabriela abandona o Sertão para viver na cidade.

Gabriela, cravo e canela

Jorge Amado

[...]

Só Gabriela parecia não sentir a caminhada, seus pés como que deslizando pela picada muitas vezes aberta na hora a golpes de facão, na mata virgem.

Como se não existissem as pedras, os tocos, os cipós emaranhados. A poeira dos caminhos da caatinga a cobrira tão por completo que era impossível distinguir seus traços. Nos cabelos já não penetrava o pedaço de pente, tanto pó se acumulara. Parecia uma demente perdida nos caminhos. Mas Clemente sabia como ela era deveras e o sabia em cada partícula de seu ser, na ponta dos dedos e na pele do peito. Quando os dois grupos se encontraram, no começo da viagem, a cor do rosto de Gabriela e de suas pernas era ainda visível e os cabelos rolavam sobre o cangote, espalhando perfume. Ainda agora, através da sujeira a envolvê-la, ele a enxergava como a vira o primeiro dia, encostada, numa árvore, o corpo esguio, o rosto sorridente, mordendo uma goiaba.

– Tu parece que nem veio de longe...

Ela riu:

– A gente tá chegando. Tá pertinho. Tão bom chegar.

Ele fechou ainda mais o rosto sombrio:

– Num acho não.

– E por que tu não acha? – levantou para o rosto severo do homem seus olhos, ora tímidos e cândidos, ora insolentes e provocadores. – Tu não saiu para vir trabalhar no cacau, ganhar dinheiro? Tu não fala noutra coisa.

– Tu sabe por quê – resmungou ele com raiva.

– Pra mim esse caminho podia durar a vida toda. Num me importava...

No riso dela havia certa mágoa, não chegava a ser tristeza, como se estivesse conformada com o destino:

– Tudo que é bom, tudo que é ruim, também termina por acabar.

Uma raiva subia dentro dele, impotente. Mais uma vez, controlando a voz, repetiu a pergunta que lhe vinha fazendo pelo caminho e nas noites insones:

– Tu não quer mesmo ir comigo pras matas? Botar uma roça, plantar cacau junto nós dois? Com pouco tempo a gente vai ter um roçado seu, começar a vida.

A voz de Gabriela era cariciosa, mas definitiva:

– Já te disse minha tenção. Vou ficar na cidade, não quero mais viver no mato.

Vou me contratar de cozinheira, de lavadeira ou pra arrumar casa dos outros...

Acrescentou numa lembrança alegre:

– Já andei de empregada em casa de gente rica, aprendi cozinhar.

– Aí tu não vai progredir. Na roça, comigo, a gente ia fazendo seu pé-de-meia, ia tirando pra frente...

Ela não respondeu. Ia pelo caminho quase saltitante. Parecia uma demente com aquele cabelo desmazelado, envolta em sujeira, os pés feridos, trapos rotos sobre o corpo. Mas Clemente a via esguia e formosa, a cabeleira solta e o rosto fino, as pernas altas e o busto levantado. Fechou ainda mais o rosto, queria tê-la com ele para sempre. Como viver sem o calor de Gabriela?

[...]

AMADO, Jorge. *Gabriela, cravo e canela*. São Paulo: Companhia das Letras, 2012. p. 76.

Saiba +

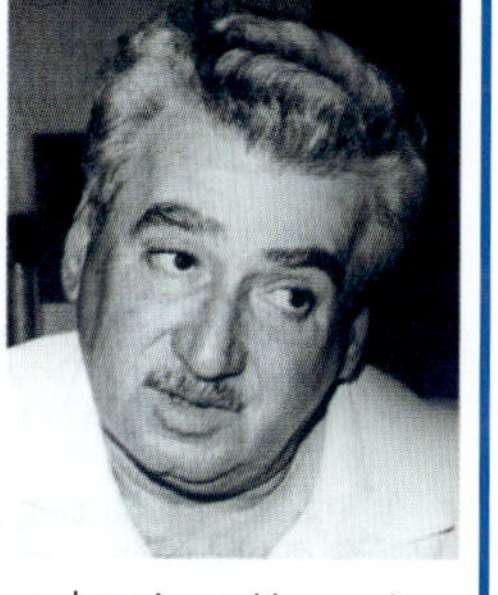
Reprodução/Arquivo Nacional, Rio de Janeiro, RJ.

Jorge Amado (1912-2001) nasceu em Itabuna, na Bahia. É um dos escritores mais populares do Brasil, com obras adaptadas para o cinema, o teatro e a televisão. Seu primeiro livro, *O país do carnaval*, foi publicado em 1931, quando tinha apenas 19 anos. Formou-se em Direito na Faculdade Nacional de Direito, no Rio de Janeiro, e trabalhou como jornalista. Entre 1936 e 1937, esteve preso devido à sua oposição ao Estado Novo. Libertado, exilou-se na Argentina e depois no Uruguai. De volta ao Brasil, foi eleito deputado federal pelo estado de São Paulo em 1945, mas seu mandato político foi cassado em 1948. Entre as obras mais conhecidas do autor, estão: *Capitães da Areia* (1937), *Terras do sem-fim* (1943), *Gabriela, cravo e canela* (1958), *Dona Flor e seus dois maridos* (1966) e *Tieta do agreste* (1977).

Terceira fase do Modernismo brasileiro (1945-1970)

Os principais representantes da terceira fase modernista, também conhecida como Geração de 45, são Clarice Lispector (1920-1977), Guimarães Rosa (1908-1967), João

Cabral de Melo Neto (1920-1999), Lygia Fagundes Telles (1923-2022), Mario Quintana (1906-1990), entre outros.

Uma das obras mais importantes do período é *Grande sertão: veredas*, de Guimarães Rosa. Nessa obra, Rosa retoma a temática regionalista da fase anterior e a modifica radicalmente. Enquanto os regionalistas utilizavam termos e expressões regionais em seus textos, Rosa cria novas palavras, expressando-se por meio de uma linguagem inovadora, resultante da pesquisa e do experimentalismo. Você pode ler um trecho dessa obra na seção *Práticas de leitura e análise literária* desta unidade.

Outra obra de grande relevância dessa fase é o poema dramático "Morte e vida severina", de João Cabral de Melo Neto. Leia a seguir um trecho, já do final do poema, em que nasce o filho do retirante Severino.

Morte e vida severina

João Cabral de Melo Neto

– Severino, retirante,
deixe agora que lhe diga:
eu não sei bem a resposta
da pergunta que fazia,
se não vale mais saltar
fora da ponte e da vida;
nem conheço essa resposta,
se quer mesmo que lhe diga;
é difícil defender,
só com palavras, a vida,
Ainda mais quando ela é
esta que vê, Severina;
mas se responder não pude
à pergunta que fazia,
ela, a vida, a respondeu
com sua presença viva.

E não há melhor resposta
que o espetáculo da vida:
vê-la desfiar seu fio,
que também se chama vida,
ver a fábrica que ela mesma,
teimosamente, se fabrica,
vê-la brotar como há pouco
em nova vida explodida:
mesmo quando é assim pequena
a explosão, como a ocorrida;
como a de há pouco, **franzina**;
mesmo quando é a explosão
de uma vida severina.

[...]

franzino: acanhado, atrofiado, sem vigor.

MELO NETO, João Cabral de. *Obra completa*. Rio de Janeiro: Aguilar, 1994. p. 201-202.

No trecho transcrito, com o nascimento do filho de Severino, o personagem Mestre Carpina afirma (e argumenta) que a vida teria dado a resposta que Severino antes pedira: se valia a pena continuar vivendo de forma tão miserável. Pode-se levantar a hipótese de que Mestre Carpina expõe a tese que o poeta defende no final de seu poema.

Saiba + +++

Reprodução/Folhapress

João Cabral de Melo Neto (1920--1999) é consideado um dos mais representativos poetas brasileiros do século XX. Nascido em Recife, no estado de Pernambuco, tornou-se nacionalmente conhecido a partir de 1956, com sua obra *Morte e vida severina*. Obras de João Cabral de Melo Neto: *Pedra do sono* (1942), *O engenheiro* (1945), *Psicologia da composição* (1947), *O cão sem plumas* (1950), *Morte e vida severina* (1956), *Paisagem com figuras* (1956), *Uma faca só lâmina* (1956), *A educação pela pedra* (1966), *Museu de tudo* (1975), *Auto do frade* (1984), *Agrestes* (1985) e *Crime na Calle Relator* (1987).

Tendências contemporâneas

Posterior ao Modernismo, chamamos de Tendências contemporâneas o conjunto que abriga variadas tendências na literatura e se refere a obras publicadas depois de 1970 até os dias de hoje. Há nesse estilo uma grande variedade de propostas estéticas, como o poema/processo, a poesia práxis e o Concretismo (estilo a que pertence o poema "vem navio", estudado neste livro). Na música e em outras manifestações culturais, o Tropicalismo foi uma tendência muito marcante.

As tendências contemporâneas estão a cada momento se tornando ainda mais diversificadas, assim como os gêneros literários praticados. É importante ainda destacar a produção literária veiculada pelas redes sociais. Vários poetas e prosadores da atualidade, hoje publicados em livro, começaram sua carreira nessas redes. Sobre a publicação de livros, é necessário dar destaque ao *e-book*, que veicula por meio eletrônico obras de todos os gêneros literários.

Práticas de leitura e análise literária: literatura brasileira do século XX

Nesta unidade, vamos estudar obras de mais alguns escritores que contribuíram de maneira decisiva para que a literatura brasileira chegasse ao século XXI com as características que apresenta na atualidade. Novamente, o pano de fundo dessas obras é o movimento literário que, no Brasil, surgiu no início da segunda década do século XX, mais precisamente em 1922, chamado Modernismo.

Modernismo no Brasil

Esse movimento foi se transformando ao longo do século XX. Didaticamente, como visto na seção anterior, podemos dividir o Modernismo em três fases: a primeira, de 1922 até 1930; a segunda, de 1930 até 1945; e a terceira, de 1945 a 1970. Essas datas são apenas referências, uma vez que há autores que produziram durante as três fases; no entanto, há outros que apresentam, em suas obras de estreia, poucas características modernistas.

Nesta seção, apresentamos um autor representativo de cada uma dessas fases do Modernismo no Brasil: na primeira, Mário de Andrade; na segunda, Graciliano Ramos; e, na terceira fase, Guimarães Rosa. Vamos também mencionar a obra de Clarice Lispector, considerada uma escritora da terceira fase. Mas saiba que há inúmeros outros autores: alguns deles são apresentados ou retomados em outras partes desta obra.

Depois desse mergulho pelas obras de tantos autores representativos do Modernismo no Brasil, ao final desta seção, você e os colegas vão também conhecer escritores sul-americanos do século XX. Esse estudo vai ser feito, primeiro, pela leitura do texto de um desses autores latino-americanos, o uruguaio Eduardo Galeano, e, depois, por meio de uma pesquisa a ser desenvolvida e organizada em grupos. Com isso, vocês terão a oportunidade de perceber relações entre a literatura brasileira e a dos países sul-americanos.

O batizado de Macunaíma, de Tarsila do Amaral, 1956 (óleo sobre tela, 132,5 cm × 250 cm).

Mário de Andrade

Uma das obras mais importantes da literatura brasileira do século XX é *Macunaíma*, do escritor Mário de Andrade, publicada em 1928. A base para sua criação foram os muitos mitos, ditados, crendices e lendas do folclore nacional, que o autor classifica como **rapsódia**. Como nas rapsódias musicais – que exploram a superposição de elementos colhidos na tradição popular – a obra constitui-se em uma colagem de diversos componentes da cultura popular brasileira, agregados pelo personagem central, Macunaíma.

rapsódia: na Grécia antiga, *rapsódia* designava a recitação de fragmentos de poemas épicos, geralmente feita pelos rapsodos (poeta ou declamadores ambulantes, que se apresentavam de cidade em cidade). Na literatura, o termo *rapsódia* refere-se à compilação, em uma mesma obra, de assuntos ou temas de diferentes origens.

A narrativa apresenta esta sequência: Macunaíma nasce na tribo dos Tapanhuma. Cresce e se casa com Ci, que, ao morrer, lhe entrega um amuleto, a muiraquitã, que ele acaba perdendo. O amuleto reaparece nas mãos de Venceslau Pietro Pietra, o gigante Piaimã, mascate peruano que mora em São Paulo. Acompanhado dos irmãos Jiguê e Maanape, Macunaíma parte para São Paulo a fim de recuperar seu amuleto, única lembrança de Ci, a qual virou estrela. Depois de inúmeras peripécias, recupera a muiraquitã, percorre todo o Brasil e volta à Amazônia. Um dia, triste e solitário, resolve subir ao céu, transformando-se na constelação da Ursa Maior.

Till Credner/Acervo particular

Céu noturno; no detalhe, a constelação da Ursa Maior destacada por meio de representação digital.

Pelo enredo, você deve ter percebido inúmeras semelhanças entre essa história e "O sapo encantado", da cultura kaxinawá: ambas apresentam personagens que se transformam e se transmutam em outros seres ao longo de toda a narrativa. Isso sinaliza a presença de mitos, lendas e histórias da tradição oral brasileira como pano de fundo da obra de Mário de Andrade.

Dornicke/Museu Nacional, Rio de Janeiro, RJ

Muiraquitã, um tipo de amuleto na forma de uma rã esculpida em pedra. Nesta foto, um objeto proveniente da região do rio Tapajós e do atual município de Santarém (PA). Cultura Santarém, c.1000-1400 d.C.

Leia, a seguir, um trecho do primeiro capítulo de *Macunaíma*.

Macunaíma

Mário de Andrade

No fundo do mato-virgem nasceu Macunaíma, herói de nossa gente. Era preto retinto e filho do medo da noite. Houve um momento em que o silêncio foi tão grande escutando o murmurejo do Uraricoera, que a índia **tapanhumas** pariu uma criança feia. Essa criança é que chamaram de Macunaíma.

Já na meninice fez coisas de **sarapantar**. De primeiro passou mais de seis anos não falando. Si o **incitavam** a falar exclamava:

– Ai! que preguiça!...

e não dizia mais nada. Ficava no canto da maloca, trepado no **jirau** de **paxiúba**, espiando o trabalho dos outros e principalmente os dois manos que tinha, Maanape já velhinho e Jiguê na força de homem. O divertimento dele era decepar cabeça de saúva. Vivia deitado mas si punha os olhos em dinheiro, Macunaíma dandava pra ganhar vintém. E também **espertava** quando a família ia tomar banho no rio, todos juntos e nus. Passava o tempo do banho dando mergulho, e as mulheres soltavam gritos gozados por causa dos **guaimuns** diz-que habitando a água-doce por lá. No **mucambo** si alguma **cunhatã** se aproximava dele pra fazer festinha, Macunaíma punha a mão nas graças dela, cunhatã se afastava. Nos machos guspia na cara. Porém respeitava os velhos e frequentava com aplicação a murua a poracê o torê o bacorocô a cucuicogue, todas essas danças religiosas da tribo.

Quando era pra dormir trepava no **macuru** pequeninho sempre se esquecendo de mijar. Como a rede da mãe estava por debaixo do berço, o herói mijava quente na velha, espantando os mosquitos bem. Então adormecia sonhando palavras feias, imoralidades estrambólicas e dava patadas no ar.

Nas conversas das mulheres no pino do dia o assunto eram sempre as peraltagens do herói. As mulheres se riam muito simpatizadas, falando que "espinho que pinica, de pequeno já traz ponta", e numa **pagelança** rei Nagô fez um discurso e avisou que o herói era inteligente.

[...]

ANDRADE, Mário de. *Macunaíma:* o herói sem nenhum caráter. 16. ed. São Paulo: Martins, 1978. p. 9-10.

tapanhuma: nome que designava os negros africanos que viviam no Brasil.

sarapantar: espantar.

incitar: estimular alguém a fazer alguma coisa.

jirau: estrado de varas.

paxiúba: tipo de palmeira.

espertar: despertar.

guaimu(m): crustáceo marinho; caranguejo.

mucambo: quilombo; habitação miserável.

cunhatã: o mesmo que cunhã – cabocla, mulher adolescente.

macuru: balanço suspenso ao teto por cordas.

pagelança (**pajelança**, pela grafia oficial): série de rituais que o pajé indígena realiza em certas ocasiões com um objetivo específico de cura ou magia.

Saiba + +++

Mário de Andrade (1893-1945) nasceu na cidade de São Paulo. Um espírito inquieto animava sua impressionante atividade cultural: professor de música, grande pesquisador do folclore, colaborador de vários jornais e revistas, poeta, romancista, crítico literário e musical, ensaísta que voltava sua reflexão para as artes em geral, o folclore, a literatura e a música. Em 1917, Mário de Andrade publicou *Há uma gota de sangue em cada poema*, seu primeiro livro, sob o pseudônimo de Mário Sobral. A participação na Semana de Arte Moderna, a publicação de *Pauliceia desvairada* (1922) e a nomeação como professor catedrático do Conservatório Dramático e Musical de São Paulo consolidariam o prestígio de Mário de Andrade. A cidade de São Paulo foi tema frequente de sua obra. Apresentamos a seguir algumas obras literárias do escritor. Em prosa, além de *Macunaíma* (1928), ele escreveu o romance *Amar, verbo intransitivo* (1927) e teve seus contos reunidos nos livros: *Primeiro andar* (1926), *Belazarte* (1934), *Contos novos* (1947). *Pauliceia desvairada*, um de seus títulos, é considerado o primeiro livro de poesia modernista no Brasil. A poesia do escritor também está compilada nas obras *Losango cáqui* (1926), *Clã do jabuti* (1927) e *Remate de males* (1930).

Prismatic Pictures/Bridgeman Images/Fotoarena

1. Macunaíma nasce em uma comunidade indígena, de cor negra, e se transforma em um príncipe branco.

   a) O que esses dados podem simbolizar?

   b) Que frase do texto comprova a intenção do autor ao construir esse símbolo?

2. Releia o trecho a seguir, que resume as características de Macunaíma. Depois procure detalhar essas características, de acordo com os demais trechos que você leu anteriormente e com o que conhece sobre o personagem.

   > Nas conversas das mulheres no pino do dia o assunto eram sempre as peraltagens do herói.

3. No texto, ocorrem diversos desvios à gramática normativa. Copie trechos que comprovam as infrações relacionadas à ortografia e à pontuação. Depois, procure explicar: Qual teria sido a intenção do escritor ao infringir uma norma que ele, um estudioso, conhecia muito bem?

4. Você já sabe que a obra *Macunaíma* é considerada uma rapsódia pelo próprio escritor Mário de Andrade. Agora, relacione o conceito de rapsódia com o trecho do livro lido nesta unidade, considerando nele ocorrências comuns na linguagem oral, como:

   a) uso de provérbios;

   b) alterações fonéticas.

Pesquisa: a Semana de Arte Moderna de 1922

A importância de *Macunaíma* para a literatura brasileira decorre, entre muitos fatores, da maneira original de pensar a arte brasileira que se estabelecia na época em que Mário de Andrade escrevia.

GoodStudio/Shutterstock

Essa nova forma de refletir sobre o papel da arte foi apresentada ao público em uma série de eventos que passou para a história da cultura brasileira como a *Semana de Arte Moderna* ou *Semana de 22*, realizada no Theatro Municipal de São Paulo, nas noites de 13, 15 e17 de fevereiro de 1922, ano em que se comemorava um século da proclamação da Independência do Brasil. Para conhecer mais sobre esse evento e o que dele resultou, a proposta é que você e os colegas, organizados em grupos de seis a oito integrantes, busquem informações sobre a *Semana de 22*. Para isso, sigam algumas orientações.

Organizando a pesquisa

Façam uma pesquisa utilizando como metodologia a revisão bibliográfica em fontes impressas e digitais. Recomendamos que pesquisem estes aspectos:

- De onde vieram as ideias para a criação desse evento.
- Como foi organizada a *Semana de 22*.
- Quem foram os principais representantes que a idealizaram e a que se opunham.
- Que consequências o evento teve no panorama artístico e cultural brasileiro.

Aproveitem o momento de pesquisa e busquem informações sobre as principais características do Modernismo na literatura brasileira, tendo em vista suas três diferentes fases, bem como os representantes dessas fases e suas obras mais significativas.

Durante a pesquisa, é importante ter atenção a alguns aspectos:

- Estabeleçam, por meio de conversas entre os grupos, uma organização dos tópicos da pesquisa de modo que não haja repetição de conteúdo durante as apresentações.
- Decidam entre os participantes em quais fontes (tanto impressas quanto digitais) vão fazer a pesquisa e definam parâmetros para avaliar se essas fontes são confiáveis e oferecem conteúdo de qualidade reconhecida por especialistas.
- Combinem entre os integrantes do grupo de que maneira vocês vão organizar os resultados da pesquisa para compartilhá-los com os demais grupos.
- Em uma data previamente combinada com o professor, decidam como será feita a apresentação para os outros grupos, valendo-se do uso de possíveis ferramentas, digitais ou não, e de recursos diversos para a realização da exposição dos resultados obtidos.

Seria interessante que a apresentação dos trabalhos não ficasse restrita à sala de aula. Para isso, algumas possibilidades de compartilhamento podem ser avaliadas:

- A gravação das apresentações em sala de aula para posterior compartilhamento em uma rede social da turma ou da escola;
- A criação de um *podcast* específico para essas apresentações: o tema de cada grupo poderia corresponder a um episódio diferente do *podcast* e o professor, algum colega ou outra pessoa especialmente convidada para isso poderia fazer o papel de locutor/mediador, fazendo perguntas sobre os temas e direcionando o ritmo das apresentações;
- A gravação de depoimentos individuais, compondo um conjunto de áudios sobre temas específicos, que poderiam ser disponibilizados em um blogue da turma.

Vista externa do Theatro Municipal de São Paulo, ao centro da foto. c.1921-1930.

Graciliano Ramos

Graciliano Ramos, escritor que se destacou na segunda fase do Modernismo, é autor do romance *Vidas secas* (1938), que narra a história de uma família de **retirantes** obrigada a deixar seu espaço, atingido pela seca. O vaqueiro Fabiano, sua mulher – **Sinha** Vitória – e os dois filhos – denominados apenas menino mais velho e menino mais novo – constituem a família de retirantes, que passa parte do tempo em uma fazenda. Com eles, vivem a cachorra Baleia e um papagaio. Julgando-se explorados pelo patrão e percebendo que vão enfrentar mais um período de seca, acuados pela miséria, Fabiano e sua família recomeçam a vagar pelo sertão.

Leia, a seguir, um trecho do capítulo 13 desse romance, intitulado "Fuga". Depois, responda às atividades relacionadas à leitura e à compreensão desse texto.

Arquivo O Cruzeiro/EM/D.A. Press

Cena de *Vidas secas*, filme dirigido por Nelson Pereira dos Santos, de 1963, baseado no romance de mesmo nome escrito por Graciliano Ramos.

Fuga

Graciliano Ramos

A vida na fazenda se tornara difícil. Sinha Vitória benzia-se tremendo, manejava o rosário, mexia os beiços rezando rezas desesperadas. Encolhido no banco do **copiar**, Fabiano espiava a catinga amarela, onde as folhas secas se pulverizavam, trituradas pelos redemoinhos, e os **garranchos** se torciam, negros, torrados. No céu azul as últimas **arribações** tinham desaparecido. Pouco a pouco os bichos se **finavam**, devorados pelo carrapato. E Fabiano resistia, pedindo a Deus um milagre.

Mas quando a fazenda se despovoou, viu que tudo estava perdido, combinou a viagem com a mulher, matou o bezerro **morrinhento** que possuíam, salgou a carne, largou-se com a família, sem se despedir do amo. Não poderia nunca liquidar aquela dívida exagerada. Só lhe restava jogar-se ao mundo, como negro fugido.

retirante: aquele que se retira, que deixa um lugar para trás.

Sinha: trata-se aqui de uma palavra paroxítona, diferente da palavra *sinhá* (oxítona). A palavra *sinha* é uma forma de tratamento que equivale, de modo aproximado, a palavras como *dona* ou *senhora*.

copiar: varanda; alpendre.

garrancho: ramo tortuoso de árvore.

arribação: deslocamento de aves.

finar: acabar, findar.

morrinhento: enfraquecido; prostrado.

Saíram de madrugada. Sinha Vitória meteu o braço pelo buraco da parede e fechou a porta da frente com a **taramela**. Atravessaram o pátio, deixaram na escuridão o chiqueiro e o curral, vazios, de porteiras abertas, o carro de bois que apodrecia, os juazeiros. Ao passar junto às pedras onde os meninos atiravam cobras mortas, Sinha Vitória lembrou-se da cachorra Baleia, chorou, mas estava invisível e ninguém percebeu o choro. Desceram a ladeira, atravessaram o rio seco, tomaram rumo para o sul. Com a fresca da madrugada, andaram bastante, em silêncio, quatro sombras no caminho estreito coberto de **seixos** miúdos – os meninos à frente, conduzindo trouxas de roupa, Sinha Vitória sob o baú de **folha** pintada e a cabaça de água, Fabiano atrás, de facão de rasto e faca de ponta, a cuia pendurada por uma correia amarrada ao cinturão, o **aió** a tiracolo, a **espingarda de pederneira** num ombro, o saco da **matalotagem** no outro.

Caminharam bem três léguas antes que a barra do nascente aparecesse. Fizeram alto. E Fabiano depôs no chão parte da carga, olhou o céu, as mãos em **pala** na testa. Arrastara-se até ali na incerteza de que aquilo fosse realmente mudança. Retardara-se e repreendera os meninos, que se adiantavam, aconselhara-os a poupar forças. A verdade é que não queria afastar-se da fazenda. A viagem parecia-lhe sem jeito, nem acreditava nela.

Preparara-a lentamente, adiara-a, tornara a prepará-la, e só se resolvera a partir quando estava definitivamente perdido. Podia continuar a viver num cemitério? Nada o prendia àquela terra dura, acharia um lugar menos seco para enterrar-se. Era o que Fabiano dizia, pensando em coisas alheias: "o chiqueiro e o curral, que precisavam conserto, o cavalo de fábrica, bom companheiro, a égua **alazã**, as catingueiras, as panelas de losna, as pedras da cozinha, a cama de varas. E os pés dele esmoreciam, as alpercatas calavam-se na escuridão. Seria necessário largar tudo? As **alpercatas** chiavam de novo no caminho coberto de seixos.

Agora Fabiano examinava o céu, a barra que tingia o nascente, e não queria convencer-se da realidade. Procurou distinguir qualquer coisa diferente da vermelhidão que todos os dias espiava, com o coração aos baques. As mãos grossas, por baixo da aba curva do chapéu, protegiam-lhe os olhos contra a claridade e tremiam.

Os braços penderam, desanimados.

– Acabou-se.

Antes de olhar o céu, já sabia que ele estava negro num lado, cor de sangue no outro, e ia tornar-se profundamente azul. Estremeceu como se descobrisse uma coisa muito ruim.

Desde o aparecimento das arribações vivia desassossegado. Trabalhava demais para não perder o sono. Mas no meio do serviço um arrepio corria-lhe no espinhaço, à noite acordava agoniado e encolhia-se num canto da cama de varas, mordido pelas pulgas, conjecturando misérias.

A luz aumentou e espalhou-se na campina. Só aí principiou a viagem. Fabiano atentou na mulher e nos filhos, apanhou a espingarda e o saco dos mantimentos, ordenou a marcha com uma interjeição áspera.

[...]

RAMOS, Graciliano. *Vidas secas*. 71. ed. Rio de Janeiro: Record, 1996. p. 116-118.

taramela: trava, em geral de madeira ou metal.

seixo: tipo de pedra pequena, geralmente encontrada em rios.

folha: metal.

aió: bolsa feita de fibra de caroá.

espingarda de pederneira: espingarda de caça na qual o mecanismo de disparo se encontra no exterior da arma.

matalotagem: provisão de mantimentos.

pala: a aba de um boné ou de um quepe; no formato desse tipo de aba.

alazã (alazão): que tem pelos cor de canela, amarelo-avermelhados.

alpercata: sandália de couro.

Saiba +

Arquivo do jornal O Globo/Agência O Globo

Graciliano Ramos (1892-1953) nasceu em Quebrangulo, no estado de Alagoas, e foi prefeito do município de Palmeira dos Índios. Preso em 1936 por motivos políticos, foi enviado para o Rio de Janeiro. Da permanência na prisão resultou uma de suas obras-primas de caráter não ficcional: *Memórias do cárcere* (1953). Depois de libertado, estabeleceu-se definitivamente no Rio de Janeiro, onde trabalhou como revisor em diversos jornais. Entre seus romances, estão *Caetés* (1933), *São Bernardo* (1934), *Angústia* (1936) e *Vidas secas* (1938); sobre os contos, indique *Insônia* (1947); entre as crônicas, estão *Linhas tortas* (1962) e *Viventes das Alagoas* (1962); sobre memórias, estão *Infância* (1945) e *Viagem* (1954); e literatura infantil: *Histórias de Alexandre* (1944).

5. Considerando o trecho lido, quais foram os dois motivos que obrigaram a família a se retirar da fazenda?

6. Identifique o trecho em que Fabiano é comparado a uma pessoa escravizada.

   a) Copie o trecho e explique por que, considerando a questão histórica brasileira, a expressão nos leva imediatamente à ideia de escravidão.

   b) O que se pode entender por escravidão nesse contexto do romance?

7. Diante da proximidade da seca, tanto Fabiano quanto Sinha Vitória buscam uma solução mística. De que forma ela é expressa no texto?

8. Ao tentar controlar a marcha dos filhos, na verdade Fabiano está disfarçando um estado de espírito. Justifique essa afirmação utilizando, se necessário, trecho(s) do romance.

9. O universo de qualquer trabalhador apresenta características próprias.

   a) Qual é a atuação de Fabiano e que elementos presentes no texto permitiram a você chegar a essa conclusão?

   b) Fabiano não é proprietário dos instrumentos com que trabalha – a terra, os animais, o arado, etc. Pode-se dizer então que a relação do personagem com o meio (o local) onde vive é estável ou provisória?

   c) Como se pode definir a identidade social do trabalhador Fabiano? Justifique sua resposta utilizando um trecho do texto.

   d) Dessa perspectiva, Fabiano se define mais como vaqueiro ou como retirante? Por quê?

   e) A indecisão de Fabiano entre *partir* e *ficar* é expressa em ações construídas com o recurso estilístico da metonímia. Copie esse trecho.

10. Considerando suas respostas anteriores sobre o fragmento lido de *Vidas secas* e seus conhecimentos sobre a realidade brasileira atual, é possível dizer que essa narrativa procura apresentar ao leitor uma ideia da realidade? Por quê?

Como você deve ter observado pela leitura do fragmento de *Vidas secas*, a temática destaca a tomada de consciência a respeito da realidade brasileira, que é uma das principais características das obras da segunda fase do Modernismo.

Nessa retomada de consciência dos problemas brasileiros, a região Nordeste, com seus contrastes sociais marcantes, forneceu material para vários romances. O cangaço, o misticismo e, principalmente, a seca inspiraram a criação de muitas obras de literatura regionalista. É importante lembrar que o contexto histórico da época exigia dos intelectuais e artistas uma participação política mais vigorosa: a economia do Brasil ia mal, influenciada pela quebra da Bolsa de Valores de Nova York (1929); boa parte do mundo, dividida entre comunismo e capitalismo, envolveu-se na Segunda Guerra Mundial (1939-1945); no Brasil, o governo ditatorial de Getúlio Vargas desencadeou a Revolução de 1932 e a aprovação da Lei de Segurança Nacional, que garantia ao governo o direito a reprimir qualquer atividade considerada subversiva. Esse panorama, sem dúvida, contribuiu para o surgimento de obras como *Vidas secas*.

Saiba +

O sertão dos cangaceiros (1877-1940), mapa. Disponível em: https://atlas.fgv.br/marcos/movimentos-e-conflitos-sociais/mapas/o-sertao-dos-cangaceiros-1877-1940. Acesso em: 8 jun. 2022.

O *site* apresenta um mapa histórico que integra o *Atlas Histórico do Brasil*, material publicado originalmente pela revista *IstoÉ* em fascículos impressos e posteriormente convertido e atualizado para a versão digital.

Guimarães Rosa

Na terceira fase do Modernismo brasileiro, a prosa literária também se desenvolveu extraordinariamente. Entre os mais significativos escritores de contos, novelas e romances dessa fase estão João Guimarães Rosa e Clarice Lispector.

João Guimarães Rosa recuperou uma vertente constante da literatura brasileira, a do regionalismo, com um estilo radicalmente novo e uma concepção única. O ambiente rural é uma temática continuamente tratada por vários de nossos escritores. O próprio Graciliano Ramos, que você estudou nesta seção, é um desses escritores. Mas Guimarães Rosa retomou a temática modificando-a na forma como costumava ser abordada por outros escritores. Por exemplo, enquanto muitos deles incorporavam termos regionais ao texto literário, Guimarães Rosa recriou a linguagem regional de forma extremamente elaborada. Baseando-se no falar da região que serve de espaço para a narrativa, criou algumas palavras, recuperou o significado de outras, emprestou termos de línguas estrangeiras, estabeleceu relações sintáticas surpreendentes. O inesperado dessa linguagem provoca surpresa no leitor.

Quanto ao processo narrativo, geralmente suas histórias concentram-se em torno de "casos" que sustentam os enredos. Em resumo: a superação dos limites regionais para atingir o universalismo expressa-se em uma linguagem nova, resultante da pesquisa e do experimentalismo.

Em 1956, o lançamento de seu romance *Grande sertão: veredas* provocou impacto sem precedentes na literatura brasileira. Nessa narrativa, o escritor levou a efeito a mais radical experimentação linguística do romance brasileiro.

Com fatos apresentados fora da ordem cronológica, a narrativa mostra o ingresso do personagem Riobaldo em um bando de jagunços e o assassinato do líder Joca Ramiro. É o próprio Riobaldo, já velho, que, dirigindo-se a um personagem cujas falas não aparecem, são apenas sugeridas de vez em quando, conta suas aventuras, seus amores, sua rivalidade com o líder de outro bando – Hermógenes – e a atração "proibida" que sente por Reinaldo/Diadorim. Tudo isso entremeado com as reflexões do protagonista a respeito da vida e da existência ou não do Diabo.

Reprodução/Estúdios Globo/Sony Pictures Television

Na minissérie *Passaporte para Liberdade*, que passou na Rede Globo em 2022, a atriz Sophie Charlotte interpreta Aracy de Carvalho, esposa de Guimarães Rosa, e o ator Rodrigo Lombardi interpreta o escritor mineiro na fase em que este trabalhou como diplomata no consulado brasileiro de Hamburgo, na Alemanha.

Reprodução/Rede Globo

Capa do DVD de *Grande sertão: veredas*, minissérie dirigida por Walter Avancini e produzida pela Rede Globo, em 1985, com base no romance de João Guimarães Rosa.

No trecho que você vai ler a seguir, da parte inicial do romance, o narrador faz um comentário sobre o espaço em que se desenrolam os fatos narrados, o sertão. Ao leitor que inicia suas andanças por essa história, ele deixa claro que esse espaço simboliza mais que o ponto geográfico. O que pode significar esse sertão?

Grande sertão: veredas

João Guimarães Rosa

[...] O senhor tolere, isto é o sertão. Uns querem que não seja: que situado sertão é por os campos-gerais a fora a dentro, eles dizem, fim de rumo, terras altas, demais do Urucúia. **Toleima**. Para os de Corinto e do Curvelo, então, o aqui não é dito sertão? Ah, que tem maior! Lugar sertão se divulga: é onde os pastos carecem de fechos; onde um

toleima: teimosia.

torar: ir embora.

moquém: tipo de grelha de madeira usada para defumar ou assar peixe e diferentes tipos de carne de caça, geralmente.

asp'ro: áspero.

abrenúncio: interjeição que tem o mesmo significado de expressões como "Credo!" ou "Livrai-me!".

pode **torar** dez, quinze léguas, sem topar com casa de morador; e onde um criminoso vive seu cristo-jesus, arredado do arrocho de autoridade. O Urucuia vem dos montões oestes. O gerais corre em volta. Esses gerais são sem tamanho. Enfim, cada um o que quer aprova, o senhor sabe: pão ou pães, é questão de opiniães... O sertão está em toda parte.

[...]

De primeiro, eu fazia e mexia, e pensar não pensava. Não possuía os prazos. Vivi puxando difícil de difícel, peixe vivo no **moquém**: quem mói no **asp'ro**, não fantaseia. Mas, agora, feita a folga que me vem, e sem pequenos dessossegos, estou de range rede. E me inventei neste gosto, de especular ideia. O diabo existe e não existe? Dou o dito. **Abrenúncio**. Essas melancolias. O senhor vê: existe cachoeira; e pois? Mas cachoeira é barranco de chão, e água se caindo por ele, retombando; o senhor consome essa água, ou desfaz o barranco, sobra cachoeira alguma? Viver é negócio muito perigoso...

ROSA, João Guimarães. *Grande sertão*: veredas. São Paulo: Abril Cultural, 1983. p. 9.

Saiba + +++

João Guimarães Rosa (1908-1967) nasceu em Cordisburgo, Minas Gerais. Formado em Medicina, exerceu a profissão até 1934, quando ingressou na carreira diplomática, durante a qual serviu na Alemanha, na Colômbia e na França. Estreou como ficcionista em 1946 com um livro de contos que se tornaria um marco na literatura brasileira: *Sagarana*. Mas sua consagração definitiva viria dez anos depois, com o romance *Grande sertão: veredas* (1956). Outros livros de contos de sua autoria, além de *Sagarana* (1946), são: *Corpo de baile* (1956), *Primeiras estórias* (1962), *Tutameia: terceiras estórias* (1967), *Estas estórias* (1969) e *Ave, palavra* (1970). O livro *Corpo de baile*, originalmente publicado em dois volumes, a partir da terceira edição, foi lançado em três volumes: *Manuelzão e Miguilim*, *No Urubuquaquá, no Pinhém* e *Noites do sertão*.

Arquivo O Cruzeiro/EM/D.A Press

11. Por meio desse trecho que você leu, que importância parece ter o sertão no romance de Guimarães Rosa? Que sentidos o autor parece atribuir a esse espaço?

Clarice Lispector

Você vai ler agora o conto "Tentação", da escritora Clarice Lispector. Ele foi originalmente publicado no livro *A legião estrangeira*, em 1964.

Reprodução/Editora Rocco

Capa do livro *A legião estrangeira*, de Clarice Lispector, publicado pela editora Rocco, 1999. O livro reúne treze contos que abordam temas como o cotidiano familiar e a solidão.

Tentação

Clarice Lispector

Ela estava com soluço. E como se não bastasse a claridade das duas horas, ela era ruiva.

Na rua vazia as pedras vibravam de calor – a cabeça da menina flamejava. Sentada nos degraus de sua casa, ela suportava. Ninguém na rua, só uma pessoa esperando inutilmente no ponto do bonde. E como se não bastasse seu olhar submisso e paciente, o soluço a interrompia de momento a momento, abalando o queixo que se apoiava conformado na mão. Que fazer de uma menina ruiva com soluço? Olhamo-nos sem palavras, desalento contra desalento. Na rua deserta nenhum sinal de bonde. Numa terra de morenos, ser ruivo era uma revolta involuntária. Que importava se num dia futuro sua marca ia fazê-la erguer insolente uma cabeça de mulher? Por enquanto ela estava sentada num degrau faiscante da porta, às duas horas. O que a salvava era uma bolsa velha de senhora, com alça partida. Segurava-a com um amor conjugal já habituado, apertando-a contra os joelhos.

Saiba +

Marley e eu. Direção de David Frankel. 2008 (120 min).

Nesse filme, discutem-se, de forma sensível, questões que envolvem a convivência de uma família com um cão, Marley, desde o início de sua vida, quando foi adotado por um casal de jornalistas, até seu envelhecimento. O audiovisual foi inspirado no *best-seller* de mesmo título, do escritor estadunidense John Grogan, publicado em 2005.

Foi quando se aproximou a sua outra metade neste mundo, um irmão em Grajaú. A possibilidade de comunicação surgiu no ângulo quente da esquina, acompanhando uma senhora, e encarnada na figura de um cão. Era um bassê lindo e miserável, doce sob a sua fatalidade. Era um bassê ruivo.

Lá vinha ele trotando, à frente de sua dona, arrastando seu comprimento. Desprevenido, acostumado, cachorro.

A menina abriu os olhos pasmada. Suavemente avisado, o cachorro estacou diante dela. Sua língua vibrava. Ambos se olhavam.

Entre tantos seres que estão prontos para se tornarem donos de outro ser, lá estava a menina que viera ao mundo para ter aquele cachorro. Ele fremia suavemente, sem latir. Ela olhava-o sob os cabelos, fascinada, séria. Quanto tempo se passara? Um grande soluço sacudiu-a desafinado. Ele nem sequer tremeu. Também ela passou por cima do soluço e continuou a fitá-lo.

Os pelos de ambos eram curtos, vermelhos.

Que foi que se disseram? Não se sabe. Sabe-se apenas que se comunicaram rapidamente, pois não havia tempo. Sabe-se também que sem falar eles se pediam. Pediam-se com urgência, com encabulamento, surpreendidos.

No meio de tanta vaga impossibilidade e de tanto sol, ali estava a solução para a criança vermelha. E no meio de tantas ruas a serem trotadas, de tantos cães maiores, de tantos esgotos secos – lá estava uma menina, como se fora carne de sua ruiva carne. Eles se fitavam profundos, entregues, ausentes de Grajaú. Mais um instante e o suspenso sonho se quebraria, cedendo talvez à gravidade com que se pediam.

Mas ambos eram comprometidos.

Ela com sua infância impossível, o centro da inocência que só se abriria quando ela fosse uma mulher. Ele, com sua natureza aprisionada.

A dona esperava impaciente sob o guarda-sol. O bassê ruivo afinal despregou-se da menina e saiu sonâmbulo. Ela ficou espantada, com o acontecimento nas mãos, numa mudez que nem pai nem mãe compreenderiam. Acompanhou-o com olhos pretos que mal acreditavam, debruçada sobre a bolsa e os joelhos, até vê-lo dobrar a outra esquina.

Mas ele foi mais forte que ela. Nem uma só vez olhou para trás.

LISPECTOR, Clarice. *Todos os contos*. Rio de Janeiro: Rocco Digital, 2016. Edição em *e-book*.

AnastasiaOsipova/Shutterstock

Saiba +

Clarice Lispector (1920-1977), nascida Chaya Pinkhasovna Lispector, foi uma escritora ucraniana naturalizada brasileira. Emigrou para o Brasil ainda criança, com sua família, fixando residência na cidade de Maceió, em Alagoas, onde já residiam parentes seus. Em seguida, a família mudou-se para Recife e, na adolescência, para o Rio de Janeiro. Formou-se em Direito, mas se tornou jornalista. A obra de Clarice Lispector é considerada, por muitos críticos, singular na literatura brasileira, e vem sendo reconhecida internacionalmente como uma das grandes escritoras do século XX. *A hora da estrela* (1977, novela) é um de seus livros mais conhecidos. Escreveu romance, novela, conto, crônica, entre outros gêneros. Entre as suas principais obras em romance, estão: *Perto do coração selvagem* (1943), *O lustre* (1945), *A cidade sitiada* (1949), *A paixão segundo G.H.* (1964) e *Uma aprendizagem ou O livro dos prazeres* (1969). Entre os contos e as crônicas: *Laços de família* (1960), *A legião estrangeira* (1964), *Felicidade clandestina* (1971), *A imitação da rosa* (1973), *A via-crúcis do corpo* (1974) e *A bela e a fera* (1979). Escreveu ainda literatura infantil: *O mistério do coelho pensante* (1967), *A mulher que matou os peixes* (1968), *Quase de verdade* (1978) e *Como nasceram as estrelas* (1987).

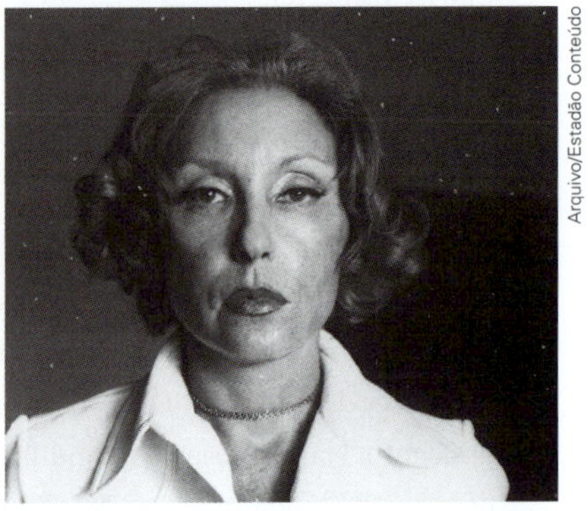

Arquivo/Estadão Conteúdo

Para construir o conto, a escritora aproveita um fato relativamente comum – uma menina que observa um cão passeando pela rua – e, a partir dele, escreve uma história em que sentimentos de espanto e surpresa se misturam com sensações de expectativa, levando a personagem protagonista a uma descoberta sobre si mesma.

12. Discuta o conto com os colegas e o professor considerando as questões seguintes. Depois, registre suas respostas no caderno.

a) A leitura do conto permitiu que você rememorasse situações que você mesmo(a) tenha vivenciado? Se sim, quais?

b) De que forma essa história fez você, leitor, pensar sobre sua vida, com espantos, descobertas e vontades de ter ou ser algo diferente?

Saiba +

Clarice Lispector – Todos os contos. Rocco Digital, 2016.

Em 2020, comemorou-se o centenário de nascimento de Clarice Lispector. Uma boa forma de você conhecer a obra literária dessa escritora reconhecida internacionalmente é ler seus contos. Em vários deles, Clarice Lispector trabalhou as relações entre pessoas e animais, como em "Tentação". Alguns desses contos são: "Uma galinha", "Uma história de tanto amor", "Macacos", "Uma esperança" e "O búfalo".

13. No conto, uma característica em comum entre os personagens, que possibilita à menina e ao cão se identificarem, é o fato de serem ruivos.

a) Que outra(s) característica(s) você, leitor do conto, percebe como ponto de aproximação entre esses personagens?

b) Comente com os colegas e o professor qual é a importância dessa(s) característica(s) no conjunto da narrativa. Registre sua resposta.

14. Histórias como essa, que envolvem o contato entre pessoas e animais, costumam despertar lembranças e emoções. Tente lembrar-se de outra história dessa natureza. Identifique essa narrativa para os colegas e o professor e explique como e por que ela despertou em você certas emoções e por que ficou registrada em sua memória.

No mesmo período em que Guimarães Rosa despontava como um dos mais marcantes escritores brasileiros, surgiu também Clarice Lispector. Mas, diferentemente de Guimarães Rosa, a obra de Lispector se distingue pelo caráter introspectivo e psicológico. No conto lido, essas características são particularmente evidentes: a realidade é construída por meio de impressões e percepções dos personagens. Além disso, o conflito presente nas histórias da escritora leva a tensão ao máximo, até que um evento aparentemente banal faz o personagem ter uma espécie de *insight*: no conto "Tentação", isso ocorre quando a menina e o cão se olham e percebem que pertencem um ao outro. Essa característica é marcante em muitos dos enredos de contos, crônicas e romances de Lispector.

Observe a seguir a linha do tempo com as três fases do Modernismo no Brasil.

WYM Design/Arquivo da editora

1922

1922

Mário de Andrade e outros escritores

Década de 1920, a Semana de Arte Moderna acontece no Theatro Municipal de São Paulo. Também chamada de fase heroica do Modernismo, a década de 1920 representa um marco da estética moderna no Brasil, rompendo com os padrões artísticos tradicionais herdados do XIX. É a *Primeira fase modernista*.

Reprodução/Acervo particular

O escritor Mário de Andrade (primeiro à esquerda, no alto) e outros modernistas brasileiros. São Paulo, 1922.

1930

1930

Graciliano Ramos e outros escritores

A chamada *Geração de 30* ou *Segunda fase modernista* notabilizou-se pela consolidação dos ideais modernistas lançados pela geração da *Semana de 22* caracterizando-se, na prosa de ficção, pelos romances regionalistas e urbanos. Além de Graciliano, destacam-se na prosa autores como Rachel de Queiroz, Jorge Amado, Erico Veríssimo, José Lins do Rego e Dyonélio Machado.

Arquivo do jornal O Globo/Agência O Globo

O escritor Graciliano Ramos.

Reprodução/Editora José Olympio

Capa do livro *O Quinze*, da escritora Rachel de Queiroz, publicado pela editora José Olympio.

1945

1945

Guimarães Rosa, Clarice Lispector e outros

Conhecida como fase pós-modernista, *Terceira geração modernista* ou ainda *Geração de 45*, essa geração aponta para uma estética mais formal, com o predomínio da prosa sobre a poesia. Outros nomes de destaque na prosa dessa fase são Lygia Fagundes Telles e Ariano Suassuna.

Arquivo O Cruzeiro/EM/D.A Press

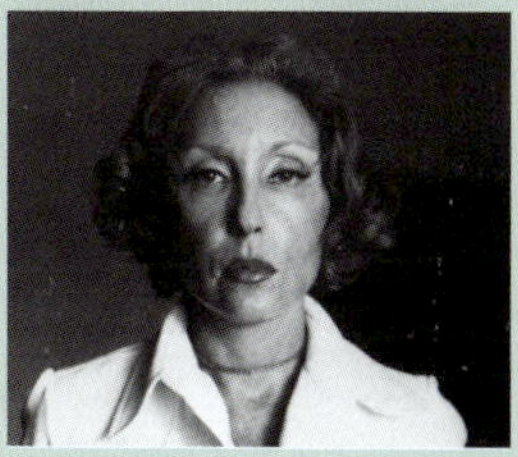

Arquivo/Estadão Conteúdo

Os escritores Guimarães Rosa e Clarice Lispector.

15. Depois do passeio pela obra de quatro importantes escritores do século XX do Brasil, o professor vai organizar uma roda de conversa. Discuta com os colegas e o professor de que maneira cada um desses escritores retrata algum aspecto da cultura e da realidade brasileiras daquele século.

Tartila/Shutterstock

Além das fronteiras

O panorama da literatura brasileira de boa parte do século XX revela um conjunto de produções rico e variado: da valorização da cultura nacional presente na obra de Mário de Andrade, chegamos a propostas literárias como a de Graciliano Ramos, Guimarães Rosa e Clarice Lispector, tão radicais quanto diversas uma da outra.

Esse panorama de diversidade não foi exclusivo da literatura brasileira. Nos demais países latino-americanos, que enfrentavam situações e contextos sociais em alguma medida semelhantes aos brasileiros, também floresceu uma rica e vasta literatura. Cada país apresentou, como o Brasil, certas tendências, experimentações literárias, e revelou escritores que se tornaram conhecidos mundialmente.

Como exemplo da literatura produzida nos países latino-americanos, selecionamos um conto do escritor uruguaio Eduardo Galeano intitulado "Janela sobre as máscaras". Leia-o atentamente.

Janela sobre as máscaras

Eduardo Galeano

Ñato Garcia se fez de louco na Austrália.

Entardecia, e ele estava olhando o mesmo sol que se apagava em Melbourne enquanto se acendia em Montevidéu, e decidiu ficar louco.

Teve delírios e alucinações. Lutou contra os inimigos invisíveis, lançando murros no ar, e passou dias e noites sentado contra uma parede, sem fechar os olhos. Negou-se a falar, porque o diabo da loucura entrava por sua boca aberta. Negou-se a dormir, com pânico de morrer da loucura da noite. Aguentou pílulas, injeções, choques elétricos. E finalmente, depois de quatro anos de Ñato se proibir qualquer normalidade, os médicos australianos se convenceram de que ele era um caso incurável.

E assim Ñato conseguiu uma passagem de volta, e conseguiu uma boa aposentadoria para viver sem trabalhar o resto da vida. Pela última vez se olhou no espelho de sua casa em Melbourne, disse adeus ao louco e entrou no avião.

E chegou à cidade de suas saudades.

Em Montevidéu, procurou. Procurou a casa da infância, e havia um supermercado. No terreno baldio onde havia feito amor pela primeira vez, encontrou um estacionamento. Procurou seus amigos. Já não estavam. Procurou e se procurou, e em nenhum lugar se encontrou, e então mergulhou na dúvida:

– Quem terá ficado lá em Melbourne, o louco ou eu?

Uma vez por ano, e somente uma vez, Ñato se reconhece no espelho. Chega o carnaval, com o **troar** dos tambores, e Ñato se reconhece. Isso ocorre quando o espelho devolve a ele sua cara de fantasia: nariz de palhaço, um riso grande pintado sobre os lábios, a lua entre as sobrancelhas e as estrelas esparramadas pela cara afora.

troar: retumbar, ressoar, causar estrondo.

GALEANO, Eduardo. Janela sobre as máscaras. *In*: GALEANO, Eduardo. *As palavras andantes*. Porto Alegre: L&PM, 1994. p. 182.

DFLC Prints/Shutterstock

A cidade de Montevidéu, no Uruguai. Na imagem, a fachada exterior do edifício sede do Mercosul. Foto de 2020.

Saiba +

Eduardo Hughes Galeano (1940-2015) foi jornalista e um dos mais importantes escritores do Uruguai. É autor de mais de 40 livros, que já foram traduzidos em diversos idiomas. Suas obras combinam ficção, jornalismo, análise política e história. Seus principais livros são *As veias abertas da América Latina* (1971), *Memórias do fogo* (1982-1986), *Dias e noites de amor e de guerra* (1978), além de *As palavras andantes* (1983), de onde se extraiu o conto que você leu: "Janela sobre as máscaras".

Maule/ZUMA Press/Fotoarena

16. Depois da leitura desse conto, comente com os colegas e o professor como você compreendeu o conflito interno que vive o personagem. Registre sua resposta.

Diário de bordo

Registre em seu diário de bordo as conclusões que você formulou sobre a obra de cada um dos escritores lidos, tendo em vista as reflexões propostas nessa seção.

Pesquisa: A produção literária latino-americana

No início da unidade, em *#TáNoFeed*, você e seus colegas fizeram uma pesquisa sobre autores indígenas de produção literária em língua portuguesa e também, muitas vezes, em sua língua original.

Na proposta a seguir, você e os colegas, organizados em grupos de seis a oito integrantes, vão pesquisar a produção literária latino-americana, especialmente a de língua espanhola, e deverão apresentá-la aos outros grupos.

No final da unidade, em *#Multiplicar*, essas duas pesquisas vão ser muito importantes para o evento *Mundo literário*, que será mais bem explicado depois. Neste momento, vamos nos concentrar na pesquisa sobre autores da América Latina. Vamos lá?

Para começar, sigam algumas orientações:

- Cada grupo deve selecionar um escritor do século XX considerado representativo da literatura de cada um destes países latinos de língua espanhola com os quais o Brasil faz fronteira: Argentina, Bolívia, Colômbia, Paraguai, Peru, Uruguai e Venezuela.
- Façam uma pesquisa baseada em levantamento bibliográfico para conhecer o escritor e escolher uma obra literária dele. Além disso, selecionem um trecho dessa obra, seja um conto, um fragmento de romance, uma crônica, um poema, pois ele será lido no dia da apresentação. Como esse material será apresentado aos demais grupos, planejem de que maneira será feita a apresentação e que recursos porventura serão necessários para apoiar a exposição das informações. Guardem o material pesquisado no **portfólio**, para poder ser visto novamente e aproveitado no evento que será realizado em *#Multiplicar*.
- Em um dia previamente combinado com o professor, façam a apresentação e a leitura pública oral de um trecho selecionado da obra do escritor que pesquisaram. Organizem as apresentações para que todos os grupos possam falar com tranquilidade e serem ouvidos com atenção pelos colegas.
- Faça anotações durante as apresentações dos demais grupos, para poder retomar posteriormente pontos que tenham chamado sua atenção.

Roda de conversa

Ao final das apresentações, discutam livremente com os colegas sobre os aspectos a seguir.

- As principais temáticas encontradas na produção literária desses escritores, considerando os fragmentos que vocês leram.
- As possíveis relações dos trechos que vocês leram das obras latino-americanas com os escritores brasileiros estudados nesta seção.
- Outros aspectos que tenham chamado a atenção da turma.

KatePilko/Shutterstock

Práticas de produção oral: tradição oral

Imagine uma época longínqua (milênios atrás) em que a escrita nem havia sido inventada. Ou, então, uma época menos recuada no tempo, porém na qual a maior parte das pessoas não sabia ler nem escrever. Nesse tempo, uma forma de transmitir a cultura e o saber de uma geração para a outra acontecia oralmente: uns contando para os outros, de boca em boca. As histórias religiosas, dos deuses e seres divinos, os feitos dos grandes heróis, as receitas culinárias, as notícias... tudo isso precisava ser transmitido oralmente, e de uma forma que pudesse ser lembrado e relembrado. Tudo isso era possível graças à tradição oral. É sobre esse tema, ainda hoje bastante relevante, que vamos tratar nesta seção.

1. Considerando as questões propostas a seguir, discuta com os colegas a respeito de antigas histórias ouvidas desde a infância. Depois, registre suas respostas.

a) Em sua opinião, por que há histórias que circulam há muito tempo, sendo conhecidas por milhões de pessoas de diversos lugares do mundo?

b) Em sua vida, houve alguma situação na qual você aprendeu alguma dessas histórias? Em caso afirmativo, relate para os colegas como foi isso. Ouça também os relatos deles.

c) Reflita com os colegas sobre as respostas aos itens anteriores e, juntos, elaborem uma explicação: Por que essas histórias circulam há muito tempo?

Contação de histórias: planejamento

Sob a orientação do professor, formem na sala de aula um grande círculo com a turma toda para promover uma contação de histórias.

Cada um de vocês vai contar alguma dessas histórias ouvidas desde a infância. Procurem lembrar-se também de onde e em que ocasiões essas histórias lhes eram contadas e quem as contava.

Depois de contarem e ouvirem histórias, conversem sobre as atividades a seguir. Não se esqueçam de registrar suas respostas após a conversa.

2. Em sua opinião, o que há de comum nessas histórias contadas por você e pelos colegas durante a contação de histórias?

3. Se quiser, aproveite as respostas dadas às questões a seguir para pensar sobre as características das histórias ouvidas e procure formular alguma conclusão com os colegas da turma. Essa conclusão pode ser registrada no último item desta mesma atividade.

a) Como são os personagens dessas histórias?

b) Você consegue indicar uma época em que a história poderia ter acontecido? Em caso afirmativo, como você descreveria esse tempo da história?

c) Em que lugares vivem os personagens? Que tipos de ações eles realizam?

d) O que você sentia ao ouvir essas histórias?

e) Se você contou a história aos colegas, é porque se lembrou dela. O que acha que essas histórias têm para que ficassem registradas em sua memória?

f) A que conclusões você e seus colegas chegaram a respeito das histórias de tradição oral ouvidas? Escreva uma síntese do que pensaram.

Depois da contação de histórias e da conversa que você teve com os colegas e o professor, reflita sobre os itens a seguir.

Saiba +

Pequenas histórias. Direção de Helvécio Ratton. 2007 (80 min).

A atriz Marieta Severo interpreta a contadora de histórias Maria, uma costureira que, na varanda de uma fazenda no interior de Minas Gerais, à medida que vai costurando uma colcha com pequenos retalhos, narra quatro histórias ligadas à tradição oral mineira. Os enredos das histórias contadas registram situações que fazem parte do imaginário brasileiro, em divertidas narrativas: "E a água levou...", "Procissão das almas", "O espírito do Natal" e "Zé Burraldo".

A constituição da "cena"

- Como a turma se organizou para ouvir e contar as histórias?
- Como agiam e se comportavam os contadores de histórias? Que gestos faziam? Para quem ou para onde olhavam enquanto contavam?

As histórias contadas

- Havia histórias que algum colega contou e que você já conhecia? Em que épocas se passavam essas histórias?
- Que tipo de história foi contada? De terror, de suspense, sobre regiões longínquas do país, anedota, etc.?
- Como eram os personagens?

Os traços comuns das histórias

- Você percebeu algo em comum entre todas as histórias contadas? Em caso afirmativo, o que foi?

Tradição oral

A tradição oral é o conjunto de todo o patrimônio cultural que se transmite oralmente e que envolve desde os gêneros mais elaborados, como as narrativas da tradição oral, os contos de fadas, as histórias dos indígenas da Amazônia (como você viu que ocorre na cultura kaxinawá), até os mais curtos, como os gritos de guerra, as parlendas, as máximas e os provérbios, os ditos populares, as anedotas, as lendas.

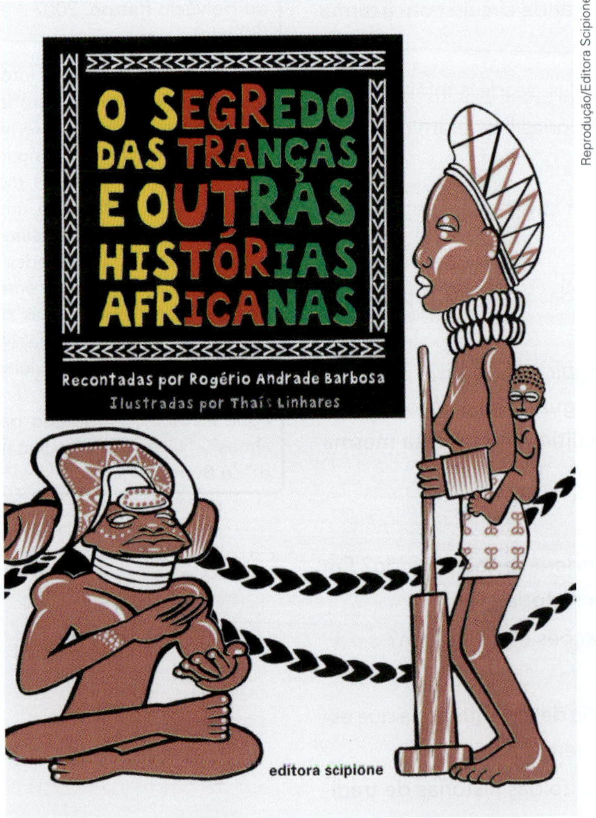

Capa do livro *O segredo das tranças e outras histórias africanas*, de Rogério Andrade Barbosa, publicado pela editora Scipione, 2019.

Capa do livro *Sabedoria das Águas*, de Daniel Munduruku, publicado pela editora Global, 2004.

Todos os povos têm uma tradição oral. E, muitas vezes, é nessa tradição que se fundamenta a identidade cultural de um povo. No Brasil, a tradição oral é constituída por elementos de origem europeia (principalmente portuguesa), africana e indígena.

Várias dessas histórias da tradição oral têm sido registradas por escrito, em um esforço para que sejam preservadas e para que ganhem novos espaços de circulação, como você viu ao analisar uma das histórias do livro *Shenipabu Miyui*.

Agora que vocês fizeram uma exploração inicial da tradição oral por meio de suas memórias, chegou o momento de conhecer um pouco mais dessa tradição, investigando a própria região, em busca de outras narrativas.

4. Organizem-se em grupos de seis a oito integrantes para fazer uma pesquisa de campo, utilizando também a entrevista como metodologia de pesquisa. Por meio dela, será possível vocês investigarem junto à comunidade de que fazem parte quais são as histórias da tradição oral que pertencem à memória das pessoas mais velhas da região. Tenham em vista as seguintes orientações.

- Decidam entre os integrantes do grupo quais pessoas serão entrevistadas. Em seguida, entrem em contato com elas e combinem o dia e o horário para entrevistá-las. Não se esqueçam de pedir a elas a autorização para uso de voz e imagem, pois é importante que vocês registrem esse momento.
- Elaborem previamente um roteiro de perguntas a serem feitas às pessoas durante a entrevista.
- Disponham de gravador de áudio e/ou de vídeos para registrar o momento em que os entrevistados estejam contando as histórias.
- Uma vez coletado o material, compartilhem os registros com os demais grupos e conversem entre si, considerando as questões seguintes. Depois, registrem as respostas.

a) Há repetição de histórias entre os grupos? Se sim, as versões são exatamente iguais?

b) Se houver diferentes versões de uma mesma história, o que muda de uma para outra? Para vocês, essas diferenças têm relação com os lugares de onde vêm essas pessoas?

c) As histórias coletadas trazem características similares a todas as histórias lembradas por vocês mesmos e também à do "O sapo encantado" que vocês leram na seção *Práticas de leitura*?

A continuidade desse trabalho será proposta na Unidade 2, em que vocês vão encerrar o estudo da tradição oral.

Clube de leitura

Ao ler a história "O sapo encantado", talvez você tenha se lembrado de outras como essa, de origem oral, como as lendas e os contos de fadas, que ganham registros escritos e acabam circulando intensamente como literatura infantil e juvenil. Isso acontece, provavelmente, porque trazem elementos ancestrais ligados a uma cultura, como seus valores e crenças. Ao serem contadas (e lidas) para e por crianças, elas ajudam a transmitir, de algum modo, de uma geração a outra, esses valores e crenças.

- Pensando nisso, a proposta a seguir é que você e os colegas organizem um tipo diferente de "clube de leitura" da escola ou da comunidade.
- Esse clube será diferente porque nele vocês vão atuar como mediadores de leitura junto às crianças da Educação Infantil ou dos anos iniciais do Ensino Fundamental. Para isso, podem ler livros infantis e histórias – como as histórias dos antigos, os contos de fadas, as lendas, etc.) – e conversar sobre eles com crianças de sua escola ou de escolas existentes em sua comunidade. Antes de iniciar a atividade, discutam com o professor de Língua Portuguesa e combinem as estratégias para desenvolver essa proposta.

Diário de bordo

Depois de realizar o trabalho com as histórias da tradição oral, registre em seu diário de bordo, das características dessas histórias, aquelas que você considera as mais interessantes. Reflita também a respeito da maneira como a tradição oral contribui para a formação de valores e crenças das comunidades e culturas. Pense, para isso, especialmente no trabalho de recolhimento de histórias orais, realizado na última atividade proposta nesta parte da seção.

Práticas de produção escrita: resenha crítica

A resenha crítica é um dos textos por meio dos quais é possível registrar opiniões a respeito de produtos culturais e artísticos e, ao mesmo tempo, divulgar esses produtos na internet.

Como gênero textual escrito, a resenha crítica é muito comum na esfera jornalística e se enquadra no jornalismo cultural e de prestação de serviço aos leitores.

Para conhecer um exemplo desse gênero, leia a seguir uma resenha crítica publicada em um portal de cinema que reúne comentários apreciativos sobre filmes variados. O filme resenhado é *Sete minutos depois da meia-noite* (2016), dirigido por Juan Antonio Bayona. Na seção *Situação inicial*, você observou a imagem do cartaz desse filme.

Sete Minutos Depois da Meia-Noite

O choro é livre. E genuíno.

por Renato Hermsdorff

O espanhol Juan Antonio Bayona (ou J. A. Bayona, como assina atualmente) chamou a atenção do mundo cinematográfico quando despontou com o (envolvente) terror *O Orfanato* (2008). O filme serviu de cartão de visitas para que ele entrasse em Hollywood pela porta da frente, e o resultado foi (o excessivo) *O Impossível* (2012), em que comanda Naomi Watts e Ewan McGregor lidando com o tsunami que assolou a Tailândia no fim de 2004. **"Hypado"**, o moço foi escalado para dar sequência a *Guerra Mundial Z* e *Jurassic World*.

hypado: gíria que faz alusão a algo que, em um determinado momento, começa a receber bastante repercussão, em geral, positiva.

Até lá, no entanto, há uma árvore no caminho do diretor, que investe, agora, com *Sete Minutos Depois da Meia-Noite*, no universo da fantasia. A produção, que começa como uma história comum de desabrochar da infância (o tal "*coming of age*", de que Hollywood tanto gosta), se revela uma tocante lição de vida sobre como lidar com o luto.

Focus Features/Everett Collection/Fotoarena

Cena do filme *Sete minutos depois da meia-noite*, com os personagens Conor, interpretado por Lewis MacDougall, e o monstro em forma de árvore, cuja voz, no áudio original do filme, é do ator Liam Neeson.

No filme, Conor (Lewis MacDougall, o "Nibs" de Peter Pan) é um garoto de 13 anos que se julga *invisível* – o típico *"outsider"*, talentoso (ele desenha) e vítima de *"bullying"*. Filho de um pai (Toby Kebbell) um tanto ausente, o menino é apegado à mãe (Felicity Jones) que, no entanto, padece de uma grave doença. Por isso, ele passa a conviver mais com a quase desconhecida avó (Sigourney Weaver), que não tem muito *tato* com os mais jovens. Diante desse cenário nada... confortável?, ele acaba acidentalmente *convocando* um monstro em forma de árvore (voz de Liam Neeson), que aparece sempre sete minutos depois da meia-noite.

Com um enredo desses, o filme tenderia a caminhar na fina linha entre o melodrama forçoso e a emoção genuína. Mas – e essa é a boa notícia – desequilibra para o segundo lado.

Na forma, há o contraponto entre a grandiosidade dos efeitos visuais – com uma impressionante riqueza de detalhes que vai desde a "construção" do tal monstro ao cenário de ruínas do entorno –, e o capricho milimétrico com que Bayona trata os quadros, sobretudo quando filma em *macro* os belíssimos desenhos do protagonista (ponto para a direção de arte), e captura a mansidão com que o apontador descama o lápis.

Mas é na costura das relações pessoais (e diálogos!) do roteiro de Patrick Ness (autor também do romance no qual o filme se baseia) que *A Monster Calls* (no original) ganha definitivamente o espectador.

Se, por um lado, o pano de fundo (de frente mesmo) da situação da mãe (comedida na medida no registro de Felicity Jones) corta o coração da plateia, a necessária dureza da avó balanceia a trama como um chamado à vida (*"pero sin perder la ternura"*). Mas é no olhar que o jovem Lewis MacDougall consegue reter toda a melancolia represada, fundamental a seu personagem. Para completar, se é para chamar um monstro, que ele venha com a voz de Liam Neeson.

Portanto, partindo de um ponto inocente – e até clichê – da "busca pela identidade", *Sete Minutos Depois da Meia-Noite* resulta em uma metáfora madura sobre como lidar com uma conjuntura tão triste quanto inevitável: a iminência da perda de um ente querido. Ainda mais numa fase em que se é "velho demais para ser criança e muito novo para ser um homem". O choro é livre. E genuíno.

HERMSDORFF, Renato. Sete minutos depois da meia-noite: O choro é livre. E genuíno. *AdoroCinema*, [202-]. Disponível em: http://www.adorocinema.com/filmes/filme-227551/criticas-adorocinema/. Acesso em: 15 fev. 2022.

1. Depois da leitura da resenha crítica, responda às questões.

a) Você já havia assistido a esse filme?

b) Em caso afirmativo, considera que a sinopse da história (isto é, o resumo do enredo) foi bem apresentada na resenha? Por quê?

c) Em caso negativo, acredita ter formado uma boa noção sobre a história do filme? Explique.

Julsist/Shutterstock

2. Além do resumo do enredo, a resenha apresenta comentários apreciativos sobre o filme.

a) Segundo o texto, o autor da resenha considera *Sete minutos depois da meia-noite* um filme de qualidade, que merece ser visto? Por quê?

b) Quais são os pontos fortes do filme, na opinião do resenhista?

3. Sendo um texto marcado pelo resumo e pela expressão de opiniões, a resenha crítica tem caráter duplo: ela é explicativo-expositiva e, ao mesmo tempo, argumentativa. Sendo assim, qual é a tese defendida pelo autor da resenha com relação ao filme resenhado? Identifique-a com um trecho do texto.

Resenha crítica

Não há um formato textual fixo para uma resenha crítica, mas alguns elementos composicionais devem sempre estar presentes e, em geral, aparecem na ordem a seguir.

- A contextualização da obra resenhada.
- A sinopse (o resumo) do enredo da obra – no caso de filmes, livros, peças de teatro e outras produções artísticas que tenham enredo – ou sua descrição – no caso de exposições de arte, instalações artísticas, álbuns musicais e outras obras que não tenham exatamente um enredo.
- A análise e os comentários críticos apreciativos, baseados em uma opinião geral sobre a obra.

4. Tendo em vista os elementos composicionais mencionados anteriormente, localize na resenha as partes do texto que correspondem a cada um deles.

Produção de resenha

Agora é a sua vez de pôr a mão na massa. Em *Situação inicial*, você fez um registro escrito com base na conversa com os colegas a respeito de uma obra artística de seu interesse e guardou no seu **portfólio**. Retome esses registros e siga as próximas orientações.

- Com base nas características da resenha crítica estudadas neste momento, reformule esses registros, transformando-os em uma resenha crítica. Lembre-se de que os leitores possíveis dessa resenha serão adolescentes como você, com quem poderá compartilhar essa apreciação crítica da obra artística ou de entretenimento.
- Com a resenha pronta, compartilhe-a com os colegas e o professor, para que, juntos, vocês possam analisar os textos produzidos, verificando se as características do gênero estão presentes, se a linguagem utilizada é adequada, se há algo que ainda possa ser modificado.
- Se houver necessidade, faça ajustes no texto e reescreva-o, elaborando a última versão da resenha crítica.
- Para divulgar a produção escrita, publique-a em uma rede social da qual você participe, a fim de que familiares e amigos possam ler sua apreciação sobre a obra resenhada.

Diário de bordo

Registre em seu diário de bordo o processo de construção de resenha crítica, tendo em vista todos os passos vivenciados. Comente também de que maneira a contribuição dos colegas foi importante para você chegar à forma final do texto, considerando que eles estão entre os leitores prováveis da resenha.

Inspiring/Shutterstock

#EnemVestibular

Responda às questões a seguir para fazer uma retomada dos seus conhecimentos e rever alguns assuntos que estudou nesta unidade.

1. (Enem – 2014)

> O correr da vida embrulha tudo. A vida é assim: esquenta e esfria, aperta e daí afrouxa, sossega e depois desinquieta. O que ela quer da gente é coragem.
>
> ROSA, J. G. **Grande sertão: veredas**. Rio de Janeiro: Nova Fronteira, 1986.

No romance, o protagonista Riobaldo narra sua trajetória de jagunço. A leitura do trecho permite identificar que o desabafo de Riobaldo se aproxima de um(a)

a) diário, por trazer lembranças pessoais.
b) fábula, por apresentar uma lição de moral.
c) notícia, por informar sobre um acontecimento.
d) aforismo, por expor uma máxima em poucas palavras.
e) crônica, por tratar de fatos do cotidiano.

2. (Enem – 2018)

> A trajetória de Liesel Meminger é contada por uma narradora mórbida, surpreendentemente simpática. Ao perceber que a pequena ladra de livros lhe escapa, a morte afeiçoa-se à menina e rastreia suas pegadas de 1939 a 1943. Traços de uma sobrevivente: a mãe comunista, perseguida pelo nazismo, envia Liesel e o irmão para o subúrbio pobre de uma cidade alemã, onde um casal se dispõe a adotá-los por dinheiro. O garoto morre no trajeto e é enterrado por um coveiro que deixa cair um livro na neve. É o primeiro de uma série que a menina vai surrupiar ao longo dos anos. O único vínculo com a família é esta obra, que ela ainda não sabe ler. A vida ao redor é a pseudorrealidade criada em torno do culto a Hitler na Segunda Guerra. Ela assiste à eufórica celebração do aniversário do Führer pela vizinhança. A Morte, perplexa diante da violência humana, dá um tom leve e divertido à narrativa deste duro confronto entre a infância perdida e a crueldade do mundo adulto, um sucesso absoluto – e raro – de crítica e público.
>
> Disponível em: www.odevoradordelivros.com acesso em 24 jun. 2014.

Os gêneros textuais podem ser caracterizados, dentre outros fatores, por seus objetivos. Esse fragmento é um(a)

a) reportagem, pois busca convencer o interlocutor da tese defendida ao longo do texto.
b) resumo, pois promove o contato rápido do leitor com uma informação desconhecida.
c) sinopse, pois sintetiza as informações relevantes de uma obra de modo impessoal.
d) instrução, pois ensina algo por meio de explicações sobre uma obra específica.
e) resenha, pois apresenta uma produção intelectual de forma crítica.

3. (Unifesp – 2019)

> Os__________ haviam "civilizado" a imagem do índio, injetando nele os padrões do cavalheirismo convencional. Os____________, ao contrário, procuraram nele e no negro o primitivismo, que injetaram nos padrões da civilização dominante como renovação e quebra das convenções acadêmicas.
>
> (Antonio Candido. **Iniciação à literatura brasileira**, 2010. Adaptado.)

As lacunas do texto devem ser preenchidas, respectivamente, por

a) românticos e simbolistas.
b) árcades e simbolistas.
c) árcades e modernistas.
d) românticos e modernistas.
e) simbolistas e modernistas.

4. (Convest/Unicamp-SP – 2018)

Leia o texto a seguir, escrito por professores Guarani de São Paulo, e assinale a alternativa correta.

"Na nossa tradição tem muitas aves que não matamos porque nós respeitamos. Pois em determinadas ocasiões algumas aves trazem notícias. Essas notícias podem ser boas ou ruins. Uma destas aves é o beija-flor. Um beija-flor que entra na sua casa ou fica pairando em frente a sua porta certamente está anunciando uma visita bem interessante. O canto do bem-te-vi anuncia a vinda de uma criança, ou seja, anuncia gravidez. O tucano anuncia a chegada de chuva. Depois quando vai começando a parar a chuva, eles também cantam. Esses são alguns exemplos, mas o conhecimento guarani a respeito das aves é bem maior."

(ACIBRA e Pesquisadores Guarani da Tekoá Sapukai, Tekoa Sapukai Nhandeyvy re Nhanhangareko aguã. Brasília: FUNAI, 2016.)

De acordo com o texto, o povo Guarani acredita que

a) para que uma gravidez aconteça, tem que haver o canto do bem-te-vi.
b) muitos pássaros devem ser respeitados porque eles trazem notícias.
c) os pássaros só trazem boas notícias quando cantam perto de uma aldeia.
d) o canto do tucano provoca chuva e, quando ele canta de novo, a chuva para.

5. (Enem – 2020)

Dias depois da morte de D. Mariquinha, Seu Lula, todo de luto, reuniu os negros no pátio da casa-grande e falou para eles. A voz não era mais aquela voz mansa de outros tempos. Agora Seu Lula era o dono de tudo. O feitor, o negro Deodato, recebera as suas instruções aos gritos. Seu Lula não queria vadiação naquele engenho. Agora, todas as tardes, os negros teriam que rezar as ave-marias. Negro não podia mais andar de reza para S. Cosme e S. Damião. Aquilo era feitiçaria. [...]

E o feitor Deodato, com a proteção do senhor, começou a tratar a escravatura como um carrasco. O chicote cantava no lombo dos negros, sem piedade. Todos os dias chegavam negros chorando aos pés de D. Amélia, pedindo valia, proteção contra o chicote do Deodato. A fama da maldade do feitor espalhara-se pela várzea. O senhor de engenho do Santa Fé tinha um escravo que matava negro na peia. [...] E o Santa Fé foi ficando assim o engenho sinistro da várzea.

RÊGO, J. L. Fogo Morto. Rio de Janeiro: José Olympio, 1989.

A condição dos trabalhadores escravizados do Santa Fé torna-se exponencialmente aflitiva após a morte da senhora do engenho. Nessa passagem, o sofrimento a que se submetem é intensificado pela reação à

a) mania do novo senhor de se dirigir a eles aos gritos.
b) saudade do afeto antes dispensado por D. Mariquinha.
c) privação sumária de suas crenças e práticas ritualísticas.
d) inércia moral de D. Amélia ante as imposições do marido.
e) reputação do Santa Fé de lugar funesto a seus moradores.

6. (Enem – 2018)

E fui mostrar ao ilustre hóspede [o governador do Estado] a serraria, o descaroçador e o estábulo. Expliquei em resumo a prensa, o dínamo, as serras e o banheiro carrapaticida. De repente supus que a escola poderia trazer a benevolência do governador para certos favores que eu tencionava solicitar.

– Pois sim senhor. Quando V. Exª. vier aqui outra vez, encontrará essa gente aprendendo cartilha.

RAMOS, G. São Bernardo. Rio de Janeiro: Record, 1991.

O fragmento do romance de Graciliano Ramos dialoga com o contexto da Primeira República no Brasil, ao focalizar o(a)

a) derrocada de práticas clientelistas.
b) declínio do antigo atraso socioeconômico.
c) liberalismo desapartado de favores do Estado.
d) fortalecimento de políticas públicas educacionais.
e) aliança entre a elite agrária e os dirigentes políticos.

7. (Mack-SP – 2018)

Carta do escritor Graciliano Ramos ao pintor Cândido Portinari

Rio – 18 – Fevereiro – 1946

Caríssimo Portinari:

A sua carta chegou muito atrasada, e receio que esta resposta já não o ache fixando na tela a nossa pobre gente da roça. Não há trabalho mais digno, penso eu. Dizem que somos pessimistas e exibimos deformações; contudo as deformações e miséria existem fora da arte e são cultivadas pelos que nos censuram.

O que às vezes pergunto a mim mesmo, com angústia, Portinari, é isto: se elas desaparecessem, poderíamos continuar a trabalhar? Desejamos realmente que elas desapareçam ou seremos também uns exploradores, tão perversos como os outros, quando expomos desgraças? Dos quadros que você mostrou quando almocei no Cosme Velho pela última vez, o que mais me comoveu foi aquela mãe com a criança morta. Saí de sua casa com um pensamento horrível: numa sociedade sem classes e sem miséria seria possível fazer-se aquilo? Numa vida tranquila e feliz que espécie de arte surgiria? Chego a pensar que faríamos cromos, anjinhos cor-de-rosa, e isto me horroriza.

Felizmente a dor existirá sempre, a nossa velha amiga, nada a suprimirá. E seríamos ingratos se desejássemos a supressão dela, não lhe parece? Veja como os nossos ricaços em geral são burros.

Julgo naturalmente que seria bom enforcá-los, mas se isto nos trouxesse tranquilidade e felicidade, eu ficaria bem desgostoso, porque não nascemos para tal sensaboria. O meu desejo é que, eliminados os ricos de qualquer modo e os sofrimentos causados por eles, venham novos sofrimentos, pois sem isto não temos arte.

E adeus, meu grande Portinari. Muitos abraços para você e para Maria.

Graciliano

sensaboria: contratempo, monotonia

Depreende-se corretamente do texto que o escritor Graciliano Ramos:

a) compreende a miséria humana e os sofrimentos como motivadores da produção artística, que não pode ser apenas ornamental.
b) entende que a função da pintura é oferecer as soluções práticas para o erradicamento da miséria humana.

c) se refere a pinturas que ele mesmo produziu sobre as diferenças sociais que afetam o povo brasileiro.

d) se dirige ao pintor Portinari com o claro objetivo de propor a formação de uma política que exclua os ricos da sociedade.

e) escreve ao pintor Portinari para tentar amenizar o remorso que sente por explorar a miséria humana.

Texto referente às questões 8 e 9.

(Há os que têm. E há os que não têm. É muito simples: a moça não tinha. Não tinha o quê? É apenas isso mesmo: não tinha. Se der para me entenderem, está bem. Se não, também está bem. Mas por que trato dessa moça quando o que mais desejo é trigo puramente maduro e ouro no estio?)

[...]

(Ela me incomoda tanto que fiquei oco. Estou oco desta moça. E ela tanto mais me incomoda quanto menos reclama. Estou com raiva. Uma cólera de derrubar copos e pratos e quebrar vidraças. Como me vingar? Ou melhor, como me compensar? Já sei: amando meu cão que tem mais comida do que a moça. Por que ela não reage? Cadê um pouco de fibra? Não, ela é doce e obediente.)

LISPECTOR, Clarice. *A hora da estrela*. 10. ed. Rio de Janeiro: Nova Fronteira, 1984. p. 32-33.

8. (UEL-PR – 2020)

Com base nos trechos e na leitura do romance, considere as afirmativas a seguir.

I. O uso da primeira pessoa explica-se por se tratar de uma fala do narrador-personagem dirigida à outra personagem da história.

II. A referência à intransitividade deliberada do verbo "ter" no trecho corresponde tanto a um uso peculiar da linguagem em outras passagens do livro quanto à insignificância da protagonista.

III. O fato de haver referência à personagem como "a moça" deve-se ao recurso de retardar o momento de informar seu nome, o que ocorre apenas quando ela encontra Olímpico.

IV. O "trigo puramente maduro" constitui uma imagem de esplendor que se caracteriza como o contrário do perfil da personagem da moça.

Assinale a alternativa correta.

a) Somente as afirmativas I e II são corretas.

b) Somente as afirmativas I e IV são corretas.

c) Somente as afirmativas III e IV são corretas.

d) Somente as afirmativas I, II e III são corretas.

e) Somente as afirmativas II, III e IV são corretas.

9. (UEL-PR – 2020)

Sobre os trechos, assinale a alternativa correta.

a) Os parênteses servem para o leitor se orientar na narrativa: quando esses sinais são utilizados, o narrador entra em cena para comentar; quando são suprimidos, a narrativa se restringe à ação da protagonista.

b) A pergunta final no primeiro trecho entre parênteses revela o desprezo que existe na relação entre o narrador e a personagem, atitude predominante daquele, na maior parte da narrativa.

c) O incômodo expresso pelo narrador-personagem indica o descompasso entre ele e a protagonista, tanto no plano dos lugares sociais que cada um ocupa quanto no plano do temperamento.

d) O ímpeto de "derrubar copos e pratos e quebrar vidraças" é transportado do narrador-personagem para a protagonista à medida que a narrativa avança e as adversidades se avolumam na trajetória de Macabéa.

e) indignação do narrador-personagem com a falta de reação de Macabéa é equilibrada pela constatação de sua obediência, traço de caráter admirado por ele, que garante a ela êxitos expressivos no plano afetivo e no profissional, com o desdobramento da narrativa.

10. (Enem – 2021)

A volta do marido pródigo

– Bom dia, seu Marrinha! Como passou de ontem?

– Bem. Já sabe, não é? Só ganha meio dia. [...]

Lá além, Generoso cotuca Tercino:

– [...] Vai em festa, dorme que-horas, e, quando chega, ainda é todo enfeitado e salamistrão!...

– Que é que hei de fazer, seu Marrinha... Amanheci com uma nevralgia... Fiquei com cisma de apanhar friagem...

– Hum...

– Mas o senhor vai ver como eu toco o meu serviço e ainda faço este povo trabalhar...

[...]

Pintão suou para desprender um pedrouço, e teve de pular para trás, para que a laje lhe não esmagasse um pé. Pragueja:

– Quem não tem brio engorda!

– É... Esse sujeito só é isso, e mais isso... – opina Sidu.

– Também, tudo p'ra ele sai bom, e no fim dá certo...

– diz Correia, suspirando e retomando o enxadão. –

"P'ra uns, as vacas morrem ... p'ra outros até boi pega a parir...".

Seu Marra já concordou:

– Está bem, seu Laio, por hoje, como foi por doença, eu aponto o dia todo. Que é a última vez!... E agora, deixa de conversa fiada e vai pegando a ferramenta!

ROSA, J. G. *Sagarana*. Rio de Janeiro: José Olympio, 1967.

Esse texto tem importância singular como patrimônio linguístico para a preservação da cultura nacional devido

a) à menção a enfermidades que indicam falta de cuidado pessoal.

b) à referência a profissões já extintas que caracterizam a vida no campo.

c) aos nomes de personagens que acentuam aspectos de sua personalidade.

d) ao emprego de ditados populares que resgatam memórias e saberes coletivos.

e) às descrições de costumes regionais que desmistificam crenças e superstições.

11. (UFPR – 2020)

Leia o trecho abaixo, extraído de Sagarana, de João Guimarães Rosa:

Estremecem, amarelas, as flores da aroeira. Há um frêmito nos caules rosados da erva-de-sapo. A erva-de-anum crispa as folhas, longas, como folhas de mangueira.

Trepidam, sacudindo as estrelinhas alaranjadas, os ramos da vassourinha. Tirita a mamona, de folhas peludas, como o corselete de um caçununga, brilhando em verde-azul! A pitangueira se abala, do jarrete à grimpa. E o açoita-cavalos derruba frutinhas fendilhadas, entrando em convulsões.– Mas, meu Deus, como isto é bonito! Que lugar bonito p'r'a gente deitar no chão e se acabar!...É o mato, todo enfeitado, tremendo também com a sezão.

GUIMARÃES ROSA. "Sarapalha". Sagarana. Obra completa (vol. 1). Nova Aguilar, 1994. p. 295.

O trecho extraído do conto "Sarapalha", do livro Sagarana, de Guimarães Rosa, exemplifica um aspecto que está presente em todos os contos do mesmo livro. Assinale a alternativa que reconhece esse aspecto de forma adequada.

a) A religiosidade cristã católica rege as decisões humanas e transforma os homens e a natureza a partir da ação direta de Deus.

b) A ausência de aliterações e a economia de adjetivos são recursos utilizados para representar a aridez da natureza.

c) A descrição pormenorizada do espaço físico visa a excluir a dimensão psicológica e mística da narrativa, para fortalecer a feição pitoresca da região.

d) A descrição do meio físico é mediada pela visão do narrador, que apresenta a natureza como elemento tão reversível quanto a condição humana.

e) São narrados duelos que se travam entre o meio e o homem e que são vencidos apenas pelo uso da força física e da valentia.

12. (Unisc-RS – 2016)

Relacione os autores listados abaixo com as informações apresentadas a seguir.

1. Oswald de Andrade
2. João Guimarães Rosa
3. Clarice Lispector
4. Graciliano Ramos
5. Jorge Amado

( ) Escreveu o romance *Grande sertão: veredas*, relevante obra da terceira geração do Modernismo brasileiro.

( ) É de sua autoria o romance *Memórias sentimentais de João Miramar*.

( ) *Vidas Secas* é uma de suas obras mais conhecidas.

( ) Escreveu romances importantes da nossa literatura, tais como *Capitães de areia* e *Gabriela, cravo e canela*.

( ) *A paixão segundo GH* é um exemplo da sua prosa intimista e psicológica.

A sequência correta de preenchimento dos parênteses, de cima para baixo, é

a) 3 – 4 – 2 – 1 – 5.
b) 2 – 1 – 4 – 5 – 3.
c) 5 – 3 – 4 – 1 – 2.
d) 2 – 5 – 1 – 3 – 4.
e) 4 – 3 – 5 – 1 – 2.

13. (UCS-RS – 2012)

A seca é metáfora recorrente na literatura, especialmente no segundo período modernista. Assinale a alternativa correta em relação às obras que apresentam cenas que caracterizam a brutal realidade dos retirantes nordestinos.

a) *O Quinze*, de Rachel de Queiroz; *Vidas Secas*, de Graciliano Ramos

b) *Menino de Engenho*, de José Lins do Rego; *Grande Sertão: Veredas*, de Guimarães Rosa

c) *A Rosa do Povo*, de Carlos Drummond de Andrade; *Os Sertões*, de Euclides da Cunha

d) *Um Lugar ao Sol*, de Érico Veríssimo; *A Legião Estrangeira*, de Clarice Lispector

e) *Capitães da Areia*, de Jorge Amado; *Urupês*, de Monteiro Lobato

#Multiplicar

Nesta unidade, a proposta para a seção é a realização do evento *Mundo literário*, no qual você e seus colegas vão apresentar à comunidade escolar e aos demais participantes um panorama da produção literária de autores indígenas e de autores latino-americanos. A ideia é apresentar ao público participante do evento essas outras culturas e o modo como se relacionam com a literatura, mostrando que a expressão pela palavra é sempre múltipla e nos ajuda a conhecer novos mundos.

Mundo literário

Para organizar esse evento, é importante que vocês se reúnam em grupos, os quais vão ficar responsáveis por diferentes tarefas. A seguir, apresentamos uma sugestão de organização, mas vocês podem propor outras tarefas e outros agrupamentos de acordo com sua realidade escolar e regional.

Qvasimodo art/Shutterstock

Organizando o evento

Dividam-se em grupos de acordo com as seguintes tarefas:

Grupo 1

Esse é o grupo que vai cuidar da apresentação dos textos e dos autores indígenas. O grupo deve:

- Resgatar todo o material produzido durante a pesquisa realizada em *#TáNoFeed*.
- Fazer a seleção de textos produzidos e organizar murais e mesas expositivas, os quais podem trazer fotos, cartazes, folhetos e os mais diferentes materiais para fazer a apresentação para o público da cultura desses povos.

Qvasimodo art/Shutterstock

Grupo 2

Esse é o grupo que vai cuidar da apresentação dos textos e dos autores latino-americanos. O grupo deve:

- Resgatar todo o material produzido durante a pesquisa realizada em *Pesquisa: A produção literária latino-americana*.

- Fazer a seleção de textos produzidos e organizar murais e mesas expositivas, assim como o grupo 1. Dessa forma, também aqui é importante trazer fotos, cartazes, folhetos e os mais diferentes materiais sobre a cultura dos países latino-americanos. Esses recursos são interessantes para fazer a apresentação para o público.

Qvasimodo art/Shutterstock

Grupo 3

- Tentar conseguir exemplares de livros publicados por esses escritores para que possam fazer parte das mesas expositivas. Seria bastante interessante, se for possível, uma parceria com alguma livraria que queira levar exemplares de livros de autores indígenas ou de autores latino-americanos para venda ao público.
- Se a região de vocês favorecer e houver autores indígenas e ou autores latino-americanos que possam ser convidados, procure chamá-los para participar do evento e apresentar uma palestra.
- Na impossibilidade da presença dos autores, algum especialista na obra deles poderia ser convidado para fazer a palestra.

Qvasimodo art/Shutterstock

Grupo 4

Vai cuidar dos convites e da divulgação do evento nas redes e em murais físicos. Esse grupo deve:

- Definir o dia e o horário e organizar o espaço para o evento.
- Escrever um convite, convidando a comunidade escolar, pais, amigos e interessados para participar do evento na escola.
- Criar postagens e cartazes virtuais para divulgar o evento nas redes sociais, no *site* da escola e em murais específicos para isso, sempre em acordo prévio com a direção escolar.

Avaliação

Com os colegas e o professor, depois de terminado o evento, avalie o processo desenvolvido para executar as ações. Sugestões de perguntas para essa conversa:

- Como foi sua participação nas atividades? Justifique.
- O que aprendeu durante o processo?
- Os resultados pretendidos foram alcançados? Justifique.

Qvasimodo art/Shutterstock

Meu portfólio

Nesta Unidade 1, vocês conheceram uma das narrativas ancestrais do povo kaxinawá, que habita uma região do Acre, e produziram resenhas críticas. Vocês leram também trechos de obras literárias de alguns dos principais autores do Modernismo brasileiro e fizeram ainda pesquisas sobre a produção literária de autores indígenas e latino-americanos. Quanto à produção oral, o estudo se concentrou na tradição oral.

O portfólio com as produções

Conforme lembrado ao longo da unidade, em seu portfólio você colecionou as produções de texto desenvolvidas. É importante rever todas as versões de uma mesma produção, para que você possa, ao final do trabalho, perceber seu aprimoramento.

Ao indicar a data de cada produção, conforme orientado, você terá condições de verificar, agora, sua história de aprendizagem dos gêneros trabalhados e perceber quais aspectos da produção de textos desenvolveu e aperfeiçoou.

UNIDADE 2

Conto

phichak/Shutterstock

bproject7/Shutterstock

#TáNoFeed

Você já ouviu alguém dizer que literatura não era coisa de homem? Ou que escrever versos ou, ainda, contar histórias eram atividades muito femininas? Provavelmente, a resposta para essas duas questões pode ter sido "sim" para uma parte dos colegas da turma. Algumas ideias preconcebidas como essas ainda são latentes em diversas sociedades pelo mundo; e no Brasil não é diferente.

Os autores de livros no Brasil em sua maioria são homens e, de acordo com dados do Instituto Brasileiro de Geografia e Estatística (IBGE-Pnad, 2019), a população brasileira é composta de 51,8% de mulheres, o que não deixa de ser irônico. Algumas autoras buscam quebrar esse padrão e abrir espaço no território do fazer literário.

A cearense Jarid Arraes é uma delas. Nascida em uma família de cordelistas, ela também queria, desde criança, escrever cordéis; sentiu de perto o predomínio dos homens nessa arte, o que não a impediu de produzi-los e de escrever vários deles justamente para contar a história de mulheres negras que foram importantes para a história do Brasil, embora não tenham seu nome muito divulgado. Em livro, essas histórias foram reunidas pela editora Pólen na obra *Heroínas negras brasileiras em 15 cordéis*, publicada em 2017.

A capa do livro *Heroínas negras brasileiras em 15 cordéis*, da escritora Jarid Arraes.

Assim, ao produzir e publicar seus cordéis, Jarid Arraes permite que outras histórias possam ser contadas. Sua atitude ajuda a quebrar um padrão de comportamento, ou seja, a ideia de que somente homens são cordelistas.

Lançamos a você um problema: Na sociedade, há algum padrão de comportamento relacionado à visão que se tem de atividades artísticas que lhe causa algum incômodo? Qual? Por quê?

Sob a orientação do professor, reúna-se com alguns colegas para que esse problema possa ser discutido de forma completa e harmônica. A pesquisa será feita por meio das etapas a seguir.

Etapa 1 – Aprender

Para compreender bem o problema, conversem com outras pessoas sobre ele, buscando informações e outros pontos de vista a respeito de padrões de comportamento na sociedade em que vivem. Depois de levantar essas informações, façam uma tabela e separem em colunas os aspectos considerados positivos e os aspectos considerados negativos em relação a haver determinados padrões de comportamento na sociedade. O importante neste momento é que vocês compreendam a dimensão do problema e tomem nota de tudo o que acharem relevante para compreendê-lo.

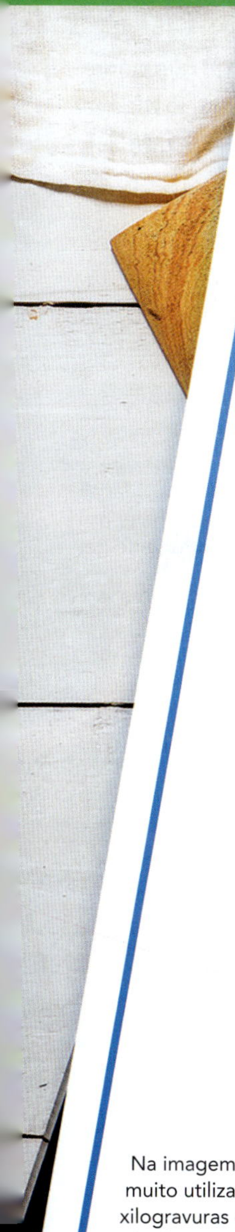

Na imagem, instrumentos muito utilizados em xilogravuras de cordel: um rolo de tinta, variados tipos de formão (cabo de madeira com uma lâmina metálica na ponta usado para o entalhe), um lápis e diversos blocos de madeira com desenhos entalhados.

Etapa 2 - Imaginar

Ao chegar a esta etapa, vocês já devem ter definido melhor o problema e percebido os vários aspectos envolvidos em determinado padrão de comportamento. Agora, o importante é imaginar como lidar melhor com esse padrão em uma sociedade democrática, ou seja, como resolver o problema. Para isso, levantem possibilidades, hipóteses; mesmo que algumas ideias pareçam meio malucas, não as julguem e esbocem uma lista de possibilidades. Depois de expor essas ideias e de conversar sobre elas, selecionem a hipótese que parecer mais viável de ser concretizada.

Etapa 3 - Fazer

Neste momento, vocês vão construir um protótipo de solução para o problema, isto é, vão fazer, por exemplo, um rascunho para uma campanha de esclarecimento, vão esboçar a realização da solução encontrada. Após a elaboração desse protótipo, vocês vão precisar testá-lo. Cada grupo apresentará para a turma o que foi feito. Assim, os demais colegas poderão dar *feedback* sobre o que foi criado, e os grupos poderão aprimorar a ideia.

Etapa final

Após acolher as sugestões dos colegas, vocês vão avaliar quais serão usadas na finalização do projeto, que poderá ser apresentado em forma de cartaz, para que a comunidade escolar reflita também sobre esse problema. Explorem quais espaços da escola, físicos e virtuais, poderão ser utilizados para divulgar futuramente as produções dos grupos.

Ao terminar essa atividade de pesquisa, discussão, mediação e produção, guardem no **portfólio** todo o material pesquisado e produzido por seu grupo, pois ele poderá ser utilizado no final da unidade, no evento *Feira cultural* da seção *#Multiplicar*.

Saiba + +++

Billy Elliot. Direção de Stephen Daldry. 1999 (110 min).

Nesse filme, Billy Elliot é um menino de 11 anos que vive em uma pequena cidade inglesa onde há poucas opções de atividades para os mais jovens. Seu pai obriga-o a treinar boxe, mas nessa mesma academia o garoto fica encantado pelas aulas de balé, nas quais havia apenas meninas. Incentivado pela professora de dança, que acredita no potencial de Billy, ele vai precisar enfrentar o pai e o irmão mais velho para dedicar-se a esse talento.

Conheça a unidade

Objetivos

- Ler e produzir um conto considerando os elementos e os momentos da narrativa, em especial os recursos que constroem a ideia de tempo e espaço.
- Ler algumas produções literárias africanas de língua portuguesa e refletir sobre essas criações.
- Produzir um vídeo de contação de história e, para isso, elaborar roteiro para orientar a gravação.

Justificativa

Os objetivos da unidade concentram-se no estudo do conto e na proposta de sua produção, de modo a estimular o prazer de escrever e a percepção da importância da criação de histórias como exercício de imaginação. O trabalho com a literatura procura incentivar a leitura como fruição estética e promover seu enriquecimento cultural ao propor a leitura de textos das literaturas africanas de língua portuguesa. A gravação de vídeo de contação de história busca incentivar o uso de ferramentas tecnológicas apropriadas, além de levar você a experimentar produzir um roteiro para guiar a gravação e a considerar, na produção do vídeo, elementos próprios a uma contação de história.

A BNCC nesta unidade

Nesta unidade são desenvolvidas as competências e as habilidades da BNCC indicadas a seguir.

Competências gerais da Educação Básica: 3, 4, 5, 9, 10.

Competências e habilidades específicas de Linguagens e suas Tecnologias para o Ensino Médio

Competências: 6, 7. **Habilidades:** EM13LGG601, EM13LGG604, EM13LGG701, EM13LGG702, EM13LGG703.

Competências específicas de Linguagens e habilidades específicas de Língua Portuguesa para o Ensino Médio

Competências: 1, 2, 3, 4, 6, 7. **Habilidades por campo de atuação.** Todos os campos de atuação social: EM13LP02, EM13LP03, EM13LP04, EM13LP06, EM13LP14, EM13LP17, EM13LP18. Campo da vida pessoal: EM13LP20, EM13LP21. Campo das práticas de estudo e pesquisa: EM13LP28, EM13LP30. Campo jornalístico-midiático: EM13LP43. Campo artístico-literário: EM13LP46, EM13LP47, EM13LP50, EM13LP51, EM13LP53, EM13LP54.

Situação inicial

Na Unidade 1 desta parte do livro, em *Práticas de leitura e análise literária*, você leu o conto "Tentação", da escritora Clarice Lispector. Retome a leitura para responder às seguintes atividades.

1. A história lida é real ou ficcional? Por quê?

2. De alguma forma, o conto "Tentação" provocou em você algum sentimento, ou o fez refletir sobre algum aspecto da realidade? Comente com seus colegas.

Simon Mayer/Shutterstock

Estátua da escritora Clarice Lispector com seu cachorro Ulisses, do artista plástico Edgar Duvivier. Praia do Leme, Zona Sul do Rio de Janeiro (RJ). Foto de 2018.

Muitas histórias nos rodeiam. Nas atividades anteriores você retomou a narrativa da menina e do cão que deparam um com o outro e se reconhecem. Mas talvez você conheça também histórias em que sapos encantados se transformam em pessoas, em que árvores monstruosas imaginárias conversam com um garoto e o ajudam a compreender seus problemas, entre muitas outras. Essas histórias, aparentemente sem relação entre si, na verdade têm aspectos em comum: fazem parte do conjunto das narrativas que circulam pelo mundo.

3. Reflita com os colegas: Por que, mesmo vivendo imerso em histórias e acontecimentos reais, o ser humano inventa tantas narrativas? Depois de conversar sobre a questão, redija sua resposta no caderno.

Saiba +

Malick Sidibé (1936-2016), fotógrafo malinês, foi reconhecido pelas fotografias em preto e branco que produziu, retratando os jovens e o cotidiano de sua cidade natal (Bamako, no Mali), entre os anos 1950 e 1970. Recebeu diversos prêmios e outras homenagens por seu trabalho *Nuit de Noël* [Noite de Natal]. Há mais informações sobre esse artista e seu trabalho no *site* do Museu de Arte Moderna do Rio de Janeiro, neste endereço: https://mam.rio/artistas/malick-sidibe/. Acesso em: 9 jun. 2022.

Observe atentamente a fotografia a seguir feita por Malick Sidibé, um fotógrafo malinês.

Noite de Natal, de Malick Sidibé, 1963. Dimensões: 46,5 × 43,5 cm, impressão em gelatina e prata.

4. Agora, responda às questões.

a) Quais ideias (ou lembranças...) essa fotografia desperta em você?

b) Reúna-se com três ou quatro colegas. Com base na foto apresentada, imaginem a história que poderia ter acontecido antes ou depois da cena registrada nela. Escrevam as principais ações e os acontecimentos dessa história, como uma lista, um conjunto de ações ordenadas em uma sequência que seja facilmente compreensível. Compartilhem as ideias do grupo com o restante da turma. Conversem sobre isso e façam um rascunho em conjunto para registrar o que imaginaram. Depois, escrevam esse texto na resposta. Guardem uma cópia dele no **portfólio**.

Saiba +

A fotografia *Noite de Natal*, de Malick Sidibé, foi impressa em papel de **gelatina e prata**, um tipo de papel utilizado em uma técnica de impressão inventada no século XIX. Utiliza-se uma camada de gelatina transparente que fixa no papel os sais de prata fotossensíveis.

Essa técnica de impressão da imagem de gelatina e prata requer profissionais experientes e equipamentos altamente qualificados, o que é cada vez mais incomum. Além disso, as novas formas de impressão da atualidade, a necessidade de rapidez, de fotos coloridas e o uso de imagens digitais (que podem ser obtidas por qualquer pessoa que tenha um *smartphone*) são questões que têm levado ao desaparecimento desse formato.

Diário de bordo

Registre em seu diário de bordo algumas das associações que fez ao olhar a fotografia, tentando explicar por que cenas como essa nos fazem imaginar o que aconteceu ou teria acontecido.

Práticas de leitura: conto

Nesta seção, você e os colegas lerão um conto e discutirão sobre ele. Antes dessa leitura, porém, responda às atividades a seguir.

1. Você tem o hábito de escrever versos? Por quê?

Cast Of Thousands/Shutterstock

Jovem escrevendo em um caderno.

2. Caso sua resposta à atividade anterior tenha sido afirmativa, o hábito de escrever versos é algo que você faz com qual frequência?

3. Como você diferencia a prosa da poesia? Quais são os aspectos que as diferenciam?

No conto a seguir, do autor moçambicano Mia Couto, o personagem principal, um garoto, escreve versos. Leia-o.

O menino que escrevia versos

Mia Couto

De que vale ter voz
se só quando não falo é que me entendem?
De que vale acordar
se o que vivo é menos do que o que sonhei?

(Verso do menino que fazia versos)

– Ele escreve versos!

Apontou o filho, como se entregasse criminoso na esquadra. O médico levantou os olhos, por cima das lentes, com o esforço de alpinista em topo de montanha.

– Há antecedentes na família?

– Desculpe, doutor?

O médico destrocou-se em tintins. Dona Serafina respondeu que não. O pai da criança, mecânico de nascença e preguiçoso por destino, nunca espreitara uma página. Lia motores, interpretava chaparias. Tratava bem, nunca lhe batera, mas a doçura mais requintada que conseguira tinha sido em noite de núpcias:

Alexxndr/Shutterstock

– Serafina, você hoje cheira a óleo Castrol.

Ela hoje até se comove com a comparação: perfume de igual qualidade qual outra mulher ousa sequer sonhar? Pobres que fossem esses dias, para ela, tinham sido lua-de-mel. Para ele, não fora senão período de rodagem. O filho fora confeccionado nesses namoros de unha suja, restos de combustível manchando o lençol. E oleosas confissões de amor.

Tudo corria sem mais, a oficina mal dava para o pão e para a escola do miúdo. Mas eis que começaram a aparecer, pelos recantos da casa, papéis rabiscados com versos. O filho confessou, sem pestanejo, a autoria do feito.

– São meus versos, sim.

O pai logo sentenciara: havia que tirar o miúdo da escola. Aquilo era coisa de estudos a mais, perigosos contágios, más companhias. Pois o rapaz, em vez de se lançar no esfrega-refrega com as meninas, se acabrunhava nas penumbras e, pior ainda, escrevia versos. O que se passava: mariquice intelectual? Ou carburador entupido, avarias dessas que a vida do homem se queda em ponto morto?

Dona Serafina defendeu o filho e os estudos. O pai, conformado, exigiu: então, ele que fosse examinado.

– O médico que faça revisão geral, parte mecânica, parte eléctrica.

Queria tudo. Que se afinasse o sangue, calibrasse os pulmões e, sobretudo, lhe espreitassem o nível do óleo na **figadeira**. Houvesse que pagar por sobressalentes, não importava. O que urgia era pôr cobro àquela vergonha familiar.

figadeira: conjunto de vísceras, no qual se inclui o fígado.

Olhos baixos, o médico escutou tudo, sem deixar de escrevinhar num papel. Aviava já a receita para poupança de tempo. Com enfado, o clínico se dirigiu ao menino:

– Dói-te alguma coisa?

– Dói-me a vida, doutor.

O doutor suspendeu a escrita. A resposta, sem dúvida, o surpreendera. Já Dona Serafina aproveitava o momento: Está a ver, doutor? Está ver? O médico voltou a erguer os olhos e a enfrentar o miúdo:

– E o que fazes quando te assaltam essas dores?

– O que melhor sei fazer, excelência.

– E o que é?

– É sonhar.

Serafina voltou à carga e desferiu uma chapada na nuca do filho. Não lembrava o que o pai lhe dissera sobre os sonhos? Que fosse sonhar longe! Mas o filho reagiu: longe, por quê? Perto, o sonho aleijaria alguém? O pai teria, sim, receio de sonho. E riu-se, acarinhando o braço da mãe.

O médico estranhou o miúdo. Custava a crer, visto a idade. Mas o moço, voz tímida, foi-se anunciando. Que ele, modéstia apartada, inventara sonhos desses que já nem há, só no antigamente, coisa de bradar à terra. Exemplificaria, para melhor crença. Mas nem chegou a começar. O doutor o interrompeu:

– Não tenho tempo, moço, isto aqui não é nenhuma clínica psiquiátrica.

A mãe, em desespero, pediu clemência. O doutor que desse ao menos uma vista de olhos pelo caderninho dos versos. A ver se ali catava o motivo de tão grave distúrbio. Contrafeito, o médico aceitou e guardou o manuscrito na gaveta. A mãe que viesse na próxima semana. E trouxesse o paciente.

Na semana seguinte, foram os últimos a ser atendidos. O médico, sisudo, **taciturneou**: o miúdo não teria, por acaso, mais versos? O menino não entendeu.

taciturneou: a palavra *taciturno* significa 'melancólico, triste'; já a palavra *taciturneou* é um neologismo, um termo novo criado por Mia Couto, que dá a ideia de que o médico falou calmamente, em um tom baixo.

– Não continuas a escrever?

– Isto que faço não é escrever, doutor. Estou, sim, a viver. Tenho este pedaço de vida – disse, apontando um novo caderninho – quase a meio.

O médico chamou a mãe, à parte. Que aquilo era mais grave do que se poderia pensar. O menino carecia de internamento urgente.

– Não temos dinheiro – fungou a mãe entre soluços.

– Não importa – respondeu o doutor.

Que ele mesmo assumiria as despesas. E que seria ali mesmo, na sua clínica, que o menino seria sujeito a devido tratamento. E assim se procedeu.

Hoje quem visita o consultório raramente encontra o médico. Manhãs e tardes ele se senta num recanto do quarto onde está internado o menino. Quem passa pode escutar a voz pausada do filho do mecânico que vai lendo, verso a verso, o seu próprio coração. E o médico, abreviando silêncios:

– Não pare, meu filho. Continue lendo...

COUTO, Mia. O menino que escrevia versos. *In*: COUTO, Mia. *O fio das missangas*. São Paulo: Companhia das Letras, 2009. p. 131-134.

Foi mantida a grafia da publicação original, anterior à entrada em vigor do Acordo Ortográfico da Língua Portuguesa (2009), que, até junho de 2020, foi ratificado pela Comunidade dos Países de Língua Portuguesa, com exceção de Angola e de Moçambique.

Saiba +

Mia Couto (1955-), filho de portugueses, nasceu na cidade da Beira, em Moçambique. Começou a escrever muito jovem e aos 14 anos já publicava poemas no jornal *Notícias da Beira*. Formou-se em Biologia e, hoje, é professor de Ecologia na Universidade Eduardo Mondlane, em Maputo, capital de Moçambique. Ele é também um dos principais escritores moçambicanos da atualidade. Entre suas obras está o livro *O fio das missangas*, do qual faz parte o conto que você leu.

David Levenson/Getty Images

4. Releia o início do conto e, depois, responda às questões a seguir.

a) Antes do início da narrativa em si, há alguns versos que são atribuídos ao menino que fazia versos. Como você compreende, após a leitura do conto, o significado desses versos?

b) A primeira fala do conto é da mãe do menino: "Ele escreve versos!". Por que essa fala soa como uma acusação?

5. Em sua opinião, por que o pai não acompanha a esposa e o filho na consulta?

6. Quais relações se estabelecem com o fato de o garoto fazer versos e sonhar?

7. Releia o seguinte parágrafo:

> O pai logo sentenciara: havia que tirar o miúdo da escola. Aquilo era coisa de estudos a mais, perigosos contágios, más companhias. Pois o rapaz, em vez de se lançar no esfrega-refrega com as meninas, se acabrunhava nas penumbras e, pior ainda, escrevia versos. O que se passava: mariquice intelectual? Ou carburador entupido, avarias dessas que a vida do homem se queda em ponto morto?

a) Por que o pai se sente incomodado com o fato de o filho escrever versos?

b) Qual expressão, nesse parágrafo, dá uma ideia de como o pai do menino interpreta o fato de ele escrever versos? Essa expressão pode ser vista como preconceituosa? Explique.

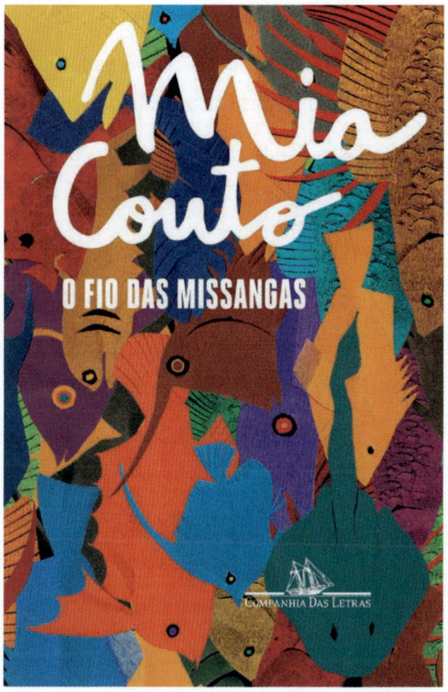

Capa do livro *O fio das missangas*, de Mia Couto, publicado pela editora Companhia das Letras.

8. Ao dirigir-se ao garoto, o médico perguntou-lhe o que doía, e ele respondeu: "– Dói-me a vida, doutor". Qual relação é possível estabelecer entre a resposta do garoto e o fato de ele fazer versos?

9. Por que o médico interna o garoto na própria clínica?

10. Sobre o pai do menino, o leitor tem algumas informações transmitidas pela mãe ao médico. Releia o trecho a seguir observando os indícios da relação entre dona Serafina e o marido.

> O médico destrocou-se em tintins. Dona Serafina respondeu que não. O pai da criança, mecânico de nascença e preguiçoso por destino, nunca espreitara uma página. Lia motores, interpretava chaparias. Tratava bem, nunca lhe batera, mas a doçura mais requintada que conseguira tinha sido em noite de núpcias:
>
> – Serafina, você hoje cheira a óleo Castrol.

a) Segundo dona Serafina, o momento mais amoroso do marido foi na noite de núpcias, quando ele comparou seu cheiro ao aroma de um óleo usado em motores de carros. De que forma essa comparação pode ser compreendida como um elogio?

b) Nesse trecho, há uma insinuação do ponto de vista do casal a respeito de como a esposa deve ser tratada. Qual é esse ponto de vista? Justifique sua escolha apontando o fragmento que dá margem a essa interpretação.

c) Quanto ao narrador, qual parece ser o ponto de vista assumido por ele em relação à situação narrada? Explique sua resposta.

11. Releia o trecho a seguir: "O filho fora **confeccionado** nesses namoros de unha suja, restos de combustível manchando o lençol. E oleosas confissões de amor". Segundo o *Dicionário eletrônico Houaiss da língua portuguesa*, uma das acepções do verbo *confeccionar* é "fabricar (roupas de vestuário, de cama e mesa, complementos, como bolsas e cintos, adereços, bijuteria etc.)". Nesse trecho, o verbo é usado de forma literal ou figurada? Por quê?

12. De que maneira a profissão do pai, mecânico de automóveis, influencia a linguagem figurada usada ao longo do texto? Busque exemplos no conto para justificar sua resposta.

Audio und werbung/Shutterstock

Detalhe das mãos de um mecânico segurando ferramentas ao realizar o conserto do motor de um carro.

Diário de bordo

Registre em seu diário de bordo as conclusões formuladas a respeito do emprego da linguagem figurada no conto, que remete ao universo dos automóveis, especificamente à mecânica. Reflita também sobre as diferenças que você percebeu na variedade da língua portuguesa empregada pelo autor, em relação à praticada no Brasil, e comente se isso representou dificuldade para a compreensão da história.

Saiba +

A vida no céu: romance para jovens e outros sonhadores, de José Eduardo Agualusa. Melhoramentos, 2015.

No livro narra-se uma situação ficcional: provocado pelo aquecimento global, um dilúvio leva ao desaparecimento dos países na Terra. Para sobreviver, são construídas cidades flutuantes. As maiores cidades, como São Paulo, Nova York e Tóquio, estão organizadas em dirigíveis; já as menores e mais pobres organizam-se em balões (ou balsas), que formam aldeias.

O narrador é Carlos, um adolescente angolano de 16 anos que vive em um conjunto de balsas denominado Luanda (assim como a capital de Angola) e trabalha com livros. Carlos então narra os desafios dos habitantes dessa nova realidade, que buscam se equilibrar considerando as novas moradias e os hábitos antigos, que tentam cultivar.

Reprodução/Editora Melhoramentos

O livro *A vida no céu: romance para jovens e outros sonhadores*, de José Eduardo Agualusa, publicado pela editora Melhoramentos.

Práticas de análise linguística no conto

Nesta seção, você e seus colegas vão estudar tempos verbais, advérbios e sequência narrativa a partir do conto lido.

Releia o seguinte trecho do conto "O menino que escrevia versos".

> [...] O pai da criança, mecânico de nascença e preguiçoso por destino, nunca **espreitara** uma página. Lia motores, interpretava chaparias. Tratava bem, nunca lhe **batera**, mas a doçura mais requintada que **conseguira** tinha sido em noite de núpcias:

Os verbos em **destaque** estão no tempo pretérito mais-que-perfeito simples do indicativo. Entre outros sentidos, esse tempo de conjugação verbal situa as ações em um ponto anterior e indefinido no passado, em relação a um dado momento, tomado como referência principal.

1. Considerando o que você leu sobre o tempo pretérito mais-que-perfeito, responda às questões propostas a seguir.

a) Qual é, nesse conto, o momento de referência em relação ao qual as ações expressas como *espreitara*, *batera* e *conseguira* são anteriores?

b) Há outros verbos no trecho destacado: *lia*, *interpretava*, *tratava*, etc. Qual sentido essas formas verbais assumem no trecho? Como é chamado esse tempo verbal?

Além de ser empregado nos diálogos, o tempo presente do indicativo ocorre em vários outros trechos do texto. Observe, por exemplo, este trecho:

> Ela hoje até se comove com a comparação: perfume de igual qualidade qual outra mulher ousa sequer sonhar? Pobres que fossem esses dias, para ela, tinham sido lua de mel. [...]

2. Releia o texto, localize exemplos de verbos no presente do indicativo (desconsidere os trechos em diálogo) e explique: A qual momento do tempo esses verbos se referem?

3. Localize as duas ocorrências do advérbio *hoje* no texto (com exceção de uma ocorrência em uma fala). Releia sua resposta à questão anterior e explique o que se solicita a seguir.

a) Nas duas ocorrências, esse advérbio tem o mesmo sentido?

b) Se o professor ou um colega lhe perguntasse agora: "Que dia é hoje?", o que você responderia?

c) Considerando as duas ocorrências do advérbio *hoje* no conto e sua resposta à pergunta "Que dia é hoje?", no item **b**, responda: A palavra *hoje* refere-se ao mesmo momento em todas essas ocorrências? Explique.

d) Qual relação há entre o emprego do presente do indicativo, no texto, e o emprego do advérbio *hoje*?

4. Retome suas respostas às atividades anteriores. Depois, releia o texto e responda ao que se solicita a seguir.

a) Quais são os três momentos ou "épocas" claramente definidos no texto?

b) No texto há certos indícios (palavras, expressões, tempos verbais, etc.) que nos permitem distinguir esses momentos uns dos outros. Quais indícios são esses? Explique sua resposta.

5. Se você precisasse transformar o texto "O menino que escrevia versos" em uma peça de teatro ou em um capítulo de telenovela, o que faria quanto aos elementos levantados a seguir?

a) Quanto ao número de "cenas", quantas haveria? Por quê?

b) Quanto aos "cenários" ou espaços das ações das "cenas", quais seriam?

Frame Stock Footage/Shutterstock

Ator fazendo a leitura de um roteiro durante ensaio de uma cena para uma peça de teatro.

6. No conto de Mia Couto, a consulta médica funciona como momento de referência porque é a partir dela que ficam definidos:

- um "antes" – em que o narrador conta os motivos que levaram os pais do menino a decidir consultar um médico a respeito do filho;
- e um "depois" – o que aconteceu com o menino após a consulta médica.

Retome o conto "Tentação", de Clarice Lispector, lido na Unidade 1 desta parte. Quais eventos ajudam a definir a sequência das ações nessa narrativa?

7. Há tensão entre os personagens do conto de Mia Couto, sobretudo no modo como o pai e o menino entendem o mundo. Portanto, entre o garoto e o pai dele há uma oposição bem marcada na história. No trecho a seguir, identifique as expressões que mostram a oposição entre esses personagens e justifique sua escolha.

> O médico destrocou-se em tintins. Dona Serafina respondeu que não. O pai da criança, mecânico de nascença e preguiçoso por destino, nunca espreitara uma página. Lia motores, interpretava chaparias. Tratava bem, nunca lhe batera, mas a doçura mais requintada que conseguira tinha sido em noite de núpcias:

Saiba +

Vozes anoitecidas, de Mia Couto. Companhia das Letras, 2013.

Esse livro de Mia Couto traz vários contos do autor moçambicano. É seu livro de estreia e as histórias são construídas a partir da relação entre a realidade e a ficção, sempre explorando situações inusitadas.

Conto

Narrativas como as encontradas no texto "O menino que escrevia versos", de Mia Couto (Unidade 2), e no texto "Tentação", de Clarice Lispector (Unidade 1), são chamadas de contos. O conto é uma narrativa curta em que as ações dos personagens se desenvolvem a partir de um evento desencadeador. No caso do texto de Mia Couto, essas características são bastante evidentes: a narrativa é curta e todas as ações são desencadeadas pela descoberta de que o menino – personagem protagonista – escreve versos. No caso de "Tentação", que também é uma narrativa curta, o motivo é o encontro de dois seres com uma característica em comum, o que provoca a identificação imediata de um com o outro.

Sendo um gênero marcado pelo modo de organização da narrativa, o conto tem narrador (quem conta a história) e personagens, e as ações, como vimos, se passam em determinados momentos (tempo) e em determinados lugares (espaço).

A forma de o narrador contar a história define o ponto de vista da narrativa. Há várias possibilidades, mas as mais frequentes são: o narrador onisciente, que sabe tudo o que se passa, como no conto de Mia Couto; e o narrador-personagem, que pode ser o próprio protagonista da história, como ocorre em "Tentação". Seja como for, é certo que o narrador e o ponto de vista constituem elementos-chave de qualquer história.

Outra característica do conto é o número de personagens: há poucos personagens em geral, e todos envolvem-se nas mesmas ações, em torno do protagonista. A história avança à medida que o protagonista envolve-se em ações que o levam a alcançar seu objetivo. Nos contos, costuma sempre haver um *objeto de desejo*: no conto de Mia Couto, é o menino escrever versos sem que o pai se incomode com isso. Os personagens que ajudam o protagonista a aproximar-se desse objeto de desejo são os *adjuvantes*. Os que tentam atrapalhá-lo são os *antagonistas*. No caso do conto de Mia Couto, a mãe e o médico são adjuvantes, e o pai é o antagonista. Essa busca pelo objeto do desejo chama-se *conflito*. Quando a narrativa atinge o ponto de maior tensão, diz-se que chegou ao *clímax*: a partir daí, não há nenhuma outra ação que complique ainda mais a situação. No conto de Mia Couto, o clímax ocorre quando o médico determina a internação imediata do menino. No caso de "Tentação", o clímax ocorre quando o cão deixa de olhar a menina e vai embora.

Resolvido o conflito, bem perto do final do conto, uma nova situação se estabelece e põe fim à história: é o momento chamado de *desfecho* ou *desenlace*.

Saiba +

Terra sonâmbula. Direção de Teresa Prata. Portugal e Moçambique. 2007 (95 min). Classificação: 16 anos.

Esse filme é a adaptação de um dos romances mais conhecidos de Mia Couto. O autor também participou da construção do roteiro. A história se passa em torno de Muidinga, um menino moçambicano que, durante a guerra civil em seu país, procura pela família desaparecida.

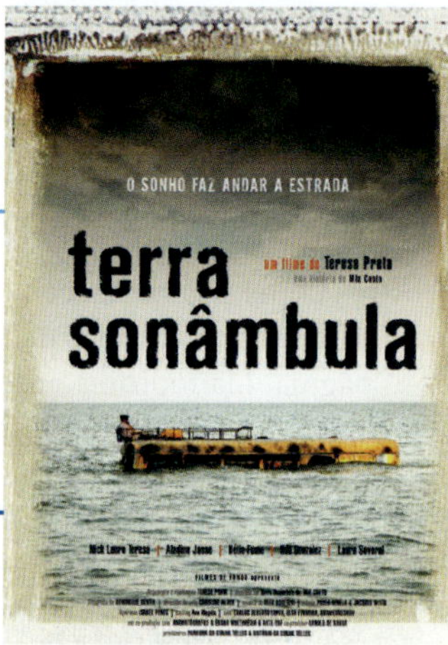

Cartaz do filme *Terra sonâmbula*.

Roda de conversa: relendo a narrativa produzida

Em *Situação inicial*, você e os colegas de grupo imaginaram uma história com base na observação de uma fotografia.

Reúna-se novamente com essa equipe. Juntos, retomem as anotações que fizeram e definam:

- o motivo, o tempo e o espaço da história;
- as características dos personagens: quem é o protagonista?, quem é o antagonista?, quais são os adjuvantes?, como se caracterizam esses personagens?;
- as principais ações da história que começaram a imaginar e como elas se articulam umas com as outras (isto é, em que ordem se sucedem?).

Compartilhem com os demais colegas e com o professor essas conclusões. Assim, cada grupo vai definindo cada vez melhor sua história, que será retomada na seção *Práticas de produção escrita* desta unidade.

Diário de bordo

Registre em seu diário de bordo o que você compreendeu sobre a estrutura do gênero conto. Além disso, registre suas reflexões sobre tempo, espaço e personagem, categorias centrais da narrativa que contribuem para a organização composicional dos contos.

Cultura digital meme, um gênero que surgiu em meios digitais

Em tempos de internet, um dos fenômenos mais curiosos de disseminação de conteúdos que ocorre por meio das redes sociais é o meme.

Meme pode ser tudo o que se propaga pela internet, especialmente com um conteúdo humorístico. Em geral, é criado com base em conteúdos que já circulam nas redes sociais, como uma imagem, uma cena de vídeo, uma música, aos quais é acrescentada alguma coisa que os torna divertidos. Esse conteúdo inicial costuma ser modificado de acordo com as intenções de quem o produz. É fundamental, nessas criações, escolher criteriosamente a imagem ou as produções artísticas (como letras de música) a serem compartilhadas, levando em conta que há leis que protegem o direito de imagem e de autoria; portanto, ao criar um meme, é preciso avaliar se ele pode ser considerado ofensivo por quem for retratado ou se, por meio dele, será compartilhada uma criação assinada por alguém.

No Brasil, fazer memes é uma prática difundida por aqueles que usam a internet, em seus mais diversos suportes, para comunicar-se. Veja alguns exemplos a seguir.

Reprodução/www.instagram.com

Meme. Disponível em: https://www.instagram.com/p/CCbPbOZHcRr/. Acesso em: 21 mar. 2022.

James Sakaguchi/Shutterstock

Meme "Foca no estudo".

Reprodução/www.facebook.com

Meme. Disponível em: https://www.facebook.com/Litera Brasil1/photos/a.544251225737012/1526024874226304. Acesso em: 11 mar. 2022.

Liz Tracy Photography/Shutterstock

Meme "Eu sou uma piada pra você?".

Roda de conversa: memes no dia a dia

Depois de observar os memes apresentados nesta seção, converse com os colegas sobre as seguintes questões:

- O que mais chama sua atenção nesses memes?
- Você já produziu memes? Em sua opinião, qual tipo de meme agrada mais os jovens como você?
- Ao produzir um meme, é possível provocar um problema para alguém? Por quê? E ao compartilhar memes?

Produção de memes para convite

Depois de conversar sobre essas questões, a ideia é que você e os colegas criem memes que servirão de convite para o evento proposto em *#Multiplicar*. Nessas produções, vocês devem explorar os elementos verbais e os não verbais que produzirão o humor e farão com que as pessoas se interessem pelo evento.

Para isso, organizem-se em grupos e definam tarefas para cada participante: quem vai pesquisar as imagens, quem vai definir os temas a serem trabalhados, quem vai fazer as montagens. É importante também que todos os componentes do grupo avaliem se o resultado (ou seja, o meme pronto) agrada e se está adequado aos objetivos estabelecidos para essa produção. Lembrem-se de que memes são divertidos (não percam de vista essa característica!), mas também devem ser fáceis de entender e não podem ofender ninguém.

Depois de terminada essa produção, guardem os textos e as imagens no **portfólio**, pois esse material será útil no final desta unidade.

Estilos de época

Nesta seção, você vai estudar a produção literária de alguns países da África que têm a língua portuguesa como idioma oficial. Também conhecidas como países da África lusófona ou Países Africanos de Língua Oficial Portuguesa (Palop), as nações que fazem parte desse grupo são: Angola, Cabo Verde, Guiné-Bissau, Moçambique e São Tomé e Príncipe – além da Guiné Equatorial, que posteriormente adotou a língua portuguesa como uma de suas línguas oficiais.

O nosso estudo das Literaturas africanas de língua portuguesa, pela brevidade do período a que se referem, não enquadrará essas literaturas em uma linha temporal, como fizemos até agora com a Literatura brasileira e com a portuguesa.

Literaturas africanas de língua portuguesa

Os autores africanos estudados nesta unidade aparecem com obras recentes, publicadas entre o final do século XX e o início do XXI. Trata-se de um grupo bastante diverso entre si, constituído de autores de diferentes países africanos de língua portuguesa, cuja produção tem despertado interesse cada vez maior entre editores e leitores brasileiros. Esse fato pode ser considerado um dos efeitos da Lei n. 10.639/03, de 2003, que instituiu, entre outros temas, o ensino de História e Cultura Afro-Brasileira nas escolas da rede pública, além de ser uma possibilidade facilitada pela comunicação por meios eletrônicos, que derrubou fronteiras e favoreceu o acesso à literatura de outros povos ao redor do planeta.

Diversos autores africanos já se consagraram no Brasil e têm sua literatura bastante divulgada e consumida em nosso país. Além disso, há um intenso diálogo cultural entre as obras de alguns desses autores e os intelectuais brasileiros. É o caso de Antonio Agostinho Neto, José Craveirinha, Alda Espírito Santo e, principalmente, Luandino Vieira, Mia Couto, Pepetela, José Eduardo Agualusa, Ondjaki e Paulina Chiziane.

Veja abaixo uma representação gráfica com os países africanos de língua portuguesa em destaque e, na próxima página, observe os quadros que apresentam uma breve amostra dos autores de alguns desses países.

Países africanos de língua portuguesa

tereza ferreira/Shutterstock

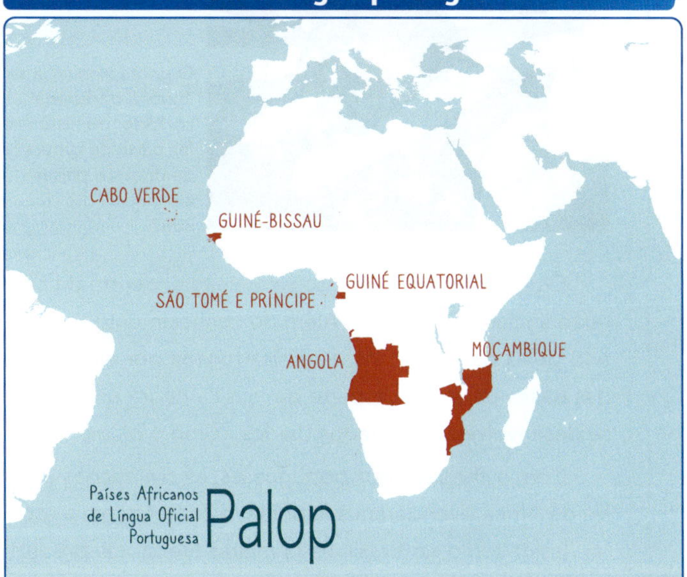

Saiba +

A união entre os países falantes de língua portuguesa vai muito além do idioma. O longo processo histórico da formação do império colonial português tem como consequência, no presente, uma identidade cultural compartilhada por esses países, unidos por um passado comum e uma língua que, apesar de muitas diferenças e diversidades, é reconhecida como única e possibilita estabelecer relação entre diferentes povos.

A Comunidade dos Países de Língua Portuguesa (CPLP), grupo formado pelos países lusófonos de diferentes partes do mundo – Angola, Brasil, Cabo Verde, Guiné-Bissau, Guiné Equatorial, Moçambique, Portugal, São Tomé e Príncipe e Timor-Leste –, tem como objetivo firmar uma relação de amizade e cooperação entre os países-membros, baseando-se no princípio de que a língua portuguesa constitui um vínculo histórico e um patrimônio comum entre esses povos.

Reprodução/CPLP

Bandeira da Comunidade dos Países de Língua Portuguesa (CPLP).

Escritores literários em alguns países africanos de língua portuguesa

Cabo Verde

Os escritores cabo-verdianos mais conhecidos são Baltasar Lopes da Silva (1907-1989), Jorge Barbosa (1902-1971) e Germano Almeida (1945-).

Buy this Image Now/Shutterstock

Bandeira de Cabo Verde.

Guiné-Bissau

Nomes importantes da literatura bissau-guineense são Odete Semedo (1959-) e Emílio Tavares Lima (1974-).

Rvector/Shutterstock

Bandeira de Guiné-Bissau.

São Tomé e Príncipe

Conceição Lima (1961-), Albertino Bragança (1944-), Alda Espírito Santo (1926-2010) e Olinda Beja (1946-) são alguns dos nomes mais conhecidos da literatura são-tomense.

nortongo/Shutterstock

Bandeira de São Tomé e Príncipe.

Angola

Os escritores angolanos mais conhecidos são Agostinho Neto (1922-1979), José Luandino Vieira (1935-), Pepetela (1941-), Ondjaki (1977-), entre muitos outros.

Goldman99/Shutterstock

Bandeira de Angola.

Moçambique

Os principais autores moçambicanos são Mia Couto (1955-), Luís Bernardo Honwana (1942-), Paulina Chiziane (1955-), José Craveirinha (1922-2003), entre tantos outros.

Buy this Image Now/Shutterstock

Bandeira de Moçambique.

Para entender algumas características das literaturas africanas de língua portuguesa, é importante voltar um pouco no tempo e fazer uma breve contextualização histórica.

Quando os portugueses iniciaram a colonização do território africano, encontraram populações ágrafas, ou seja, que não tinham linguagem escrita. Nessas sociedades, os conhecimentos, as memórias e os saberes eram preservados e transmitidos por meio das histórias contadas de geração em geração, bem como de cantigas, músicas, provérbios e outros textos da tradição oral.

Diferentemente de sociedades que já utilizavam a escrita como principal meio para transmitir conhecimentos, em sociedades ágrafas a oralidade tem um papel central, sagrado. Para garantir a preservação de seus saberes, as civilizações da África ocidental estabeleceram a função do *griot*, ou *jeli*, que são indivíduos responsáveis por transmitir histórias, conhecimentos, canções e mitos do seu povo. Os *griots* são os guardiões, intérpretes e cantores da tradição oral de muitos povos africanos: suas histórias costumam ser acompanhadas por instrumentos musicais variados, como a harpa africana, ou *kora*, e o balofone, semelhante ao xilofone.

Gilles Paire/Shutterstock

O *griot* (pronuncia-se "griô"), tradicional contador de histórias, faz parte da cultura de diversos países africanos. Foto de 2007.

Os *griots* têm um imenso valor cultural dentro do contexto social de seu povo. Além do conhecimento transmitido pelas palavras orais, a música tocada por eles é uma das bases para grande parte da música negra que depois se desenvolveu nos Estados Unidos, como o *blues*.

Com a chegada dos portugueses, as civilizações ágrafas da África vivenciaram seu primeiro contato com a escrita. Assim como no Brasil, as primeiras literaturas produzidas em território africano são as chamadas "literatura de viagem", composta de diários e relatos produzidos por portugueses que visitaram o continente africano.

No início do século XX, começa a surgir em países africanos de expressão portuguesa uma literatura de caráter nacional, que busca refletir sobre a própria identidade africana, visando afirmá-la. O desenvolvimento dessa literatura vem acompanhado de uma reflexão sobre colonização e linguagem: uma vez que não existia uma forma escrita fixa para as variadas línguas dos povos africanos que viviam nos países colonizados por portugueses, é a língua portuguesa que se impõe como meio da expressão artística escrita. Para os escritores africanos, isso muitas vezes se constituiu num dilema: Como desenvolver uma literatura própria usando a língua do colonizador?

Esse questionamento está presente no trecho a seguir, de Manuel Rui, escritor angolano que refletiu sobre a problemática de transpor para a escrita aquilo que pertencia à tradição oral.

Eu e o outro: o invasor ou em poucas três linhas uma maneira de pensar o texto

Manuel Rui

Quando chegaste mais velhos contavam estórias. Tudo estava no seu lugar. A água. O som. A luz. Na nossa harmonia. O texto oral. E só era texto não apenas pela fala mas porque havia árvores, **parrelas** sobre o crepitar de braços da floresta. E era texto porque havia gesto. Texto porque havia dança. Texto porque havia ritual. Texto falado ouvido visto. É certo que podias ter pedido para ouvir e ver as estórias que os mais velhos contavam quando chegaste! Mas não! Preferiste disparar os canhões.

[...]

E eu não posso retirar do meu texto a arma principal. A identidade. Se o fizer deixo de ser eu e fico outro, aliás como o outro quer. E agora? Vou passar o meu texto oral para a escrita? Não. É que a partir do momento em que eu o transferir para o espaço da folha branca, ele quase morre. Não tem árvores. Não tem ritual. Não tem as crianças sentadas segundo o quadro comunitário estabelecido. Não tem som. Não tem dança. Não trem braços. Não tem olhos. Não tem bocas. [...]

RUI, Manuel. Eu e o outro: o invasor ou em poucas três linhas uma maneira de pensar o texto. *In*: MEDINA, Cremilda. *Sonha Mamana África*. São Paulo: Epopeia, 1987.

parrela: feixe, conjunto de itens emaranhados.

Diferentemente do que ocorreu no Brasil, a independência dos países africanos do domínio português viria tardiamente. Apenas em 1974, após a queda do regime salazarista e um longo período de guerras e conflitos, Portugal deixou os territórios colonizados na África.

Depois da libertação, mesmo que a língua portuguesa não fosse falada por toda a população, ela foi eleita a língua oficial dos cinco países africanos que passaram por esse processo.

Na fase que se seguiu à Independência (1974), tendências literárias diversas formaram as literaturas africanas de expressão portuguesa. Embora o consumo dessa literatura na própria África seja ainda pequeno, a produção literária dos países africanos de língua portuguesa encontra em outros falantes lusófonos um grande público leitor espalhado por diferentes continentes.

Em alguns países da África que foram colônias de Portugal, houve uma mistura entre a língua materna dos povos africanos e o idioma trazido pelos portugueses. É o caso de Cabo Verde, um arquipélago formado por dez ilhas, onde o idioma mais falado é chamado "crioulo", de base portuguesa. É possível perceber no crioulo cabo-verdiano palavras e sonoridades semelhantes às do português.

Saiba +

Na produção musical da cantora cabo-verdiana Cesária Évora (1941-2011), é possível perceber as semelhanças e as diferenças entre a língua portuguesa e o crioulo. Nascida em Mindelo, é uma cantora de grande reconhecimento internacional. A maioria de suas músicas é cantada em crioulo cabo-verdiano. Assista ao vídeo de uma de suas canções mais famosas, "Sodade", disponível em: https://www.youtube.com/watch?v=ku_WZoTtT8Q&ab_channel=CesariaEvoraVEVO. Acesso em: 2 jul. 2022.

Jewel Samad/AFP

Nas literaturas africanas de língua portuguesa, são muito presentes as referências à tradição oral dos povos africanos. Também é possível notar nas obras as variações da língua portuguesa falada nesses países. Leia a seguir o trecho de um conto do escritor angolano Ondjaki e observe esses aspectos na epígrafe, que apresenta um provérbio da tradição oral, e no uso de palavras do kimbundu, a língua originária do povo daquela região, além de expressões utilizadas na linguagem popular.

As primeiras **ngalas**

Uatono, mona: ku Alunga, ku eniê kumona.

Anga: Uatono, diá: kubadikinya kima ki nangiê

[Estás acordado, vê: no Além não há vistas.

Ou: estás acordado, come: o pestanejar é coisa breve]

Sabes o que é não sentir o coração e sentir o coração, tud'uma batida só, sangue leve no peito e lágrimas limpas a escorrer? Faz conta foste na pesca, rede e tudo, e em vez do peixe grande meteste a rede na água e te veio uma nuvem? Se é impossível? Eu sei lá, **avilo**, eu sei lá... Desde **candengue** que ando então a ver as nuvens dançar nas peles do mar, e me pergunto: assim, calminho, liso tipo carapinha com desfrise, o mar não tem as nuvens dele também? De onde eu venho é muito longe, por isso, juro mesmo, nasci de novo. Vou te confessar: espanto é só aquilo que ainda nunca tínhamos vivido com a nossa pele. [...]

Avilo, desculpa tanta filosofia, o que tenho é sede mesmo.

Num tenho dinheiro, num vale a pena te baldar. Mas, epá, vamos só desequilibrar umas birras: sentas aí, nas calmas, eu te pago em estória, isso mesmo, uma pura estória daquelas com peso de antigamente, nada de invencionices de baixa categoria, estorietas, coisas dos artistas: pura verdade, só acontecimentos factuais mesmo.

[...]

ONDJAKI. As primeiras ngalas. *In*: *Quantas madrugadas tem a noite*. São Paulo: Leya, 2010. p. 11-12.

ngala: garrafa.
avilo: amigo; companheiro.
candengue (do kimbundu *ndengue*): garoto; miúdo; rapaz.

Em outro conto do mesmo livro (*Quantas madrugadas tem a noite*), Ondjaki faz referência ao escritor brasileiro Guimarães Rosa, revelando a troca cultural entre os países lusófonos, comentada anteriormente.

Nos brilhos da madrugada

Muadiê, já dizia o **kota** Guimarães, rosa no apelido e olhar dele: cada criatura é um rascunho a ser retocado sem cessar...

Num sei explicar; pra mim, minha outra alcunha podia ser qualquer palavra parecida com madrugada – sou muito isso, o avesso duma noite a provocar as beiras dum dia seguinte, radioso. Brilhos, encantamentos, num sei desenhar, uns pensam que é da tibaria, mas aqui **de caxexe** mais, ponho: num é nada disso, as coisas do sonho e das palavras soltas da boca não começam nas ngalas e chegam aqui nas conversas depois, mesmo das conversas dum gajo divagar sozinho, num é nada disso!

[...]

ONDJAKI. As primeiras ngalas. *In*: *Quantas madrugadas tem a noite*. São Paulo: Leya, 2010. p. 102.

kota: mais velho (em sinal de respeito).
de caxexe: de fininho.

Saiba + +++

Wilton Junior/Agência Estado

Ndalu de Almeida (1977-), mais conhecido como **Ondjaki**, nasceu em Luanda, capital de Angola. Poeta e escritor, ele se destacou na produção literária africana de língua portuguesa. Sua produção literária é bastante significativa, tendo publicado livros de poesia, romance, novelas, contos e livros infantojuvenis, e suas obras foram traduzidas para diversos idiomas, como francês, inglês, alemão, italiano, espanhol e chinês. Ondjaki também recebeu diversos prêmios literários, como o Prêmio Jabuti de Literatura, em 2010, na categoria Juvenil, com o romance *AvóDezanove e o segredo do soviético*.

Na seção *Práticas de leitura e análise literária*, a seguir, você vai ler textos, em poesia e em prosa, de alguns autores representativos das literaturas africanas de língua portuguesa e, assim, conhecer melhor alguns aspectos dessa produção literária que tem sido cada vez mais lida e estudada no Brasil.

Práticas de leitura e análise literária: as literaturas africanas de língua portuguesa

Em *Práticas de leitura*, você leu um conto do escritor moçambicano Mia Couto. Aqui sugerimos algumas leituras representativas das literaturas africanas de língua portuguesa, propondo um passeio por outras obras. Assim como Mia Couto, os autores que você vai conhecer agora nasceram em países africanos que foram colonizados por Portugal, como Angola, Moçambique e São Tomé e Príncipe. Então, só por este início, certamente você já percebeu que a língua e a história podem ser pontos em comum entre essas literaturas e a brasileira, e esperamos que, em sua leitura, você identifique outros pontos de contato entre elas.

Fred Bridgland/Keystone/Getty Images

Na foto, multidão comemora a finalização do processo de independência de Angola, em novembro de 1975.

Literatura engajada

A literatura, conforme você sabe, não se preocupa em mobilizar apenas o sentimento do leitor, mas também sua consciência. Por isso, muitas vezes trata de questões políticas e ideológicas. Quando esse objetivo predomina em uma produção literária, estamos no terreno da literatura engajada, que, grosso modo, procura denunciar aspectos problemáticos da realidade em que o escritor vive, de forma a contribuir para que se produzam certas mudanças na sociedade da qual ele faz parte.

Nas literaturas africanas em língua portuguesa, nota-se muitas vezes esse engajamento, que se centra nas lutas pela libertação dos territórios colonizados pelos portugueses, uma vez que diversos países do continente africano foram ocupados pelos portugueses desde o século XV: Angola, Moçambique, Guiné-Bissau, ilhas de São Tomé e Príncipe e o arquipélago de Cabo Verde. Portugal só reconheceu a independência dessas nações em 1974, após a queda do regime salazarista, acordando então a entrega dos territórios aos legítimos donos.

Depois da libertação, apesar de a língua portuguesa não ser falada por toda a população dos cinco países africanos que passaram por esse processo, foi ela a eleita como língua oficial.

Muitos escritores africanos do século XX participaram ativamente da luta pela libertação desses povos, e a produção literária deles reflete, em graus diferentes, essa experiência.

À medida que essa independência se consolida e cada país busca construir sua nova identidade, outras questões se apresentam nas sociedades africanas de língua portuguesa, influenciando o próprio fazer literário. Tendo isso em vista, a época e o lugar em que cada obra é produzida devem ser observados por você com atenção para compreender as criações desses escritores africanos. Como você pôde notar no conto de Mia Couto, dos anos 2000, a temática centra-se no próprio fazer literário. A tendência observada é que a busca da identidade literária se consolida conforme os escritores compreendem melhor a realidade em que vivem.

Ivan Bruninho/Shutterstock

Congestionamento de caminhões em Machipanda, sede do posto administrativo do distrito de Manica, em Moçambique. O posto marca a fronteira entre Moçambique, onde se fala português e outras línguas nacionais não oficiais, e o Zimbábue, cujas línguas oficiais são o inglês e mais outras 15 línguas dos povos nativos, como o xhosa e o tsuana. Foto de 2022.

Saiba +

O Brasil na poesia africana de língua portuguesa: antologia, organizado por Anita M. R. de Moraes e Vima Lia R. Martin. Kapulana, 2019.

Onze poetas de diversos países africanos de língua portuguesa têm alguns de seus poemas reunidos nessa antologia. A seleção dos poemas levou em consideração as referências ao Brasil feitas pelos escritores em suas obras. Ao ler esses poemas, você vai perceber a admiração que nosso país desperta entre escritores dos países africanos de língua portuguesa. A leitura também poderá fazer você refletir sobre as relações culturais entre essas nações e o Brasil.

Poesia

Da poesia produzida nos países africanos de língua portuguesa, selecionamos Agostinho Neto (de Angola), José Craveirinha (de Moçambique) e Alda do Espírito Santo (de São Tomé e Príncipe).

Agostinho Neto fez parte da geração de estudantes africanos que desempenhou papel fundamental no processo de independência de seu país na chamada Guerra Colonial Portuguesa ou Guerra do Ultramar – ou, ainda, Guerra de Libertação, partindo do ponto de vista dos povos colonizados. A seguir, leia um de seus poemas.

Saiba +

Giorgio Piredda/Sygma/Getty Images

António Agostinho Neto (1922-1979) foi médico, escritor e político angolano. Participou ativamente do Movimento Popular de Libertação de Angola e, entre 1975 e 1979, foi presidente de seu país.

Voz do sangue

Agostinho Neto

Palpitam-me
os sons do batuque
e os ritmos melancólicos do *blue*

Ó negro esfarrapado do Harlem...
ó dançarino de Chicago
ó negro servidor do South

Ó negro da África
negros de todo o mundo
eu junto ao vosso canto
a minha pobre voz
os meus humildes ritmos.

Eu vos acompanho
pelas emaranhadas áfricas
do nosso Rumo

Eu vos sinto
negros de todo o mundo
eu vivo a nossa história
meus irmãos.

NETO, Agostinho. Voz do sangue. *In*: NETO, Agostinho. *A renúncia impossível*. Disponível em: www.agostinhoneto.org/. Acesso em: 4 mar. 2022.

Na leitura dos versos, observe de que modo a musicalidade que abre o poema convoca os negros de diferentes partes do mundo para a união.

1. Nos versos finais do poema "Voz do sangue", quais elementos dão ideia da fusão entre o eu lírico e os demais negros?

Fabian Plock/Shutterstock

Pescador angolano sentado em frente de um barco de pesca com o mar ao fundo, no município litorâneo de Lobito, no distrito de Benguela, Angola. Foto de 2014.

Saiba +

Perfil e poemas de Agostinho Neto. Disponível em: https://www.escritas.org/pt/agostinho-neto. Acesso em: 5 maio 2022.

O *site* Escritas.org dedica-se a divulgar produções poéticas de escritores consagrados e de novos autores. Na página dedicada a Agostinho Neto, você poderá conhecer alguns poemas desse escritor. Outros poetas africanos de língua portuguesa também têm obras publicadas nesse espaço virtual.

O poema a seguir é de autoria de José Craveirinha, poeta moçambicano considerado um dos mais importantes em seu país.

Sou analfabeto

José Craveirinha

Sou analfabeto
A comida das livrarias
é indigerível para mim eu sei.
E sobre isso infelizmente só há duas opiniões
a tua opinião quando me bates.
A minha opinião quando apanho.

Sou analfabeto.
Mas na minha gramática
Ultrapasso todos os idiomas
Quando a minha pele sente na porrada
Qualquer tipo de abecedário.

CRAVEIRINHA, José João. *In*: SANTILLI, Maria Aparecida. *Paralelas e tangentes*: entre literaturas de língua portuguesa. São Paulo: Edusp, 2003. p. 56.

Saiba +

José João Craveirinha (1922-2003) é um dos poetas mais renomados de Moçambique. Em 1991, foi o primeiro escritor africano homenageado com o prêmio Camões por sua obra.

2. Depois de ler o texto poético de Craveirinha, responda: Qual característica de si o eu lírico evidencia no poema? De que modo ela influencia sua visão de mundo?

O poema a seguir vem de uma voz feminina: Alda do Espírito Santo, de São Tomé e Príncipe. Leia-o atentamente.

Em torno da minha baía

Alda do Espírito Santo

Aqui, na areia,
Sentada à beira do cais da minha baía
do cais simbólico, dos fardos,
das malas e da chuva
caindo em torrente
sobre o cais desmantelado,
caindo em ruínas
eu queria ver à volta de mim,
nesta hora morna do entardecer
no mormaço tropical
desta terra de África
à beira do cais a desfazer-se em ruínas,
abrigados por um toldo movediço
uma legião de cabecinhas pequenas,
à roda de mim,
num voo magistral em torno do mundo
desenhando na areia
a senda de todos os destinos
pintando na grande tela da vida
uma história bela
para os homens de todas as terras
ciciando em coro, canções melodiosas
numa toada universal
num cortejo gigante de humana poesia
na mais bela de todas as lições
HUMANIDADE.

ESPÍRITO SANTO, Alda do. Em torno da minha baía. Disponível em: www.escritas.org/pt/t/13327/em-torno-da-minha-baia. Acesso em: 4 mar. 2022.

Saiba +

Alda do Espírito Santo (1926-2010), poeta que colaborou em várias revistas literárias e foi ministra da Educação e Cultura de São Tomé e Príncipe.

3. Observe que nesse poema de Alda do Espírito Santo o eu lírico trata de questões de seu cotidiano. Converse com os colegas: De que modo tais questões acabam sendo transformadas, no poema, em questões universais?

Prosa

Para apresentar a prosa produzida nos países africanos de língua portuguesa, além do conto do moçambicano Mia Couto lido no início desta unidade, selecionamos para esta seção um conto de José Luandino Vieira, publicado na obra *A cidade e a infância*, em que se revela a própria conscientização política do autor, que esteve bastante ligado às lutas de libertação de Angola. Leia-o.

Foi mantida a grafia da publicação original, anterior à entrada em vigor do Acordo Ortográfico da Língua Portuguesa (2009), que, até junho de 2020, foi ratificado pela Comunidade dos Países de Língua Portuguesa, com exceção de Angola e de Moçambique.

A fronteira de asfalto

José Luandino Vieira

A menina das tranças loiras olhou para ele, sorriu e estendeu a mão.

– Combinado?

– Combinado – disse ele.

Riram os dois e continuaram a andar, pisando as flores violeta que caíam das árvores.

– Neve cor de violeta – disse ele.

– Mas tu nunca viste neve...

– Pois não, mas creio que cai assim...

– É branca, muito branca...

– Como tu!

E um sorriso triste aflorou medrosamente aos lábios dele.

– Ricardo! Também há neve cinzenta... cinzenta-escura.

– Lembra-te da nossa combinação. Não mais...

– Sim, não mais falar da tua cor. Mas quem falou primeiro foste tu.

Ao chegarem à ponta do passeio ambos fizeram meia-volta e vieram pelo mesmo caminho. A menina tinha tranças loiras e laços vermelhos.

– Marina, lembras-te da nossa infância? – e voltou-se subitamente para ela. Olhou-a nos olhos. A menina baixou o olhar para a biqueira dos sapatos pretos e disse:

– Quando tu fazias carros com rodas de patins e me empurravas à volta do bairro? Sim, lembro-me...

A pergunta que o perseguia há meses saiu finalmente.

– E tu achas que está tudo como então? Como quando brincávamos **à barra do lenço** ou **às escondidas**? Quando eu era o teu amigo Ricardo, um pretinho muito limpo e educado, no dizer de tua mãe? Achas...

à barra do lenço: tipo de jogo.
às escondidas: brincadeira infantil.

E com as próprias palavras ia-se excitando. Os olhos brilhavam e o cérebro ficava vazio porque tudo o que acumulara saía numa torrente de palavras.

– ... que eu posso continuar a ser teu amigo...

– Ricardo!

– Que a minha presença em tua casa... no quintal da tua casa, poucas vezes dentro dela, não estragará os planos da tua família a respeito das tuas relações...

Estava a ser cruel. Os olhos azuis de Marina não lhe diziam nada. Mas estava a ser cruel. O som da própria voz fê-lo ver isso. Calou-se subitamente.

– Desculpa – disse por fim.

piteira: tipo de árvore.

mulemba: tipo de árvore; gameleira.

aduela: tábua encurvada.

candeeiro: luminária; abajur.

Virou os olhos para o seu mundo. Do outro lado da rua asfaltada não havia passeio. Nem árvores de flores violeta. A terra era vermelha. **Piteiras**. Casas de pau a pique à sombra de **mulembas**. As ruas de areia eram sinuosas. Uma ténue nuvem de poeira que o vento levantava cobria tudo. A casa dele ficava ao fundo. Via-se do sítio donde estava. Amarela. Duas portas, três janelas. Um cercado de **aduelas** e arcos de barril.

– Ricardo – disse a menina das tranças loiras –, tu disseste tudo isso para quê? Alguma vez te disse que não era tua amiga? Alguma vez te abandonei? Nem os comentários das minhas colegas, nem os conselhos velados dos professores, nem a família que se tem voltado contra mim...

– Está bem. Desculpa. Mas sabes, isto fica dentro de nós. Tem de sair em qualquer altura.

E lembrava-se do tempo em que não havia perguntas, respostas, explicações. Quando ainda não havia a fronteira de asfalto.

– Bons tempos – encontrou-se a dizer. – A minha mãe era a tua lavadeira. Eu era o filho da lavadeira. Servia de palhaço à menina Nina. A menina Nina dos caracóis loiros. Não era assim que te chamavam? – gritou ele.

Marina fugiu para casa. Ele ficou com os olhos marejados, as mãos ferozmente fechadas e as flores violeta caindo-lhe na carapinha negra.

Depois, com passos decididos atravessou a rua, pisando com raiva a areia vermelha e sumiu-se no emaranhado do seu mundo. Para trás ficava a ilusão.

Marina viu-o afastar-se. Amigos desde pequenos. Ele era o filho da lavadeira que distraía a menina Nina. Depois a escola. Ambos na mesma escola, na mesma classe. A grande amizade a nascer.

Fugiu para o quarto. Bateu com a porta. Em volta o aspecto luminoso, sorridente, o ar feliz, o calor suave das paredes cor-de-rosa. E lá estava sobre a mesa de estudo "... Marina e Ricardo – amigos para sempre". Os pedaços da fotografia voaram e estenderam-se pelo chão. Atirou-se para cima da cama e ficou de costas a olhar o tecto. Era ainda o mesmo **candeeiro**. Desenhos de Walt Disney. Os desenhos iam-se diluindo nos olhos marejados. E tudo se cobriu de névoa. Ricardo brincava com ela. Ela corria feliz, o vestido pelos joelhos, e os caracóis loiros brilhavam. Ricardo tinha uns olhos grandes. E subitamente ficou a pensar no mundo para lá da rua asfaltada. E reviu as casas de pau a pique onde viviam famílias numerosas. Num quarto como o dela dormiam os quatro irmãos de Ricardo... por quê? Por que é que ela não podia continuar a ser amiga dele, como fora em criança? Por que é que agora era diferente?

– Marina, preciso falar-te.

A mãe entrara e acariciava os cabelos loiros da filha.

– Marina, já não és nenhuma criança para que não compreendas que a tua amizade por esse... teu amigo Ricardo não pode continuar. Isso é muito bonito em criança. Duas

A cidade de Luanda inspirou em José Vieira Mateus da Graça seu pseudônimo literário José Luandino Vieira. Foto de 2013.

Anton_Ivanov/Shutterstock

crianças. Mas agora... um preto é um preto... As minhas amigas todas falam da minha negligência na tua educação. Que te deixei... Bem sabes que não é por mim!

– Está bem, eu faço o que tu quiseres. Mas agora deixa-me só.

O coração vazio. Ricardo não era mais que uma recordação longínqua. Uma recordação ligada a uns pedaços de fotografia que voavam pelo pavimento.

– Deixas de ir com ele para o liceu, de vires com ele do liceu, de estudares com ele...

– Está bem, mãe.

E virou a cabeça para a janela. Ao longe percebia-se a mancha escura das casas de zinco e das mulembas. Isso trouxe-lhe novamente Ricardo. Virou-se subitamente para a mãe. Os olhos brilhantes, os lábios arrogantemente apertados.

– Está bem, está bem, ouviu? – gritou ela. Depois, mergulhando a cara na colcha, chorou.

Na noite de luar, Ricardo, debaixo da mulemba, recordava. Os **giroflés** e a barra do lenço. Os carros de patins. E sentiu necessidade imperiosa de falar-lhe.

Acostumara-se demasiado a ela. Todos aqueles anos de camaradagem, de estudo em comum.

Deu por si a atravessar a fronteira. Os sapatos de borracha rangiam no asfalto. A lua punha uma cor crua em tudo. Luz na janela. Saltou o pequeno muro. Folhas secas rangeram debaixo dos seus pés. O Toni rosnou na **casota**. Avançou devagar até à varanda, subiu o rodapé e bateu com cuidado.

– Quem é? – a voz de Marina veio de dentro, íntima e assustada.

– Ricardo!

– Ricardo? Que queres?

– Falar contigo. Quero que me expliques o que se passa.

– Não posso. Estou a estudar. Vai-te embora. Amanhã na paragem do **maximbombo**. Vou mais cedo...

– Não. Precisa de ser hoje. Preciso de saber tudo já.

De dentro veio a resposta muda de Marina. A luz apagou-se. Ouvia-se chorar no escuro. Ricardo voltou-se lentamente. Passou as mãos nervosas pelo cabelo. E subitamente o facho da lanterna do polícia caqui bateu-lhe na cara.

– Alto aí! O qu'é que estás a fazer?

Ricardo sentiu medo. O medo do negro pelo polícia.

Dum salto atingiu o quintal. As folhas secas cederam e ele escorregou. O Toni ladrou.

– Alto aí seu negro. Para. Para negro!

Ricardo levantou-se e correu para o muro. O polícia correu também. Ricardo saltou.

– Para, para seu negro!

Ricardo não parou. Saltou o muro. Bateu no passeio com violência abafada pelos sapatos de borracha. Mas os pés escorregaram quando fazia o salto para atravessar a rua. Caiu e a cabeça bateu pesadamente de encontro à aresta do passeio.

giroflé: cravo em botão; cravo-da-índia.

casota: casa pequena, casinha de cachorro.

maximbombo: ônibus de transporte público.

Garrafa de vidro com óleo de cravo e objeto de madeira em forma de concha com diversos cravos. O cravo-da-índia é um condimento bastante utilizado para perfumar e dar sabor a diversos doces e em diferentes preparações de alimentos.

Halil ibrahim mescioglu/Shutterstock

Luzes acenderam-se em todas as janelas. O Toni ladrava. Na noite ficou o grito loiro da menina de tranças.

Estava um luar azul de aço. A lua cruel mostrava-se bem. De pé, o polícia caqui desnudava com a luz da lanterna o corpo caído. Ricardo, estendido do lado de cá da fronteira, sobre as flores violeta das árvores do passeio.

Ao fundo, cajueiros curvados sobre casas de pau a pique estendem a sombra retorcida na sua direcção.

VIEIRA, José Luandino. A fronteira de asfalto. *In*: VIEIRA, José Luandino. *A cidade e a infância*. São Paulo: Companhia das Letras, 2007. p. 37-44.

Ubiratan Brasil/Estadão conteúdo

Saiba +

José Luandino Vieira (1935-) nasceu em Portugal e tornou-se cidadão angolano por sua participação no Movimento Popular de Libertação de Angola (MPLA) e na formação da República Popular de Angola.

nippich somsaard/Shutterstock

Diversos cajueiros estendendo-se pela paisagem e, no detalhe, um galho com muitas folhas e frutos pendurados. O cajueiro é uma árvore frutífera de porte médio e ramificação baixa. Em geral, tem a copa (a parte de cima da árvore) bem larga, galhos que podem pender até o solo e um tronco que pode ser bastante tortuoso.

4. No conto de Luandino Vieira, observe de que modo a relação amorosa entre Ricardo e Marina é invadida pelas diferenças entre eles. Identifique as questões sociais por trás dessas diferenças, que criam a tensão do conto. Como você interpreta o final do trecho, considerando a tensão criada entre os personagens?

Diário de bordo

Registre em seu diário de bordo a maneira como você percebeu as literaturas africanas de língua portuguesa com base na amostra de escritores e obras selecionadas nesta seção da unidade. Comente as semelhanças que você notou entre as obras lidas (temáticas, recursos linguísticos empregados, aspectos da realidade e das culturas apresentados, etc.).

Clube de leitura

Depois de conhecer alguns escritores africanos de língua portuguesa, você e os colegas poderiam ampliar as leituras ao se organizarem para ler, discutir e debater outras obras pertencentes às literaturas africanas de língua portuguesa. Para isso, façam o que se sugere a seguir.

- Pesquisem na internet nomes de outros escritores desses países e verifiquem se, na biblioteca da escola – ou em uma biblioteca pública de sua região –, há obras desses escritores. Se houver, formem pequenos grupos (de três ou quatro colegas) e selecionem algumas dessas obras.
- Cada grupo poderá ler uma dessas obras e produzir resenhas críticas dela, tendo como referência o que vocês estudaram sobre esse gênero na Unidade 1. Cada participante do grupo poderá fazer sua resenha. Assim, quando elas forem divulgadas, a turma toda terá um panorama crítico mais abrangente que dará conta de diversas preferências, pois pode ser que, por exemplo, um conto ou um romance adorado por um colega não tenha sido considerado do mesmo modo por você.
- As resenhas devem ser divulgadas no blogue da turma, em data combinada com o professor. Nessa data, a turma toda organizará uma roda de conversa em que as opiniões críticas das obras lidas serão compartilhadas oralmente também. E, nesse momento, poderá haver trocas entre os grupos: livros lidos e resenhados por um grupo poderão ser lidos por outros. Se possível, exponham os livros nessa roda para que todos possam manuseá-los.
- Em outra data, poderá haver novas trocas, para que os novos leitores também comentem as obras lidas, até que todos tenham lido as obras inicialmente selecionadas.

Ao final do processo, será interessante comparar as opiniões críticas das mesmas obras e, o mais importante de tudo, vocês perceberem quanto as literaturas dos países de língua portuguesa são ricas e interessantes. Essa atividade será um convite para que outras obras, de outros autores, também passem a ser lidas por todos.

cosmaa/Shutterstock

Práticas de produção oral: contação de história em vídeo

Retomando os resultados da pesquisa sobre as histórias da tradição, conforme atividade sugerida nesta seção da Unidade 1, a turma vai agora produzir vídeos para divulgar algumas das histórias encontradas durante aquele processo de pesquisa realizado pelos grupos.

Esses vídeos devem apresentar as histórias ao público que estiver assistindo, trazer uma contação delas e, no final, desenvolver uma série de comentários sobre alguns elementos que chamaram a atenção de vocês na história apresentada pelo grupo. Os vídeos serão compartilhados com a comunidade no evento proposto na seção *#Multiplicar* desta unidade.

Saiba +

Primeiro filme. Enquadramentos: planos e ângulos. Disponível em: https://www.primeirofilme.com.br/site/o-livro/enquadramentos-planos-e-angulos/. Acesso em: 5 maio 2022.

Em *sites* de produção de vídeos na internet, é possível conhecer diversos tipos de enquadramento de imagens. Há um exemplo disponível nesse *site*, que traz também outras dicas e informações sobre cinema, pois dedica-se ao projeto *Primeiro filme*, buscando criar e disponibilizar materiais didáticos para colaborar com a criação de audiovisuais.

Para produzir os vídeos, sigam as próximas indicações.

Produção dos vídeos

Selecionem as histórias que serão gravadas em vídeo. Para isso, um bom critério pode ser o da frequência: aquelas histórias que tiverem sido as mais citadas ao longo da pesquisa realizada poderão ser escolhidas. Ou, então, o contrário: as menos citadas. Definam o critério e as histórias.

Distribuam entre os grupos as histórias de modo que cada equipe se responsabilize por uma delas.

Cada grupo deverá planejar de que modo a história escolhida será contada na filmagem. Para isso, a maneira mais prática é elaborar um roteiro para o vídeo.

SofiaV/Shutterstock

Organizando o roteiro do vídeo

Há diversas modalidades de roteiro: roteiros de cinema, de programas de televisão, de telenovela, roteiros para *vlogs*, etc. A função essencial de um roteiro é fornecer instruções para quem vai participar da gravação, isto é, atores, diretor, assistentes, iluminador, etc.; o texto ajuda esses profissionais a organizar suas tarefas e saber em que momento e como devem realizá-las, prevendo da melhor forma possível as condições e as etapas do processo.

Para os propósitos desta atividade, o importante é que o roteiro funcione como um organizador dos passos para gravar o vídeo. Nossa sugestão é usar o roteiro em texto corrido. Nesse modelo, as ações e os elementos básicos do vídeo são listados em sequência, na ordem em que devem aparecer na filmagem.

Viktoriia Hnatiuk/Shutterstock

Garota gravando vídeo na rua.

MandriaPix/Shutterstock

Gravação de narração para vídeo.

Leia um exemplo a seguir para você se inspirar. Trata-se de um roteiro elaborado pelos autores desta obra com base em uma história da tradição oral, cuja versão pode ser encontrada no livro *A volta ao mundo em 52 histórias*, da Companhia das Letras.

Destacamos ao lado do roteiro as explicações sobre os elementos que compõem esse modelo. Com base nele, cada grupo poderá elaborar o roteiro do vídeo a ser gravado. Observe que o roteiro descreve e detalha os elementos que o vídeo deve compor. Assim, ao elaborá-lo, você e os colegas já farão o planejamento das ações implicadas na gravação do vídeo.

O roteiro: um exemplo

Tema: Contação da história da tradição oral brasileira "Por que o mar tanto chora".

Cenário e elementos cênicos: Na parede do fundo, construir colagens com papéis coloridos e materiais recicláveis para representar os principais personagens da história "Por que o mar tanto chora". À frente da parede do fundo, em torno de um metro e meio distante dela, colocar uma cadeira e uma mesa não muito alta que deve ser forrada com tecido, de preferência de cor contrastante à dessa parede. Ao sentar-se à mesa, é importante que o contador da história seja visto da cintura para cima.

Dispor sobre o lado esquerdo da mesa livros que contenham registros escritos dessa história, empilhados. As lombadas dos livros ficam evidentes. Dispor ao lado direito uma cesta bonita e bem vistosa, contendo objetos pequenos, facilmente manipuláveis, que possam representar os personagens. O contador da história ficará sentado à mesa e, durante a contação, manipulará esses objetos.

Ilustrações: rumka_vodki/Shutterstock

Enquadramento: A câmera fica parada. O vídeo deve captar o conjunto da cena, enfocando da superfície da mesa para cima.

Iluminação: Duas luminárias frontais, colocadas por trás da câmera, iluminando o centro da mesa, onde estará o contador da história.

Figurino: O contador da história veste uma camiseta da mesma cor empregada na parede do fundo, ou então da mesma cor do forro da mesa.

Sonora: Uma música instrumental suave que combine com a história e que acompanhe o letreiro.

Letreiro: Em fundo claro, o letreiro sobe devagar. **Texto do letreiro**: Histórias da tradição oral. "Por que o mar tanto chora? – A Cinderela Sergipana".

Quando o letreiro subir, aplicar **efeito de transição**. Aparece a imagem já do contador da história sentado à mesa.

cenário e elementos cênicos: tudo o que compõe o cenário do vídeo é descrito nesse item. No roteiro, é importante prever nesse item o que será visualizado no vídeo e que vai colaborar com a criação da atmosfera do conto.

enquadramento: a delimitação da imagem do vídeo, com a definição do que faz parte do vídeo a cada momento.

iluminação: a luz, um dos elementos mais importantes de um vídeo. Deve ser levada em consideração para que as imagens fiquem nítidas. Em vídeos mais simples, uma fonte de luz que ilumine frontalmente.

figurino: o conjunto de vestimentas e adornos utilizados na gravação do vídeo.

sonora: os efeitos sonoros que fazem parte do vídeo. Devem ser descritos no roteiro a cada vez que aparecem.

letreiro: as palavras escritas mostradas no vídeo. É importante prever todos os letreiros, nos lugares e nos momentos adequados.

efeito de transição: efeito visual que ocorre na passagem de uma cena à outra (no caso de um vídeo) ou de um *slide* a outro (no caso de uma apresentação de *slides*).

Sonora: a música vai diminuindo até desaparecer.

(O contador começa a contar a história.)

Texto: A história que vamos contar é uma das muitas que fazem parte da tradição oral brasileira. Chama-se "Por que o mar tanto chora". Vocês já ouviram falar dela?

É a história da princesa Maria *(tirar da cesta o objeto que vai representar a personagem – por exemplo, uma colher de pau – e colocá-lo em evidência)*, que nasceu com uma cobra enrolada no pescoço, chamada Dona Labismina *(tirar da cesta o objeto que vai representar a personagem Dona Labismina – pode ser uma meia ou cinto – e "enrolá-lo" na colher de pau, como se estivesse sendo enrolado no pescoço). (10 segundos)*

Texto: Essa história tem origem no Sergipe *(tirar da cesta o mapa do Brasil com o estado de Sergipe pintado de cor contrastante. Colocar o mapa em evidência na câmera. Com um dedo, apontar o estado no mapa. Deixar a colher sobre a mesa, já com a meia enrolada, de lado. Colocar o mapa fora da cena, no chão)*. Pois bem: era uma vez uma Rainha *(tirar da cesta o objeto que representará a Rainha – pode ser uma caneta)* que morava em frente ao mar *(tirar da cesta com a outra mão um objeto que representa o mar – pode ser um papel crepom azul. Agitar o papel com uma das mãos enquanto a outra segura a Rainha). (15 segundos)*

Sonora: Barulho de mar agitado, enquanto se agita o papel. O som vai diminuindo até sumir. *(3 segundos)*

Texto: Ela era um pouco triste porque não conseguia dar um filho ao Rei *(soltar o papel que representa o mar e pegar na cesta o objeto que representa o Rei – pode ser um estojo de lápis). (5 segundos)*

Texto *(imitando a voz da Rainha e agitando a caneta)*: Eu queria tanto, tanto uma filha, senhor meu Rei, nem que ela fosse uma cobra! *(5 segundos)*

Sonora: Volta o barulho do mar, que vai aos poucos diminuindo até sumir. *(3 segundos)*

texto: o registro do que é dito no vídeo. Não é preciso registrar as palavras exatas que serão ditas, mas os textos devem dar uma boa indicação, seguindo a ordem em que vão aparecer no vídeo. Nesse exemplo, apresentam-se também as indicações cênicas entre parênteses *(o que deve ser feito)*, as quais são tecnicamente chamadas de didascálias ou rubricas.

Delfim Martins/Pulsar Imagens

Foto aérea de Aracaju (SE). Na imagem, é possível ver em destaque o mar e a orla da praia.

Texto *(soltar o estojo, que é o Rei, deixando-o de lado)*: Um ano se passou e a Rainha ficou grávida. Teve uma linda menina chamada Maria *(pegar a colher de pau com a meia enrolada)*. A menina nasceu com uma cobra enrolada no pescoço! *(Soltar a Rainha e desenrolar a meia da colher de pau.) (10 segundos)*

Texto: Maria e a serpente cresceram juntas *(agitar os dois objetos, lado a lado, simulando uma caminhada, aproximando-se do papel crepom, que está ao lado)*, indo todo dia brincar no mar. *(5 segundos)*

[...]

Texto: E eles viveram felizes para sempre. *(Enquanto guarda os objetos espalhados sobre a mesa, o contador diz:)* Espero que vocês tenham gostado desta história! Eu agora deixo vocês com a Maria *(a câmera enfoca a colher de pau)*. E até outra história! *(7 segundos)*

Sonora: A mesma música do início vai aumentando, para ficar audível em volume agradável.

Vídeo: Com a sonora, a imagem da colher de pau vai se dissolvendo até sumir e ficar o fundo da cor da mesa. Nesse fundo, começam a subir os letreiros com os créditos do vídeo.

Letreiros: Por que o mar tanto chora?/ Contador da história: *(nome do aluno que contou a história)*/ Realização: *(por exemplo, os alunos do Grupo A, do segundo ano: nome dos alunos em ordem alfabética)*/ Data de realização: *(indicar a data)*.

Sonora: Assim que o último letreiro estiver quase no alto da tela, a música de fundo vai diminuindo até sumir, acompanhando a imagem, que vai escurecendo.

Fim do vídeo.

Saiba +

Nesse exemplo de roteiro, o sinal **[...]** indica apenas que o roteiro prossegue, com o detalhamento das ações e do que deve ser dito e visto no vídeo até o fim. Ao elaborar seu roteiro, vocês devem fazê-lo integralmente.

Net Vector/Shutterstock

Gravação e finalização

Como você viu, o roteiro já prevê todos os elementos necessários: materiais, objetos cênicos, sons e músicas, recursos de iluminação, figurinos, etc. Ele também já indica a organização necessária para a contação da história, considerando os momentos da narrativa.

Assim, com o roteiro pronto, o grupo terá condição de reunir os elementos para a gravação e colocar a mão na massa.

Para a finalização do vídeo, usem um *software* de edição: ele permite cortar partes, juntar pedaços do vídeo, acrescentar elementos sonoros, substituir um áudio que não tenha ficado nítido, acrescentar letreiros e salvar em formato que possa ser publicado em plataformas e redes sociais.

Quando todos os vídeos dos grupos estiverem prontos, vocês podem combinar uma sessão coletiva para assistir a eles previamente, antes de publicá-los na plataforma e nas redes sociais escolhidas. Esses vídeos vão fazer parte do evento sugerido na seção *#Multiplicar*, no final desta unidade.

VikiVector/Shutterstock

Reprodução/Companhia das Letrinhas

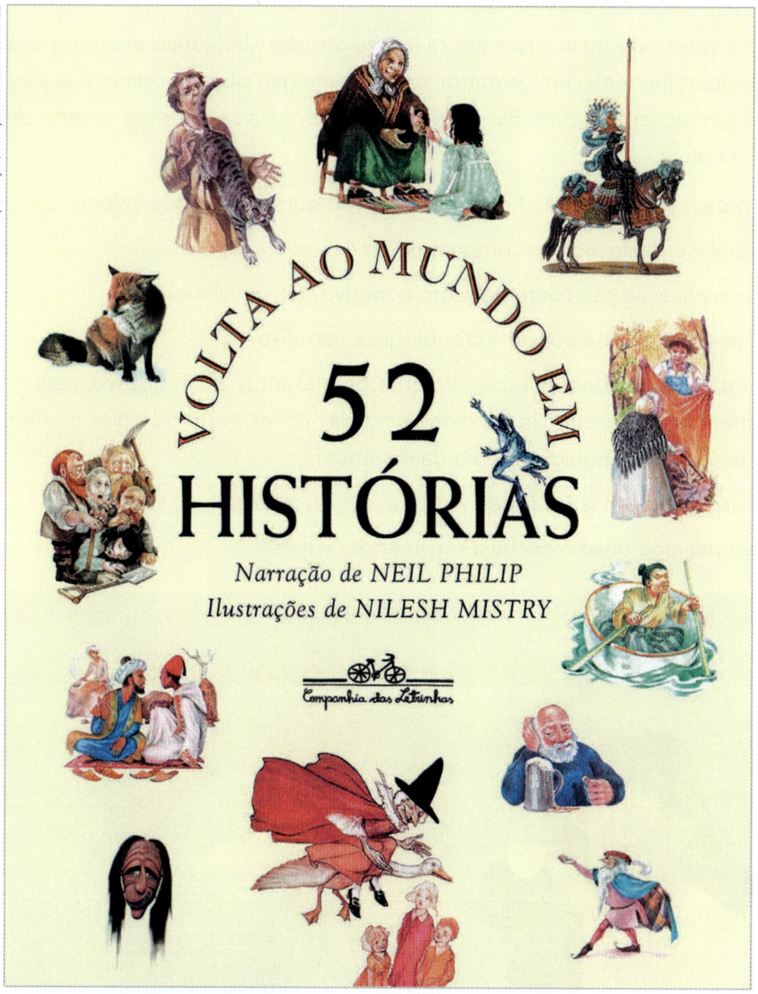

O livro *A volta ao mundo em 52 histórias*, de Neil Philip, publicado pela editora Companhia das Letras.

Saiba +

A volta ao mundo em 52 histórias, de Neil Philip. Companhia das Letras, 1998.

"Por que o mar tanto chora" é uma história recolhida por Sílvio Romero, estudioso brasileiro da cultura popular e da tradição oral. Está registrada em seu livro *Contos populares do Brasil* (1885), sob o título "Dona Labismina". A versão dessa narrativa que serviu de base para o roteiro desta seção está no livro *A volta ao mundo em 52 histórias*, p. 46-49.

Diário de bordo

Registre em seu diário de bordo como você e os colegas elaboraram o roteiro para a produção do vídeo. Comente de que forma o roteiro pode ter contribuído para a qualidade do vídeo. Escreva também sobre as dificuldades encontradas durante o trabalho e como o grupo conseguiu superá-las.

Práticas de produção escrita: conto

Nesta seção, vocês vão encerrar o processo de produção do conto, cujo ponto de partida ocorreu em *Situação inicial*.

Produção de um conto – retomada dos grupos e revisão crítica

Retomem os grupos de trabalho formados para responder à atividade "Roda de conversa: relendo a narrativa produzida" da seção *Práticas de análise linguística*, em que elaboraram um esquema de conto a partir de uma foto.

Apoiados no que aprenderam nesta unidade sobre o gênero conto, façam uma revisão crítica do texto: acrescentem informações aos registros, adicionem ou suprimam situações, revejam o andamento e a sequência das ações imaginadas e comecem a produzir o texto, em uma primeira versão mais bem-acabada, considerando as características desse gênero.

Compartilhamento entre grupos

Terminada essa versão do texto – que agora já terá características mais próximas das de um conto –, compartilhem-na com os outros grupos para que possam opinar e ajudar uns aos outros a aperfeiçoar a escrita. Baseiem-se nos critérios a seguir para analisar as produções uns dos outros.

- Há um título para o conto? Se não houver, sugiram ao outro grupo que invente um.
- A situação inicial e o desfecho são compreensíveis?
- As ações da complicação são coerentes com o motivo? Há um clímax?
- A sucessão das ações estabelece uma cronologia à narrativa?
- Os tempos verbais empregados, especialmente os pretéritos do indicativo, respeitam os movimentos de construção da cronologia das ações, de modo que o leitor consiga acompanhar a cronologia interna da narrativa?
- O conto está adequado ao leitor suposto (isto é, adolescentes como vocês)?
- O conto apresenta algo novo e chega a surpreender vocês?

VectorMine/Shutterstock

Avaliação e finalização do conto

Avaliem as sugestões dadas pelos colegas e pelo professor. Cada grupo vai produzir uma nova versão de seu conto, fazendo os ajustes necessários. Releiam essa versão e, tendo em vista a situação comunicativa apresentada no conto, observem se há necessidade de correções de concordância, regência verbal, pontuação, ortografia, escolha de pronomes, etc.

Façam os novos ajustes para finalizar essa produção, que terá publicação em *#Multiplicar*.

Saiba +

Os cem melhores contos brasileiros do século, organizado por Italo Moriconi. Objetiva, 2009.

Organizado pelo escritor e ensaísta Italo Moriconi, essa coletânea reúne contos imperdíveis, de importantes escritores brasileiros. A leitura desse livro será um passeio divertido e estimulante pela literatura brasileira do século XX.

Diário de bordo

Registre em seu diário de bordo como o processo de escrita do conto foi desenvolvido e compreendido por você. Comente as fases vivenciadas, desde *Situação inicial*, passando pelo estudo do gênero em *Práticas de análise linguística*, até chegar a este ponto, e como elas podem ter contribuído para sua aprendizagem.

GoodStudio/Shutterstock

Responda às questões a seguir para fazer uma retomada dos seus conhecimentos e rever alguns assuntos que estudou nesta unidade.

1. (Enem – 2020)

Eu tenho empresas e sou digno do visto para ir a Nova York. O dinheiro que chove em Nova York é para pessoas com poder de compra. Pessoas que tenham um visto do consulado americano. O dinheiro que chove em Nova York também é para os nova-iorquinos. São milhares de dólares. [...] Estou indo para Nova York, onde está chovendo dinheiro. Sou um grande administrador. Sim, está chovendo dinheiro em Nova York. Deu no rádio. Vejo que há pedestres invadindo a via onde trafega o meu carro vermelho, importado da Alemanha. Vejo que há carros nacionais trafegando pela via onde trafega o meu carro vermelho, importado da Alemanha. Ao chegar em Nova York, tomarei providências.

SANTANNA, A. O importado vermelho de Noé. In: MORICONI, I. (Org.). *Os cem melhores contos*. Rio de Janeiro: Objetiva. 2001.

As repetições e as frases curtas constituem procedimentos linguísticos importantes para a compreensão da temática do texto, pois

a) expressam a futilidade do discurso de poder e de distinção do narrador.
b) disfarçam a falta de densidade das angústias existenciais narradas.
c) ironizam a valorização da cultura norte-americana pelos brasileiros.
d) explicitam a ganância financeira do capitalismo contemporâneo.
e) criticam os estereótipos sociais das visões de mundo elitistas.

2. (Enem Digital – 2020)

Carlos é hoje um homem dividido, Mário, e isso graças às suas cartas.

Às vezes ele torce pelas palmeiras paródicas do Oswald de Andrade (a ninguém cá da terra passou despercebido o título que quer dar ao seu primeiro livro de poemas – *Minha terra tem palmeiras*). Às vezes não quer esquecer o gélido cinzel de Bilac e a prosa clássica dos decadentistas franceses, e à noite, ao ouvir o chamado da moça-fantasma, fica cismando ismálias em decassílabos rimados. Às vezes sucumbe ao trato cristão da condição humana e, à sombra dos rodapés de Tristão de Ataíde, tem uma recaída jacksoniana. Às vezes não sabe se prefere o barulho do motor do carro em disparada, ou se fica contemplando o sinal vermelho que impõe stop ao trânsito e silêncio ao cidadão. Às vezes entoa loas à vida besta, que devia jazer para sempre abandonada em Itabira. Mas na maioria das vezes sai saracoteando ironicamente pela rua macadamizada da poesia, que nem um pernóstico malandro escondido por detrás dos óculos e dos bigodes, ou melhor, que nem a foliona negra que você tanto admirou no Rio de Janeiro por ocasião das bacanais de Momo.

SANTIAGO, S. *Contos antológicos de Silviano Santiago*. São Paulo: Nova Alexandria, 2006.

Inspirado nas cartas de Mário de Andrade para Carlos Drummond de Andrade, o autor dá a esse material uma releitura criativa, atribuindo-lhe um remetente ficcional. O resultado é um texto de expressividade centrada na

a) hesitação na escolha de um modelo literário ideal.
b) colagem de estilos e estéticas na formação do escritor.
c) confluência de vozes narrativas e de referências biográficas.
d) fragmentação do discurso na origem da representação poética.
e) correlação entre elementos da cultura popular e de origem erudita.

3. (Enem – 2015)

Voz do sangue

Palpitam-me
os sons do batuque
e os ritmos melancólicos do *blue*.

Ó negro esfarrapado
do Harlem
ó dançarino de Chicago
ó negro servidor do South

Ó negro da África
negros de todo o mundo

Eu junto
ao vosso magnífico canto
a minha pobre voz
os meus humildes ritmos.

Eu vos acompanho
pelas emaranhadas áfricas
do nosso Rumo.

Eu vos sinto
negros de todo o mundo
eu vivo a nossa história
meus irmãos.

Disponível em: www.agostinhoneto.org. Acesso em: 30 jun. 2015.

Nesse poema, o líder angolano Agostinho Neto, na década de 1940, evoca o pan-africanismo com o objetivo de

a) incitar a luta por políticas de ações afirmativas na América e na África.

b) reconhecer as desigualdades sociais entre os negros de Angola e dos Estados Unidos.

c) descrever o quadro de pobreza após os processos de independência no continente africano.

d) solicitar o engajamento dos negros estadunidenses na luta armada pela independência em Angola.

e) conclamar as populações negras de diferentes países a apoiar as lutas por igualdade e independência.

4. (Enem – 2018)

Qualquer que tivesse sido o seu trabalho anterior, ele o abandonara, mudara de profissão e passara pesadamente a ensinar no curso primário: era tudo o que sabíamos dele.

O professor era gordo, grande e silencioso, de ombros contraídos. Em vez de nó na garganta, tinha ombros contraídos. Usava paletó curto demais, óculos sem aro, com um fio de ouro encimando o nariz grosso e romano. E eu era atraída por ele. Não amor, mas atraída pelo seu silêncio e pela controlada impaciência que ele tinha em nos ensinar e que, ofendida, eu adivinhara. Passei a me comportar mal na sala. Falava muito alto, mexia com os colegas, interrompia a lição com piadinhas, até que ele dizia, vermelho:

– Cale-se ou expulso a senhora da sala.

Ferida, triunfante, eu respondia em desafio: pode me mandar! Ele não mandava, senão estaria me obedecendo. Mas eu o exasperava tanto que se tornara doloroso para mim ser objeto do ódio daquele homem que de certo modo eu amava. Não o amava como a mulher que eu seria um dia, amava-o como uma criança que tenta desastradamente proteger um adulto, com a cólera de quem ainda não foi covarde e vê um homem forte de ombros tão curvos.

LISPECTOR, C. Os desastres de Sofia.
In: A legião estrangeira. São Paulo: Ática, 1997.

Entre os elementos constitutivos dos gêneros está a sua própria estrutura composicional, que pode apresentar um ou mais tipos textuais, considerando-se o objetivo do autor. Nesse fragmento, a sequência textual que caracteriza o gênero conto é a

a) expositiva, em que se apresentam as razões da atitude provocativa da aluna.

b) injuntiva, em que se busca demonstrar uma ordem dada pelo professor à aluna.

c) descritiva, em que se constrói a imagem do professor com base nos sentidos da narradora.

d) argumentativa, em que se defende a opinião da enunciadora sobre o personagem-professor.

e) narrativa, em que se contam fatos ocorridos com o professor e a aluna em certo tempo e lugar.

5. (Enem – 2017)

Um conto de palavras que valessem mais por sua modulação que por seu significado. Um conto abstrato e concreto como uma composição tocada por um grupo instrumental; límpido e obscuro, espiral azul num campo de narcisos defronte a uma torre a descortinar um lago assombrado em que o atirar uma pedra espraia a água em lentos círculos sob os quais nada um peixe turvo que é visto por ninguém e no entanto existe como algas do oceano. Um conto-rastro de uma lesma também evento do universo qual a luz de um quasar a bilhões de anos-luz; um conto em que os vocábulos são como notas indeterminadas numa pauta; que é como bater suave e espaçado de um sino propagando-se nos corredores de um mosteiro [...]. Um conto noturno com a fulguração de um sonho que, quanto mais se quer, mais se perde; é preciso resistir à tentação das proparoxítonas e do sentido, a vida é uma peça pregada cujo maior mistério é o nada.

SANT'ANNA, S. Um conto abstrato.
In: *O voo da madrugada*.
São Paulo: Cia. das Letras, 2003.

Utilizando o recurso da metalinguagem, o narrador busca definir o gênero conto pelo procedimento estético que estabelece uma

a) confluência de cores, destacando a importância do espaço.

b) composição de sons, valorizando a construção musical do texto.

c) percepção de sombras, endossando o caráter obscuro da escrita.

d) cadeia de imagens, enfatizando a ideia de sobreposição de sentidos.

e) hierarquia de palavras, fortalecendo o valor unívoco dos significados.

6. (Uerj – 2011)

Múltiplo sorriso

Pendurou a última bola na árvore de Natal e deu alguns passos atrás. Estava bonita. Era um pinheiro artificial, mas parecia de verdade. Só bolas vermelhas. Nunca deixava de armar sua árvore, embora as amigas dissessem que era bobagem fazer isso quando se mora sozinha. Olhou com mais vagar. Na luz do fim da tarde, notou que sua imagem se espelhava nas bolas. Em todas elas, lá estava seu rosto, um pouco distorcido, é verdade – mas sorrindo. “Estão vendo?”, diria às amigas, se estivessem por perto. “Eu não estou só.”

HELOÍSA SEIXAS. *Contos mais que mínimos*.
Rio de Janeiro: Tinta Negra, 2010.

Há um contraste irônico entre o título do conto e o seu desenvolvimento.

As ideias essenciais desse contraste são:

a) alegria – isolamento
b) admiração – distorção
c) ornamentação – inutilidade
d) multiplicidade – contemplação

Texto para as questões 7 e 8.

Joseldo Bastante, mecânico da pequena vila, punha nos ouvidos a solução da sua vida. Viajante que passava, carro que parava, ele aproximava e capturava as conversas. Foi assim que chegou de ouvir um destino para sua filha mais velha, Filomeninha. Durante toda uma semana, chegavam da cidade notícias de um jovem que fazia sucesso virando e revirando o corpo, igual uma cobra. O rapaz tinha sido contratado por um empresário para exibir suas habilidades, confundir o trás para a frente. Percorria as terras e o povo corria para lhe ver. Assim, o jovem ganhou dinheiro até encher caixas, malas e panelas. Só devido das dobragens e enrolamentos da espinha e seus anexos. O contorcionista era citado e recitado pelos camionistas e cada um aumentava uma volta nas vantagens elásticas do rapaz. Chegaram mesmo a dizer que, numa exibição, ele se amarrou no próprio corpo como se fosse um cinto. Foi preciso o empresário ajudar para desatar o nó; não fosse isso, ainda hoje o rapaz estaria cintado.

COUTO, Mia. *Vozes anoitecidas*.
São Paulo: Companhia das Letras, 2013. p. 127.

7. (UEL-PR – 2020)

Assinale a alternativa que explica corretamente a frase: "O contorcionista era citado e recitado pelos camionistas e cada um aumentava uma volta nas vantagens elásticas do rapaz."

a) Com a frase, o narrador enfatiza como Joseldo ficava embevecido com as histórias a respeito do contorcionista.
b) A frase demonstra que os relatos dos caminhoneiros eram convincentes porque eram repetitivos.
c) O trecho "aumentava uma volta" aponta tanto para as habilidades corporais do jovem quanto para os relatos desiguais dos caminhoneiros.
d) O termo "elásticas" está mais associado à forma do relato dos caminhoneiros do que às habilidades corporais do contorcionista.
e) O termo "vantagens" já demonstra que o contorcionista era um falsário, embora os caminhoneiros acreditassem nas habilidades de seus movimentos.

8. (UEL-PR – 2020)

O trecho contém uma frase significativa tanto para este conto quanto para outros contos do livro: "O rapaz tinha sido contratado por um empresário para exibir suas habilidades, confundir o trás para a frente.". Sobre a relação desse trecho com os outros contos do livro, assinale a alternativa correta.

a) O que se percebe tanto nesse conto quanto em outros contos do livro é um conjunto muito farto de habilidades extraordinárias nas personagens que as conduz à superação de adversidades.

b) A imagem do contorcionista e de seus movimentos corporais inusitados é representativa dos esforços de diversas personagens dos contos do livro que convivem com a miséria e com a ignorância.

c) Um traço comum entre esse conto e outros contos do livro é a circulação de empresários por espaços muito pobres, o que provoca o progresso tanto dos lugares quanto das personagens que ali vivem.

d) A questão central da frase é a ideia de confusão, que, nesse conto, se exemplifica pelo fato de Joseldo ter compreendido mal as notícias, uma vez que as histórias sobre o contorcionista eram falsas.

e) As inversões do tempo constituem aspecto relevante desse conto e de outros do livro, pois a sequência dos eventos narrados sofre sistematicamente a interferência dos desvarios das personagens.

9. (Enem – 2020)

A vida às vezes é como um jogo brincado na rua: estamos no último minuto de uma brincadeira bem quente e não sabemos que a qualquer momento pode chegar um mais velho a avisar que a brincadeira já acabou e está na hora de jantar. A vida afinal acontece muito de repente – nunca ninguém nos avisou que aquele era mesmo o último Carnaval da Vitória. O Carnaval também chegava sempre de repente. Nós, as crianças, vivíamos num tempo fora do tempo, sem nunca sabermos dos calendários de verdade. [...] O "dia da véspera do Carnaval", como dizia a avô Nhé, era dia de confusão com roupas e pinturas a serem preparadas, sonhadas e inventadas. Mas quando acontecia era um dia rápido, porque os dias mágicos passam depressa deixando marcas fundas na nossa memória, que alguns chamam também de coração.

ONDJAKI. **Os da minha rua**. Rio de Janeiro: Língua Geral, 2007.

As significações afetivas engendradas no fragmento pressupõem o reconhecimento da

a) perspectiva infantil assumida pela voz narrativa.

b) suspensão da linearidade temporal da narração.

c) tentativa de materializar lembranças da infância.

d) incidência da memória sobre as imagens narradas.

e) alternância entre impressões subjetivas e relatos factuais.

10. (FCL-SP – 2011)

Sobre *Os da minha rua*, de Ondjaki, é correto afirmar que:

a) Trata-se de uma reunião de contos cuja temática está voltada aos bairros pobres de Luanda, vistos a partir da perspectiva da deliciosa fala de seus habitantes. A simplicidade é o atrativo suficiente nesses saborosos "causos" e seu esforço de recriação da linguagem oral.

b) Trata-se de uma reportagem autobiográfica por meio da qual o autor resolve contar suas experiências no continente africano. É um fluxo narrativo que mistura lembranças da infância, o registro do dia a dia em Angola e a descrição dos horrores da guerra de independência.

c) Trata-se de um romance construído a partir de um monólogo interior da personagem principal, alter ego do autor, durante sua vida em Luanda. É um testemunho inesquecível sobre a colonização portuguesa em Angola, no qual as reflexões sobre a infância se entrelaçam às lembranças da guerra.

d) Trata-se de uma reunião de pequenos ensaios que mostram um outro lado da literatura de expressão portuguesa. Não apenas as experiências de oralidade e africanização da língua, mas também uma visão cética e perspicaz que não poupa nada ou ninguém, que ri de tudo e de todos e, assim, lança um novo olhar sobre a realidade angolana.

e) Trata-se de uma reunião de crônicas, que oscilam entre os registros escrito e oral, por meio das quais o autor reconstrói o universo de sua infância e o correr da vida em Luanda: a escola e os professores, brincadeiras e descobertas, festas em casa dos amigos – matéria esta tecida pelos fios da memória, do afeto e da identidade.

11. (FCL-SP – 2012)

Sobre o excerto de *Os da minha rua*, de Ondjaki, apresentado a seguir, é correto afirmar que:

> "Uma pessoa quando é criança parece que tem a boca preparada para sabores bem diferentes sem serem muito picantes de arder na língua. São misturas que inventam uma poesia mastigada tipo segredos de fim da tarde. Era assim, antigamente, na casa da minha avó. No tempo da Madalena Kamussekele".

a) O tempo tende a estabilizar-se no passado, mas o uso constante dos verbos nas formas do presente coloca em dúvida o que está sendo dito.

b) A infância é responsável pela visão lúdica das personagens, não importando se o presente aponta para os descompassos gerados pela modernidade.

c) A evocação do tempo passado mantém o universo encantado da infância, pleno de poesia.

d) A opção pelo presente revela o intenso diálogo do autor com os meios de comunicação de massa.

e) O tempo passado se mescla continuamente à perspectiva histórica, levando ao registro de uma Angola imemorial.

Leia o poema de José Craveirinha, escritor de Moçambique, país africano de língua portuguesa. A seguir, responda às questões [12, 13, 14 e 15] abaixo:

Um homem não chora

Acreditava naquela história
do homem que nunca chora.

Eu julgava-me um homem.

Na adolescência
meus filmes de aventuras
punham-me muito longe de ser cobarde
na arrogante criancice do herói de ferro.

Agora tremo.
E agora choro.

Como um homem treme.
Como chora um homem!

12. (FEI-SP – 2018)

Leia as duas asserções:

I. Na adolescência, o eu lírico se acreditava poderoso como um herói.

II. Ele não chorava.

Se as duas asserções estivessem em um único período ("Na adolescência, o eu lírico não tinha consciência da fragilidade dos seres humanos, _________ ele não chorava"), o conectivo que as relacionaria com coerência e coesão seria:

a) conforme
b) à medida que
c) como
d) por isso
e) mas

13. (FEI-SP – 2018)

Respeitando os sentidos do poema e os valores veiculados em algumas sociedades, o artigo indefinido do título do poema ("Um homem não chora") sugere que:

a) apenas alguns homens choram, mas a maioria, não.
b) todos os homens choram.
c) determinado homem chora, mas a maioria, não.
d) as pessoas que choram não são do sexo masculino.
e) as mulheres que não choram podem ser vistas como homens.

14. (FEI-SP – 2018)

Avalie as asserções abaixo, de acordo com o poema:

I. A consciência sobre a vida traz consigo a dor e o choro.
II. Na adolescência, o sujeito vive alienado dos problemas em que vive.
III. Tornar-se homem significa, também, chorar.
IV. É na adolescência que o indivíduo se descobre homem.

Estão corretas apenas:

a) I, II e III
b) I, III, IV
c) II, III, IV
d) II e III
e) I e IV

15. (FEI-SP – 2018)

Sobre a forma do texto e considerando os estilos literários, está correto o que se afirma em:

a) trata-se de um soneto, pois o poema segue as regras que o caracterizam.
b) é um poema com traços românticos, vistos tanto na estrutura poética, quanto na visão de mundo veiculada.
c) é um poema contemporâneo, pois há vocabulário e estruturas informais, os versos são livres e não apresentam rigor métrico.
d) a liberdade com que é escrito permite que o texto seja identificado com qualquer estilo literário, da antiguidade à contemporaneidade.
e) trata-se de um poema concreto, dado o desenho que os versos impõem ao leitor que avalia as palavras na folha em branco.

Texto para as questões 16 e 17.

O tempo em que o mundo tinha a nossa idade

Nesse entretempo, ele nos chamava para escutarmos seus imprevistos improvisos. As estórias dele faziam o nosso lugarzinho crescer até ficar maior que o mundo. Nenhuma narração tinha fim, o sono lhe apagava a boca antes do desfecho. Éramos nós que recolhíamos seu corpo dorminhoso.

Não lhe deitávamos dentro da casa: ele sempre recusara cama feita. Seu conceito era que a morte nos apanha deitados sobre a moleza de uma esteira. Leito dele era o puro chão, lugar onde a chuva também gosta de deitar. Nós simplesmente lhe encostávamos na parede da casa. Ali ficava até de manhã. Lhe encontrávamos coberto de formigas. Parece que os insectos gostavam do suor docicado do velho Taímo. Ele nem sentia o corrupio do formigueiro em sua pele.

– Chiças: transpiro mais que palmeira!

Proferia tontices enquanto ia acordando. Nós lhe sacudíamos os infatigáveis bichos. Taímo nos sacudia a nós, incomodado por lhe dedicarmos cuidados.

Meu pai sofria de sonhos, saía pela noite de olhos transabertos. Como dormia fora, nem dávamos conta. Minha mãe, manhã seguinte, é que nos convocava:

– Venham: papá teve um sonho!

E nos juntávamos, todos completos, para escutar as verdades que lhe tinham sido reveladas.

Taímo recebia notícia do futuro por via dos antepassados. Dizia tantas previsões que nem havia tempo de provar nenhuma. Eu me perguntava sobre a verdade daquelas visões do velho, estorinhador como ele era.

– Nem duvidem, avisava mamã, suspeitando-nos.

E assim seguia nossa criancice, tempos afora. Nesses anos ainda tudo tinha sentido: a razão deste mundo estava num outro mundo inexplicável. Os mais velhos faziam a ponte entre esses dois mundos. (...)

Mia Couto. *Terra sonâmbula*. São Paulo,
Cia das Letras, 2007.

16. (Uerj – 2016)

Ao dizer que o pai *sofria de sonhos* e não que ele sonhava, o autor altera o significado corrente do ato de sonhar.

Este novo significado sugere que o sonho tem o poder de:

a) distrair **b)** acalmar **c)** informar **d)** perturbar

17. (Uerj – 2016)

Este texto é uma narrativa ficcional que se refere à própria ficção, o que caracteriza uma espécie de metalinguagem.

A metalinguagem está melhor explicitada no seguinte trecho:

a) As estórias dele faziam o nosso lugarzinho crescer até ficar maior que o mundo.

b) Meu pai sofria de sonhos, saía pela noite de olhos transabertos.

c) E nos juntávamos, todos completos, para escutar as verdades que lhe tinham sido reveladas.

d) Nesses anos ainda tudo tinha sentido.

Nesta unidade, estudamos contos. Você também se engajou na escrita de uma narrativa, produziu vídeo, fez pesquisas, conheceu outras culturas. Para concluirmos os estudos, propomos a organização de uma feira cultural para compartilhar essas histórias e descobertas com a comunidade.

Feira cultural

A atividade da turma nesta seção gira em torno de uma questão: Como organizar a feira cultural na escola para compartilhar as produções de vocês com a comunidade?

Converse com os colegas e com o professor a respeito de como gostariam que fosse essa feira cultural, considerando a realidade de vocês. Compartilhe suas ideias e ouça com atenção as propostas dos colegas e do professor. Defenda suas ideias com base em argumentos consistentes, considerando a realidade da escola e os desejos da turma. Nessa discussão coletiva, a turma deve definir um plano para implementar o que ficar combinado. Por exemplo: Quais produções de vocês ao longo da unidade vão fazer parte da feira cultural? Algumas não poderão faltar: a coletânea dos contos produzidos em grupo e as contações de histórias feitas em vídeo por vocês. Mas outras produções também podem ser consideradas, como a pesquisa sobre padrões de comportamento feita em *#TáNoFeed*, e vocês ainda podem realizar a declamação de poemas de escritores africanos estudados em *Práticas de leitura e análise literária*, fazer uma leitura expressiva de trechos de outros textos que vocês queiram compartilhar, etc.

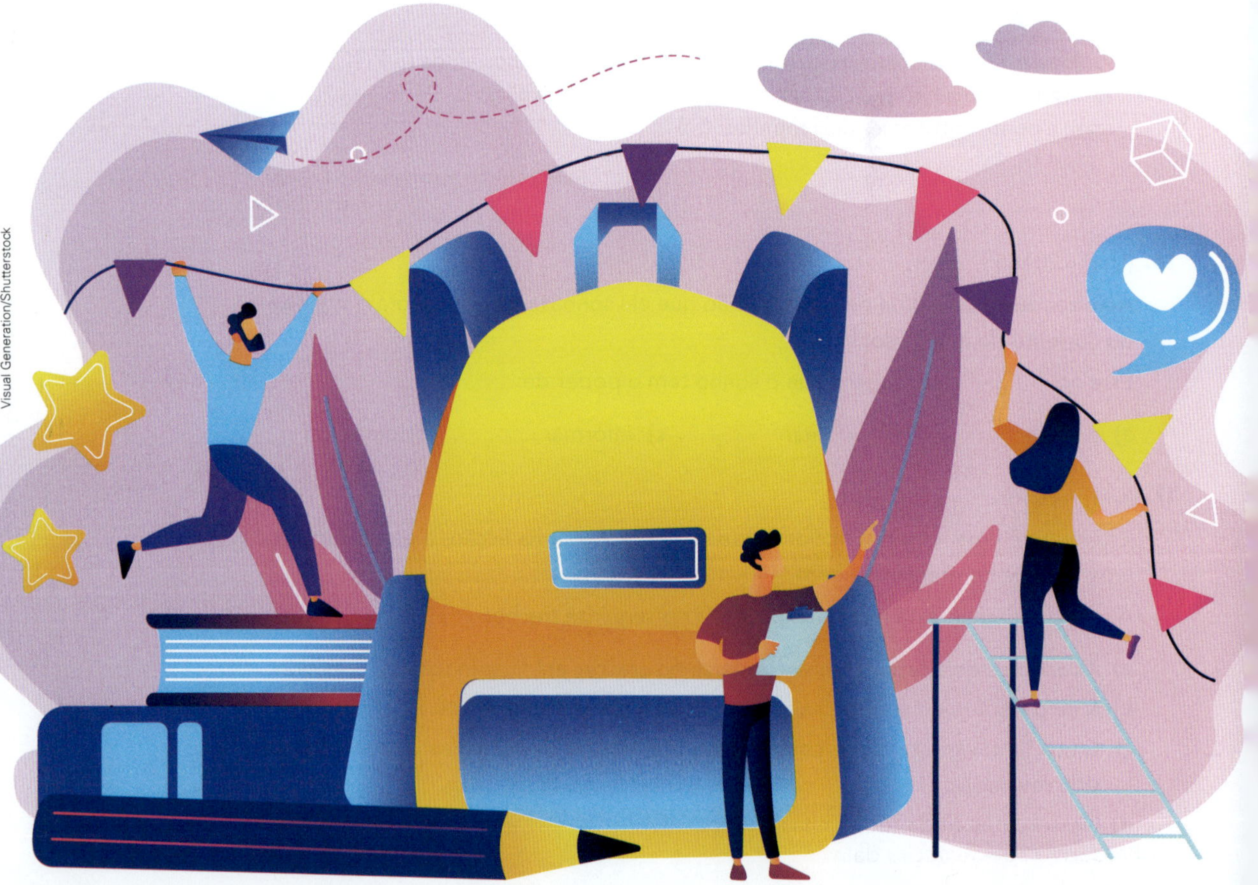

Visual Generation/Shutterstock

Alguns combinados

Depois de definirem o que vocês vão expor na feira, será preciso também chegar a acordos. As questões a seguir podem ajudar nesta organização.

- De que modo será organizada a coletânea com os contos criados por vocês? Como serão organizadas as produções no espaço da feira?
- Haverá uma roda de contação de histórias feita por pessoas da comunidade?
- De que forma será feito o convite a ser enviado às pessoas da comunidade?
- Qual será o cronograma para a execução das atividades?

Combinado o plano e feitos os acordos necessários, será preciso distribuir as ações entre os grupos de trabalho. A seguir, é apresentada uma sugestão de distribuição de ações, mas ela deve ser adaptada de acordo com os interesses de vocês e as possibilidades locais.

Cronograma – Equipe 1

- Controlar o tempo de cada tarefa, considerando as particularidades de cada uma, a realidade da escola e a data combinada com o professor para finalizar o trabalho.

Visual Generation/Shutterstock

Organização e produção da apresentação da coletânea de contos – Equipe 2

- Organizar a coletânea de contos produzidos em grupos pela turma.
- Organizar o material: como serão agrupados os contos e em qual suporte; qual será a ordem de inserção dos textos; verificar se haverá ou não uma pequena biografia e a foto de cada autor junto ao texto, etc.
- Criar um leiaute para a coletânea, considerando material, organização interna e capa, além de, se for feito digitalmente, o programa em que será desenvolvido.
- Produzir a apresentação da coletânea dando uma ideia do contexto de produção e do conjunto de textos (contos e resenhas).

Produção e distribuição de convites para a comunidade – Equipe 3

- Produzir o convite para o evento: uma sugestão é fazer um meme como convite, aproveitando o estudo feito na seção *Cultura digital*. Nesse caso, será preciso selecionar um aplicativo gratuito ou plataforma livre disponível na internet para então seguir as instruções e criar o meme.
- Para isso, será importante selecionar uma imagem e criar ou selecionar um texto verbal, lembrando que é preciso respeitar o direito de imagem das pessoas. Indicar nome, data, hora e local do evento, assim como explicar do que ele vai tratar.

Plano de divulgação do evento – Equipe 4

- Com a ajuda do professor, definir para quem serão enviados os convites e enviá-los.
- Combinar com a turma e concretizar o plano de divulgação do evento.

rumka_vodki/Shutterstock

Organização da roda de contação de histórias – Equipe 5

- Convidar ao menos um membro da comunidade que seja um contador de histórias para fazer parte do evento.
- Considerar também a possibilidade de convidar cordelistas para participarem da diversão.
- Se forem vários contadores ou cordelistas, será necessário organizar com antecedência a ordem em que vão se apresentar.

bproject7/Shutterstock

Na imagem do cordel, dois violeiros em uma disputa. A disputa – ou peleja, como é mais conhecida – é um embate que se dá geralmente entre dois cordelistas que se desafiam por meio de versos. É muito comum nos repentes, em que motes sugeridos pelos espectadores desafiam a criatividade e a agilidade de pensamento de cada um dos cantadores. Há também pelejas que se desenrolam por meio de textos escritos.

Organização do local e gravação/registro do evento – Equipe 6

- Providenciar, em alinhamento com a gestão escolar, o espaço da escola apropriado para o evento.
- Considerar as produções que serão apresentadas no evento, o planejamento feito para a roda de contação de histórias, as exposições a serem montadas, a coletânea de histórias, os vídeos a serem exibidos, etc.
- Com base nisso, providenciar equipamentos disponíveis, planejar a distribuição de equipamentos, de cadeiras, etc. no espaço da escola destinado para o evento. Considerar se haverá cartazes ou sinalizações de cada situação do evento e produzir e distribuir essas produções no espaço combinado.
- Registrar o evento em vídeo, se possível, para que possa ser disponibilizado em algum blogue, *site* da escola ou plataforma *on-line*.

GoodStudio/Shutterstock

Avaliação

Com os colegas e o professor, depois de terminado o evento, avalie o processo desenvolvido para executar as ações. Sugestões de perguntas para essa conversa:

- Como foi sua participação nas atividades? Justifique.
- O que aprendeu durante o processo?
- Os resultados pretendidos foram alcançados? Justifique.

Viktoria Kurpas/Shutterstock

Meu portfólio

Nesta Unidade 2, você e os colegas leram um conto do escritor moçambicano Mia Couto e outro do escritor angolano Luandino Vieira. Leram também poemas de escritores de diversos países africanos da comunidade falante de língua portuguesa. Estudaram tempos verbais e advérbios, bem como analisaram a sequência narrativa do conto. Também fizeram pesquisas sobre padrões de comportamento, realizaram uma coletânea de contos e, quanto à produção oral, criaram vídeos com contações de histórias tradicionais.

O portfólio com as produções

Conforme lembrado ao longo da unidade, em seu portfólio você colecionou as produções de texto desenvolvidas. É importante rever todas as versões de uma mesma produção, para que você possa, ao final do trabalho, perceber seu aprimoramento.

Ao indicar a data de cada produção, conforme orientado, você terá condições de verificar, agora, sua história de aprendizagem dos gêneros trabalhados e perceber quais aspectos da produção de textos desenvolveu e aperfeiçoou.

Respostas #EnemVestibular

Unidade 1

1. (Enem – 2014)

Resposta correta: alternativa **d**. O trecho faz uma rápida digressão filosófica sobre a vida, construindo assim um aforismo para tratar de algo tão complexo como a vida por meio de um modo de expressão muito condensado e breve.

2. (Enem – 2018)

Resposta correta: alternativa **e**. Trata-se de uma resenha, já que oferece ao leitor uma apreciação acerca da obra literária comentada, mostrando a sua conjuntura histórica e os aspectos do desenvolvimento da narrativa.

3. (Unifesp – 2019)

Resposta correta: alternativa **d**. Os românticos buscaram "civilizar", ou seja, trazer para uma realidade mais próxima àquela da sociedade civil a imagem do indígena que criavam em suas obras (por exemplo, o herói romântico Peri de *O Guarani*, de José de Alencar), e os modernistas se ocuparam em resgatar a tradição dos povos de origem africana e indígena, que constituíram a sociedade brasileira com os portugueses, buscando reconhecer sua real contribuição na constituição da cultura nacional (por exemplo, as histórias tradicionais que formam o enredo de *Macunaíma*, de Mário de Andrade).

4. (Convest/Unicamp – 2018)

Resposta correta: alternativa **b**. De acordo com o texto, há diferentes aves que devem ser respeitadas e preservadas por serem responsáveis por ou capazes de trazer notícias.

5. (Enem – 2020)

Resposta correta: alternativa **c**. Quando se torna dono do Engenho, Seu Lula ordena a Deodato que proíba os escravizados de rezar a S. Cosme e S. Damião e os obrigue a rezar Ave-Marias. A situação dos escravizados fica cada vez mais insustentável, pois, além de serem submetidos a castigos penosos, são forçados a aderir às crenças do senhor do engenho e a abandonar as próprias crenças.

6. (Enem – 2018)

Resposta correta: alternativa **e**. Paulo Honório demonstra a prática de alianças entre a elite agrária e os dirigentes políticos ao revelar ao leitor que a intenção de mandar construir a escola na fazenda São Bernardo era granjear a simpatia do governador.

7. (Mack-SP – 2018)

Resposta correta: alternativa **a**. Graciliano Ramos defende a ideia de que arte é um ato de consciência crítica com a função de expor os aspectos negativos da sociedade, provocar interrogações e reflexões, assim como discussões sobre os acontecimentos no mundo.

8. (UEL-PR – 2020)

Resposta correta: alternativa **e**. O uso da 1ª pessoa explica-se por ser a expressão do narrador-personagem, que se encontra em primeira pessoa. O uso do verbo "ter" como intransitivo – que não precisa de complemento uma vez que consegue transmitir as informações sobre o sujeito – reforça a ideia de que a moça não tem nada, de forma geral. É também um recurso típico da obra. A imagem do trigo remete a um esplendor, diferente do perfil da moça, que não tem fibra nem reage.

9. (UEL-PR – 2020)

Resposta correta: alternativa **c**. Os comentários do narrador não se restringem aos parênteses. A relação entre narrador e personagem não se caracteriza predominantemente pelo desprezo. A protagonista não se revolta ao longo da narrativa, que é atravessada sem grandes êxitos.

10. (Enem – 2021)

Resposta correta: alternativa **d**. O trecho do conto faz referência a ditados populares como: "P'ra uns, as vacas morrem ... p'ra outros até boi pega a parir..." e "Quem não tem brio engorda!", contribuindo para o resgate e a difusão de memórias e saberes coletivos.

11. (UFPR – 2020)

Resposta correta: alternativa **d**. O trecho descreve um lugar de belezas naturais e nos apresenta plantas que, segundo sua visão, se abalam, estremecem, trepidam, entram em convulsão.

12. (Unisc-RS – 2016)

Resposta correta: alternativa **b**. A sequência correta de autores é: João Guimarães Rosa, Oswald de Andrade, Graciliano Ramos, Jorge Amado e Clarice Lispector.

13. (UCS-RS – 2012)

Resposta correta: alternativa **a**. Dos autores e das obras citados, apenas Rachel de Queiroz, com sua obra *O quinze*, e Graciliano Ramos, com *Vidas secas*, são autores da segunda fase do Modernismo brasileiro, e ambos trataram da seca nordestina como uma dura realidade vivida por seus personagens.

Unidade 2

1. (Enem – 2020)

Resposta correta: alternativa **a**. As repetições são uma forma de demonstrar que o narrador tem limitações em relação ao vocabulário e à sua capacidade de articulação discursiva. Além disso, ao reforçar ideias como a do carro e a do dinheiro, temos a construção de um personagem que demonstra fascínio pela riqueza e seus símbolos. Por isso, as repetições expressam a futilidade do discurso de poder e de distinção do narrador.

2. (Enem Digital – 2020)

Resposta correta: alternativa **b**. No texto de Silviano Santiago, há referência a vários escritores e obras, como Oswald de Andrade, Olavo Bilac, Tristão de Ataíde, ao poema "Ismália", de Alphonsus de Guimarães, Manuel Bandeira, entre outros. Além das referências, o narrador pondera se está mais vinculado a um autor e obra que a outro. Por isso, há uma expressividade centrada na colagem de estilos e estéticas na formação do escritor.

3. (Enem – 2015)

Resposta correta: alternativa **e**. Visto que o poema busca dialogar com populações negras em diversas partes do mundo para buscar um sentimento comum e, dessa forma, também chamar a atenção para a luta de libertação vivida em países africanos na década de 1940.

4. (Enem – 2018)

Resposta correta: alternativa **e**. O texto de Clarice Lispector se caracteriza pela narrativa, sobretudo na sequência de ações em que a narradora, uma aluna, tenta provocar e chamar a atenção de seu professor.

5. (Enem – 2017)

Resposta correta: alternativa **d**. Porque o narrador constrói o texto a partir de uma série de imagens que se sobrepõem, com sensações visuais ("campo de narcisos defronte a uma torre" e "luz de um quasar a bilhões de anos-luz", por exemplo); sensações sonoras (por exemplo, "notas indeterminadas numa pauta").

6. (Uerj – 2011)

Resposta correta: alternativa **a**. A ironia consiste no fato de que a personagem é consciente de sua solidão, mas se esforça para imaginar situações de alegria.

7. (UEL-PR – 2020)

Resposta correta: alternativa **c**. A frase não coloca em evidência as reações de Joseldo. O caráter repetitivo dos relatos existe, mas não os torna mais convincentes; ao contrário, é apontada uma marca exagerada que torna os relatos questionáveis. A ideia de aumentar uma volta tem tanto um sentido literal, correspondente ao movimento do contorcionista, quanto um sentido figurado referente aos relatos.

8. (UEL-PR – 2020)

Resposta correta: alternativa **b**. As personagens desse conto e de outros não superam as adversidades com que deparam, apesar de terem algumas habilidades. A circulação de empresários não é marca frequente nos contos do livro, e eles não estão associados com o progresso dos lugares e das personagens.

9. (Enem – 2020)

Resposta correta: alternativa **a**. Os verbos em primeira pessoa do plural (*sabemos*, *sabermos*), o pronome oblíquo *nos* e a expressão "nós, as crianças" são indicadores da perspectiva infantil no relato de fatos do passado que, apesar de breves, produziram marcas profundas no campo dos afetos.

10. (FCL-SP – 2011)

Resposta correta: alternativa **e**. Os contos do livro *Os da minha rua* se passam durante as décadas de 1980 e 1990 em Angola e apresentam uma infância feliz, por meio de textos que intercalam os gêneros crônica e diário.

11. (FCL-SP– 2012)

Resposta correta: alternativa **c**. O narrador expressa sua opinião sobre sensações infantis e, em seguida, leva o leitor a seu passado, na casa de sua avó.

12. (FEI-SP – 2018)

Resposta correta: alternativa **c**. Segundo a gramática, "por isso" é uma conjunção coordenativa conclusiva que significa 'por esse motivo; dessa forma; em razão disso'. A expressão indica, principalmente, uma ideia de conclusão. Assim, ele (o eu lírico) não chorava porque não tinha consciência da fragilidade dos seres humanos. Essa é a ideia que mais se aproxima do que é dito no poema em "Acreditava naquela história / do homem que nunca chora" e "Agora tremo. / E agora choro.".

13. (FEI-SP – 2018)

Resposta correta: alternativa **d**. Ainda que transmitam grande força expressiva, artigos indefinidos (*um, uma, uns, umas*) determinam o substantivo de modo geral, impreciso, não definido. Neste caso, o artigo indefinido sugere a ideia de conjunto, de homens como um todo, não de um indivíduo específico. Assim, a frase "Um homem não chora" sugere que homens não choram. Então, considerando "os sentidos do poema e os valores veiculados em algumas sociedades", aqueles que choram não seriam, portanto, do sexo masculino.

14. (FEI-SP – 2018)

Resposta correta: alternativa **a**. O eu lírico acreditava que, por ser homem, não deveria chorar. Na adolescência, os filmes de heróis invencíveis o deixavam longe da realidade e, dessa forma, não era necessário chorar. Com o tempo e a maturidade, o eu lírico percebe que chorar faz parte da vida, inclusive dos homens. Ou seja, o que se afirma em I, II e III está coerente com as ideias sugeridas no poema. Já o item IV está incorreto, pois o trecho "na arrogante criancice do herói de ferro" demonstra que, para o eu lírico, a adolescência era um momento de imaturidade, não de se descobrir homem, como afirmado nesse item.

15. (FEI-SP – 2018)

Resposta correta: alternativa **c**. O poema do moçambicano José Craveirinha insere-se no conjunto de poemas contemporâneos, característicos do nosso tempo, em que a poesia se aproxima da fala e da experiência diária, recorrendo ao uso de vocabulário informal e de versos livres, em que o rigor métrico não é uma necessidade.

16. (Uerj – 2016)

Resposta correta: alternativa **d**. O tempo verbal *sofria* sugere que o pai experimentava mal físico quando sonhava, ou seja, o ato de sonhar era incômodo e perturbador, como se afirma na alternativa **d**.

17. (Uerj – 2016)

Resposta correta: alternativa **a**. O trecho reproduzido nessa alternativa faz referência ao próprio ato de contar histórias (ou "estórias"), ou seja, apresenta o ato de narrar, de inventar narrativas, assim como a própria narrativa ficcional em que esse trecho está inserido, o que caracteriza a metalinguagem.

Lista de siglas das atividades extraídas de provas oficiais

Convest/Unicamp-SP: Comissão permanente para o vestibular da Unicamp/Universidade Estadual de Campinas (São Paulo)
Enem Digital: Exame Nacional do Ensino Médio Digital
Enem: Exame Nacional do Ensino Médio
FCL-SP: Fundação Cásper Líbero (São Paulo)
UFPR: Universidade Federal do Paraná
Mack-SP: Universidade Presbiteriana Mackenzie (São Paulo)
UCS-RS: Universidade de Caxias do Sul (Rio Grande do Sul)
UEL-PR: Universidade Estadual de Londrina (Paraná)
Uerj: Universidade Estadual do Rio de Janeiro
Unifesp: Universidade Federal de São Paulo
Unisc-RS: Universidade de Santa Cruz do Sul (Rio Grande do Sul)
FEI-SP: Centro Universitário da Faculdade de Engenharia Industrial (São Paulo)

Referências bibliográficas

Livros

ABREU, Márcia. *Cultura letrada*: literatura e leitura. São Paulo: Ed. da Unesp, 2006.

BOSI, Alfredo. *História concisa da literatura brasileira*. 50. ed. São Paulo: Cultrix, 2015.

DANTAS, Audálio (org.). *Repórteres*. 2. ed. São Paulo: Senac, 1998.

NEVES, Maria Helena de Moura. *Gramática de usos do português*. 2. ed. São Paulo: Ed. da Unifesp, 2011.

PENNAC, Daniel. *Como um romance*. Rio de Janeiro: Rocco, 1993.

WALTER, Henriette. *A aventura das línguas no Ocidente*: origens, história e geografia. São Paulo: Mandarim, 2001.

Sites

"SLAM" é voz de identidade e resistência dos poetas contemporâneos. Disponível em: https://jornal.usp.br/ciencias/ciencias-humanas/slam-e-voz-de-identidade-e-resistencia-dos-poetas-contemporaneos/.

10 OBRAS para compreender René Magritte. Disponível em: https://www.culturagenial.com/obras-magritte/.

A MENTE é maravilhosa. Disponível em: https://amenteemaravilhosa.com.br/.

A PERSISTÊNCIA da Memória de Salvador Dalí: análise do quadro. Disponível em: https://www.culturagenial.com/a-persistencia-da-memoria-de-salvador-dali.

ADOROCINEMA. Disponível em: https://www.adorocinema.com/.

AFRICOPOÉTICA. Disponível em: https://africopoetica.wordpress.com.

AGÊNCIA Brasil. Disponível em: https://agenciabrasil.ebc.com.br.

ALIMENTAÇÃO, cultura e identidade. Disponível em: https://www.youtube.com/watch?v=6pVgTNcQ9G8.

AMAZÔNIA: o futuro depois das queimadas – debate. Disponível em: https://www.youtube.com/watch?v=8syG4UzcFd4.

ANCHOR. Disponível em: https://anchor.fm/.

ARQUIVO Pessoa. Disponível em: http://arquivopessoa.net/.

ATLAS Histórico do Brasil – FGV CPDOC. Disponível em: https://atlas.fgv.br.

AUDIOCULT. Disponível em: http://www.audiocult.com.br/podcasts.html.

BEFUNKY. Disponível em: https://www.befunky.com/create/.

BLOG da Lucia Helena, Viva Bem. Disponível em: https://luciahelena.blogosfera.uol.com.br.

BOOK Creator. Disponível em: https://bookcreator.com/.

CÂMARA dos Deputados. Disponível em: https://www.camara.leg.br.

CANAL de vídeos do Instituto Martius Staden. *Playlist* do *audiobook* do livro de Hans Staden. Disponível em: https://www.youtube.com/playlist?list=PL7oggKmBQxmny3qYkx2JjJVAAX2BAe8Th.

CANÇÃO "Ismália", Emicida. Disponível em: https://youtu.be/EtN1jBk0ZQg.

CANVA. Editor de currículos. Disponível em: https://www.canva.com/pt_br/criador/editor-curriculo-v1.

CENTRO de Pesquisa e Documentação de História Contemporânea do Brasil (CPDOC). Disponível em: https://www.fgv.br/cpdoc/acervo/arquivo.

CIBERDÚVIDAS da Língua Portuguesa. Disponível em: https://ciberduvidas.iscte-iul.pt.

CONSTITUIÇÃO de 1946. Disponível em: https://www2.senado.leg.br/bdsf/bitstream/handle/id/139953/Constituicoes_Brasileiras_v5_1946.pdf?sequence=9&isAllowed=y.

CONSTITUIÇÃO de 1988. Disponível em: https://www.imprensaoficial.com.br/downloads/pdf/Constituicoes_declaracao.pdf.

CULTURA Genial. Disponível em: www.culturagenial.com.

CV Maker. Disponível em: https://www.cvmaker.pt.

DICIONÁRIO de jornalismo. Disponível em: https://dicionariodejornalismo.blogspot.com.

DICIONÁRIO Houaiss. Disponível em: https://houaiss.uol.com.br.

DISCURSOS selecionados do presidente Juscelino Kubitschek. Disponível em: http://funag.gov.br/biblioteca/download/628-Discursos_jk.pdf.

DOCUMENTÁRIO *AmarElo – É tudo pra ontem*. Disponível em: https://www.netflix.com/br/title/81306298.

DOMÍNIO Público. Disponível em: http://www.dominiopublico.gov.br/.

DRAUZIO Varella. Disponível em: https://drauziovarella.uol.com.br/.

EBSCOPOST. Disponível em: https://www.ebsco.com.

EMPRESA Brasileira de Pesquisa Agropecuária (Embrapa). Disponível em: https://www.embrapa.br/quem-somos.

ENCICLOPÉDIA Itaú Cultural. Disponível em: https://enciclopedia.itaucultural.org.br.

ESCRITAS.ORG. Disponível em: https://www.escritas.org/pt/.

FANDOM. Disponível em: https://www.fandom.com/explore-pt-br?uselang=pt-br.

FEIRA de Embu das Artes, SP. Disponível em: https://www.feiradeembudasartes.com.br/.

FEIRA Preta. Disponível em: https://feirapreta.com.

FUNDAÇÃO Oscar Niemeyer. Disponível em: http://www.niemeyer.org.br/.

GALGUINHO, Marina. *O gigante Adamastor*. Animação 3D. Disponível em: https://www.youtube.com/watch?v=K9Xm8s2dXgk.

GLOSSÁRIO Ceale. Disponível em: https://www.ceale.fae.ufmg.br/glossarioceale.

GOOGLE Docs. Disponível em: https://docs.google.com.

GOULART Gomes (*site* pessoal). Disponível em: https://www.goulartgomes.com/.

GRÊMIOS estudantis voltam a crescer nos colégios públicos. Disponível em: https://extra.globo.com/noticias/rio/gremios-estudantis-voltam-crescer-nos-colegios-publicos-23869425.html.

GRUPO Mulheres do Brasil. Disponível em: https://noticias.grupomulheresdobrasil.org.br.

GUIA alimentar para a população brasileira. Disponível em: https://bvsms.saude.gov.br/bvs/publicacoes/guia_alimentar_populacao_brasileira_2ed.pdf.

GUIA do estudante. Disponível em: https://guiadoestudante.abril.com.br.

IBERDROLA. Disponível em: https://www.iberdrola.com/.

IDEABORDZ. Disponível em: https://ideaboardz.com/.

INSTITUTO Maria da Penha. Disponível em: https://www.institutomariadapenha.org.br/.

INSTITUTO Nacional de Estudos e Pesquisas Educacionais Anísio Teixeira (Inep), provas do Enem. Disponível em: https://enem.inep.gov.br/antes#prepare-se-para-provas.

INSTITUTO Socioambiental (ISA). Disponível em: https://www.socioambiental.org/pt-br/o-isa.

IPHAN (Instituto do Patrimônio Histórico e Artístico Nacional). Disponível em: http://portal.iphan.gov.br.

LEI de Acesso à Informação. Disponível em: https://www.gov.br/acessoainformacao/pt-br/assuntos/conheca-seu-direito.

LEI Maria da Penha (n. 11.340/2006). Disponível em: http://www.planalto.gov.br/ccivil_03/_ato2004-2006/2006/lei/l11340.htm.

LIVROS digitais. Disponível em: http://www.livrosdigitais.org.br/.

MAPA do Acolhimento. Disponível em: https://www.mapadoacolhimento.org/.

MEME Generator. Disponível em: https://imgflip.com/memegenerator.

MIRO. Disponível em: https://miro.com/.

MUITO além do peso. Disponível em: https://muitoalemdopeso.com.br.

MURAL. Disponível em: https://www.mural.co/.

MUSEU D'Orsay. Disponível em: https://www.musee-orsay.fr/fr/collections/oeuvres-commen tees/accueil.html.

MUSEU da Pessoa. Disponível em: https://acervo.museudapessoa.org/pt/home.

MUSEU de Arte Moderna do Rio de Janeiro. Disponível em: https://mam.rio.

NOTÍCIAS falsas e pós-verdade: o mundo das *fake news e da (des)informação. Politize!* Disponível em: https://www.politize.com.br/noticias-falsas-pos-verdade/.

O GOLPE que salvou a democracia em 1955 (videorreportagem), portal *Senado Notícias*. Disponível em: https://www.youtube.com/watch?v=XQ0lTQuL7uQ.

ONDE *jazz* meu coração (Instagram). Disponível em: https://instagram.com/ondejazzmeucoracao?utm_medium=copy_link.

ONLINECURRICULO. Disponível em: https://www.onlinecurriculo.com/.

OS ARGONAUTAS. *In*: VELOSO, Caetano. *Caetano Veloso*. Philips Records. 1969. Disponível em: https://www.youtube.com/watch?v=Pi34gRiCt_Y.

PADLET. Disponível em: https://pt-br.padlet.com/.

PAPYRUS. Disponível em: https://www.papyrusauthor.com/.

PIXLR. Disponível em: https://pixlr.com/br/x/.

PLANALTO, Lei n. 14.026/2020. Disponível em: http://www.planalto.gov.br/ccivil_03/_ato2019-2022/2020/lei/l14026.htm.

PLANALTO, Lei n. 6.938/1981. Disponível em: http://www.planalto.gov.br/ccivil_03/leis/l6938.htm.

PODCAST Addict. Disponível em: https://podcastaddict.com/app.

PORTAL da Língua Portuguesa. Disponível em: http://www.portaldalinguaportuguesa.org/main.html.

PORTAL da Transparência. Disponível em: http://www.portaltransparencia.gov.br.

POVOS Indígenas no Brasil (PIB). Disponível em: https://pib.socioambiental.org/.

POWERPOINT *Online*. Disponível em: office.live.com/start/powerpoint.aspx.

PRIMEIRO filme. Disponível em: https://www.primeirofilme.com.br/site/.

REVISTA *Mundo Estranho*. Disponível em: https://super.abril.com.br/mundo-estranho.

RYANE Leão lança livro com poemas sobre militância negra. Disponível em: https://claudia.abril.com.br/noticias/ryane-leao-lanca-livro-poemas.

SECRETARIA da Educação do governo do estado de Tocantins. Disponível em: https://www.to.gov.br/seduc/noticias.

SEJUSC do Amazonas (Twitter). Disponível em: https://twitter.com/sejuscam/status/1162447217145339904?lang=ga.

SOUNDCLOUD. Disponível em: https://soundcloud.com/.

ULYSSES Guimarães (áudio do discurso). Disponível em: https://www.camara.leg.br/radio/programas/277285-integra-do-discurso-presidente-da-assembleia-nacional-constituinte-dr-ulysses-guimaraes-10-23/.

ZOHO. Disponível em: https://www.zoho.com/pt-br/wiki/hosted-wiki.html.

Acessos em: 12 jul. 2022.